Carl Wilhelm Otto

Kommentar zum Römerbrief

Erster Teil

Carl Wilhelm Otto

Kommentar zum Römerbrief
Erster Teil

ISBN/EAN: 9783743314764

Hergestellt in Europa, USA, Kanada, Australien, Japan

Cover: Foto ©Thomas Meinert / pixelio.de

Manufactured and distributed by brebook publishing software
(www.brebook.com)

Carl Wilhelm Otto

Kommentar zum Römerbrief

D. TH. CARL WILHELM OTTO.

COMMENTAR ZUM RÖMERBRIEF.

COMMENTAR

ZUM

RÖMERBRIEF

VON

D. TH. CARL WILHELM OTTO,

CONSISTORIALRATH.

ERSTER THEIL

CAPP. 1—7.

GLAUCHAU,

VERLAG VON ARNO PESCHKE.

1886.

VORWORT.

Der nachfolgende Commentar ist aus Vorträgen entstanden, welche ich theils in amtlichen Conferenzen, theils in Privatkreisen von Geistlichen, die sich besonders mit neutestamentlicher Exegese beschäftigten, während einer 40jährigen Amtszeit nach und nach gehalten habe. Dem Wunsche, diese Vorträge durch den Druck zu veröffentlichen, konnte ich früher entgegenhalten, dass mir meine arbeitsvolle Dienststellung die für Sammlung, Sichtung und Ergänzung derselben erforderliche Zeit nicht gewähren wolle. Jetzt bin ich seit sechs Jahren Emeritus. Die Wünsche meiner zahlreichen Freunde und Amtsgenossen sind auf's Neue an mich herangetreten, und diesmal dringender, als sonst; ja man hat mir's zur Gewissenssache gemacht, nicht länger zu zögern. So habe ich mich denn in Gottes Namen zur Herausgabe entschlossen.

Für meine Altersruhe wäre es vielleicht besser gewesen, wenn ich mich noch länger gesträubt hätte. Doch musste ich mir sagen, dass das aufrichtige Streben nach Wahrheit und Klarheit die Unbequemlichkeiten öffentlicher Aussprache nicht scheuen darf. Ueberdies bot mein hohes Alter mir insofern beachtenswerthe Vortheile, als es den Verdacht von mir ferne hielt, dass ich mit meiner Arbeit literarisches Ansehen, Stellung oder sonst etwas gesucht hätte.

Zu beharrlicher Weigerung hätte mich nur die Ueberzeugung bestimmen können, dass die Aufgabe, welche ich mir gestellt, in der Hauptsache bereits von Andern gelöst sei; allein ich halte mich der Zustimmung Vieler versichert, wenn ich

behaupte, dass die Auslegung des Römerbriefs noch lange nicht
am Ende, für fleissiges Forschen und Weiterarbeiten also immer
noch Platz vorhanden ist.

Was ich erstrebt habe, ist: einerseits den gegenwärtigen Stand der Auslegung des Römerbriefs durch
kritische Bezugnahme auf die neuesten Commentare
darzulegen, andrerseits für das Verständniss der
schwierigsten Stellen vorzugsweise durch philologische Mittel neue Wege zu bahnen.

Damit ist denn freilich bereits angedeutet, dass nicht wenige
meiner exegetischen Ausführungen, Meinungen, Hypothesen oder,
wie man sie sonst nennen mag, gegen Hergebrachtes und Lieb-
gewordenes anstossen und, wie das nicht anders sein kann, den
Widerspruch herausfordern werden. Das ist das Schmerzliche
an meiner Sache. Es geschieht ja leider nicht selten, dass über
Ergebnisse langjähriger, treuer Forschung in völlig unmotivirter
Weise der Stab gebrochen und das Urtheil von Herbigkeit und
Säure nicht frei gehalten wird. Ich bitte also, in Anbetracht
meiner guten Meinung und meines Alters mich mild christlich
behandeln zu wollen. Dann will ich den Widerspruch gern
tragen, hoffend, dass durch Rede und Gegenrede das Verständniss des theuren Gotteswortes nur gefördert werden kann.

Ueber Sachliches wird mein Buch sich selbst ausweisen.
Nur über Formelles einige Worte. Ich habe von meinem
Commentar absichtlich die übliche Kunstform fern gehalten. Es widerstrebt mir, meinen zum Theil sehr
freien Ergüssen die Schnürbrust anzulegen, ich wollte
in dem Buche nicht die Spuren seiner Entstehung auslöschen; darum sind die Vorträge meist aufgenommen,
wie sie gehalten wurden. Die Vorträge aber waren nach
den Wünschen und Bedürfnissen meiner Amtsgenossen ein-
gerichtet. Ich habe deshalb nur insoweit auf den wissenschaftlichen Apparat Rücksicht genommen, als es zur Begründung
abweichender Auffassungen durchaus nöthig war. Der reich-
liche Citatenkram ist in vielen Fällen nur dazu da, die Gelehrsamkeit des Commentators zu zeigen, nicht dem Forschenden
zum Verständniss zu helfen. Dagegen habe ich Stellen aus
anderen Commentaren, die mir vorzugsweise geeignet schienen,
die mancherlei Wege der Forschung in's Licht zu stellen, wört-

lich mitgetheilt. Die kurzen Censuren, womit gewöhnlich die Ansichten andrer abgethan werden [„willkürlich", „eingetragen", „unmöglich", „falsch" u. s. w.], sind oft sehr subjective, leichte und leichtfertige Urtheile. Es ist eine Pflicht der Gerechtigkeit, an entscheidenden Stellen den Ausleger selbst zu Worte kommen zu lassen.

Freilich war mit dieser Methode auch gegeben, dass ich nur die anerkannt bedeutendsten Commentare der Gegenwart zu solcher Aussprache zulassen konnte. Ich rechne dazu die Commentare von Meyer, Meyer-Weiss, Godet, v. Hofmann. D. Klostermann's „Correcturen" habe ich um des Aufsehens willen, welches sie in den mir zugänglichen Kreisen machten, nicht übersehen wollen. Leider habe ich auf die ausführliche Besprechung derselben meist verzichten müssen, um nicht den Umfang des Commentars zu sehr anschwellen zu lassen. Der Sache selbst wird dadurch kein Schaden erwachsen.

Dass ich hier und da wissenschaftliche oder Zeitfragen etwas ausgiebiger behandelt habe, wolle man der Art und Weise, wie der Commentar entstanden ist, zu Gute halten.

Beck's und Mangold's Commentare, sowie die 7. Auflage des Meyer-Weissschen Commentars sind mir erst nach Abschluss meiner Arbeit zu Gesichte gekommen. Soviel ich beim Durchblättern gesehen habe, würden sie mich zu wesentlichen Aenderungen nicht bestimmt haben.

Dass der Commentar bei meinem alten Geschäftsfreunde, Herrn Arno Peschke, erscheint und zwar an dem Orte, an welchem ich 24 Jahre meines Doppelamtes gewartet habe und wo ich auch, so der Herr will, mit den Meinigen die letzte Ruhstätte zu finden hoffe, erachte ich für eine besonders gnädige Fügung meines Gottes.

Noch erfülle ich eine liebe Pflicht, wenn ich den freundlichen Förderern meines Buches, insonderheit meinem alten treubewährten Freunde und Studiengenossen, dem Pfarrer Gottlob Baltzer in Wernsdorf, für die liebevolle Theilnahme an meiner Arbeit, welche nicht wenig dazu beigetragen hat, mich zur Herausgabe zu ermuntern, sowie für die unermüdliche Sorgfalt, womit er durch Revision und Superrevision der Druckbogen, die, wie es scheint, unvermeidlichen Begleiter aller Presserzeug-

nisse, die Druckfehler, abzuwehren bestrebt gewesen ist, dank-
bar die Hand drücke.

Schliesslich die herzliche Bitte an Alle, die mir und meinen
Vorträgen bis jetzt fern gestanden haben, mein Buch ungekauft
und ungelesen zu lassen, wenn sie weiter nichts begehren, als
exegetische Resultate; das Buch ist eben nicht zum Nach-
schlagen, auch nicht zu rein cursorischer Lectüre geschrieben.
Denen aber, die sich's mit mir nicht verdriessen lassen, unter
Gebet und Arbeit nach dem lautern Golde des Schriftwortes zu
graben, wünsche ich, dass sie in dem Buche etwas finden
möchten, was ihnen werth ist.

Möchten diese in früherer und frischerer Zeit gehaltenen
Vorträge ihnen einen Segen, und mir für meine alten Tage die
Freude eintragen, nichts Vergebliches geschrieben zu haben.

Eisenberg in Thüringen, Ostern 1886.

D. C. W. Otto.

Zur Einleitung in den Römerbrief.

1. Vom Texte.

Die Einleitungsfragen lassen sich selbstverständlich nicht ohne die Textfragen behandeln. Bekanntlich fehlt es an einer allgemein anerkannten Textrecension der neutestamentlichen Schriften überhaupt, wie des Römerbriefs insbesondere. Wenn nun auch die Varianten nicht von dem Belange sind, dass sie das Verständniss des Briefs wesentlich beeinflussen, so handelt es sich bei der Textfrage nicht bloss um Lesarten, sondern um die Integrität des Briefs. Enthält derselbe Alles, was der Apostel Paulus an die Gemeinde zu Rom geschrieben hat, und zwar in derselben Folge, oder ist der Brief in veränderter Gestalt auf uns gekommen? Man hat in neuerer Zeit ein bereits von Marcion in seiner für die Gemeinden bestimmten Ausgabe von zehn Paulinischen Briefen beobachtetes Verfahren, aus inneren Gründen den überlieferten Text theils zu verstümmeln, theils zu beschneiden, wieder aufgenommen und, auf das vermeintliche Recht der wissenschaftlichen Kritik sich berufend, theils Interpolationen angenommen, theils wesentliche Bestandtheile des Textes versetzt, theils ganze Capitel gestrichen und auf diese Weise den literarischen Besitzstand der Kirche in nicht unbedenklicher Weise gefährdet. Wer nun den Römerbrief auszulegen unternimmt, der wird in sehr vielen Fällen als ein unwissenschaftlicher Mensch verurtheilt werden, wenn er sich auf Abschnitte des Briefs bezieht, welche die Kritik als unecht erwiesen zu haben glaubt. Mindestens wird er sich das Recht der Bezugnahme erst durch eingehende Erörterungen mit den Kritikern erwerben müssen. Soviel ich jedoch sehe, wird durch diese Unterhandlungen um das Recht der Benutzung des Textes in seiner hergebrachten Gestalt viel Kraft vergeudet und das Herantreten an die eigentliche Arbeit aufgehalten. Ich halte dafür, dass es genügt, das Beachtenswerthe an den kritischen Fündlein bei der Auslegung der betreffenden Stellen zu be-

sprechen. Auf die Forderung eingehen, bei den Einleitungsfragen
kritisch beanstandete Textbestandtheile nicht zu citiren, bedeutet
nichts Geringeres, als die Ergebnisse der Kritik von vorneherein als
gesichert anerkennen. Ein solches Zugeständniss kann und darf
nicht gemacht werden. Der Wahrheit wird durch diese Zurückhaltung kein Schaden geschehen. Unhaltbares wird sich auch ohne
die voreiligen Postulate der Kritik ausscheiden. Das Verständniss
des Ganzen ist ein sicheres Kriterium des Einzelnen.

Ich begnüge mich daher, zunächst nur über die Geschichte
der Textbehandlung kurz zu referiren und zwar zuerst über das
Verfahren, welches man dem Textganzen gegenüber beobachtet hat,
dann über die Stellung zu den Textvarianten.

Was das Textganze anlangt, so schliesst Semler den Brief
mit 14, 23; was von v. 15 ab geschrieben steht, sei der Inhalt
besonderer Blätter mit Begrüssungen und Notizen für einzelne Personen aus dem Bekanntenkreise des Apostels. — Nach Paulus
(-Heidelberg) sind Capp. 15. 16 ein Anhang für die Vorsteher und
gebildeten Gemeindeglieder. — Eichhorn und nach ihm viele Theologen (Reuss, Ewald, Mangold u. A.) nehmen an: Cap. 16 oder
doch wenigstens 16, 1—20, bez. 3—20 könne wegen der zahlreichen
Begrüssungen von Gliedern einer Gemeinde, in welcher der Apostel
sich nie aufgehalten, nicht für Rom bestimmt gewesen sein. Wahrscheinlich hätten wir Bruchstücke eines an die Corinthier (Eichhorn)
oder Ephesier (so neuerdings auch Schulz, Weizsäcker) gerichteten
Briefs vor uns, aus Irrthum dem Römerbrief beigefügt.

„Nicht aus Irrthum", sagt Baur, sondern „die beiden Capp. 15. 16
sind durchweg unecht."

Aber wie könnte der Brief mit 14, 23 schliessen? Dieser Frage
begegnet Schenkel, indem er 16, 25—27 an das Ende von Cap. 14
versetzt; Cap. 15 ist nach ihm ein vom Apostel selbst hinzugefügter
Anhang, Cap. 16 ein Empfehlungsbrief für Phöbe an die Gemeinden,
bei welchen sie auf dem Wege von Corinth nach Ephesus und von
dort nach Rom einkehren musste. — Nach Scholten sind nur 16, 1. 2
und vv. 21—24 echt. In allerneuster Zeit ist Lucht, von der Ansicht ausgehend, dass 14, 23 nicht abschliessen könne, mit der Behauptung hervorgetreten, dass Capp. 15. 16 echte Bestandtheile enthalten müssen; der eigentliche Schluss sei wahrscheinlich wegen scharfer
Zurechtweisung der Asceten von den Presbytern unterdrückt worden;
ein späterer Redactor habe aus Versehen an die Stelle des unter-
drückten Schlusses ein kurzes Schreiben an die Ephesier gesetzt,
daher die Capp. 15. 16.

Hilgenfeld verwirft Lucht's Hypothese; nur 16, 25— 27 sei
unecht. Nach Rénan ist der Brief ursprünglich für mehrere Gemeinden bestimmt gewesen; Grundstock die elf ersten Capp., dann die
für die verschiedenen Gemeinden verfassten Schlussabschnitte: Cap. 15
für die römische, Capp. 12—14 und 16, 1—20 für die ephesische;
Capp. 12—14 und 16, 21—24 für die zu Thessalonich; endlich

Capp. 12—14 nebst 16, 25—27 für eine unbekannte Gemeinde; es
sei alles echt, nur die Schlusssätze unter einander gemischt.
Für die Auffassung, dass alle Bestandtheile des Briefes von
Paulus herrühren, und sämmtlich am rechten Orte stehen, treten
Tholuck, Meyer, Hofmann u. A. ein, neuerdings Godet und B. Weiss.
Die Hypothesen der Kritik haben ihr Remedium an den Anti-
thesen. Man kann diesen Zersetzungs- und Auflösungsprozess ruhig
der sogenannten Wissenschaft überlassen. Unter all diesem Gewirr
der sich bekämpfenden Meinungen reift je länger desto mehr die
Erkenntniss, dass sich gegen die Integrität der uns überlieferten heiligen Schriften im Wesentlichen nichts einwenden lässt. Die beste
Widerlegung wird die gesunde Auslegung durch den Nachweis liefern,
dass die angeblichen Widersprüche und Inconcinnitäten entweder nur
lusus ingenii sind, oder Ausgeburten einer in den Schein eminenter
Gelehrsamkeit sich kleidenden Unwissenschaftlichkeit. —
Ich gehe nun zu den Varianten über. Die verschiedenen text-
kritischen Methoden bringt jedes Lehrbuch der Isagogik in die neutestamentlichen Schriften. Für meinen Zweck dürfte es genügen,
Stellung zu nehmen zu der neuesten Textbehandlung, wie sie in
Meyer-Weissschen und in den Godetschen Commentaren vorliegt.
Meyer-Weiss gestehen den Texturkunden nur relativen Werth zu;
weder Alter, noch Zahl entscheidet, sondern die Angemessenheit der
Lection zu dem, wie allerdings von vorneherein angenommen wird,
philologisch gesicherten Gedanken. Dabei spielen allerlei Conjecturen
über die Scriptur und den aus der irrthümlichen Vermischung und
Verwechslung der Schriftzeichen entstandenen neuen Lesarten keine
geringe Rolle.
Godet will das Gewicht der alten Handschriften nicht unterschätzen. Er unterscheidet drei urkundliche Textgestaltungen, deren
jeder er pro rata einen Antheil an der Feststellung der richtigen
Lesart einräumen möchte. Die erste Textgestaltung ist die alexandrinische, vertreten durch die Codd. א, A. B. C.; die zweite die
gräco-latinische, vertreten durch die vier der Zeit nach folgenden
Manuscripte D. E. F. G.; die dritte die byzantinische, welcher
die drei jüngsten Majuskeln K. L. P. und fast die Gesammtheit der
Minuskeln angehören. — Godet hat fleissig gezählt; er constatirt
270 Varianten. Er giebt das Resultat seiner Zählungen und Ver-
gleichungen in folgendem Ueberblick: die alexandrinischen Handschriften sind 21 mal mit dem gräco-lat. Text verbündet gegen die
byzantinischen, welche dabei nur dreimal als den beiden andern überlegen erscheinen. Die gräco-latinische und die byzantinischen treten
18 mal verbündet dem alexandrinischen Text gegenüber, welcher sich
sechsmal seinen beiden Nebenbuhlern überlegen zeigt.
Die alexandrinischen und byzantinischen stehen 35 mal vereinigt
gegen den gräco-latinischen, welcher nach Godet's Erachten viermal
die bessere Lesart bewahrt hat, nämlich nach Godet's Auslegung,
welche überhaupt der ganzen Zählung zu Grunde liegt. Wie nun,

wenn die Abweichungen der Byzantiner grösstentheils auf Conjecturen
der Abschreiber beruhen, wie denn die gräco-latinischen Varianten
mir nicht von Urschriften herzurühren scheinen, also einfach als
abschriftliche Varianten aus selbständigen Codd. anzusehen sind, sondern mehr als redactionelle Aenderungen, wie sie die Uebersetzer
gerade brauchten.

Bei alledem, dass Godet, wie der Commentar zeigen wird, nicht
frei ist von dogmatisch beeinflussten Sondermeinungen, die denn auch
selbstverständlich für sein Urtheil über die Lesarten massgebend gewesen sind, gesteht er Th. II S. 330 seines Commentars zu, dass in
den wenigen Fällen, in welchen die drei Texte völlig auseinander-
gehen, dem alexandrinischen der Vorzug gegeben werden müsse. Das
ist denn doch eine kleine Genugthuung für Tischendorf, von welchem Godet Th. I S. 76 sagt: es sei das einer der grossen Miss-
griffe Tischendorfs, dass er in der Regel den alexandrinischen Text
angenommen habe, ja durch die Entdeckung des Sinaiticus mehr, als
je, in diese Methode hineingezogen worden sei. Godet spricht sich
dann im Allgemeinen über die Eingenommenheit für die alten alexandrinischen Handschriften dahin aus, dass sie von verschiedenen Ursachen herrühre: von ihrem Alter, von der wirklichen Vorzüglichkeit
des Textes in zahlreichen Fällen und hauptsächlich von der Gegenwirkung gegen das unberechtigte Vorherrschen des byzantinischen
Textes in dem alten textus receptus. Schliesslich entwickelt Godet
seine textkritischen Grundsätze. Er sagt: „Jeder, der sich längere
Zeit mit der Exegese des N. T. beschäftigt hat, wird, wie mir scheint,
dreierlei anerkennen: 1) dass jede apriorische Bevorzugung des
einen von den drei Texten Vorurtheil ist; 2) dass der einzige einiger-
massen wahrscheinliche äusserliche Grund für die Bevorzugung
einer Lesart die Uebereinstimmung einer Anzahl von Documenten
aus entgegengesetzten Typen ist; 3) dass das einzig sichere Mittel
der Entscheidung im gründlichen Studium des Zusammenhanges liegt."
So Godet. Dazu bemerke ich, dass das Mittel Nr. 3 lediglich subjectiver Art ist, dass Nr. 2 von Godet selbst durch seinen Rechnungsbericht in Frage gestellt worden; dagegen allein der Canon
unter 1 Stich hält, sofort aber seine Kraft verliert, wenn statt aprio-
rischer Bevorzugung aposteriorische gesetzt wird.

Godet selbst hat in seinem Rechnungsbericht der aposteriorischen
Bevorzugung der alexandrinischen Manuscripte das Wort geredet, und
zwar „ohne Vorurtheil", weil auf Grund eines aus sorgfältiger Untersuchung hervorgegangenen Schlussurtheils.

Uebrigens bin ich der Meinung, dass die alexandrinischen Handschriften nicht darum einen solchen hohen Werth haben, „weil dieser
Text wahrscheinlich die in den ägyptischen Gemeinden und in Alexandrien gewöhnliche Form war", sondern weil in den ersten Jahrhunderten der christlichen Kirche, welche hiobei allein in Frage
kommen, der Sitz der weitaus bedeutendsten christlichen Gelehrsamkeit sich in Alexandrien befand. Es wäre geradezu unbegreiflich,

wenn man der dortigen theologischen Hochschule (Katechetenschule) ein Bemühen um die sorgfältige Pflege des Schrifttextes absprechen wollte. Kein Ort der Christenheit, weder Rom noch Byzanz haben in Bezug auf Schriftkenntniss — man denke an Origenes — Aehnliches geleistet. Eine gewisse kritische Bildung zeigt sich in den auf uns gekommenen alexandrinischen Handschriften auch insofern, als sorgfältiger, wie in anderen Codd., zwischen Text und exegetischen Conjecturen durch Randglossen geschieden worden ist.

Bei diesem Stande der Sache kann ich mich mit dem Godet-schen Verfahren nicht einverstanden erklären, durch Vergleichung und Abrechnung mit den gräco-latinischen und byzantinischen Manuscripten die wahre Lesart feststellen zu wollen; vielmehr halte ich im Allgemeinen Tischendorfs Bevorzugung der alexandrinischen Codd. und die Verweisung der anderweiten Codd. in die zweite Zeugenstelle für richtig. — Ich habe daher kein Bedenken getragen, meinem Commentar den von Gebhardt reproducirten Text der achten Stereotypausgabe des Tischendorfschen Neuen Testaments zu Grunde zu legen. Abweichungen im Einzelnen habe ich mir erlaubt, wenn ich mich überzeugt hielt, dass die Tischendorfsche Recension — angeblich wegen des Zusammenhangs — ohne Noth einer untergeordneten Auctorität gefolgt war. Für mich haben die Alexandriner, insbesondere der Sinaiticus den Werth einer reinen Textabschrift, wogegen ich die gräco-latinischen und byzantinischen Manuscripte als redigirte und darum den alexandrinischen untergeordnete so lange bezeichnen muss, bis der Nachweis irgend welcher Selbstständigkeit anderweit erbracht ist.

Da übrigens Textkritik und Auslegung von einander nicht getrennt werden können, also auch von mir nicht getrennt worden sind, so wird mein Commentar die Stellung, welche ich zur Textkritik einnehme, in jedem einzelnen Falle erkennen lassen.

2. Zeit und Ort der Abfassung.

Gewöhnlich wird die Einleitung in den Römerbrief mit einer kürzeren oder längeren Biographie des Apostels Paulus eröffnet. Ich sehe davon ab, weil ich für besser halte, dass, wie bereits mehrfach geschehen ist, das Leben und Wirken des Apostels monographisch behandelt werde, einmal wegen der eminenten Bedeutung des Mannes, für welche der Raum einer Einleitung mir zu eng ist, dann, weil ich meine, dass ein Leben Pauli, wenn auch in gedrängtester Darstellung, die Auslegung einer seiner Einzelschriften nur aufhalten würde. Dazu kommt, dass die Exegese der neueren Zeit durch Mehrung ihres archäologischen und philologischen Apparates ohnehin so schwerfällig geworden ist, dass es Noth thäte, auf Vereinfachung, statt auf Erschwerung zu sinnen. Demgemäss beschränke ich mich, aus der Geschichte des Apostels nur soviel heranzuziehen, als mir zur Erklärung des vorliegenden Briefs nothwendig zu sein scheint. Die ersten und nächsten Einleitungsfragen ergeben sich von selbst.

1. Wann ist der Römerbrief geschrieben? Jedenfalls v o r 62, dem Jahre, in welchem der Apostel zuerst nach Rom kam. Dass er vorher nicht dagewesen, sagt er selbst Röm. 1, 10—13.

Als Paulus schrieb, war er noch frei; somit ist der Brief v o r Pfingsten 59 verfasst, dem Zeitpunkt seiner Gefangennahme.

Als Paulus schrieb, war die Collecte für die Muttergemeinde in Jerusalem beendet; er selbst wollte die Collecte überbringen (Röm. 15, 24—28) und stand im Begriff, abzureisen.

Die Abreise fand im März 59 statt; so muss der Brief in den ersten Monaten des Jahres 59 geschrieben sein.

2. Wo ist der Römerbrief geschrieben? Die Empfehlung der Phöbe 16, 1; die Erwähnung des Cajus, als seines Hauswirths 16, 23, wahrscheinlich derselbe mit dem Cajus 1 Cor. 1, 14; der Gruss von Erastus, dem Stadtkämmerer 16, 23, wahrscheinlich derselbe mit dem 2 Tim. 4, 20 erwähnten, lassen auf C o r i n t h. als A b f a s s u n g s - oder doch wenigstens als A b s e n d u n g s o r t des Briefs schliessen.

In der That hielt sich P. vor seiner Abreise nach Jerusalem während dreier Monate in Hellas auf (Act. 20. 3), d. i. während der Monate December 58, Januar und Februar 59. Hatte P. die Absicht, auf kürzestem Wege nach Jerusalem zu gehen, so wird er sich wohl an den Ort begeben haben, von welchem aus allezeit, so lange das Meer offen war, Verbindung zur See mit der syrischen Küste statt-fand, also nach Corinth. Dass P. seine Absicht, direct nach Jerusalem zu gehen, wegen der jüdischen Nachstellungen änderte (Act. 20, 3) und seinen Weg über Macedonien und Troas nahm, war ohne Ein-fluss auf die Absendung des Briefs. Der Römerbrief enthält keinerlei Andeutung von jüdischen Verfolgungen, muss also v o r Aenderung der Reiseroute geschrieben und abgesandt worden sein.

Schwieriger ist die Frage nach den geschichtlichen Verhältnissen der A d r e s s a t e n. Was wissen wir von der christlichen Gemeinde zu Rom? wann und durch wen ist sie gestiftet worden? wie waren die Gemeindeverhältnisse beschaffen, als P. schrieb? Ich denke diese Fragen, soweit das überhaupt möglich ist, in den nächstfolgenden Abschnitten zu behandeln.

3. Von den Anfängen der römischen Gemeinde.

Nehmen wir an, dass die erste christliche Gemeinde am Pfingst-feste des Jahres 31 zu Jerusalem gestiftet worden ist, und dass die erste Nachricht von dem Bestehen einer solchen Gemeinde in Rom mit dem Briefe an dieselbe zusammenfällt, so würde die Zeit von 31—59 die äussersten Grenzen bezeichnen, innerhalb welcher das Stiftungsjahr der Gemeinde zu suchen wäre. Nach Röm. 1, 13 muss jedoch die Gemeinde schon während des $1^1/_2$ jährigen Aufenthaltes Pauli in Corinth existirt haben, denn wann zuerst hätte der Apostel daran denken können, sie zu besuchen, als damals, wo er auf seiner zweiten Missionsreise Rom so nahe gekommen war, wie vorher noch niemals, und von Aquilas (Act. 18, 2) Nachricht über römische Verhältnisse, vielleicht auch über die dortige Gemeinde empfangen hatte, also etwa im Jahre 52? Hatte die Gemeinde damals schon, wie wir unbedenklich annehmen können, einige Jahre bestanden, so werden wir als äusserste Grenze der Zeit, in welcher die Gemeinde gegründet worden, das Jahr 50 setzen dürfen. Schwieriger ist es, die äusserste Grenze nach rückwärts zu fixiren. Die Hypothese, nach welcher die ἐπιδημοῦντες Ῥωμαῖοι, Ἰουδαῖοι τε καὶ προσήλυτοι einige Funken des Pfingstsegens in die Heimath übertragen, empfängliche Gemüther damit entzündet und schliesslich dazu bestimmt hätten, ein christliches Gemeindewesen zu gründen, hat, als höchst unwahrscheinlich, wenig Anklang gefunden. Ueberdiess steht der Begriff der ἐπιδημοῦντες noch nicht so fest, dass dabei mit Sicherheit an auswärtige Festgenossen, welche wieder in ihre Heimath zurückkehrten, gedacht werden könnte. Ebensowenig steht fest, ob gerade die Ῥωμαῖοι zu jenen 3000 Seelen hinzugethan worden sind, welche die erste Gemeinde bildeten (Act. 2, 41). Dass einer der Urapostel, etwa Petrus oder Abgeordnete des Petrus, bald nach dem Feste als Missionare nach Rom gegangen wären, davon weiss nur die Tradition zu erzählen, nicht aber die Geschichte. Ueberdiess war die Gemeinde zu Rom, wie ich proleptisch hier schon bemerken will, aus Heiden gesammelt; hat es auch nur einen Schatten von Wahrscheinlichkeit, dass die Urapostel, welche noch im Jahre 50 (Act. 15, 22 u. flg.) bei Gelegenheit des Concils sich nur schwer dazu herbeiliessen, den Zutritt der Heiden zur christlichen Gemeinde nicht von der Annahme des Mosaischen Gesetzes abhängig zu machen, bald nach dem J. 31 in Rom den Heiden das Evangelium gepredigt hätten?! Was jene nicht thaten, das hat sicherlich kein gläubig gewordener Jude thun wollen. Es wird anzuerkennen sein, dass der Gedanke der Heidenmission, welchen Petrus im Hause des Cornelius (im J. 41) fasste und vertrat, vorläufig eben nur Gedanke blieb und erst durch Paulus und seinen Bericht über die Ergebnisse der ersten Missionsreise (von 45 ab) den Uraposteln so nahe gebracht wurde, dass sie sich nicht länger weigerten, die Heidenmission unter gewissen Bedingungen zu sanctioniren.

Also weder die Urapostel, noch ihre Delegirten, noch gläubige Juden von der Sinnesart der Jerusalemischen Muttergemeinde haben in Rom missionirt und die erste Gemeinde aus den Heiden gestiftet. Aber auch der Apostel Paulus hat nicht in Rom gepredigt, ebenso wenig einer seiner Schüler. So muss es ein Mann gewesen sein, der weder von den Uraposteln, noch von dem Heidenapostel Auftrag hatte, ein Mann jedoch, der nicht daran zweifelte, dass auch die Heiden zum Reiche Gottes berufen seien und ohne Annahme des Gesetzes allein durch den Glauben selig werden könnten, also ein Doppelgänger des Heidenapostels, aus eigner Berufung, denn wir lesen

nicht, dass der Herr vor der Erwählung des Paulus einen anderen
zur Verkündigung des Evangeliums unter den Heiden gesendet habe.
Wenn aber die Predigt nicht in Anticipation des dem Paulus und
Barnabas ertheilten Mandats geschehen ist, so kann sie nur erfolgt
sein, als das Princip der Heidenmission bereits amtliche und thatsächliche Anerkennung gefunden hatte, also auf Grund des allerhöchsten Orts sanctionirten Heidenapostolats und in Unterordnung unter
denselben. Kurz, der Mann muss ein Pauliner gewesen sein, wenn
auch nicht vom Apostel gesendet und approbirt, so doch von seiner
Predigt ergriffen und von seinem Missionstriebe beseelt. Als frühesten Termin aber der ersten evangelischen Predigt in Rom werden
wir das J. 45 anzusehen haben, so dass also die Stiftung der Gemeinde mit aller Wahrscheinlichkeit in die Zeit von 45 bis 50 zu
verlegen sein dürfte. — Dass eine auf das Princip des Paulinismus
gegründete Gemeinde eben damit als paulinische bezeichnet werden
muss, liegt auf der Hand.

Im Widerspruch damit hat Weizsäcker in den Jahrbüchern
für deutsche Theologie 1876 S. 302 behauptet, die Gemeinde zu Rom
sei weder judaistisch gewesen, noch paulinisch, sondern beide, die
Judaisten ebenso, wie der Apostel Paulus hätten sich bemüht, erst bei
ihr Eingang zu finden und sie für sich zu gewinnen. Die Basis
dieser Behauptung, deren Ungrund sich bald herausstellen wird, ist
die Fiction eines gemeinen Christenthums, welches, dem grossen
Streit über das Gesetz zur Unterlage dienend, schon vor Paulus
vorhanden war, und um welches sich daher heidenchristliche Gemeinden gruppiren konnten, welche in keinem Zusammenhange mit
Paulus standen. Dies gemeine Christenthum, welches, wie uns Weizsäcker belehrt, weder jüdisch-gesetzlich, noch paulinisch war, hatte
seinen Schwerpunkt im monotheistischen Glauben an eine altheilige
Offenbarung, in dem Glauben an den von den Todten erweckten
Sohn Gottes (l. c. S. 306) und in der sittlichen Reinigung, welche
von ihm ausgeht. Seltsam: Dieser monotheistische Glaube war nicht
der Heiden Glaube, und der auferstandene Christ erst recht eine für
das Heidenthum absolut neue Thatsache. Diese Glaubensgrundlagen
oder Schwerpunkte, wie man sie nun eben nennen will, boten sich
nicht etwa, wie die gemeine Luft, einem jeglichen ohne Weiteres zur
Aneignung dar, sondern sie mussten denen, die aus sich selbst davon
nichts wissen konnten, auf geschichtlichem Wege, durch Mittheilung
dargereicht, d. h. gepredigt werden. Dazu gehörten Persönlichkeiten,
welche, wenn sie nicht selbst Zeugen der Auferstehung gewesen waren,
doch das Zeugniss auf glaubwürdige Weise von anderen empfangen
haben mussten, um es weiter zu geben. Diese „anderen" haben es
schliesslich wieder von anderen empfangen. Sollte nun die ganze
heilige Geschichte sich nicht als ein blosses Gerede, als ein Gemenge
von Dichtung und Wahrheit darstellen, so musste doch von allerhöchster Stelle dafür gesorgt sein, dass ein fester Grund, ein von
Gott geordneter Anfang und Ausgang der evangelischen Wahrheit

vorhanden, oder mit andern Worten, dass diese Zeugnisse vom einigen
Gott und dem auferstandenen Christ auf Persönlichkeiten zurückgeführt werden konnten, welche der Herr selbst zur Bezeugung der
Heilsthatsachen autorisirt und ausgerüstet hatte. So kann, wenn
die Schriftwahrheit nicht zu einem blossen Gerede herabgewürdigt
und ihre grundlegenden Zeugnisse nicht ins Ungewisse gestellt werden
sollen, nicht zugegeben werden, dass vor der apostolischen Predigt
ein gemeines Christenthum durch die Predigt von Männern sich
gebildet habe, welche dazu weder ermächtigt, noch in der Lage waren,
die Auferstehung Christi aus dem Munde der Augenzeugen zu bestätigen. Wo wäre auch nur eine Andeutung von solchem vor-
apostolischen gemeinen Christenthum in heiliger Schrift zu finden?
Wenn irgendwo eine Aussprache hierüber erwartet werden dürfte, so
müssten wir solche vor allen Dingen im Römerbrief selbst erwarten.
In der That finden sich Aeusserungen, welche man allenfalls dahin
ziehen könnte; genauer erwogen, sagen sie das Gegentheil aus von
dem, was W. will. Die ὑπακοὴ, 16, 19, ist ihrem Inhalte nach
genau durch v. 17 bestimmt; es ist der Gehorsam gegen die διδαχὴ,
welche die Römer gelernt haben. Zum Ueberfluss steht dasselbe 6, 17:
ὑπηκούσατε ἐκ καρδίας εἰς ὅν παρεδόθητε τύπον διδαχῆς. Somit hat das römische Gemeindewesen sich nicht auf dem Grunde eines
allgemeinen Christenthums entwickelt, sondern es verdankt seinen
Ursprung der παράδοσις, auch nicht der παράδοσις einer individuellen Disposition für Religiöses im Anschluss an Gerüchte aus dem
Orient, sondern eines τύπος διδαχῆς, in welchen die Römer übergeben, d. i. hineingewiesen worden sind. Gesetzt nun, dieser
τύπος habe eben nichts weiter enthalten, als die Grundzüge des von
Weizsäcker angenommenen allgemeinen Christenthums, nämlich die
monotheistische Lehre und die Ueberlieferung von dem auferstandenen
Christ, so sind das eben die charakteristischen Grundzüge des Paulinismus; Judaistisches wäre nie ohne Gesetzliches überliefert worden.
Der Ausschluss alles Nomismus von der Heilslehre ist paulinisch, und
weil paulinisch, darum allgemein christlich. So steht die Fiction
Weizsäckers nicht über der Paulinischen Lehre, sondern die letztere
ist eben die Wahrheit der ersteren. Einen Paulinismus aber vor
Paulus annehmen und darauf die Gemeinden stellen, welche nicht
unmittelbar von dem Apostel gegründet worden sind, heisst in der
That die Geschichte der apostolischen Mission verwirren und aus
ihrer von dem Herrn selbst sanctionirten Ordnung in das vage Gebiet des natürlichen Werdens und Entstehens überführen oder mit
andern Worten, neben die Gottesgeschichte der Gründung und Ausbreitung der Kirche eine natürliche Geschichte derselben stellen, für
welche höchstens einige unmittelbar von Gott gewirkte Heilsthatsachen als Grundlage der sich selbst erbauenden Kirche zugestanden
werden.

Was oben ausgeführt worden, wird vollkommen durch die Stellung bestätigt, welche der Apostel der ohne sein unmittelbares Dazu-

thun entstandenen römischen Gemeinde gegenüber einnimmt. Es ist eine zu Gunsten vorgefasster Meinungen aufgestellte Behauptung Weizsäckers: der Apostel bemühe sich erst, mittelst seines Schreibens Eingang in die Gemeinde zu finden und sie für sich zu gewinnen. Wäre das richtig, so stände das, was Paulus 1, 8—16 schreibt und was von allen Auslegern mit Recht als Aussprache des Apostels über den Vorwurf, dass er die Gemeinde bisher noch nicht besucht habe, aufgefasst worden ist, in hellem Widerspruch mit der kühlen Haltung der Gemeinde; das Rühmen ihres Glaubensgehorsams, ihrer unverrückten Anhänglichkeit an die παράδοσις wäre lediglich captatio benevolentiae; die Zuversicht, mit welcher der Apostel die Gemeinde als zu seinem Missionsgebiet gehörig beansprucht (1, 14. 15), schriftstellerische Decoration!

Genug und übergenug, um die Hypothese von der neutralen Stellung der Gemeinde zum Paulinismus oder Judaismus, und die Statuirung eines allgemeinen weder paulinischen noch judaistischen Christenthums als ursprünglicher Glaubensstellung der römischen Christen zurückzuweisen.

Nur Eins scheint mir daran beachtlich, die indirecte Voraussetzung, dass die Stiftung der Gemeinde nicht durch eine im eignen Auftrage missionirende Persönlichkeit erfolgt sein kann. Dieser Voraussetzung kann ich meine Zustimmung nicht versagen. Man hat zwar die Vermuthung geäussert, es könne wohl einer der in Cap. XVI genannten Christen, etwa Epainetos oder Andronikos und Junias Gründer der Gemeinde sein. Wie soll jedoch erklärt werden, dass der Apostel, welcher fast jeden, welchen er grüssen lässt, mit einem ehrenden Prädicat bedenkt, mit keiner Sylbe des Gründungswerkes gedenkt? Wäre aber der Apostel der römischen Gemeinde, um ihn so zu nennen, nicht mehr am Leben gewesen, würde sich P. haben entgehen lassen, an ihn etwa in der Weise von Hebr. 13, 7 zu erinnern? Ich halte dafür, dass man diesen Bedenken nur entgeht, wenn man annimmt, dass die Gemeinde zu Rom nicht durch Mission gestiftet, sondern aus einem Grundstock von eingewanderten Paulinern gebildet worden ist, welchen sich die durch ihr Bekenntniss gewonnenen Heiden angeschlossen haben. Somit wäre besser von der Verpflanzung der christlichen Gemeinde nach Rom zu reden, statt von einer Stiftung derselben in Rom. Keiner von den ersten römischen Christen wäre im eigentlichen Sinne als Gründer zu bezeichnen. Die Mehrung des Grundstocks wäre einfach durch eine παράδοσις τοῦ τύπου τῆς διδαχῆς erfolgt. Das παραδοθῆναι εἰς τὸν τύπον Röm. 6, 17 wäre identisch mit der Aufnahme in das Christenthum oder in die christliche Gemeinschaft. Es hindert nichts, anzunehmen, dass in dem Grusscatalog Persönlichkeiten genannt sind, welche unter die Anfänger des römischen Gemeindewesens gehören.

Doch wichtiger noch, als der Anfang ist

5. Der Zustand der römischen Kirche, als Paulus seinen Brief schrieb.

Dass die kleine nach Rom verpflanzte Gemeinde, auch wenn die eingewanderten Christen sämmtlich jüdischer Abkunft gewesen wären, eben als Pauliner einen Anschluss an die Judenschaft in Rom nicht gesucht haben werden, wie sie denn überhaupt keinerlei Interesse hatten, sich als Juden zu erkennen zu geben, liegt auf der Hand. Da sie ferner einen Beruf zum Missionswerk nicht hatten, so begreift sich's, dass sie nicht etwa, wie der Apostel solches für seine Pflicht erachtete, sich zuerst mit der Botschaft des Evangeliums an die Heiden wendeten. Das christliche Bekenntniss war ihnen Gewissenssache; die evangelische Predigt als solche war ihnen nicht befohlen. Gerade in dieser reinen Bekenntnissstellung mussten sie die besondere Aufmerksamkeit der Heiden erregen. Gegner des Judenthums und doch Bekenner des Monotheismus, dem Aberglauben und Lasterleben des Heidenthums abgewendet, und doch den Heiden zugewendet, ja die Berufung zu dem gleichen Heil in Christo Jesu ihnen zuerkennend, das musste für alle Suchenden — und deren gab es in Rom um die Zeit der Religionswende eine grosse Zahl — eine grosse Anziehungskraft ausüben. Die Gemeinde wuchs; ihr Zuwachs kam nicht aus den römischen Juden, sondern aus den Heiden, imgleichen aus dem Zuzug paulinischer Christen von Aussen.

Man sollte meinen, dass schon von dieser fundamentalen Betrachtung aus die Frage, ob die römische Gemeinde ihren Hauptbestandtheilen nach judenchristlich oder heidenchristlich gewesen, sich von selbst beantwortete. Dennoch ist diese Frage für die Isagogik nicht minder, wie für die Exegese bis auf den heutigen Tag eine offene Frage geblieben, und ich werde nicht umhin können, mich damit eingehender, als ich für meine Person wünschen möchte, zu beschäftigen.

Von vorne herein aber muss ich mich gegen den Gebrauch der Ausdrücke judenchristlich und heidenchristlich erklären, sofern sie bereits in ihrer Zusammensetzung Anticipationen grosser Irrthümer enthalten. Andronikos und Junias (16, 7), Herodion (16, 11), Lucius, Jason und Sosipater (16, 21) sind sämmtlich jüdischer Nationalität, aber doch nicht Judenchristen, sondern Pauliner; Epainetos (16, 5), Amplias, Urbanus (16, 7. 8) sind heidnischer Abstammung, darum aber nicht Heidenchristen. Oder soll Jude und Heide in dieser Zusammensetzung nichts weiter, als die Nationalität ausdrücken? Ist nicht vielmehr eine besondere Art der Christlichkeit gemeint, je nachdem die Gemeindeglieder aus den Juden sind oder aus den Heiden? Dann aber ist zu fragen, ob denn nicht gerade diese besondere Art, wenn sie sich auf mehr erstreckt, als auf confessionell Gleichgültiges, etwas sei, was nicht sein sollte, und ob es noch statthaft sein dürfte, eine Bipartition des Christlichen danach vorzunehmen? Das Unterscheidende in dem Judenchristlichen und

Heidenchristlichen, wie man es bisher genannt hat, ist nicht sowohl die Nationalität, als die Meinung vom Gesetz. Im Judenthum fliesst beides zusammen: die Nationalität und die Angehörigkeit an das Mosaische Gesetz. Würde in dem Ausdruck judenchristlich das Jüdische ebenso aufgefasst, nämlich als solidarische Einheit von Nationalität und Gesetz, so wäre damit der zweite Theil der Zusammensetzung, das Christliche, geradezu aufgehoben. Dieselbe Dialektik wiederholt sich bei dem Ausdruck heidenchristlich. Ist das heidnische Wesen die nationale Negation des Monotheismus, so hätten wir wieder eine unmögliche Zusammensetzung, eine contradictio in adjecto vor uns. Es soll ja nicht geläugnet werden, dass die Nationalität als solche das Bekenntniss irgendwie beeinflusst, allein dieser Einfluss darf nicht von dem Belange sein, dass das Christliche geradezu negirt wird. Formelle Modificationen aber des Bekenntnisses je nach der Herkunft des Bekennenden können nicht ein Theilungsprincip für den Wesensbegriff hergeben. Man kann die Gerechtigkeit aus dem Gesetz, oder noch allgemeiner: die Angehörigkeit an das Gesetz auf das Bestimmteste ablehnen, wie das der Apostel gethan, und ist damit nicht ein Heidenchrist geworden.

Ich würde vorschlagen, die in den Gemeinden der apostolischen Zeit hervortretende Verschiedenheit, die man bisher durch judenchristliche und heidenchristliche Richtung bezeichnet hat, historisch und zwar nach ihrer Genesis zu bestimmen. Historisch aber ist, dass die Verschiedenheit ihren Grund hat in der verschiedenen Meinung über die fernere Geltung des Mosaischen Gesetzes, und nicht minder historisch ist, dass die verschiedene Stellung zum Gesetz durch die Namen Paulus und Petrus bezeichnet wurde. Statt Judenchristen und Heidenchristen würde ich Pauliner und Petriner sagen, wenn ich den letzteren Namen mir ohne Vorbehalt aneignen dürfte. Das wird jedoch nicht der Fall sein.

Ich weiss nämlich sehr wohl, dass Petrus mit den Petrinern nicht verwechselt werden darf. Trotz aller Schwachheit, die nach Gal. 2, 11 sqq. nicht in Abrede zu stellen ist, war Petrus nicht nur der erste, welcher — allerdings auf allerhöchste Veranlassung — einen Heiden taufte (Act. 10, 47. 48), sondern auch die Berufung des Paulus zum Heidenboten und damit die Heidenmission selbst anerkannte. Die von den Aposteln (Act. 15, 28 sqq.) angeordnete Verpflichtung auf die noachischen Gebote, als auf die Lineamente der vormosaischen, gewissermassen humanistischen Moral, kann in keinerlei Weise als eine Verpflichtung der in die Kirche eintretenden Heiden auf das Mosaische Gesetz angesehen werden. — Somit war die Frage nach der ferneren Geltung des Mosaischen Gesetzes in der Christenheit für Juden und Heiden gleichmässig erledigt; wenigstens hätte man das meinen sollen.

Es fehlte jedoch viel daran, dass die christgläubigen Juden zu Jerusalem sich durch den Beschluss des Concils für entbunden vom Gesetz angesehen hätten; vielmehr hielten sie sich fort

und fort zur Beobachtung des Gesetzes verpflichtet. Von den
drückenden Vorschriften desselben hätten sie wohl frei sein mögen,
aber von den Rechten, welche das Gesetz vermeintlich und wirklich ihnen ertheilte, wollten sie nicht liberirt sein; sie wollten Nationaljuden bleiben, ihren Anspruch auf Superiorität über die Natur-
völker, ihre Aussichten auf das messianische Reich, d. i. auf die
sichtbare Herrlichkeit ihres Volksthums nicht aufgeben. Das aber
stand ihnen fest, dass sie mit dem Zurückgehen auf die noachischen
Gebote der Völkerwelt sich gleichstellen und die im Gesetz ihnen
gewährleistete particulare Stellung des Gottesvolkes aufgeben würden.
Dass dies die Meinung war, bezeugen die Urapostel ausdrücklich
(Act. 21, 20. 21), legen also gradezu das Geständniss ab, dass sie
die christgläubigen Juden zu Jerusalem keineswegs über die Berechtigung der Paulinischen Predigt von dem Aufhören des Mosaischen
Gesetzes für die Gläubigen zu verständigen vermocht hätten. Auch
wird uns nicht von Petrus berichtet, dass er sich's habe angelegen
sein lassen, das Urtheil der Menge in Jerusalem über Paulus zu
berichtigen. Ohne Zweifel haben die Urapostel selbst, unter ihnen
Petrus voran, das Gesetz gewissenhaft beobachtet, wenn nicht aus
anderem Grunde, so doch um Anstoss zu vermeiden, denn sie selbst
können die Beobachtung des Gesetzes nicht als ein Stück der
christlichen Gerechtigkeit angesehen haben, oder sie müssten einen
anderen Glaubensgrund gehabt haben, als Paulus, was um so weniger
anzunehmen ist, als eine offene Aussprache zwischen ihnen und dem
Heidenapostel stattgefunden hatte, die στῦλοι aber zu der Paulinischen Darlegung etwas hinzuzufügen nicht für nöthig erachtet
hatten (Gal. 2, 6). Somit hatten weder Petrus, noch die andern
Apostel gegen den Paulinischen Satz, dass der Mensch gerechtfertigt
werde durch den Glauben ohne des Gesetzes Werke (Röm. 3, 28),
etwas einzuwenden. Sie beobachteten das Gesetz nicht als nothwendiges Complement des Glaubens, sondern als die von den
Vätern überkommene Form des äussern Lebens in freier Fortführung,
nicht aus Zwang, sondern aus Gewohnheit. Sicherlich gab es ausser
den Uraposteln noch eine nicht geringe Zahl von solchen, welche
das Gesetz aus gleichem Grunde beibehielten. Diese waren, um
einen Parteinamen zu gebrauchen, die eigentlichen, die rechten
Petriner; gegen diese hat Paulus ebenso wenig polemisirt, als
gegen Petrus selbst.

Allein derer, welche das Gesetz Gewissens halber festhielten
und weder von seinen Pflichten, noch von seinen vermeintlichen
Rechten entbunden sein wollten, waren Myriaden (Act. 21, 20), und
die Urapostel waren dieser Myriaden so wenig mächtig, dass sie
den Heidenapostel beredeten, sie durch einen ostensiblen Act äusserer
Gesetzesbeobachtung zufrieden zu stellen (Act. 21, 23 sqq.). P. lernte
diese Leute nicht erst jetzt kennen; er wusste lange vorher, was er
von ihnen zu befahren hatte. Das zeigt seine Aeusserung Röm. 15, 31:
παρακαλῶ δὲ ὑμᾶς — συναγωνίσασθαί μοι ἐν ταῖς προσευχαῖς

ὑπὲρ ἐμοῦ πρὸς τὸν θεόν, ἵνα ῥυσθῶ ἀπὸ τῶν ἀπειθούντων ἐν τῇ Ἰουδαίᾳ καὶ ἵνα ἡ διακονία μου ἡ εἰς Ἱερουσαλὴμ εὐπρόσδεκτος γένηται τοῖς ἁγίοις. Also trotz der reichen Collecte aus seinem Missionsgebiete, trotz der vollen Hände, für welche doch sonst die Juden nicht so unerkenntlich und unempfänglich sind, die Besorgniss, dass sein Erscheinen den Jerusalemischen Heiligen (Christen) nicht willkommen sein werde. — Diese Leute waren es, von welchen der Apostel viel zu erleiden hatte, und die ich Petriner nennen möchte, weil sie sich gemeinhin auf Kephas beriefen; wie aus den Corinthierbriefen hervorgeht, scheinen sie sich ausserhalb Judäas besonders an den Orten, wo Paulinische Gemeinden bestanden, ausgebreitet zu haben. Von diesen Petrinern habe ich freilich auf das Bestimmteste die Irrlehrer Röm. 16, 18; imgleichen die im 2. Corinthierbrief ausführlich beschriebenen zu unterscheiden. Diese waren überhaupt keine Christen, sondern nannten sich, um zu täuschen, δοῦλοι τοῦ Χριστοῦ, weil sie auch einen Christ, nämlich den jüdischen Messias predigten, nicht Christum Jesum. Dagegen waren die Petriner in der That Christen, nur anders über das Gesetz Mosis denkend, als die Pauliner.

Um nicht zu Missverständnissen Veranlassung zu geben, werde ich diese Petriner im Folgenden möglichst als Jerusalemische, oder palästinensische oder nationale Christgläubige kennzeichnen, den Ausdruck judenchristlich aber vermeiden, um nicht die Nationalitätsfrage ohne Noth in die Discussion hineinzuzerren.

Ich trete nunmehr der Entwicklungsgeschichte der jungen römischen Pflanzung näher. Eine Erweiterung der Gemeinde durch Bekehrte aus der dortigen Judenschaft lag weder in den Anfangsverhältnissen derselben, die jede Berührung mit Nationaljuden ausschlossen, noch in ihrer Absicht, da zunächst nur das Verlangen nach Zusammenschluss, weniger der Missionstrieb die nach Rom eingewanderten Christen beseelte. Die junge Gemeinde hatte sicherlich vollauf mit der Sicherung ihres Fortbestandes zu thun und erwartete darum ohne Agitation nach Aussen ihre Mehrung durch Zuzug. In die erste Zeit ihres Bestehens fällt das von Sueton (Claudius 25) erwähnte Edict de pellendis Judaeis. Man hat geglaubt, die Glaubwürdigkeit des Sueton anzweifeln zu sollen, weil die freundliche Stellung des römischen Hofs zu dem Könige Agrippas eine solche Maassregel gegen dessen Volksgenossen auszuschliessen schien. Jedoch dürfte es sehr gewagt sein, von der Gunst des Imperators gegen ein Individuum auf die Begünstigung des Volks zu schliessen, welchem dasselbe angehörte. —

Wieseler hat in seiner Chronologie des apostolischen Zeitalters (Göttingen 1848. S. 120 u. flg.) als höchst wahrscheinlich nachgewiesen, dass ein solches Edict in den Jahren 51 oder 52 wirklich erlassen worden ist. Die Apostelgeschichte bestätigt diese aus der Combination aller einschlagenden geschichtlichen Verhältnisse geschöpften Vermuthung ausdrücklich (Act. 18, 2). ¡Wir finden nirgends

eine Andeutung, dass die christliche Gemeinde zu Rom von diesem
Edict berührt worden wäre, es müsste denn sein, dass Aquilas und
Priscilla (Act. 18, 2) damals schon Christen waren und als solche
Rom hätten verlassen müssen. Wahrscheinlicher aber ist, dass das
Edict wegen ihrer jüdischen Nationalität auf sie erstreckt ward.
Allerdings entscheidet die Benennung Ἰουδαῖος über die Stellung
des Ausgetriebenen zum Christenthum nicht. Man vergleiche die
Commentare. Andrerseits aber ist gewiss, dass, wenn nach Diod. 60, 6
der eigentliche Grund der Austreibung das Hetärienwesen war, d. i.
auf die Juden angewendet, ihr Zusammenhalt in politischer und socialer Beziehung, welcher für die Ruhe der Stadt namentlich in
Zeiten der Aufregung nicht ungefährlich war, Aquilas, wenn er seine
Verbindung mit dem Judenthum aufgegeben hatte, nicht wegen
seiner Abstammung in das Edict mit befasst worden wäre. Auch
erwähnt Luc. nur nebenbei, dass Aquilas sich in Corinth etablirt,
weil er Rom habe verlassen müssen. Das, was den Luc. bestimmt,
diese Notiz zu geben, steht in 18, 3: Paulus ist bei Aquilas geblieben διὰ τὸ ὁμότεχνον εἶναι, ἦσαν γὰρ σκηνοποιοὶ τὴν τέχνην.
Vorher hatte der Apostel den Mann gar nicht gekannt; er war für
ihn ein Ἰουδαῖος τις. Ihre nunmehrige Bekanntschaft vermittelte
sich durch das Beiden gemeinsame Handwerk, nicht durch das beiden
gemeinsame Bekenntniss zu Christo. Wie anders würde sich Lucas
ausgedrückt haben, wenn Aquilas ein ἀδελφὸς ἐν Χῷ ὁμότεχνος
gewesen wäre! Dass aber Lucas dieser ersten Verbindung des
Apostels mit Aquilas einige Verse widmet, ohne dass der Pragmatismus seiner Erzählung ihn dazu veranlasst hätte, ist sicherlich
darin begründet, dass der Mann später dem Apostel sehr nahe
tritt, sogar in seine Lebensgeschichte eingreift (Röm. 16, 4) und ohne
gerade Apostelschüler zu sein, an dem Paulinischen Werke Mitarbeit
verrichtet (Röm. 16, 3). —
    Durch die Notiz Luc. 18, 2 wird also bestätigt, dass das Edict
wirklich erlassen und zur Ausführung gekommen ist. Wenn Diodor
in der bereits angeführten Stelle 60, 6 bemerkt: οὐκ ἐξήλασε μέν,
τῷ δὲ δὴ πατρίῳ νόμῳ βίῳ χρωμένους ἐκέλευσε μὴ συναθροῖζεσθαι, so ist das möglicher Weise auf ein von Claudius im
Anfang seiner Regierung gegebenes Edict zu beziehen, durch welches
er zunächst, weil eine Austreibung der Juden wegen ihrer Menge
nicht ohne Unruhe hätte geschehen können, die mildere Maassregel
anordnete, ihre Versammlungen zu verbieten. Da unter diesen aber
ohne Zweifel auch die gottesdienstlichen begriffen waren, so war
das Edict zugleich ein Verbot der öffentlichen Religionsübung. Dass
die Juden ausser Stande waren, demselben Folge zu leisten, wenn
sie sich selbst nicht aufgeben wollten, liegt auf der Hand. So ergab sich denn, wenn der Kaiser die Sache nicht ganz fallen lassen
wollte, von selbst das Verbot des Aufenthalts der Juden in Rom
— alles zu dem Zwecke, das Bündnerwesen, welches die römischen
Imperatoren nicht wenig beängstigte, möglichst zu unterdrücken.

Wenn versucht worden ist, die von Diodor erwähnte kaiserliche
Ordre als das Edict in zweiter gemilderter Auflage aufzufassen,
weil die erste sich als undurchführbar erwiesen hatte, so ist dabei
übersehen, dass die angeblich mildere Form die eigentlich rigorosere
und darum undurchführbar war, weil der πάτριος νόμος eben das
συναθροῖζεσθαι forderte. Die Lebensweise nach väterlichem Gesetz belassen, die nächste Lebensäusserung desselben aber verbieten,
war eine contradictio in adjecto. Einer solchen unmöglichen Anordnung musste schliesslich das Anstreibungsdecret folgen. — Soweit ich sehe, ist die Geltung des Edicts, wenn nicht durch ausdrückliche Aufhebung, so doch factisch erloschen, als die intime
Beziehung Nero's zu der jüdischen Proselytin Poppäa Sabina allen
Maassregeln gegen das Ueberwuchern jüdischer Einflüsse im Staats-
und Gemeindeleben ein Ende setzte, also etwa im Jahre 58. Mich
bestimmt zu dieser Annahme, dass im Jahre 59 Aquilas und Priscilla
sich wieder in Rom befinden, nachdem sie sechs Jahre lang in
Ephesus gewohnt und dort dem Apostel bei Gelegenheit des Ephe-
sinischen Aufruhrs nicht geringe Dienste geleistet hatten. Es lässt
sich nicht annehmen, dass sie erst nach ihrer Rückkehr sich in
Rom ansässig gemacht hätten; vielmehr ist wahrscheinlich, dass sie
ein eignes Hauswesen schon besassen, als sie ausgetrieben wurden.
Trifft diese Voraussetzung zu, so ist weiter zu vermuthen, dass die
Emigranten, sobald es nur anging, sich wieder nach ihrem Besitzthum in Rom, dessen Bewirthschaftung sie anderen hatten überlassen müssen, werden umgesehen haben. So dürfte in dem Jahre 58,
in welchem sie nach Rom zurückkehrten, auch das Edict entweder
aufgehoben oder seine Wirkung erloschen sein. Wie nun jene, so
werden auch andere Juden wieder nach Rom sich zurückgewendet
haben. Die Welthauptstadt war für ihre Geschäfte geeignet, wie
keine andere; selbst Ephesus und Corinth standen gegen Rom zurück, denn dort war die Pulsader des Weltverkehrs, dort reichten
sich Orient und Occident die Hände. Ist es nun gedenkbar, dass
unter den Hunderttausenden, welche in Rom aus- und eingingen,
sich nicht auch eine Anzahl palästinensischer Christen in Handels-
geschäften eingefunden und theilweise sich dort auch niedergelassen
hätten, sobald die Sperre aufgehoben war? Lässt sich gegen die
Wahrscheinlichkeit dieser Annahme etwas nicht einwenden, so wird
auch des Weiteren zuzugeben sein, dass die eingewanderten Christen
irgend welche Stellung zu der dort vorhandenen Christengemeinde
einnehmen mussten. Dass die Eingewanderten grade zu den
schroffsten Antipaulinern zählten, erscheint mir um desswillen nicht
annehmbar, weil in diesem Falle der Apostel, den man doch insoweit für informirt halten muss, kaum den Versuch gemacht hätte,
eine Aufnahme in den Gemeindeverband den römischen Christen zu
empfehlen; auch dürfte wohl kaum bei den Eingewanderten Geneigtheit vorhanden gewesen sein, eine Annäherung an die paulinische
Gemeinde zu suchen. Dass jüdische Schroffheiten im Weltverkehr

sich abschleifen, und, wenn es sich um äussere Vortheile handelt, eine gewisse Accommodation zulassen, ohne freilich dabei ihren Grundcharakter zu verläugnen, hat sich seit Jahrtausenden als Eigenthümlichkeit dieses eben so hartnäckigen, als unter Umständen schmiegsamen Volkes beobachten lassen. Man hielt die Beobachtung des Gesetzes fast als nationale Sitte, als Bekundung der Angehörigkeit an das jüdische Volksthum, ohne dieselbe als Supplement der Glaubensgerechtigkeit anzusehen oder auszusprechen. Judaistische Erwartungen brauchten darum nicht aufgegeben zu werden, wie denn heut zu Tage nicht wenige fromme und hochgelahrte Leute deutscher Nationalität das Judenthum der Zukunft, durch ihre Theorie vom grobsinnlichen messianischen Reiche verherrlichen.

Ich meine, dass Aquilas sammt seiner Gattin trotz ihrer Annahme des Paulinischen Christenthums nicht aufgehört habe, das Gesetz als äussere Lebensordnung festzuhalten und damit ihre Zugehörigkeit zur jüdischen Nationalität zu ‚constatiren. Die Notiz des Luc. 18, 18: Ἀκύλας, κειράμενος τὴν κεφαλὴν ἐν Κεγχρεαῖς· εἶχε γὰρ εὐχήν ist ein Beleg für das Festhalten des Aquilas an jüdischen Bräuchen, wenn auch (man vergl. Winer's Reallexicon unter Nasiräer, und die neuern Ausleger zu der Stelle) unter der εὐχή ein Nasiräatsgelübde nicht zu verstehen sein sollte. Der Apostel nahm daran keinerlei Anstoss; nicht das Gesetz als Norm nationaler Bräuche war ihm mit dem Christenthum unvereinbar, sondern das Gesetz als Urkunde der Gerechtigkeit aus den Werken. Er selbst hielt es nicht für unrecht, den Sabbath zu feiern, ja selbst die gesetzliche Lösung der Nasiräer im Tempel aus eignen Kosten zu bewirken — nur sollte ihm Niemand ein Gewissen darüber machen!

Für mich ist Aquilas der Typus dieser vermittelnden Stellung zwischen Paulinismus und jüdischer Gesetzlichkeit, sofern letztere nur das Bekenntniss der Angehörigkeit an das jüdische Volk zum Zweck hatte. Dieser mittleren Richtung mussten sich die eingewanderten palästinensischen Christen, auch wenn sie von Hause aus Anhänger des über den Petrus hinausgehenden Petrinismus gewesen waren, allmälig zuneigen. Ihnen konnte es nur um ein Christenthum zu thun sein, von welchem die Beobachtung des Gesetzes nicht grundsätzlich ausgeschlossen war. So geschah es denn, dass Leute dieser Richtung bereits in Ephesus mit Aquilas Fühlung gesucht und gefunden hatten, und dass nunmehr in Rom, sobald Aquilas dahin zurückgekehrt war, das Gleiche geschah. Wir lesen nämlich, dass Paulus die Corinthier (1 Cor. 16, 19) grüsst von der κατ᾽ οἶκον αὐτῶν (sc. des Aquilas und der Priscilla) ἐκκλησία. Ebenso Röm. 16, 5. Wenn Meyer zu der Stelle sagt: „bei der Grösse Rom's ist es begreiflich genug, dass die dasigen Christen mehrere Locale hatten, in welchen sie sich theilweise zum Gottesdienst versammelten", und wenn dann B. Weiss für Rom „grössere Gemeinden" setzt und von Vollversammlungen und Theilversamm-

lungen spricht, auch hinzufügt, dass letztere in Häusern hervor-
ragender Gemeindeglieder zusammenzukommen pflegten, so wird der
angegebene Grund dieser Theilversammlungen äusserst prekair, wenn
Col. 4, 15 Nymphas und die κατ᾽ οἶκον αὐτοῦ ἐκκλησία ge-
grüsst wird; Laodicea war keine so volkreiche Stadt und hatte keine
so ausgebreitete Gemeinde, dass für den Zweck der Gottesdienste
eine itio in partes hätte stattfinden müssen. Noch fraglicher steht
die Sache mit der ἐκκλησία im Hause Philemon's (v. 2) zu Colossä. Der Versuch, die κατ᾽ οἶκον ἐκκλησία auf die Haus-
genossenschaft zu beziehen und speciell für Rom darunter die Be-
grüsste in 16, 5—15 zu verstehen, ist von der neueren Exegese
mit Recht verworfen worden; die im häuslichen Verbande mit einander stehenden Christen bezeichnet der Apostel anders (v. 15);
Hausgenossen mit gemeinschaftlichem Hausgottesdienst eine ἐκκλησία
zu nennen, wäre allerdings eine beispiellose Hyperbel. Soweit wird
es nicht bloss erlaubt, sondern geboten sein, die κατ᾽ οἴκους τινων
ἐκκλησίαι einer wiederholten Erörterung zu unterziehen. Zwei
ἐκκλησίαι an einem und demselben Orte können nicht blosse Theile
einer und derselben Gemeinde sein, welche aus räumlichen
Gründen gesonderte Gottesdienste halten; es müssen innere Gründe
vorhanden sein, wenn die ἐκκλησία in ἐκκλησίαι sich spaltet. Die
κατ᾽ οἶκον ἐκκλησία ist, soweit ich sehe, eine von der Orts-
gemeinde sich getrennt haltende Sondergemeinde, für welche wegen
der geringen Zahl ihrer Mitglieder die Wohnung eines ihrer hervorragenden Glaubensgenossen zur Abhaltung gottesdienstlicher Versammlungen genügte. Wenden wir das auf Röm. 16, 4. 5 an, so
ergiebt sich nachstehendes Geschichtsbild: in Rom, wie in Corinth,
Laodicea und Colossä waren Christgläubige vorhanden, welche nicht
aus localen, sondern aus inneren Gründen sich von der Haupt-
gemeinde des Ortes getrennt hielten. Speciell in Rom waren es
Aquilas und Priscilla, um welche sich die Gleichgesinnten zu ge-
meinschaftlicher, ihrer Sonderstellung entsprechender Religionsübung
geschaart hatten. Fragen wir, was das für eine Sonderstellung war,
so giebt uns die Vergleichung von Röm. 16, 4 mit 16, 5 Auskunft.
Der Apostel sagt, dass alle die ἐκκλησίαι τῶν ἐθνῶν dem Aquilas
und der Priscilla zum Danke verpflichtet seien, dass sie um seinetwillen ihr eigenes Leben in Gefahr gesetzt hätten. Hatten die
beiden ihre jüdische Volksthümlichkeit ganz abgethan, und waren,
wie andere auch, vollständig den Mitgliedern der ἐκκλησίαι τῶν
ἐθνῶν in Sitte und Lebensweise conform geworden, so hätte Paulus
wohl unterlassen, die ἐκκλησίαι, welche ihnen sonderlich zu danken
haben, als ἐκκλησίαι τῶν ἐθνῶν zu bezeichnen; sie hätten der allgemeinen christlichen Kirche mit der Lebensrettung des Apostels einen
grossen Dienst gethan. Es liegt ein besonderer Accent darin, dass Leute,
die keineswegs aufgehört hatten, das Mosaische Gesetz zu beobachten,
doch dem vermeintlichen Widersacher des Gesetzes, dem Apostel der
Heiden, mit Gefährdung des eignen Lebens beigestanden hätten.

War nun die ἐκκλησία in ihrem Hause, wie wir voraussetzen dürfen, aus gleichartigen Elementen zusammengesetzt, so haben wir eine Sondergemeinde von Christusgläubigen jüdischer Nationalität vor uns, die ihre Anhänglichkeit an das Mosaische Gesetz noch bewahrt und darum, wenn nicht aus andern, so doch aus ethischen Gründen mit der römischen ἐκκλησία τῶν ἐθνῶν sich noch nicht verschmolzen hatten. Dass nicht alle Christusgläubigen aus dem Judenthum sich getrennt gehalten, giebt Paulus in der unverfänglichen und doch pointirten Zusammenstellung der zu Grüssenden zu erkennen. Da ist Epänetus, der Erstling aus Asien; unmittelbar darauf folgen Andronikus und Junias, beide aus jüdischem Blut, und haben sich nicht separirt; da steht Amplias, Urbanus, Stachys, Apelles mit dem Juden Herodion in Reih' und Glied, und der letztere hält sich nicht zu der ἐκκλησία im Hause des Akylas. Die genannten Juden hatten ihr Sonderliches längst aufgegeben und waren vollständig mit den Christusgläubigen aus den Heiden conform geworden. — Eindringlicher konnte der Apostel seinen Lesern doch kaum zu verstehen geben, dass die Separation etwas höchst Unwesentliches, Vorübergehendes sei.

Was auf den ersten Blick bedenklich erscheint, dass Aquilas der opferbereite Anhänger des Apostels, eine solche Stellung, wie in Ephesus, so in Rom eingenommen und dass der Apostel nichts desto weniger ihm gegenüber die Formen herzinniger Gemeinschaft bewahrt, erledigt sich sofort durch nachstehende Erwägungen:

Paulus konnte nach den Beschlüssen des Apostelconcils nichts dagegen haben, wenn christgläubige Juden in seinem Missionsbereich an der Beobachtung des Gesetzes festhielten, vorausgesetzt, dass sie darin an keinem Theile ein zur Erlangung oder Bewahrung des messianischen Heils erforderliches Complement des Evangeliums erblickten. War das Princip des Christenthums, bez. des Paulinismus gewahrt: die Allgenugsamkeit des Glaubens an Christum, jede Gerechtigkeit aus den Werken aber ausgeschlossen, so gehörte das Fortleben nach dem Gesetze zur Bekundung fortwährender Angehörigkeit an das Volk Israel in das Gebiet der christlichen Freiheit. Immerhin aber war es eine Sorge für den Apostel, dass in Gemeinden dieser Richtung die mit der Gesetzesbeobachtung verbundene Hoffnung auf Restitution des jüdischen Volksthums zu stark betont und so der Rückgang in das alte jüdische Wesen eingeleitet werde. Es kann daher nicht befremden, dass der Apostel zuverlässigen Persönlichkeiten dieser Richtung sich ganz besonders nahe stellte und ihrer hervorragenden, ja leitenden Stellung in den separirten Gemeinden sich freute, wenn er sich zuvor vergewissert hatte, dass sie die Gesetzesbeobachtung innerhalb der Grenzen christlicher Freiheit erhielten und jeder Beeinträchtigung der Rechtfertigung durch den Glauben allein in vollem Verständniss des Paulinischen Universalismus entgegentraten. Zu solchen Vertrauensmännern gehörte Aquilas. Die herzlichen Grüsse, die freudige Anerkennung dessen, was der

2*

Mann an dem Apostel gethan, als er sein Leben für ihn einsetzte,
bewiesen und sollten beweisen, dass die zur Zeit stattfindende
äussere Trennung der Gemeinden aus den Juden von der Gemeinde
aus den Heiden ihn zu keinem Parteimann gemacht oder gar verleitet hätten, sein Interesse dem Heidenapostel zu entziehen, der
trotz seiner besondern Mission niemals vergass, dass das Evangelium
zu predigen sei τοῖς Ἰουδαίοις πρῶτον τε καὶ τοῖς Ἕλλησι. —
Uebrigens vergleiche man noch meine Bemerkung zu Röm. 1, 7.

Was aus den so eben dargelegten Verhältnissen des römischen
Gemeindewesens für den Zweck des apostolischen Schreibens abfolgt, davon soll weiter unten die Rede sein. Für jetzt habe ich
nur darauf aufmerksam zu machen, dass die vielfach ventilirte
Frage, ob die Gemeinde zu Rom vorwiegend aus Heiden oder aus
Juden bestanden habe, sich wenigstens für mich vollständig geklärt
und damit erledigt hat.

Die römische Gemeinde war, wie oben nachgewiesen worden,
von Hause aus eine Pflanzung eingewanderter Pauliner, zog dann in
kurzer Zeit eine bedeutende Anzahl von Heiden an sich und war
somit, da auch die Gründer derselben aus den Heiden waren oder
doch, falls sie aus den Juden stammten, das Leben nach dem Gesetze
vollständig aufgegeben hatten, eine reine Gemeinde aus den Heiden.
Erst kurze Zeit vor dem Paulinischen Sendschreiben hatte sich durch
Zuzug aus dem Oriente eine Anzahl von christgläubigen Juden eingefunden, welche Anschluss an die römische Christengemeinde
suchten, aber keineswegs gewillt waren, in den bereits bestehenden
Gemeinden aufzugehen. Stärker jedoch, als die Neigung der Palästinenser, sich anzuschliessen, scheint der Widerwille der römischen
Altgemeinde gewesen zu sein, sie aufzunehmen. Eine Vereinigung
kam vorläufig nicht zu Stande. Die Christen aus den Juden bildeten
einstweilen eine besondere Gemeinde unter Führung des Aquilas.

So stand es mit dem christlichen Gemeindewesen in Rom, als
der Apostel den Entschluss fasste, sein Schreiben zu erlassen. Er
hatte seine Gründe, sich ausschliesslich an die Altgemeinde zu wenden, nicht, wie bisher angenommen worden ist, an die Gesammtgemeinde, deren Majorität die Pauliner, deren Minorität die Christen
aus den Juden gebildet hätten. Eine solche Gesammtgemeinde bestand zur Zeit noch nicht. Dies aus dem Briefe selbst nachzuweisen, dürfte mir noch obliegen, bevor ich den Abschnitt schliesse.
Ich kann mich dabei um so kürzer fassen, als das dahin gehörige Material von Weizsäcker in seiner vorerwähnten Abhandlung über die älteste römische Gemeinde (Jahrbücher für deutsche
Theologie, Band 21. S. 249 u. flgg.) in erschöpfender Weise zusammengetragen worden ist.

Schon durch Gruss und Einleitung sind die Adressaten unverkennbar bezeichnet. Nachdem der Apostel sein Mandat kund-
gegeben, Glaubensgehorsam zu schaffen unter den Heiden, fügt er
hinzu: ἐν οἷς ἐστε καὶ ὑμεῖς. Cap. 1, 13 sagt er, dass er auch

unter den römischen Christen hätte Frucht erlangen wollen, $\varkappa\alpha\vartheta\dot\omega\varsigma$ $\varkappa\alpha\grave{\iota}$ $\dot{\epsilon}\nu$ $\tau o\tilde{\iota}\varsigma$ $\lambda o\iota\pi o\tilde{\iota}\varsigma$ $\dot{\epsilon}\vartheta\nu\epsilon\sigma\iota\nu$. Der Versuch, der von einigen, zuletzt von Volkmar (Römerbrief 1875) gemacht worden ist, unter $\dot{\epsilon}\vartheta\nu\eta$ Nationen im Allgemeinen, nicht vorzugsweise Heiden zu verstehen, ist von Weizsäcker gründlich widerlegt worden. Und nicht bloss in der Einleitung, auch im Schluss bezeichnet der Apostel nachdrücklich die Adressaten als Heiden, in Betreff welcher er durch Gottes Gnade Auftrag empfangen, ihr $\lambda\epsilon\iota\tau o\upsilon\varrho\gamma\grave{o}\varsigma$ zu sein Röm. 15, 14. Dazu nehme man die Doxologie 16, 26; dann die directe Anrede 11, 13: $\dot{\upsilon}\mu\tilde{\iota}\nu$ $\tau o\tilde{\iota}\varsigma$ $\dot{\epsilon}\vartheta\nu\epsilon\sigma\iota\nu$ $\lambda\dot{\epsilon}\gamma\omega$. — In einigen, freilich sehr wesentlichen Stücken kann ich jedoch der Ausführung Weizsäcker's nicht zustimmen. Es ist ja richtig — der Römerbrief sagt es deutlich — dass „Juden da waren." Allein nirgend werden diese christgläubigen Juden als Glieder der römischen Altgemeinde bezeichnet, wie wäre sonst der Apostel dazu gekommen, ihre Annahme und Aufnahme zu empfehlen, bez. sie der $\dot{\epsilon}\varkappa\varkappa\lambda\eta\sigma\acute{\iota}\alpha$ $\tau\tilde{\omega}\nu$ $\dot{\epsilon}\vartheta\nu\tilde{\omega}\nu$ an's Herz zu legen! Zum zweiten kann ich Weizsäcker in seiner Auffassung des 14. Capitels nicht zustimmen. Die dort erwähnten „Schwachen im Glauben" sind nicht Christgläubige aus den Juden, wie ich in meiner Auslegung nachgewiesen habe. Uebrigens werde ich in der Einleitung noch einmal auf das Capitel zurückkommen.

Eine Zusammenstellung der Verhandlungen über die Zusammensetzung der römischen Gemeinde, bez. über deren Majorität oder Minorität zu geben, halte ich bei der grossen Evidenz, mit welcher neuerdings die Hypothese Baur's und seiner Anhänger, wonach die Gemeinde überwiegend judenchristlich gewesen sein sollte, nicht mehr für nöthig. Wer sich darüber unterrichten will, den verweise ich auf Weizsäcker's oben genannte Schrift, auf Meyer's und Godet's Commentare und auf die neuerdings erschienene Monographie von Dr. Eduard Grafe über Veranlassung und Zweck des Römerbriefs (Freiburg i. B. und Tübingen, 1881). — Ueber Mangold's neueste Schrift s. die Vorrede.

Was ich bisher gebracht habe, wird ausreichen, um ein Urtheil

5. über den Zweck des Römerbriefs

zu gewinnen.

Der Zweck eines Schreibens steht selbstverständlich mit der Veranlassung im correlaten Verhältniss. Wüssten wir nichts von den besondern Verhältnissen einer Gemeinde, welche den Apostel zur Abfassung eines Sendschreibens bestimmten, so würden wir doch, da die Briefe Pauli etwas anderes nicht sind, als Documente seiner Berufsthätigkeit in epistolischer Form, dies wissen, dass der Apostel, weil es ihm nicht vergönnt war, durch mündliche Predigt zu wirken, schriftlich habe predigen wollen. Und dass die Veranlassung seines Römerbriefs hauptsächlich nur diese war, sagt er selbst 1, 15: $\tau\grave{o}$ $\varkappa\alpha\tau'$ $\dot{\epsilon}\mu\grave{\epsilon}$ $\pi\varrho\acute{o}\vartheta\upsilon\mu o\nu$ $\varkappa\alpha\grave{\iota}$ $\dot{\upsilon}\mu\tilde{\iota}\nu$ $\tau o\tilde{\iota}\varsigma$ $\dot{\epsilon}\nu$ $\dot{P}\dot{\omega}\mu\eta$ $\epsilon\dot{\upsilon}\alpha\gamma\gamma\epsilon\lambda\acute{\iota}\sigma\alpha\sigma\vartheta\alpha\iota$. Ich halte dafür, dass hierüber unter den Auslegern vollkommenes

Einverständniss herrscht. Auch in Betreff der Frage, weshalb der Apostel nicht persönlich in Rom gewesen sei, oder weshalb er nicht, statt zu schreiben, sich lieber einer von Corinth aus so leicht zu bewerkstelligenden Reise unterzogen habe, um mündlich auf wirksamere Weise die römische Gemeinde über das, was er zur Ergänzung ihres Wissens für nöthig hielt, zu unterrichten, werden wir uns an der Auskunft, die er 1, 13 und 15, 20 sqq. giebt, genügen lassen.

Wenn die Exegese nach der Veranlassung des Römerbriefs fragt, so möchte sie erfahren, weshalb der Apostel erst jetzt und nicht schon früher geschrieben und was für Verhältnisse vorgelegen haben möchten, dass der Apostel eben so und nicht anders geschrieben. Hierüber nun gehen die Meinungen weit auseinander. Ich werde weiter unten die wichtigsten Hypothesen zusammenstellen, nachdem ich meine eigene dargelegt und näher begründet habe, denn ich halte nicht für gut, erst nach weitläufigen Excursionen auf die eigene zurückzukommen.

Meine Hypothese aber ist das nothwendige Ergebniss dessen, was ich bisher ausgeführt habe. In Rom hatte sich neben der Altgemeinde aus den Heiden eine Gemeinde aus eingewanderten christgläubigen Juden etablirt, welche am Mosaischen Gesetz nach väterlicher Weise festhielten und um desswillen, weil sie ursprünglich vielleicht Angehörige der Muttergemeinde in Jerusalem gewesen waren, eine besondere Auctorität für sich beanspruchten. Aehnliches war bereits in Ephesus, Laodicäa und Colossä geschehen. Der Apostel hatte sich wiederholt in der Lage befunden, zu diesen Leuten Stellung zu nehmen, und er hat es theils mündlich, theils brieflich gethan. Eine ganz besondere Bedeutung aber musste er der Aufrichtung einer Sondergemeinde in der Welthauptstadt beilegen, zumal, wenn er, wie aus seinem Schreiben unzweifelhaft hervorgeht, die Absicht hatte, Rom zum Ausgangspunkt für die Vollendung seiner Mission im Abendlande zu machen. War nun überdies die Endabsicht der apostolischen Predigt, die ganze Menschheit als eine in Christo geeinigte, als ein Volk Gottes darzustellen, so musste ihm die Separation in der Welthauptstadt ganz besonders widerlich erscheinen und seine ganze Energie zur Beseitigung derselben hervorrufen.

Die Separation aber hatte sich, wie bereits erwähnt, dadurch gebildet, dass die Gemeinde aus den Heiden keine Lust hatte, die palästinensischen Einwanderer aufzunehmen. Es ist nicht schwer, sich den Grund dieser Unlust vorstellig zu machen. Aus den Erfahrungen, welche wir heut zu Tage mit den Semiten machen, wird sich leicht ein Schluss auf das anspruchsvolle Wesen ziehen lassen, mit welchem sie sich damals in die christlichen Kreise der Altgemeinde eingeführt haben mögen, denn keine Nation auf Erden hat ihre Raceneigenthümlichkeit durch die Jahrhunderte hindurch so unverändert erhalten, als die jüdische. Man fand — und wir begreifen das vollkommen — das jüdische Wesen, die jüdischen Prätensionen trotz des gemeinsamen christlichen Bekenntnisses unerträglich; man mochte mit ihnen keine Gemeinschaft haben. Das ist wohl der Entstehungsgrund gewesen τῆς κατ᾽ οἶκον τοῦ Ἀκύλα καὶ τῆς Πρισκίλλας ἐκκλησίας.

Aber nicht bloss die Separation als solche war es, welche den Apostel sollicitirte; ohne Zweifel kam noch manches andere dazu. Es war nicht zu vermeiden, dass in Folge der Sonderung auf beiden Seiten Unzuträglichkeiten sich herausstellten, welche dem apostolischen Werke grade nicht förderlich waren. Die paulinisch gerichtete Altgemeinde hatte sich mit Fragen abzufinden, welche vorher nicht an sie herangetreten waren. Wenn die palästinensischen Christen wirklich Angehörige der von den Uraposteln geleiteten Muttergemeinde gewesen waren und als solche die fortdauernde Beobachtung des Gesetzes für nöthig erachteten, wie mochte es doch nur gerechtfertigt sein, dass die römischen Christen eine so ablehnende Stellung zum Gesetz einnahmen? Wenn Paulus das Heil von dem Glauben allein abhängig machte ohne des Gesetzes Werke, schien da nicht wirklich eine Abweichung von Lehre und Praxis der Urapostel vorzuliegen und war denn Paulus im Rechte? — Die Separation aber, welche nach einer dem natürlichen Menschen trotz des Christenthums anklebenden Eigenart keinerlei Schuld haben will, die sich nicht dazu herablassen will, in der Betonung unwesentlicher Sondermeinungen, in Anmassung und Streitsucht den Hauptgrund ihrer Sonderstellung anzuerkennen, wird es auch in Rom nicht daran haben fehlen lassen, den Paulinismus als das eigentliche Hinderniss der Gemeinschaft zu bezeichnen, nannte man doch in Jerusalem vor den Ohren der Urapostel den Paulus geradezu einen Apostaten vom Gesetz (Act. 21, 21); galt er doch allgemein in diesen Kreisen als ein Feind der jüdischen Nationalität (Röm. 9, 1—3).

Der Apostel konnte nicht länger schweigen. Er hatte seine apostolische Dignität, seine Lehre, seine Stellung zum Gesetz, die Gesinnung gegen sein Volk klar herauszustellen, und da er's zur Zeit mündlich nicht thun konnte, so hat er es schriftlich gethan.

Soweit war sein Schreiben veranlasst durch den Conflict, in welchen die rein paulinische Richtung der römischen Altgemeinde mit dem Christenthum der Gesetzesangehörigen, welches durch die Einwanderer aus Palästina in Rom sich angesiedelt hatte, gerathen war. Der Zweck seines Schreibens aber war: eben den Folgen, welchen die palästinensische Sondergemeinde für die Altgemeinde haben konnte, entgegenzutreten, indem er zum 1sten allem Particularismus und Nationalismus gegenüber das Christenthum nach seinem Evangelium als die von Gott gewollte Weltreligion nachwies; zum 2ten seine persönliche Stellung zum Judenthum und seine Lehrmeinung über dessen Zukunft darlegte, zum 3ten die christliche Ethik an die Stelle des jüdischen Nomismus setzte und endlich 4tens mit der Ermahnung an die Altgemeinde schloss, den Separirten gegenüber sich nicht länger ablehnend zu

verhalten, sondern sie aufzunehmen und ihre Sonderlichkeiten als
Schwachheiten zu tragen.

In gleichem Sinne hatte Luther anderthalb Jahrtausende später
in der evangelischen Kirche manchen Brauch der römischen Kirche
stehen lassen in der Ueberzeugung, dass das erstarkte evangelische
Leben von selber abstossen würde, was als unwesentlich und überflüssig sich erwiesen hätte. —

Selbstverständlich musste der Zweck des Schreibens von denen
anders aufgefasst werden, welche die Veranlassung in anderen Umständen des römischen Gemeindelebens suchten. Hug zieht zwar
das Edict des Claudius mit in Rechnung, lässt aber die Differenz
durch die Rückkehr früherer judenchristlicher Mitglieder der Gemeinde herbeigeführt werden, während ich entschieden in Abrede
stellen muss, dass die römische Gemeinde vor dem Edict auch nur
zum Theil aus Mitgliedern jüdischer Nationalität bestanden habe.
Ebenso wenig kann ich der Meinung Hug's beitreten, wenn er das
Schreiben an Judenchristen gerichtet sein lässt. Der Zweck soll
sein, Christen aus Juden und Heiden miteinander zu versöhnen und
die Vorurtheile der Juden gegen die Aufhebung des mosaischen Gesetzes zu beseitigen. Eben denselben Zweck nehmen mit geringen
Modificationen an Berthold, Schott, Hemsen, Klee, Bretschneider. Nach Flatt soll die Wahrheit beleuchtet werden, dass
das Evangelium allein die Bedürfnisse des Menschen befriedige, daher vor dem Judenthum und Heidenthum den Vorzug habe. Nach
Tholuck ist von besonderen Verhältnissen der römischen Gemeinde
als der veranlassenden Ursache ganz abzusehen; Paulus will allein
die christliche Lehre darstellen. So auch Benecke, Reiche,
de Wette, Olshausen. Auch Meyer, Fritzsche, Baumgarten-
Crusius, welche als die Absicht des Apostels nur allgemeine Belehrung anerkennen, nicht Aufstellung eines systematischen Lehrbegriffs. Nach Rückert will Paulus möglichen Angriffen und Irrthümern vorbeugen, ebenso nimmt Creduer einen rein prophylacti-
schen Zweck an. Nach Baur kann nur die Frage um den Primat des
jüdischen Volkes Anlass zum Römerbrief gegeben haben. Ihm nach
Schwegler, Köstlin, Reuss, Krehl, Lutterbeck, Thiersch,
welche sämmtlich als Adressaten die Judenchristen festhalten, versteht sich mit grösseren oder geringeren Modificationen. Gegen
Baur vorzüglich Olshausen, Fritzsche, de Wette, Huther,
Ewald, Bleek — sie alle denken an Heidenchristen als Brief-
empfänger, stellen aber einen historischen Grund in Abrede. Unter
den Neuern vertheidigt Mangold Baur's Ansicht, ebenso Holsten,
welcher letztere insonderheit die conciliatorisch-irenische Tendenz
des Briefes hervorhebt. Volkmar und Holtzmann erklären mit
Emphase die Meinung von dem vorwiegend heidenchristlichen Charakter der Adressaten für beseitigt, ohne jedoch die Reaction der
neueren Exegese gegen Baur aufhalten zu können. Nach v. Hofmann ist der Zweck des Schreibens persönlich-apologetisch; nach

B. Weiss ist der Zweck, einem subjectiven Bedürfniss zu genügen
welches der Apostel empfand, als er auf der Höhe seiner apostolischen
Wirksamkeit angekommen war; dies Bedürfniss war, seinen Lehrbegriff im Zusammenhange darzulegen. Nach Godet will der Brief
eine Lücke in dem christlicheen Wissen der römischen Gemeinde ergänzen, hat also wesentlich didactische Tendenz. „Im Römerbrief,"
sagt er, „besitzen wir gewissermassen den dogmatischen und moralischen Katechismus des Apostels".

Wie sich diese Auffassungen zu der meinigen stellen, bedarf
nicht erst einer besonderen Darlegung; eine Kritik aller dieser Ansichten würde ebenso ermüdend, als überflüssig sein. Nur das will
ich bemerken, dass es einen unerquicklichen Eindruck macht, wenn
man das Bemühen verfolgt, den Zweck und damit ·den Charakter des
Briefs mit einer Kategorie erfassen zu wollen. Conciliatorisch
— irenisch, prophylactisch, didactisch, persönlich apolo-
getisch — alle diese Kategorieen finden sich an dem Briefe, aber
nicht eine für sich bestimmt den Charakter desselben, sondern ihre
einheitliche Zusammenfassung in dem apostolischen **Hauptzweck**
aus Veranlassung des Conflicts zwischen urapostolischen
und paulinischen Christen in Rom das Christenthum als
Weltreligion darzustellen oder was dasselbe ist, den Universalismus des von ihm gepredigten Evangeliums zur Anerkennung zu bringen und dadurch allen particularisti-
schen Sonderungen hüben und drüben ein Ende zu machen.
Dass bei Verfolgung dieses Hauptzweckes alle die angeführten Kategorieen zur Verwendung kommen müssen, liegt auf der Hand.

Das wird hoffentlich noch mehr einleuchten, wenn ich nunmehr
daran gehe, einen kurzen Ueberblick über den Organismus des Briefganzen zu geben; zugleich werde ich einige ergänzende Bemerkungen
zum Commentar, soweit die Darlegung des Zusammenhanges sie fordert, hinzufügen.

6. Ordnung des Inhalts.

Ich hätte schreiben können: Ordnungsplan, wie man neuerdings gethan hat. Doch ist mir der Gedanke widerwärtig, dass der
Apostel nach einem vorweg angelegten Plane sollte gearbeitet haben.
Ich habe deshalb geschrieben: Ordnung des Inhalts, und will damit sagen, dass ich nicht die Disposition meine hinstellen zu können,
welche der Apostel seinem Römerbrief zu Grunde gelegt hat, sondern
dass ich die Ordnung gebe, welche mir beim Lesen des Briefes ent-
gegengetreten ist.

Ich werde mich der Hauptsache nach an die vier Hauptgesichts-
puunkte, welche ich im sechsten Abschnitte als Theile des Schreibens
genannt, halten und dieselben nach ihrer inneren Gliederung aus-
einanderlegen. Der Eingang bezeichnet das Schreiben als ein amt-
liches. Die Befugniss, auch der Gemeinde zu Rom das Evangelium

zu predigen, steht dem Apostel ohne Frage zu. Dass er's schriftlich
thut, hat seinen Grund in mancherlei Umständen, die ihn gehindert
haben, einen lieben Wunsch zu erfüllen und der Gemeinde persönlich
und mündlich mit seinem Amte zu dienen. Dass er grade jetzt
schreibt, darüber giebt er keine weitere Auskunft, um nicht von
vorne herein Verhältnisse zu berühren, deren Besprechung ihm und
der Gemeinde gleich peinlich gewesen wäre.

Der Apostel begründet den universalistischen Charakter seiner
Lehre, indem er die Verschuldung aller Menschen bei Gott nachweist
(Cap. 1) und mit den Juden keine Ausnahme macht, sofern nicht die
äussere Stellung, sondern die Herzensstellung und das demselben
entsprechende Verhalten über das Verhältniss des Menschen zu Gott
entscheidet (Cap. 2). Was der Jude als Vorzug für sich beansprucht,
Empfänger und Hüter der Gottesoffenbarungen zu sein, eben das
richtet ihn, denn, ohne es zu merken, ist er der Hüter seiner eigenen
Anklageschrift. Universell, wie das Unheil, ist das Heil, nicht im
Gesetz, sondern ausserhalb des Gesetzes in Christo denen bereitet
und verliehen, die da glauben. Der Eine Gott für Juden und Heiden hat auch das Eine Heil für Alle bedacht und ausgerichtet (Cap. 3).
Das ist nicht Aufhebung sondern Bestätigung des Gesetzes, denn
gerade der Urahn des Gesetzesvolks, Abraham, ist gerecht worden
nicht durch Werke der Gerechtigkeit, sondern durch den Glauben;
in der Geschichte des Anfängers der Nation trat typisch für uns
alle, die wir gerettet werden, die von Gott gewollte allgemeine Heils-
bedingung, der Glaube an Christum Jesum, hervor (Cap. 4). Die
Frucht des Glaubens aber ist der Friede mit Gott durch Jesum
Christum. Wir, die wir von Hause aus alle verworfen waren vor
dem Angesichte Gottes, rühmen uns nun in Gott. Ohne Gott und
ausser Gott heisst verloren sein, in Gott heisst selig sein. So haben
wir thatsächlich das Heil erlangt durch Einen, nämlich durch Jesum
Christum, der uns mit Gott versöhnt hat. Durch Einen ist das
Heil zu allen Menschen gekommen, wie durch Einen das Unheil
kam über alle Menschen. Adam und Christus, die beiden Pole der
Menschheit; darum ist, was durch sie geschehen, für die ganze Menschheit geschehen — das Princip des Universalismus (Cap. 5). So regiert nun nicht mehr Sünde und Tod, sondern die Gnade. Die neue
Herrschaft duldet keinerlei Sünde, sondern fordert, dass der Mensch
vor dem Eintritt unter ihr Regiment der Sünde mit Christo absterbe.
Unsere eigene Schuld wäre es, wenn wir wieder unter das Königthum der Sünde uns begeben wollten (Cap. 6). Wer unter der neuen
Herrschaft steht, kann nicht mehr Verpflichtungen haben gegen die
alte Herrschaft des Gesetzes. Was das Gesetz gegen Sünde und Tod
vermochte, das haben alle erfahren, welche, wie der Apostel, den
inneren Kampf bestanden und die Schmach der Unterjochung unter
das Sündengesetz erlitten haben (Cap. 7).

Was kein Gesetz vermochte, das hat Gott durch die Hingabe
seines Sohnes bewirkt, Verurtheilung der Sünde am Fleisch. Damit

ward des Gesetzes Gerechtsame erfüllt; es hat keinen Anspruch weiter an uns. Eine Herrschergewalt von Sünde und Tod kraft des Gesetzes besteht also nicht; wir sind frei, und was noch unfrei ist an uns, der sterbliche Leib wird vom Tode erweckt werden um des Geistes Christi willen, der in uns wohnet. Zugleich wird die in unsern Sündenfall verflochtene Creatur vom Gesetz der Vergänglichkeit frei und damit die Geschichte des Heils vollendet. Dess Alles haben wir übrigens Gewissheit, denn, was Gott denen, die er liebt, vorher verspricht, das muss in Erfüllung gehen (Cap. 8).

Das System der allgemeinen Heilsgeschichte ist dargelegt.

Was aber wird mit den Juden? Wenn irgend ein Volk Verheissung empfangen, so Israel. Das Volk aber im Ganzen und Grossen hat Christum von sich gestossen. Das des Apostels tiefster Schmerz. Wäre aber Gottes Wort an diesem Volke zu Schanden geworden? Mit nichten. Die Verheissungen sind Israel gegeben, Israel aber und das Judenvolk sind nicht dieselben (Beweis: Cap. 9). Dass die geschichtliche Gestalt, in welcher Israel erscheint, sich mit dem heiligen Gottesvolke nicht decken würde, hat die Schrift vorhergesehen. Schon Moses verkündet den Ungehorsam der Massen gegen das Evangelium, noch mehr die Propheten, insbesondere Jesaias (Cap. 10). Man sollte hiernach meinen, Gott habe das Judenvolk verstossen. — Es ist jedoch nicht so. Die Bestimmung, unter den Völkern der Erde Träger des Heils und Vermittler der Heilsbotschaft zu sein, ist nicht von ihm genommen. Beweis dafür ist der Apostel selbst. Der Herr hat sich eine Auswahl aus Gnaden vorbehalten, und nicht bloss die zur Zeit christgläubigen Juden gehören zu der ἐκλογή, sondern unter den zur Zeit noch Ungläubigen findet sich eine Anzahl solcher, welche Gott zum Heil bereiten und zu seiner Zeit dazu berufen will. Dies Bereiten und Herzurufen dauert, so lange die Heidenmission noch fortbesteht. Ist der letzte Heide eingegangen, dann erst bilden die sämmtlichen ἐκλεκτοί aus dem Judenvolke den πᾶς Ἰσραήλ. Auf diese Weise wird ganz Israel gerettet werden, nicht so, dass das ganze Judenvolk eingeht. — Somit steht die Meinung derer, welche die Auswahl schon jetzt für geschlossen, das Judenvolk aber, soweit es ungläubig geblieben ist, für ausgeschlossen aus dem Reiche Gottes auf alle Zeit erachten, im Widerspruch mit Gottes Rath; für alle Gläubigen erwächst hier die Verpflichtung, ihrerseits durch Darreichung des Evangeliums dafür zu sorgen, dass die Erbarmung auch Israel zu Theil werde.

Auch das letzte, scheinbar spröde Element ist dem Universalsystem des Heils einverleibt (Cap. 11).

Die Glaubenslehre ist nunmehr fertig gestellt. Das Evangelium aber hat nicht bloss das neue Verhältniss zu Gott im Auge, sondern ebenso sehr den Wandel der Christen auf Erden, das practische Leben. Was dem Apostel zum Vorwurfe gemacht worden war, dass er Apostat sei vom Mosaischen Gesetz und ein Feind seines Volkes,

das hat er durch den Nachweis widerlegt, dass das, was er lehre,
des Gesetzes Zweck und Inhalt, nämlich das Heil für alle Menschen
erst recht zur Darstellung bringe. Aber eine wichtige Seite des Gesetzes war noch nicht besprochen. Das Gesetz ordnete das Volks-
leben in allen seinen Verzweigungen; es bestimmte die Wege, welche
das Volk zu gehen hatte in religiöser, gesellschaftlicher und staat-
licher Beziehung. Die Lösung des Volkes vom Gesetz musste Re-
volution und Anarchie im Gefolge haben. So war denn der Anomismus einer der stärksten scheinbaren Einwände gegen die Predigt
des Evangeliums. Um diesen Einwand zu widerlegen, zeigt der
Apostel nunmehr, wie auf der Grundlage seiner Glaubenslehre dem
Evangelio gemäss sich das christliche Leben gestalte. Hatte er schon
in Cap. 6 ausgeführt, dass die Christen trotz ihrer Emancipation
vom Gesetz keineswegs herrenlos, sondern unter das Königthum
Christi gestellt seien, so zieht er aus der nunmehrigen Stellung der
Christen die Consequenzen für das christliche Leben; er entwirft die
Grundzüge der christlichen Lebensordnung und zeigt damit, dass die
Christen keineswegs Anarchisten und Anomisten seien. Die nova lex,
um mich so auszudrücken, welche vom Apostel aufgestellt wird, lehnt
sich an das antiquirte Gesetz an — versteht sich formell; das Wesen
ist ein total anderes.

Das Seitenstück zum jüdischen Cäremonialgesetz bildet die Opfer-
theorie des neuen Bundes (Cap. 12, 1); die Erkenntniss des göttlichen
Willens, welche früher das Mosaische Gesetz übermittelte, kommt jetzt
aus der durch das Evangelium vollzogenen Erneuerung des inwendigen Menschen. Das Socialgesetz erlangt seine evangelische Gestalt
auf Grund des guten, wohlgefälligen und vollkommenen Gottes-
willens, zu dessen Prüfung der Christ durch die Erneuerung seines
Sinnes in den Stand gesetzt wird (Cap. 12, 2—21). Ueber die innere
Gliederung dieses Abschnittes habe ich mich ausführlich in meinem
Commentar ausgesprochen, kann also hier davon absehen.

Das neue politische Gesetz, die christliche Lebensordnung den
Staatsbehörden, bez. dem staatlichen Abgabenwesen gegenüber, behandelt der Apostel in Cap. 13. Hat die Exegese dies Capitel, soviel
mir bekannt, fast nur als ein Inserat angesehen, wozu der Apostel
sich nur durch Opportunitätsrücksichten habe bestimmen lassen, so
wird aus dem von mir dargelegten Gedankengange erhellen, dass der
Apostel nicht gelegentlich, sondern mit innerer Nothwendigkeit die
Stellung des Christen zum Staatswesen besprochen habe. Man ver-
gesse nicht, dass der Jude nur mit Widerstreben sich Anordnungen
fügt, welche nicht vom Gesetz oder dessen anerkannter Interpretation
herrühren. Unterwerfung unter fremdländische Herrscher, bez. deren
Behörden erschien dem Juden als ein unwürdiger Zustand, der höchstens als Durchgang zur Weltherrschaft auf einige Zeit sich ertragen
liess. Daher lebt bis auf den heutigen Tag der Jude trotz Gesetz
und Talmud beständig im stillen Kriege mit der fremdländischen
Behörde — ohne Gewissensbedenken alle Vortheile gebrauchend, um

seine Geldmittel und dadurch seine Machtstellung zu mehren. All
diesem widerwärtigen particularen Wesen gegenüber ist dies 13. Capitel ein wahres Juwel, ein Prachtstück aus der Universalpolitik des
Apostels, abschliessend mit dem letzten und höchsten Grundsatz aller
christlichen Ethik, der Nächstenliebe, und mit der, die Gesammt-
forderung der Ethik zusammenfassenden Generalregel des christlichen
Wandels: den Herren Jesum anzuziehen. —

Der Apostel hätte hier seine Ethik schliessen können, es liegt
ihm aber an, gewissermassen als Corollarium sein Votum über eine
Richtung anzufügen, welche in der römischen Gemeinde aufgekommen
war und im Ganzen und Grossen als eine nicht unbedenkliche Erscheinung angesehen wurde, sofern sie leicht eine Beschränkung der
christlichen Freiheit zur Folge haben konnte. Diese Richtung
vertraten etliche Christgläubige — nicht aus den Juden, sondern aus
den Heiden —, deren Glaube sich noch nicht bis zu der ihm eigenthümlichen, das Gesammtleben durchdringenden und beherrschenden
Stärke erhoben hatte, und darum einer Unterstützung zu bedürfen
schien, um nicht im Kampf mit der Welt zu ermatten. Diese Unterstützung fand man in der Askese. Ich habe mich hierüber bei der
Auslegung des 14. Capitels ausführlich erklärt, auch die Gründe dargelegt, aus welchen ich alle und jede Beziehung dieses Capitels auf
jüdische Gewohnheiten ablehnen muss. Der Apostel nimmt Veran-
anlassung, die Gemeinde zum Tragen solcher Erscheinung zu ermahnen; freie Askese findet er nicht widerchristlich, wofern nur
Alles, was geschieht, um des Herrn willen geschieht, denn „Alles,
was nicht aus dem Glauben kommt, ist Sünde!" Damit hat Paulus
das kritische Princip der christlichen Ethik ausgesprochen. Scheinbar einem Excurse über die christliche Askese angeschlossen, drückt
es nichts desto weniger den Hauptgrundsatz alles christlichen
Lebens und den schärfsten Gegensatz gegen die alttestamentliche
Moral aus, welche nur den richtenden Buchstaben, nicht die Hingabe
des Herzens an den dreieinigen Gott als die Triebkraft des Lebens
kannte. Nachdem der Apostel beim letzten Princip alles Christen-
wandels angekommen, hat er nichts weiter auszuführen.

Eine kurze Repetition seiner universalen Glaubens- und Sitten-
lehre zum Zwecke der Zusammenfassung beider in der absoluten
Persönlichkeit, von welcher Glaube und Leben kommt, schliesst in
der Form einer Doxologie seine Darstellung.

Er fast den, welcher nach seinem Evangelium die Christgläubigen
aller Völker (nicht bloss der Juden) in ihrem Streben nach Darstellung des christlichen Lebens unterstützen kann und will, die persönliche causa vitae christianae mit dem, welcher Jesum Christum
nunmehr den Heiden hat predigen lassen, also mit der absoluten causa
des Heils für alle Menschen zusammen. Beides, die causa vitae
christianae und die causa salutis ist der allein weise Gott durch
Jesum Christum, denn Er hat Alles, die theoretischen und prac-
tischen Anfänge und Ziele des Leibes mit einander zusammenge-

schlossen zur Einheit des Systems und sich erwiesen als den alleinigen
Urheber desselben, das ist: Er ist als der allein weise Gott offenbar geworden durch Jesum Christum.

Mit dieser Doxologie, welche, wie im Commentar nachgewiesen
worden, nicht Cap. 16, 25—27, sondern hinter Cap. 14, 23 zu setzen
ist, schliesst der Apostel seinen Gesammtunterricht über das Evangelium.

Einer solchen Darstellung hatte es nun freilich bedurft, um zugleich die Stellung der römischen Altgemeinde zu rechtfertigen. An
dem Grunde, auf welchem sie bisher gestanden, an ihrem Glaubensgehorsam hatte der Apostel nichts auszusetzen; er konnte die Mitglieder daher mit gutem Gewissen als die δυνατοί bezeichnen, während er die Christgläubigen aus den Juden, welche die Allgenugsamkeit des Glaubens zum Heile noch nicht klar erkannt oder doch nicht
voll zur Geltung gebracht, sondern die Beobachtung des Gesetzes
aus ihrer früheren Stellung beibehalten hatten, als Schwache bezeichnet. Wozu denn aber dieser ganze systematische Unterricht für
die Starken? Der Apostel sagt es 15, 15: er habe es gethan ὡς
ἐπαναμιμνήσκων ὑμᾶς διὰ τὴν χάριν τὴν δοθεῖσάν μοι ὑπὸ τοῦ
θεοῦ, meint aber sicherlich nicht, dass die Starken das, was er ihnen
auseinandergesetzt, bereits alles gewusst und nur hätten erinnert zu
werden brauchen. Das ἐπαναμιμνήσκειν geht zweifellos auf 15, 1.
Der Apostel will sie an die allgemeine Christenpflicht (darum ἡμεῖς
erinnern, die Schwachen zu tragen und ihre Aufnahme nicht
länger zu beanstanden, denn die Schrift redet von einem Lobpreis der
Juden unter den Heiden und der Heiden unter den Juden (15, 1—13).
So müssen doch Beide Eins sein in Christo Jesu. Auch der Herr
habe sich viel gefallen lassen, um das Heil Aller zu Stande zu
bringen.

So erweist sich das 15. Capitel als integrirender Bestandtheil
des Briefganzen. Ohne dasselbe würde die practische Spitze fehlen.

Zum Schluss erwähnt dann der Apostel seine Missionserfolge
und die ihm bevorstehende Collectenreise nach Jerusalem, weil beides
in nächster Beziehung zu seiner Absicht steht, die römische Gemeinde
persönlich zu besuchen.

Wie in allen Briefen des Apostels, so stehen auch im Römerbrief die Grüsse am Ende. Was für mich das 16. Capitel bedeutet,
habe ich im Vorstehenden dargelegt; ich finde darin, was ich sonst
im ganzen Briefe vergeblich suchen würde, Fingerzeige über die Veranlassung und den Zweck des apostolischen Sendschreibens. Hinter
der Gemeinde im Hause des Akylas und der Prisca findet sich eine
Anzahl von Gläubigen der Altgemeinde, an welche der Apostel Grüsse
sendete. Dass Paulus ihre Bekanntschaft nicht in Rom selbst gemacht, liegt auf der Hand; er muss sie also auf seinen Missionsreisen, bez. Missionsstationen kennen gelernt haben. Wer wollte bei
dem lebhaften Verkehr der Provinzen mit der Welthauptstadt in der
immerhin noch sehr mässigen Zahl der zu Grüssenden etwas Be-
fremdliches finden! Aber ich meine nicht, dass der Apostel seinen

Grusscatalog zusammengebracht hat, wie gerade die Erinnerung ihm die einzelnen befreundeten Persönlichkeiten vorführte. Die Gruppirung steht, soweit ich sehe, in Beziehung zu der vorgenannten ἐκκλησία. In dieser waren die später genannten Gemeindeglieder nicht enthalten; der Apostel müsste sonst dieselben Persönlichkeiten zweimal haben grüssen lassen. Wollte aber ein Ausleger sich darüber hinwegsetzen und meinen: sie seien als besonders geachtete Gemeindeglieder noch einmal genannt, so würde doch dieser Grund nicht von allen, sondern nur von einem Theile der Gegrüssten gelten. Zum Andern würde der Apostel in diesem Falle nur für die Gemeinde im Hause des Aquilas Grüsse gehabt haben, nicht für andere Gemeindeglieder, was nicht anzunehmen ist. Ich bleibe also dabei stehen, dass die von 16, 6 ab genannten sämmtlich Mitglieder der Altgemeinde waren und dass der Apostel einen Grund hatte, gerade diese namentlich auf-zuführen. Welchen Grund, dürfte sich sehr bald herausstellen. Zu-erst wird genannt der Erstling aus Asien, Epänetos, sodann Mariam, die sich viel Verdienst um den Apostel erworben, also Christgläubige aus den Heiden, unmittelbar darauf Andronikos und Junias, diese hervorragenden Gestalten aus der ersten Zeit des Christenthums, selbst den Uraposteln wohl bekannte Christusbekenner aus den Juden — und jetzt Mitglieder einer Gemeinde aus den Heiden, unzweifelhaft, weil sie das Ἰουδαϊκῶς ζῆν (Gal. 2, 4) aufgegeben hatten. Auch die folgenden Namen gehören nicht bloss Heidenchristen an; v. 11 wird wieder ein συγγενής des Paulus genannt, Herodion; Männer, Weiber, ganze Familien finden sich mit Christgläubigen aus den Juden in der Altgemeinde Roms zusammen. Ist das nicht eine in-directe Admonition? Wenn diese in der Altgemeinde sich zusammen-gefunden hatten und Gemeinschaft hielten, warum dann eine beson-dere ἐκκλησία im Hause des Aquilas? Ja, aber das Ἰουδαϊκῶς ζῆν! Eben darauf hat Paulus bereits 15, 1 geantwortet: „ihr seid schuldig, sie zu tragen!"

Was die Notiz 16, 17 betrifft, so hängt sie mit der Ankündigung des Besuchs in Rom nahe zusammen. Die Emissaire der Gegenmission in Jerusalem, welche in v. 17 gemeint sind, stellten sich eben nur dort ein, wo der Apostel wirkte. Was hätten sie auch an Orten zu thun gehabt, wo die Entscheidung für oder wider das Evangelium durch die apostolische Predigt überhaupt noch nicht provocirt war! Paulus setzt bestimmt voraus, dass, wenn er nach Rom kommt, auch die Emissaire der Judenmission nicht ferne bleiben werden, wenn sie nicht schon vorher sich einstellten, um die Gemeinde zu verwirren. Daher die Warnung.

In 16, 20 finde ich den eigentlichen Schluss des Briefes.

Die Verse 16, 21—24 sind offenbar eine Nachschrift, von Tertius im Namen und Auftrage des Apostels angefertigt, als er im Begriff stand, die Reise, Act. 20, 4 anzutreten. Einige der Reisegefährten sind bereits beisammen: Timotheus, Sopater, Gaios (Act. 20, 4). Die anderweit Grüssenden werden wohl in Corinth zurückgeblieben sein.

Jason, der Hausbesitzer in Thessalonich mit Lucius, den wir nicht
weiter kennen, die aber beide möglicher Weise Geschäftliches in
Corinth zu verrichten hatten. Erast blieb wohl zurück als städtischer
Beamter, vielleicht aus gleichem Grunde auch Tertius und Quartus.
Statt ihrer fanden sich dann die ausserdem in Act. 20, 4 Genannten ein.

Trifft diese Vermuthung zu, so wird der Römerbrief erst kurz
vor der 20, 4 erwähnten Reise des Apostels geschlossen und nach
Rom abgesendet worden sein.

Uebrigens erklären die dargelegten Umstände den doppelten
Schluss des Briefs so einfach und natürlich, dass es fast muthwillig
erscheint, die Authenticität der beiden letzten Capitel oder des 16. Capitels allein um dieses Duplums willen zu beanstanden.

Nachdem ich so die Ordnung des Briefes dargelegt und damit,
was zur Einleitung gehört, zu Ende geführt habe, möchte ich noch
einmal auf das Bild der römischen Gemeinde, welches meine Auffassung der historischen Beziehungen des Briefes ergeben hat, zurückkommen und dasselbe in der Beleuchtung betrachten, welche
der Bericht der Apostelgeschichte C. 28, 17 u. flgg. auf die Stellung
der römischen Judenschaft zu dem Apostel, bez. zu der Christengemeinde in Rom fallen lässt. Wendt (neue Bearbeitung des Meyerschen Commentars zur Apostelgeschichte S. 539) nimmt Anstoss daran,
dass die Juden nicht bloss verneinen, eine Kunde über den Paulinischen Prozess empfangen zu haben, sondern dass sie indirect zu verstehen geben, nichts Schlimmes über ihn gehört zu haben. „Ist es
nun schon sehr unwahrscheinlich," so lauten Wendts Worte zu 28, 21,
„dass wirklich die Juden in Rom über das frühere Wirken des Paulus
und über den Anstoss, welchen er dadurch den Juden aller Orten
gegeben hatte, ganz in Unkenntniss gewesen sein sollten, so ist noch
seltsamer, ja schlechterdings unglaublich der zweite Theil ihrer Aussage, dass sie überhaupt erst durch Paulus etwas Näheres über die
Christensecten zu erfahren wünschen — wenn wir nämlich bedenken,
dass in Rom seit längerer Zeit eine Christengemeinde existirte, welche
wenigstens zum Theil aus geborenen Juden bestand, und dass höchst
wahrscheinlich Unruhen, welche auf Anlass des Eindringens des
Christenthums in der römischen Judenschaft ausgebrochen waren, den
Grund zu jenem Vertreibungsedicte des Claudius gegen die Juden gebildet hatten." So Wendt. Meyer hatte mit anderen Auslegern die Erklärung für die seltsamen Aussagen der Juden über ihre Unkenntniss
in einer zurückhaltenden, sich auf den officiellen Standpunkt stellenden
Vorsicht gefunden, mit welcher sie irgend welche präjudicielle Aeusserungen zu vermeiden suchen. Wendt meint, dass zu einer solchen
Vorsicht einem Gefangenen gegenüber keinerlei Grund vorhanden gewesen, und will lieber in Uebereinstimmung mit der Tübinger Schule
hier eine ungeschichtliche Aussage des Lucas constatiren, deren Zweck
gewesen, das Verhältniss, in welches sich die römische Judenschaft
anfänglich zu Paulus gestellt, als ein nicht im Voraus feindseliges,

sondern zunächst unbefangen entgegenkommendes zu charakterisiren.
Dass doch die Ausleger so gerne die heiligen Schriftsteller für ihren
eigenen Mangel an richtigem Verständniss büssen lassen! Für die
Geschichte des Apostels, welche Lucas erzählt, hat das Vorhalten der
Judenschaft in Rom, ob feindselig oder entgegenkommend, kein pragmatisches Moment. Es ist berichtet, was überall zu geschehen hatte,
wenn Paulus auf seinen Missionsreisen einen Ort zum ersten Male
besuchte, dass er nach seiner Pflicht zuerst den Juden, dann erst
den Heiden das Evangelium predigte. Dass der Apostel auch in der
Welthauptstadt von diesem Verfahren nicht abgewichen, eben dies
und nichts anderes hat Lucas constatiren wollen, um daran die Notiz
zu schliessen, dass und warum der Apostel, nachdem er seine Pflicht
den Juden gegenüber erfüllt, sich zu den Heiden gewendet habe.

Was nun aber die Aussage der Judenschaft Act. 28, 21. 22 betrifft, so wird vieles von dem, was Wendt seltsam findet, sich durch
meine Auffassung der geschichtlichen Verhältnisse der römischen Gemeinde erledigt haben. Dabei ist nicht zu übersehen, dass Lucas
über die Aussage der Ersten, also Vornehmsten in der römischen
Judenschaft berichtet. Immer möglich, dass in den niederen Kreisen
manche Kenntniss verbreitet war, die man nicht an die Ersten gebracht hatte, weil sie ihre Interessen wenig oder gar nicht berührte.
Dass man von Jerusalem aus der römischen Judenschaft nicht Nachricht von der Abführung des Apostels nach Rom gegeben, darf in
keinerlei Weise Wunder nehmen. Irgend welche amtliche Verpflichtung zu solcher Berichterstattung lag den Jerusalemischen Behörden
nicht ob; private Beziehungen, die etwa von den Anklägern hätten
ausgenützt werden können, waren noch nicht angeknüpft; das mare
clausum hatte den Verkehr mit Rom zunächst sistirt, auch waren
die vor der Anklage zu treffenden Maassnahmen vielleicht noch gar
nicht berathen und festgestellt; schliesslich hatten die Ankläger immer
noch Zeit genug, solche Beziehungen, wenn sie ihnen nützlich schienen,
nach ihrem Eintreffen in Rom persönlich herzustellen.

Das Seltsamste aber, dass eine christliche Gemeinde Jahre lang
in Rom bestanden, ohne dass die Juden davon Kenntniss erlangt oder
genommen hätten, erledigt sich einfach dadurch, dass die Gründer
der Gemeinde eingewanderte Pauliner waren, welche, da sie selbst,
wenn sie überhaupt von jüdischer Herkunft waren, jüdisch-gesetzliches
Wesen vollständig abgethan hatten, sich von den Heiden, welche sich
nachmals dem Bekenntniss zu Christo angeschlossen, nicht unterschieden, und dass den Vorstehern der römischen Judenschaft weder
oblag, noch anlag, zu untersuchen, welcher Nationalität und Con-
fession die Eingewanderten ursprünglich angehörten. Weiter war bis
dato auch nicht einmal der Versuch gemacht worden, unter der
Judenschaft zu missioniren, weil sowohl den Eingewanderten, als den
Bekehrten aus den Heiden erwünscht sein musste, jeden Verkehr mit
den Angehörigen des Judenthums zu meiden. Eben dasselbe Bestreben, sich von der Berührung mit der Synagoge fern zu halten,

dürfen wir von den eingewanderten Juden Palästinensicher oder Pe-
trinischer Richtung voraussetzen; überdiess waren kaum drei Jahre
verflossen, seit sie ihre Sondergemeinde aufgerichtet. So erklärt es
sich denn sehr leicht, dass in der Welthauptstadt, die eine Judenschaft von mindestens 100,000 Köpfen beherbergte, die verhältnissmässig kleine Christengemeinde ohne grosses Aufsehen sich bildete
und erbaute, zumal wenn wir erwägen, dass um diese Zeit eine wahre
Passion unter den Römern bestand, fremde Culte einzuführen, somit
das Aufkommen und Bestehen einer Christengemeinde, zumal aus den
Heiden, kaum noch dazu angethan war, die öffentliche Aufmerksamkeit zu eregen.

Doch wissen die πρῶτοι der Judenschaft mehr, als man nach
Lage der Umstände erwarten sollte. Sie bezeichnen das Bekenntniss,
um desswillen sie Paulus zu sprechen gewünscht hat, als eine αἵρεσις,
ja sie wissen mehr, dies nämlich, dass dieser αἵρεσις überall, also
auch wohl in Rom, widersprochen wird (v. 22), und wünschen nun
von Paulus selbst etwas Genaueres zu erfahren. Es ist keineswegs
ausgeschlossen, dass sie nicht von andern Leuten etwas darüber gehört; aber Zuverlässiges konnte man doch nur von einem Manne
hören, der für den Urheber dieser Secte galt: ἀξιοῦμεν δὲ παρὰ
σου ἀκοῦσαι, ἃ φρονεῖς (v. 22). Wollte man sagen, dass Häretisches
doch immer etwas Schlimmes sei, und doch die Ersten aus der Judenschaft unmittelbar vorher v. 21 versichert haben: es habe Niemand
über ihn τὶ πονηρὸν gesprochen, so wolle man nicht vergessen, dass
αἵρεσις damals etwas Anderes bedeutete, als in der Zeit der mittel-
alterlichen Glaubensgerichte. Es waren damit eigenthümliche Rich-
tungen in Glaubenssachen gemeint, die, wenn sie auch von der Gesammtheit nicht getheilt wurden, keineswegs schon als solche den
Betreffenden zum Vorwurf gemacht oder gar zum Verbrechen an-
gerechnet werden konnten.

Die Meinung Wendt's aber, dass das Edict des Claudius sehr
wahrscheinlich durch das Eindringen des Christenthums und durch
die Unruhe veranlasst worden sei, welche damit über die Judenschaft
gekommen sei, beruht auf einer falschen Deutung der bekannten
Stelle des Sueton. Chresto impulsore heisst nicht: auf Anregung des
Christenthums. Darum hätte sich die römische Obrigkeit ebenso
wenig, wie der römische Prätor Gallion (Act. 18, 13. 14), um jüdische
Dogmen gekümmert. Die Unruhen, von welchen Sueton redet, hatten
eine politisch bedenkliche Seite. Die Solidarität der jüdischen Interessen, die Art, wie das Volk nach politischem Einfluss haschte, hatten
wohl den Verdacht nahe gelegt, dass man es mit einer festgeschlosse-
nen Hetärie, mit einer Verschwörung gegen das römische Staatsregi-
ment zu thun habe — und sicherlich waren es in Rom dieselben
turbulenten Agitationen, welche unter dem Vorwande des messianischen
Reichs und in Erwartung der jüdischen Alleinherrschaft die Gemüther
in Palästina erregten. Das Edict war nur Fortsetzung der unter den
früheren Kaisern gegen die Hetärien erlassenen Verordnungen.

In summa: ich finde in dem Berichte des Lucas über die Stellung, welche die Ersten der Judenschaft zum Apostel eingenommen haben, weder etwas Unverständliches, noch etwas Seltsames.

Schliesslich noch die Bemerkung, dass das Schreiben des Apostels an die römische Gemeinde nicht ohne Frucht gewesen, vielmehr die Auflösung der Sondergemeinde und den Eintritt der Palästinenser in die Gesammtgemeinde zur Folge gehabt haben dürfte. Wenigstens finden wir weder in Act. 28, 15, noch in den Briefen aus der Gefangenschaft über den Fortbestand einer separirten Christengemeinde in Rom die geringste Andeutung.

7. Die Literatur.

Eine vollständige Zusammenstellung der über den Römerbrief erschienenen Commentare und Monographieen würde ein eignes umfängliches Werk erfordern, wäre überdiess für meinen Zweck ein bedenklicher Luxus. Ich begnüge mich daher, nur die neuesten Commentare zu nennen, auf welche ich vorzugsweise Rücksicht genommen habe. Es sind

v. Hofmann's h. Schrift N. T. 3. Theil. Nördlingen 1868.
Meyer's kritisch-exeget. Commentar zum N. T. 4. Abtheil. und
C. Weiss's Umarbeitung des Meyerschen Commentars (6. Aufl.)
Göttingen 1881.
Godet's Commentar zum Römerbrief. Deutsche Bearbeitung.
Hannover 1881, und
Klostermann's Correcturen zur bisherigen Erklärung des Römerbriefs. Gotha 1881.*)

Auslegung.

Die Ueberschrift lautet einfach Πρὸς Ῥωμαίους in א. A. B. C.
Die Verse 1—7 bringen den apostolischen Gruss in erweiterter Form.

Zuerst Name und Stand des Briefschreibers. Ueber den Namen Παῦλος vergl. meine Abhandlung in der Luthardtschen Zeitschrift für kirchl. Wissenschaft und kirchl. Leben. Jahrg. 1882 S. 235 u. flgg. Dem Namen folgen Angaben über seine amtliche Stellung, vom Allgemeinen zum Besondern fortschreitend. Weshalb dieser feierliche Eingang, diese Aufzählung seiner Titel und Würden?

G sagt: „dem Apostel liege daran, diesen seinen ungewöhnlichen Schritt zu rechtfertigen, dass er einen solchen Lehrbrief an eine Ge-

---

*) Ich werde diese Commentare der Raumersparniss halber nur mit *H M W G K* citiren.

meinde richtet, an welche er keinerlei Rechtsanspruch zu haben
schien." Besser

M: „Paulus macht seine Apostelwürde gleich an der Spitze des
Briefs so nachdrücklich, wie in keinem andern vor einer Gemeinde
geltend, in welcher zwar sein Ansehen nicht gefährdet, er aber persönlich noch fremd war und gleichwohl die vollste und nachhaltigste
Geltung seines Evangeliums auf Grund seiner apostolischen Dignität
in besonderem Grade wünschen musste."

Nach meiner Ansicht schrieb Paulus in dem vollen Bewusstsein
seines Rechtes (laut Missionsvertrag Gal. 2, 9) und seiner Pflicht.
Die besonderen Umstände, unter welchen er schrieb (man vergl. die
Einleitung) machten es ihm zur Gewissenssache, das ganze Gewicht
seiner apostolischen Auctorität einzusetzen. Immer möglich, dass ihn
zugleich Gedanken bewegten, welche über die specielle Veranlassung
weit hinausgingen. Ein Schreiben an die Christen der Welthauptstadt
war gewissermassen ein Generale an sämmtliche Gemeinden aus den
Heiden; der Apostel konnte und durfte wünschen, dass seine Lehrweise bei dieser Gelegenheit im Gesammtgebiete der Heidenmission
genauer und ausführlicher bekannt werde, als dies durch die mündliche Predigt hatte geschehen können.

Wie dem auch sei, die feierliche Weise, mit welcher der Apostel
sich einführt, gestattet einen Rückschluss auf seine feierliche Stimmung, und diese ist hinwiederum nicht anders zu erklären, als dadurch, dass er sich der besondern Wichtigkeit seines Schreibens
bewusst war.

Δοῦλος Ἰησοῦ Χριστοῦ bezeichnet das Verhältniss zu Christo,
als zu seinem Herrn, nicht schon das amtliche, wie *M* und *W* wollen.
In dieser allgemeinen Bedeutung kann es von jedem Christen ausgesagt werden, wie 1 Cor. 7, 22. Hier jedoch ist nicht die allgemein
christliche Dienststellung gemeint, sondern eine besondere, dem
Dienste des Herrn völlig hingegebene, so dass das ganze Leben des
Betreffenden darin aufgeht, dem Herrn zu dienen an seinem Reiche,
etwa wie יְהוָה עֶבֶד im A. T. Das Amt, in welchem Paulus als
δοῦλος dem Herrn dient, wird erst durch das Folgende näher bestimmt. Amtliche Stellung unterscheidet sich dadurch von Dienststellung im Allgemeinen, dass die erstere nicht sein kann ohne einen
ständigen Auftrag.

Ἰησοῦ Χριστοῦ. So die Recepta, von neueren Ausgaben die
von Griesbach, Lachmann, Theile, Westcott und Hart, von Uncialen
A. G. J. (C. D. F haben an dieser Stelle Lücken, bei E ist die Lesart zweifelhaft). Ebenso liest der Sinaitic., meist alle griechischen
Väter, von den lateinischen viele. Dessenungeachtet hatte Tischendorf *Χριστοῦ Ἰησοῦ* in den Text aufgenommen, und Gebhardt hat
in der Tischendorfschen Ausgabe letzter Revision daran nichts geändert. So liest nämlich der Cod. Vaticanus (B) und nach ihm mit
einigen lateinischen Vätern die Vulgata. Auch *H* ist dafür eingetreten, neuerdings auch *W* (gegen *M*). Nicht minder ist *G* geneigt,

die Lesart des Vatic. zu acceptiren. Er sagt: „Χριστοῦ Ἰησοῦ als die ungewöhnlichere Form ist wohl hier vorzuziehen. Sie entspricht der persönlichen Entwicklung des Paulus, welcher den Messias in seiner Herrlichkeit angeschaut hatte, ehe er wusste, dass er Jesus sei." Was *G* damit meint, ist mir unerfindlich. Geschichtlich steht die Sache so (Act. 9, 5), dass der Apostel erst Jesum kennen lernen musste, bevor er ihn als den Christ predigen konnte. Und dann, warum schreibt der Apostel in den Adressen aller andern Briefe Ἰησοῦ Χριστοῦ?

Jesus Christus und Christus Jesus, beide Verbindungen kommen im N. T. vor. Es ist jedoch nicht gleichgültig, ob der Apostel die eine oder die andere wählt. Die Commentatoren gehen meist stillschweigend daran vorüber. Gersdorf (Beiträge zur Sprachcharakteristik der Schriftsteller des N. T.) hat wenigstens das Material über die beiden Namen, und die Verbindung derselben mit κύριος bei Paulus und Petrus zusammengestellt. Mayerhof (Brief an die Colosser) hat versucht, in die inneren Gründe des Wechsels beider Namen, bez. ihrer Verbindungen einzudringen, um daraus gegen die Echtheit des Colosserbriefs zu argumentiren. Dann ist die Sache liegen geblieben oder von den Commentatoren mit einigen wenigen unbedeutenden Bemerkungen abgefertigt worden. Und doch ist die Sache von grosser Bedeutung und verdiente eine eingehende Behandlung, weil nicht wenige Stellen des N. T. erst dadurch ihr rechtes Licht empfangen. Ausser Stande, darüber an diesem Orte ausführlich zu handeln, will ich wenigstens in kurzen Umrissen meine Meinung geben.

Gewöhnlich fasst man Ἰησοῦς als Personenname, Χριστὸς als Amtsname. Damit werden freilich nur die alleräussersten und nicht einmal zutreffenden Kategorieen angegeben. Χριστὸς ist kein Amtsname, wie andere Amtsnamen, und Ἰησοῦς kein Personenname, wie andere Personennamen. Beide sind nomina popria und kommen als solche nur einer Person, einem Amtsträger zu. Was wird an dieser einzigartigen geschichtlichen Persönlichkeit Jesus Christus mit dem Namen Jesus, was mit dem Namen Christus bezeichnet? Jesus ist der Name des in unser Fleisch eingetretenen Gottessohnes; Christus ist der Name des von den Propheten geweissagten Herrn und Königs des Himmelreichs auf Erden, von Gott dem Jesus, nachdem die Zeit erfüllet worden, durch ausdrückliche Vocation zugeeignet. Jesus ist die Voraussetzung des geschichtlichen Christus. Erst der ἐνσαρκωθείς, dann der Herr und Christ. Instructiv für das Verhältniss des Jesus zum Christ ist nicht nur Act. 2, 36, sondern, richtig verstanden, Eph. 4, 20. 21: ὑμεῖς δὲ οὐχ οὕτως ἐμάθετε τὸν Χριστὸν, εἴγε αὐτὸν ἠκούσατε καὶ ἐν αὐτῷ ἐδιδάχθητε, καθώς ἐστιν ἀλήθεια ἐν τῷ Ἰησοῦ. Der Christus ist ἀλήθεια, das ist geschichtliche Wahrheit und Wirklichkeit in dem Jesus. Wie Jesus nun durch seine ἐνσάρκωσις im tiefsten Sinne des Wortes uns, d. i. unser menschliches Wesen angenommen hat, so hat Gott den Jesus darum gesalbt mit dem heiligen Geist und mit Kraft (oder, was dasselbe

ist, zum Christ gemacht), damit er uns tüchtig mache durch den
heiligen Geist, ihn anzunehmen. Χριστός steht daher überall, wo
das Princip der inneren Gemeinschaft, die Verbindung mit dem
Haupte der Christenheit durch den heiligen Geist, mit andern Worten:
die Angehörigkeit an den Herrn ausgedrückt wird. Daher die Formel
ἐν Χριστῷ.

Der Name Χριστός erhält die Prädicate des Ἰησοῦς (Aussagen
über sein Leiden und Sterben), um in prägnanter Weise hervorzuheben, dass der Christ in die Geschichte eingetreten ist und erlitten
hat, was die Propheten von ihm ausgesagt haben.

Der Name Χριστός wird zu Ἰησοῦς hinzugefügt, wenn 1) etwas
darauf ankommt, zu markiren, dass Jesus der Christ sei, 2) wenn
von dem Regieramte des Herrn die Rede ist, denn dies führt er
nicht bloss als Jesus, sondern als Jesus Christus.

Umgekehrt wird Christus vorangestellt und der Name Jesus hinzugefügt, wenn 1) etwas darauf ankommt, zu betonen, dass der Christ,
dessen Angehörige wir sind durch den heiligen Geist, eben der Jesus
von Nazareth ist, 2) wenn von Acten der inneren Gemeinschaft zwischen dem Herrn und den Gläubigen die Rede ist. Die geschichtliche Existenzform tritt zurück hinter den allwaltenden Christ; aber
wo es irgend nöthig erscheint, wird hinzugefügt, dass dieser Christ
eben Christus Jesus ist.

Sowohl als Christus Jesus, wie als Jesus Christus ist er unser
κύριος, daher dies Epitheton bei beiden Formen des Vollnamens erscheint. Dagegen steht κύριος nur bei Jesus, nie bei Christus allein,
weshalb auch Mayerhof einen hauptsächlichen Beweis der Unechtheit
des Colosserbriefs darin fand, dass Col. 3, 24 steht: τῷ κυρίῳ Χριστῷ
δουλεύετε. Man braucht jedoch nur den Zusammenhang genauer
anzusehen, um sofort zu erkennen, dass κύριος hier nicht als nomen
proprium, sondern als appellativum gebraucht ist. Die Sclaven sollen
Christum ansehen, als wäre er der Besitzer oder Herr, welchem sie
zu dienen hätten. Dass übrigens die Verbindung κύριος Χριστός
nicht vorkommt, liegt einfach darin, dass beide Namen in Betreff
der Oberherrlichkeit über die Kirche dasselbe aussagen, während
κύριος Ἰησοῦς soviel ist, als Χριστός Ἰησοῦς.

Nach diesen Ausführungen wird es nicht mehr zweifelhaft erscheinen, dass Paulus in einem amtlichen Schreiben an die Gemeinde sich nicht als Apostel kraft seiner inneren (subjectiven) Nahestellung zum Herrn bezeichnet, sondern als Apostel kraft seiner
amtlichen Stellung am Evangelio, welche, wie allen andern Aposteln,
so auch ihm durch einen historischen Act verliehen worden ist,
also ein ἀπόστολος Ἰησοῦ Χριστοῦ, nicht Χριστοῦ Ἰησοῦ.

Eben dies Moment der geschichtlichen Berufung durch Jesum
(Act. 9) hebt Paulus hervor durch κλητὸς ἀπόστολος, nicht einer,
der aus innerem Drang sich selbst zum evangelischen Predigtamt
verordnet hat, sondern von dem Herrn der Kirche berufen ist durch
einen geschichtlichen Act.

Ἀφωρισμένος εἰς εὐαγγέλιον θεοῦ. Nähere Bestimmung
zu *ἀπόστολος*. *M* will von einer Bezugnahme auf Act.
13, 2 nichts
wissen, darum auch nicht von einer, gewissermaassen rituellen Absonderung des Apostels für die Predigt des Evangeliums unter den
Heiden. Als Grund giebt er an: *ἀφωρισμένος* sei nicht etwas zu dem
κλητός Hinzugekommenes, sondern dem *κλητός* parallel; die Aussonderung Pauli sei geschehen als geschichtliches Factum in und mit
seiner Berufung auf dem Wege nach Damascus. Ebenso *W*. *Ἀφωρισμένος* soll dann nach *M* heissen: abgesondert von den Profanen.
Also „abgesondert von den Profanen für Gottes Heilsbotschaft." Und
unmittelbar vorher: ein berufener Apostel! *M* selbst hat die Epitheta, welche Paulus sich beilegt, als „erschöpfende, vom Generellen
zum Speciellen fortschreitende Herausstellung seiner amtlichen Auctorität bezeichnet. Was für ein Fortschritt fände dann aber statt von
dem **berufenen** Apostel zu dem **von den Profanen abgeson-
derten**? Wäre das nicht vielmehr ein Rückschritt hinter *δοῦλος
θεοῦ*? Ein Dienstmann Gottes kann man nicht werden ohne Absonderung von den Profanen. Für die Beziehung des *κλητός* zum
ἀφωρισμένος ist die richtige Auffassung von Act. 9 entscheidend.
Auf dem Wege nach Damascus hat der Herr gesagt: was Saulus
werden soll, nicht, was er **ist**. Der *ἀφορισμός* dagegen fand zu
einer besonderen, von dem Herrn bestimmten Zeit statt; der zum
Dienst am Reiche Gottes Berufene empfing eine von dem anderweiten
Apostolat **gesonderte** Stellung. Dies und nichts anderes will Paulus
durch das hinzugefügte *εἰς εὐαγγέλιον θεοῦ* ausdrücken, welches
bisher irrthümlich als **finale** Bestimmung aufgefasst worden ist: für
die Gottesbotschaft, statt dass es **modal** hätte aufgefasst werden
sollen: in **Betreff**, in **Bezug auf** die Gottesbotschaft. *Ἀφωρισμένος* will also nicht sagen, dass Paulus ausgesondert sei aus den
Profanen, sondern dass er ein *ἀφωρισμένος ἀπόστολος*, ein aus
den Aposteln in Bezug auf die Gottesbotschaft Abgesonderter sei;
er hat am Evangelio nicht bloss den **allgemein** apostolischen, sondern einen **besonderen** Dienst.

Auf der Verkennung dieser allein richtigen Beziehung des präpositionellen Zusatzes beruht die *M-W*sche Meinung von einem Parallelismus des *κλητός* und *ἀφωρισμένος*, sowie die unklare Fassung
der modernen Exegese. Ich meine aber mit vollem Rechte sagen
zu können, dass meine Auslegung die richtige sei, weil der Apostel
selbst den Ausdruck durch Recapitulation in v. 5 so auslegt. —

Am seltsamsten ist *G*s Auffassung, welche ich ausführlicher besprechen möchte, weil *G*s Exegese mehr, als irgend eine andere,
bei unsern jüngern Theologen Anerkennung und Aufnahme gefunden
hat, dadurch aber auch der Verbreitung von Irrthümern nicht wenig
Vorschub geleistet worden ist. *G* sagt: „die beiden Ideen, **Apostel**
und **Berufung** leiten den Gedanken natürlich [?] auf den Augenblick seiner Bekehrung. Aber Paulus weiss, dass seine Weihe zu
diesem Amte noch weiter zurückgeht. Dies Gefühl spricht sich aus

in dem folgenden Ausdruck ἀφωρισμένος. Dieser Ausdruck kann in einem solchen Zusammenhange sich nicht auf eine menschliche Weihe beziehen, wie die, welche er mit Barnabas zu Antiochien bei ihrer ersten Aussendung erhielt, obgleich Act. 13, 2 derselbe griechische Ausdruck gebraucht ist. Der Ausdruck wird erklärt durch die Stelle Gal. 1, 15: „„als es aber Gott gefiel, der mich von meiner Mutter Leibe an hat ausgesondert (ἀφορίσας με) und berufen (καλέσας με) durch seine Gnade."

„In dieser Galaterstelle, so fährt G fort, steigt er von der Aussonderung herab zu der Berufung [?], während er hier von der Berufung zurückgeht auf die Aussonderung [!]."

Uebrigens hatte bereits Chrysosthomus das ἀφωρισμένος so aufgefasst; in der neuesten Zeit Reiche. G nennt seine Quelle nicht, scheint also selbstständig auf diese Erklärung gekommen zu sein. Ich habe ein Dreifaches daran auszusetzen. Zum Ersten verstehe ich nicht, wie Paulus, der in Anbetracht der Wichtigkeit seines Schreibens sich der Gemeinde sofort im Eingange mit den sämmtlichen Prädicaten seiner amtlichen Auctorität vorstellt, schliesslich auf seine Bekehrung zurückgreift. Titel und Würden beruhen auf thatsächlicher Verleihung von competenter Stelle, sei es durch mündliches oder schriftliches Wort. Nun nennt sich Paulus δοῦλος mit allgemeinster Bezeichnung seiner Dienststellung. Dass er am Reiche Gottes arbeitet, also wirklich im Dienste steht, ist Thatsache; eines Weiteren bedarf es nicht. Er nennt sich κλητὸς ἀπόστολος auf Grund seiner durch Zeugen hinlänglich verbürgten Berufung. Dagegen ist das ἀφορισθῆναι ἐκ κοιλίας ein subjectiv empfundener, lediglich auf innerer Gewissheit beruhender Vorgang, der, wie wichtig er auch für ihn sein musste, doch nimmermehr als Beleg für seine amtliche Auctorität verwerthet werden konnte. Das zweite Bedenken ist für mich die Divergenz zwischen der Aussage Gal. 1, 15 und unsrer Stelle. Dort heisst es: ἀφωρίσας με — ἵνα εὐαγγελίζωμαι. Dazwischen liegt noch das καλέσας διὰ τῆς χάριτος αὐτοῦ, ja das damit verbundene ἀποκαλύψαι τὸν υἱὸν αὐτοῦ ἐν ἐμοί. In unsrer Stelle würde umgekehrt das κληθῆναι dem ἀφορισθῆναι vorangestellt sein. Endlich unterschätzt G die Bedeutung von Act. 13, 2 für das Amtsleben des Apostels auf eine für mich unbegreifliche Weise, wenn er sagt: die Amtsweihe Act. 13, 2 sei eine bloss menschliche Weihe gewesen, wenn er des Weiteren zu verstehen giebt: Paulus könne bei Darlegung seiner Amtswürde sich auf einen Act von so untergeordneter Bedeutung nicht berufen haben. Dem entgegen habe ich hervorzuheben, dass Paulus seine Ordination für wichtig genug hielt, um davon den Anfang des Werks, zu welchem er designirt war, abhängig zu machen. Ich habe ferner zu betonen, dass der Befehl zur Ordination durch den heiligen Geist vom Herrn erging. Wie mag diese Amtsweihe eine bloss menschliche Weihe genannt werden? Selbst die Besorgniss, es möchte der papistischen Auffassung der Ordination als eines Sacramentes Vorschub geleistet

werden, wenn man der Amtsweihe des Apostels eine höhere Bedeutung beilegte, durfte G nicht veranlassen, geradezu wider die Schrift
zu lehren. Im Uebrigen wird jeder gewissenhafte Exeget anerkennen, dass Act. 13, 2 ein singulärer Fall vorliegt, dass also nicht
jede Ordination als eine auf unmittelbaren Befehl des Herrn angeordnete und ausgeführte Amtsweihe, d. i. als ein Sacrament im
papistischen Sinne dürfe angesehen werden.

Aus allen diesen Gründen muss ich die Gsche Auffassung
ebenso verwerfen, wie die Msche.

Eine weitere Folge der Gschen Erklärung von $\dot{\alpha}\sigma\omega\varrho\iota\sigma\mu\acute{\epsilon}\nu o\varsigma$ aus
Gal. 1, 15 war der Versuch, das $\dot{\iota}\nu\alpha$ $\epsilon\dot{\upsilon}\alpha\gamma\gamma\epsilon\lambda\dot{\iota}\zeta\omega\mu\alpha\iota$ in $\epsilon\dot{\iota}\varsigma$ $\epsilon\dot{\upsilon}\alpha\gamma$-
$\gamma\acute{\epsilon}\lambda\iota o\nu$ $\vartheta\epsilon o\ddot{\upsilon}$ hinein zu erklären. Es sollte und musste $\epsilon\dot{\iota}\varsigma$ $\epsilon\dot{\iota}\alpha\gamma$-
$\gamma\acute{\epsilon}\lambda\iota o\nu$ soviel heissen, als $\epsilon\dot{\iota}\varsigma$ $\tau\grave{o}$ $\epsilon\dot{\upsilon}\alpha\gamma\gamma\epsilon\lambda\dot{\iota}\zeta\epsilon\sigma\vartheta\alpha\iota$. G sagt: „wenn
man unter dem Worte Evangelium den Inhalt der göttlichen Bot-
schaft versteht, so muss man die Idee der Predigt in die Präpo-
sition $\epsilon\dot{\iota}\varsigma$ verlegen und sie so umschreiben: „um das Evangelium
zu verkündigen!"

Selbstverständlich ist das Muss nur die Folge des Gschen Irrthums,
dass Evangelium unter allen Umständen nicht die göttliche Botschaft
nach ihrem Inhalte, sondern die Verkündigung der Botschaft sei.
Als Grund führt er an: dass Evangelium als Heilsbotschaft gefasst,
dem lebendigen Charakter der Redeweise des Urchristenthums nicht
gemäss sei — als ob der abstracte Ausdruck: Verkündigung der
Botschaft lebendiger wäre, als das Concretum Heilsbotschaft. Als
Hauptargument wird hinzugefügt, dass Evangelium stets im N. T.
den Act der Verkündigung der evangelischen Predigt bezeichne, so
einige Zeilen weiter, dann namentlich 1 Thess. 1, 5, ein Ausspruch,
welcher nur dann einen Sinn habe, wenn Paulus mit „unser Evangelium" sagen will: „unsre evangelische Verkündigung".

Dem gegenüber habe ich einfach zu constatiren, dass $\epsilon\dot{\upsilon}\alpha\gamma\gamma\acute{\epsilon}$-
$\lambda\iota o\nu$ im N. T. niemals den Act, sondern stets das Object der
Verkündigung bezeichnet. So Röm. 1, 9 und 1 Thess. 1, 5, in
welcher Stelle $\tau\grave{o}$ $\epsilon\dot{\upsilon}\alpha\gamma\gamma\acute{\epsilon}\lambda\iota o\nu$ $\dot{\eta}\mu\tilde{\omega}\nu$ nicht: unsre Predigt heisst,
sondern das Evangelium, welches wir predigen, denn es folgt: $o\dot{\upsilon}\varkappa$
$\dot{\epsilon}\gamma\epsilon\nu\dot{\eta}\vartheta\eta$ $\epsilon\dot{\iota}\varsigma$ $\dot{\upsilon}\mu\tilde{\alpha}\varsigma$ $\dot{\epsilon}\nu$ $\lambda\acute{o}\gamma\dot{\omega}$ $\mu\acute{o}\nu o\nu$, $\dot{\alpha}\lambda\lambda\grave{\alpha}$ $\varkappa\alpha\grave{\iota}$ $\dot{\epsilon}\nu$ $\delta\upsilon\nu\dot{\alpha}\mu\epsilon\iota$ $\varkappa$. τ. λ.
d. i. es gelangte (kam) zu euch nicht im Worte allein, sondern auch
in Kraft. Das Evangelium ist nicht erst durch die Action des
Predigers etwas, sondern es ist ein Selbstständiges, in dessen Dienst
der Apostel berufen worden. Ebenso wird Röm. 1, 9 ganz allgemein
gesagt, dass er Gott diene am Evangelium. Wenn Paulus von dem
$\epsilon\dot{\upsilon}\alpha\gamma\gamma\acute{\epsilon}\lambda\iota o\nu$ $\mu o\upsilon$ oder $\dot{\eta}\mu\tilde{\omega}\nu$ spricht, wie 2, 16; 16, 25. 2 Tim. 2, 8,
so ist dies gleichbedeutend mit 1 Tim. 1, 11: $\varkappa\alpha\tau\grave{\alpha}$ $\tau\grave{o}$ $\epsilon\dot{\upsilon}\alpha\gamma\gamma\acute{\epsilon}\lambda\iota o\nu$,
$\dot{o}$ $\dot{\epsilon}\pi\iota\sigma\tau\epsilon\dot{\upsilon}\vartheta\eta\nu$ $\dot{\epsilon}\gamma\acute{\omega}$. Das Sonderliche, dass ich so sage: Paulinische
an diesem Evangelium ist, dass die Mitberufung der Heiden in den
Vordergrund tritt und die ganze Polemik und Irenik des Apostels
durchdringt. —

Im Uebrigen wird aus dem Vorstehenden zur Genüge erhellen,

dass die *G*schen Exegeme ihren Halt einzig und allein an der finalen
Auffassung des εἰς τὸ εὐαγγέλιον haben. Bei der modalen Auffassung, welche ich oben als die allein richtige bezeichnet habe,
fallen sie in sich selbst zusammen. Ἀφωρισμένος εἰς εὐαγγ.
heisst: ausgesondert (sc. aus den Aposteln) in Betreff des Ev., sofern Paulus nicht bloss ein Apostel ist, wie die anderen (ein κλητὸς
ἀπόστ.), sondern ein absonderlicher in Bezug auf das Evangelium,
in dem sein Evangelium vorzugsweise den Heiden gilt (v. 5), und
dennoch ist dies Evangelium kein anderes, als Gottes Heilsbotschaft
(für Alle); das Sonderliche des Paul. Evangeliums liegt in dem
Sonderauftrage, welchen er für die Heiden empfangen. Εὐαγγέλιον θεοῦ. M richtig: „θεοῦ ist der Gen. subjecti (auctoris),
nicht objecti (Chrysosth.). *G*: das Fehlen des Artikels vor den
Worten: Evangelium und Gottes giebt den Ausdrücken gewissermaassen einen qualificativen Sinn: eine Botschaft von göttlichem Ursprung". Dagegen ist zu bemerken, dass der Genit. ganz gleich ob
mit oder ohne Artikel dem Nomen, zu welchem er gesetzt wird,
allezeit eine gewisse Qualification mittheilt. Steht der Artikel, wie
z. B. Gal. 3, 21, so wird die Qualification der Bedeutung des Artikels gemäss in deiktischem oder anaphorischem Sinne ausgedrückt.
Ἐπαγγελίαι τοῦ θεοῦ sind Verheissungen des Gottes, von welchem
vorher die Rede war, dagegen ἐπαγγελίαι θεοῦ einfach Verheissungen, welche von Gott herrühren.

Das Fehlen des Artikels vor εὐαγγέλιον aber zeigt an, dass
die nähere Bestimmung, was für ein Evangelium? erst nachfolgen soll. Der ganze nachfolgende Vers vertritt gewissermaassen
die Stelle des fehlenden Artikels. Vorläufig wollte der Apostel nur
den Geschäftskreis benennen, zu dessen Bedienstetem er berufen war,
und zwar als ein sonderlicher unter den Aposteln (ἀφωρισμένος).
In solchen Fällen pflegen die Griechen eben keinen Artikel zu
setzen.

V. 2. Wenn es noch eines weiteren Argumentes zur Widerlegung des *G*schen Irrthums, als sei Evangelium nicht Evangelium,
sondern Verkündigung desselben, bedurft hätte, so würde es mit ὃ
προεπηγγείλατο κ. τ. λ. gegeben sein. So sehr sich *G* bemüht,
aus Jes. 53, 1. 52, 7. 40, 1 zu beweisen, dass die Verkündigung
des Evangeliums durch die apostolische Predigt von den Propheten
zuvor angekündigt worden sei, so ist damit noch keineswegs — was
doch nothwendig wäre — erwiesen, dass nicht das Evangelium, das
eigentliche Object der evangelischen Predigt, vorher verkündigt
worden, und dass es nicht des Apostels vornehmliches Interesse
gerade im Anfange seines Schreibens gewesen sein dürfte, eben dies
Object seiner Predigt als längst vorher geweissagt, also durch
heilige Schriften urkundlich gesichert, nachzuweisen. Wie seltsam
auch, wenn der Apostel hätte sagen wollen: die Verkündigung der
Heilsbotschaft sei von den Propheten vorher verkündigt worden.
Ich will jedoch nicht unterlassen, darauf aufmerksam zu machen,

dass durch die nicht immer in gleichem Begriffsumfange gebrauchten Ausdrücke: Heilskunde, Heilsbotschaft und dann wieder Verkündigung der Heilsbotschaft unter den Auslegern einige Sprachverwirrung angerichtet worden ist. Philippi z. B. sagt: „nicht sowohl das Evangelium, die Kunde von Christo, obschon auch diese, als vielmehr Christum selbst oder die Erlösung hat Gott vorher ankündigen lassen durch die Propheten. Daher geht ὅ auf den Inhalt des Evangeliums". Allein hier handelt es sich nicht darum, was alles die Propheten in Betreff des zukünftigen Heils vorher verkündigt haben, sondern was der Apostel speciell unter εὐαγγέλιον ϑεοῦ, ὅ προεπηγγείλατο διὰ τῶν προφ. verstanden wissen will. Dass εὐαγγέλ. hier schon in v. 1 ebenso wenig von einem bestimmten Inhalte, als von der Verkündigung dieses Inhaltes zu verstehen ist, geht unwiderleglich daraus hervor, dass der Apostel diesem vorausverkündigten Evangelium, an welchem er dient, erst v. 3 seinen bestimmten Inhalt giebt, mag man nun περὶ τοῦ υἱοῦ αὐτοῦ zu εὐαγγέλιον construiren, was möglich ist, oder, was wahrscheinlicher, zu προεπηγγείλατο. So ist denn in v. 1 εὐαγγέλιον ϑ. als Gottes Freudenbotschaft überhaupt, zunächst ohne bestimmten Inhalt aufzufassen. Danach ist M zu berichtigen, wenn er sagt: „Die Heilskunde hat Gott vorher verheissen durch seine Propheten, insofern diese als die eigenthümlichen Organe Gottes die Messianische Zeit weissagten, mit deren Anbruch eben das εὐαγγέλιον als das publicum de Christo exhibito praeconium (Calov) nothwendig beginnen musste. Daher ist es entbehrlich ὅ auf den Inhalt des Evangeliums zu beziehen". Εὐαγγέλιον ist nicht ohne Weiteres Heilskunde, ebenso wenig das publicum de Christo praeconium. Denn eben dies praeconium de Christo exhibito ist bei den Propheten nicht zu finden, wohl aber das praeconium de Christo exhibendo. Giebt man also dem praeconium schon in v. 1 eine bestimmte Beziehung auf Christum, so passt dieser bestimmte Inhalt entweder nicht auf die Propheten oder nicht auf den Apostel.

Somit ist die Bedeutung zunächst so allgemein zu fassen, dass das Wort ebenso gut, als des Apostels Geschäftskreis, wie als Object der alttestamentlichen Weissagung gedeutet werden kann. Also, wie oben bereits geschehen ist, als Gottes Freudenbotschaft im Allgemeinen.

Διὰ τῶν προφητῶν. Die Propheten sind, wie M richtig bemerkt, nicht auf die canonischen 16 zu beschränken. Ἐν γραφαῖς ἁγίαις ohne Artikel, also mit Bezeichnung der blossen Kategorie: in heiligen Schriften, Urkunden. —

V. 3. Περὶ wird, wie bereits erwähnt, von ältern und neuern Auslegern (auch von Bengel, Reiche, H) zu εὐαγγέλιον gezogen, besser jedoch, da εἰαγγελ. περὶ im N. T. nicht vorkommt, mit προεπηγγ. (Tholuck, Fritzsche, Philippi, auch M u. W) verbunden, am besten vielleicht mit εὐαγγέλιον προεπηγγ., da beide zusammen nur einen Begriff bilden, nämlich den des προευηγγηλίσατο

(Gal. 3, 8). Was noch sonst über den dritten Vers zu sagen wäre, wird
in Verbindung mit dem vierten Verse zu besprechen sein. Beide
Verse zusammen dürften unter den Problemen der neutestamentlichen Exegese keineswegs die letzte Stelle einnehmen. Zwar die
alten Ausleger von Chrysosthomus und Theodoret an kannten keine
sonderlichen Schwierigkeiten. „Christus, erwiesen als Sohn Gottes
kräftiglich (oder als mächtiger Gottessohn) gemäss seiner göttlichen
Natur durch die Auferstehung von den Todten". Das bedeutete
ihnen der vierte Vers. Allein ὁρισθέντος heisst nicht: erwiesen,
und πνεῦμα ἁγιωσύνης ist nicht die göttliche Natur. Auch heisst
ἐξ ἀναστάσεως νεκρῶν nicht: durch seine Auferstehung von den
Todten. Schon Luther und Melanchthon weichen von dieser Erklärung ab, insofern sie πνεῦμα ἁγιωσύνης auffassen als den
Geist, der da heiliget, was sprachlich allerdings nicht zu rechtfertigen ist. Meist so die Ausleger nach ihnen, von ihrem mächtigen Einfluss beherrscht — insofern eine gewisse Einmüthigkeit!

Die Mannigfaltigkeit der Erklärungen nimmt ihren Anfang
mit dem Aufkommen der grammatisch-historischen Interpretation
und ist so ungewöhnlich gross, dass unter den neuern Auslegern
kaum zwei in allen Punkten miteinander übereinstimmen. Das
könnte nicht sein, wenn eine Auslegung gefunden wäre, welche
einigermaassen befriedigte.

Vorweg sei bemerkt, dass der dritte Vers nur wegen des Zusammenhangs mit dem vierten unter den Gesichtspunkt des Problems
gestellt worden ist. An und für sich bietet er keine Schwierigkeit,
es müsste denn sein, dass man mit Raphel (Annotat. ex Xenophonte) dem Tertullian zustimmen wollte, der in dem γενόμενος ἐκ
σπέρα. eine Beziehung auf die Verschiedenheit der beiden Naturen
in Christo findet; Christus sei von der Maria geboren (γεννηθείς)
nach beiden Naturen, dagegen geworden (γενόμενος) allein nach
der menschlichen Natur, welche er aus der Substanz der Maria an
sich genommen. Dieser subtilen Unterscheidung gegenüber genügt
die Bemerkung, dass im Griechischen γεννᾶσθαι und γενέσθαι ἐκ
τινος ohne Unterschied gebraucht wird.

Die Schwierigkeit liegt in v. 4, daher im Folgenden eben dieser
Vers hauptsächlich besprochen werden wird, der dritte Vers aber
nur insofern, als er Anknüpfungspunkte für die Auslegung von v. 4
darbietet.

Ich beginne damit, das Hauptsächlichste aus der Exegese der
Neuzeit, soviel, als möglich, mit den eignen Worten der Interpreten zusammenzustellen.

Tholuck definirt den υἱὸς τοῦ θεοῦ als die Menschgewordene
Erscheinung des ewigen Gegenbildes Gottes, welches als wesens-
gleich und doch von Gott gezeugt, Sohn Gottes heisst. Vorausgesetzt, dass nicht erst der ἐνσαρκωθείς als υἱὸς τοῦ θεοῦ genannt werde, würde ich gegen die Definition etwas nicht einzuwenden haben. Wenn Tholuck aber fortfährt: „die Gottessohnschaft

des Messias sei nicht eine neue Offenbarung des Christenthums,
sondern habe bereits in den Anschauungen des Judenthums sich
geregt, so vermisse ich den Nachweis, dass jemals der Messias von
den Juden als Gottessohn im Paulinischen Sinne aufgefasst oder
auch nur geahnt worden sei" (man vergl. 1 Cor. 2, 8 u. flgg. Gal.
1, 15. 16). Von der Tholuckschen Annahme aus würde man kaum
gegen die Meinung Heilmann's, Mosheim's und Winzer's etwas einwenden können, dass der υἱὸς τοῦ ϑ. als Amtsprädicat des Messias
aufzufassen und Röm. 1, 4 so zu verstehen sei, dass Jesus sich
κατὰ πνεῦμα ἁγ. kräftiglich als Messias erwiesen. So ausdrücklich Mosheim. Aehnlich de Wette: „der theocratisch-messianische
Begriff vom Sohne Gottes hat bei Paulus und Johannes gemäss
ihrer höhern Auffassung des Christenthums eine Steigerung zur
höchsten geistigen Gottähnlichkeit erfahren".

Tholuck verwerthet seine Anschauung von der Gottessohnschaft
des Messias für die Auslegung nicht weiter, betritt vielmehr· ab-
lenkend einen andern Weg. Er meint: Paulus wolle in v. 4 sagen:
Christus sei erst zur Gottessohnschaft erhöht worden, nachdem er
den Kampf der Endlichkeit wohl bestanden; oder mit anderen
Worten: er sei in die Sohnschaft Gottes erst eingetreten (eingesetzt
worden, wie er ὁρισϑεὶς gefasst wissen will) durch und mit seiner
Auferstehung, wie auch die Gläubigen, welche schon diesseits die
Kindesrechte empfangen haben, erst nach ihrer Auferstehung in die
Kindesherrlichkeit eintreten. Fast ebenso de Wette: „man muss eine
ideal und real gewordene Gottessohnschaft unterscheiden. Erstere
hatte Jesus schon in der Geburt empfangen (Luc. 1, 35), und besass
sie, als er seine Laufbahn betrat (Phil. 2, 6 ἐν μορφῇ ϑεοῦ
ὑπάρχων). Aber, sowie seine angeborne Sündlosigkeit sich in Ver-
suchungen bewähren und sein sittlicher Charakter sich im Leben
vollenden musste (Hebr. 5, 8), so musste auch seine Gottessohnschaft
in die reale Erscheinung treten und von Menschen erkannt werden".
Also Christus war Gottessohn, aber zuerst und zunächst nur idealer
Weise; er musste Gottes Sohn werden — realer Weise.

Das πνεῦμα ἁγιωσύνης hält Tholuck für das Göttliche in
Christo nach populärer Bezeichnung „sofern ihm die Fülle der
Geistesmittheilung zu eigen sei". Das gewählte Wort habe Paulus
gebraucht, um den Unterschied zwischen der absoluten Geistesmittheilung an Christum von der relativen Geisteswirkung (durch das
πνεῦμα ἅγιον) zu markiren. Die Einsetzung Christi in seine
Gottessohnschaft sei geschehen, nicht seit der Todtenauferstehung,
sondern durch dieselbe. Ἐν δυνάμει sei adverbiale Bestimmung
zu ὁρισϑείς. So Tholuck.

Die Tholuck-de Wetteschen Irrthümer über die Gottessohnschaft Christi hat neuerdings *G* in seinem Commentar über den
Römerbrief aufs neue vorgetragen und theilweise fortgebildet. Ich
gebe daher hier schon *G*s Erklärung: „durch die Auferstehung ist
Jesus nicht bloss kund gethan oder erwiesen worden als das, was

er war, sondern es ist dadurch in der Art seines Seins eine wirkliche Umwandlung bewirkt worden. Jesus musste von dem Stande eines Sohnes Davids in den Stand eines Gottessohnes übergehen, um das in v. 5 beschriebene Werk ausführen zu können, nämlich die Berufung der Heiden, auf welche der Apostel jetzt kommen will. Und die Auferstehung hat ihn in diesen neuen Zustand gebracht. — Nicht, als ob der Apostel sagen wollte, wie Pfleiderer behauptet, Jesus sei durch seine Auferstehung Gott geworden. Er ist und zwar ganz vollständig, d. h. mit seiner menschlichen Natur wieder eingesetzt worden in die Stellung als Sohn Gottes, auf welche er bei seinem Kommen in das Fleisch verzichtet hatte. — Gewesen ist Jesus immer der Sohn; seit seiner Taufe hat er durch die Kundgebung des Vaters sein Sohnesbewusstsein wieder erlangt; mit der Auferstehung ist er, und zwar als Mensch in den Sohnesstand wieder eingesetzt worden. So scheint der Gegensatz der beiden mit Feinheit gewählten Ausdrücke: geboren und eingesetzt als völlig correct. [Allerdings, wenn geboren nicht den Eintritt in die menschliche Natur, sondern, echt doketisch den Eintritt in die menschliche Existenzform bedeutete. Ueber dies πρῶτον ψεῖδος der meisten neueren Ausleger weiter unten!] Dann heisst es: „was Paulus einander gegenüberstellt, ist einerseits die natürliche jüdische und davidische Gestalt seiner menschlichen Erscheinung, und andrerseits die höhere Daseinsform [sic!]" So G.

Philippi: „Christus ist als Sohn Gottes dargethan, erwiesen worden, insofern er vor den Menschen oder in der Ueberzeugung der Menschen durch die Auferstehung von den Todten dazu eingesetzt ist." Πνεῦμα ἁγιωσύνης ist nach Ph. nichts anderes, als die höhere, himmlische, göttliche Natur Christi, nach welcher oder in welcher er der Sohn Gottes ist. Es wird, so fährt er fort, dem Sohne Gottes hier pneumatische Wesenheit zugeschrieben, denn das πνεῦμα ὁ θεός Joh. 4, 24 bezieht sich auf ihn. Dazu 2 Cor. 3, 17. Ἐν δυνάμει ist mit υἱὸς τοῦ θεοῦ zu verbinden. Die causale Bedeutung von ἐξ in dem nachfolgenden Zusatze ist vorzuziehen. So Philippi.

M: „ὁ υἱὸς τοῦ θ. ist nicht im Allgemeinen, bloss im historisch-theocratischem Sinne als Messias zu nehmen, weil das dem constanten Gebrauch Pauli zuwider ist, welcher Christum nie anders, als vom Standpunkte der ihm von Gott offenbarten (Gal. 1, 16) Erkenntniss der metaphysischen Sohnschaft υἱὸς θεοῦ nennt, wobei die Annahme einer bei Paulus eingetretenen Modification der Vorstellung rein aus der Luft gegriffen ist." Dagegen W: „wenn die Person des Heilsmittlers hier als ὁ υἱὸς τοῦ θεοῦ bezeichnet wird, so zeigt schon die Anknüpfung an die prophetische Verheissung, dass der Ausdruck in keinem anderen Sinne genommen werden kann, als in dem, welchen er schon im A. T. hat (vergl. Ps. 2, 7), d. h. im theocratischen Sinne als Messias." So W's kühne Behauptung auf sehr zweifelhafter Grundlage. — Nach M ist

$\pi \nu \epsilon \tilde{\upsilon} \mu \alpha \ \dot{\alpha} \gamma \iota \omega \sigma \acute{\upsilon} \nu \eta \varsigma$ das innere, geistige Princip, die Potenz des innerlichen Lebens, das erkennende und sittliche, die Mittheilung des Göttlichen empfangende Ich, kurz der ἔσω ἄνθρωπος oder johanneisch der Sitz und die Werkstätte des in der menschlichen Persönlichkeit Jesu fleischgewordenen λόγος. Dagegen *W*: „$\pi \nu \epsilon \tilde{\upsilon} \mu \alpha$ $\dot{\alpha} \gamma \iota \omega \sigma \acute{\upsilon} \nu \eta \varsigma$ ist ein specifisch göttliches Wesenselement, das, der göttlichen ἁγιότης entsprechend, durch den gen. qualit. eben als solches charakterisirt wird." Nach *M* ist ὁρισθέντος: „für den Glauben, für die Ueberzeugung der Menschen als Gottessohn festgestellt, declarativ eingesetzt" (also, wie Philippi und Fritzsche). Etwas modificirt ist diese Erklärung in der fünften Auflage. *W*: „allerdings heisst ὁρίζειν zunächst bestimmen zu etwas (Act. 17, 31), aber Tempus und Zusammenhang zeigen, dass es sich um einen Act handelte, in welchem sich diese Bestimmung verwirklichte." Dann meint er, der Ausdruck sei wohl für ἐποίησε Act. 2, 36 gewählt, giebt ihn aber stets mit „eingesetzt" wieder, nur nicht, wie *M*: „eingesetzt für die Ueberzeugung der Menschen", also wohl, wie die Einsetzung in Ps. 2, 7 gemeint ist. Ἐν δυνάμει nach *M* gewaltig ita, ut ejus rei plenissima et certissima sit fides, wogegen *W* die Worte mit υἱὸς τοῦ θ. verbindet.

Lange's Deutung ergiebt sich aus seiner Uebersetzung von v. 4: „der festgestellt ist als Gottessohn im Machtwalten nach dem Geist der Heiligung von der Auferstehung der Todten aus". Lange sagt von $\pi \nu \epsilon \tilde{\upsilon} \mu \alpha \ \dot{\alpha} \gamma \iota \omega \sigma$.: „es ist der Geist Gottes, wie er als der heiligende Geist in der Welt die ganze Gegenwirkung gegen das Verderben der Sünde bildete, wie er dann zuerst die Causalität der heiligen Geburt Christi war, wie er weiterhin die Causalität seiner Auferstehung geworden ist, und nun von dem verherrlichten Christus als Princip der Heiligung der Menschheit und der Welt ausströmt. Von der divina natura Christi als sanctificationis omnis causa (Melanchth., Calov u. A.) unterscheidet sich der Ausdruck, insofern er nicht das individuelle, sondern das universelle Lebensprincip der Wiedergeburt der Menschheit bezeichnet, von dem πνεῦμα ἅγιον, insofern er dies Princip nicht bloss nach seiner neutestamentlichen Offenbarung bezeichnet, sondern auch nach seiner alttestamentlichen Vorbereitung des gottmenschlichen Lebens; nicht aber so, dass das πνεῦμα ἁγιωσύνης den Unterschied der absoluten Geistesmittheilung an Christum von der relativen Geisteswirkung des πνεῦμα ἅγιον darstellen soll (Tholuck, Baur). Man wird aber vor der Vermischung der Begriffe, πνεῦμα ἅγ. und λόγος oder εἰκὼν τοῦ θεοῦ (Rückert, Reiche) gesichert, wenn man den Gegensatz des universellen und des individuellen göttlichen Lebensprincips in der Offenbarung wahrnimmt". So Lange, dessen Auslegung ich ausführlich niedergeschrieben habe, weil es mir nicht gegeben war, dafür einen kurzen Ausdruck zu finden. Wenn ich Lange richtig verstanden habe, so ist ihm πνεῦμα ἁγιωσύνης der Ausdruck für die Idee oder für das Princip der göttlichen Weltregierung, sofern die

Heiligung überall ihr Wesen und Zweck ist. Doch bin ich nicht ganz gewiss.

Sehr gut hat *M* die Ansichten derer, welche in πνεῦμα ἅγιωσ. nur einen gewählten Ausdruck für πνεῦμα ἅγιον erkennen, so zusammengefasst: „Κατὰ πνεῦμα ἁγιωσ. soll heissen secundum spiritum sanctum ei divinitus concessum (Fritzsche, ähnlich Beza, Calixt, Wolf, Koppe, Tholuck u. M.) oder es soll sich beziehen theils auf die Wunderwirksamkeit des heiligen Geistes (Theodoret), theils auf die durch Christum erfolgte Verleihung desselben (Chrysosth., Oecumen., Theophyl., Luther, Estius, Boehme u. M.). Man hat es sogar genommen für: quemadmodum Spirit. Divin. in V. T. praedixit (Ammon nach Mich.).

Ich schliesse meine Mittheilungen aus der neuesten Auslegung mit *H*s Erklärung, offenbar der bedeutsamsten und eigenthümlichsten. Die Auffassung des Einzelnen wird sich leicht aus der am Schluss gegebenen Zusammenfassung des Inhalts der in Rede stehenden Verse erkennen lassen, wird überdies noch bei der eignen Auslegung berührt werden.

H sagt: „Von dem Sohne Gottes, welcher Gegenstand der apostolischen Botschaft ist, gilt beides gleichermaassen: er ist hinsichtlich der sich forterbenden menschlichen Natur, also sofern er sie zu seiner Natur bekam, aus dem Geschlechte Davids hergekommen, und er ist dazu bestimmt worden, Sohn Gottes in Machtherrlichkeit zu sein, so zwar, dass der Geist der Heiligkeit, den er also zum Geiste seines Lebens hatte, diese Machtherrlichkeit mit sich brachte und Todtenauferstehung, also eine Auferstehung, der sein Tod und Todeszustand vorherging, ihn in dies Leben einer heiligen Machtherrlichkeit einführte."

Diese Referate werden genügen, um einerseits über den Stand der Auslegung zu orientiren, andrerseits mein Urtheil über v. 4, dass er ein exegetisches Problem sei, zu rechtfertigen.

Ich gehe nunmehr zu der Darlegung meiner eigenen Auffassung über.

Soviel ich sehe, liegt das Problematische in einem mindestens vierfach geschürzten Knoten. Man wird sich die Mühe nicht verdriessen lassen dürfen, eine Schlinge nach der andern zu lösen. Dabei wird einfach den Worten des Textes nachzugehen sein.

Zuerst ὁρισθέντος. Chrysosth. und Theophylact erklären es mit δειχθέντος, ἀποδειχθέντος, ἀποφανθέντος, βεβαιωθέντος, κριθέντος. Auch Luther: „erwiesen als Sohn Gottes". Ihm nach Melanchth., sowie durch ihre Auctorität bestimmt eine grosse Zahl der ältern Ausleger. Unter den Neuern hält Tholuck die Uebersetzung: erwiesen wenigstens für sachlich richtig. Vortrefflich äussert sich in dieser Richtung Joh. Clericus: „significat demonstrare, ita clare definire, ut nulla possit esse ambiguitas; ita clare ostendere, ut in dubium vocari non possit". Verwandt damit ist Fritzsche's Ansicht, nach welcher ὁρίζειν zwar heissen soll fest-

stellen, constituere, aber mit der aus dem Zusammenhange zu ent-
nehmenden Modification, wonach ein Feststellen für das Urtheil, für
die Ueberzeugung der Menschen gemeint sei. *M* ähnlich, jedoch
bereits zu der modernen Auffassung neigend, wenn er ὁρίζειν übersetzt mit „declarativ einsetzen".

Die Bedeutung „Erweisen" erklärt nun *II* für unannehmbar.
Selbstverständlich sind damit auch alle vorhin erwähnten Modificationen dieser Erklärung verworfen. Er begründet nicht bloss die
Verwerfung mit dem Nachweis der eigentlichen Bedeutung von
ὁρίζειν, sondern stellt den Canon auf:

„ὁρίζειν mit doppeltem Accusativ heisst jederzeit etwas
als Etwas oder zu etwas bestimmen, nämlich entweder es
dahin bestimmen, dass es diess sei oder es dazu bestimmen,
dass es diess sein, diess werden soll."

Um Missverständnisse zu verhüten, bemerke ich, dass *II*s Erklärung von ὁρίζ.: Etwas als Etwas bestimmen im Grunde genommen dasselbe ist mit: Etwas zu Etwas bestimmen. Er will
nämlich nicht, dass ὁρίζειν declarativ (mit den Alten) genommen
werde, sondern telisch, dispositiv.

Vor allen Dingen ist zu fragen, woher denn *II* das weiss, dass
ὁρίζειν mit doppeltem Accusativ diese Bedeutung hat? — Ich habe
die umfänglichsten Nachforschungen in den Griech. Lexicis von
Stephani Thesaurus ab, ferner in den mir zu Gebote stehenden
Indicibus Graecitatis zu den alten Klassikern bis zu Plutarch her-
unter angestellt, habe ὁρίζειν nie mit doppeltem Accusativ gefunden, bis auf die einzige Stelle aus der Anthologie, worauf sich
M und *G* berufen. Dass diese Stelle in keinerlei Weise dazu geeignet ist, die *II*sche Auffassung zu begründen oder auch nur zu
unterstützen, werde ich weiter unten zeigen. Bei der LXX und in
den Apocryphen habe ich gleichfalls vergebens gesucht. Im N. T.
würde etwa Act. 10, 42 hierher gezogen werden können: αὐτός
ἐστιν ὁ ὡρισμένος ὑπὸ τοῦ θεοῦ κριτὴς ζώντων καὶ νεκρῶν.
Aber nicht hat Gott bestimmt, dass Jesus ein Richter sei oder
werden sollte, sondern Jesus ist der von Gott bestimmte (und
beglaubigte cfr. Act. 17, 31) Richter über Todte und Lebendige. —

Findet sich ὁρίζειν mit doppeltem Accusativ nicht, so doch
προορίζειν; man könnte nun von der Construction des Compos.
zurückschliessen auf die Construction des Simplex. Aber auch bei
προορίζειν ist der zweite Accusativ nicht telisch oder dispositiv,
sondern einfach attributiv, d. i. als erklärende Bestimmung des
ersten Accusativs aufzufassen. Wenn es Röm. 8, 29 heisst: οὕς
προέγνω καὶ προώρισε συμμόρφους τῆς εἰκόνος τοῦ υἱοῦ αὐτοῦ,
so heisst das nicht: Gott bestimmte im Voraus, dass diejenigen,
welche er vorher erkannte, gleicher Gestalt sein oder werden
sollten mit dem Bilde Gottes. Das προορίζειν Gottes, wenn es
nicht auf Zukünftiges geht, hat die Wirkung, die προεγνωσμένοι
(unter denen nicht Individuen, sondern Kategorien zu verstehen sind:

solche, welche ...) als gleichgestaltet zu bestimmen, festzusetzen. In der göttlichen $\pi\varrho\acute{o}\vartheta\epsilon\sigma\iota\varsigma$ sind sie $\sigma\acute{v}\mu\mu o\varrho\varphi o\iota$. (Vorher- Bestimmen, dass etwas sei oder werde, wird nicht durch einen attributiven Accusativ, sondern durch einen eignen Satz ausgedrückt, wie Act. 4, 28: $\ddot{o}\sigma\alpha$ $\mathring{\eta}$ $\chi\epsilon\acute{\iota}\varrho$ $\sigma o\upsilon$ $\varkappa\alpha\grave{\iota}$ $\mathring{\eta}$ $\beta o\upsilon\lambda\acute{\eta}$ $\sigma o\upsilon$ $\pi\varrho o\acute{\omega}\varrho\iota\sigma\epsilon$ $\gamma\epsilon\nu\acute{\epsilon}\sigma\vartheta\alpha\iota$. (So im Class. Soph. fragm. 19 D und Eurip. Jon 1222.) — (Vorher-) Bestimmen zu etwas, wird mit $\epsilon\grave{\iota}\varsigma$ ausgedrückt: Eph. 1, 5 $\pi\varrho o o\varrho\acute{\iota}\sigma\alpha\varsigma$ $\mathring{\eta}\mu\tilde{\alpha}\varsigma$ $\epsilon\grave{\iota}\varsigma$ $\upsilon\acute{\iota}o\vartheta\epsilon\sigma\acute{\iota}\alpha\nu$.

So bliebe denn für *II*s Bestimmen zu etwas, welches $\acute{o}\varrho\acute{\iota}\zeta\epsilon\iota\nu$ mit doppeltem Accusativ jederzeit bedeuten soll, nur eine Stelle übrig. Die Stelle findet sich in der Anthologia Graeca von Friedr. Jacobs unter No. 21 der kleinen Gedichte Meleager's. Aber auch sie ergiebt, richtig verstanden, nicht, was *II* will. Jedenfalls würde sie als Unicum nicht *II*s Behauptung rechtfertigen, dass $\acute{o}\varrho\acute{\iota}\zeta\epsilon\iota\nu$ mit doppeltem Accusativ jederzeit diese Bedeutung habe.

Was von *II* gilt, gilt auch von *G* und von allen denen, die da meinen, $\acute{o}\varrho\acute{\iota}\zeta\epsilon\iota\nu$ $\tau\iota\nu\alpha$ $\tau\iota$ heisse: jemanden zu etwas einsetzen. Es fehlt für diese Deutung an aller und jeder Analogie.

Die durch nichts gerechtfertigte dispositive Auffassung von $\acute{o}\varrho\acute{\iota}\zeta\epsilon\iota\nu$ hat nun zur Folge gehabt, dass, wenn man nicht geradezu in Christo ein ursprüngliches Nichtsein des Sohnes Gottes, dann ein geschichtliches Werden desselben annehmen wollte, das, was von der Menschheit Christi gesagt ist, von der menschlichen Daseinsform desselben, wie *G*, oder, wenn man, wie *II* von der gewaltsam sich aufdrängenden Thatsache, dass in dem ersten Particip $\tau o\tilde{\upsilon}$ $\gamma\epsilon\nu o\mu\acute{\epsilon}\nu o\upsilon$ von dem Eintritt Christi in die Menschheit die Rede sei, nicht absehn mochte, sich doch genöthigt sah, im nachfolgenden $\tau o\tilde{\upsilon}$ $\acute{o}\varrho\iota\sigma\vartheta\acute{\epsilon}\nu\tau o\varsigma$ eine Bestimmung des Sohnes Gottes für eine andere höhere Daseinsform anzunehmen. Kurz: man sah in diesen beiden Participialsätzen entweder die beiden Stände Christi oder neben der menschlichen Natur Christi den Stand der Erhöhung des Sohnes Gottes ausgedrückt. Dagegen genügt vollständig die Bemerkung, dass der $\upsilon\acute{\iota}\grave{o}\varsigma$ $\tau o\tilde{\upsilon}$ $\vartheta\epsilon o\tilde{\upsilon}$ mit oder ohne $\acute{\epsilon}\nu$ $\delta\upsilon\nu\acute{\alpha}\mu\epsilon\iota$ (Näheres darüber weiter unten) niemals die Existenzform des Sohnes Gottes, die $\mu o\varrho\varphi\acute{\eta}$ $\tau o\tilde{\upsilon}$ $\vartheta\epsilon o\tilde{\upsilon}$ ausdrückt, sondern den Sohn Gottes in Person, nach seiner Wesens-Bestimmtheit.

$'O\varrho\iota\sigma\vartheta\epsilon\acute{\iota}\varsigma$ ist jedenfalls, wie bereits seitens der Griech. Interpreten geschehen ist, declarativ aufzufassen: bestimmt, festgesetzt sc. als Sohn Gottes. Ich versuche es nicht, für diese eigentliche und ursprüngliche Bedeutung des Wortes einen umschreibenden, unserer Spracheigenthümlichkeit bequemern Ausdruck zu setzen, um nicht der so wohlfeilen Gegenrede mich bloss zu stellen: $\acute{o}\varrho\acute{\iota}\zeta\epsilon\iota\nu$ bedeute das nicht. Doch habe ich die Versuche, welche in dieser Richtung gemacht worden sind, wenigstens zu erwähnen. Sie lassen sich nach den Modalitäten classificiren, wie ein Bestimmen, Festsetzen im uneigentlichen Sinne erfolgen kann. Eine Festsetzung kann mit logischen Mitteln und zu logischen

Zwecken erfolgen; dann heisst: $\dot{o}\varrho\dot{\iota}\zeta\epsilon\iota\nu$ $\tau\iota$ etwas seinem Begriffe nach bestimmen. Oder graphisch durch schriftliche, urkundliche Bezeugung, wie bei Bezugnahme auf die prophetische Schrift Luc. 22, 22. Act. 2, 23. Hebr. 4, 7. Oder historisch durch Thatsachen, welche den Charakter des $\tau\iota$ in's Licht stellen, wie in Act. 10, 42 und in dem vorliegenden Verse. Solches Bestimmen des Wesens durch Thatsachen, solches Begrenzen des Unbestimmten, bis das eigentliche Bild, die geschichtliche Persönlichkeit nach ihrer wahren Eigenthümlichkeit und Gestalt klar heraustritt, kann ja sehr wohl wiedergegeben werden durch: erweisen, beglaubigen, darstellen u. s. w., und es will nicht viel sagen, wenn dergleichen Synonyma als eigentliche Bedeutungen von $\dot{o}\varrho\dot{\iota}\zeta\epsilon\iota\nu$ abgelehnt werden. Ich an meinem Theile würde, wenn ich das Bestimmt-, Festgesetzt-Werden u. s. w. dem gewöhnlichen Verständniss näher rücken wollte, am liebsten sagen: offenbart, bekundet, constatirt; vielleicht liesse sich auch dem Sinne beikommen durch ein erläuterndes Beiwort: näher bestimmt, zweifellos festgestellt. Ich weiss wohl, dass zwischen diesen Ausdrücken und zwischen $\dot{o}\varrho\iota\sigma\vartheta\epsilon\dot{\iota}\varsigma$ eine kleine Differenz ist, aber für wesentlich halte ich sie nicht. Item: ich kenne keine besseren Ausdrücke.

Dass die dispositive Fassung des $\dot{o}\varrho\dot{\iota}\zeta\epsilon\iota\nu$ ihre Wirkungen auf das Nachfolgende erstrecken würde, liess sich voraussehen. Doch bevor ich darauf eingehe, habe ich, was im Allgemeinen über $v\dot{\iota}\dot{o}\varsigma$ $\tau o\tilde{v}$ ϑ. bereits gesagt ist, nun noch eingehender zu besprechen. *M* hat ganz Recht, wenn er als völlig unpaulinisch die historisch-theocratische Fassung des Ausdrucks verwirft. Wenn *W* dagegen behauptet: die Bezugnahme auf die prophetische Verheissung lasse nicht zu, dass $v\dot{\iota}\dot{o}\varsigma$ $\tau o\tilde{v}$ ϑ. in einem andern Sinne genommen werden könne, als im theocratischen Sinne als Messias, so ist das nicht bloss ein Irrthum, sondern ein beklagenswerther Rückschritt. Der „theocratische Messias" ist eine Fiction des Judenthums, aber nicht eine Idee des A. T. Es ist das der $X\varrho\iota\sigma\tau\dot{o}\varsigma$ $\varkappa\alpha\tau\dot{\alpha}$ $\sigma\dot{\alpha}\varrho\varkappa\alpha$, von welchem der Apostel 2 Cor. 5, 16 sagt, dass er ihn früher gekannt habe, aber jetzt nicht mehr. Das A. T. weiss von einem Nachkommen Davids, den Gott selbst zum Könige einsetzen und dessen Herrschaft ewiglich währen würde; es nennt diesen David den Sohn Gottes, weil Gott selbst ihn in's Dasein gerufen und auf den Thron gesetzt habe. Aber nicht minder eingehend redet das A. T. von dem Knechte Gottes Jes. 23. Wer ist denn nun der theocratische Messias, der Messias der prophetischen Verheissung, dieser oder jener? — „Ich bitte dich, von wem redet der Prophet solches? Von ihm selbst oder von Jemand anders?" spricht der Kämmerer aus Mohrenland. Der theocratische Messias ist Träger der jüdischen Weltherrschaft, beruhend auf der einseitigen Verwerthung der dem David gegebenen Verheissungen. Diese beiden, anscheinend sich gegenseitig aufhebenden Aussagen über den Davididen auf dem Throne der Ewigkeit und über den leidenden Messias, den Knecht Gottes, können schlechterdings von keiner theologischen Mediation, von keiner philosophischen Speculation zur Einheit des Heilsmittlers, zu dem einheitlichen Bilde des wahren Christ zusammengefasst werden. — Ihre Zusammenfassung ist erfolgt durch das geschichtlich vollzogene Gotteswerk.

In der Duplicität der messianischen Weissagungen des A. T. liegt eine Unbestimmtheit, welche Gott allein beseitigen konnte, und er hat sie dadurch beseitigt, dass er den nach dem Fleische aus dem Samen Davids Geborenen näher bestimmt, durch eine grosse Thatsache, d. h. seinem Wesen nach bekundet hat (ὁρίσας) als seinen Sohn, indem er in ihm und durch ihn den Tod tödtete dadurch, dass er ihn von den Todten erweckte.

Ich begreife nun sehr wohl, aus welchem Grunde die liberale Theologie der Neuzeit darauf dringt, in dem υἱὸς τοῦ ϑεοῦ etwas anderes nicht zu sehen, als den theocratischen Messias. Die Paulinische Christologie war bei dieser Auffassung der modernen Wissenschaft näher gerückt. Der Apostel hatte seinen υἱὸς ϑεοῦ aus einer vorgefundenen, — man will nicht geradezu sagen — jüdischen, aber doch alttestamentlichen Idee entwickelt; der Gottessohn nichts weiter, als der sublimirte, spiritualisirte, theocratische Messias. Im hellen Widerspruch damit sagt Paulus ausdrücklich Gal. 1, 15. 16: „es habe Gott gefallen, seinen Sohn in ihm zu offenbaren. Also entweder hat Paulus die Unwahrheit gesagt und ein Product seiner eignen Speculation für Gottesoffenbarung ausgegeben, oder die Herren Winzer, Pfleiderer, W haben Unrecht.

Ich gehe nun zu der Frage über, welche Wirkungen die dispositive Fassung des ὁρίζειν auf das Nachfolgende erstreckt habe und zwar zunächst auf die Verbindung des ἐν δυνάμει mit dem Vorangehenden.

H zieht diese Näherbestimmung nach Fritsche's Vorgange zu υἱὸς ϑεοῦ, und erhält so einen „Sohn Gottes in Machtherrlichkeit". Er sagt: so lange der Sohn Gottes in derjenigen Gestalt seines menschlichen Lebens verblieb, in welcher er sich von seiner Geburt her befand, war er zwar Sohn Gottes, aber in Schwachheit, weil er vermöge der Beschaffenheit der sich forterbenden menschlichen Natur [? ἐν ὁμοιώματι σαρκὸς ἁμαρτίας — es gehörte doch nicht wesentlich zur menschlichen Natur, dem Uebel unterworfen zu sein] für das Uebel empfindlich war. Hierbei aber sollte es nicht bleiben, sondern Gott hat ihn, den aus Davidischem Geschlechte Hergekommenen dazu bestimmt, das, was er war, in Macht zu sein, eine Bestimmung, welche mit sich brachte, dass er in eine Gestalt seines menschlichen Lebens überging, in der er über das mächtig war, was zuvor über ihn Macht gehabt hatte."

Es wäre so die Folgerung vermieden, welche aus dem ὁρίζειν „Bestimmen zu etwas" (d. h. zu etwas, was man vorher nicht war) auf die Gottessohnschaft gezogen werden könnte. Ὁρίζειν würde die von Gott intendirte Erhebung des Sohnes Gottes in Schwach-

heit zum Sohne Gottes in Machtherrlichkeit bezeichnen; die
Sohnschaft als solche bliebe unberührt. Ich habe jedoch gegen die
Verbindung des ἐν δυνάμει mit υἱὸς τοῦ ϑεοῦ mancherlei Bedenken. Zunächst ein grammatisches. Präpositionelle Verbindungen,
wie ἐν δυνάμει, haben durchweg adverbialen Charakter. Mit No-
minibus können sie nur verbunden werden, wenn ihnen durch den
Artikel adjectivische Bedeutung beigelegt wird, wie οἱ ἐκ νόμου,
οἱ ἀπὸ τῆς Ἰταλίας u. s. w. Hier ist überall ὤν zu ergänzen, so
dass im Grunde genommen dergleichen Zusätze ihren ursprünglichen
adverbialen Charakter behaupten. Demgemäss würde es in Röm. 1, 4
heissen müssen: υἱοῦ ϑεοῦ τοῦ ἐν δυνάμει. Es ist mir nicht
unbekannt, was Winer (Gramm. ed. 6. p. 123) schreibt, dass
die Artikel bei dergleichen Zusätzen auch wegbleiben, wenn die
Nomina mit dem Zusatz zu einem Begriff zusammengehen, oder
wenn schon das Stammverb des Nomens mit einer gewissen Präposition construirt wurde, wie zu Eph. 3, 13 ἐν ταῖς ϑλίψεσι
μου ὑπὲρ ὑμῶν, weil man sagen kann: ϑλίβομαι ὑπὲρ ὑμῶν.
Allein weder ist bei υἱὸς τ. ϑ. ἐν δυνάμει das erste, noch das
zweite der Fall.

Ist so die Verbindung aus grammatischen Gründen sehr zweifelhaft, so noch mehr aus sachlichen. Dem υἱὸς τοῦ ϑεοῦ ist als
solchem die δύναμις immanent. Ein Sohn Gottes ohne Gottesmacht
ist eine contradictio in adjecto. Wenn nun das ὁρίζειν nach Hs
Erklärung anzeigt, dass der υἱὸς τοῦ ϑεοῦ bestimmt ward zu
etwas, was er vorher nicht war, so steht das einfach im Widerspruch mit dem Wesensbegriff des Sohnes Gottes. Wohl aber ist
der Sohn Gottes dadurch, dass er, der in der μορφῇ ϑεοῦ war
(Phil. 2, 6) um unsertwillen die μορφὴ δούλου annahm, sei es durch
die κένωσις, sei es durch die κρύψις seiner Gottesherrlichkeit von
einem status seiner Sohnschaft zu dem entgegengesetzten übergegangen. Nun aber ist ebensowenig, wie die Menschennatur zusammenfällt mit dem Stande der ἀσϑένεια, so die Natur des
Sohnes Gottes untrennbar mit dem Stande der δύναμις verbunden.
Stand, Stellung, Existenzform sind zu unterscheiden von Sein und
Wesen des Sohnes Gottes; der υἱὸς τοῦ ϑ. ist nicht identisch mit
der Daseinsform des Sohnes Gottes. Mit der letztern ist ἐν
ἀσϑενείᾳ ebenso verträglich, wie ἐν δυνάμει, je nach den Stadien
des in der Person des Herrn sich vollziehenden Heilswerkes Dagegen sind beide Bestimmungen von dem **Wesen des
Gottessohnes** absolut ausgeschlossen. Das Wesen war der
Grund, dass der Gottessohn sich entschloss, aus der göttlichen
Existenzform (μορφὴ ϑ.) in die Existenzform eines Knechtes (μ.
δούλου) überzutreten, aber eben dies Wesen blieb dasselbe, während
die Aeusserungen des Wesens je nach den Stellungen oder Ständen
sich änderten.

Stellt sich hiernach aus grammatischen und sachlichen Gründen
die Hsche (ebenso, wie die Wsche) Verbindung als unmöglich heraus,

so bleibt nur übrig, ἐν δυνάμει zu ὁρισθείς zu construiren. In diesem Falle wäre ein Doppeltes möglich: ἐν δυνάμει rein adverbialiter zu fassen, also gleich δυνατῶς. So die sämmtlichen Alten, auch Luther, unter den neueren *M, G* u. A. kräftiglich, d. i. in glänzender, triumphirender Weise oder gewaltiglich. Selbstverständlich würde dann dieser Zusatz die Art und Weise bezeichnen, wie Gott seinen Sohn als solchen bekundet hätte. Ich muss nun freilich bekennen, dass mir diese Herabsetzung der sonst vom Apostel voll verwertheten δύναμις zu phrasenhafter Illustration des ὁρίζειν nicht zusagt, ja dass sie mir dem ganzen Zusammenhange zu widersprechen scheint. Soweit ich sehe, bezeichnet vielmehr der Apostel mit diesem Ausdruck die Sphäre, das Element, in welchem das ὁρίζειν sich vollzogen hat. Wie ich oben ausgeführt habe, kann das ὁρίζειν im uneigentlichen Sinne geschehen entweder logisch (also begrifflich, definirend) oder graphisch (z. B. ἐν γραφαῖς ἁγίαις) oder historisch (also ἐν ἔργοις τ. ϑ.). Vornehmlich ist das Gebiet der Thatsachen zugleich das Gebiet der δύναμις. Somit sagt der Apostel, dass die Bekundung des Sohnes Gottes erfolgt sei in der Sphäre der Kraft d. i. im Gebiete machtvoller Thatsachen. Nicht zu übersehen ist ferner, dass der Apostel hier ἐν δυνάμει schreibt ohne Artikel, also die Kategorie der δύναμις setzt, nicht irgend welche Aeusserung derselben. Kraft aber im absoluten Sinne ist nur dort, wo jeder erfolgreiche Widerstand anderer Mächte schlechthin ausgeschlossen ist. Die Macht aber der mächtigsten Fürsten, wie der Menschen überhaupt, hat ihre Schranken an der Alles überwältigenden Macht des Todes. Ihr gegenüber erscheint Alles, was die Menschen Kraft nennen, als Ohnmacht, ἀσϑένεια. Kraft im absoluten Sinne kann also nur dort sein, wo Obmacht ist über die grösste Weltmacht, über den Tod. Gottes Kraft involvirt demnach den Begriff der absoluten, auch den Tod überwältigenden Macht. Dass der Apostel aber die δύναμις hier in diesem Sinne gesetzt hat und so verstanden wissen will, dass der Sohn bekundet sei in einer Kraft, die Gottes Kraft ist, zeigt das Folgende unwiderleglich. Die Ueberwindung des Todes ist von menschlichem Können absolut ausgeschlossen. Die Ueberwindung des Todes ist ein Werk Gottes, bez. eine schlechthin nicht wegzuläugnende Bekundung der Gotteskraft. —

Das volle Verständniss dieses Zusatzes kann erst das Folgende bringen. Für jetzt sei nur noch in stylistischer Beziehung bemerkt, 1) dass die Verse 3 und 4 nicht Vaticinien sind, sondern die den Vaticinien entsprechenden Thatsachen angeben, 2) dass beides, die Weissagungen und die Erfüllung derselben den Sohn Gottes bekunden, aber die erstere ἐν γραφαῖς ἁγίαις, kurz ἐν λόγῳ, die Erfüllungsthatsachen aber nicht bloss in der Weise, dass die entsprechenden Weissagungen nach ihren Wesensmerkmalen vollständig in Geschichte sich umsetzen, sondern zum λόγος als Complement der Bekundung die δύναμις hinzuthun, in welcher der Sohn Gottes unzweifelhaft als solcher constatirt wird. Man vergl. den Gegensatz zwischen λόγος und δύναμις 1 Thess. 1, 5.

Es dürften nunmehr die Näherbestimmungen zu ὁρισϑεὶς v. ϑ. ἐν δυν. in Besprechung zu ziehen sein, zunächst κατὰ πνεῦμα ἁγιωσύνης. Die Exegese hat zuerst darüber Auskunft zu geben, ob dieser Zusatz aller Beziehung auf den υἱὸς τ. ϑ. ἐν δύναμει entbehrt, wie *H* und Lange wollen, oder ob irgend welche Beziehung festzuhalten sein. dürfte. *H* spricht sich darüber, wie folgt aus:

„Geist der Heiligkeit, also Geist, welcher da, wo er ist, einen Stand der Heiligkeit setzt, sollte machen, dass seine Gottessohnschaft ein Stand der Machtherrlichkeit war, oder mit andern Worten, der ihm zugedachte Stand der Machtherrlichkeit hatte zu seiner Voraussetzung und maassgebenden Ursache, dass der Geist, nach welchem sich die Beschaffenheit seines Lebens bestimmte, ein Geist der Heiligkeit, sein Leben also ein heiliges war." Also nicht sowohl auf den υἱὸς ϑ., sondern auf den Stand seiner Erhöhung, auf das ἐν δυνάμει, bezieht sich das πνεῦμα ἁγιωσ. Dasselbe ist die Voraussetzung, ja die maassgebende Ursache des Standes der Machtherrlichkeit.

Geist der Heiligkeit ist nicht ein der Person des Herrn eignendes, ihr immanentes Lebensprincip, sondern ein die Beschaffenheit des Lebens Jesu bestimmendes, also sein Leben zu einem heiligen machendes, von Aussen auf ihn einwirkendes Princip. Kurz: das πν. ἁγιωσ. ist nicht des Herrn Jesu Geist, es ist der sein heiliges Leben wirkende Geist, und doch soll es auch nicht der heilige Geist, die dritte Person in der Trinität sein. Weshalb *H* ablehnt, das πν. ἁγιωσ. als den zweiten Wesens-Coefficienten der menschlichen Natur Christi (nur mit eigenthümlicher Qualitätsbestimmung) anzuerkennen, wird erhellen, wenn wir gesehen haben, wie er das πν. ἁγιωσ. durch den nachfolgenden Zusatz ἐξ ἀναστ. νεκρῶν bestimmt werden lässt. Doch davon später.

Bei Lange ist dies πν. ἁγιωσ., wie bereits oben erwähnt worden, der Geist Gottes selbst — nicht zwar die dritte Person in der Gottheit, sondern allgemein der heiligende Gottesgeist in der Welt, der also — so meine ich im Sinne Lange's fortfahren zu dürfen — das Unheilige, Frevelhafte, was Christus zu erleiden hatte, abthut und ihn als den Heiligen Gottes offenbar werden lässt. Als Consequens dieses Thuns hätten wir dann die Einsetzung Christi in die Machtherrlichkeit anzusehn.

Weder Lange, noch *H* haben für ihre Auffassung des πν. ἁγιωσ. stichhaltige Gründe vorgebracht. Nach der gegensätzlichen Beziehung des κατὰ πνεῦμα zu κατὰ σάρκα (v. 3) sollte man etwas Anderes in πν. nicht suchen wollen, als den Geist des Menschgewordenen. Jedoch wird eben diese gegensätzliche Beziehung in Abrede gestellt. *H* zwar versucht, einen grammatischen Grund anzugeben; er meint: Paulus hätte, wenn das πνεῦμα auf den Sohn

Gottes bezogen werden sollte, schreiben müssen: κατὰ πν. ἁγιωσ.
αὐτοῦ. Darauf ist zu erwiedern, dass das N. T. zwar häufiger das
rückbezügliche Fürwort hinzufügt, als die profane Gräcität, aber
doch keineswegs so häufig, dass man berechtigt wäre, aus dem
Fehlen des Artikels zu schliessen, dass eine Rückbeziehung überhaupt nicht habe stattfinden sollen. So 1 Cor. 7, 3 τῇ γυναικὶ ὁ
ἀνὴρ τὴν ὀφειλὴν ἀποδιδότω; 7, 11 ἄνδρα γυναῖκα μὴ ἀφιέναι.
Matth. 19, 15 καὶ ἐπιθεὶς αὐτοῖς τὰς χεῖρας und so sehr oft.

Es wird also dabei bleiben müssen, dass gegen die Rückbeziehung des πν. ἁγιωσ. auf den υἱὸς θ. etwas nicht eingewendet
werden kann, vielmehr diese Rückbeziehung die einfachste und
natürlichste ist.

Was wäre dann aber πνεῦμα ἁγιωσύνης?

Dass es nicht πνεῦμα ἅγιον sei, ergiebt sich, von allem
Andern abgesehen, aus meiner letzten Bemerkung. Dass es nicht
die göttliche Natur Christi ist, wie die Alten wollten, bedarf keines
Nachweises. Es bliebe nur übrig, mit der Mehrzahl der Neuern
darunter das höhere, das göttliche Wesen, gewissermaassen das recipiens der göttlichen Natur zu verstehen. Aber auch gegen diese
Erklärung wird geltend zu machen sein, dass von dem πνεῦμα des
Menschgewordenen nichts ausgesagt werden darf, was die Wahrheit
und Wirklichkeit der menschlichen Natur in Christo schädigen
könnte. Christus ist in allen Dingen seinen Brüdern gleich geworden, doch ohne Sünde. Sofern aber die Sünde nicht zum
Wesen der Menschheit gehört, wird durch die Sündlosigkeit Christi
seine wahre Menschennatur nicht im Mindesten alterirt.

Nichts desto weniger ist das πνεῦμα Christi in dieser seiner
Bestimmtheit, sündlos zu sein, ein unicum im Menschengeschlecht —
zwar das eigentliche, ursprüngliche πνεῦμα, wie es unmittelbar aus
Gottes Hand hervorgegangen — dennoch ein unicum, sofern, wie es
dermalen steht, alle Menschen sündigen Geistes sind. Wie mag es
uns denn nun befremden, dass Paulus sich, um den Geist der
menschlichen Natur Christi zu bezeichnen, eines ἅπαξ εἰρημένον
bedient? Er musste dazu einen besondern Ausdruck finden, und
er hat ihn gefunden. Die heilige Schrift hat für Sündlosigkeit ein
besonderes Wort nicht ausgeprägt; die Dogmatik hat ἀναμαρτησία.
Dafür bietet sich in der Schrift ein verwandter, ja, sofern die Negation alles sündlichen Wesens darin ein Hauptmerkmal ist, ein in-
haltsgleicher Ausdruck, ἁγιότης. Im Menschengeist kann die Negation niemals sein ohne die entsprechende Position. Wo keine
Sünde mehr ist, da tritt das ursprüngliche Wesen des menschlichen
Geistes, das Sein für Gott, wieder in Kraft und Geltung — die
positive Seite der ἁγιωσύνη. Bei Christo tritt diese Seite der
ἁγιωσύνη in der stetigen Hingabe seines Lebens als vollendet hervor. Man vergl. Joh. 17, 19 ὑπὲρ αὐτῶν ἐγὼ ἁγιάζω ἐμαυτόν.
Das πνεῦμα ἁγιωσ. ist ein Geist, dessen Wesen dies ist, stetig hingegeben zu sein an Gott.

Wie aber das χωρὶς ἁμαρτίας den Geist des Menschensohnes von dem Geiste des Menschen unterscheidet, so ist ein Unterschied zwischen der ἁγιωσύνη Christi und zwischen der der Christen. Der Geist des Menschen wird frei von Sünde und Schuld durch die Gnade Gottes in Christo Jesu. Diese Sündenfreiheit durch Sündenvergebung aus Gnade ist sehr zu unterscheiden von der Sündlosigkeit Christi, sofern letztere dem Geiste Christi von Hause aus eigen, bei den Christen dagegen angeeignet ist. Könnte man unsern Geist πνεῦμα ἡγιασμένον nennen, so war die dem Geiste Christi eignende Sündlosigkeit und Hingabe an Gott in derjenigen grammatischen Form auszudrücken, welche die charakteristische Bestimmtheit des Wesens bezeichnet, das ist durch den sogenannten genitivus qualitatis des entsprechenden Nomens, also πνεῦμα ἁγιωσ. Anders ausgedrückt: πν. ἁγιωσ. konnte nur von dem Geiste des Menschensohnes ausgesagt werden, dessen Wesensbestimmtheit eben die ἁγιωσύνη ist, während unser πνεῦμα ein ἡγιασμένον ist durch Jesum Christum.

Wenn ich nun der Ansicht IIs zustimme, dass die Verse 3 und 4 im Verhältniss des Gegensatzes zu einander nicht stehen und zwar um desswillen nicht, weil die gewöhnliche Annahme, dass κατὰ σάρκα in v. 3 sein Correlat habe an κατὰ πνεῦμα v. 4, auf einem Irrthum beruht, so wird nichts desto weniger zuzugestehen sein, dass in der Wahl des Ausdrucks πν. ἁγιωσ. die Beziehung auf das vorangegangene κατὰ σάρκα maassgebend ist. Der Menschensohn hat Beides σάρξ und πνεῦμα, aber dadurch ist er unterschieden von allen Menschenkindern, dass die beiden Coefficienten seiner Menschennatur lauten: σάρξ ἁμαρτίας und πνεῦμα ἁγιωσύνης. Diese beiden sind nun von dem Apostel insofern nicht gegensätzlich behandelt, als die σάρξ ohne Rücksicht auf die Sünde, als das Natürliche, von Mensch zu Mensch sich Forterbende gefasst ist; das Geborenwerden als solches ist etwas Unheiliges nicht. Wohl aber hat der Apostel den Gegensatz gegen die Sünde in den zweiten Coefficienten der Menschennatur Christi aufgenommen und zum Ausdruck gebracht, um hieran seine Argumentation, wie wir bald sehen werden, weiter zu führen. Inzwischen nur die eine Bemerkung, dass es für den Sinn unsrer Stelle keinen Unterschied macht, wenn wir dafür einfach: Sündlosigkeit, sündloses Leben, sündlosen Geist setzen, also das consequens für die causa efficiens.

Wohin gehört nun aber das πν. ἁγιωσ? Nicht zu υἱοῦ θ., als sei dasselbe maassgebend gewesen für die Gottessohnschaft Christi überhaupt. Wohl liesse sich Sündlosigkeit und Gottessohnschaft in ein Correlatverhältniss setzen, wie das Ullmann in seinem Buche von der Sündlosigkeit Jesu so vortrefflich ausgeführt hat. Aber der Apostel hat nirgends die Gottessohnschaft aus der Sündlosigkeit hergeleitet. Ihm steht die Gottessohnschaft Christi anderweit fest — δι᾽ ἀποκαλύψεως. Πνεῦμα ἁγιωσύνης gehört nicht zu υἱοῦ θεοῦ, sondern ist weiterer Zusatz zu ὁρισθῆναι ἐν δυνάμει. Christus ist

bekundet worden als Sohn Gottes in Kraft gemäss dem Heiligkeits-
geiste d. h. gemäss seiner Sündlosigkeit.

Es würde mir nunmehr obliegen, die Correspondenz zwischen
der Sündlosigkeit Christi und der Erweisung der δύναμις aufzuzeigen.
Zunächst fasse ich den Zusammenhang zwischen Sünde und Tod
in's Auge. Der Tod in allen seinen Gestalten und Abstufungen ist
die Vollziehung der dem Sünder zuerkannten Strafe. Röm. 5, 12.
1 Cor. 15, 56. Hebr. 2, 15. Die Herrschaft des Todes erstreckt sich
über alle Menschen, weil sie alle gesündigt haben. Damit ist zugleich der Satz gegeben, dass an den Sündlosen der Tod keinen Anspruch und darum auch über ihn keine Macht hat. Das wird pro-
phetisch bereits ausgesprochen im A. B. Ps. 16, 10 nach der LXX.
Darauf beruft sich Petrus Act. 2, 27. Nicht minder Paulus Act. 13, 35.
Petrus ausdrücklich hinzufügend προϊδὼν (nämlich Δαυΐδ) ἐλάλησε
περὶ τῆς ἀναστάσεως τοῦ Χριστοῦ. Wenn von Christo Hebr. 9, 14
gesagt ist: διὰ πνεύματος αἰωνίου ἑαυτὸν προσήνεγκεν ἄμωμον
τῷ θεῷ, so ist das πνεῖμα αἰώνιον ein Synonym. von πνεῦμα
ἁγιωσύνης; über das sündlose Leben (oder Lebensprincip = πνεῦμα)
hat der Tod keine Macht; es ist eben πν. αἰώνιον. Nicht minder
gehört die ζωὴ ἀκατάλυτος Hebr. 7, 16 hieher, kraft welcher das
Priesterthum Christi ein ewiges ist, im Gegensatz zu den vielen oder
mehreren Priestern 7, 23: πλείονές γεγονότες διὰ τὸ θανάτῳ κω-
λύεσθαι παραμένειν.

In dem Tode culminirt der Fluch der Sünde. Die σάρξ als
solche ist unfähig (ἀσθενεῖ Röm. 8, 3) das Gesetz zu erfüllen, also auch
dem Tode gegenüber absolut ohmmächtig (ἀσθενής), sofern sie durch
kein Mittel abwenden kann, die Strafe der Gesetzesübertretung zu erleiden. Christus trug unsere Sünden und war eben deshalb ἐν ὁμοιώματι σαρκὸς ἁμαρτίας (Röm. 8, 3) zu uns gekommen. Wenn er am
Kreuze starb, so geschah es ἐξ ἀσθενείας (2 Cor. 13, 4), ζῇ δὲ ἐκ
δυνάμεως θεοῦ. Wie im Tode die ἀσθένεια ihren schärfsten Ausdruck findet, so in der Ueberwindung des letzten und grössten Fein-
des, wie sie geschehen ist durch die Auferstehung Christi von den
Todten, die δύναμις θεοῦ. Jetzt gilt das Triumphlied 1 Cor. 15, 55.
Diese δύναμις, wie sie offenbar geworden bei der Auferstehung
Christi von den Todten, wird von dem Apostel zunächst als δύναμις
θεοῦ bezeichnet. Gott ist es, der Christum von den Todten erweckt
hat, nicht hat Christus sich selbst erweckt. Es ist ja richtig, dass
Gott durch Christi Auferstehung einen Act der Gerechtigkeit vollzogen und seine unverbrüchliche Ordnung gewahrt hat, nach welcher
der Tod an den Sündlosen oder Heiligen weder Anrecht, noch Macht
hat. Aber das ist nicht ohne Weiteres richtig, dass Christus durch
die Auferstehung von den Todten offenbar geworden sei als der Sohn
Gottes in Kraft. Es ist überall daran festzuhalten, dass der in's
Fleisch geborene Sohn Gottes nicht gross und herrlich sein will durch
das, was an ihm geschehen, sondern durch das, was für die arme
sündige Menschheit durch ihn geschehen. Sein Verherrlichtwerden

hat für den Herrn nur insofern Bedeutung, als sich darin das Schi-
boleth der Erlösung wiederholt: für uns gelitten und erstritten, für
uns mit Ehre und Herrlichkeit gekrönt. Gott hat ihn also, wenn
es erlaubt ist, so zu reden, nicht sowohl erweckt um seinetwillen,
als um unsrer Gerechtigkeit willen. Der Sohn Gottes sollte den Tod
übermögen, dass er nicht bloss der Auferstandene sei, sondern der
πρωτότοκος ἐκ νεκρῶν, das ist das Leben und die Auferstehung.
Somit ist dies die δύναμις des Sohnes Gottes, in alle Ewigkeit des
Todes mächtig zu sein und vom Tode zu retten alle, die an ihn
glauben. Eben diese δύναμις ist es, in welcher Christus als Sohn
Gottes bekundet ward vom Vater — die Macht über den Tod, an
ihm als dem πρωτότοκος zuerst bewährt, dann durch ihn an allen,
die ihm anhangen.

Der Zusammenhang des κατὰ πν. ἁγιωσ. hat sich uns also
durch nachstehende Momente vermittelt:

Dem Geiste der Heiligkeit gemäss war Christus de jure dem
Tode nicht unterworfen, ist daher von Gott de facto aus dem Tode
herausgeführt worden, damit er nicht bloss für die Person sei der
Todesüberwinder, sondern der Herr der Todten und Lebendigen.
Dies Herrenrecht ist solidarisch mit dem πν. ἁγιωσ. verbunden,
entspricht demselben vollständig (daher δύναμις κατὰ πνεῦμα ἁγ.).

Wie ist nun das nachfolgende ἐξ ἀναστάσεως νεκρ. anzuschliessen? Bei Weitem die meisten Ausleger fassen ἐκ instrumental,
ergänzen ein zweites ἐκ vor νεκρῶν und verstehen dann den Zusatz
von der Auferstehung Christi. Es ist aber bereits ausgeführt worden,
dass und warum die δύναμις des Sohnes Gottes nicht schon in
seiner Auferstehung offenbar geworden sei. Hier ist noch hinzuzufügen, dass auch in sprachlicher Beziehung diese Erklärung unmöglich ist. Ἀνάστασις νεκρῶν ist Todtenauferstehung überhaupt, nicht
die Auferstehung Christi von den Todten. So steht der Ausdruck
Act. 17, 32. 23, 6. 24, 21. 26, 23. Bei Paulus 1 Cor. 15, 12. 13.
21. Hebr. 6, 2.

Etliche Ausleger suchen sich dadurch zu helfen, dass sie sagen:
in dem allgemein gehaltenen Ausdruck sei der specielle Fall der Auferstehung Christi mit enthalten. Dies Auskunftsmittel wird mit
Recht von *II* verworfen. Er selbst sieht in dem Zusatz ἐξ ἀνάστασ.
τ. ν. eine Näherbestimmung zu κατὰ πνεῦμα ἁγιωσ. Zum Verstehen seiner Auslegung wird erforderlich sein, dass man sich genau
seiner eigenthümlichen Bestimmung von πν. ἁγιωσ. erinnere. Er
sagt: „wie es dann aber dazu kommen sollte, dass sein heiliges Leben
auch ein Leben in Machtherrlichkeit war, sagt ἐξ ἀναστάσ. νεκρ.,
womit natürlich nicht gemeint sein kann, dass eine Auferstehung der
Todten, wohl aber, dass eine Todtenauferstehung, nämlich ein Er-
stehen, wie es da geschieht, wenn Todte auferstehen, zu solchem
Zwecke vorhergehen solle. Da dieser Vorgang nicht als ein Vorgang
der Geschichte Jesu benannt, sondern nur seine Beschaffenheit bezeichnet sein wollte, so musste es ἐξ ἀναστ. νεκρ. heissen und nicht

ἐκ τῆς ἀναστ. αὐτοῦ ἐκ νεκρ. Hiemit hängt aber dann zusammen,
das ἐκ nicht in zeitlicher Bedeutung steht, da sonst die Auferstehung
eben als ein Vorgang der Geschichte benamt sein müsste." — Wie
irrthümlich diese Erklärung *Hs* ist, wird aus dem Nachfolgenden
erhellen. Ich fasse nur noch, um mit seiner Auslegung abzuschliessen,
das Ergebniss derselben kurz zusammen, indem ich mich seiner eigenen Worte bediene:

„Zu solcher Gottessohnschaft (nämlich in Machtherrlichkeit) ist
er, der aus dem Geschlechte David's hergekommene Gottessohn, bestimmt worden, zu welcher er nur dadurch gelangte, dass er sein
Leben im Fleische in einer Heiligkeit führte, vermöge deren, als er
vom Tode erstand, der Geist seines Lebens ein Geist der Heiligkeit
war, welche die Machtherrlichkeit seines neuen Lebenszustandes in
ihrem Gefolge hatte; und zu solcher Gottessohnschaft ist er, der dem
Fleische nach aus dem Geschlechte Davids Hergekommene, bestimmt
worden, zu welcher er nur dadurch gelangte, dass sein Leben im
Fleische in einen Tod und Todeszustand ausging, aus dem er erst
wiederkehren musste, um in einem Leben zu stehen, dessen Heiligkeit
die ihm zugedachte Machtherrlichkeit in ihrem Gefolge hatte."

In der That, Schwereres und Dunkleres ist wohl nie in diesen
Text hineingepresst worden. Es genügt, diese Erklärung gelesen zu
haben, um dessen gewiss zu sein, dass der Apostel eine solche halb
mythische, halb dogmatische Auseinandersetzung in die Adresse an
die Römer nicht könne inserirt haben. Ich enthalte mich daher,
eine Kritik aus Grammatik und Lexicon hinzuzufügen, und kehre,
um den Punkt zu bezeichnen, an welchen ich den Zusatz ἐξ ἀναστασ.
νεκρ. anschliessen zu müssen meine, zu dem vorhin begründeten Satze
zurück, dass die δύναμις des Sohnes Gottes darin stehe, nicht bloss
der Auferstandene, sondern Leben und Auferstehung zu sein.

Durch diesen Satz dürfte sich nämlich das Bedenken erledigen,
welches einige erhoben haben, indem sie unter Hinweis auf die Todtenerweckungen vor Christi Auferstehung, in den Todtenerweckungen
als solchen eine den Sohn Gottes auszeichnende δύναμις nicht erkennen wollen. Es liege ja auf der Hand, so sagen sie, dass Gott
dem Fürsten des Todtenreichs eine solche Gewalt nicht werde zugestanden haben, durch welche seine eigene Absolutheit beschränkt
worden wäre, wenn er nicht, falls es ihm sonst wohlgefiel, durch
einen Allmachtsact Gestorbene dem Leben wieder zuführen oder
Lebende dem Todesleiden hätte entziehen können. Ebenso dürfte
nicht ausgeschlossen sein, dass Gott nicht seinen Dienern die Macht
hätte verleihen können, Todte zu erwecken.

Dagegen lässt sich freilich nichts sagen. In unsrer Stelle aber
ist nicht auf einen einzelnen Allmachtsact Bezug genommen, um
die δύναμις Christi als des Sohnes Gottes zu erweisen, sondern
darin wird die δύναμις gefunden, dass der Sohn Gottes, nachdem
er den Tod überwunden. Gott aber solches durch seine Erweckung
von den Todten hat offenbar werden lassen, nunmehr Herr ist über

Todte und Lebendige. Als das prägnanteste Merkmal aber seiner Herrschaft über Tod und Leben oder, was dasselbige ist, seiner nunmehrigen Machtstellung führt der Apostel den Zusammenhang an zwischen ihr und dem Auferstehen der Todten, sofern letzteres nicht mehr in Einzelfällen geschieht, sondern als Thatsache principiell feststeht.

Sofern dies Auferstehen von Todten von Anfang nicht bestand, sondern κατὰ τὸ ὡρισμένον in die Geschichte eingetreten ist, sofern mit der vollendeten Thatsache der Todtenauferstehung, die eben mit der Auferstehung Christi ihren Anfang nimmt, die Herrlichkeitsgeschichte des Sohnes Gottes beginnt, kann und darf der Zusatz ἐξ ἀναστάσεως νεκρῶν nur als Datum, nicht als Instrumentum aufgefasst werden.

Bekundet ist Jesus Christus als Sohn Gottes in Kraft gemäss dem Geiste der Heiligkeit, seit Todte auferstehen.

Dass Todte auferstehen, ist durch den πρωτότοκος ἐκ νεκρῶν principiell festgestellt. —

Was schliesslich die prophetischen Aussprüche betrifft, welche den Apostel bei der Niederschrift des vierten Verses geleitet haben mögen, so würde es sehr verkehrt sein, untersuchen zu wollen, ob Paulus auch in schulgerechter Weise die Propheten interpretirt habe, zumal das προεπαγγείλασθαι uns nicht einmal in der Form von Citaten vorliegt, bei welcher wir allenfalls in der Lage sein dürften, nach ihrer Beweiskraft zu fragen. In demselben Geiste, in welchem die Propheten redeten, hat Paulus das Verständniss ihrer Rede erlangt und über seine Erkenntnisse aus den prophetischen Schriften innerhalb der von dem Herrn selbst ihm gezogenen Grenzen in freiester Weise verfügt. — Ueber die prophetischen Quellen des dritten Verses zu reden, wäre demnach überflüssig. Aber das springt sofort in die Augen, dass der vierte Vers sicherlich nicht ohne besondere Bezugnahme auf das 53. Capitel des Jesaias geschrieben ist.

Der Apostel sieht in dem Knechte Gottes nicht bloss den verheissenen Messias, sondern den υἱὸς θ. — so war es ihm innerlich offenbar geworden (Gal. 1, 16). Er übergeht das stellvertretende Leiden und Sterben des Sohnes Gottes. Nur den Möglichkeitsgrund der παθήματα deutet er mit γενόμενος κατὰ σάρκα v. 3 an. Es handelt sich für ihn vorzugsweise darum, die Majestätsstellung dessen hervorzuheben, von welchem er Gnade und Apostelamt empfangen. In Betreff des Knechtes Gottes (i. e. τοῦ υἱοῦ θ.) ist nun aber ἐν γραφαῖς ἁγίαις διὰ προφητῶν (hier durch den Propheten Jesaias) bestimmt, dass er als Sohn Gottes solle offenbar werden in Kraft und zwar derart, dass er selbst nach seiner Hingabe in den Tod werde „fortleben" und sein Saamen mit ihm. „Wenn er sein Leben zum Schuldopfer gegeben, so wird er Saamen haben und in die Länge leben (v. 10)." Ferner: „er soll die Starken zum Raube haben, darum, dass er sein Leben in den Tod gegeben hat (v. 12). Eine Verheissung, die eben dem Auferstandenen erfüllt werden soll und darin ihre

principale Verwirklichung findet, dass der Stärkste, welchem bis dahin
alle Menschenkinder zur Beute gefallen waren, durch den ersten
Auferstandenen überwunden und sein Reich gestürzt wird. Mit der
Ueberwindung der Todesherrschaft ist die $\dot{\alpha}\nu\dot{\alpha}\sigma\tau\alpha\sigma\iota\varsigma$ '$I\eta\sigma o\tilde{v}$ $X\rho\iota\sigma\tauo\tilde{v}$
$\dot{\epsilon}\varkappa$ $\nu\epsilon\varkappa\rho\tilde{\omega}\nu$ zu einer $\dot{\alpha}\nu\dot{\alpha}\sigma\tau\alpha\sigma\iota\varsigma$ $\nu\epsilon\varkappa\rho\tilde{\omega}\nu$ geworden, und es ist nur
Wahrheit und Wirklichkeit, was der Prophet 26,19 geweissagt: „Aber
deine Todten werden leben und mit dem Leichnam auferstehen." Und
am Schluss desselben Verses: „Aber das Land der Todten wirst du
stürzen."

Alles das aber hat zur Voraussetzung, was Jes. 53, 9 geschrieben
steht: „er hat Niemand Unrecht gethan, noch ist Betrug in seinem
Munde gewesen." Also $\dot{o}\rho\iota\sigma\vartheta\acute{\epsilon}\nu\tau o\varsigma$ $\upsilon\dot{\iota}o\tilde{v}$ $\vartheta\epsilon o\tilde{v}$ $\dot{\epsilon}\nu$ $\delta\upsilon\nu\acute{\alpha}\mu\epsilon\iota$ $\varkappa\alpha\tau\dot{\alpha}$
$\pi\nu\epsilon\tilde{v}\mu\alpha$ $\dot{\alpha}\gamma\iota\omega\sigma\dot{\upsilon}\nu\eta\varsigma$ $\dot{\epsilon}\xi$ $\dot{\alpha}\nu\alpha\sigma\tau\acute{\alpha}\sigma\epsilon\omega\varsigma$ $\nu\epsilon\varkappa\rho\tilde{\omega}\nu$.
Der Apostel hätte ja wohl aus eigner seliger Erfahrung bezeugen
können, wie er das auch anderwärts reichlich thut, dass Jesus, der
Christ, Sohn Gottes sei. Hier zu Anfang eines Schreibens an die
christliche Gemeinde der Welthauptstadt wollte Paulus sein Evangelium nicht legitimiren durch Berufung auf seine persönlichen Erfahrungen. Die Legitimation des Evangeliums ist zu lesen in der
anerkannten Urkunde der Gottesoffenbarung. Des Apostels Lehre ist
keine neue Lehre, sondern $\tau\dot{o}$ $\epsilon\dot{v}\alpha\gamma\gamma\acute{\epsilon}\lambda\iota o\nu$ $\vartheta\epsilon o\tilde{\iota}$, $\ddot{o}$ $\pi\rho o\epsilon\pi\eta\gamma\gamma\epsilon\acute{\iota}\lambda\alpha\tauo$
$\delta\iota\dot{\alpha}$ $\tau\tilde{\omega}\nu$ $\pi\rho o\varphi\eta\tau\tilde{\omega}\nu$ $\alpha\dot{v}\tauo\tilde{v}$ $\dot{\epsilon}\nu$ $\gamma\rho\alpha\varphi\alpha\tilde{\iota}\varsigma$ $\dot{\alpha}\gamma\acute{\iota}\alpha\iota\varsigma$.

v. 5. $\varDelta\iota$ ' $o\tilde{v}$ $\dot{\epsilon}\lambda\dot{\alpha}\beta o\mu\epsilon\nu$ $\chi\acute{\alpha}\rho\iota\nu$ $\varkappa\alpha\dot{\iota}$ $\dot{\alpha}\pi o\sigma\tauo\lambda\acute{\eta}\nu$. Dass
der Apostel beides empfangen, $\chi\acute{\alpha}\rho\iota\nu$ $\varkappa\alpha\dot{\iota}$ $\dot{\alpha}\pi o\sigma\tau$., nachdem der Herr
bereits sieben Jahre die Erde verlassen, ist Thatsache. Somit konnte
er Beides nur von dem Auferstandenen empfangen haben, und
zwar von ihm als dem Herrn und Haupte der Kirche, so dass die
Thatsache des Apostolats Pauli ein evidenter Beweis ist für die
$\varkappa\upsilon\rho\iota\acute{o}\tau\eta\varsigma$ des Auferstandenen. Wir begreifen, weshalb der vierte
Vers gerade diese seine Gestalt annehmen musste, wenn er die Grund-
lage bilden sollte für v. 5. Der Plural $\dot{\epsilon}\lambda\dot{\alpha}\beta o\mu\epsilon\nu$ schliesst nicht die
andern Apostel mit ein; es würde das im Widerspruch stehen sowohl
mit dem Folgenden, als mit $\dot{\alpha}\varphi\omega\rho\iota\sigma\mu\acute{\epsilon}\nu o\varsigma$ in v. 1. Nach M (auch W)
und G meint der Apostel sich allein, es sei das so griechische Rede-
weise gewesen. Nach meiner Ansicht steht in der class. Gräcität der
Plural nur dann, wenn der Schreiber zugleich im Namen und in
Uebereinstimmung mit seinen Lesern etwas glaubt behaupten zu
dürfen, oder wenn wirklich mehrere vorhanden sind oder doch als
vorhanden angenommen werden, welche das gleiche Werk in der
gleichen Weise treiben oder doch zu treiben berufen sind. Daher
kommt auch der Pluralis majestaticus; die sämmtlichen Behörden
sind in der Majestät des Herrschers mit enthalten. Der persönliche
Herrscher ist gewissermaassen der Inbegriff aller Rechte und Actionen
des Königthums, die Zusammenfassung der regierenden Potenzen, daher Wir etc. Soweit ich sehe, ist das apostolische Wir in keinerlei
Weise dem Styl weltlicher Fürsten oder schriftstellerischer Auctori-
täten entlehnt. Hs Annahme, der Apostel meine sich und seine Ge-

hülfen, scheitert, wie W richtig bemerkt, an dem Begriff der ἀποστολή, welcher auf die Gehülfen Pauli nicht erstreckt werden darf.
So bleibt nur noch das einzig Richtige übrig, den Plural auf Act. 13
zurückzuführen, was sich um so mehr empfiehlt, da Paulus offenbar
ein Gewicht darauf legt, die historischen Momente, welche er der
Grussadresse inserirt, in urkundliche, objective Form zu fassen.
Für diese Fassung war es vollständig unwesentlich, dass Barnabas
eine Zeitlang der Missonsarbeit Pauli sich fern stellte; er blieb nichts
desto weniger Heidenapostel (wie Paulus ἀφωρισμένος εἰς εὐαγγέλ. ϑ.).
Der Apostel konnte oder wollte den Mitapostalat des Barnabas nicht
todt schweigen.   In Antiochien hatte der κύριος Ἰησ. Χὸς durch
den heiligen Geist Befehl gethan, dass Beide, Paulus und Barnabas,
ausgesendet würden zu dem Werke, zu welchem er selbst sie berufen,
d. h. zum Werke der Heidenmission (Act. 13, 2. 3). Und so ist es
geschehen.   Daher ἐλαβόμεν geschichtlich vollständig correct.

Selbstverständlich ist für mich bei solcher Sachlage χάρις nicht
die speciell dem Paulus widerfahrene Gnade (Augustin, Calvin, Calov,
Tholuck, Olshausen u. m.), sondern Gnade, wie sie auch dem Barnabas
zu Theil geworden ist, und doch nicht bloss die allgemeine Gnade,
wie sie alle Christen erfahren, sondern die **besondere** Gnade, durch
welche der Herr etliche aus seiner Christengemeinde zu ausserordent-
licher Dienstleistung aussondert, zu einem besondern Amt beruft.
Hieraus wird sofort erhellen, dass ich denen nicht zustimme, welche
unter χάρις die Fülle der dem Apostel insonderheit verliehenen, also
ausserordentlichen apostolischen Gnadengaben (Theodoret, Luther
u. m., auch Flatt) verstehen, denn diese sind nicht aufzufassen als
der ἀποστολή vorangehend, sondern als mit der ἀποστολή zugleich
verliehen. — Einige Ausleger haben nun freilich versucht, χάρις und
ἀποστολή in der Weise eines ἕν διὰ δυοῖν miteinander zu verschmelzen und so auszulegen, als stände χάριν ἀποστολῆς (Chrysosth.,
unter den Neueren Fritzsche und Philippi). Ohne grade diese Auffassung zu theilen, behauptet doch G: „die persönliche Begnadigung
und die Uebertragung des Apostelamts an Paulus seien in einen
Act zusammengefallen und zwar bei der Aussonderung ἐν κοιλίᾳ
μητρὸς Gal. 1. 15. Ich habe bereits Gelegenheit genommen, mich
bei Auslegung von Röm. 1, 1 über diesen Irrthum Gs des Weiteren
auszusprechen. —

Dass übrigens bei Annahme eines ἕν διὰ δυοῖν zwei im Leben
des Apostels scharf geschiedene Momente miteinander confundirt
werden, springt sofort in die Augen.   Erst persönliche Begnadigung,
und zwar für die in Act. 9 genannte Bestimmung — wenn auch Begnadigung ad hoc, doch immer Begnadigung; dann Verleihung des
Apostelamts Act. 13.

Εἰς ὑπακοὴν πίστεως.   M: damit Glaubensgehorsam hergestellt werde, d. i. damit man sich dem Glauben an Christum unter-
werfe. So auch W, welcher übrigens sich gegen die Verbindung dieses
Zusatzes mit χάριν καὶ ἀποστ. ausspricht, weil derselbe zu χάριν

nicht passt. Dies Bedenken dürfte durch meine Bemerkungen zu χάρις vollständig erledigt sein. — Gegen die *M*sche Erklärung *G*: „der Gehorsam des Glaubens soll bedeuten die Unterwerfung unter den Glauben. In diesem Sinne müsste man dem Ausdruck Glaube die Bedeutung beilegen: die christliche Wahrheit (objectiv gefasst), welche πίστις im N. T. niemals hat, wie *M* anerkennt. Die einzig mögliche Bedeutung ist: der Gehorsam, welcher eben in dem Glauben selbst besteht. Durch den Glauben zeigt der Mensch sich gehorsam gegen die göttliche Kundgebung, welche von ihm Hingebung und Mitwirkung fordert." So *G*. Weder *M*, noch *G*, noch überhaupt einer der älteren und neueren Ausleger haben das Rechte, weil sie sämmtlich die Correspondenz zwischen τοῦ κυρίου in v. 4 und zwischen ὑπακοή verkennen. Der Apostel Geschäft ist: die πίστις zu wirken durch die Predigt; ὑπακοή ist die Stellung des ὑπήκοος gegen den κύριος. Ὑπακοή πίστεως ist eine Unterthänigkeit, wie sie vom Glauben herrührt. Indem die ἀποστολή unter den Heiden die πίστις wirkt, führt sie dem Reiche Christi neue Unterthanen zu, damit so Jesus Christus werde, was er ist, nämlich der Herr = Ὑπὲρ τοῦ ὀνόματος αὐτοῦ, nicht zur Verherrlichung seines Namens, sondern zur Erfüllung desselben, damit sein Name: Herr das werde oder sei, was er ausdrückt.

Ἐν πᾶσι τοῖς ἔθνεσιν. *M* und *G* ganz richtig: unter allen Heiden, nicht unter allen Nationen, wie Rück., Kölln., Fritzsche, Baur und die meisten Neueren wollen.

v. 6. Ἐν οἷς ἐστὲ καὶ ὑμεῖς κλητοὶ Ἰησοῦ Χριστοῦ. *M*: „unter welchen (Heidenvölkern sc.) auch ihr Berufene Jesu Christi seid; κλητοὶ *I. Χρ.* nicht: von Christo Berufene (Luth., Rück.), sondern Berufene (von Gott), die Christo angehören (so Erasm., Beza, Est. und die meisten Neueren). Der Genit. ist possessiv. Die gewöhnliche Fassung von κλητοὶ *I. Χρ.* als Anrede (so Fritzsche, Philippi) lässt nach *M* ἐν οἷς ἐστὲ κ. ὑ. als eine ganz gehaltlose Aussage stehen, was *W* unbegründet findet. Auch für *G* ist der Gedanke: „unter welchen auch ihr seid, zu deren Zahl auch ihr gehört", sehr wesentlich. Er sagt: „es ist der Untersatz des Syllogismus, in welchen Paulus, so zu sagen, die Römer einschliesst; Obersatz: Christus hat mich zum Apostel der Heiden gemacht; Untersatz: ihr gehört zur Zahl der Heiden; Schlusssatz: also kraft der Gewalt Christi, welcher euch, wie mich berufen hat, seid ihr Glieder meiner Heerde, zu meinem apostolischen Wirkungskreis gehörig." „Der Titel κλητοὶ *I. Χρ.* entspricht dem Titel, den Paulus sich selbst gegeben v. 1. Sie sind schuldig, ihm Gehör zu geben kraft derselben Auctorität, kraft welcher er ihnen schreibt, nämlich kraft der Auctorität Christi. Κλητοὶ *I. X.*, deren Berufung von Jesu Christo herrührt." Soweit *G*. Was derselbe gegen *M* in Betreff der angeblich gehaltlosen Aussage ἐν οἷς ἐστὲ κ. ὑ. vorbringt, ist gut. Gegen *G*s Auffassung aber spricht die sehr richtige Bemerkung *M*s, dass die Berufung zum Messiasheil bei Paulus ohne Ausnahme Gott zugeschrieben werde. —

Im Uebrigen steht sämmtlichen Auffassungen entgegen, dass sie die durch den fünften Vers vermittelte Beziehung von v. 6 auf τοῦ κυρίου in v. 4 unberücksichtigt lassen; v. 6 muss heissen: „unter welchen (sc. Heiden) auch ihr als Berufene (d. i. kraft eurer Berufung) Jesu Christi (genit. posses.) d. h. Jesu Christi Unterthanen seid." Also die Predigt des Glaubens hat auch bereits an euch (den ehemaligen Heiden) ihr Werk ausgerichtet, euch zu Unterthanen des Herrn zu machen. Dass κλητοὶ Apposit. zu ὑμεῖς sei, hat neuerdings *W* anerkannt. —

v. 7. *Πᾶσι τοῖς οὖσιν ἐν Ῥώμῃ.* Die Ortsbestimmung ἐν Ῥώμῃ fehlt im Cod. Börnerianus (G), vielleicht, um dem für die ganze Christenheit so wichtigen Briefe auch äusserlich durch Tilgung des Particularen einen öcumenischen Charakter beizulegen. Man hat dann statt ἐν Ῥώμ. ἀγαπητοῖς geschrieben ἐν ἀγαπῇ. Andere vermuthen Anderes (vergl. Reiche zu der Stelle). Etwas Gewisses wird sich schwerlich feststellen lassen, kommt auch nicht viel darauf an. Dagegen will ich nicht unterlassen, auf Einiges in diesem Verse aufmerksam zu machen, was mir zur Ergänzung der Einleitung (Abschn. 4) nicht unwichtig zu sein scheint. Es ist mir nämlich beim Lesen des Römerbriefs stets aufgefallen, dass, während die vv. 5. 6 keinen Zweifel über die Adressaten (dass es eben Christen aus den Heiden sind) gestatten, nichts desto weniger die Grussformel mit πᾶσι τοῖς οὖσιν ἐν Ῥ. ἀγ. beginnt. Das ὑμεῖς in v. 6 und das ὑμῖν in v. 7 decken sich nicht. Offenbar setzt πᾶσι noch andere κλητοὶ ἅγιοι in Rom voraus, als Christen aus den Heiden.

Weiter ist mir, und nicht bloss mir, aufgefallen, dass der Apostel seinen Brief nicht an die ἐκκλησία οὖσα ἐν Ῥ. adressirte. Es ist das wider seinen sonstigen Briefstyl; beide Corinthierbriefe sind an die ἐκκλησία τοῦ θεοῦ ἡ οἶσα ἐν Κορίνθῳ gerichtet; im Galaterbrief beginnt er mit Grüssen an die ἐκκλησίαι τῆς Γαλατίας; im Philipperbrief sind die Adressaten wenigstens als organisirte Gemeinde dadurch bezeichnet, dass er πᾶσι τοῖς ἁγίοις σὺν ἐπισκόποις καὶ διακόνοις Gnade und Frieden wünscht; die beiden Thessalonicherbriefe haben wieder übereinstimmend τῇ ἐκκλησίᾳ Θεσσαλονικίων.

Von dieser Form der Adresse weichen nur von den Paulinischen Gemeindebriefen ab: der Römerbrief mit πᾶσι τοῖς οὖσιν ἐν Ῥώμῃ ἀγαπ., der Ephesierbrief mit τοῖς ἁγίοις τοῖς οὖσιν ἐν Ἐφέσῳ, der Colosserbrief mit τοῖς ἐν Κολοσσαῖς ἁγίοις. Und das sind gerade die drei Gemeinden, in welchen sich ἐκκλησίαι κατ᾽ οἶκον finden, nämlich in Rom und Ephesus κατ᾽ οἶκον τοῦ Ἀκύλα (Röm. 16,5. 1 Cor. 16, 19), in Colossä κατ᾽ οἶκον Φιλήμονος (Philem. 2), denn was die ἐκκλησία κατ᾽ οἶκον τοῦ Νυμφᾶ in Laodicea betrifft, so kommt diese hier nicht in Betracht, da wir einen Brief des Apostels an die Laodicser nicht haben.

Ist das zufällig? Die Erklärung wird sich sofort ergeben, wenn wir die eigenthümliche Lage erwägen, in welcher sich der Apostel bei der Abfassung der genannten Schreiben befand. Er hatte an jedem der drei Orte organisirte Gemeinden aus den Juden; den ehemaligen Juden waren die Formen des Gemeindelebens von früher her sofort zur Hand; es bedurfte nur einer Uebertragung auf die christgläubigen Bekenner. Anders stand es mit den Christen aus den Heiden; sie waren nicht gewillt, ohne Weiteres in das Gemeindewesen der früheren Juden einzutreten; ihre Organisation war zum Theil noch gar nicht abgeschlossen, sollte er die noch unfertige Gesammtheit ἐκκλησία nennen? ja selbst dann, wenn er einen fertigen Gemeindeorganismus von Christen aus den Heiden vor sich hatte, sollte er die Hand bieten zur Anerkennung von zweierlei ἐκκλησίαι an einem und demselben Orte, da es ihm vor allen Dingen darauf ankam, die Gesammtheit der Christgläubigen als eine in sich einige ἐκκλησία zur Darstellung zu bringen? Das war ja die Arbeit seines Lebens, und zum grossen Theile Zweck seiner Briefe, dahin zu wirken, dass alle Trennung zwischen Juden und Hellenen aufgehoben und beide zu einem Manne in Christo Jesu verschmolzen würden. —

Nun hatte er als Heidenapostel vornehmlich mit den Christen aus den Heiden zu thun. An solche ist auch sein Römerbrief adressirt. Sollte er seinen apostolischen Gruss an die ἐκκλησία aus christgläubigen Heiden richten und die factisch bestehende ἐκκλησία aus den christgläubigen Juden vollständig ignoriren? Konnte daraus nicht gefolgert werden, dass der Apostel eben nur die Gesammtheit der Heidenchristen als zu Recht bestehende ἐκκλησία anerkannt habe? Paulus sieht die Separation in Rom als eine vorübergehende Trübung der Kirche Christi an; er bittet und ermahnt, dass zwischen Christgläubigen, möchten sie ursprünglich aus den Juden oder aus den Heiden sein, Einmüthigkeit sein und eine gegenseitige An- und Aufnahme stattfinden möge (Röm. Cap. 15). Inzwischen grüsst er πάντας τοὺς ὄντας ἐν 'P. ἀγαπητοὺς ϑ., den Stand der Gemeindeorganisation nicht weiter berührend. Ebenso thut der Apostel in Ephesus und Colossä.

Ἀγαπητ. ϑεοῦ, κλητοῖς ἁγίοις. Prädicate der Christen, in denen beides: was sie sind, und wie sie dazu gekommen sind, in die Erinnerung gerufen wird. Sie sind Gott-Geliebte, in Gottes Herz eingeschlossen, dürfen seiner Huld allzeit gewärtig sein. Κλητοὶ ἁγίοι bildet einen Begriff: durch Berufung (sc. zum Himmelreich) Heilige (d. i. von der Welt abgesonderte, Gott Geweihte). Sehr richtig bemerkt M, dass ἅγιος im theocratischen Sinne, nicht aber von der individuellen Heiligkeit zu verstehen sei. Also: Lieblinge Gottes, berufen zum Reiche Gottes.

Χάρις ὑμῖν καὶ εἰρήνη. Ersteres nach M die Gesinnung, das in Gott und in Christo Subjective, welches der Apostel seinen Lesern zugewendet und erwiesen wünscht; letzteres der factische Erfolg, welcher durch den Erweis der χάρις hergestellt wird. Nach G: „Χάρις die in der Gestalt der Vergebung dem sündigen Menschen mitgetheilte Liebe Gottes; εἰρήνη — das tiefe Gefühl der inneren Ruhe und Gelassenheit, welche der Besitz der Versöhnung dem Herzen mittheilt."

Es wird ja allen diesen Umschreibungen Richtiges zu Grunde liegen. Einfacher dürfte sein, auf die Quelle dieser Grussformel zurückzugehen; jedenfalls haben wir das in's Christliche übersetzte χαίρειν der griechischen Briefe. Zu der Christenfreude aber gehört Beides: die Gewissheit, einen gnädigen Vater im Himmel zu haben, sowie der Besitz des Friedens in der factischen Gemeinschaft mit Christo. Nun ist selbstverständlich, dass die Christen als solche die Zusicherung der Gnade vom Vater und die Zueignung der Gnade d. h. den Frieden haben durch Jesum Christ (Röm. 5, 1). Aber der Gnaden- und Friedensstand der Christen ist kein unverlierbarer; sie bedürfen immer wieder der Versicherung des Gnadenstandes von Gott, dem Vater, durch das Wort, sowie der Zueignung des Friedens durch Jesum Christ. Daher ist der apostolische Gruss keine leere Form, sondern Ausdruck des höchsten Wunsches, den ein Christ für den andern haben kann, dass nämlich der Gnaden- und Friedensstand ihm bleiben möge. Dieser Wunsch aber ist der Heilsöconomie entsprechend geformt, sofern den Gläubigen durch das Wort die Gnade Gottes, des Vaters, zugesichert; diese aber von dem Herrn Jesu Christo zugeeignet und durch solche Zueignung der Friede des Herzens gewirkt wird. Daher ist die ausdrückliche Nennung des Herrn in der Grussformel nicht nur aus sachlichen, sondern auch aus formellen Gründen nothwendig, weil erst dadurch der Formel der Charakter eines christlichen Grusses aufgedrückt wird.

Einleitung.

v. 8. Πρῶτον μὲν. Kein besserer Beweis der herzlichen Theilnahme an den Mitgenossen des Heils in Christo, als dankbares Gedenken an ihren Glaubensstand vor Gott. Daher redet der Apostel hiervon zunächst. Ueber die Anfangsworte sagt *M* (ebenso *W*): „Dem, was Paulus zuvörderst schreiben will, sollte dann ein Weiteres durch δὲ angeknüpft werden. Aber diese gedachte Anlage verlässt er dann im Drange der Gedanken, und so bleibt das μὲν anacoluthisch". *G* will für πρῶτον die Bedeutung: erstens festhalten; der Apostel sei durch die natürliche Ergänzung des Dankgebets, nämlich durch die Bitte, dass es ihm bald verstattet werden möge, nach Rom zu kommen, davon abgelenkt worden, das Folgende mit dem streng lo-gischen ἔπειτα, δεύτερον zu beginnen. Beide folgen der längst anti-quirten Theorie, nach welcher μὲν stets ein δὲ im Gefolge haben müsse, und wenn letzteres sich nicht findet, der Schriftsteller von dem ursprünglich eingeschlagenen Wege abgelenkt worden sei oder den Anfangssatz mit μὲν vergessen habe. So noch Krüger in seinem Commentar zur Anabasis zweimal III, 2, 1 und V, 9, 5 (wo beidemal πρῶτον μὲν ohne darauf folgendes δὲ steht). In seiner Grammatik

erkennt er die affirmative Bedeutung des alleinstehenden μὲν vollständig an; ihm sind die neueren Grammatiker ohne Ausnahme nachgefolgt. Ast hat in seinem lexicon Platonicum für das μὲν ohne δὲ
eine stattliche Anzahl von Belegstellen gesammelt. Insbesondere erscheint dies affirmative μὲν in der Bedeutung allerdings, freilich,
sicherlich, oft auch nur das Wort, zu welchem es gesetzt wird,
nachdrücklich hervorhebend, hinter πρῶτον, ἐγώ u. s. w.

Will man aber durchaus ein δὲ ergänzen, so empfehle ich, den
gesammten nachfolgenden Inhalt des Römerbriefs als Ergänzung anzusehen; πρῶτον μὲν εὐχαριστεῖ ὁ ἀπόστολος, εὐχαριστήσας δὲ
εὐαγγελίζεται (v. 15).

Was πρῶτον anlangt, so ist es dem Apostel ebensowenig hier,
als 3, 2 in den Sinn gekommen, zu zählen. Πρῶτος ohne Artikel
ist Prädicat der Vorzugsstellung; πρώτη ἐντολή, Eph. 6, 2, ist ein
Hauptgebot; Philippi Act. 16, 12 heisst πρώτη πόλις, weil es die
Hauptstadt ist ταύτης τῆς μερίδος τῆς Μακεδονίας von der in
Rede stehenden Macedonischen Provinz. Ganz ebenso wird πρῶτον
ohne Artikel von den Griechen verwendet, um ein Hauptstück,
eine Hauptsache zu bezeichnen, welche zuvörderst, vor allen
Dingen zu betreiben ist. Daher Anab. 1, 9: καὶ πρῶτον μὲν
ἦν αὐτῷ πόλεμος πρὸς Πεισίδας καὶ Μυσούς, d. i. und eine
Hauptsache, ein Erstes war für Kyros Krieg gegen die Pisider und
Myser. Ganz ebenso ist πρῶτον μὲν in dem vorliegenden Verse
aufzufassen: vor allen Dingen, zuvörderst; μὲν verstärkt das
πρῶτον als eine Sache, die sich von selbst versteht, lässt sich aber
im Deutschen nicht gut wiedergeben.

Τῷ θεῷ μου. M zieht sehr richtig Act. 27, 23 herzu: οὗ
εἰμι, ᾧ καὶ λατρεύω. W dagegen: „Gott ist sein Gott, sofern er
sich ihm zu eigen gegeben hat und zu ihm in ein Liebesverhältniss
getreten ist; wie er ihm daher Alles verdankt, so muss er ihm auch
hierfür danken." W hat nicht wohl daran gethan, des Apostels (dass
ich so sage) dienstliche Dankbarkeit (man vergl. v. 9) auf die allgemein christliche zu reduciren. Alle Erfolge der Predigt des Evangeliums sind Gottes Gabe. Wenn es des Apostels selige Freude ist,
dem Herrn durch seinen Dienst am Evangelio Seelen zuzuführen, so
wird er auch seinem Gotte, welcher durch die Predigt die Seelen zu
Christo zieht, zur höchsten Dankbarkeit sich verpflichtet fühlen.

Διὰ Ἰησοῦ Χριστοῦ ist mit εὐχαριστῶ zu verbinden, wie
aus 7, 25 unwiderleglich hervorgeht. M meint: der Apostel danke
durch Jesum Christum, weil das, wofür er dankt, als durch Christum
zu Stande gekommen von ihm erkannt und empfunden werde. Dagegen G: die Danksagung des Apostels habe Christum zum Vermittler.
Paulus lasse die Danksagung durch Christum als Haupt der Kirche,
und noch unmittelbarer: durch Christum als sein Haupt gehen.
Beides einseitig und zum Theil unwahr. Christus ist der Inhalt
unseres Dankes — darin hat M Recht; aber er ist noch mehr, zwar
nicht, wie G meint, der Uebermittler unseres Dankes an den Vater,

sondern — und das ist die Hauptsache, die allezeit offne Gnaden-
thür, durch welche wir Zugang haben zum Vater (vergl. 5, 2), also
ebensosehr der substantielle, als der Möglichkeits-Grund unsrer und
der apostolischen Danksagung.

Ὑπὲρ πάντων ὑμῶν. So die Recepta, auch noch Theile.
Es muss heissen περὶ πάντων ὑμ. So A. B. C. D*. Ὑπὲρ liest
der Corrector zu D***, dann E. G. und einige Väter. Auch aus
innern Gründen ist περὶ vorzuziehen. Εὐχαριστεῖν ὑπέρ τινος
heisst: in Stellvertretung oder im Interesse jemandes danken;
dagegen wird in εὐχ. περί τινος der τις als Gegenstand des
Dankes bezeichnet. πάντων ὑμῶν: nicht übertrieben, wie etliche
meinen. Konnte wohl in Rom ein für das Christenthum gewonnenes
Menschenkind sein, dessen Glaube nicht ein Gegenstand der Freude
und des Dankes für den Apostel gewesen wäre. So G.

Ἡ π. ὑμ. καταγγέλλεται, es wird von euerm Glauben geredet, nicht: euer Glaube wird gerühmt.

Ἐν ὅλῳ τῷ κόσμῳ nicht populäre Hyperbel, wie M und
W wollen. Von der Hauptstadt der Welt als dem Centrum laufen
nach allen Punkten der Welt die Radien des lebendigsten Interesses.
Was dort geschieht, das wird in der ganzen Welt besprochen. „In
Rom, in dem Mittelpunkte der Weltherrschaft, in dem Quellpunkte
aller Cultur glaubt man an den gekreuzigten Galiläer!" Davon
nahmen sicher nicht bloss die Gläubigen, sondern auch die Ungläubigen Kenntniss. Auch das musste ein Gegenstand herzlicher Danksagung für den Apostel sein, dass in Erfüllung der Weissagung
(Ps. 19, 5. Jes. 49, 6. cfr. Röm. 10, 18) der Schall des Wortes in
das Herz der alten Welt, ja bis an die Grenzen der Welt gedrungen
war. Durch die Römer-Gemeinde war der Schall des Wortes am
weitesten gegen Westen getragen und so der Missionspredigt des
Apostels gewissermaassen zuvorgekommen. Wie hätte der Apostel
es lassen können, dafür Gott zu danken!

v. 9. Von Jerusalem bis Rom! So die von dem Herrn selbst
bestimmte Reiseroute des Apostels Act. 23, 11. Noch ehe das Wort
an ihn ergangen war, hatte Paulus, wie wir aus Röm. 15 ersehen,
Rom als Reiseziel in's Auge gefasst. Act. 23, 11 bestätigt der Herr
diese Disposition, als Paulus den Gedanken in seinem Herzen be-
wegte, ob er nicht überhaupt am Ende seines apostolischen Laufs
angekommen sei. Bei Abfassung des Römerbriefs dachte er sicherlich unablässig an seine nächste Missionsaufgabe, an die Predigt des
Evangeliums in Rom; was war natürlicher, als dass er sich stetig mit
den Verhältnissen der dortigen Gemeinde, mit der Förderung oder Hin-
derung beschäftigte, welche seine Arbeit dort zu erwarten hatte!
Die Römische Gemeinde wusste freilich davon nichts. Der
Versicherung des Apostels, dass er Gotte um ihres weltbekannten
Glaubens willen danksage, stand die Thatsache gegenüber, dass er
gleichwohl sich, wie es schien, geflissentlich von Rom fern gehalten
hatte. Ein solches Versäumen der Gemeinde in der Welthauptstadt

musste befremdlich erscheinen, wohl gar als ein Vergessen aufgefasst werden, was dann mit seiner Versicherung v. 8 übel gestimmt hätte. — Ob nicht Aehnliches gesprochen und dem Apostel hinterbracht worden war? Jedenfalls ist sich der Apostel des scheinbaren Widerspruchs zwischen seiner Versicherung und dem zeitherigen Verhalten gegen die Gemeinde voll bewusst. Es lag ihm Alles daran, die Gemeinde von seiner wahren Herzensstellung zu überzeugen. Wen sollte er da als Zeugen anrufen? Er wendet sich an den Herzenskündiger.

Paulus ruft Gott an als sein Diener an der Heidenmission. Der Herr hat die nächste Pflicht, für seinen Arbeiter einzustehn. Es handelt sich überdiess hier recht eigentlich um ein Arbeitszeugniss. Das kann Gott allein ihm ausstellen, das Zeugniss nämlich, dass er am Evangelio des Sohnes Gottes nicht bloss äusserlich diene, durch äussere Umstände, durch Fleisch und Blut sich bestimmen lasse und daher die wichtigsten Aufgaben seines Missionsdienstes übersehe oder vernachlässige, sondern dass er diene $\dot{\varepsilon}\nu$ $\tau\tilde{\omega}$ $\pi\nu\varepsilon\dot{\nu}\mu\alpha\tau\iota$ $\alpha\dot{\nu}\tau\sigma\tilde{\nu}$. Was ist das? M versteht unter $\pi\nu\varepsilon\tilde{\nu}\mu\alpha$ das innere, sittliche Lebenswesen [sic!]; G das Organ, durch welches die Seele des Apostels mit der göttlichen Welt in Verbindung steht; eins der Elemente der menschlichen Natur, offenbar hier gemeint als durchdrungen vom göttlichen Geiste. H das innere Gebetsleben. W: das vom Geiste gewirkte neue Geistesleben in ihm (8, 16), von dem alle höhere Lebensthätigkeit des Christen ausgeht. — Ueber die Bedeutung des Relativsatzes wissen die meisten Ausleger etwas Anderes nicht zu sagen, als dass er dazu dienen solle, die Betheurung zu verstärken (M) oder seine Theilnahme für die Leser zu motiviren (H). Dagegen W: „der Apostel begründet seine Berufung auf Gott, der sein Herz kennen muss, weil er ihm in seinem Geiste dient. Es handelt sich überhaupt nur um den innerlichen Gottesdienst in seinem Gebetsleben (ebenso H), zu dem auch jenes $\varepsilon\dot{\nu}\chi\alpha\varrho\iota\sigma\tau\varepsilon\tilde{\iota}\nu$ v. 1 in seinem tiefsten Grunde gehört, und um den der Herzenskündiger, aber auch er allein weiss.“

Die genannten Ausleger übersehen sämmtlich, dass es sich nicht um ein $\lambda\alpha\tau\varrho\varepsilon\dot{\nu}\varepsilon\iota\nu$ $\dot{\varepsilon}\nu$ $\pi\nu\varepsilon\dot{\nu}\mu\alpha\tau\iota$ im Allgemeinen handelt, sondern um ein $\lambda\alpha\tau\varrho\varepsilon\dot{\nu}\varepsilon\iota\nu$ $\dot{\varepsilon}\nu$ $\pi\nu$. $\dot{\varepsilon}\nu$ $\tau\tilde{\omega}$ $\varepsilon\dot{\iota}\alpha\gamma\gamma\varepsilon\lambda\dot{\iota}\omega$ also um eine Modification des geistigen Gottesdienstes, wie sie eben nur der Verkündiger des Evangelinms erlebt und erleben kann. Gott ist der Herzenskündiger $\varkappa\alpha\tau$ $\dot{\varepsilon}\xi\sigma\chi\dot{\eta}\nu$, er kennt auch das Herz dessen, welcher ihm nicht im Geiste dient. Die Art, wie der Apostel Gott dient am Evangelio, ist hier nicht hervorgehoben, um dadurch die Zeugenschaft Gottes zu motiviren, die eben durch sein Dienen im Geiste ermöglicht werde, sondern der Missionsdienst im Geiste ist hervorgehoben, um damit das unablässige Gedenken des Apostels an die römische Gemeinde zu motiviren. Denn beides steht in Wechselwirkung: der Missionsdienst im Geiste und das unablässige Gedenken an das Arbeitsfeld, an die Missionsgemeinden.

Die λάτρεια ἐν πν. ἐν τῷ εὐαγγ. steht im directen Gegensatz
zu dem bloss äussern, pflichtmässigen Dienst, dem die volle innere
Hingabe, das Verständniss für die ganze grosse Aufgabe des Dienstes
nicht beiwohnt, bei dessen Ausrichtung daher sehr leicht ein προσ-
ανατίθεσθαι σαρκὶ καὶ αἵματι (Gal. 1, 16) also ein Bestimmt-
werden durch Rücksichten fleischlicher Opportunität sich einfindet.
Der Dienst, welchen der Apostel seinem Gotte an der Mission leistet,
empfängt vom Geiste aus, nicht vom Fleische seine Directive. Der
Apostel hat im Geiste seine Aufgabe als Dienst an der gesammten
Heidenwelt, nicht bloss als Dienst an einzelnen Heidengemeinden erfasst, wie konnten da die römischen Christen von seinem stetigen
Danken und Denken ausgeschlossen sein!

Der Missionsdienst im Geiste ist ein mit aller Hingabe des
innern Lebens und mit klarer Erkenntniss der vollen und ganzen
Aufgabe, für das Heil der gesammten Menschheit thätig zu sein,
übernommener Gottesdienst.

Ἐν τῷ εὐαγγελίῳ. De Wette, *G* und neuerdings *W* setzen
für τὸ εὐαγγέλιον gerade zu τὸ εὐαγγελίζεσθαι. Dass ein solches
Quid pro Quo weder hier, noch sonst im N. T. stattfindet, habe ich
zu v. 1 auseinandergesetzt. Τὸ εὐαγγέλιον ist das Object des
εὐαγγελίζεσθαι, drückt also nicht den Act, sondern den Gegenstand der evangelischen Verkündigung aus, nämlich die frohe
Gotteskunde selbst, welche, abgesehen von allen ihren Dienern,
etwas Selbstständiges für sich ist, nämlich die gnadenreiche Himmels-
botschaft, an welcher der Apostel bedienstet ist.

Τοῦ υἱοῦ αὐτοῦ bezeichnet die frohe Botschaft als eine
solche, welche den Sohn Gottes d. i. seine Sendung zum Heile der
Menschheit zum Inhalte hat, also, wie *M* richtig sagt: das Evangelium von seinem Sohne, nicht, wie *G* will, das von dem Sohne
Gottes ausgehende oder demselbigen zugehörige Evangelium.

Der Zusatz ἐν τῷ εὐαγγ. τοῦ υἱοῦ αὐτοῦ ist kein überflüssiger,
oder doch wenigstens entbehrlicher, wie er sich für diejenigen Ausleger herausstellen muss, die den Schwerpunkt des Relativsatzes in
dem λατρεύειν ἐν τ. πνευμ. finden. Der Zusatz hat pragmatische
Bedeutung: es hiesse ja, eine Gemeinde, an welche Gott gedacht
hat bei Sendung seines Sohnes, von dem Evangelio ausschliessen,
wenn man ihrer nicht unablässig eingedenk sein wollte.

Uebrigens gehört ὡς zu ἀδιαλείπτως; nicht steht es, wie
Fritzsche will, für ὅτι. Gut *M* und *W*: „nach der richtigen Fassung der Betheurung handelt es sich nicht um die Wahrheit einer Aussage, sondern um die Stärke des sich in ihr aussprechenden Gefühls".

Konnte der Apostel bisher noch nicht ἐν σαρκὶ d. i. persönlich gegenwärtig, seinen geistig und darum universal erfassten Missionsdienst an der römischen Gemeinde erweisen; was zu dem
Missionsgottesdienst gehört, dass das wahrhaft apostolische Gemüth
etwas Anderes nicht sinnt, und nicht erstrebt, als Stärkung und
Mehrung der Kirche Christi, das hat der Apostel stets geleistet, und

darum auch die Gemeinde zu Rom niemals vergessen, ja diese insonderheit nicht bei seinen Gebeten.
Darauf geht er nunmehr näher ein.
v. 10. Ἐπὶ Zeitbestimmung. Des Apostels Dienst stellt ihn unablässig vor das Angesicht Gottes; die permanente Bewegung seines Geistes ist Gebet. In das Gebet des Heidenapostels sind allezeit die Gemeinden seines Arbeitsgebietes eingeschlossen, damit zugleich alle die grossen und kleinen Anliegen, welche in Betreff derselben die Seele des Apostels beschäftigen. Was ihn insonderheit im Hinblick auf Rom beschäftigte, drückt das εἴπως ἤδη ποτὲ εὐοδωθήσομαι aus. Εἴπως ἤδη ποτὲ ob etwa endlich einmal eine Redewendung der Ungeduld. Ἐὑοδοῦν man s. die Lexica, einen guten Weg zeigen oder machen, pass. einen guten Fortgang haben, einen guten Weg gewinnen, erlangen. Der Apostel findet gute Wege überall nur durch Gottes Führen und Regieren. Gute Wege sind für den Apostel die in dem Willen Gottes vorgezeichneten Wege. Der Apostel giebt zu verstehen, dass er nach seinem eignen Willen längst hätte in Rom sein können. Aber er darf eben selbstgewählte Wege nicht gehen; sie müssen ihm unzweideutig als von Gott gewollt angezeigt sein. Das ist bis dahin nicht der Fall gewesen. Er betet daher noch immer: „ob er nicht endlich einmal einen guten Weg in dem Willen Gottes (d. i. einen in dem Willen Gottes vorgezeichneten und darum guten Weg) möchte erlangen, zu ihnen zu kommen.“

v. 11. 12. Χάρισμα πνευματικόν, eine geistliche Gabe, zu deren Mittheilung die Apostel als Organe des heiligen Geistes insonderheit ausgestattet sind. Zu dem τι bemerkt Oecumenius: μετριάζοντός ἐστιν. — Εἰς τὸ στηριχθῆναι damit ihr befestigt werdet — passivisch. Das στηρίζειν selbst ist Werk des heiligen Geistes. Mit Recht bemerkt G, dass στηρίζειν nicht, wie Baur und nach ihm Mangold, Sabathier wollen, von der Absicht des Apostels zu deuten sei, durch diesen Brief eine Umwandlung der in Rom herrschenden Auffassung des Evangeliums zu bewirken. Ἐπιποθεῖν heisst verlangen, keineswegs mit dem Nebenbegriff des Bedauerns, dass der Apostel nicht früher habe kommen können. Sehr begreiflich ist das Verlangen, einer Gemeinde, die der Apostel nicht gegründet, wenigstens ein χάρ. πνευματικόν zu bringen.

Τοῦτο δέ ἐστι, einfache Erläuterung des στηριχθῆναι, keineswegs Modification oder gar Berichtigung desselben, wie G will. Das, was folgt, erscheint allerdings als Erweiterung des στηριχθῆναι, sofern der Apostel dasselbe zugleich auf sich bezogen wissen will; aber diese Erweiterung ist nicht schon durch τοῦτο δέ ἐστι angedeutet. — Συμπαρακληθῆναι nicht vom Troste, sondern von der christlichen Ermunterung und Erweckung im Allgemeinen zu verstehen; συμ— „zugleich mit euch“. Ἐν ὑμῖν in eurer Mitte. Διὰ τῆς ἐν ἀλλήλοις πίστεως ὑμῶν τε καὶ ἐμοῦ. M richtig: durch den wechselseitigen Glauben, den eurigen und den meinigen. Zur Sache bemerkt *G*: „Andere stärken ist das Mittel, sich selbst zu erquicken. An der Kraft, die man mittheilt, nimmt man selbst Theil. Der Apostel scheint sagen zu wollen: es liege in seinem Verlangen ebensoviel heiliger Egoismus, als heiliger Liebeseifer. — Wie viel Würde, Tact und Freundlichkeit enthalten diese Worte, durch welche der Apostel die active Stellung, die er sich doch in erster Linie zuschreiben muss, sofort in eine receptive umwandelt, um so die Idee der Wechselwirkung in der Gemeinschaft des innern Lebens auszudrücken." Erasmus: „pia vafrities et sancta adulatio". Die Aufrichtigkeit der apostolischen Demuth hat Erasm. nicht begriffen.

v. 13. $\varDelta \grave{\varepsilon}$ metabatisch. $K\alpha \grave{\iota}$ $\grave{\varepsilon}\varkappa\omega\lambda\acute{\upsilon}\vartheta\eta\nu$ $\check{\alpha}\chi\varrho\iota$ $\tauο\tilde{\upsilon}$ $\delta\varepsilon\tilde{\upsilon}\varrhoο$ ist Parenthese; *II* lässt den Satz noch von $\check{ο}\tau\iota$ abhängen; unwichtig, weil der nachfolgende Satz mit $\check{\iota}\nu\alpha$ zu $\pi\varrhoο\varepsilon\vartheta\acute{\varepsilon}\mu\eta\nu$ gehört, damit aber $\grave{\varepsilon}\varkappa\omega\lambda\acute{\upsilon}\vartheta\eta\nu$ sich von selbst als Einschaltung erweist. Dass $\delta\varepsilon\tilde{\upsilon}\varrhoο$ im N. T. nur hier als Zeitpartikel vorkomme, wird von den Exegeten bemerkt; in der classischen Gräcität ist dieser Gebrauch seit Plato häufiger. Ueber $\varkappa\alpha\varrho\pi\grave{ο}\nu$ weiter unten. Ebenso über $\grave{\varepsilon}\nu$ $\grave{\upsilon}\mu\tilde{\iota}\nu$. Vorläufig nur so viel, dass die letztern nur die römischen Christen sein können, an welche er schreibt; der $\varkappa\alpha\varrho\pi\acute{ο}\varsigma$ also nicht auf weitere Erfolge der Heidenmission gehen kann, für welche die Adressaten gewissermaassen den Ausgangspunkt bilden sollten, denn diesen $\varkappa\alpha\varrho\pi\acute{ο}\varsigma$ würde doch der Apostel nicht in, sondern ausserhalb der Gemeinde erlangen. Weiter ist die Art des $\varkappa\alpha\varrho\pi\acute{ο}\varsigma$ genau bestimmt durch den Zusatz $\varkappa\alpha\vartheta\grave{\omega}\varsigma$ $\varkappa\alpha\grave{\iota}$ $\grave{\varepsilon}\nu$ $\tauο\tilde{\iota}\varsigma$ $\lambdaοι\pi$. $\check{\varepsilon}\vartheta\nu\varepsilonο\iota\nu$. Es ist nämlich von keinem der Ausleger beachtet worden, dass $\varkappa\alpha\vartheta\grave{\omega}\varsigma$ etwas anderes bedeutet, als $\grave{\omega}\varsigma$, $\check{\omega}\sigma\pi\varepsilon\varrho$. Ich habe mich über den Unterschied dieser Partikel, speciell über das Eigenthümliche von $\varkappa\alpha\vartheta\grave{\omega}\varsigma$ in meinem Buche über die geschichtlichen Verhältnisse der Pastoralbriefe (Leipzig 1860) S. 26 u. flgg. ausgesprochen. Hier dürfte es genügen, den Canon wiederzugeben, zu welchem ich schliesslich nach eingehender Untersuchung gelangt bin. Er lautet: die Sätze mit $\grave{\omega}\varsigma$ zeigen formelle Correspondenz, die mit $\varkappa\alpha\vartheta\grave{\omega}\varsigma$ materielle, sachliche Correspondenz bis zur Identität der Motive, ja selbst des materiellen Inhaltes an.

Bevor ich diesen Canon auf die vorliegende Stelle anwende, habe ich mich noch über das $\varkappa\alpha\grave{\iota}$ hinter $\varkappa\alpha\vartheta\grave{\omega}\varsigma$ auszusprechen. Mit bekannter philologischer Akribie hat *M* den syntaktischen Werth dieser Partikel erwogen und *W* ist ihm darin nachgefolgt. *M* sagt: „Paulus hat in der Lebhaftigkeit und Fülle des Denkens das $\varkappa\alpha\grave{\iota}$ der Vergleichung doppelt gesetzt, indem ihm die zwiefache Vorstellung gegenwärtig war: 1) „auch unter euch, wie unter" und 2) „unter euch, wie auch unter". Dazu sind Bäumlein, Hartung, Klotz ad Devarium und mehrere Commentare zu den Classikern; auch Winer § 53, 5 citirt. Bei allem Respect vor diesen gelehrten Herren habe ich dennoch seit länger, denn einem halben Jahrhundert, denn so lange lese ich Griechisch, nicht zu der Ueber-

zeugung gelangen können, dass das καὶ hinter der Vergleichungs-
partikel in Correspondenz stehe mit dem καὶ vor dem verglichenen
Nomen, so dass etwa das Schema: nicht nur — sondern auch zu
Grunde läge. Von einer doppelten Vergleichung ist überall keine
Rede. Das καὶ hinter der Partikel wiederholt einfach den vorangegangenen Satz, in der Bedeutung auch. Die vorliegende Stelle
würde vollständig so lauten: ἵνα τινὰ καρπὸν σχῶ καὶ ἐν ὑμῖν,
καθὼς καρπὸν ἔχω ἐν τοῖς λ. ἔθν. Statt des wiederholten
καρπ. ἔχω ist καὶ gesetzt. Ganz in derselben Weise sind die
andern Beispiele mit ὡς, ὥσπερ καὶ zu analysiren.

Nun ist es richtig, dass καὶ hinter den Vergleichungspartikeln
ohne Nachtheil für den Sinn auch entbehrt werden kann, ebenso wie
die Wiederholung des Satzes, welchen καὶ vertritt. Doch hätte
Winer § 53, 5 diese Art, sich auszudrücken, nicht bloss für die
„populäre Rede" beanspruchen sollen. Es wird durch die nachdrück-
liche Hervorhebung des Vorangegangenen für die Vergleichung
immerhin ein rhetorischer Accent erzielt, wie ihn auch die classischen Schriftsteller nicht verschmäht haben. —

Ich gehe nun wieder auf καθὼς zurück. Gemeinhin wird es
so gefasst, als handle es sich hüben und drüben nur um das
καρπὸν ἔχειν, also um formelle Correspondenz. Der Apostel hat
unter den übrigen Heiden Frucht; Frucht will er auch unter den
römischen Christen haben. Welche Frucht? wäre eben nicht gesagt. Diese Auffassung wäre lexicalisch nur dann berechtigt, wenn
ὡς oder ὥσπερ stände.

Dem Apostel kommt es aber nicht darauf an, zu sagen, dass
er Frucht haben will — das hätte ja allerlei Vorstellungen wecken
können über den καρπός, welchen sich Paulus von der haupt-
städtischen Gemeinde verspricht, hätte wohl gar in's Finanzielle gedeutet werden können. Der Apostel will seinen Adressaten einen
Maassstab geben, nach welchem sie seine Erwartungen und Hoffnungen ganz genau beurtheilen können. „Ein solches Frucht-
haben meint er, wie es statt hat unter den andern Heiden." Oder
noch kürzer: eine solche Frucht will er haben, wie er sie hat unter
den übrigen Heiden. Das wussten die Römer oder konnten es doch
wissen, welche Frucht der Apostel hatte von den Corinthiern, Ephe-
siern, Philippern u. s. w. — weiteres begehrt er auch von ihnen nicht.

Jetzt erst dürfte sich über den καρπός reden lassen. Nach
W wäre das ἵνα τινα κ. σχῶ κ. ἐν ὑμ. völlig sinnparallel mit ἵνα
τι μεταδῶ v. 11. Ich würde dafür doch lieber setzen, was Paulus
selbst erläuternd und weiterführend in v. 12 setzt: τοῦτ᾽ ἐστι
συμπαρακληθῆναι ἐν ὑμῖν. Ich kann unter καρπός nicht einen
Erfolg der persönlichen Wirksamkeit des Apostels unter den römischen Christen verstehen, der etwa in verbindlicher Weise von ihm
als Erntefrucht bezeichnet (so W) und, wenn auch jenen zu Gute
kommend, doch wegen der Freude und Erquickung, welche sie dem
Apostel bringt, als ein ihm werthvolles Besitzthum angesehen worden

wäre. Ich kann das um desswillen nicht, weil Paulus selbst den
καρπός nicht so angesehen wissen will. Was er in dreifach ver-
schiedener Form (v. 11 μεταδοῦναι χ. πν., v. 12 συμπαρακληθῆναι, v. 13 (καρπὸν ἔχειν καθὼς —) hervorhebt und hervorheben
will, entspricht genau seiner Versicherung in der Abschiedsrede zu
Milet (Act. 20, 33): ἀργυρίου ἢ χρυσίου ἢ ἱματισμοῦ οὐδενὸς
ἐπεθύμησα — treffliche Illustration zu dem καθὼς ἐν τοῖς λοιποῖς
ἔθνεσιν.

Allein es dürfte doch nicht ausreichen, den καρπός, welchen
der Apostel haben will, nur negativ zu bestimmen. Es muss das
ein καρπός sein, den Paulus eben nicht anders haben kann, als
wenn er selbst nach Rom geht. Nun könnte man ja allerdings daran
denken, dass der Erfolg seiner persönlichen Wirksamkeit, also seiner
lehramtlichen Thätigkeit gemeint sei. Diese Auffassung würde jedoch in hellen Widerspruch treten mit den vv. 11. 12 und mit der
Anerkennung des Glaubensstandes der Gemeinde, wie sie insbesondere
gegen das Ende des Briefs nachdrücklich bezeugt ist. Die Frucht,
welche der Apostel bei seinem Aufenthalte in den Christen-
gemeinden seines Missionsbezirkes einheimste, war die
Mitfreude an den Segnungen des Evangeliums, die Erquickung der Glaubens- und Gebetsgemeinschaft.

Erst mit v. 14 geht der Apostel auf seine lehramtliche
Thätigkeit über, zuerst im Allgemeinen, dann überleitend auf die
eventuelle Predigt des Evangeliums in Rom — auch ein Beweis
dafür, dass es richtig war, von dem καρπός v. 13 jede Anticipation fern zu halten.

Ἕλλησί τε καὶ βαρβάροις. Summarische Bezeichnung
nicht aller Völker, wie W und M wollen, sondern derjenigen,
welche zum Missionsbezirk des Apostels gehören. — Es ist ja
richtig, dass die Griechen unter diesem Ausdruck die Gesammtheit der Völker verstanden; zahlreiche Beispiele dafür bei Wetstein
und Kypke; ebenso richtig, dass griechische Schriftsteller die Römer
zu den Barbaren rechneten, ebenso die Juden nach Philo lib. 2 de
vit. Mos. p. 658. Hätte nun Paulus seine Eintheilung der Völker
in Hellenen und Barbaren genau nach dem Brauche griechischer
Schriftsteller geformt, so würde er im Widerspruch mit seinem
Heidenapostolat sich auch als Schuldner der Juden bekannt haben.
Man sieht, was in solchen Dingen die Berufung auf griechischen
Sprachgebrauch werth ist. Der Apostel ist selbstständig genug auch
in Betreff der Ethnographie, um seinen eignen Weg zu gehen. —
Wie man übrigens gerade zur Zeit der Apostel drauf und dran
war, den Unterschied zwischen Griechen und Barbaren nicht nach
der Nationalität, sondern lediglich nach der Bildung zu bestimmen,
ersieht man aus Dionys. Halic. (cf. Kypke Observat. II. pag. 151).
„Neque enim, heisst es bei Dionys., nuda appellatione aut linguae
duntaxat proprietate Graecos a barbaris distingui velim, sed pru-
dentia bonisque institutis ac moribus". Ist das nicht, als ob der

Apostel die Apposition zu Ἕλλησι τε καὶ βαρβάροις, welche doch
etwas anderes nicht ausdrücken soll, als das unterschiedene Wesen
beider, nämlich σοφοῖς τε καὶ ἀνοήτοις dem Dionys. entlehnt
hätte? M und W können es nicht in Abrede stellen, dass die
Römer, seitdem die hellenische Bildung in Rom herrschend geworden
war, besonders seit Augustus sich von der barbaria als geschieden
betrachteten (Cic. de fin. 2, 15: „non solum Graecia et Italia, sed
etiam omnis barbaria". Wie hätte nun der Apostel durch Herüber-
nahme einer früheren, zu seiner Zeit aber längst aufgegebenen
Unterscheidung ins Ungewisse stellen wollen, ob die Römer überhaupt zu den Hellenen zu rechnen seien, um sie nachher für diese
scheinbare Herabsetzung ihres Bildungsstandes durch eine der hinzugefügten Kategorien — genauer ausgedrückt durch die Möglichkeit, diese Kategorie der σοφοί auf sie zu erstrecken, zu ent-
schädigen! — Die Auslegung von v. 16 wird vollends in's Klare
stellen, dass ich ausser Stande bin, Ἕλλην auf die Römer nicht zu
beziehen; ich begreife jedoch, was für ein Interesse gewisse Ausleger haben, die ethnographische Partition des Apostels nach dem
Bildungsstande zurückzuweisen.

Wie ich vorhin schon angedeutet habe, sind die σοφοί τε καὶ
ἀνόητοι für mich nicht besondere Classen von Völkern neben den
Hellenen und Barbaren; sondern Benennungen der wesentlichen
Eigenschaften, durch welche Hellenen und Barbaren sich von einander unterscheiden (man vgl. Dionys. Halic. l. c.). Σοφοί sind den-
kende, intelligente Leute, ἀνόητοι Leute, die nicht denken, wir
sagen: Gebildete und Ungebildete.

Nachträglich sei noch die Definition des Ammonius erwähnt:
βάρβαρόν ἐστιν ὄνομα τὸ οὐχ Ἑλληνικόν.

Ὀφειλέτης. M-W: „Paulus sieht die durch Christum
empfangene göttliche Amtsverpflichtung 5) als die Uebernahme einer
Schuld an, welche er durch die Predigt des Evangeliums unter allen
Heidenvölkern abzutragen habe." Sehr ungeschickt und theilweise
unrichtig. Soll heissen: der Apostel weiss sich allen Heiden gegenüber schuldig, das für sie ihm anvertraute Gut, d. i. das Evangelium
an sie gelangen zu lassen; er ist ihr Schuldner, so lange er seiner
Schuldigkeit d. i. der ihm aufliegenden Amtspflicht nicht ganz und
voll genügt hat.

v. 15. Οὕτω leitet nicht den Nachsatz von καθὼς (falls nämlich dasselbe von dem Satz mit ἵνα abgetrennt und zu ὀφειλέτης
εἰμι construirt wird) ein, weil es in Correlation steht mit καὶ ἐν
ὑμῖν. Es geht zurück, wie M und W meinen, auf v. 14: „so,
diesem Verhältniss gemäss, wonach ich allen Heiden, welcher Classe
sie auch angehören, leistungspflichtig bin". Das ist nicht richtig;
soviel ich sehe, will der Apostel οὕτω soweit zurückbeziehen, dass
das πρόθυμον verständlich wird. Nun aber folgt aus dem ὀφεί-
λημα mit Nichten die προθυμία. Auch die Propheten, wie Moses,
Jeremias u. s. w. mussten gehorchen, wenn Gott sie zu seinem

Dienst berief, aber sie thaten es nicht προθύμως. Ich meine, dass οὕτω den ganzen Abschnitt von vv. 9—14 recapitulirt. Aus jeder Zeile geht die Bereitwilligkeit (προθυμία) hervor, sein Predigt- amt in der römischen Gemeinde persönlich auszurichten, und wenn Gott Gnade giebt, denkt er nächstens dort zu sein. V. 14 ist ein Inserat, um darzulegen, dass Amtspflicht und persönliche Willig- keit bei dem Apostel zusammentreffen. So, unter diesen Umstän- den unterliegt es keinem Zweifel mehr, dass bei dem Apostel Be- reitwilligkeit vorhanden ist, den Römern zu predigen, und dass er jetzt, wenn er sich zum schriftlichen Predigen entschliesst, nicht bloss dem Druck der Pflicht oder äusserer Umstände folgt.

Τὸ κατ' ἐμὲ πρόθυμον hat den Auslegern nicht geringe Schwierigkeiten verursacht. Darin ist man einstimmig, dass ἐστί zu ergänzen ist und somit ein Satz vorliegt. Dagegen sehr ausein- andergehend sind die Meinungen über die einzelnen Satztheile. Tholuck, Rückert u. A. nehmen mit Beza, Grotius und Bengel τὸ κατ' ἐμὲ als Umschreibung von ἐγώ, πρόθυμον als Prädicat, also: „ich (meinerseits) bin geneigt". Dass eine derartige Umschreibung des ἐγώ jemals in der Gräcität vorgekommen, ist bis jetzt nicht nachgewiesen.

Andere nehmen τὸ πρόθυμον als Substantiv, κατ' ἐμέ als Umschreibung des Possessivpronomens: „so ist meine Geneigtheit u. s. w." Ph: „unter diesen Umständen ist die auf meiner Seite stattfindende Geneigtheit vorhanden, oder sie geht dahin (eig. ἐστί". Dass πρόθυμον auch in der classischen Gräcität als Substantiv vor- kommt, unterliegt keinem Zweifel. Nicht nur Plato, sondern auch Thucydides gebrauchen es so. Auch würde leicht zu erkennen sein, weshalb Paulus eben πρόθυμον und nicht προθυμία schreibt; letzteres ist inhärirende Eigenschaft; ersteres actuelle, jeweilige Stimmung. Aber trotz der namhaften Vertreter dieser Erklärung (Reiche, Philippi, Fritzsche) muss noch bemerkt werden, dass das κατ' ἐμὲ sich keineswegs als einfache Umschreibung des Possessivpronomens findet. Auch Eph. 1, 15, worauf man sich be- ruft, ist anders aufzufassen: ἡ καθ' ὑμᾶς πίστις betont den Glau- ben als einen die ephesische Gemeinde durchwaltenden; das durch alle -Gemeindeglieder Hindurchgehende und Einigende an diesem Glauben wird mit dem καθ' ὑμᾶς hervorgehoben (so auch Harless). Das scheint denn doch insofern Berücksichtigung gefunden zu haben, als man τὸ κατ' ἐμὲ προθ. erklärt hat als: „die bei mir obwal- tende Geneigtheit" oder mit Dr. Klostermann als: „die mich beseelende Lust und Freudigkeit". — Aber man sieht bei alledem nicht ein, weshalb diesem πρόθυμον mit κατ' ἐμὲ die Versicherung hinzu- gefügt wird, dass es des Apostels πρόθυμον sei. Oder soll mit dem accentuirten τὸ κατ' ἐμὲ dem Leser unter der Hand bemerk- bar gemacht werden, dass es eben **nur seine**, des Apostels Ge- neigtheit sei, die Ausführung jedoch von mancherlei Umständen abhänge, die nicht in seiner Gewalt stehen? Ich meine nicht. Sein

Kommen hing von vielen äussern Umständen ab; der Apostel hatte es als des Herrn Willen anzusehen, wenn diese Umstände seine Absicht nicht hatten zur Ausführung kommen lassen. Das εὐαγγελί-ζεσθαι jedoch, mochte es nun mündlich oder schriftlich geschehen, hatte ein für alle Mal den Willen Gottes für sich. Man sieht nicht recht ein, wie Aeusserlichkeiten — wenn sie auch die schriftliche Verkündigung aufhalten mochten, die Geneigtheit dazu, und um diese handelte es sich zunächst, hätten hinweg nehmen sollen. Eine eigenthümliche Auffassung hat G. Er nimmt κατ᾽ ἐμὲ aus der Verbindung mit πρόθυμον heraus und fasst es, den Artikel lediglich dem πρόθυμον zuweisend, als Einschränkung eines Wortes, welches eben nicht dasteht, es müsste denn κατ᾽ ἐμὲ mit den vorher erwähnten Auslegern als Umschreibung von ἐγώ angesehen werden, dann aber begreift man wieder nicht, woher der restrictive Zusatz kommen soll: „ich meines Theils d. h. soviel von mir abhängt, sofern die äussern Umstände sich nicht meinem Verlangen entgegensetzen". Zu derselben Auffassung gelangt M, indem er τὸ κατ᾽ ἐμὲ als zusammengehörig ansieht (als sogenannten Acc. absolut.) und so übersetzt: „was mich betrifft, soviel auf mich ankommt, ist Geneigtheit da". Meine Bedenken gegen diese Auffassung sind rein sachlicher Natur; es sind wesentlich dieselben, welche ich gegen die Erklärung von W gemacht habe.

Sonst bin ich mit M damit einverstanden, dass τὸ κατ᾽ ἐμὲ zusammengehören. Πρόθυμον ist und bleibt ein prädicativer Begriff, der den Artikel, noch dazu verstärkt durch einen präpositionellen Zusatz, nicht wohl verträgt. Dazu kommt, dass die Ellipse der Copula, wie sie hier von sämmtlichen Auslegern angenommen wird, bei πρόθυμος, ἕτοιμος und einigen andern Adjectiven, selbstverständlich auch bei ihren neutralen Formen stattfindet (Kühner's Grammat. § 417), sofern sie eben adjectivisch gebraucht werden. Τὸ πρόθυμον ist jedoch durch den Artikel dem adjectivischen usus vollständig entrückt. Die Weglassung der Copula würde einer härteren, ungewöhnlichen Ausdrucksweise angehören. Mein Hauptbedenken ist eben dies, dass die Verbindung des τὸ κατ᾽ ἐμὲ mit πρόθυμον einen annehmbaren Sinn nicht ergiebt. Was heisst nun τὸ κατ᾽ ἐμέ? Die gewöhnliche Uebersetzung: soviel an mir ist, stellt das πρόθυμον unter eine gewisse Reserve; der Apostel spricht seine Geneigtheit nur bedingungsweise aus. Wir erhalten ungefähr denselben Sinn, wie ihn τὸ κατ᾽ ἐμὲ προθ. ergiebt. Ich meine, dass damit hinlänglich die Unmöglichkeit sich zu erkennen giebt, τὸ κατ᾽ ἐμὲ mit πρόθυμον zu einem Satze zu verbinden; τὸ κατ᾽ ἐμὲ gehört zu εὐαγγελίσασθαι. Nur will es richtig verstanden sein. Ich wende mich dieserhalb an einen richtigen Philologen. Rehdanz in seinem Index zu des Demosth. Philippischen Reden umschreibt das τὸ κατά τινα mit: „was in dem Kreise (Bereiche) Jemandes liegt, auf sein Theil fällt", er zeigt die Richtigkeit dieser Bedeutung an einer grossen Anzahl von Stellen aus Xenophon, Thucydides und Demosthenes. Aus letzteren hebe ich zwei heraus: 18, 247 (nach der Becker'schen Ausgabe heisst es: *ἀήττητος ἡ πόλις τὸ κατ᾽ ἐμὲ*, in derselben Rede 18, 246: *τὸ κατ᾽ ἐμὲ οὐδὲν ἐλλενφθέν* „was ich dabei habe thun können u. s. w." Aus meinen eignen Sammlungen führe ich als besonders instructiv aus Herodot 1, 124 an: *κατὰ μὲν τὴν τούτου προθυμίην τέθνηκας, τὸ δὲ κατὰ θεοὶς τε καὶ ἐμὲ περίεις*, ferner 7, 158: *τό τε κατ᾽ ὑμέας τάδε ἄπαντα ὑπὸ βαρβάροισι νέμεται*, „soweit es auf euch ankommt, wird das alles von den Barbaren verheert".

Wende ich die von Rehdanz entwickelte Bedeutung auf Röm. 1, 15 an, so kann dies in doppelter Weise geschehen, entweder so, dass ich *τὸ κατ᾽ ἐμὲ* absolut fasse: „soweit es in meinem Kreise oder Bereiche liegt, soweit es auf mein Theil fällt", oder als Accusativ von *εὐαγγελίσασθαι* abhängen lasse: „was in meinem Kreise liegt u. s. w." Dass *εὐαγγελίζεσθαι* nicht bloss das *εὐαγγέλιον* nach seinem Vollbegriff zum Objecte hat, sondern auch die Theile, Momente des Evangeliums, so dass es ganz allgemein mit predigen, verkündigen wiederzugeben ist, geht aus den zahlreichen Verbindungen hervor, in welche das Verb eintritt: *εὐαγγ. χαράν* Luc. 1, 19, *τὴν βασιλείαν* 8, 1, *τὰ περὶ τῆς βασιλείας* Act. 8, 12, *εἰρήνην* 10, 36, *τὴν ἐπαγγελίαν* 13, 32, *ἀνάστασιν* 17, 18, *τὰ ἀγαθά* Röm. 10, 15, *τὴν πίστιν* Gal. 1, 23. 1 Thess. 3, 16, *τὸν πλοῦτον* Eph. 3, 8. *Εὐαγγελίζεσθαι τὸ κατὰ ἐμέ* heisst also predigen das, was mir zugehört, was mir eigenthümlich ist; wie man sagt *εὐαγγέλ. τὸ κατὰ Ματθαῖον, Μάρκον κ. τ. λ*, so gewissermaassen hier: *τὸ κατὰ Παῦλον*. Das also will der Apostel auch denen in Rom verkündigen, was „in seinem Bereiche liegt, auf sein Theil fällt", das Paulinische, dass ich nicht sage: den Paulinischen Lehrbegriff.

Zu dieser auf den ersten Blick vielleicht wunderlichen Erklärung bin ich auf rein philologischem Wege gekommen; ich habe sie aber festgehalten als die allein richtige zugleich aus sachlichen Gründen. Man hat mit Recht die Frage aufgeworfen, wie doch der Apostel sich habe herbeilassen mögen, in einer bereits seit Jahren bestehenden und festgegründeten Gemeinde, deren Glaubensgehorsam er rühmend anerkennt, noch einmal das Evangelium zu predigen; man hat gesagt, ob das nicht überflüssig, ja wohl gar ein Eingriff in fremdes Amt sei, da er, Paulus, die Gemeinde doch nicht gegründet habe. Dieser Frage gegenüber ist zu sagen, dass die Gemeinde, wenn auch nicht von Paulus gegründet, dennoch auf Paulinischem Grund und Boden stand, sofern Kern und Stern seiner Predigt: die Universalität der Gnade Gottes in Christo Jesu ihre Gründung erst möglich gemacht hatte, ferner dass die Römische Gemeinde sich dessen voll bewusst war, auf Paulinischem Grund und Boden zu stehen. Da ist erklärlich, dass wohl die Frage, namentlich christgläubigen Juden gegenüber, welche noch am Gesetz festhielten, auf-

geworfen werden konnte, ob diese oder jene Auffassung auch der
apostolischen Lehre entsprechend sei, und dass man, je mehr Diffe-
renzen in der Lehre hereinzubrechen drohten, desto mehr die Lehrweise des Apostels kennen zu lernen wünschte. In Corinth hatte
der Apostel selbst dafür gesorgt, ja sogar, nachdem er dort lange
Zeit persönlich gewirkt, nachträglich noch den Timotheus geschickt
(1 Cor. 4, 17) ὅς ὑμᾶς ἀναμνήσει τὰς ὁδούς μου [also τὰ κατ'
ἐμέ] ἐν Χριστῷ, καθὼς πανταχοῦ ἐν πάσῃ ἐκκλησίᾳ διδάσκω.
Dürfen wir es befremdlich finden, wenn der Apostel für die römische
Gemeinde unter ähnlichen Umständen einen Entwurf seines Lehrbegriffs — das, was **ihm** zugehörte, was **seiner** Predigt eigenthümlich war — niederschrieb? Dass aber der Apostel einen Unterschied macht zwischen dem, was er mit allen seinen Mitaposteln
gemein hat, also zwischen dem **allgemein Christlichen** und
zwischen dem, was ihm **insonderheit** angehört, wer wollte daran
Anstoss nehmen, wenn er im Römerbrief zweimal, nämlich 2, 16 und
16, 23, ausserdem 2 Tim. 2, 8 den Apostel sagen hört, dass etwas
sei oder geschehe „κατὰ τὸ εὐαγγέλιον μου"!
Hiernach übersetze ich 1, 15:
„**so ist Willigkeit vorhanden, das mir Zugehörige
(oder Eigenthümliche sc. in der Lehre) auch euch, den
römischen Christen, zu verkündigen.**"
Oder da der Apostel sofort zur That schreitet:
„**so will ich mein (das mir anvertraute) Evangelium
auch euch in Rom predigen.**"
In der That enthält der Römerbrief τὸ εὐαγγέλιον τὸ κατὰ
Παῦλον, nämlich:
die Paulinische Auffassung der Heilsgeschichte; die Paulinische Stellung zum Gesetz und zum Judenthum; den
Paulinischen Aufbau einer Lebensordnung (Ethik) auf dem
alleinigen Grunde des Evangeliums.
Ausführliches über den Inhalt habe ich bereits in der Einleitung gegeben, auf welche ich hiermit verweise. — Eigenthümliche
Ansichten über den Abschnitt 1, 13—15 haben *G* und *K* aufgestellt,
die sich von selbst widerlegen und daher hier nicht weiter besprochen werden sollen.

Das Thema.

v. 16. 17. Hinter τὸ εὐαγγέλιον haben D*** J. K. L. P. τοῦ
Χριστοῦ wohl nur als Glosse. Πρῶτον weggelassen von B. G.,
nach *W*: zufällig, nach *M*: weil man an dem Ἰουδαίῳ Anstoss
nahm. Vielleicht gönnte der Abschreiber einem Juden keinerlei
πρῶτον.
Der Excurs, welchen ich im Nachfolgenden gebe, beschäftigt
sich zunächst mit den Schlussworten des 16. Verses und ist gegen

D. Klostermann gerichtet, welcher seine Ansicht über Ἰουδαίῳ τε
πρῶτον καὶ Ἕλληνι schon in der Ueberschrift der zweiten Abhandlung seines vorerwähnten Buches darlegt. Diese lautet: der
Vorrang nicht der Juden, sondern der Juden und Griechen.
D. K. behauptet nämlich: dem Apostel hätten bei παντὶ τῷ
πιστεύοντι ausser den Juden und Griechen auch die Barbaren vorgeschwebt; den beiden erstern hätte er in Sachen des Heils den
Vorrang gegeben vor den letztern.

Den Hauptgrund findet D. K. in Röm. 1, 14. 15. Ich setze
seine Auslassung buchstäblich her, zugleich als Probe für die Schreibweise des Herrn Professors. Er sagt: „eben hat der Apostel [näm-
lich in den vv. 14. 15] gezeigt, dass er Juden und ἔθνη unterscheidet, dass die Hellenen nur einen Theil der heidnischen Menschheit ausmachen, welcher sich den Barbaren gegenübersetzt; gleichwohl
hat de Wette den Muth, in v. 16 schon hinter Ἕλληνι die Erklärung
einzuschieben „jeder Nichtjude" und vom Apostel zu behaupten, als
sei das eine natürliche [sic] Kleinigkeit, in v. 14 habe er die helle-
nistische Brille auf und kenne, wie jener Schneider nur Schneider
und Nichtschneider [!], so nur Hellenen und Barbaren, in v. 16 dagegen die jüdische, und kenne er, wie derselbe Schneider nur Juden
oder Nichtjuden, oder vielmehr Hellenen, welche ihm jetzt dieselben
Barbaren einschliessen sollen, die auszuschliessen in v. 14 ihr con-
stitutives Merkmal war! Aber welche Veränderung des Standpunktes
ist denn mit dem Apostel vor sich gegangen, dass er in dieser ver-
wirrenden und verwirrten Weise die Brillen wechselte, Brillen, die
ihm leider nicht natürlich waren [!]? In v. 14 und 15 steht er da
als der Heidenapostel, der gebildeten und ungebildeten Heiden das
Evangelium zu bringen verpflichtet sei; in v. 16 sagt er als derselbe Bringer des Evangeliums von diesem aus, was es denen
bringt, die daran gläubig werden". So K.

De Wette sagt nun allerdings: Ἰουδαίῳ — Ἕλληνι (v. 16) umfassen alle Völker vom jüdischen Standpunkte aus, wie Ἕλληνι
καὶ βαρβάροις vom griechischen. Das ist nicht richtig. Der
Apostel redet in v. 14 von seinem Arbeitsfelde, also von Heiden,
und da es sicherlich Niemandem einfallen wird, auch dem de Wette
nicht eingefallen ist, in den σοφοῖς und in den ἀνοήτοις neben
den Hellenen und Barbaren noch besondere Völkerschaften zu finden,
so ist zweifellos klar, dass die σοφοὶ und ἀνόητοι entweder Attribute oder besser — worauf es hier nicht ankommt — Parallelen
sind zu Ἕλλησι und βαρβάροις; weiter erhellt, dass der Apostel die
Völker, denen er das Evangelium zu bringen hat, nicht vom ethno-
graphischen, sondern vom Bildungsstandpunkte aus eintheilt.

Die Römer sollten nicht glauben, dass er, der Apostel in erster
Linie nur den civilisirten Nationen zu predigen habe; es könne
geschehen, dass gerade die Arbeit unter den Barbaren ihn bestimme, gebildete Völkerschaften warten zu lassen, wie er denn berichtet, dass er mit der Verkündigung des Evangeliums bis Illyri-

cum vorgedrungen sei (15, 19). Also nicht vom griechischen, sondern vom speciell Paulinischen Standpunkte aus theilt er die Völker seines Arbeitsgebiets in Hellenen und Barbaren, in Civilisirte und Uncivilisirte ein. Das habe ich gegen de Wette zu bemerken und insofern dem K zuzustimmen. Ich stimme jedoch nicht zu, wenn K fortfährt: „v. 16 sagt Paulus als derselbe Bringer des Evangeliums von diesem aus, was es denen bringt, die daran gläubig werden" — soll wohl heissen: „Paulus hat seinen Standpunkt nicht verwechselt; er bedient sich in v. 16 derselben Eintheilung, wie in v. 14, hat also neben Juden und Hellenen auch noch Barbaren im Auge; das πρῶτον muss sich also auf den Vorgang nicht der Juden allein, sondern der Juden und Hellenen vor den Barbaren beziehen." K hat mit der Phrase: als derselbe Bringer des Evangeliums sein Augenglas getrübt. Gewiss ist es derselbe Paulus, der v. 14 redet und der v. 16 redet; aber nur v. 14 redet er als Bringer des Evangeliums, d. i. als Heidenapostel, sein Arbeitsgebiet skizzirend; dagegen hat er in v. 16 nicht mehr sein specielles Arbeitsgebiet, sondern das Gesammtgebiet der evangelischen Heilsverkündigung im Auge; das letztere ist weiter als das erstere. Könnte mir K beweisen, dass unter den Ἕλλησι in v. 14 auch Juden zu verstehen seien, so würde ich dann in der Zusammenstellung des 16. Verses etwas erweitert die Ἕλληνες des 14. Verses wiederfinden und meinend: Paulus rede wieder von den Völkern, welchen er für die Person das Evangelium zu bringen habe, bei dem πρῶτον an die Barbaren denken, welche dadurch von den Juden und Hellenen hätten unterschieden werden sollen. Kurz, es ist nicht richtig, dass Paulus derselbe Bringer des Evangeliums in v. 14 und in v. 16 ist. In v. 14 redet er von seinem Missionsgebiete, in v. 16 von dem Missionsgebiet des Evangeliums überhaupt.

Ebenso unrichtig ist, was K weiter behauptet: unter keinen Umständen könne Paulus hier oder 2, 9. 10) der Meinung sein, die beiden durch τε καί verbundenen Stücke erschöpften die zuvor durch πᾶς ausgedrückte Gesammtheit. Im Gegentheil, Ἰουδαῖος τε καὶ Ἕλλην, Juden und Nichtjuden sind bei dem Apostel der generellste Ausdruck für das ganze Menschengeschlecht. Je nach Umständen specialisirt er die Nichtjuden in Ἕλληνες (darunter die gebildeten Heiden verstehend), βάρβαροι, Σκύθαι, wie Col. 3, 11. Gewöhnlich aber braucht er für die Gesammtheit nur die Dichotomie. nach Eph. 2, 14. ὁ ποιήσας τὰ ἀμφότερα ἓν oder v. 15 ἵνα τοὺς δύο κτίσῃ ἐν ἑαυτῷ εἰς ἕνα καινὸν ἄνθρωπον. Selbstverständlich beruht seine ethnographische Anschauung auf dem Worte Gottes. Paulus kennt nur ein Volk der Offenbarung, das heilige Volk, dann Völker, die Gott ihre eigenen Wege gehen liess. Also. um eine klare logische Gegenüberstellung zu gewinnen: ein Volk des Gotteswegs, und Völker des eigenen Wegs. Unter diesen letzteren hatten es ja freilich die Hellenen am weitesten gebracht; trotz aller Bildung und Wissenschaft waren sie jedoch dem

Grundbegriff des Heidenthums nicht entwachsen, eigne Wege zu gehen. Dies „ohne Gott sein" hatten sie mit den Barbaren gemein. Damit war denn von selbst gegeben, dass, wenn der Apostel durch irgend einen Volksnamen die Summe des auf eignem Wege, also ohne Gottes besondere Offenbarung und Führung Erreichbaren bezeichnen wollte, er den Namen Ἕλλην setzte und innerhalb dieses Namens nur dann gliederte, wenn es sich um die verschiedenen Bildungsstufen innerhalb des Heidenthums handelte, dagegen einfach bei Ἕλλην blieb, wenn das Heilsbedürfniss der Heiden überhaupt trotz aller Bildung auf eigne Hand in Rede stand. Ich sage damit nichts Neues; ebenso wenig ist die richtige Auslegung des πρῶτον neu. M hat unter Anführung der einschlagenden Schriftstellen sich über die Bedeutung dieses Zusatzes klar ausgesprochen, nicht minder die neueren Exegeten ohne Ausnahme, unter den neuesten G. Ich begnüge mich einfach, auf Act. 13, 46 zu verweisen: ὑμῖν (sc. τοῖς Ἰουδαίοις) ἦν ἀναγκαῖον πρῶτον λαληθῆναι τὸν λόγον τοῦ θεοῦ. Man vergleiche die apostolische Praxis in Rom Act. 28, 17—28. Sehr gut fasst M (nach ihm W) die dabei zur Frage kommenden Momente folgendermaassen zusammen: „πρῶτον spricht die Priorität aus, aber nicht bloss hinsichtlich der von Gott getroffenen successiven Ordnung, nach welcher die Messianische Predigt bei den Juden beginnen und zu den Heiden gelangen sollte, sondern in Beug auf das verheissungsmässige nächste Anrecht auf das Messiasheil, welches eben auch der Grund jener äusserlichen successiven Mittheilung des Evangeliums war".

Ich nannte diese Zusammenfassung gut und richtig, aber erschöpfend ist sie freilich nicht. Ich halte mit Weizsäcker dafür, dass die Spitze des πρῶτον noch anderswo liegt. Hielten die Juden nicht dafür, dass sie kraft ihrer Geburt und Beschneidung gerecht seien und im Besitz des Gesetzes als Gottes Volk der besondern Huld sich zu erfreuen, keineswegs aber den Zorn Gottes zu fürchten hätten? Hier aber im Eingange seiner Lehrschrift erklärt der Apostel ausdrücklich, dass der Jude ebenso heilsbedürftig sei, als der Heide, ja dass der Jude an **erster** Stelle der Rettung (vor dem Zorn Gottes) bedürfe, und diese Rettung auf keinem andern Wege erlangen könne, wie der Heide auch, nämlich als πιστεύων. Ich dächte, diesen Vorrang der Heilsbedürftigkeit dürften sich diejenigen, welche an der Priorität der Heilsmittheilung und des Heilsaurechtes Anstoss nehmen, sehr gerne gefallen lassen. Dass ich aber die Spitze des πρῶτον richtig angegeben habe, dafür bürgt nicht nur der nächste Inhalt des Römerbriefs, sondern der nächste v. 17, welcher weiter unten in Besprechung gezogen werden wird.

Wenn trotz dieses Lichtes, welches die Exegese über die Schlussworte des 16. Verses verbreitet, K sagt:

„für die richtige Erklärung des πρῶτον hat kein mir bekannter älterer oder neuerer Exeget etwas gethan, soviel sie sich auch den Kopf darüber zerbrechen, worin die ver-

meintlich den Juden beigelegte Priorität im Guten und
Schlimmen bestehe",
so bekenne ich offen, dass ich beim Lesen dieser Worte nicht
glaubte, meinen Augen trauen zu dürfen.

„Aber freilich, fährt K fort: sie (die Ausleger nämlich) haben
den Widerspruch nicht gefasst, in dem sie sich selbst bewegen und
den Apostel sich bewegen lassen."

Diesen vermeintlichen Widerspruch sucht und findet K in der
durch τε—καὶ indicirten Gleichwerthigkeit der dadurch verbundenen Namen, welche, wie er glaubt, durch πρῶτον nach ge-
meiner Auslegung wieder aufgehoben werde. Er will Hartung's
(Partikell. I. S. 99) Satz, dass τε—καὶ die Gleichmässigkeit
des Hinzugekommenen bedeute, als philologisch gesichert anerkennen. Auf dieser Grundlage fussend, explicirt sich K wie folgt:
„gilt von dem hinzugefügten Hellenen das Gleiche, wie von dem zuerst genannten Juden, so kann doch nicht vom Juden gesagt sein,
was schlechterdings vom Griechen nicht gelten soll; wo bleibt denn
die durch τε καὶ angekündigte Gleichmässigkeit, wenn der Apostel
nur die Ungleichmässigkeit hervorhebt?

K hat Hartung so verstanden, wie es ihm passt, und das nennt
er richtiges Verständniss. Dass Hartung seinen Satz nicht ganz
glücklich formulirt hat, muss ich wenigstens in so weit zugestehen,
als, wie das vorliegende Beispiel zeigt, durch seine Formel ein Missverständniss nicht ausgeschlossen ist. Ich habe mich an einem
andern Orte (die schwierigsten Stellen des Hebräerbriefs. 1. Heft,
Cap. 1 u. 2. Greifswald, C. A. Koch's Verlagshandlung 1855) über
Hartung, Krüger und Klotz ad Devarium aus Veranlassung von
Hebr. 2, 11 mit grösster Ausführlichkeit ausgesprochen. Selbstverständlich kann ich das alles hier nicht noch einmal hersetzen. Ich
will nur das Resultat hervorheben, und das ist: dass die durch τε—
καὶ verbundenen Nomina dem Prädicate oder dem an dessen
Stelle stehenden Satztheile gegenüber als zusammengehörig bezeichnet werden, so dass die prädicative Aussage auf
beide zusammen sich zu erstrecken hat. Letzteres ist bei
der Zusammenfügung mit καὶ nicht erforderlich. Ich will, um dies
deutlicher zu zeigen, nur die prägnantesten Beispiele herausheben.
Sage ich: 2 und 3 sind Zahlen, so heisst das: 2 ist eine Zahl, und
3 ist eine Zahl; sage ich aber 2 und 3 sind 5, so würde ich nicht
auflösen können: 2 ist 5 und 3 ist 5. Im erstern Falle muss
καὶ stehen; im zweiten Falle kann καὶ stehen; genau ausgedrückt
muss es jedoch τε καὶ heissen. Sage ich: Maria und Joseph waren
königlichen Geschlechts, so gilt das von dem Einen und von dem
Andern. Sage ich dagegen: Maria und Joseph waren ein Ehepaar,
so kann ich nicht auflösen: Maria war ein Ehepaar, u. s. w., vielmehr gilt das Prädicat nur von beiden zusammen. Ueberall, wo zwei
Begriffe nicht als zusammengelegt, sondern als zusammengehörig
und gleichmässig bezogen erscheinen, muss, wenn genau ge-

redet wird, τε καὶ gesagt werden. Noch zwei Beispiele: Luc. 2, 16: ἀνεῖρον τήν τε Μαριὰμ καὶ τὸν Ἰωσίφ. Beide gehören zusammen und werden daher auch zusammen gefunden. Luc. 23, 12: ἐγένοντο δὲ φίλοι ὅ τε Πίλατος καὶ ὁ Ἡρώδης; zum Freundwerden gehören mindestens zwei, die untereinander verschieden sich doch gleichmässig zu einander verhalten.

Also nicht die „Gleichmässigkeit" des Hinzugekommenen oder gar, wie K sagt, die Gleichwerthigkeit der verbundenen Nomina miteinander und untereinander wird durch τε καὶ ausgedrückt — 2 und 3, Maria und Joseph, Pilatus und Herodes sind mit Nichten als gleichmässig bezeichnet, — sondern die Zusammengehörigkeit beider in Bezug auf eine Aussage wird ausgedrückt. In unsrer Stelle wird die σωτηρία zugesagt nicht den Juden für sich, nicht den Hellenen für sich, sondern den Juden und Heiden, sofern die einen heilsbedürftig sind, wie die andern, also beiden in ihrer Zusammengehörigkeit, die wiederum nichts anderes besagen will, als dass diese beiden die Theilstücke des gesammten Menschengeschlechtes sind. Mit andern Worten: die Juden sollen des Heils nicht theilhaftig werden ohne die Heiden und die Heiden nicht ohne die Juden. Dass an dieser Zusammengehörigkeit nichts geändert wird, wenn der eine Theil zuerst kommt, dann der andere, versteht sich von selbst, falls sie nur beide gleichen Heils theilhaftig werden.

Doch wird es nicht unangemessen sein, bei dem πρῶτον noch ein wenig zu verweilen. K mag sich drehen und wenden, wie er will, er wird nimmermehr erlangen, dass πρῶτον aus seiner Stellung, in welche es durch die mit τε — καὶ verbundenen Nomina gewissermaassen eingeschmiedet ist, mit Bewilligung der Grammatik wird herausgelöst werden können. Und doch kommt seine Auslegung, mit welcher er die vermeintlichen Fehler der frühern Erklärungen verbessern will, darauf hinaus; er muss lesen πρῶτον Ἰουδαίῳ τε καὶ Ἕλληνι, wenn πρῶτον sich auf beide Namen erstrecken soll. Mit diesem Experimente, wenn es ausführbar wäre, würde K die Grundpfeiler der Paulinischen Theologie zerstören, denn wenn schon über die Priorität der Juden — wie K so nachdrücklich hervorhebt — sich ältere und neuere Exegeten den Kopf zerbrochen haben, was würde geschehen, wenn nun die Priorität der Juden und Hellenen im Verhältniss zu den Barbaren als paulinisch nachgewiesen werden sollte! Das könnte nur, wie gesagt, mit Aufhebung des paulinischen Universalismus enden. Wenn dies aber nicht der Fall zu sein braucht, sobald die Priorität der Juden und Hellenen gesetzt wird, warum hat K soviel dagegen einzuwenden, wenn die Priorität der Juden vor den Hellenen in Betreff der Heilsverkündigung in jenen Worten gefunden wird? — Ja, das τε καὶ!

Nun, ich habe eben nachgewiesen, dass das τε καὶ bei der zeitherigen Auslegung zu seinem vollen Rechte kommt, und dass K auf einem falschen Wege sich befindet, wenn er für τε καὶ nicht

bloss Gleichmässigkeit der Beziehung, sondern Gleichmässigkeit und Gleichwerthigkeit der Bezogenen untereinander fordert.

Grammatisch ist zu πρῶτον zu bemerken, dass der Apostel,
dessen Ausdrucksweise dialectisch gedrängt ist, hier zwei Sätze in-
einander geschichtet hat, nämlich

εἰς σωτηρίαν — Ἰουδαίῳ τε καὶ Ἕλληνι und πρῶτον
δὲ Ἰουδαίῳ.

Röm. 2, 9. 10 ist ganz so zu verstehen, wie Röm. 1, 16. Ueber
Röm. 3, 9 werde ich zu der Auslegung der Stelle eine kurze Beurtheilung der *K*schen „Correctur" hinzufügen.

_____   _____

Ich gehe nun zu der Besprechung der anderweiten Bestandtheile des v. 16 über.

Ἐπαισχύνομαι steht im logischen Gegensatz zu πρόθυμον,
denn es stammt aus der ἀθυμία. Wer seiner Sache nicht gewiss
ist oder an deren Haltbarkeit zweifelt, was bei den Satzungen
menschlicher Weisheit wohl oft der Fall sein wird, der hat alle Ursache, schüchtern aufzutreten und sich namentlich vor solchen in
Acht zu nehmen, denen man Geschmack und Urtheil zutrauen darf.
Wenn nun der Apostel so zuversichtlich spricht: οὐκ ἐπαισχ. τὸ
εὐαγγ., so giebt das zu Betrachtungen in zwiefacher Richtung Veranlassung. Erwägt man nämlich, dass das Evangelium sich dem
sündlichen Verderben der Menschheit entgegensetzt und darum ein
Widerstreben provocirt, das sich in Schmähungen und Lästerungen
aller Art äussert; erwägt man weiter, dass die Welt jeden Versuch, der sie zur Umkehr aus ihrem Sündenleben hatte bewegen
wollen, ob er schon von den wohlwollendsten Menschen ausging, mit
Protest zurückgewiesen hat: so tritt uns in der Versicherung des
Apostels die Gewissheit entgegen, dass es mit dem Evangelio anders
steht, als mit menschlichen Besserungsversuchen — und diese Gewissheit beruht bei ihm auf Erfahrung. Er weiss, dass er nicht
Träger ist einer ohnmächtigen Botschaft. Hätte er in menschlichem Auftrage Menschliches zu verrichten, Vorschläge zur Besserung des sittlichen Nothstandes, welche irgend ein frommer Mann
des Morgenlandes sich ausgedacht, zu colportiren, so möchte ihm
ja wohl bange werden, sich in einer Weltstadt, wie Rom, welche
nicht bloss das Centrum der Weltmacht, sondern auch das Centrum
der Weltbildung sein wollte, hören zu lassen. Ihm war nicht bange,
er wusste warum. Darum das οὐκ ἐπαισχύνομαι.

Nach einer andern Seite lenkt das apostolische Wort unsre
Betrachtung, es ist das diejenige, welcher man sich gewöhnlich zuwendet, um das Wort des Apostels zu verstehen. Man glaubt annehmen zu müssen, dass, wenn auch nicht von jüdischen Emissairen,
doch von übelwollenden Antipaulinern ausgesprengt worden sei: der
Apostel sei doch wohl seiner Sache nicht ganz sicher, sonst würde

er kaum der Weltstadt so lange fern geblieben sein! Ob der Apostel
sich durch das eine oder durch das andre Motiv, ob er sich durch
beide zu seiner Versicherung hat bestimmen lassen, wird wohl kaum
in Gewissheit zu setzen sein.

Τό εὐαγγέλιον· δύναμις γὰρ ϑεοῦ ἐστὶν εἰς σωτηρίαν κ. τ. λ. Ich beginne mit τὸ εὐαγγ. G sagt: „das Wort
Evangelium bezeichnet hier, wie v. 1 und 9, nicht den Inhalt,
sondern den Act der Verkündigung." So schon Calvin: „de
vocali praedicatione hic loquitur Ap." Dieselbe Auffassung fast
bei allen neuern Auslegern. Εὐαγγ. ist ihnen die apostolische und
nachapostolische Predigt. Ich habe schon zu v. 1 nachgewiesen,
dass εὐαγγ. im N. T. nirgends diese Bedeutung hat, auch nicht
1 Cor. 9, 12. 2 Cor. 2, 12. 10, 14. 1 Thess. 3, 2 ex loquendi genere
conciso et minus definito, wie Wahl sagt. Die, wenn auch nicht
originale, so doch sehr alte Ueberschrift εὐαγγ. κατὰ Matϑ., κατὰ
Μαρκόν u. s. w., nicht εὐαγγ. Ματϑαίου u. s. w. ist ganz richtig.
Das Evangelium ist ein Selbstständiges, vor aller Verkündigung
durch Menschen von Gott selbst Gewirktes, seinem Inhalte nach
Fest-Bestimmtes. Dieser wesentliche Inhalt ist der Sohn Gottes.
Evangelium an und für sich ist die Offenbarung Gottes in
Christo, ist die Gnadenbotschaft Gottes, vorher verkündigt
durch die Propheten, von dem Sohne Gottes selbst materiell und
formell erfüllt (Hebr. 1, 1), daher fertig und abgeschlossen, als der
Herr durch seinen Missionsbefehl (Marc. 16, 15) die Jünger zur
Predigt ermächtigte. Diese Predigt konnte und sollte individuell
verschieden gestaltet sein; aber das εὐαγγελ. mit seinem wesentlichen Inhalte und seinen Gnadenwirkungen stand in keinerlei Abhängigkeitsverhältniss zu den Prädicanten. Sie alle waren angestellt
an der Gnadenbotschaft; ihr Dienst: die Verkündigung, nicht der
Gnade, sondern der Gnadenbotschaft Gottes; die Wirkung der
Verkündigung: Annahme oder Verwerfung der Botschaft, aber nicht
schon bei erfolgter Annahme die Verleihung des Heils, vielmehr
blieb diese ein Immediatact Gottes an den Gläubigen. Die Predigt
das Mittel, wodurch die δύναμις an den Menschen gebracht wird,
aber nicht die δύναμις selbst.

Das εὐαγγ. hat Gott geschrieben, wie das so seine Art ist,
nicht mit Buchstaben, sondern mit Thatsachen; es ist die Geschichte des zur Rettung der Sünder hingegebenen Gottessohnes.
Das προεπαγγείλασϑαι haben die Propheten besorgt, das ἀγγέλ-
λειν der Sohn Gottes selbst; wer hätte es auch sonst thun sollen
(1 Cor. 2, 9)?

Wie der Begriff des εὐαγγ. durch Einmischung oder gar Ver-
einerleiung seines objectiven Wesens mit der subjectiven Vermittlung geschädigt wird, so noch vielmehr der Begriff der σωτηρία.
G sagt: „das Wort σωτ. schliesst zwei Ideen in sich, einerseits die
Befreiung von einem Uebel, dem Verderben; andrerseits die Mittheilung eines Gutes, des ewigen Lebens in der Gemeinschaft mit

Gott. Der Besitz dieser beiden Wohlthaten ist für den Menschen der Zustand des Gesundseins (σωτηρία von dem Adject. σῶς: gesund, wohl)".

M hat Recht, wenn er die σωτηρία dem Zusammenhange gemäss als Wirkung der δύναμις θεοῦ bestimmt und sie der ἀπώλεια (Phil. 1, 28) und dem θάνατος (2 Cor. 2, 16) entgegensetzt; aber er geht zu weit, wenn er sie als den solennen Ausdruck des ewigen Heils im Messiasreiche bezeichnet und somit die fundamentale Bedingung mit dem ewigen Heil selbst verwechselt. Am weitesten geht *K*: „nicht, dass Gott mächtig sei, ist in v. 16 gesagt worden, sondern, dass der gläubige Mensch in und mit dem Evangelio eine göttliche, lebenrettende Arznei zu geniessen bekomme, denn in einem Zusammenhange, wo ζήσεται die Vorstellung vom Hinsiechen und Sterben erweckt, σωτηρία also die Heilung des Kranken, die Rettung des Sterbenden ist, kann δύναμις nach griechischem Sprachgebrauch nur die wunderbare, göttliche Arznei und heilende Kraft sein, deren Gebrauch retten kann, und dieser bildliche, das Ende bezeichnende Ausdruck verlangt füglich seine Erklärung, welche das γάρ in v. 17 verspricht." So *K*. Also das Evangelium eine Arznei, das soll δύναμις einmal nach dem Zusammenhange, das andremal nach griechischem Sprachgebrauch bezeichnen. Was Letzteres betrifft, so kommt δύναμις in der Bedeutung Arznei nur bei Hippocrates und bei einigen anderen griechischen Aerzten vor, wie man auch heutzutage in der homöopathischen Heilmittellehre von Potenzen spricht. Sonst in der ganzen Gräcität nicht. Von einem Sprachgebrauch kann also keine Rede sein, sondern höchstens von einem technischen Gebrauch. Da ist vorweg nicht zu begreifen, wie doch nur der Apostel dazu gekommen ist, ein technisches Wort von den griechischen Aerzten zu entlehnen. Aber der Zusammenhang!! Σωτηρία soll nach *K* heissen: die Heilung des Kranken, die Rettung des Sterbenden; die Vorstellung aber vom Hinsiechen und Sterben soll ζήσεται erwecken. Dass ζωή, ζῆν im Paulinischen Sprachgebrauch etwas ganz anderes bedeutet, als das Fortleben nach lebensgefährlicher Krankheit, darf als allgemein bekannt vorausgesetzt werden. Der ζωή steht nicht νόσος oder ἀσθένεια, sondern θάνατος gegenüber. Wir waren alle zusammen nicht bloss νοσοῦντες, sondern νεκροὶ ἐν τοῖς παραπτώμασι; darum ist es nicht bloss unpaulinisch, sondern schriftwidrig überhaupt, die σωτηρία als Genesung aus schwerer Krankheit zu bezeichnen. Man hätte nicht vergessen sollen, dass es sich im Christenthum nicht um einen blossen Heilungsprocess, sondern um einen Heilprocess handelt und dass Heilung und Heil im biblischen Begriffssystem nicht so ohne Weiteres in einander fliessen. Σώζειν kommt im N. T. von leiblicher Heilung nur selten; von Heilung Geistig-Kranker nie vor. Objecte des σώζειν sind dem Apostel die dem Tode, dem Verderben, dem Zorne Gottes verfallenen Sünder, kurz, weil bei der Unfehlbarkeit des göttlichen Gerichts der Unterschied zwischen Verurtheilung und Strafvollstreckung nichts ausmacht, die **Todten**. Denen aber ist schwerlich damit gedient, dass ihnen eine **Arznei**, wenn sie auch mit dem Epitheton **wunderbar, göttlich, lebenrettend** bezeichnet ist, gereicht wird. Nur Lossprechung vom Tode Seitens dessen, der die Todesstrafe verhängt, kann da helfen, und das eben ist es, was in v. 17 ausgeführt wird. Erst **muss** die Sünde vergeben werden, welche das Gericht des Todes herbeigeführt hat, ehe an eine moralische Besserung des Todescandidaten gedacht werden kann.

Wenn ich auch sonst von dem Sprachgebrauch des Apostels nichts wüsste, so müsste ich auf Grund des 18. Verses, also um des Zusammenhangs willen sagen: die $\sigma\omega\tau\eta\varrho\iota\alpha$ kann nur die Rettung von der $\dot{o}\varrho\gamma\dot{\eta}$ $\vartheta\varepsilon o\tilde{v}$ bedeuten. Diese Auffassung wird vollkommen bestätigt durch Vergleichung der vorliegenden Stelle mit Eph. 2, 3. 1 Thess. 1, 10, vor allen Dingen mit Röm. 5, 9: $\sigma\omega\vartheta\eta\sigma\acute{o}\mu\varepsilon\vartheta\alpha$ $\delta\iota'$ $\alpha\dot{v}\tau o\tilde{v}$ $\dot{\alpha}\pi\dot{o}$ $\tau\tilde{\eta}\varsigma$ $\dot{o}\varrho\gamma\tilde{\eta}\varsigma$. 2 Tim. 1, 9. Diese Rettung ist nicht bloss der Anfang des Heils, sondern recht eigentlich das Princip, die lebendige, ihre Wirkungen bis zur Vollendung des Heils erstreckende Grundthatsache. Deshalb kann und darf sie nicht auf den Erlass der Todesstrafe **beschränkt** werden. Bei Gott giebt es kein rein negatives Thun. Die Hinwegnahme des Todes ist uno actu die Erweckung des Lebens. Der $\vartheta\varepsilon\dot{o}\varsigma$ $\sigma\omega\tau\dot{\eta}\varrho$ hat zu dem Straferlass hinzugethan, was nöthig ist, einen Rückfall des Geretteten in ewiges Verderben zu verhüten. So tritt zu der Rettung vom Tode als positives Complement hinzu: die Versetzung des Geretteten in die Gemeinschaft dessen, durch welchen die Errettung stattgefunden, sowie die Darreichung der Heilmittel, durch welche der Gerettete in der Lebensgemeinschaft mit Christo erhalten wird bis an's Ende. Denn dem Endgerichte gegenüber ist die definitive $\sigma\omega\tau\eta\varrho\iota\alpha$ bedingt durch das Bleiben $\dot{\varepsilon}v$ $\tau\tilde{\eta}$ $\zeta\omega\tilde{\eta}$ $\tau o\tilde{v}$ $v\acute{\iota}o\tilde{v}$ $\tau o\tilde{v}$ $\vartheta\varepsilon o\tilde{v}$.

Ob nun die $\sigma\omega\tau\eta\varrho\iota\alpha$ zu verstehen ist von dem „ewigen Heile im Messiasreiche", oder von dem durch den objectiven Straferlass gesetzten Heilsprocess, darüber muss der Zusammenhang befragt werden. Ich halte dafür, dass die vv. 17 und 18 etwas anderes nicht gestatten, als die Auffassung der $\sigma\omega\tau\eta\varrho\iota\alpha$ im principiellen Sinne. Die weitere Folge des Princips für die christliche Ethik behandelt der Apostel erst vom 6. Capitel an, daher wäre es textwidrig, bereits in 1, 16 bei Grundlegung des apostolischen Lehrbegriffs **Momente** der sich explicirenden $\sigma\omega\tau\eta\varrho\iota\alpha$ finden zu wollen, wie es andrerseits nicht statthaft sein dürfte, das Finale des Heilsprocesses an einer Stelle zu suchen, an welcher der Natur der Sache nach nur von dem lebendigen Anfang, von dem Princip des Heils die Rede sein konnte.

Welche weiteren schweren Irrthümer sich an die *K*sche Auffassung des Evangeliums als der $\delta\nu\nu$. $\vartheta\varepsilon o\tilde{v}$ anhängen, davon wird im Folgenden wiederholt die Rede sein. Hier soll zunächst nur constatirt werden, dass *K* $\varepsilon\dot{v}\alpha\gamma\gamma\varepsilon\lambda$. eben nur, wie *G*, als evangelische **Predigt**

gefasst haben kann, deren Geschäft und Wirkung ist, „göttliche, lebenrettende Arznei“ darzureichen. Eben nur als Predigt hat es neuerdings auch *W* angesehen, nur mit dem Unterschiede, dass der Zweck
der Predigt anders bestimmt wird. Nach ihm wäre die σωτηρία
nur indirect eine Wirkung des Evangelii. Er sagt ausdrücklich:
„seine einzige specifische Wirkung ist der Glaube im Sinne des
Heilsvertrauens auf Christum, welcher die Bedingung der Rechtfertigung, der Geistesmittheilung und damit der gesammten Heilsvollendung ist“. — Das ist nun freilich eine vor dem Texte schlechterdings nicht zu rechtfertigende Auffassung. Diesem gemäss ist der
Glaube die Voraussetzung, unter welcher das Evangelium als
das sich erweist, was es ist, nämlich als eine δύναμις θεοῦ, nicht
ist der Glaube dargestellt als eine Frucht des Evangeliums und zwar
als die einzige specifische, wie *W* sagt. Man erkennt sofort, dass der
Text nach der unrichtigen Erklärung des Evangeliums, nach welcher
es die evangelische Predigt sein soll, umgedeutet worden ist.

Ich setze abschliessend den Unterschied zwischen apostolischer
(evangelischer) Predigt und zwischen Evangelium in kürzester Fassung
auseinander. Die apostolische Predigt publicirt die Gnadenbotschaft
(Evangelium) von Christo und stellt die Entschliessung über Annahme
oder Nichtannahme anheim; ihre Wirkung kann ebenso sehr Unglaube
sein bis zur Verstockung, wie andererseits Glaube zur Seligkeit. —
Das Evangelium, d. i. die Gnadenbotschaft von Christo, ist Gegenstand der apostolischen Predigt; wird sie angenommen, so erweist
sie sich als δύναμις θεοῦ εἰς σωτηρίαν.

v. 17. Der Apostel begründet, was er in v. 16 vom Evangelio
ausgesagt hat. Rettung (σωτηρία) ist nur möglich, wenn dem Sünder
δικαιοσύνη θεοῦ zu Theil wird; gegen den ἄδικος bleibt die ὀργή θ.
in voller Kraft und Wirkung. Das eben ist die δύναμις des Evangeliums, dass in ihm (ἐν αὐτῷ) und mit ihm auf Grund des Glaubens
(ἐκ πίστεως) in den Glauben hinein (εἰς πίστιν) Gottes Gerechtigkeit sich mittheilt (ἀποκαλύπτεται, durch Offenbarung, Kundgebung für das Gemüth des Gläubigen) — wörtlich: Gottes Gerechtigkeit im Evangelio offenbart wird von Glauben in Glauben.

Zum bessern Verständniss des ἐκ πιστ. εἰς πιστιν verweise
ich auf Abrahams Geschichte. Kein Jude wird läugnen, dass Abraham gläubig war, als er die Rechtfertigung empfing, auch nicht,
dass sein Glaube in irgend welchem Nexus stand mit der Rechtfertigung; immer aber würden als prima causa die Werke Abrahams
stehen bleiben, so dass für den Juden die Paulinische Formel nur
in dieser Fassung Geltung hat: bei Abraham hat sich offenbart
δικαιοσύνη θεοῦ ἐξ ἔργων εἰς πίστιν. Der Apostel aber nimmt
der Werkgerechtigkeit allen und jeden Antheil an der Gottesgerechtigkeit, wenn er sagt: ἐκ πίστεως εἰς πίστιν. Man erkennt hieraus ein Zwiefaches: 1) dass ἐκ πίστεως keine blosse rhetorische
Cumulation ist. 2) dass, während εἰς πίστιν dem παντὶ τῷ πιστεύοντι in v. 16 correspondirt und dasselbe wieder aufnimmt, der Fort-

schritt der Paulinischen Argumentation sich allein durch ἐκ πίστεως vermittelt, wie zum Ueberfluss aus dem angehängten Citat hervorgeht. So einfach hiernach die Worte sich zurechtlegen, so viel Schwierigkeiten sind dem Verständniss bereitet worden durch die exegetische Kunst, wiewohl nicht zu läugnen ist, dass auch von aller hermeneutischen Zuthat abgesehen, sich Ausdrücke finden, welche nicht ohne Weiteres verständlich sind, sondern ein tieferes Eingehen auf die Schriftsprache im Allgemeinen, und auf die Paulinische Lehre insbesondere erfordern. Dahin gehört beispielsweise der Ausdruck, womit v. 17 beginnt: δικαιοσύνη θεοῦ.

Derselbe findet sich ausser hier, auch noch in 3, 21. 22. 2 Cor. 5, 21 und Jacob. 1, 20. Die letzte Stelle zeigt, dass der Ausdruck keineswegs ein specifischer Terminus der Paulinischen Lehre ist, also in der Stelle des Jacobus fälschlich von der Gerechtigkeit gedeutet wird, welche Gott dem Glauben zuerkennt, vielmehr muss δικ. θ. so aufgefasst werden, dass die Prädicate ἐκ πίστ. εἰς πίστιν wirklich etwas in dem Begriff der δικαιοσ. θ. als solchem nicht Enthaltenes aussagen und zwar in einer Weise, die sich mit Jacobus verträgt. Wenn schon von dieser Erwägung aus die M-Wsche Auffassung, nach welcher δικ. θ. die normale Beschaffenheit des Menschen sein soll, welche von Gott durch einen gerechtsprechenden Act gesetzt wird, Bedenken erregt, sofern sie nöthigt, die Jacobusstelle anders zu verstehen, so kann ich auf Grund des von mir sorgfältig beobachteten griechischen Sprachgebrauchs mich nicht dazu entschliessen, das artikellose θεοῦ als genit. auct. zu fassen. Ich finde darin lediglich einen genit. qualitatis, darf also δικαιοσύνη nicht als etwas von Gott Ausgegangenes und nunmehr an den Menschen sich Findendes ansehen, sondern als etwas an Gott, eine Gerechtigkeit, welche dem göttlichen Wesen (θεὸς ohne Artikel!) angehört, eigen ist. Weiter erhellt sofort, dass diese δικ. nicht die justitia Dei essentialis (nach Osiander) sein kann, denn die Wesenseigenschaften Gottes sind nicht mittheilbar; ferner widerstrebt dieser Auffassung das Fehlen des Artikels vor δικαιοσύνη. Die Wesenseigenschaften sind lauter nomina propria; δικαιοσ. aber ohne Artikel drückt einen allgemeinen Begriff aus, eine Kategorie. Nicht die Gerechtigkeit Gottes ist gemeint, sondern eine Gerechtigkeit, wie sie Gott eigen ist, und zwar eine Bestimmtheit an der göttlichen Gerechtigkeit, welche als solche eine Mittheilung, Uebertragung gestattet. Was ist das nun für eine Bestimmtheit? Wir werden den Begriff nicht speciell aus der Paulinischen Rechtfertigungslehre, sondern aus der Offenbarungstheologie überhaupt, insoweit sie auch von dem Apostel anerkannt wurde, zu entwickeln haben. Darnach ist Gott das persönliche Rechtsprincip. Gott ist gerecht, d. h. er handelt stets in Uebereinstimmung mit sich selbst; von Gottes Werken und Entschliessungen ist jede ἀδικία schlechthin ausgeschlossen. Gottes δικαιοσύνη ist aber, wie jede andere seiner Eigenschaften, nicht ruhende Zuständlichkeit, sondern die lebendigste Activität. Somit ist seine $\delta\iota\varkappa\alpha\iota o\sigma\iota'\nu\eta$ zugleich die Energie, welche alle $\dot\alpha\delta\iota$-$\varkappa\iota\alpha$ absolut ausschliesst; diese Energie aber ist nichts anderes, als die $\dot o\varrho\gamma\dot\eta$ $\vartheta\varepsilon o\ddot\iota$. Mit der activen Seite der göttlichen Energie hat es der Apostel erst in v. 18 zu thun. In v. 17 ist die $\delta\iota\varkappa.$ $\vartheta\varepsilon o\ddot\iota$ diejenige Bestimmtheit des göttlichen Wesens, von welcher die $\dot\alpha\delta\iota\varkappa\iota\alpha$ schlechthin ausgeschlossen ist, die absolute Schuldfreiheit, Sünd-losigkeit, zugestandener Maassen Attribute, die nur bei Gott allein gefunden werden. Und das ist eben der Gnadenbotschaft (des Evan-geliums im genuinen Sinne) innerster Kern, dass sie eine $\delta\acute\iota\nu\alpha\mu\iota\varsigma$ in sich hat, jene für den Menschen aus menschlichen Mitteln unerreich-bare $\delta\iota\varkappa\alpha\iota o\sigma\acute\iota\nu\eta$ $\vartheta.$, welche allein zugleich Rettung vor der $\dot o\varrho\gamma\dot\eta$, $\vartheta.$ gewährt, dem Sünder zuzueignen. Doch davon später. Dass die oben ermittelte Bedeutung den Sinn des apostolischen Ausdrucks trifft, erhellt sofort aus den Stellen, in welchen derselbe sonst noch vorkommt. Röm. 3, 21 steht $\delta\iota\varkappa.$ $\vartheta.$ im Gegensatze zur $\dot\varepsilon\pi\iota'\gamma\nu\omega\sigma\iota\varsigma$ $\dot\alpha\mu\alpha\varrho\tau\iota\alpha\varsigma$ v. 20: „Schuldfreiheit, wie sie Gott eignet, kann durch das Gesetz nicht erlangt werden", und doch muss es $\delta\iota\varkappa.$ $\vartheta\varepsilon o\ddot\iota$ eine „absolute Schuldfreiheit, wie in Gott" sein, wenn wir vor der $\dot o\varrho\gamma\dot\eta$ bewahrt bleiben wollen, denn wenn auch nur die mindeste $\dot\alpha\delta\iota\varkappa\iota\alpha$, also nicht vollkommene, sondern relative Schuldfreiheit vorhanden wäre, so würde der $\dot\alpha\delta\iota\varkappa o\varsigma$ immerhin als solcher anzusehen sein, der das ganze Gesetz übertreten hätte." Solche absolute Schuldfreiheit, wie in Gott, ist aber jetzt offenbart worden" u. s. w. Noch deut-licher tritt $\delta\iota\varkappa.$ $\vartheta.$ mit $\dot\alpha\mu\alpha\varrho\tau\iota\alpha$ in Gegensatz 2 Cor. 5, 21. „Gott hat Christum zur $\dot\alpha\mu\alpha\varrho\tau\iota\alpha$ gemacht, damit wir in ihm $\delta\iota\varkappa\alpha\iota o\sigma.$ $\vartheta.$ würden", concret ausgedrückt: Gott hat Christum zum Sünder ge-macht, damit wir in ihm sündlos, schuldfrei würden. Auch Jac. 1, 20 ergiebt sich dieselbe Bedeutung: Nach dem Zusammenhange ist die Rede von dem Zorne eines Menschen wider den Menschen in Sachen der christlichen Wahrheit, wie die vv. 19 und 21 deutlich anzeigen. Menschlicher Zorn auch in der gerechtesten Sache ist nie ohne Bei-mischung von $\dot\alpha\delta\iota\varkappa\iota\alpha$. Eph. 4, 26: $\dot o\varrho\gamma\iota'\zeta\varepsilon\sigma\vartheta\varepsilon$ $\varkappa\alpha\dot\iota$ $\mu\dot\eta$ $\dot\alpha\mu\alpha\varrho\tau\acute\alpha\nu\varepsilon\tau\varepsilon$ enthält eine unerfüllbare Forderung. Wie Mancher meint, für Gott zu eifern, und vertritt doch nur seine eigne Sache! Nur Gott allein kann zürnen ohne $\dot\alpha\delta\iota\varkappa\iota\alpha$. „Menschenzorn thut nicht Gottes Ge-rechtigkeit", d. i. das, was recht ist, ohne sich zu verständigen. — Dass hiernach alle Versuche, der $\delta\iota\varkappa.$ $\vartheta.$ die dogmatische Bedeutung der justitia distributiva unterzulegen, oder gar die Güte Gottes dar-unter zu verstehen (wie Schöttgen, Semler, Morus u. a.), eitel und lediglich aus exegetischer Verlegenheit entsprungen sind, liegt auf der Hand. Wenn M mit W und Anderen an die justificatio denkt, und $\dot\varepsilon\varkappa$ $\pi\iota'\sigma\tau.$ insoweit dem Begriff inhärent setzt, dass der Gegen-satz zur $\dot\iota\delta\iota'\alpha$ $\delta\iota\varkappa\alpha\iota o\sigma\iota'\nu\eta$ 10, 3. Phil. 3, 9 herauskommt, so ist ein-fach zu sagen, dass der Apostel hier, wo er die Grundbegriffe seiner Lehre setzt, noch nicht mit der Glaubensrechtfertigung argu-mentirt als einer fertigen Paulinischen Lehrsatzung, sondern uns zunächst vor die Genesis dieser Glaubensgerechtigkeit stellt. Es entwickelt sich Gerechtigkeit, wie sie Gott eigen ist, in der angenommenen Gnadenbotschaft, aus Glauben in Glauben, d. h. auf Grund des Glaubens giebt sie sich dem Glauben zu eigen oder mit andern Worten giebt sie dem gläubigen Gemüth durch die dem Evangelio einwohnende Gotteskraft die unmittelbare Gewissheit, dass ihm alle Sünden vergeben, eine Gerechtigkeit also ihm zu eigen gegeben werde, wie sie allein Gottes ist. —

Diese Heilsgewissheit im Glauben (kraft der δύναμις der Gnadenbotschaft) will die neuere Exegese fast einstimmig von der Verkündigung, von der Predigt des Evangeliums herleiten, sofern die Predigt den Glauben wirkt, der Glaube aber die justificatio empfängt. Darauf ist schon oben geantwortet worden, dass Paulus im 16. Capitel nicht von einer δύναμις der Predigt redet, denn diese ist ihrem Begriff nach lediglich „Anerbieten der Gnade durch Mittheilung der Gottesbotschaft" und hat unter Umständen die Wirkung, dass die Hörer sich im Unglauben verstocken. Somit ist die δικαιοσύνη θεοῦ, welche die σωτηρία zur Folge hat, lediglich Wirkung der gläubig angeeigneten Gottesbotschaft, nicht der Predigt. Will man schulmässig reden, so hätte man zu sagen: die fides in evangelium ist causa immediata, die praedicatio causa mediata salutis.

Diese Auffassung hat selbstverständlich Einfluss auf die Bedeutung von ἀποκαλύπτειν. Wenn das Verb. im ganzen N. T. stets eine directe Action Gottes, eine Unmittelbarkeit der Einwirkung Gottes nicht bloss auf das Erkenntnissvermögen, sondern auf den ganzen inwendigen Menschen ausdrückt, so ist diese eigenthümliche Bedeutung durch meine Unterscheidung von κήρυγμα und εὐαγγέλιον gewahrt, denn Gott ist es, der die Gnadenbotschaft an den Gläubigen zu einer δύναμις εἰς σωτηρίαν macht. Anders steht es mit denjenigen Exegeten, welche die Wirksamkeit des Evangelii nur als κήρυγμα, nicht als δύναμις bestimmen. Es dürfte genügen, einen für Alle reden zu lassen. W sagt: „Vorher und ohne das Evangelium (kann hier nur heissen: ohne die evangelische Predigt) war und ist δικαιοσύνη etwas lediglich im Rathe Gottes Verborgenes (aus 3, 21 μαρτυρουμένη ὑπὸ τ. νομ. καὶ τ. προφ.?), ein unenthülltes Mysterium (16, 25), obwohl sie schon in der Gerechtsprechung Abrahams Cap. 4 und von der Weissagung der Propheten (v. 2) bezeugt war (3, 21) [also doch!]. Erst im Evangelium wird sie enthüllt und zwar als eine in und mit dem Erlösungswerke Christi thatsächlich gegebene, ohne dass in dem ἀποκαλύπτειν, das sie nur zum Gegenstande der Erkenntniss macht, bereits die wirkliche Gewährung liegt!" So W. Es ist wohl nur nöthig, einfach den Unterschied der Auffassung zu notiren:

Von dem Evangelium als κήρυγμα ist in v. 17 gar keine Rede, sondern von dem gläubig angeeigneten Evangelio d. h. der Gottesbotschaft, welche das Objekt des κήρυγμα ist. Darum ist ἀποκαλύπτεται nicht kerygmatisch aufzufassen, als Bekanntgebung eines vorher

Unbekannten, sondern dynamisch als Offenbarwerden einer Gotteskraft, also nicht declarativ, sondern exhibitiv.

Zu der Formel ἐκ πίστεως εἰς πίστιν habe ich schon oben
die erforderlichen Erläuterungen gegeben. Ich bemerke nachträglich
nur, dass der Apostel in v. 17 nicht von der δικαιοσύνη ἐκ πίστεως redet, sondern davon, wie die δικαιοσ. θεοῦ zu Stande kommt.
Die Verbindung daher von δικ. θ. mit ἐκ πίστεως zu einem Begriff, welche grammatisch sehr wohl zulässig wäre und gegen welche
aus der Stellung der Phrasen am Ende des Satzes ein Bedenken (wie
von W) nicht hätte hergeleitet werden sollen, ist sachlich nicht zu
rechtfertigen. Andrerseits ist es Kleinmeisterei, den zusammen-
gesetzten Ausdruck lediglich von ἀποκαλύπτεται abhängen zu lassen.
In Wahrheit ist er abhängig von dem ganzen Satze δικ. θ. ἐν αὐτ.
ἀποκαλύπτεται, ein exegetisches Corollarium in prägnantester Form,
aus zwei Sätzen zusammengezogen, nämlich 1) aus ἥ ἐκ πίστεως
γίγνεται, und 2) ἥ ἐκ πίστεως γιγνομένη εἰς πίστιν γίγνεται*).
τούτεστι εἰσέρχεται.

Es sei mir verstattet, mich schliesslich noch mit Ks Correctur zu
der Auslegung von 1, 17 zu beschäftigen. K geht, sich an Michelsen (Studien und Kritiken. 1873, S. 327 flgg.) anschliessend, davon
aus, dass „jeder griechische Leser sich von vornherein versucht fühlen
müsse, in v. 17 ἐκ πίστεως εἰς πίστιν nicht als zwei getrennte,
jede für sich mit ἀποκαλύπτεται zu verbindende Präpositional-
bestimmungen anzusehen, sondern als eine einzige, vermittelst einer
Modification durch εἰς erweiterte. Dies Nächstliegende ergebe sich
auch aus der Thatsache, dass Paulus seinen Satz mit dem Schriftworte ἐκ πίστεως ζήσεται belegt, welches nur diese eine Präposition enthält." Das Verlangen Ks, ἐκ πίστεως εἰς πίστιν als eine
einzige Präpositionalbestimmung anzusehen, ist stark. Die Berufung
auf Habac. 2, 4 ist vollständig verfehlt, wie aus einer eingehenden Besprechung des Citats und aus einer Vergleichung desselben mit der
apostolischen Aussage, welche dadurch belegt werden soll, zur Genüge
hervorgehen wird. Das Recht des Apostels, auf diese Stelle sich zu
berufen, hat Keil (im Commentar zu den zwölf kleinen Propheten)

---

*) Hiermit erledigt sich denn auch Fritzsche's, Tholuck's und auch Ms
Ansicht, auf welche schliesslich auch W zurückkommt, dass εἰς πίστιν zu
deuten sei: ut fides habeatur, um Glauben herzustellen. Es ist ein Irrthum,
zu meinen, diese Deutung entspreche mehr den einfachen Worten, als die
oben gegebene Erklärung, weil diese die Umsetzung des εἰς πίστιν in εἰς
πιστεύοντας erfordere. Denn zum ersten heisst εἰς τι ursprünglich: zu
etwas hin, in etwas hinein, dann erst: für einen gewissen Zweck, um — zu.
Somit wäre die eigentliche Bedeutung von εἰς mehr bei unsrer, als bei der
Mschen Auffassung gewahrt. Dann ist leicht ersichtlich, weshalb der Apostel,
nachdem er in v. 16 das Concret, πιστεύων gebraucht, hier die reine Kategorie πίστιν in Anwendung bringt, um damit anzudeuten, dass es bei der
Aneignung des Heils auf nichts sonst, was der Person des πιστεύων eignet,
ankommt, als allein und ausschliesslich auf die Bestimmtheit des Gemüths,
welche der Apostel πίστις nennt.

überzeugend nachgewiesen. Auch bin ich ganz einverstanden, dass, wie im Hebräischen, so auch im Griechischen ἐκ πίστεως nicht attributive Bestimmung zu ὁ δίκαιος ist, sondern Näherbestimmung zu ζήσεται. Vergleichen wir nun das Citat mit der Auseinandersetzung des Paulus, so erhellt sofort, dass der δίκαιος erst zu Stande gekommen ist durch die ἀποκάλυψις δικαιοσύνης θεοῦ εἰς πίστιν; ebenso ist selbstverständlich, dass, wer Theil hat an der δικαιοσ. θ., damit zugleich die Gnadenbotschaft erfahren hat als δύναμις θεοῦ εἰς σωτηρίαν, sc. ἀπὸ θανάτου oder ὀργῆς θεοῦ, dass er somit das Leben erlangt haben wird, ζήσεται fut. logic. oder consecutivum. K irrt also, wenn er ἐκ πίστεως εἰς πίστιν um desswillen, weil in der prophetischen Belegstelle nur ἐκ πίστεως steht, als blosse Erweiterung dieses Ausdrucks ansieht. In ὁ δίκαιος ζήσεται ist bereits alles enthalten, selbst ἐκ πίστεως. Wenn letzteres noch besonders hervortritt, so folgt daraus nur dies, dass dem Propheten ebenso, wie nachmals dem Apostel, an der Hervorhebung gerade dieses Momentes besonders gelegen ist.

Dass übrigens ἐκ (ἀπὸ) πίστεως εἰς πίστιν heissen könne: von einem Glauben zum andern, wird schwerlich jemand bezweifeln. Nicht dies war zu erweisen, sondern dass es so heissen müsse, also von einer Gradation des subjectiven Glaubens zu verstehen sei. Aus dem Präsens ἀποκαλύπτεται ergiebt sich die Nothwendigkeit keinesfalls; es geht auf eine permanente Function des Evangeliums, mag man wie K oder wie die andern Exegeten auslegen.

Nun zu den Consequenzen der Kschen Auffassung von ἐκ πιστ. εἰς π.!

Selbstverständlich kann der Fortschritt von Glauben zu Glauben sich nicht im Evangelio enthüllen, sondern nur in einem πιστεύων. So muss dem K ἐν αὐτῷ pronominaler Ausdruck sein für παντὶ τῷ πιστεύοντι oder schlechtweg für πιστεύοντι in v. 16. Wenn nun aber ἐν αὐτῷ nicht mehr ἐν τῷ εὐαγγελίῳ ist, so steht v. 17 trotz des γὰρ als eine Aussage da, welche eben nicht mehr das Evangelium zum Gegenstande hat, sondern es ist lediglich etwas von δικ. θ. prädicirt, ohne dass dargelegt wäre, in welchem Zusammenhange δικαιοσ. mit εὐαγγελ. steht. Um diesen Zusammenhang festzuhalten, muss δικαιοσ. als Prädicatsnominativ aufgefasst, als Subject aber aus v. 16 δύναμις ergänzt werden. Ueber den auf diese Weise gewonnenen Inhalt spricht sich K folgendermaassen aus:

„δύναμις θεοῦ ist die wunderbare göttliche Arznei und heilende Kraft, deren Gebrauch retten kann. — Dies liegt darin, dass, wie die Arznei im kranken Körper eine Aenderung seiner vitiosen Lebensbewegung hervorruft, so auch das Evangelium den Menschen in eine neue sittliche Beschaffenheit versetzt [sic!], welche das Lebenbleiben für alle Zukunft sicher stellt. Diese bezeichnet das Schriftwort als δικαιοσύνη, welcher das Leben verbürgt ist und welche so sehr als Sache des Glaubens erscheint, dass der Gerechte eben in Folge seines Glaubens das Leben gewinnt. Dem-

nach heischt der Fortschritt der Rede, dass in v. 17 ausgesagt
werde, wie statt der bisherigen Krankheitserscheinungen [sic!] in
Folge der genossenen Arznei an den Gläubigen in stetem Wachsen
mit dem Glauben sich eine Gesundheit der Lebensbewegung ent-
puppe, welche als gottgewirkt und göttlich geartet sich darstelle
und deshalb auf den wunderbaren, göttlichen Charakter der Arznei
schliessen lasse, oder ohne Bild, dass v. 17 ausdrücke, wie an den
Gläubigen eine sittliche Lebensbeschaffenheit in immer zunehmender
Fülle zu constatiren sei, welche aufs äusserste überrasche [sic!],
weil sie nach dem Früheren nicht zu erwarten, nicht zu ahnen
war (ἀποκαλύπτεται) und eben deshalb gegenüber aller historisch
bekannten, natürlichen, menschlichen Gerechtigkeit sich als eine
von Gott selbst gewirkte bekunde."

So *K.* Diese Aussage von dem Evangelio als Arznei und von
der δικ. ϑ. als einer von Glauben zu Glauben fortschreitenden sittlichen Lebensbeschaffenheit soll nur als Resultat der Beobachtung
des Apostels anzusehen sein. Der Apostel sagt also im Grunde genommen nicht, was er kraft der ihm zu Theil gewordenen Gottesoffenbarung vom Evangelio weiss und von Amtswegen zu verkündigen
hat, sondern er theilt mit, was er von den Wirkungen des Evangeliums wahrgenommen hat.

Es ist wahrhaft naiv, wenn *K* als eine auffällige Thatsache bezeichnet, dass der Apostel in diesem Zusammenhange nichts in apostolischer Vollmacht verkündigt, sondern nur als Christ mit Christen
reflectirt. Ja freilich! Wenn man erst des Apostels Verkündigung
in ein blosses Referat über die von ihm beobachteten Wirkungen der
verabreichten Arznei umdeutet, dann soll man sich nicht wundern,
dass der Apostel so gar nichts redet in apostolischer Vollmacht.

Im Uebrigen ist eine Widerlegung, nachdem im Obigen der Sinn
der apostolischen Aussprüche ermittelt und begründet worden ist,
nicht mehr nöthig; ich habe die *K*schen Sonderbarkeiten nur um
desswillen ausführlich mitgetheilt, damit keinem, der noch Augen hat,
zu sehen, verborgen bleibe, bis wieweit die exegetische Willkür unsrer
Zeit sich verirrt.

Die allgemeine Verschuldung.

v. 18. Der erste Haupttheil des Briefs, mit γάρ an das Thema
angeschlossen. Unrichtig *M* und die ihm folgen: „der Lehrsatz v. 17
erweist sich erfahrungsmässig daraus, dass da, wo keine πίστις ist,
auch keine ἀποκάλυψις der Gerechtigkeit, sondern nur ἀποκάλυψις
des Zornes Gottes statt hat. Unrichtig auch *H*: „Alles, was den
Menschen sonst zu wissen gethan sein mag, ist, eben weil es nicht
Offenbarung einer Gottesgerechtigkeit ist, undienlich, ihnen zum Heile
zu verhelfen." Ἀποκαλύπτειν τινί τι ist, wie oben dargethan
worden, noch etwas anderes, als jemandem etwas zu wissen thun.

Uebrigens vergleiche man weiter unten Ks Erklärung. Besser W, welcher an v. 16 anknüpft: „des Evangeliums schämt sich der Apostel nicht, weil es ausserhalb desselben nur eine Offenbarung göttlichen Zornes giebt, welcher seinem Wesen nach eben das Verderben herbeiführt, von dem das Evangelium retten will". Es ist ja richtig, dass $\dot{\alpha}\pi o\varkappa\alpha\lambda\dot{\upsilon}\pi\tau\epsilon\tau\alpha\iota$ in v. 17 und in v. 18 miteinander correspondiren, und zwar letzteres mit Emphase an die Spitze des Satzes gestellt ist. Niemand soll wähnen, dass die stille, im Innern des Menschen sich vollziehende $\dot{\alpha}\pi o\varkappa\dot{\alpha}\lambda\upsilon\psi\iota\varsigma$ einer Gerechtigkeit, wie sie Gotte eignet, die einzige Form der göttlichen Offenbarung ist. Es giebt noch eine andere Offenbarung, die des göttlichen Zornes, aber nicht nebeneinanderstellen will der Apostel beide Formen, um zu zeigen, wie das Evangelium, in dessen Dienst er steht, so gar vortrefflicher und begehrenswerther ist, sondern um zu zeigen, dass es sich bei dem Evangelium um nichts Geringeres handelt, als um Rettung vom Zorne Gottes oder, was dasselbe ist, vom ewigen Tode. Und das sei keine leere Behauptung, denn die Zornesoffenbarung sei in vollem Gange, nicht etwa werde mit dem Zorne als einem zukünftigen gedroht, sondern die ganze damalige Weltlage sei etwas Andres nicht, als Folge und Frucht des Zornes Gottes. Das emphatisch vorangestellte $\dot{\alpha}\pi o\varkappa\alpha\lambda\dot{\upsilon}\pi\tau$. will sagen: Das Gottesgericht ist da; mein, des Apostels, Amt ist, euch den Rettungsweg zu verkündigen, wie sollte ich mich dieser Verkündigung schämen?!

Der Begriff der $\dot{o}\varrho\gamma\dot{\eta}$ $\vartheta\epsilon o\tilde{\upsilon}$ ist oben bereits entwickelt worden. Mit Recht protestirt die Exegese gegen die rationalistische Verflachung in poena divina. Wenn M-W die $\dot{o}\varrho\gamma\dot{\eta}$ definiren als Affect des persönlichen Gottes, welcher nothwendig mit seiner Liebe zusammenhängt, so ist das eben keine Begriffserklärung der $\dot{o}\varrho\gamma\dot{\eta}$, sondern einfach Angabe einer entgegenstehenden, aber dennoch einer und derselben Kategorie angehörigen Bestimmtheit des göttlichen Wesens. Richtig daher: $\dot{o}\varrho\gamma\dot{\eta}$ ist die Energie, womit Gott alle $\dot{\alpha}\delta\iota\varkappa\dot{\iota}\alpha$ von sich ausschliesst, gewissermaassen das Princip der Selbsterhaltung im göttlichen Wesen. — Die anderweiten Momente des 18. Verses werden sich am besten bei dem kritischen Referate, welches wir nunmehr von der Kschen Erklärung zu geben gedenken, besprechen lassen.

Es liess sich erwarten, dass K mit v. 18 verfahren würde, wie mit dem vorangegangenen Verse. Und er hat es gethan. Er tadelt die Ausleger, dass sie, irregeleitet durch $\dot{\alpha}\pi$' $o\dot{\upsilon}\varrho\alpha\nu o\tilde{\upsilon}$ in v. 18 eine objective Offenbarung des göttlichen Zornes finden. Er will nicht in Abrede stellen, dass der Zorn Gottes, von welchem dort geredet wird, ein wirklich bestehender ist. Aber er sagt, dass derselbe ohne die Verkündigung durch das Evangelium dem Menschen verborgen sei. Die Enthüllung des Zornes bestehe in der Oeffnung der Augen für denselben. Nach dem Zusammenhange mit dem Vorstehenden aber sei diese Enthüllung die vorderste unter den sittlichen Wandlungen, die der Glaube vom Evangelium erfährt, und die es

als eine Gottesgerechtigkeit vor ihm ausweisen. Dem Gläubigen
enthüllt sich, dass Gott zürnt. So *K*.

Hier ist Alles auf den Kopf gestellt. Nach der Lehre der heiligen Schrift, nicht bloss nach der lutherischen Dogmatik hat das
Aufgethansein des Auges für das sündliche Verderben, d. i.
die An-
erkennung, dass der Sünder unter dem göttlichen Zorne ist, — man
wolle nichts weiter zur Bestätigung heranziehen, als die Strafpredigt
des Täufers — dem Glauben an das Evangelium vorauzugehen. Dass
bei den Gläubigen eine Vertiefung der Sündenerkenntniss eintritt,
kann und soll nicht geläugnet werden. Der Apostel aber handelt
hier nicht von den inneren Erfahrungen des Geretteten, sondern von
dem, was zum Rettungswerk gehört; und sicher würde ein Verlangen
nach der $\delta\iota\varkappa\alpha\iota\sigma\sigma\acute{v}\nu\eta$ nicht Platz greifen, wenn der Sünder kein
Wissen hätte von der $\acute{o}\varrho\gamma\acute{\eta}$ ϑ.

Auf die Frage, ob denn die Heiden Gottes Zorn nicht auch gekannt, trotz ihres Mangels an Glauben, antwortet *K* nicht gerade
ablehnend; aber in dem Sinne, wie das Evangelium ihn offenbart,
hätten sie ihn allerdings nicht gekannt. Das meint *K* aus dem Umfang, aus der Tragweite der göttlichen Zornesoffenbarung, aus den
Worten $\grave{\epsilon}\pi\grave{\iota}$ $\pi\tilde{\alpha}\sigma\alpha\nu$ $\grave{\alpha}\sigma\acute{\epsilon}\beta\epsilon\iota\alpha\nu$ $\varkappa\alpha\grave{\iota}$ $\grave{\alpha}\delta\iota\varkappa\acute{\iota}\alpha\nu$ erschliessen zu dürfen.
„Ein Zorn Gottes, vom Himmel ausgehend, und sich erstreckend über
alle menschliche $\grave{\alpha}\sigma\acute{\epsilon}\beta\epsilon\iota\alpha$ und $\grave{\alpha}\delta\iota\varkappa\acute{\iota}\alpha$ enthüllt sich als vorhanden
[nicht den Heiden, sondern] dem Glaubenden." Schwerlich dürfte
sich dies bei Christen und Heiden unterschiedene Gefühl für die
$\acute{o}\varrho\gamma\acute{\eta}$ Gottes halten lassen. Ich will nicht zurückgreifen auf das
Wehe der griechischen Tragödie; die Aeusserungen eines Livius,
Plutarch, Seneca u. a. Heiden über ihre Zeit und über ihr Geschlecht
stehen wahrlich denen von christlicher Seite nicht nach. Auch sie
empfanden das sittliche Verderben des Volkes als Strafe, wenn nicht
Gottes, so doch der Götter.

Gut ist, was *K* zu $\grave{\alpha}\pi$' $o\grave{v}\varrho\alpha\nu o\tilde{v}$ bemerkt. Er sagt: „Gott ist
nicht, wie die Epicurische Theorie lehrt, gleichgültig und unbeküm-
mert um das sittliche Treiben der Menschen, vielmehr reagirt er
energisch gegen allen Widerspruch der Menschen wider göttliches
und menschliches Recht, und dieses in dem Umfange und in der
Kraft, welche damit gegeben ist, dass seine Reaction ausgeht von
der Stätte, wo alles Unterhimmlische untrüglich gewusst, und alle
Verknüpfung irdischer Ereignisse allgewaltig entworfen wird." Doch
glaube ich nicht, dass damit die eigentliche Bedeutung des $\grave{\alpha}\pi$'
$o\grave{v}\varrho\alpha\nu o\tilde{v}$ erschöpft ist. Nicht erst in unsrer Zeit hat sich eine Anschauung gebildet, die das Recht entweder naturalistisch aus den
kosmischen Gesetzen, oder socialistisch aus dem Willen der Majoritäten ableitet. Die ganze jüdische Gnosis (gemeinhin alexandrinische
Religionsphilosophie genannt) hielt dafür, dass, weil die Offenbarung
Gottes durch Moses nur auf Erkenntniss der Natur und naturgemässe
Lebensweise abzweckte, jede Ausschreitung gegen die Gebote gleichbedeutend sei mit einem Verstoss gegen die Weltordnung, diese aber

auf rein physikalischem Wege die Remedur vermöge der ihr einwohnenden Macht von selbst besorge. Was wir Strafe nennen, war ihnen Rückschlag der verletzten Naturordnung. Ja sie konnten nicht einmal Ehren halber Gott die prima causa der Strafvollstreckung nennen, weil es nach ihrer Theorie Gottes unwürdig sei, die Strafe zu vollziehen. Strafacte konnten nur durch untergeordnete Diener vollzogen werden, letztere aber waren eben nichts anderes, als personificirte Naturgesetze.

Hiernach war die gesammte Weltjustiz, soweit das Strafverfahren dabei in Betracht kam, intramundanen, kosmischen Ursprungs. Ein Eingreifen Gottes fand nicht statt. — Dieser verkehrten Auffassung tritt der Apostel mit seinem ἀπ' οὐρανοῦ entgegen. Gott reagirt gegen das sündliche Verderben nicht bloss indirect, d. i. durch die irgend einmal von ihm gesetzten Naturgewalten und Naturgesetze, sondern direct, persönlich; von der Stätte seiner Herrlichkeit, vom Himmel aus. Der Sünder hat es mit dem persönlichen Gott zu thun, nicht bloss mit dem Naturgesetz. — Diese Reaction Gottes war stets vorhanden; gerade zur Zeit des Apostels in ihrer ganzen Grösse und Tragweite enthüllt. Daher das Präsens ἀποκαλύπτεται.

Ἀσέβεια und ἀδικία sind nach Tittmann's Synonym. unterschieden, wie Irreligiosität und Immoralität. Im Allgemeinen richtig. Doch ist zu merken, dass hier unter ἀσέβεια ein Verhalten zu verstehen ist, welches dem wahren Gott die Ehre weigert, denn im Uebrigen ist bekannt, dass die Heiden religiöser waren, als die Christen unserer Tage. „Κατὰ πάντα ὡς δεισιδαιμονεστέρους ὑμᾶς θεωρῶ", sagt Paulus zu den Athenern (Act. 17, 22). Das rechte Maass für ἀσέβεια giebt 1, 25.

Ἀνθρώπων τῶν τ. ἀλ. ἐν ἀδικ. Nach M-W entweder derjenigen, welche.., oder solcher, welche.., in beiden Fällen hätte der Apostel nicht von allen Menschen, nicht von Menschen als solchen, deren Art es ist u. s. w. geredet, sondern von solchen Menschen, welche u. s. w. Wie unrichtig das ist, wird aus dem Folgenden erhellen. Ich glaube, dem Verständniss dieses gen. mit der participialen Beigabe am besten zu dienen, wenn ich die Ksche Auslegung dieses Ausdrucks einer Besprechung unterziehe.

K sagt: „Der Artikel τῶν drückt aus, dass die Menschen vor Gottes und vor des Gläubigen Auge als solche erscheinen, die bei ihrer Ungerechtigkeit die Wahrheit besitzen, denn τὴν ἀληθ. κατέχειν heisst, so allgemein auch jetzt anders gedeutet wird, im Griechischen lediglich: „die Wahrheit im Besitz haben oder halten". In dem Vorliegenden ist trotz der grossen Zuversichtlichkeit, womit K auftritt, ein doppelter Schnitzer zu rügen. Wie käme doch der Artikel dazu, das auszudrücken, was K ihm zuschreibt? Die Näherbestimmung mit dem Artikel zu einem artikellosen Substantiv gesetzt, hat den Zweck, die Kategorie zu charakterisiren, ihrer Art nach näher zu bestimmen. So sind 2, 14 ἔθνη τὰ μὴ ἔχοντα νόμον Heiden, die als solche kein Gesetz haben; Gal. 3, 21 νόμος ὁ δυνάμένος ζωοποιῆσαι ein Gesetz, welches im Stande wäre, lebendig zu machen; 1 Pet. 1, 7 χρυσίου τοῦ ἀπολλυμένου Gold, welches als solches die Art hat, vergänglich zu sein. So redet der Apostel auch hier ganz allgemein von Menschen und sagt von ihnen aus, dass es ihre Art ist: τὴν ἀλήθειαν ἐν ἀδικίᾳ κατέχειν.

Dass τὴν ἀλήθειαν κατέχειν heissen soll: die Wahrheit besitzen, ist zwar von Exegeten, wie Baur, Koppe, Ammon u. A. gesagt worden; die Behauptung aber, dass κατεχ. τ. ἀλ. im Griechischen heisse: die Wahrheit im Besitz haben oder halten, gehört dem K allein an und ist der zweite Fehler, der bei Einsichtsnahme in die Lexica der Profangräcität und des N. T. leicht hätte vermieden werden können. Κατέχειν heisst und kann nichts anderes heissen, als niederhalten, d. i. etwas nicht herauslassen, sondern wenn es hinausstrebt, es niederdrücken und so festhalten. Das kann nun im guten und bösen Sinne geschehen. Man kann das, was dem Gedächtniss entschlüpfen will, niederhalten, dass es nicht herauskommt, dann ist κατέχειν so viel, als firmiter, constanter tenere. Ebenso kann κατέχειν von dem Festhalten eines Besitzes gesagt werden, der sich uns entziehen will. Κατέχειν τὴν ἀλήθ. würde hiernach niemals nude heissen können: die Wahrheit im Besitz haben, sondern es würde heissen: die Wahrheit nicht herauslassen, also ihr Hervortreten, ihre Bethätigung verhindern, niederhalten. Und diese Bedeutung: etwas, das zu freier Selbstbethätigung berechtigt ist, niederdrücken und so zwangsweise in seiner gedrückten Stellung erhalten, also die Bedeutung in malam partem, ist viel häufiger, als die in bonam partem.

Dass eben diese Bedeutung in der vorliegenden Stelle die allein zutreffende ist, erhellt schon aus dem Umstande, dass der Besitz der Wahrheit ἐν ἀδικίᾳ geradezu ein Unsinn ist. Denn die heilige Schrift, insonderheit der Apostel, versteht unter der Wahrheit doch mehr, als das rein theoretische Wissen um Gottes Dasein; ihr ist die Wahrheit Ausdruck für das Wesenhafte in den Dingen und für das Wirkliche in der Geschichte, theologisch ausgedrückt: die Offenbarung Gottes als der absoluten Ursache des Seins und Werdens; in subjectivem Sinne: die Anerkennung Gottes als des absoluten Grundes aller Dinge und des Bestimmungsgrundes aller sittlichen Wesen.

Wenn nun die ἀδικία thatsächlich auf dem Gegentheil beruht, nämlich auf der Verwerfung dessen, was vor Gott recht ist, so ist es schlechthin unmöglich, dass man die ἀλήθεια besitze, ja festhalte neben und bei der ἀδικία. Eins schliesst das andere aus. Man ist zu dem Nonsens der ἀλήθεια ἐν ἀδικίᾳ gekommen, dass man ἀλήθεια gleichbedeutend setzte mit τὸ γνωστὸν τοῦ θεοῦ in v. 19 und letzteres mit Gotteserkenntniss übersetzte. Wenn nun der Apostel von dem τὸ γνωστ. τ. θ. ausdrücklich sagt, dass es unter den Menschen bekannt sei, so schloss man weiter, muss die Bekanntschaft mit Gott oder die Wahrheit Eigenthum der Menschen gewesen sein.

Nun ist es ja richtig, dass das erste Erforderniss der ἀλήθεια die Gotteserkenntniss ist, das erste, aber nicht das einzige. Die Wahrheit im biblischen Sinne besitzt der Mensch nur dann, wenn die Gotteserkenntniss in ihm verbunden ist mit der praktischen Anerkenntniss Gottes als des absoluten Bestimmungsgrundes, wie alles Lebens, so des persönlichen Lebens insonderheit. So lange letzteres nicht der Fall ist, ist die Wahrheit trotz alles Wissens um Gott nicht im Menschen, sondern steht draussen, anpochend, ihre Dienste anbietend, drängend. Giebt der Mensch ihrem Drängen nach, so tritt sie in sein innerstes Leben ein als das treibende Princip der absoluten Gottesherrschaft, und es ist nicht in Abrede zu stellen, dass der Mensch zur Wahrheit geschaffen ist und dass er trotz aller Verderbtheit in seiner Sehnsucht nach Aenderung Regungen der Wahrheit empfindet, auch wohl gestattet, dass Keime des Lebens für Gott sich an's Licht drängen. Leider ist der Sünder nur zu bereit, mit seiner ἀδικία unfruchtbares Gestein, Schutt und Geröll des eitlen weltlichen Wesens auf den Boden abzulagern, darin die Keime liegen. So wird die Wahrheit niedergehalten in Ungerechtigkeit, denn die ἀδικία ist der infernale Hauch, von welchem jede Regung der Wahrheit erstickt wird. Darum offenbart sich gegen das Menschengeschlecht Gottes Zorn vom Himmel; es sind nicht bloss Nachtheile, die durch Reaction der Weltordnung erfolgen; es sind die Zornesruthen vom Himmel herab, welche die Verächter und Niedertreter seiner Wahrheit treffen.

v. 19. Διότι propterea quod, Ursache, weshalb der Zorn Gottes über die Menschen sich offenbart. Kein Zorn Gottes ohne persönliche Verschuldung. Wäre das Wesen und der Wille Gottes den Menschen schlechthin unbekannt, so könnte von ἀσέβεια und ἀδικία keine Rede sein, also auch nicht von einem Zorngericht über Unwissende. Nun aber ist das Gegentheil der Fall. Γνωστὸν τ. θ. soll nach dem Hellenistischen durchaus heissen: bekannt, nicht, wie in der profanen Gräcität stets: erkennbar. Τὸ γνωστὸν τ. θ. soll dann sein das von Gott Bekannte d. h. das aus der Quelle der allgemeinen Natur- und Vernunft-Offenbarung von Gott Erkannte, im Unterschiede von dem durch besondere Offenbarung Empfangenen. Philippi ist von der Richtigkeit dieser Erklärung so sehr überzeugt, dass er es überflüssig findet, nach einer andern zu suchen, ja er ereifert sich gegen die Auffassung: das von Gott Erkennbare, dermaassen, dass er behauptet: dies würde einen ungehörigen und zugleich falschen Sinn geben. Nun aber wird das Folgende zeigen, dass gerade die Philippi'sche Erklärung den Sinn des Apostels nicht trifft. W hat daher ganz recht daran gethan, die classische Bedeutung von γνωστὸν festzuhalten, wie vor ihm bereits Origen., Theophyl., Oecumen., Erasm., Beza, Calvin, Grotius, von den Neueren Rückert, B. Crusius, Mehring, Hofmann u. A. gethan haben. — Allerdings heisst γνωστός im N. T. bekannt; sämmtliche Stellen lassen sich jedoch auf zwei zurückführen, auf diejenigen, in welchen γνω-

στοί substantivisch gebraucht wird in der Bedeutung bekannt und
dann in der Verbindung mit γίγνεσθαι oder εἶναι, in welcher Er-
kennbares und Bekanntes zusammenfliessen, denn dass etwas bekannt sei, dazu gehört, dass es erkennbar gemacht werde, oder,
dass etwas zu erkennen gegeben werde. Bei dem Apostel findet sich
das Wort nur hier. Im Uebrigen dürfte die Behauptung Philippi's,
dass es im Hellenistischen überall nur in der Bedeutung bekannt vorkomme, nicht ganz zutreffend sein; man vergl. Syr. 21, 8. Jes. 19, 21
und 66, 14. — Ob der Zusammenhang mit dem Folgenden die Beschränkung des φανερὸν auf die allgemeine Naturoffenbarung im
Gegensatz zur Heilsoffenbarung im A. und N. T. verlangt, darüber
wird das Folgende Auskunft geben. — Ἐν αὐτοῖς soll heissen: in
ihrem Bewusstsein, ἐν ταῖς καρδίαις αὐτῶν 2, 15, Philippi, W
u. A. Unrichtig, denn gerade das nachfolgende αὐτοῖς (ohne ἐν)
zeigt, dass es dem Apostel auf den Unterschied zwischen einer inneren und äusseren Gottesoffenbarung nicht ankommt. Es ist somit
ἐν αὐτοῖς in seiner ursprünglichen Bedeutung inter ipsos (so Erasm.
Grotius, Köllner, B. Crusius) zu belassen. Das Erkennbare an Gott
sind die ἀόρατα in v. 20; die Kenntniss derselben haben die Menschen nicht in der Weise erlangt, dass sie Gott einem jeglichen unter
ihnen besonders erschloss, sondern dass sie einzelne durch die ποιήματα θεοῖ empfingen und unter ihresgleichen ausbreiteten. Was
Gott unter den Menschen hat offenbar werden lassen, das hat sich
demnächst als Gemeingut Allen dargeboten. Daher der Wechsel
zwischen ἐν αὐτοῖς und αὐτοῖς.
     Ein volleres Verständniss dieses Verses wird sich jedoch erst er-
geben, wenn wir v. 20 in den Bereich der Auslegung gezogen haben.
Zu v. 19 nur noch nachträglich die Bemerkung, dass ὁ θεὸς γὰρ
nach den maassgebenden Codd. zu lesen ist statt der Recepta ὁ γὰρ
θεός. Ferner, dass von etlichen Auslegern τὸ γνωστὸν gleichbedeutend genommen wird mit ἡ γνῶσις, was unbedingt abzuweisen ist.
     v. 20. K giebt den Zusammenhang zwischen dem 19. und 20.
Verse, sowie den Inhalt des letzteren mit folgenden Worten: „Dass
dies Wissen (v. 19) ein öffentlicher Gemeinbesitz ist, geht darauf
zurück, dass Gott selber ihnen jene Vorstellung durch die stets an-
dauernde allgemeine öffentliche Predigt des unabhängig vom Menschen
gewordenen und erhaltenen Universums kund gethan hat (v. 19 b).
Denn seit die Welt existirt, versichtbart sich dem Denkenden, was
gotthaftes Wesen sei [sic!] und illustrirt sie jedem die darauf gegründete gemeinsame Ueberlieferung von Gott, wenn sie an ihn
kommt, so dass überall, wo die Menschen Gott die rechte Ehre wei-
gern, sie deshalb unentschuldbar sind, weil ihnen die wahre Kunde
von Gottes Wesen [!] zugekommen ist (v. 20)."
     Soviel erhellt, dass K von Ms Erklärung nicht wesentlich ab-
weicht. Auch dieser sieht in τὰ ἀόρατα αὐτοῖ die unsichtbaren
Proprietäten, welche sein Wesen ausmachen, während ich darin
nur diejenigen unsichtbaren Proprietäten erkenne, welche τοῖς ποιήμασι

νοούμενα erschaut werden. Ich gebe zu, dass diese Bestimmtheiten des göttlichen Wesens sind, aber ich gebe nicht zu, dass sie das göttliche Wesen ausmachen. Nicht Welt-, nicht Geschichts-Betrachtung, sondern die Selbstoffenbarung Gottes durch das Wort bringt den Vollbegriff des göttlichen Wesens zu unserer Kenntniss. Immerhin aber ist das *γνωστὸν τοῦ ϑ.* vollständig ausreichend, um sagen zu können: die Menschen kannten [sc. insoweit] Gott; wenn sie ihn nicht als Gott ehrten und sich seinem Wesen gemäss verhielten, so konnten sie sich mit Unkenntniss nicht entschuldigen. Gottes Zorn trifft sie mit Recht. Gut spricht sich *G* über *νοούμενα καϑορᾶται* aus. Er sagt: „dieser zusammengesetzte Ausdruck schliesst zwei eng verbundene Ideen in sich: einerseits die der sinnlichen Anschauung, andrerseits die eines Actes intellectueller Wahrnehmung, durch welche das, was sich dem Auge darbietet, zugleich eine Offenbarung für das Bewusstsein wird. Das Thier sieht, wie der Mensch, aber ihm fehlt der *νοῦς*, die Vernunft (wovon *νοούμενα*), durch welche der Mensch von der Anschauung des Werkes zu der des Urhebers aufsteigt. Diese beiden gleichzeitigen Anschauungen, die eine sinnlich, die andere geistig, machen bei dem Menschen Einen Act aus, welcher durch den Ausdruck geistige Anschauung, dessen sich der Apostel bedient, trefflich gezeichnet ist.“ Was die Sache selbst betrifft, so hat *M* sehr richtig auf Aristotel. de mundo 6 hingewiesen: *ἀϑεώρητος ἀπ᾽ αἰτῶν τῶν ἔργων ϑεωρεῖται ὁ ϑεός.*

Dass Paulus in v. 20 von einer Gotteserkenntniss aus den Werken der Schöpfung redet, wird von den bei Weitem meisten Auslegern behauptet. *M* z. B., welchem *W* überall zustimmt: „*τοῖς ποιήμασι* umfasst Alles, was Gott als Schöpfer hervorgebracht hat, nicht aber zugleich das Walten Gottes in der Geschichtswelt, wie Schneckenburg's Beitr. p. 102 flgg. will, denn von den Schöpfungsproducten Gottes ist מַעֲשֶׂה, welchem *ποίημα* entspricht (LXX. Eccl. 3, 11. 7, 13) das solenne Wort, wie denn auch Paulus selbst Eph. 2, 10 die Erneuerung des Menschen als Analogon der Schöpfung bezeichnet, und nur von den Schöpfungswerken konnte Paulus behaupten, was er hier sagt, zumal da er *ἀπὸ κτίσεως κόσμου* zusetzt.“ An dieser Auslassung *M*s sieht man wieder einmal, wie wenig den Behauptungen selbst der besseren Ausleger zu trauen ist. *Ποίημα* kommt bei den LXX. 28 mal vor und zwar einmal als Uebersetzung von יֵצֶר figmentum Jes. 29, 16 cfr. Röm. 9, 20, wo der Apostel *πλάσμα* für *ποίημα* setzt. Die Frage würde niemals erhoben worden sein, wenn *ποίημα* und *ποίησις* nicht Dinge und Handlungen berührten, die unter Menschen auch vorkommen. Somit ist *ποίημα* sicherlich nicht als Schöpfungswerk zu fassen. Dasselbe gilt von *ποίημα* in Eph. 2, 10; es ist nicht als Analogon der Schöpfung aufzufassen, wie *M* will, denn Erneuerung und Umbildung setzt Stoff voraus, während gerade die Negation des Stoffes dem Schöpfungsbegriff wesentlich ist. Einmal kommt *ποίημα* in LXX. als Ueber-

setzung von בָּל Ps. 92, 5 vor: εὔφρανάς με κύριε, ἐν τῷ ποιή-
ματι σου; die nachfolgenden Verse zeigen unwiderleglich, dass sich
ποίημα auf das Thun Gottes in der Geschichte bezieht. Die übrigen
26 Stellen bringen ποίημα und ποιήματα als Uebersetzung von
מַעֲשֶׂה; ich habe darunter keine einzige gefunden, die sich auf
Schöpfungswerke bezogen hätte. Sorgfältig habe ich die von M
citirten geprüft. Eccl. 3, 11 ist von Gott gesagt, dass er alles thut
zu seiner Zeit; von Menschen: μή εὔρη ὁ ἄνθρωπος τὸ ποίημα
ὃ ἐποίησεν ὁ θεὸς ἀπ' ἀρχῆς καὶ μέχρι τέλους. Sicherlich ist
das ποίημα kein Schöpfungswerk. Eccl. 7, 13: ἴδε τὰ ποιήματα
τοῦ θεοῦ ist von keinem Exegeten auf die Schöpfungswerke bezogen
worden. Delitzsch: Siehe Gottes Werk an! will sagen: erkenne in
dem Geschehenden ohne Meistern und Murren das Walten der Gottheit." Somit ist die Angabe Ms: ποίημα sei das solenne Wort
für Alles, was Gott als Schöpfer hervorgebracht hat, falsch. Vielmehr
hat Schneckenburger Recht, wenn er ποίημα von dem Walten Gottes
in der Geschichte verstanden wissen will. Wenn es ψ 64, 10 heisst:
ἀνήγγειλαν τὰ ἔργα τοῦ θεοῦ καὶ τὰ ποιήματα αὐτοῦ συνῆκαν,
ferner ψ 143, 5: ἐμνήσθην ἡμερῶν ἀρχαίων καὶ ἐμελέτησα ἐν
πᾶσιν τοῖς ἔργοις σου, ἐν ποιήμασιν τῶν χειρῶν σου ἐμελέτων,
so ist darin dieselbe Methode der Gotteserkenntniss und des Ver-
ständnisses der Gotteswege gemeint, wie in Röm. 1, 20; der Zweck
ist: τὰ ἀόρατα τοῦ θεοῦ τοῖς ποιήμασι νοούμενα καθορᾶν, also
nicht Erkenntniss der ewigen Macht Gottes aus den Schöpfungswerken, sondern aus den Werken seiner Weltregierung. — Etwas
freilich glaubt M für seine Annahme dadurch gewonnen zu haben,
dass er sich auf den Zusatz ἀπὸ κτίσεως κόσμου berufen darf.
Aber gerade dieser Zusatz erscheint bei der Mschen Deutung der
ποιήματα vollständig müssig, denn wozu die Versicherung, dass
speculative Schlüsse auf das Wesen Gottes aus den Schöpfungswerken
erst seit der Schöpfung gemacht worden seien, da niemandem einfallen wird, sie vor die Schöpfung zurückzudatiren. Der Zusatz ist
nur dann verständlich, wenn der Apostel die Meinung verhüten will,
als seien dergleichen Schlüsse erst von einer gewissen Zeit ab gemacht worden. Ein Nachweis aber, dass dies wirklich geschehen sei,
wird um so weniger geliefert werden können, als die ganze Heidenwelt, soweit uns bekannt, von Schöpfungswerken niemals etwas gewusst hat, wohl aber von der bestehenden Weltordnung (κόσμος) auf
eine die Welt erhaltende und regierende Macht schloss, wie uns das
die oben angeführte Stelle des Aristoteles deutlich zeigt. Diese Macht
nannte sie θεός, ohne deshalb die θεοί verläugnen zu wollen. Auch
Abraham ist ursprünglich denselben Weg gegangen, war aber der
erste, der vom Dienste der Himmelsmächte zu der Anerkennung und
zu dem Dienste des einen persönlichen Gottes überging. Wenn nun
der Apostel, wie doch anzunehmen ist, seine Aussagen nicht auf
Glaubensartikel, sondern auf Thatsachen stützte, deren Richtigkeit
auch Seitens des natürlichen Menschen nicht wohl in Abrede gestellt

werden konnte, so ist kaum noch zweifelhaft, dass in v. 20 unter
ποιήμασι etwas anderes nicht zu verstehen ist, als die geschichtlichen Werke Gottes — die Welterhaltung und Weltregierung, welche,
insoweit sie eben nur auf eine ἀΐδιος δύναμις καὶ θειότης zurückgeführt wird, von jedem denkenden Menschen anerkannt werden muss.
Denn die Welt ist, äusserlich betrachtet, eine Summe von Wesen und
Dingen, deren keins für sich ewig ist. Wäre nun die Kraft, auf
welcher das Universum beruht, den weltlichen Dingen gleichartig, so
müsste sie sich längst verzehrt haben, das Weltganze aber in seine
Atome zerstoben sein. Somit hat die Welterhaltung zu der conditio,
sine qua non ihrer Function, eine ἀΐδιος δύναμις nöthig. Erst
durch sie wird das Universum ein Organismus, in welchem mittelst
der ἀΐδιος δύναμις alle Theile sich zu einem harmonischen Ganzen
integriren; diese Eigenschaft aber, auf die Erhaltung des Einzelnen
in seinem Wesen, d. i. auf das Wohl alles Seienden hinzuwirken, ist
der Grundbegriff der θειότης. Nicht die alles überragende Majestät,
sondern die Allgüte ist von den heidnischen Philosophen und Hellenisten in der θειότης gefunden worden.

Aber das ἀπὸ κτίσεως κόσμου? Ich halte diesen Zusatz für
sehr bedeutungsvoll, weil daraus zu schliessen ist, dass der Apostel
bei seiner Darlegung nicht bloss Heiden im Auge gehabt hat, sondern
auch solche Menschenkinder, welche an eine κτίσις κόσμου und an
einen κτιστής glaubten, die Gotteserkenntniss aber als ein praecipuum
für sich in Anspruch nahmen, weil Gott vornehmlich mit ihnen sein
Thun gehabt und sich vor allen Völkern der Erde ihnen, als seinem
Volke offenbart habe. Man braucht nur Röm. 2, 17—20 zu lesen,
um zu erfahren, wie die Juden darüber dachten. Dem Wahne gegenüber, als hätte Gott sich nur seinem Volke offenbart, als bestände
daher die Gotteserkenntniss erst seit den Erzvätern, bez. seit der
Zeit, wo ihre Nachkommen zu einem Volke sich zusammenschlossen,
behauptet Paulus eine Gottesoffenbarung seit Erschaffung der Welt,
also seit einer Zeit, wo noch Juden und Heiden unterschiedlos
bei einander waren. Er wählt absichtlich eine Ausdrucksweise, welche
die ganze Menschheit einschliesst, denn auch die Juden sind nicht
durch Theophanieen, sondern durch die gewaltigen Thaten, welche
Gott von Anfang an besonders an diesem, seinem Volke gethan, zur
Erkenntniss τῶν ἀοράτων αὐτοῦ d. i. τῆς τε ἀϊδίου θεοῦ δυνάμεως καὶ θειότητος gelangt.

Für mich ist diese Darlegung um desswillen so überaus wichtig,
weil sie mich in der Ueberzeugung bestärkt, dass der Apostel in
den v. 19. 20, und wie ich hier schon proleptisch bemerken will,
auch v. 21 nicht von Heiden insonderheit, sondern, wie v. 18
ergiebt, von ἀνθρώποις im Allgemeinen redet.

G bemerkt: „Man sieht die Weitherzigkeit und die geistige
Freiheit des Apostels. Er verkennt nicht den Werth der sogenannten
natürlichen Theologie. wie die Juden und wie bisweilen sogar die
christliche Wissenschaft gethan hat. Dieselbe Idee einer allgemeinen

Offenbarung findet sich wieder in Paulus' Reden zu Lystra und
Athen (Act. 14, 17. 17, 27. 28); ebenso 1 Cor. 1, 21 und in unserm
Brief selbst 3, 19". So richtig diese Bemerkungen sind, so wenig
hat *G* sich dadurch bestimmen lassen, wenn er als Inhalt des Abschnittes 1, 18—32 angiebt: „der Zorn Gottes über die Heidenwelt".
Eine unausweichliche Consequenz meiner Auffassung von v. 20
ist, dass in v. 21 für mich nicht τὰ ἔϑνη oder οἱ ἐϑνικοὶ das
Subject ist — wo stände auch nur eine Silbe davon! — sondern
ἄνϑρωποι aus v. 28. Allgemeine Offenbarung und allgemeine Verschuldung stehen in Wechselwirkung und begründen
die allgemeine Verantwortlichkeit. Eben dies will der Apostel
darlegen.

Εἰς τὸ εἶναι — ἀναπολογ. Mit Recht wird von den
neuern Auslegern bemerkt, dass mit εἰς τὸ εἶναι nicht der Erfolg, sondern nach constantem Paulinischen Sprachgebrauch der
Zweck müsse angegeben sein. Der Streit zwischen Reformirten
und Lutheranern über decretum absolut., in welches diese Worte
hineingezogen worden sind, lasse ich billig bei Seite liegen. Auch
kann ich *M* nicht zustimmen, wenn er die telische Auffassung
mit der „durchaus biblischen Schicksalsidee" begründet. Wenn
H meint, dass mit dem Zwecksatze doch nicht eine That Gottes
könne gemeint sein, welche hinter der menschlichen Verschuldung
zurückliegt, so hat *W* nur Unverständliches und Unannehmbares
dagegen vorgebracht, wenn er die Verschuldung des Menschengeschlechts als eine mit der Weltschöpfung bereits gegebene und
die göttliche Selbstopferung vermittelnde bezeichnet. — Jedes Bedenken gegen die telische Fassung erklärt sich einfach durch die
richtige Deutung von ποιήματα. Gott hätte, als der Mensch sich
von ihm abwendete, sich auch seinerseits von den Menschen abwenden und ihnen alle und jede Offenbarung seiner selbst entziehen
können. Das hat Gott nicht gethan, sondern, was erkennbar an
ihm ist, durch sein geschichtliches Walten zur Kenntniss der Sünder
kommen lassen, damit sie keine Entschuldigung haben.

V. 21 ist ein weiteres Moment in der Begründung des 18. Verses,
auch in formeller Beziehung als solches vom Apostel gekennzeichnet
durch Voranstellung desselben διότι, was in v. 19 die Anklage gegen
die κατέχοντες (v. 18) einleitet. Dort διότι τὸ γνωστὸν τοῦ ϑ.
φανερὸν, hier διότι γνόντες τὸν ϑεόν. Aus dieser Stellung, ein
weiteres selbstständiges Moment in der Anklage zu sein, wird v. 21
durch die neueren Exegeten gelöst, sei es, dass sie διότι für gleichbedeutend mit γάρ nehmen, oder an der eigentlichen Bedeutung
propterea quod festhalten. Unter den letzteren will *W* διότι nur
durch ein Komma von dem vorangegangenen Verse trennen, also in
enge logische Verbindung mit dem Zwecksatz bringen, unentschuldbar deswegen, weil... Es würde damit die Unentschuldbarkeit der Menschen in der widersprechendsten Weise motivirt, einmal als ein jede Entschuldigung ausschliessendes Gottes-

gericht, dann als Folge einer durch eigne Verschuldung eingetretenen
Verdunklung des Gottesbewusstseins. Ich meine nicht, dass der
Apostel den telischen Schlusssatz εἰς τὸ εἶναι — ἀναπολογ.
noch besonders habe motiviren, sondern vielmehr in seiner Entwicklung
fortschreitend habe zeigen wollen, wie aus dem völligen Mangel an
aller und jeder Bethätigung der Gotteserkenntniss sich die eitle
Speculation über Göttliches erzeugt, in Folge derselben der Geist
vollends von allem göttlichen Inhalte entleert und schliesslich der
Mittelpunkt des persönlichen Lebens, das Herz verdunkelt worden ist,
also dass die vermeintlichen Weisen schliesslich zu Narren geworden
sind. Statt einer logischen Dependenz von ἀναπαλογήτους haben wir
demnach eine Fortführung der Geschichte von dem Versinken des Menschengeschlechts in völlige Nacht durch Abwendung von der Gottesoffenbarung, bez. durch Unterlassung der Pflege des Gottesbewusstseins.

Wie aber verhalten sich zu dem so eben skizzirten Gange die
Textesworte? Διότι kann und darf etwas andres nicht heissen,
als propterea quod; auch liegt es am nächsten, den causalen Inhalt
des nachfolgenden Satzes an das unmittelbar Vorangehende anzuschliessen. Es liegt am nächsten, aber es ist nicht absolut
nothwendig. Wenn nun nicht auf Vorangehendes, so müsste der
Satz mit διότι auf das Nachfolgende bezogen werden. Dann wird
man mit Fug und Recht eingestehen, dass sich ein Analogon dafür
im N. T. nicht finde. Ich stimme zu. Damit aber ist die Möglichkeit, διότι auf andrem Wege dem Hauptsatze als Begründung zuzu-
weisen, keineswegs abgethan. Wir haben einfach eine Inversion
vor uns (Kühner II. § 863). Eben weil v. 21 mit γνόντες den
Inhalt der vv. 19 und 20 in sich aufnimmt, also in rhetorisch
accentuirter Weise nicht an ein einzelnes Wort, sondern an den
Gesammtinhalt des Vorangegangenen anschliesst, ist eben dieser
Theil des v. 21 vorangestellt. Ohne Inversion würde es heissen:
ihr unverständig Herz ward verfinstert deswegen, weil sie trotz ihrer
Kenntniss Gott als Gott nicht ehrten u. s. w. Statt dessen sagt
der Apostel mit Emphase: „Deswegen, weil sie trotz der Kenntniss Gott nicht ehrten, ward u. s. w." Also: der Causalsatz tritt,
weil er den Inhalt von 19 und 20 in sich aufgenommen hat, nämlich die Gotteserkenntniss, voran, der Hauptsatz folgt als Schilderung
der erfolgten Versäumniss und ihrer Folgen für das ganze Geistesleben der Menschen nach.

Das οὐχ ὡς ϑ. ἐδόξασαν ἢ εὐχαρίστησαν ist übrigens noch
keineswegs ein Charakteristikum der Heiden für sich. Jede Sünde
weigert Gott die Ehre; der Sünder giebt dem, was Nicht-Gott ist,
die Herrschaft über sein sittliches Handeln. Was Maleachi 1, 6
fragt, geht auf das sündige Gottesvolk in seiner Totalität, und solch
Sündigen ist nicht erst in späterer Zeit aufgekommen, sondern durch-
zieht die ganze Geschichte Israels. Und immer waren es ihre δια-
λογισμοί, welche sie verdummten, also, dass sie ihren Verstand höher
hielten, als Gottes Wort, und immer wieder stieg die dickste Fin-

sterniss aus dem unverständigen Herzen auf, um desswillen unverständig, weil es Gottes Rath weder hören, noch verstehen mochte.
Uebrigens verstehe ich das ἐματαιώϑησαν von dem leeren
und haltlosen Wesen, welches den menschlichen Gedanken- oder
Speculationsinhalt ausmacht, wenn das Einzige, was dem Geiste Halt
giebt, der Gottesgedanke aufgegeben ist; der Hauptsatz ist für mich
καὶ ἐσκοτίσϑη — καρδία. Ich halte mit dem Apostel dafür, dass
die speculirenden Gedanken ohne den positiven Gottesbegriff zunächst
tiefe Schatten in den menschlichen Geist werfen; die absolute Finsterniss aber in dem Herzen, dem Centro des Personenlebens erst
dann anbricht, wenn das Gottesbewusstsein völlig erlischt.

V. 22. Das Asyndeton zeigt niemals ein grammatisches, sondern lediglich ein rhetorisches Verhältniss zu dem vorigen Satze
an, es ist die Form der unmittelbaren Zusammengehörigkeit, Ab-
folge, des selbstverständlichen Ergebnisses, zu dessen Ermittlung es
einer Reflexion, bez. Reflexionspartikel nicht bedarf. V. 22 ist die
unmittelbare Folge von ἐσκοτίσϑη; die innere Finsterniss zeigt sich
in dem Mangel an Selbsterkenntniss; der Mensch mit dem verfin-
sterten Herzen führt ein Traumleben; er dünkt sich weise und sagt
das wieder und immer wieder (φάσκων dictitans) und ist doch ein
Narr. So träumen heut zu Tage viele von sonderlicher Klugheit, wenn
sie sich von Gott abwenden, und merken nicht, dass der Teufel sie narrt.
Das rhetorische Verhältniss von v. 22 zu 21 wird am besten durch
einen Doppelpunkt hinter ἐσκοτίσϑη — καρδία ausgedrückt.

Von diesem Verse ab schildert der Apostel nicht mehr den
allgemeinen Charakter der Versündigung, über welche Gottes Zorn
sich ergiesst, sondern er zeichnet, der bekannten Unterscheidung des
Menschengeschlechts in Heiden und Juden folgend, mit markigen
Zügen die individuellen, ich möchte sagen nationalen Versündigungen
des heidnischen Volksthums und Judenthums.

Das Subject von v. 22 bis v. 32 bleibt ἄνϑρωποι, οἱ τὴν
ἀλήϑ. ἐν ἀδικ. κατέχοντες, denn alle diese für verschiedene Men-
schengattungen charakteristischen Züge subsumiren sich unter das
Eine, dass sie mit ihrer Ungerechtigkeit die Wahrheit niederhalten.
Es war daher ganz verfehlt, anzunehmen, dass der Apostel bis zum
Schlussverse des ersten Capitels nur von Heiden handelte. Decken
sich denn in aller Welt die Heiden mit den ἄνϑρωποις in v. 18?
Man replicirt: ja, die Juden kommen in Cap. 2. Das ist wieder
falsch. In Cap. 2 greift der Apostel die Ausnahmestellung an,
welche die Juden um des Gesetzes willen für sich in Anspruch
nahmen und mittelst welcher sie sich von der ὀργή liberirt glaubten.
In Cap. 3 schliesst der Apostel mit seiner Beweisführung ab, deren
Ergebniss ist, dass die Juden ebenso gut unter der ἁμαρτία sich
befinden, also der göttlichen ὀργή unterstehen, wie die Hellenen.
Aber eine Versündigung der Juden insbesondere hätte der Apostel
nicht nachgewiesen, wenn das erste Capitel von v. 18 bis zum
Schluss nur von den Heiden handelte. Und doch war ein solcher

Nachweis unbedingt nöthig, wenn eine Exception dagegen gemacht und in Besprechung gezogen werden sollte.

Ich will nicht verschweigen, dass ich bei einem der schwierigsten Punkte der alten und neuen Exegese angekommen bin. Sehr vereinzelte Stimmen, wie des Michelsen in den Studien und Kritiken, dann des Mehring in seinem Commentar zum Römerbrief, vorher in einer kleinen Schrift über das Sündenregister in Cap. 1 haben zwar auf v. 28 als auf den Anfang der apostolischen Schilderung jüdischer Verschuldung hingewiesen. Man hat jedoch diese Sondermeinung als eine höchst sonderbare und selbstverständlich unbeachtliche behandelt und ist mit exegetischem Achselzucken daran vorübergegangen. Das Werthvolle und Beachtenswerthe, was jene Ausleger beigebracht haben, ist entweder ganz ignorirt oder mit jener spröden Zurückhaltung erwähnt worden, die leider fast jedesmal von unsern modernen Auslegern beobachtet wird, wenn es sich jemand einfallen lässt, seinen Curs ausserhalb des Kielwassers der mit den Apparaten und Resultaten herkömmlicher Auffassung schwer beladenen Segelschiffe zu nehmen.

Ich an meinem Theile weiss mich von jeder Rücksicht frei, die mich veranlassen könnte, mühsam erworbene und durch ein langes Leben und Studium hindurch bewährte Erkenntnisse nur mit Schüchternheit vorzutragen, weil sie möglicher Weise bei den δεινοῖς Aergerniss erregen könnten.

Ich an meinem Theile also bin der Meinung, dass die ἄνθρωποι aus v. 18 bis zum Schluss des Capitels als Subject festzuhalten sind und der Apostel eben dies nachzuweisen vorhat, dass und inwiefern die ἄνθρωποι sich versündigt haben, und dass und inwiefern sich jetzt schon (also zur apostolischen Zeit) der Zorn Gottes über sie offenbart.

Aus dieser Darstellung der allgemeinen Versündigung und des über die ganze Menschheit in Folge derselben hereingebrochenen göttlichen Zorns kommt der Apostel nicht heraus. Das hindert ihn aber durchaus nicht, innerhalb dieses Rahmens zu individualisiren und das Individuelle sich nochmals von selbst zu dem Gesammtbilde allgemeiner Versündigung und allgemeinen Gottesgerichts zusammenfassen zu lassen. — Zwei Punkte sind es also, die in's Klare gebracht werden müssen, wenn man des Apostels Schreibweise auch nur stylistisch begreifen will:

1) wie das zu verstehen ist, dass der Apostel, von ἀνθρώποις überhaupt redend, innerhalb dieser auf die Gesammtheit gerichteten Schilderung doch Heidnisches und Jüdisches besonders behandelt?

2) ob denn in der apostolischen Skizze Merkmale vorhanden sind, aus denen sich mit Sicherheit schliessen lässt, dass er wirklich Heidnisches und Jüdisches besonders behandelt hat?

Mehring hatte in seiner Abhandlung über das Sündenregister im Römerbrief (Wriezen bei Röder 1854) sich, wie bereits bemerkt, entschieden dafür ausgesprochen, dass der Apostel, von dem

allgemeinen Gedanken der Sündenentstehung durch Abfall von Gott
ausgehend, bis v. 27 solches an den Heiden, von da ab an den Juden
nachgewiesen habe; insbesondere betont Mehring, dass das διὸ in Cap. 2
unbegreiflich wäre, wenn nicht der Apostel vorher auf die Juden
Bezug genommen hätte, denn dass mit den neuesten Auslegern der
Abschnitt 2, 1 u. flgg. nicht von den Juden insonderheit zu verstehen sei, dünkt ihm wenig haltbar. Im Commentar hat Mehring, wie
ich sehe, seine Auffassung modificirt. Er sagt: „es wird der Wahrheit am nächsten kommen, wenn wir annehmen, dass der Apostel
bei jedem einzelnen Theile (nämlich von 1, 18 bis 1, 27 und von
da ab bis zum Schluss nicht einen bestimmten Theil der Menschheit, namentlich beim zweiten nicht ausschliesslich die Juden vor
Augen gehabt, vielmehr die Anwendung im Ganzen und Einzelnen
dem eignen Ermessen und Gefühl beider Theile anheimgegeben habe,
wobei dann freilich die gewesenen Juden ohne Bedenken auch den
ersten Theil auf sich beziehen mussten. Aber, wie gesagt und wie
nicht oft genug wiederholt werden kann, es gilt dem Apostel als
Hauptsache, Entstehung und Verbreitung aller Sünden unter den
Menschen genetisch nachzuweisen und namentlich der Idololatrie
die Fleischessünden in Rechnung zu stellen". So Mehring. Hiernach ist denn doch die klare Scheidung und Gliederung der Gruppen
in 1, 18—32 aufgegeben, oder vielmehr den Lesern des Briefs anheimgegeben worden, während der Ausleger auf das Hauptstück der
Exegese, Klarheit und Bestimmtheit verzichtet. Ich werde Gelegenheit finden, weiter unten näher darauf einzugehen. — Der Satz, auf
welchen ich zunächst recurrire, ist weder von Mehring, noch von
irgend einem der neuern Ausleger bekämpft worden, dass stylistisch
nicht das Mindeste dagegen einzuwenden ist, wenn Allgemeines durch
Besprechung des darunter begriffenen Besondern in sprachlicher Ab-
grenzung erörtert wird.   .

Dies Allgemeine aber, welches der Apostel in dem vorliegenden Briefabschnitt erörtert, ist nicht die Entstehung und Verbreitung der Sünde unter den Menschen, sondern Darlegung der
allgemeinen Verschuldung und der dadurch hervorgerufenen Offenbarung des Zornes Gottes. Das Factum aber
(nicht bloss die Genesis) der Versündigung des Menschengeschlechts
wird dadurch nachgewiesen, dass die Menschen (v. 18) die Wahrheit
niederhalten in Ungerechtigkeit (d. i. mit ihrer Ungerechtigkeit); sie
der Grund, weshalb die Wahrheit nicht aufkommen kann. Die Verse
19 und 20 sind eingeschoben, um zu zeigen, dass die Wahrheit,
d. i., wie ich vorhin nachgewiesen habe, die Offenbarung Gottes als
des absoluten Grundes aller Dinge und aller Antriebe für sittliche
Wesen (ἀΐδιος δύναμις τε καὶ θειότης) bei einigem Nachdenken
über Gottes Thun (sein Erhalten und Regieren) sich allen dargeboten habe, aber trotzdem, dass sie sich dieser Gotteserkenntniss
nicht hätten entziehen können, von ihnen als Lebensprincip nicht
angeeignet sei, indem sie Gott in ihrem innern und äusserlichen

Verhalten die Ehre nicht gegeben oder für sein Führen und Regieren ihm gedankt hätten. So habe denn diese abweisende Haltung
gegen die Wahrheit eine Verfinsterung und Verdummung von Herz
und Sinnen zur Folge gehabt (v. 21). Sofern der Nachweis dieses
Allgemeinen, der Sünde und der darüber entbrannten ὀργή als
eines factischen Zustandes der Menschheit bei Anwendung von
Sonderschilderungen nicht ausser Acht gelassen wird, lässt sich
dagegen von stylistischer Seite nichts einwenden.

Eine andere Frage ist, ob in der apostolischen Darstellung wirklich Merkmale vorhanden sind, welche mit Sicherheit darauf schliessen
lassen, dass Paulus Heidnisches und Jüdisches auseinander gehalten
habe. Darüber wird kaum gehandelt werden können ohne eingehende Auslegung zunächst der vv. 22—27.

V. 22. Der Mangel an einer Verbindungspartikel zeigt, wie bereits bemerkt worden, einfach die Unmittelbarkeit der realen Verbindung, in welcher die Illusionen des natürlichen Menschen mit der
geistigen Blindheit stehen. Φάσκοντες ist nicht, wie K meint,
Subject, sondern Näherbestimmung zu den ἀνθρώποις v. 18. Das
ἐμωράνθησαν ist die erste allgemeine Wirkung des göttlichen
Zorns, dessen specielle Aeusserungen in den vv. 24. 26 angeführt
werden. Also nicht: „solche, welche mit ihrer Weisheit aufstanden",
sondern indem sie, da sie prahlten, weise zu sein u. s. w. Ihre
ruhmredige Weisheit war eitel Thorheit.

V. 23. Καὶ ἤλλαξαν. — Nun folgen die Belege im scharfen
Anschluss an die allgemeine Charakteristik. Leider ist die Auslegung an raschem Fortschreiten durch die Nothwendigkeit behin-
dert, sich mit den zum Theil sehr auseinandergehenden Erklärungen
auseinanderzusetzen. M übersetzt δόξα ohne Weiteres mit Majestät, umschreibt dann das Wort als „die in der Naturoffenbarung den Menschen manifestirte Glorie Gottes". Setzen
wir statt Naturoffenbarung Geschichtsoffenbarung oder noch besser
Offenbarung im Allgemeinen, so ist die Umschreibung richtig.
Besser würde gewesen sein, δόξα einfach als die (auch für Menschen erkennbare) Kraft und Gottheit aufzufassen, ein Begriff, der
sich mit der Appellativbedeutung von Jehovah ungefähr deckt. Es
ist das die intellectuelle Form, in welcher Gott dem denkenden
Menschen, so zu sagen, erscheint. Wenn die spätere jüdische
Theologie unter δόξα eine auch für die Sinne wahrnehmbare Erscheinungsform Gottes sich zurecht gelegt hat, so meine ich doch
nicht, dass Paulus diese Vorstellung sich angeeignet und ohne weitere Vermittlung in den vornehmlich für Heidenchristen bestimmten
Brief eingeführt hat, zumal der sprachliche Zusammenhang zwischen
der ἀΐδιος δύναμις mit der δόξα durch das δοξάζειν in v. 21 sich
sinnfällig darlegt. Ich übersetze schlechtweg Herrlichkeit und
meine damit den rechten Ausdruck getroffen zu haben.

Der gewöhnlichen Annahme: ἀλλάσσειν τι gehöre mit ἔν τινι
zu einem Verbalbegriff (so Fritzsche, Winer und die Neuern) und

letzteres führe das „eingetauschte" Object ein, möchte ich mich
nicht anschliessen. Die δόξα kann nicht vertauscht oder verändert
werden; sie bleibt an sich selbst, was sie ist. Nur die menschliche
Vorstellung von der δόξα kann sich verändern. Dass dies geschehen sei, bezeugt der Apostel, doch nicht so, dass er mit ἐν das
Object nennt, in welches die Menschen die δόξα verändert oder verkehrt haben, sondern dass er mit ἐν ὁμοιώματι darlegt, in
welcher Weise die Veränderung zu Stande gekommen oder welcher
Art dieselbe sei, denn ὁμοίωμα ist nomen verbale; es kann sich zu
dem Begriff eines concreten Gegenstandes, welcher durch das
ὁμοιῶσθαι hervorgebracht worden, verdichten, also Standbild, Abbild u. dgl. bedeuten, wie das entschieden in der verwandten Stelle
ψ 106, 20 der Fall ist; es kann aber auch als einfaches nomen
verbale, in welchem also der Verbalbegriff noch flüssig ist, aufgefasst
werden. Das ist in der vorliegenden Stelle der Fall, weil ausdrücklich die aus dem ὁμοιῶσθαι hervorgegangene εἰκών hinzugefügt
ist. Wiederum erinnere ich daran, dass das Gleichgemachtwordensein
sich nur auf einen Formact beziehen kann. Somit ist ὁμοίωμα so
viel, als Darstellung. Demnach ist zu übersetzen: „Und sie ver-
wandelten (sc. für ihre Vorstellung) die Herrlichkeit des unsterblichen Gottes, indem sie ihn darstellten unter dem Bilde eines
sterblichen Menschen u. s. w.

V. 24. Διὸ καὶ παρέδωκεν κ. τ. λ. Vortrefflich sagt M:
„diese Worte drücken die wirkliche active Preisgebung von
Seiten Gottes aus. Die seit Origenes und Chrysosth. so oft beliebte
Auslegung durch εἴασε ist nichts, als eine eigenmächtig rationali-
sirende Alteration. Dem Apostel ist Gott der lebendige Gott,
welcher die vergeltenden Folgen sowohl der Treue, als des Abfalls
nicht passiv eintreten lässt, sondern die von ihm getroffene Ordnung allwirksam selbst durchdringt und effectiv entwickelt". Nur
hätte ich gewünscht, dass M ausdrücklich und nachdrücklich an
v. 18: ἀποκαλύπτεται ὀργὴ θεοῦ ἀπ' οὐρανοῦ erinnert hätte.

Τοῦ ἀτιμάζεσθαι τὰ σώματα αὐτῶν ἐν ἑαυτοῖς.
M hat Recht, wenn er αὐτῶν geschrieben wissen will. Eine eigenthümliche Erklärung dieser Stelle giebt G. Er sagt:
„der Infin. ἀτιμάζεσθαι könnte übersetzt werden: in die Unreinigkeit, welche darin besteht, zu schänden [also τοῦ von ἀκαθαρσία abhängig, als stände τὴν τοῦ .. so Fritzsche, Winer,
auch M]. Aber da die ganze Stelle von der Idee der Offenbarung des göttlichen Zornes beherrscht ist, so ist es natürlicher,
auf den Infinitiv den Zweckbegriff anzuwenden: um zu schänden.
Es ist ein Verdammungsurtheil. „„Ihr habt mich entehrt; ich
überliefere euch der Unreinigkeit, damit ihr euch selbst entehrt.""
Das liegt in dem καὶ zu Anfang des Verses. Bei den Classikern
findet sich das Verbum ἀτιμάζεσθαι nur in der passiven Bedeutung: entehrt werden. Diese Bedeutung könnte hier nur zutreffen, wenn man mit M übersetzte: auf dass ihre Leiber unter

sich (von dem Einen durch den Andern) geschändet werden. Allein dieser Sinn entspricht nicht dem Nachdruck des apostolischen Gedankens. Die Strafe besteht nicht bloss darin, dass sie geschändet werden, sondern hauptsächlich darin, dass sie sich selbst schänden. Man muss also $\dot{\alpha}\tau\iota\mu\dot{\alpha}\zeta\varepsilon\sigma\vartheta\alpha\iota$ als Medium und in activer Bedeutung nehmen: um ihre Leiber zu schänden an ihnen selbst. Wenn diese Bedeutung bei den Classikern nicht im Gebrauch ist, so ist das etwas Zufälliges [sic!] — Die Ergänzung „an ihnen selbst" erscheint auf den ersten Blick müssig, aber Paulus will diese Schande als eine fortan ihrer Persönlichkeit selbst anklebende bezeichnen; es ist ein Brandmal der Schande, das sie forthin an der Stirne tragen."

So *G*. Es ist ja richtig, dass die ganze Stelle von der Idee der Offenbarung des göttlichen Zornes beherrscht ist; aber darum noch nicht ein Erforderniss der gesunden Auslegung, diese Idee sogar in explicativen Zusätzen ausgedrückt zu finden. Zum zweiten ist das $\delta\iota\grave{o}$ $\varkappa\alpha\grave{\iota}$ $\pi\alpha\varrho\acute{\varepsilon}\delta\omega\varkappa\varepsilon\nu$ eben kein Verdammungsurtheil, sondern es ist Aussage über die als Strafe bereits vollzogene Verdammung, über die factische Zornesoffenbarung an den in Rede stehenden Menschen. Es ist also vom Apostel nicht gesagt: Gott habe sie hingegeben, damit etwas geschehe, sondern Gott hat bereits an ihnen geschehen lassen, was er in seinem Zorn beschlossen. Der Genitiv $\tau o\tilde{v}$ $\dot{\alpha}\tau\iota\mu\alpha\dot{:}$ ist also mit $\ddot{\omega}\sigma\tau\varepsilon$ aufzulösen, wie denn überhaupt Winer in seiner Grammatik wohlgethan hätte, die ecbatische Bedeutung des Gen. c. infin. früher zu setzen, als die telische. Es muss heissen: „so dass ihre Leiber entehrt wurden $\dot{\varepsilon}\nu$ $\dot{\varepsilon}\alpha\upsilon\tau o\tilde{\iota}\varsigma$".

Völlig verfehlt ist, wenn *G* gegen den Sprachgebrauch behauptet: $\dot{\alpha}\tau\iota\mu\dot{\alpha}\zeta\varepsilon\sigma\vartheta\alpha\iota$ sei in activischer Bedeutung zu nehmen. Es ist und bleibt Passivum. Aber Recht hat er, wenn er der *M*schen Erklärung gegenüber hervorhebt, dass es dem Apostel vorzüglich darum müsse zu thun gewesen sein, die Selbstschändung nachzuweisen. Diesen Nachweis fordert jedoch nicht bloss die Rhetorik, sondern der Text giebt ihn ausdrücklich, wenn er richtig ausgelegt wird. *M* nimmt unrichtiger Weise $\dot{\varepsilon}\nu$ $\dot{\varepsilon}\alpha\upsilon\tau o\tilde{\iota}\varsigma$ in der Bedeutung: unter sich selbst, wechselseitig, und hebt damit jede Correspondenz zwischen Sünde und Strafe, deren Darlegung doch der Apostel augenscheinlich beabsichtigt, auf, ja er lässt den Unterschied zwischen den Strafen in v. 24 und in v. 26 fast verschwimmen. Dann gehört zu der Verwirklichung des $\dot{\alpha}\tau\iota\mu\dot{\alpha}\zeta\varepsilon\sigma\vartheta\alpha\iota$ $\tau\dot{\alpha}$ $\sigma\omega\mu$. in *M*s Sinne nothwendiger Weise Mann und Weib. Von dem geschlechtlichen Unterschiede ist jedoch an dieser Stelle noch keine Rede.

Ich meinerseits halte dafür, dass $\dot{\varepsilon}\nu$ $\dot{\varepsilon}\alpha\upsilon\tau o\tilde{\iota}\varsigma$ nicht auf die $\sigma\dot{\omega}\mu\alpha\tau\alpha$, sondern auf $\alpha\dot{\upsilon}\tau\tilde{\omega}\nu$ geht, also persönlich zu fassen ist. Es ist aber kein Grund, aus welchem $\dot{\varepsilon}\nu$ $\dot{\varepsilon}\alpha\upsilon\tau o\tilde{\iota}\varsigma$ etwa, wie $\dot{\varepsilon}\nu$ $\dot{\alpha}\lambda\lambda\acute{\eta}\lambda o\iota\varsigma$ zu deuten wäre: unter einander, wechselseitig, denn

darauf käme das verdeckende: unter sich selbst doch immer hinaus. Warum denn überhaupt ἐν — unter? Mit Personennamen,
oder deren Vertretern verbunden, nähert sich ἐν der Bedeutung von
διὰ (man vergl. Winer Gr. S. 346 u. flgg.), wie z. B. Matth. 9, 34:
ἐν τῷ ἄρχοντι τῶν δαιμονίων ἐκβάλλει τὰ δαιμόνια oder Act.
17, 31: κρίνειν ἐν ἀνδρί, jedoch ist diese werkzeugliche Bedeutung
insofern modificirt, als der Impuls als auf der betreffenden Person
beruhend und von derselben ausgehend gedacht wird, während bei
διὰ auch äussere Impulse die Activa bestimmen können. In dem
vorliegenden Falle geht der Impuls von den ἐπιϑυμίαις αὐτῶν
aus; in diesen ist bereits die Entehrung des ganzen Menschen, also
auch seiner Leiblichkeit, principiell enthalten. Der äussere Vollzug dessen, was inwendig ist und treibt (dessen Vertreter also sie
selbst sind) bringt das ἀτιμάζεσϑαι τὰ σωμ. αὐτῶν ἐν ἑαυτοῖς
zu Stande. Ich übersetze: so dass entehrt werden ihre Leiber
durch sie selbst. — Was G mit unzulässigen Mitteln zu erreichen versuchte, ist so auf sprachlich durchaus correctem Wege
erreicht.

Die Richtigkeit dieser Auffassung von vv. 23. 24 hat sich nach
drei Seiten als dem Zusammenhange entsprechend zu erweisen.
Zum ersten ist darzuthun, dass durch dieselbe die Correspondenz
zwischen Sünde und Strafe gewahrt wird; zum zweiten hat sie sich
als Beleg zu dem μωρανϑῆναι in v. 22 auszuweisen, zum dritten
hat sie sich im weitesten Bezuge als Illustration zu dem κατέχειν
τὴν ἀληϑ. ἐν ἀδικίᾳ v. 18 darzustellen.

Was 1) betrifft, so sehe ich von dem Mehringschen Versuch ab,
aus Cic. de nat. deor. 1, 18: nec tamen ea species [sie die göttliche
Herrlichkeit] corpus est, sed quasi corpus, ein tertium comparationis
zu gewinnen für die Verunehrung der göttlichen δόξα als des quasi
corpus Dei und der Verunehrung der menschlichen Leiber. Ich meine,
dass die Darstellung des unsterblichen Gottes unter dem Bilde sterblicher Wesen eine Entwürdigung der intellectualen Existenzform ist,
in welcher Gott dem menschlichen Geiste sich zu erkennen giebt, nämlich seiner ἀΐδιος δύναμις τε καὶ ϑεότης, für welche es schlechterdings ein sinnliches Darstellungsmittel nicht giebt. Dieser Versündigung nun entspricht die Aeusserung der göttlichen ὀργή, durch
welche der Mensch den Begierden überantwortet wird, die zur Entwürdigung der äusserlich wahrnehmbaren Existenzform d. i. seiner
Leiblichkeit führen.

Was 2) anlangt, so ist vor allen Gütern der Erde dem Men-
schen das eigne Leben lieb, insbesondere erstreckt er seine Liebe
auf das Substrat seiner äussern Existenz, seinen Leib. Wie der
Apostel Eph. 5, 28 gebietet, die Weiber zu lieben, wie die eignen
Leiber, so bedarf es nur einer einfachen Anwendung des folgenden
Verses in Verbindung mit 1 Thess. 4, 3—5 auf die in Rede stehende
Stelle, um zweifellos zu erkennen, dass er unter dem ἀτιμάζειν τὸ
σῶμα das πορνεύειν verstanden wissen will und dass er es für

eine Tollheit erachtet, wenn die Menschen selbst das verunehren, dessen Erhaltung und Bewahrung für sie Lebensaufgabe und Lebensbedingung ist.

Endlich ist 3) jede Disposition über den Leib wider Gottes Gebot eine $\dot{\alpha}\delta\iota\varkappa\dot{\iota}\alpha$; das Wahrhafte aber und Wesentliche an den Dingen, auch an unserm eignen Leibe ist die vom Schöpfer ihm gegebene Bestimmung. Der Leib hat die Bestimmung, ein Gefäss zu sein für die Zwecke des Geistes, in höchster Instanz sogar ein Tempel zu sein des heiligen Geistes. Wer ihn mit seinen Lüsten hindert, das zu sein, was er sein soll, der hält an diesem Theil mit seiner Ungerechtigkeit d. h. mit Uebertretung dessen, was vor Gott Recht ist, die Wahrheit, die thatsächliche Anerkennung Gottes, der auch ein Herr ist des Leibes, nieder.

So zeigt sich denn nach allen drei Seiten die gegebene Auslegung als dem Zusammenhange vollkommen entsprechend.

Zur Sache selbst bemerkt *M* ganz richtig: „die Unzuchtslaster sind specifisch heidnisch (ja selbst zum heidnischen Cultus gehörig) als Folge des Abfalls vom wahren Gott (vergl. 1 Thess. 4, 5), wie sie auch im Christenthum wieder einreissen, wo und wie dieser Abfall durch Unglauben um sich greift, und so auch im Christenthum ihre heidnische Natur bewähren".

G sagt zur Erläuterung von v. 23: „die Menschenvergötterung ist besonders dem griechischen und römischen Polytheismus eigen; die Anbetung der verschiedenen Thierarten dem ägyptischen und barbarischen Heidenthum. Man denke an die Verehrung des Stiers Apis, des Ibis, der Katze, des Krokodils u. s. w. bei den Aegyptern. Nach Paulus' Ansicht ist also der Bilderdienst nicht ein von dem ursprünglichen Fetischdienst ausgegangener Fortschritt im religiösen Denken der Menschheit. Weit entfernt, dass der Polytheismus ein erster Schritt gegen das Ziel des Monotheismus wäre, ist er vielmehr das Resultat einer Entartung, ein Abfall von dem ursprünglichen Monotheismus, eine Verfinsterung des Verstandes und des Herzens, welche zuletzt in dem rohesten Fetischdienst geendet hat. Die gründlich erforschte Religionsgeschichte der Neuzeit giebt der Auffassung des Apostels durchaus Recht. Sie zeigt, dass die jetzigen Heiden in Indien und in Afrika, weit entfernt, sich durch sich selbst auf eine höhere religiöse Stufe zu erheben, vielmehr seit Jahrhunderten nur immer tiefer sinken und in immer mehr zunehmenden Verfall gerathen. Sie beweist, dass allen Religionen und allen heidnischen Mythologien ein ursprünglicher Monotheismus zu Grunde liegt, welcher der historische Ausgangspunkt des religiösen Zustandes der ganzen Menschheit ist".

v. 25—27. *M* bemerkt zu οἵτινες μετή'λλαξαν ϰ. τ. λ.: „die Worte sind ein nothwendiger Commentar zu dem διὸ v. 24". Nach *G* ist v. 25 nur eine Unterbrechung, dem Apostel abgenöthigt durch das Bedürfniss seines empörten Gemüths, den Ernst einer solchen Züchtigung noch einmal zu rechtfertigen. In v. 26 nimmt er die

v. 24 begonnene Darstellung der Strafe wieder auf und führt sie
zu Ende. Somit ist in den vv. 25—27 nach M und G etwas
anderes nicht zu finden, als in den vv. 23. 24. Dieselbe Sache wird
verhandelt, nur in andrer, abschliessender Form. Dagegen will H
hinter v. 24 stark interpungiren und mit οἵτινες eine neue Periode
eröffnen, jedoch so, dass er v. 25 als Objectsbeschreibung zu dem
παρέδωκεν des 26. Verses zieht. Sehr richtig bemerkt K, dass
der Apostel in diesem Falle den 26. Vers so hätte anheben müssen:
τούτοις παρέδ. K will nun aus Gründen, die mich freilich nicht
überzeugt haben, den Relativsatz οἵτινες sich nur bis θεῷ erstrecken lassen und zwar als Umschreibung des dem φάσκοντες in
v. 22 parallelen Subjects; ἐν τῷ ψεύδει zieht er dann zu der
nachfolgenden Aussage καὶ ἐσεβάσ. καὶ ἐλάτρευσαν κ. τ. λ. καὶ —
καὶ nicht nur, sondern auch fassend. Seine Umschreibung
lautet: „solche, welche die Wahrheit Gottes, wie eine minder werthe
Sache, in Tausch weggegeben haben, sind vermöge der eingetauschten
lügenhaften Vorstellung, der kein wirklicher Gott entsprach, dazu
gekommen, sowohl die Gott gebührende religiöse Scheu (καὶ ἐσε-
βάσθησαν), als auch die Gott gebührende kultische Verehrung an
dem Schöpfer, der berechtigte Hände darnach ausstreckte, in blinder
Ignoranz vorübergehend (παρὰ τὸν κτίσαντα) dem Geschöpfe auf-
zuhängen“.

Nach meiner Auffassung steht die Sache so:

In den vv. 25. 26 vollendet der Apostel die Darstellung des
Charakteristischen am Heidenthum. Wenn, wie doch behauptet worden,
von den vv. 23. 24 bis zu 25. 26. 27 ein Fortschritt stattfindet, so
muss in den genannten Versen überall von demselben Subject die
Rede sein. Es kann also οἵτινες — θεοῦ nicht als ein besonderer Subjectivsatz angesehen werden. Subject sind eben diejenigen,
von denen vv. 22. 23 gehandelt wurde. Somit kann der Relativsatz, da er keine Umschreibung des Subjects ist, nur eine Näherbestimmung zum Subjecte sein und zwar eine charakterisirende
(οἵτινες verschieden von οἵ), die Beschreibung der ersten Gruppe
abschliessend. Also doch im engsten Anschluss an das Vorher-
gegangene, nicht einen neuen Gedankencomplex anhebend: solche,
welche d. h. unter den ἀνθρώποις, die mit ihrer Ungerechtigkeit
die Wahrheit niederhielten und in Folge dessen trotz ihrer vermeintlichen Weisheit zu Narren wurden, solche, welche, nachdem sie
Unvergängliches in Vergänglichem abgebildet und dafür ihre Strafe
erlitten, schliesslich die Wahrheit des Gottes, der sie bereits gestraft, in dem lügnerischen Wesen der bildlichen Darstellung des
Göttlichen ganz verloren u. s. w.

Μεταλλάσσειν, das verstärkte ἀλλάσσειν, also umändern,
verkehren. Der Artikel ἐν τῷ ψεύδει ist anaphorisch: das Götter-
bildwerk ist eine Lüge, es will etwas darstellen, was sich nicht darstellen lässt. Ebenso ist der Artikel vor θεοῦ anaphorisch: des
Gottes, von dem sie hätten wissen können, dass er seine Ehre nicht

ungestraft antasten lässt. *Ἀλήθεια* ist hier, wie vorher: die Anerkennung Gottes als des absoluten Herrn, also die subjective Wahrheit, denn eben diese kann vom Menschen verkehrt werden. *Σεβασθῆναι* heilige Scheu haben vor dem Gebieter; *λατρεύειν* dienen im religiös-praktischen Sinne, also durch gottesdienstliche Bräuche u. s. w. *Παρὰ τὸν κτίσαντα* ist wiedergegeben worden durch prae creatore, relicto creatore. *G*: an dem Schöpfer vorbeigehend, indem sie ihn verächtlich zur Seite lassen, um etwas anderes anzubeten; so auch *K*. Nach meiner Ansicht zu stark. Von verächtlichem Beiseitelassen oder vornehmer Ignoranz kann bei denen keine Rede mehr sein, die unter dem Einfluss der Lüge das Gefühl für die Wahrheit bereits verloren haben. Der Apostel accentuirt nicht mehr die persönliche Verschuldung, sondern den Zustand, der nunmehr geworden ist, dass diese Menschen Angesichts *(παρὰ)* des Schöpfers das Geschöpf anbeten; ich übersetze daher einfach *παρὰ* mit statt.

Dass übrigens, wie ich vorhin behauptete, die Darstellung der Gruppe, welche der Apostel vv. 22—27 im Auge hat, nunmehr vollendet ist, ergiebt sich daraus, dass das *κατέχειν τὴν ἀλήθ. ἐν ἀδικίᾳ* weiter nicht gehen kann, als bis zum *μεταλλάσσειν τὴν ἀλήθ.* Wo der Wahrheitssinn völlig erstorben, die Wahrheit in ihr directes Gegentheil verkehrt ist, da kann von einer Reaction der Wahrheit nicht mehr die Rede sein, also auch nicht von einem *κατέχειν*: Οἴδατε ὅτι ἔθνη ἦτε, πρὸς τὰ εἴδωλα τὰ ἄφωνα ὡς ἄν ἤγεσθε, ἀπαγόμενοι (1 Cor. 12, 2).

v. 26. 27. Und wie die Schuld, so hat die Strafe, sowie sie diesseitig verhängt wird, ihren Culminationspunkt erreicht; sie wird als Strafe Gottes vom Himmel herab offenbar in den *πάθεσι ἀτιμίας*, deren Ausbrüche die scheusslichen, widernatürlichen Unzuchtssünden sind. Die Greuel der Päderastie sind bekannt; sie waren unter den Heiden weit verbreitet. Warum Paulus den Wollustgreuel der Weiber vorangestellt habe, fragt *M* und antwortet: „um das Abscheuliche (die *πάθη ἀτιμίας*) gleich in seiner grellsten Gestalt (an dem schamhaften Geschlechte!) hervortreten zu lassen". Die urkundlichen Zeugnisse über das sogenannte Lesbische Laster wolle man in den Commentaren nachsehen.

Die Correspondenz zwischen Sünde und Strafe liegt darin, dass die *ἀτιμία*, welche der Mensch dadurch dem lebendigen Gotte anthut, dass er statt seiner das Geschöpf anbetet, von dem zürnenden Gotte erwiedert wird mit den *πάθη ἀτιμίας*, imgleichen dass die unnatürliche Befriedigung seines religiösen Bedürfnisses zur Folge hat die unnatürlichen Wollustsünden — *τὴν ἀντιμισθίαν* — ἀπολαμβάνοντες.

In Betreff der Verirrung, welche Paulus meine, verweist *M* auf v. 23. Für mich nicht annehmbar, weil ich ein Zurückgreifen in das frühere Stadium des sich entwickelnden Heidenthums nicht zugeben kann, übrigens auch hier eine andere *πορνεία* gezeichnet

finde, als dort. Besser *G*: „πλάνη ist nicht der Irrthum, dass sie
in solchen Schändlichkeiten eine Befriedigung gesucht haben, sondern
die freiwillige Lüge des Götzendienstes, die Lüge der Unterdrückung
der Wahrheit v. 18, denn dies ist der Grund der ἀντιμισθία, der
so eben beschriebenen schimpflichen Vergeltung." Gewiss ist der
letzte Grund alles Irrthums die Unterdrückung, bez. Verdunkelung
der Wahrheit. Hier aber ist ein bestimmter Irrthum gemeint und
auf den nächsten Grund zurückgeführt. Nur, meine ich, ist das
Nächste, von welchem gehandelt und an welches die ἀντιμισθία
πλάνης angeschlossen worden ist, der Vollzug der unnatürlichsten
Wollust. Diese hätte der Apostel nicht trefflicher bezeichnen können,
als durch πλάνη. Man wolle hier nur die ethische Bedeutung des
Wortes, nach welcher allerdings πλάνη eine mildere Bezeichnung
der ἁμαρτία ist, fern halten. Ich meine so, dass der Mann, der
seine Geschlechtslust befriedigen will, den von der Natur vorgeschrie-
benen geraden Weg zu gehen und sich an ein Weib zu wenden hat.
Greift er zu diesem Zweck zu einem männlichen Wesen, so ist sein
Weg verkehrt, er **irrt**. Πλάνη ist einfach eine Wiederholung des
παρὰ φύσιν. Welches ist nun die ἀντιμισθία für diese πλάνη?
Der Mann, welcher in unerlaubter Weise mit einem Weibe der Wollust pflegt, bleibt insofern wenigstens in den Ehren seines Geschlech-
tes, als bei solchem Umgange die Kindererzeugung nicht ausgeschlossen ist. Der Päderast verrichtet nicht mehr des Mannes
Geschäft, sondern erweist sich als ein seiner Mannesehre entkleideter
Sclav der Wollust. Das Gleiche gilt vom Weibe in Betreff des „les-
bischen Lasters". Mann und Weib — sie haben beide ihre Ehre,
wenn sie das, wozu sie geschlechtlich bestimmt sind, wahren und in
den Grenzen der göttlichen Ordnung ausrichten. So ist denn die
ἀντιμισθία ihres unnatürlichen Verhaltens die ἀτιμία: Mann und
Weib entehren in ihrer Person (ἐν ἑαυτοῖς) ihr Geschlecht. Diese
ἀντιμισθία ist eine selbstverständliche, aus der Natur der Sache
sich ergebende Folge. *M* umschreibt das hinzugesetzte ἣν ἔδει mit
den Worten „nach der Nothwendigkeit der göttlichen Ordnung" und
verweist auf vv. 24. 26. 28. Allein gerade durch den gebrauchten
Ausdruck will der Apostel ausschliessen, dass diese ἀντιμισθία als
eine unmittelbar von Gottes ὀργή verhängte angesehen werde. Es
genügt vollständig, dass die πάθη ἀτιμίας von der ὀργή über die
οἵτινες in v. 25 verhängt sind; alles andere ist eine Folge dieses
Verhängnisses (παραδοῦναι), ergiebt sich von selbst. Insofern freilich
hat *M* Recht, dass unter der ἀντιμισθία πλάνης nicht mit Ammon
die zerrüttenden Folgen der Wollust zu verstehen sind, dass überhaupt die consectaria naturalia der Unzucht ganz ausser Betracht
bleiben, aber Unrecht wieder darin, dass die ἀντιμ. πλαν. die ge-
schilderten Wollüste selbst sein sollen, in deren Gewalt sie Gott zur
Vergeltung ihres Abfalles preisgegeben habe. Wie schon oben angedeutet, sind die πάθη ἀτιμίας, in welchen dynamisch die
unnatürlichen Wollustacte mit enthalten sind, nicht zugleich die

ἀντιμισϑία πλάνης.   G bemerkt nichts weiter, als: „in ἣν ἔδει
fühlt man etwas, wie das Rauschen des heiligen Zornes Gottes. Die
Gerechtigkeit liess nichts anderes zu." Auch nicht richtig. Ἔδει
will eben nur ausdrücken, dass der natürliche Zusammenhang zwischen
Ursache und Wirkung sich habe vollziehen müssen.
Ἐν ἑαυτοῖς soll hier wieder, wie v. 24 heissen: an sich
selbst, wechselseitig (ἐν ἀλλήλοις). M und G meinen: es werde
dadurch das Tragische der Schilderung erhöht. Doch nicht. Nicht
behufs rhetorischen Effects, sondern zur Illustration des ἣν ἔδει ist
der Ausdruck hinzugefügt. Er heisst: durch sich selbst oder in
sich selbst — also die Vergeltung für ihre Verirrung an ihrer
eigenen Person, nämlich durch Entehrung, Entwürdigung derselben,
empfangend.

Als Nachträge zu der vorstehend gegebenen Auslegung bringe
ich zuerst eine den Fortschritt der Gedanken von vv. 23. 24 klar-
legende Auslassung des K. Er sagt S. 39 seiner „Correcturen": „die
Griechen, die Weisen, haben nicht gemeint, indem sie die Herrlichkeit Gottes in Menschen- und Thiergestalten anschauten, die betreffenden Kunstwerke anstatt Gott anzubeten: und der Apostel hat
nur gesagt, dass sie Narren gewesen seien, indem sie die Herrlichkeit Gottes für das Auge in Kunstgestalten zu veranschaulichen
meinten, welche Menschen- und Thierbildern ganz ähnlich waren.
Jetzt will er aber sagen, welche weitere Narrheit und Selbsterniedri-
gung die keineswegs überraschende Folge der in jenem Beispiele
veranschaulichten Vertauschung des wahren Gottesgedankens mit der
Lüge gewesen ist. Denkt man sich nämlich einmal die Gottheit nach
Analogie des geschöpflichen Menschen, so kann der Mensch sich
dahin verirren, dem ihm gleichen geschöpflichen Menschen Gottesdienst zu leisten, und denkt man sie sich nach Analogie von Thieren,
so kann es geschehen, dass man, wie die Aegypter z. B. selbst die
untermenschlichen Bestien mit religiöser Scheu ansieht und mit re-
ligiösem Dienste ehrt. Diese grauenhafte Verblendung, dass der
Mensch dahin kommt, den natürlichen kreatürlichen Menschen seines-
gleichen, mit dem er Gott dienen sollte, die pure Bestie, welche
ihm von Gotteswegen unterworfen und mit Scheu vor dem Menschen
nach Gottes Ordnung erfüllt ist, wie einen Gott mit religiöser Scheu
anzusehen, ihnen Weihrauch und Gaben darzubringen, diese Verblendung meint der Apostel; von ihr sagt er in vv. 26. 27 mit
schneidiger Dialectik, wie der Gläubige in der Thatsache, dass eben
die Gesellschaft, in der solcher Kult zu Hause ist, die natürliche
Zusammengehörigkeit von Mann und Weib in unnatürlichem Brande
aufhebt, eine das Zornverhängniss Gottes bekundende auffällige Correspondenz zu der Unnatur erkennen müsse, mit der sie dort das
Verhältniss der Zusammengehörigkeit und Gleichheit aller Menschen,
aller Kreaturen vor Gott aufgehoben hat."

So K. Inwieweit diese immerhin geistreiche Auseinandersetzung
zutrifft, inwieweit nicht, wird aus dem Vorangegangenen erhellen.

Unnatur ist Verkehrung der von Gott den Creaturen gegebenen
Bestimmung; göttliche Verehrung des geschaffenen Wesens ist ebenso
Unnatur, wie die Verkehrung der göttlichen Bestimmung über ge-
schlechtliche Beziehungen in ihr Gegentheil.

Ich komme nun zu der für die Auslegung des ersten Capitels
schwierigsten Frage: wie sich die vv. 28—32 an das Vorangegangene
anschliessen. Die gemeine Auslegung macht es sich leicht. *M*, den
ich für die anderen reden lasse, sagt: „von der bisherigen ausschliesslichen Schilderung des Wollustlasters der Heiden geht nun Paulus
zur summarischen Aufzählung auch der anderen Laster überhaupt
über, als an welche sie [soll doch wohl heissen: die Heiden] von
Gott zur Strafe ihres Abfalles preisgegeben werden". Also von
vv. 24—27 die Wollustlaster; von vv. 28—32 die angegebenen
Laster der Heiden! *W* ist insofern mit *M* nicht einverstanden, als
die Annahme einer „summarischen Aufzählung der anderen Laster"
doch ein gar zu mattes Herabsteigen der Rede ergäbe. Nach seiner
Auffassung geht Paulus zu denjenigen Zuständen über, welche eine
völlige Verdunkelung des sittlichen Bewusstseins constatiren. Seltsam! Ich würde, wenn sich das wirklich so verhielte, die
Rhetorik des Apostels nicht begreifen. Wie die vv. 23. 24 und die
vv. 25. 26. 27 zwei Gruppen bilden, die sich klimaktisch zu einander
verhalten, so sollte man meinen, würde der Apostel, wenn er fort-
führe, von den Lastern der Heiden zu reden, in den vv. 28—32 die
schwersten Sünden und Schanden zur Sprache bringen, in welche
sie durch Gottes Zorn gestürzt seien. Soviel ich aber sehe und
fühle, dürfte in v. 27 das Schändlichste gesagt sein, was die
Heiden als strafrechtliche Folge ihres Götzendienstes an sich selbst
zu befahren hätten. Ist denn die Päderastie nicht eine aus der
tiefsten Verdunkelung des sittlichen Bewusstseins hervorgegangene
Griechensitte, schändlicher jedenfalls, als ἀδικία, πονηρία, πλεονεξία
und was sonst im Sündenregister genannt wird? Aber freilich Andere
fühlen anders, moralische Defecte in socialer Beziehung dünken ihnen
schlimmer, als die scheusslichsten Wollustsünden. Ich glaube nicht,
dass *W* viel Zustimmung finden wird.

Diesen Bedenken zu entgehen, nehmen etliche an, dass ein rhetorischer Fortschritt überhaupt nicht stattfinde. *K* zum Beispiel fasst
die vv. 28—32 als „eine zweite Seite der Schilderung der
die Wahrheit in Tausch Weggebenden zu v. 25b—27 als
der ersten" auf. „Dies bestätigt sich", wie er sagt, „durch die Erwägung, dass bei dem Weggeben der Wahrheit Gottes in Tausch
zweierlei Momente zu unterscheiden sind, sowohl das Wesen dessen,
was man eintauscht, als auch das dagegen heruntergewerthete Wesen
des Weggegebenen. Was das ψεῖδος für Folgen schlimmer Art mit
sich brachte, hat v. 25b—27 gezeigt, wie die Herunterwerthung der
Wahrheit Gottes sich gerächt, will, wie καθὼς οὐκ ἐδοκίμασαν —
ἐν ἐπιγνώσει angiebt, v. 28—32 zeigen." *K* versucht sogar seine
Erklärung grammatisch zu begründen, indem er behauptet: die Schil-

derung vv. 28—32 gehe wegen des verknüpfenden καὶ und des ein bekanntes Subject voraussetzenden αὐτοὺς auf dieselbe Gesellschaft zurück, welche der Apostel mit οἵτινες in v. 25 zu fixiren begonnen habe. — Sonderbar! Καὶ verknüpft. Das ist richtig. Aber nicht darauf kommt es an, sondern auf den Beweis, dass v. 28 mit v. 26 zu verknüpfen sei oder besser gesagt, dass v. 28 dem v. 26 coordinirt sei, denn die Coordination mit v. 27 ist nach Form und Inhalt von selbst ausgeschlossen. Diesen Beweis hat aber K nicht geführt, auch nicht führen können. Ebenso unbegründet ist die Behauptung: αὐτοὺς weise auf οἵτινες in v. 25 zurück. Sicherlich geht es auf ein allgemeines Subject, zu welchem οἵτινες in v. 25 die Näherbestimmung bringt; diese allgemeinen Subjecte sind aber die ἄνθρωποι οἱ τ. ἀλήθ. ἐν ἀδικ. κατ. v. 18. Dass in vv. 21—27 Heiden gemeint seien, erkennen wir aus den charakteristischen Zügen, welche der Apostel anführt, mit völliger Sicherheit. Den Namen Heiden gebraucht der Apostel nicht und kann ihn nicht gebrauchen, so lange er von der allgemeinen Verschuldung der Menschheit handelt, ihm sind sie eben nur ἄνθρωποι κ. τ. λ. — Und dann — wer will behaupten: Paulus müsse, weil er vv. 21—27 von Heiden geredet habe, nun auch vv. 28—32 davon reden? Ist das H'sche Urtheil über Volkmar, welcher sich offen der von der Gesammtheit der modernen Exegeten vertretenen Meinung entzieht, dass Paulus im ersten Capitel bis zum Schluss nur von Heiden gehandelt habe, mehr als eine Phrase der Voreingenommenheit, wenn er bei Volkmar eine unbegreifliche Verkennung des Gedankengangs findet? — Καὶ coordinirt das, was der Apostel bisher von den ἀνθρώποις v. 18 gesagt hat, mit dem, was er nunmehr vv. 28—32 von den ἀνθρώποις v. 18 zu sagen hat. Diese Menschen brauchen in keinerlei Weise die οἵτινες v. 25 zu sein, wenn es nur ἄνθρωποι sind im Sinne von v. 18, d. h. mit andern Worten: es hindert, dies vorausgesetzt, nichts, dass sie einer andern Kategorie angehören. Und so ist es. Die οἵτινες in vv. 28—32 sind nicht als solche charakterisirt, die früher einmal Gotteserkenntniss hatten, dann aber diese Erkenntniss so total verloren, dass sie statt Gottes die Creatur anbeteten (v. 25), sondern sie werden geschildert als τὸ δικαίωμα τοῦ θεοῦ ἐπιγνόντες d. i. nicht als solche, die früher einmal das Gottesrecht erkannt, dann aber dieser Erkenntniss verlustig gegangen sind, sondern die noch jetzt in dieser Erkenntniss stehen, dessenungeachtet aber Todeswürdiges thun. Ich frage, ob diese ἄνθρωποι wirklich noch dieselben sind, von welchen der Apostel v. 25 redet? Gerade ein μεταλλάξαι τὴν ἀλήθειαν findet in keinerlei Weise statt; die Leute halten daran fest, dass das Recht von Gott sei, verstatten ihm aber nicht den mindesten Einfluss auf ihr Leben. Dort ist von einer Verkehrung der Wahrheit in ihr absolutes Gegentheil die Rede, hier von einer Nichtachtung der Wahrheit.

Bis auf Weiteres muss ich also entschieden an der Meinung

festhalten, dass der Apostel in v. 32 eine andere Kategorie von
Menschen vor Augen hat, solche zwar auch, welche die Wahrheit
mit ihrer Ungerechtigkeit niederhalten, aber die solches in einer
von den Heiden durchaus verschiedenen Weise thun.

Mit einem bestimmten Namen nennt der Apostel die οἵτινες
v. 32 ebenso wenig, wie die οἵτινες v. 25. Er will eben zeigen,
dass die Menschheit als solche unter dem göttlichen Zorn liegt.
Und er hält so sehr daran fest, die Einerleiheit der Verschuldung nicht durch Unterscheidung volksthümlicher Versündigungen
in Frage zu stellen, dass er selbst in Cap. 2, 1 den Juden nicht als
solchen, sondern als ἄνθρωπος anredet. Aber unterlassen hat er's
wahrlich nicht, den Juden in vv. 28—32 ihre absonderlichen Sünden
und Schanden vorzuhalten. Wie hätte er sonst ein Recht gehabt,
sich Cap 3, 9 darauf zu berufen, dass er den Nachweis geführt,
wie Juden und Hellenen insgesammt unter der Sünde seien? —
Und wiederum, dass nur Juden eine ἐπίγνωσις τοῦ δικαιώματος
τοῦ θεοῦ hatten, also auch nur diese Gegenstand der apostolischen Censur in vv. 28—32 sein konnten, dieser Gedanke wird
hoffentlich trotz der Unbegreiflichkeiten, welche er für W hat, und
trotz des barocken Ausspruchs K's: es könne davon keine Rede
sein, den vorurtheilsfreien Lesern nähergetreten sein.

Freilich, wenn die vv. 28—32, wie K behauptet, eben nur hätten
zeigen wollen, wie „die Herunterwerthung der Wahrheit Gottes sich
gerächt", so wäre der Inhalt dieser Verse lediglich ein Seitenstück
zu v. 25 und es ginge alles auf die Heiden, wie schwere Bedenken
aus dem Text auch sonst dieser Annahme entgegenstehen. Wie sehr
aber K mit solcher Auffassung aus dem Paulinischen Gedankenkreise,
imgleichen aus der Paulinischen Ausdrucksweise herausgetreten ist,
erhellt sofort, wenn man erwägt, dass das Sündenregister in den
vv. 29—31 nicht auf „Racheacte der Wahrheit", sondern auf den
ἀδόκιμος νοῦς, dieser aber ebenso, wie die πάθη ἀτιμίας in v. 26
auf das παραδοῦναι, in letzter Beziehung auf die ὀργή τοῦ θεοῦ
zurückgeführt wird. Kurz, das Sündenregister ist von dem Apostel
nicht an das μεταλλάξαι τὴν ἀλήθ. in v. 25 angeschlossen und als
Folge desselben dargestellt, sondern als Strafe Gottes dafür, dass die
οἵτινες οὐκ ἐδοκίμασαν τὸν θεὸν ἔχειν ἐν ἐπιγνώσει.

Und dass dies eben andere sind, als die Heiden, wird sich bei
eingehender Prüfung der von dem Apostel gebrauchten Ausdrücke
des Weiteren ergeben. — Ich wende mich zunächst an den Ausdruck:
τὸν θεὸν ἔχειν ἐν ἐπιγνώσει. Fritzsche meint, er sei nicht identisch mit τὸν θεὸν ἐπιγινώσκειν, sondern bedeute soviel, als τὸν
θεὸν ἐπεγνωκέναι, fährt aber fort: verum quum haec interpretatio
h. l. parum apta sit, iis assentior, qui verbi ἔχειν diuturnitatis
notionem subjiciunt, ut sit τὸν θ. ἔχ. ἐν ἐπιγν. Deum in cognitione
tenere. Mir scheint letzteres das allein richtige zu sein: auch im
Classischen ist: ἐν αἰσχύναις ἔχειν τι Eurip. Suppl. 164 nicht: sich
schämen, sondern etwas für schimpflich halten; ἐν αἰτίᾳ ἔχειν τινα

Herod. 5, 106. Thuc. 1, 35. 2, 59 jemanden für schuldig halten; ἐν ὀργῇ ἔχειν τινα, nicht ὀργισθῆναι τινι, sondern zornmüthig sein wider Jemanden. So wird auch in der vorliegenden Stelle das τ. θ. ἔχειν ἐν ἐπιγν. nicht als ein vorübergehendes, sondern als ein constantes Verhältniss aufzufassen sein und zwar ἐν ἐπιγνώσει. Was ist ἐπίγνωσις? Nach *M* eine Verstärkung von γνῶσις, nach *W* eine eindringende und lebendige Erkenntniss, nach *H* eine Erkenntniss, welche die Willensrichtung des Erkennenden auf das Erkenntnissobject zur Voraussetzung hat. Fritzsche übersetzt accurata cognitio. Bähr hat zu Col. 1, 9 gezeigt, dass ἐπίγνωσις bei Paulus allezeit von γνῶσις verschieden sei und zwar nicht bloss graduell; er will ἐπιγν. als „practische Erkenntniss, Anerkenntniss" (so auch Volkmar) gefasst wissen. Dagegen erklärt sich Harless zu Eph. 1, 17 und findet viel richtiger Wahl's Deutung: plena et accurata cognitio, weil ἐπὶ verstärkende Bedeutung habe. In einzelnen Fällen ist das richtig, ob auch bei ἐπιγινώσκειν, wäre erst zu beweisen. So viel steht fest, dass ἐπιγιγνώσκειν im N. T. mehr ist, als ein intensives γιγνώσκειν, wiewohl in den meisten Fällen die Uebersetzung mit cognoscere (erkennen) ausreicht. Was nämlich die Verba composita mit ἐπι anlangt, so ist zu unterscheiden zwischen solchen compositis, deren Verbum einen ergänzenden Zusatz mit ἐπὶ zulässt oder verlangt; dergleichen composita nehmen das ἐπὶ proleptisch zu sich, z. B. ἐπιβαίνειν, ἐπέρχεσθαι u. dergl. Dagegen ist bei ἐπιγιγνώσκειν an eine Prolepsis nicht zu denken, weil nicht gesagt werden kann ἐπί τι oder ἐπί τινι γινώσκειν. Dergleichen Composita geben den ursprünglich adverbialen Begriff der Präposition an das Verb ab. In dem vorliegenden Falle ist ἐπιγινώσκειν ein zweites, dem vorangegangenen γινώσκειν nachfolgendes, also ein dazu getretenes γινώσκειν. Das Object des ἐπιγινώσκειν ist im Grunde genommen ein γιγνώσκειν τὸ γιγνωσκόμενον. Sehr richtig umschreiben daher die griechischen Ausleger die ἐπίγνωσις als γνῶσις ἐπὶ γνῶσιν.

Nach Vergleichung sämmtlicher einschlagender Stellen des N. T. hat sich mir über γιγνώσκειν und ἐπιγιγνώσκειν Nachstehendes ergeben:

γιγνώσκειν τι etwas erkennen, wie es sich darstellt oder dargestellt wird. Eine Darstellung kann stattfinden durch Offenbarung; in diesem Falle kommt dem blossen γιγνώσκειν alle Gewissheit zu, die dem Gottesworte als solchem zusteht (Joh. 17, 3).

ἐπιγιγνώσκειν τι etwas erkennen, wie es ist; also die Wirklichkeit, die Wesenheit eines Dinges oder einer Thatsache erkennen, was bei ideellen Objecten nur dadurch möglich ist, dass wir dieselben auf uns einwirken lassen und die Wirkung dem conform finden, als welches sie uns dargestellt werden.

Γιγνώσκειν kann dasselbe ausdrücken, was ἐπιγιγνώσκειν, aber niemals ist ἐπιγιγνώσκειν dasselbe, was γιγνώσκειν.

Gerade so steht es mit dem Verhältniss von γνῶσις zu ἐπί-γνωσις.

Γνῶσις ist ganz allgemein die Bestimmtheit unsres Bewusstseins durch irgend welches Object; ἐπίγνωσις Erkenntniss desselben auf Grund der Beobachtung oder innerlichen Erfahrung, also eine zu dem unmittelbaren Wissen hinzugetretene Gewissheit. Somit hat Cremer (Lexicon, 2. Aufl.) doch nicht so ganz unrecht, wenn er ἐπίγν. von einer Erkenntniss versteht, welche auf die Gestaltung des religiösen Lebens aufs stärkste einwirkt, und sie demzufolge umschreibt als eine die persönliche Theilnahme in Anspruch nehmende und auf die Person [vielleicht besser: auf den Willen] einwirkende Erkenntniss. Dass das Wort ausser im Paulinischen Sprachgebrauch nur noch Hebr. 10, 26. 2 Petr. 1, 2. 3. 8; 2, 20 vorkommt und zwar stets in der oben angegebenen, von der γνῶσις unterschiedenen Bedeutung, davon wolle man sich mit Zuhülfenahme einer Concordanz selbst überzeugen. — Bemerkenswerth ist, dass ἐπίγνωσις ebenso, wie manche andere nomina abstracta erst spät der griechischen Sprache einverleibt worden ist. Soviel ich habe erforschen können, braucht Plutarch das Wort zuerst (de musica c. 37 τὴν τῆς μουσικῆς ἐπίγνωσιν: die eigentliche Musikwissenschaft), dann Polyb. 3, 7, 6 und 3, 31, 4, endlich Herodian 7, 6, 16 genau so, wie der Apostel. — Früher tritt das Wort auf in der LXX, bei Hosea dreimal und zwar so eigenthümlich an Röm. 1, 28—32 anklingend, dass man fast meinen sollte: der Apostel habe eben diese prophetische Stelle vor Augen gehabt und für seinen Zweck nur umgearbeitet. Ich schreibe die Stellen zur bequemen Vergleichung aus:

Hos. 4, 1. 2: ἀκούσατε λόγον κυρίου, υἱοὶ Ἰσραήλ, διότι κρίσις τῷ κυρίῳ πρὸς τοὺς κατοικοῦντας τὴν γῆν· διότι οὐκ ἔστιν ἀλήθεια οὐδὲ ἔλεος, οὐδὲ ἐπίγνωσις θεοῦ ἐπὶ τῆς γῆς· v. 2: ἀρὰ καὶ ψεῦδος καὶ φόνος καὶ κλοπὴ καὶ μοιχεία κέχυται ἐπὶ τῆς γῆς καὶ αἵματα ἐφ' αἵμασιν μίσγουσιν. Man vergl. κρίσις mit ὀργὴ τοῦ θεοῦ in v. 18, und erwäge, dass dieselbe Ursache angegeben wird, weil keine ἐπίγνωσις θεοῦ ἐπὶ τῆς γῆς (sc. Ἰσραήλ); endlich vergleiche man das Sündenregister in Hos. 4, 2 mit Röm. 1, 29—31, namentlich den Zusammenhang zwischen Sünde und Strafe hüben und drüben. Es wäre in der That unbegreiflich, wenn der Apostel, der den Hosea sicherlich genau kannte, dies ausdrücklich an die υἱοὶ Ἰσραήλ gerichtete Wort Gottes auf die Heiden bezogen hätte.

Hos. 4, 6: ὡμοιώθη ὁ λαός μου ὡς οὐκ ἔχων γνῶσιν ὅτι σὺ ἐπίγνωσιν ἀπώσω καὶ ἐγὼ ἀπώσομαί σε τοῦ μὴ ἱερατεύειν μοι. Ich weiss sehr wohl, dass im hebräischen Texte beide Male für γνῶσιν und ἐπίγνωσιν דַּעַת steht, aber ich weiss auch, dass jede Uebersetzung in gewissem Sinne Interpretation des Grundtextes ist, dass wir also hier eine ʿInterpretation der LXX vor uns haben, wie Hos. 4, 1. 2. Dass der Apostel aber diese Interpretation als

richtig anerkannt, sehen wir daraus, dass er die ἐπίγνωσις im Unterschiede von γνῶσις seinem System einverleibt hat, denn ich wüsste
nicht, woher er den in der classischen Gräcität ungebräuchlichen
Ausdruck hätte nehmen sollen, wenn nicht aus der LXX. — Die
Stelle ist übrigens äusserst instructiv für den Unterschied von γνῶσις und ἐπίγνωσις. Der οὐκ ἔχων γνῶσιν (sc. τοῦ θεοῦ) ist eben
ein Heide. Die Juden sind eben geworden, wie die Heiden, weil sie
die ἐπίγνωσις, d. i. die Aufnahme Gottes in ihr persönliches Leben,
um ihn in seinem Wesen, in seiner Gotteswirkung aus Erfahrung
kennen zu lernen, von sich gestossen haben.

Wichtig ist auch Hos. 6, 6: διότι ἔλεος θέλω καὶ οὐ θυσίαν
καὶ ἐπίγνωσιν θεοῦ ἢ ὁλοκαυτώματα, also nicht die Bethätigung
ihrer Gottesangehörigkeit durch Opfer, sondern durch Hingabe ihres
innersten Lebens an Gott (ἐπιγν.).

Den Weg nun von der blossen γνῶσις zur ἐπίγνωσις τ. θ.
beschreiben die Proverb. 2, 3—5: ἐὰν γὰρ τὴν σοφίαν ἐπικαλέσῃ
καὶ τῇ συνέσει δῷς φωνήν σου, τὴν δὲ αἴσθησιν ζητήσῃς μεγάλῃ
τῇ φωνῇ καὶ ἐὰν ζητήσῃς αὐτὴν ὡς ἀργύριον καὶ ὡς θησαυροὺς
ἐξερευνήσῃς αὐτήν· τότε συνήσεις φόβον κυρίου καὶ ἐπίγνωσιν
θεοῦ εὑρήσεις — dann wirst du merken Furcht des Herrn und
Erfahrung Gottes (Einwirkung Gottes auf dein inneres Leben)
erlangen.

Zweierlei folgt daraus: 1) die ἐπίγνωσις τοῦ θ. hat allemal
eine γνῶσις τοῦ θ. zur Voraussetzung; 2) die γνῶσις ist als solche
noch nicht ἐπίγνωσις. Ich habe mir die Frage vorgelegt, wie man
in der vorliegenden Stelle den Sinn des ἔχειν τ. θ. ἐν ἐπιγν. am
besten wiedergeben könnte. Das Wort Erkenntniss ist zu ab-
geschliffen, zu sehr in seiner ursprünglichen Bedeutung abgemindert.
Dann ist es doch zu ungelenk, zu sagen: „und wie sie verwarfen
(so möchte ich οὐκ ἐδοκίμασαν übersetzen, um die Paronomasie mit
ἀδόκιμος νοῦς herauszubekommen), Gott zu haben in Erkenntniss, so gab sie Gott in verworfenen Sinn u. s. w." Ich meine,
den Sinn zu treffen, wenn ich übersetze: „und in dem Maasse, wie
sie verwarfen, mit Gott in Lebensgemeinschaft zu stehen, oder Gott
zu haben im Herzen u. s. w., nur dagegen will ich mich ausdrücklich verwahrt haben, dass ich meinte: ἐπίγνωσις müsse überall Herz
heissen.

Ich möchte aus dieser Erörterung über ἐπιγινώσκειν und ἐπίγνωσις Folgerungen ziehen für die Beantwortung der Frage, ob der
Apostel unter den αὐτούς in v. 28 Heiden verstanden, oder mit
andern Worten: ob er von derselben Menschengattung geredet, wie
in den vorangegangenen Versen.

Auf die Gefahr hin, bereits Gesagtes noch einmal, wenn auch
in andrer Form vorzubringen, will ich um der Wichtigkeit der Sache
willen nicht unterlassen, meine Meinung wiederholentlich darzulegen.
Jede ἐπίγνωσις hat, wie vorher gesagt, eine γνῶσις zur Voraussetzung. Nicht von der Entstehung des Heidenthums wird in den

Schlussversen des ersten Capitels gehandelt, sondern von der sittlichen Art und Beschaffenheit gewisser Leute, von welchen eben gefragt wird, ob es nicht Heiden sein möchten; aus ihrer sittlichen
Art, wie sie dermalen sich zu erkennen giebt, soll erkannt werden,
welcher Menschengattung diese Leute angehören. Kann denn nun
von Heiden, wie sie dermalen sind, gesagt werden, dass sie eine
γνῶσις τοῦ θεοῦ haben, von denselben Heiden, welche Paulus
Eph. 2, 12 ἄθεοι nennt? Kann insbesondere ihnen, nach alle dem,
was über sie vorher ausgeführt worden, noch zum Vorwurf gemacht
werden, dass sie Gott nicht festgehalten ἐν ἐπιγνώσει?

Man geht auf v. 21 zurück, d. i. auf die Gotteserkenntniss,
welche die Menschen hatten, noch ehe sie Heiden wurden, und meint:
Paulus habe das sittliche Verderben, dessen abscheulichste Gestalt
bereits in v. 27 zur Sprache gebracht ist, gewissermaassen von vorne
wieder anfangend, aus einer anderen Quelle ableiten wollen, nämlich
daraus, dass sie Gott nicht vor Augen und im Herzen hätten haben
mögen.   So unwahrscheinlich das ist und so wenig entsprechend dem
logischen rhetorischen Gesetze, dass die parallele Begründung einer
und derselben Sache nicht mit einem καὶ dürfe angeschlossen werden,
so ist immer wieder daran zu erinnern, dass der Apostel von Leuten
redet, οἵτινες τὸ δικαίωμα τοῦ θεοῦ ἐπέγνωσαν v. 32.

Kann von Heiden gesagt werden, dass sie das δικαίωμα τ. θ.
erkannt hätten, ὅτι οἱ τὰ τοιαῦτα — εἰσιν? Ehe sie Heiden wurden,
erkannten sie τὸ γνωστὸν τοῦ θ. — τὰ ἀόρατα αὐτοῦ d. i. τὴν
τε ἀΐδιον αὐτοῦ δύναμιν καὶ θειότητα (1, 19. 20). Ihre Gotteserkenntniss (v. 21) war eine zutreffende, bei alledem aber beschränkte.
Der Apostel hat nirgends gesagt, dass sie auch τὸ δικαίωμα oder
τὰ δικαιώματα τοῦ θ. erkannt.

Τὸ δικαίωμα τ. θ. ist seinem Etymon, sowie dem Sprachgebrauch nach das von Gott zum Recht gemachte, also das positive, das geoffenbarte Gottesrecht, demnächst auf Menschen bezogen:
die Recht- oder Gerechtmachung Gottes, die Rechtfertigung.   Dazu
kommt, dass ἐπιγνόντες (v. 32) eine nähere Beziehung zu dem positiven Gottesrecht voraussetzt, als die Heiden je gehabt haben.   Und
nun gar τὸ δικαίωμα, ὅτι τὰ τοιαῦτα — εἰσιν! Die Heiden hatten
an Stelle des δικαίωμα τ. θ. die Naturgemässheit; sie meinten: es
sei nicht unrecht, den Naturtrieben zu folgen, erachteten daher die
schändlichste Wollust nicht für ein strafbares Vergehen, machten's
doch ihre Götter auch nicht viel anders.   Nur eine Menschengattung
ist vorhanden, die es thatsächlich erfahren hat (ἐπιγνόντες), dass
nach dem Gottesgesetz der Tod der Sünden Sold ist.   Das wird
den Israeliten bereits bei der Wüstenfahrt nachdrücklichst eingeprägt,
und ist ihnen wieder und immer wieder in den Strafgerichten,
welche ihre Geschichte durchziehen, eingeprägt worden.   Und dennoch diese sittliche Indolenz! Man sollte meinen, dass die Exegeten
allein durch das δικαίωμα τ. θ. hätten bedenklich werden müssen,
die vv. 28—32 noch mit auf die Heiden zu beziehen.   Die Herren

wissen sich jedoch zu helfen. *M* versichert, als hätte er dem Apostel in's Herz gesehen: Paulus meine das natürliche Gesetz des sittlichen Bewusstseins, welches bestimme: ὅτι οἱ τὰ τοιαῦτα πράσσοντες u. s. w. Das ist einfach nicht wahr. Was etwa Dichter und Philosophen, wie Platon, oder sonst Männer, die das sittliche Verderben ihrer Zeit tief beklagten, wie Seneca und Plutarch in dieser Richtung gesagt haben, sind mehr Rückschlüsse aus den entsetzlichen Folgen der thatsächlich vorhandenen Verkommenheit, als Urtheile aus dem sogenannten natürlichen Gesetz. Die Quelle dieser Satzung von dem natürlichen Gesetz des sittlichen Bewusstseins ist die falsche Auslegung von Röm. 2, 14. 15, über welche ich mich demnächst des Weiteren verbreiten werde. Hier nur so viel, dass die Lehre von irgend welchem angeborenen Gottesgesetz oder was dasselbe ist, von irgend welchem der Menschennatur als solcher eigenen positiven Besitz des Göttlichen eine Fiction ist, die nicht der apostolischen Predigt, sondern dem Heidenthum angehört und dass die darauf gegründete Lehre von dem Gewissen, als einer dem Menschen von Natur einwohnenden Macht unglaubliche Verwirrung angerichtet hat. Der Mensch hat Göttliches nur in der Form absoluter Receptivität. Wer das Absolute zu recipiren bestimmt ist, muss absolut receptiv geschaffen sein, aber setzen kann der Mensch absolut nichts, sondern nur das Gesetzte nehmen und damit thun, wie der Setzende ihn dazu angeleitet oder ausgerüstet hat.

Wenn so nach allen Seiten hin die fast von sämmtlichen Exegeten verworfene Auslegung, dass Paulus in den vv. 28—32 von einer andern Kategorie der ἄνθρωποι redet, als in den vv. 21—27 sich als die allein richtige herausstellt und des Weitern nachgewiesen worden ist, dass diese Kategorie den Paulinischen Aussagen gemäss nur die Juden umfassen kann, so wird die ganze Argumentation durch die Erwägung gekrönt, dass in Cap. 2 nicht, wie gemeinhin angenommen wird, die Verschuldung der Juden nachgewiesen, sondern der allgemeine Satz erwiesen wird, dass von dieser in Cap. 1 dargelegten Schuld der Menschheit Niemand ausgenommen ist. Also nicht davon, dass die Juden auch ὑφ’ ἁμαρτίαν seien, handelt Cap. 2, sondern davon, dass es Leute giebt, die zugestandener Maassen sündigen, wie alle Menschen, nicht desto weniger aber eine Ausnahmestellung für sich beanspruchen, indem sie dafür halten, dass das göttliche κρίμα sie nicht treffen könne und werde. Dass diese Leute eben die Juden sind, sagt Paulus in 2, 17 u. flg. ausdrücklich.

Nun könnte ja überall keine Rede davon sein, dass diese gewissen Leute mit Unrecht einen Anspruch auf Immunität erheben, wenn nicht zuvor ihre Verschuldung ihnen nachgewiesen worden wäre. Dass aber Paulus in dem Bewusstsein steht, diesen Nachweis gebracht zu haben, geht aus 3, 9 unwiderleglich hervor: προῃτιασάμεθα γὰρ, Ἰουδαίους τε καὶ Ἕλληνας πάντας ὑφ’ ἁμαρτίαν εἶναι. Wenn nun jener Nachweis, wie jedem Vorurtheilsfreien auf

den ersten Blick einleuchten muss, in Cap. 2 nicht zu finden ist, so
muss er in Cap. 1 enthalten sein. Und dass es so ist, glaube ich
zur Genüge dargethan zu haben.

Es würde, um die Auslegung des ersten Capitels abzuschliessen,
eine Erklärung des Sündenregisters 1, 29—31 zu geben sein,
welche ich bis jetzt im Interesse bequemerer Darstellung des apostolischen Gedankenganges habe liegen lassen Ich gebe sie in Form
eines nachträglichen Excurses.

Erklärung des Sündenregisters Röm. 1, 29—31. Zunächst
wird der Text festzustellen sein. Die Recepta liest $\dot{\alpha}\delta\iota\varkappa\iota\alpha$, $\pi o \varrho$-
$\nu\epsilon\iota\alpha$, $\pi o\nu\eta\varrho\iota\alpha$, $\pi\lambda\epsilon o\nu\epsilon\xi\iota\alpha$, $\varkappa\alpha\varkappa\iota\alpha$. D. F. G. setzen $\pi o\varrho\nu\epsilon\iota\alpha$ nach
$\varkappa\alpha\varkappa\iota\alpha$; A. B. C. K., sowie der Sinait. werfen es ganz aus, daher mit
Recht von Tischendorf gestrichen. Ausserdem finden sich in den
Codd. mancherlei Umstellungen, offenbar in der Absicht, anscheinend
Verwandtes einander näher zu bringen. — Gleichfalls ist $\dot{\alpha}\sigma\pi\acute{o}\nu$-
$\delta o\nu\varsigma$ in v. 31 mit den Codd. A. B. D. E. und dem Sinait. wegzu-
lassen; wahrscheinlich ist es als Glosse von $\dot{\alpha}\sigma\nu\nu\vartheta\acute{\epsilon}\tau o\nu\varsigma$ von dem
Rande in den Text aufgenommen und zwar zuerst von den Codd.
C. K. L. P.

Demnächst ist zu fragen, ob der Apostel bei der Zusammenstellung des Sündenregisters systematisch verfahren sei. Soviel ich
sehe, haben die alten Ausleger diese Frage gar nicht aufgeworfen,
darum auch nicht den Versuch gemacht, eine gewisse Ordnung
nachzuweisen. Die Ausleger nach der Reformation sind so ziemlich bei Melanchthon's dictum stehen geblieben: „addit concervationem
et magnum cumulum peccatorum". Von den neuesten Commentatoren
hat *M* nichts weiter, als dass $\pi\epsilon\pi\lambda\eta\varrho\omega\mu\acute{\epsilon}\nu o\nu\varsigma$ π. $\dot{\alpha}\delta$. nähere Bestimmung sei zu $\pi o\iota\epsilon\tilde{\iota}\nu$ $\tau\dot{\alpha}$ $\mu\dot{\eta}$ $\varkappa\alpha\vartheta\acute{\eta}\varkappa o\nu\tau\alpha$, dies das Generelle und alle
nachher aufgeführten Momente einzelne Species davon, so dass $\mu\epsilon$-
$\sigma\tau o\dot{\nu}\varsigma$ $\varphi\vartheta\acute{o}\nu o\nu$ und dann $\psi\iota\vartheta\nu\varrho\iota\sigma\tau\dot{\alpha}\varsigma$ $\varkappa$. τ. λ. Apposition sind von
$\pi\epsilon\pi\lambda\eta\varrho$. $\pi\alpha\varsigma$. $\dot{\alpha}\delta$. *G* sagt: „Der Apostel lässt offenbar seiner
Feder den Lauf, wie wenn er fühlte, dass von allen schlimmen
Eigenschaften, die ihm einfallen mögen, keine unrecht angebracht
oder übertrieben ist". Dennoch will *G* in dieser scheinbaren Unordnung eine gewisse Verkettung durch Ideenassociationen wahr-
nehmen. Die erste Gruppe umfasst die vier Ausdrücke $\dot{\alpha}\delta\iota\varkappa\iota\alpha$ —
$\varkappa\alpha\varkappa\iota\alpha$ und bezieht sich auf die Ungerechtigkeiten hinsichtlich der
Wohlfahrt und des Eigenthums des Nächsten. Die fünf folgenden
Ausdrücke $\varphi\vartheta\acute{o}\nu o\nu$ bis $\varkappa\alpha\varkappa o\eta\vartheta\epsilon\iota\alpha\varsigma$ bilden die zweite Gruppe, welche
alles Unrecht in sich begreift, wodurch man der Person des
Nächsten schadet. Zur dritten Gruppe gehören $\psi\iota\vartheta\nu\varrho\iota\sigma\tau\dot{\alpha}\varsigma$ bis
$\dot{\alpha}\lambda\alpha\zeta\acute{o}\nu\alpha\varsigma$, Gesinnungen, deren Mittelpunkt der Hochmuth ist. Die
letzte Gruppe von $\dot{\epsilon}\varphi\epsilon\nu\varrho\epsilon\tau\dot{\alpha}\varsigma$ $\varkappa\alpha\varkappa$. — $\dot{\alpha}\nu\epsilon\lambda\epsilon\acute{\eta}\mu$. bezieht sich auf
die Unterdrückung aller natürlichen menschlichen Gefühle, der kind-
lichen Anhänglichkeit, der Redlichkeit, der Liebe, des Mitleids.
So *G*.

Man sieht leicht, dass diese Gruppirung eine systematische

Gliederung des Verzeichnisses nicht zum Zweck hat. Sie geht von
der Ansicht aus, dass der Apostel, um mit Melanchthon zu reden,
in der Hauptsache eben nur eine coacervatio peccatorum gegeben,
dabei aber Verwandtes zusammengefasst habe. Auch wird *G* nicht
der Meinung sein, dass die gegebene Gruppirung vom Apostel beabsichtigt sei, sondern sich nur gelegentlich für den Leser ergab,
wenn er den Versuch machte, sich einigermaassen in dem Haufen
von Sündennamen zu orientiren.

Ich meinerseits würde nicht zugeben können, dass der Apostel
lediglich, um die Massenhaftigkeit der Versündigungen zum Ausdruck
zu bringen, ein Durcheinander von Namen zusammengehäuft haben
sollte. Auch meine ich eine bestimmte Ordnung wahrgenommen zu
haben. Bevor ich jedoch daran gehe, meine Wahrnehmung darzulegen, verwahre ich mich im Voraus gegen den Vorwurf, als
maasste ich mir an, unfehlbar Gewisses entdeckt zu haben. Auch
wird meiner Entwicklung eine Besprechung exegetischer Einzelheiten
voranzugehen haben.

v. 29. Nach *M* ist $\pi\epsilon\pi\lambda\eta\varrho$. $\pi\acute{\alpha}\sigma\eta$ $\dot{\alpha}\delta$., wie bereits erwähnt
worden, das Generelle, von welchem alle nachher aufgeführten Mo-
mente Species sind. Nun ist ja richtig, dass $\dot{\alpha}\delta\iota\varkappa\iota\alpha$ absolut gesetzt,
wie in 1, 18 die Gesammtheit dessen bezeichnet, was gegen das
Gottesrecht, d. i. gegen das Gesetz geschieht, also das Unrecht der
Sünde in ihrem ganzen Umfange. $\dot{A}\delta\iota\varkappa\iota\alpha$ bezeichnet aber nicht
bloss im absoluten, sondern auch im speciellen Sinne das Unrecht
oder die Ungerechtigkeit. So 2 Cor. 12, 13. 1 Cor. 13, 6. Dass
hier $\dot{\alpha}\delta\iota\varkappa\iota\alpha$ nicht Generalsünde ist, sondern eine Sünde neben andern
Sünden, zeigt unwiderleglich $\pi\tilde{\alpha}\sigma\alpha$. Es müssen vielerlei und mancherlei Arten von $\dot{\alpha}\delta\iota\varkappa\iota\alpha$ gedacht sein, gewissermaassen Theilvorstellungen
der $\dot{\alpha}\delta\iota\varkappa\iota\alpha$, in Summa: das mancherlei Unrecht, welches die Menschen damit begehen, dass sie weder Gott, noch Menschen geben,
was ihnen zukommt. $\Pi o\nu\eta\varrho\iota\alpha$ von $\pi\acute{o}\nu o\varsigma$, $\pi o\nu\epsilon\tilde{\iota}\nu$ bedeutet ursprünglich: Lästiges, Widerwärtiges, Unnützes, dann überhaupt Nieder-
trächtigkeit, Schurkerei, Schlechtigkeit, sintemal eben dadurch der
$\pi o\nu\eta\varrho\acute{o}\varsigma$ als ein lästiges, unnützes Glied der menschlichen Gesellschaft charakterisirt wird. Melanchthon fasst $\pi o\nu\eta\varrho\iota\alpha$ als cupiditas
nocendi; in der That wird dadurch die Neigung, Schlechtes zu thun
und dadurch Verdruss ($\pi\acute{o}\nu o\varsigma$) zu erwecken, bezeichnet. $Ka\varkappa\iota\alpha$ dagegen ist die böse Gesinnung, welche lediglich dem sündlichen Wil-
len Gehör giebt, welcher daher jedes Mittel recht ist, das Böse zu
vollbringen. — Für $\pi\lambda\epsilon o\nu\epsilon\xi\iota\alpha$ giebt es im Deutschen kein ganz
zutreffendes Wort; es wird dadurch das Wesen eines Menschen aus-
gedrückt, der immer mehr haben will; sein Dichten und Trachten
daher lediglich von der Selbstsucht beherrscht werden lässt. Ich
würde kein Bedenken tragen, es hier mit Selbstsucht zu übersetzen; Habgier, Gewinnsucht, Wucher treffen nur die kleine Hälfte
des Begriffs. Ich möchte ferner darauf hinweisen, dass ein Unter-
schied ist zwischen $\pi\epsilon\pi\lambda\eta\varrho\omega\mu\acute{e}\nu o\nu\varsigma$ und $\mu\epsilon\sigma\tau o\acute{\iota}\varsigma$, etwa, wie

zwischen Erfülltwordensein und Vollsein. Der πεπληρώμενος hat das, was ihn erfüllt, von Aussen empfangen; er ist so geworden (aber dadurch, dass Gott ihn zur Strafe παρέδωκεν εἰς ἀδόκιμον νοῦν), während in μεστός eben nur das Vollsein, die Folge und Wirkung des πεπληρῶσθαι πάσῃ ἀδικίᾳ u. s. w. ausgedrückt wird, so zu sagen ein Zustand, der nicht erst durch Hineinfüllen entstanden, sondern aus dem Hineingefüllten sich von selbst ergeben hat.

Φθόνου und φόνου. G: „die Assonanz der beiden Worte macht, dass sie auch bei Classikern oft zusammengestellt werden; überdies führt, wie Kains Beispiel zeigt, der Neid auch zum Mord.

Κακοήθεια. M: hämisches Wesen, dessen Eigenthümlichkeit ist, ἐπὶ τὸ χεῖρον ὑπολαμβάνειν τὰ πάντα (Aristot. Rhet. 2, 13. Da der Context ein specielles Laster fordert, so ist nicht mit Erasm., Calvin und Homberg die generelle Bedeutung: perversitas, corruptio morum (Xen. Cyrop. 13, 16. Plat. Pol. I. p. 348 D) anzunehmen. G: närrische Laune. Beide: M und G scheinen durch Kypke (Observat. sacr. II. S. 155) zu der Annahme dieser speciellen Bedeutung veranlasst worden zu sein. Dieser meint: κακοήθεια sei zu erklären, als aliquid κακὸν ἐν τῷ ἤθει und fährt fort: malum aliquid in ipsa hominis indole innuit ita ut optime vertas: malignitatem, malevolentiam. Die Erklärung ist jedoch unrichtig. Κακοήθεια ist die dem κακὸν ἦθος entsprechende Gesinnung und Lebensrichtung, wie sie den bösen Charakter zur Folge hat. Der Begriff ist weiter, als malevolentia. Das Wort heisst: schlechte Lebensrichtung, übles Verhalten, moralische Verderbtheit, wie die Lexica richtig angeben. So und nicht anders sind auch die von Kypke angeführten Beispiele zu erklären.

v. 30. Ῥιθυρισταὶ Kypke l. c.: homines, qui crimina et vitia aliorum vel vera vel ficta in clandistinis colloquiis divulgant et aliis quasi in aures insusurrant: „Ohrenbläser", nicht Zuträger, wie G will. Κατάλαλοι nicht: öffentliche Verläumder (Theophyl., Köllner, de Wette, G u. A.), sondern Verläumder überhaupt (M.

Viel Noth macht θεοστυγεῖς. Nachdem durch Fritzsche und M in Uebereinstimmung mit Rückert, de Wette, Philippi, B. Crusius die passive Fassung „Gottverhasste" Deo odibiles, wie die Vulgata hat, als die einzig sprachlich richtige gegen die active, von Theodoret bis in die neueste Zeit vielfach vertretene Erklärung Dei osores erwiesen worden, hat G sich der activen Fassung zugewendet. „Zwar", sagt er, „bedeutet θεοστυγής in den beiden classischen Stellen, in denen es sich findet, [soll heissen in den vier classischen Stellen nämlich Eurip. Troad. 1295. Cycl. 395. 598; dann in einem Fragment des Tragikers Neophron, eines Vorgängers des Euripides, aufbehalten von Stobaeus Tit. 20, 34. S. 312. T. I der Tauchnitzer Ausgabe, ausserdem θεοστύγητος bei Aeschil. Choeph. 635] von Gott gehasst. Allein diese allgemeine Bedeutung ist unmöglich in einer Aufzählung, wo der Sinn jedes Ausdrucks durch den andern beschränkt ist. Der active Sinn: Gott verabscheuend, ist also allein passend; es ist die weitgehendste Offenbarung des Hochmuths und man könnte sagen: die grässlichste Form der Lästerung (der Vorsehung fluchen). Suidas und Oecumenius, welche der lebenden Sprache näher standen, als wir, haben dem Worte die active Bedeutung beilegen zu dürfen geglaubt, darum ist sie hinlänglich gerechtfertigt". So *G*.

Suidas, der ungefähr um 1150 n. Chr. lebte, hat sein lexicalisches Werk aus dem ganzen Schatz der griechischen Literatur zusammengetragen; seine Glosse über $\vartheta\varepsilon o\sigma\tau v\gamma\varepsilon\tilde{\iota}\varsigma$ ist offenbar aus des Oecumenius (lebte gegen Ende des 10. Jahrh.) Catene zu den Paulinischen Briefen entlehnt. Oecumenius aber sagt: $\vartheta\varepsilon o\sigma\tau v\gamma\varepsilon\tilde{\iota}\varsigma$ $o\dot{v}$ $\tau o\dot{v}\varsigma$ $\dot{v}\pi\dot{o}$ $\vartheta\varepsilon o\tilde{v}$ $\mu\iota\sigma o\upsilon\mu\acute{\varepsilon}\nu o\upsilon\varsigma$, $o\dot{v}$ $\gamma\grave{\alpha}\varrho$ $\alpha\dot{v}\tau\tilde{\omega}$ (sc. $\tau\tilde{\omega}$ $\dot{\alpha}\pi o\sigma\tau\acute{o}\lambda\omega$) $\tau o\tilde{v}\tau o$ $\delta\varepsilon\tilde{\iota}\xi\alpha\iota$ $\pi\varrho\acute{o}\varkappa\varepsilon\iota\tau\alpha\iota$ $\nu\tilde{v}\nu$, $\dot{\alpha}\lambda\lambda\grave{\alpha}$ $\tau o\grave{v}\varsigma$ $\mu\iota\sigma o\tilde{v}\nu\tau\alpha\varsigma$ $\vartheta\varepsilon\acute{o}\nu$. Oecum. beruft sich also nicht auf den Sprachgebrauch, sondern auf den Zusammenhang, welcher die active Bedeutung, wie er meint, verlangt. Somit hat *M* Recht, wenn er des Oecum. und Suidas Zeugnisse für die active Bedeutung als durch exegetisches Vorurtheil abgedrungen, gegenüber dem Umstande, dass in der gesammten classischen Gräcität sich kein Beispiel dafür hat finden lassen, entschieden ablehnt. — Welches Gewicht aber dem *G*schen Argumente beizulegen ist, dass Suidas und Oecumen., weil der lebenden Sprache noch näher stehend, auch zuverlässiger über den Sinn des Wortes hätten urtheilen können, als wir, wird sich ergeben, wenn wir von Pollux (Onomast. 1, 21) hören: $\dot{o}$ $\gamma\grave{\alpha}\varrho$ $\vartheta\varepsilon o\sigma\tau v\gamma\dot{\eta}\varsigma$ $\tau\varrho\alpha\gamma\iota\varkappa\acute{o}\nu$. Somit war schon um 180 n. Chr. das Wort aus der Schrift- und Umgangssprache verschwunden; es findet sich dann von Pollux bis Oecum., also während eines Zeitraumes von mindestens 800 Jahren in keinem einzigen griechischen Werke. Nichts desto weniger sollen Oecum. und Suidas mit dem Worte besser Bescheid gewusst haben, als wir. Ja, wenn das Wort nicht 800 Jahre vor ihnen gestorben wäre! — Es bleibt dabei: $\vartheta\varepsilon o\sigma\tau v\gamma\varepsilon\tilde{\iota}\varsigma$ ist passivisch zu nehmen. Wie aber soll doch nur das Wort in der Bedeutung: von Gott gehasst, diesem allgemeinen, jeder Sünde zustehenden Attribut, als Ausdruck für seine specielle Versündigung dem Sündenregister eingereiht werden? *M* meint, jedes Bedenken dadurch beseitigen zu können, dass er $\vartheta\varepsilon o\sigma\tau v\gamma\varepsilon\tilde{\iota}\varsigma$ als Bezeichnung verruchter Bösewichter überhaupt fasst, nach der Idee, dass die Gottheit die Guten liebe und die Bösen hasse. Dagegen spricht, dass der Ausdruck „verruchter Bösewicht" viel zu allgemein ist, als dass er inmitten specieller Sünden Platz finden könnte. Auch der Versuch *M*s, durch Hinweis auf die mangelnde systematische Disposition das Bedenken zu beschwichtigen muss ich abweisen.

Es liess sich voraussehen, dass $\vartheta\varepsilon o\sigma\tau v\gamma\dot{\eta}\varsigma$, weil als selbstständige Bezeichnung sündhaften Thuns unmöglich, adjectivisch zu einem benachbarten Nomen herangezogen würde, und es ist geschehen. Man hat $\vartheta\varepsilon o\sigma\tau v\gamma\varepsilon\tilde{\iota}\varsigma$ an $\varkappa\alpha\tau\alpha\lambda\acute{\alpha}\lambda o\upsilon\varsigma$ angeschlossen.

9*

Dass dies in Anbetracht der anderweit ohne adjectivische Begleitung
auftretenden Sündennamen unmöglich sei, wie Mehring meint, möchte
ich nicht behaupten. Wohl aber verstehe ich nicht, weshalb der
Apostel gerade die *κατάλαλοι* als *θεοστυγεῖς* notiren sollte. Ich
meine, dass keinerlei zwingende Nothwendigkeit vorliegt, die hinter
ψιθυρισταί aufgezählten Namen für lauter Substantive anzusehen, und
derselben Meinung scheint auch *II* zu sein, sofern er die sechs
ersten Namen des 30. Verses als drei mit Adject. verbundene Substant. ansieht, und so *ψιθυρισταὶ κατάλαλοι, θεοστυγεῖς ὑβρισταί* und *ὑπερηφάνους ἀλαζόνας* erhält. Allein auffallend ist
schon, dass der Apostel in drei unmittelbar aufeinanderfolgenden
Namen das Adject. bald vor, bald nach gesetzt haben müsste.
Dann ist *II*s Behauptung nicht zutreffend, dass *ψιθυρισταί* ein un-
vollständiger Begriff sei und daher *κατάλαλοι* zu seiner Ergänzung
bedürfe. Der *ψιθυριστής* zischelt seines Nächsten Heimlichkeiten
einem Anderen in's Ohr — Dinge, die er offen nicht zu sagen
wagt; der *κατάλαλος* führt gegen seinen Nächsten verläumde-
rische Reden, sagt also Unwahres von ihm aus oder dichtet ihm
Unwahres an, was bei dem *ψιθυριστής* gar nicht stattzufinden
braucht. Ebenso unrichtig ist die Ergänzung von *ἀλαζάν* durch
ὑπερήφανος. Nach Tittmann's Synonymik des N. T. p. 73 liegt in
ὑπερήφανος die Verachtung anderer, während der *ἀλαζών* hohe
Dinge von sich aussagt, lediglich in dem Bestreben, sein Wissen
und Können herauszustreichen. Das kann ja wohl verbunden sein
mit dem Herabsehen auf andere, braucht aber damit nicht verbunden zu sein. — Dass *ὑβριστής* einer Ergänzung seines Begriffs
nicht bedarf, hat *II* selbst zugestanden. Eben um desswillen, meint
er, sei das Wort geschickt, ein Adject. zu sich zu nehmen, welches
Gottes Urtheil über die *ὕβρις* ausdrückt. Ich halte mit *G* dafür,
dass *II* zu weit geht. Das scheint mir jedoch keinem Zweifel zu
unterliegen, dass *θεοστυγεῖς* adjectivisch aufzufassen und nicht
bloss auf *ὑβρισταί*, sondern auf die ganze Gruppe bis *ἐφευρετὰς
κακῶν* zu beziehen ist. Bereits von *ψιθυριστὰς* an notirt der
Apostel Erscheinungen, die unmittelbar aus der Wurzel aller Versündigungen, aus dem Streben, Gott gleich sein oder doch gleich
thun zu wollen, hervorgehen. Der *ψιθυριστής* will den Menschen
das Herz lenken wider Andre nach seinem sündigen Willen, der *κατάλαλος* vermeintliche Missethaten seiner Nebenmenschen an's Licht
bringen. Den schärfsten Ausdruck aber hat von jeher die An-
maassung des Gottseins in der *ὕβρις* gefunden, d. i. in dem Verhalten des Menschen, der da redet und thut, als wäre kein Gott
(Raphel: opponitur *ὑβριστής* a Xenophonte *σώφρονι* Apolog. 557.
Memor. lib. I. p. 564. Cyrop. lib. 8. p. 162. Sunt ergo *ὑβρισταί*,
qui hominis nullius rationem habent, alios pulsant, quidvis sibi in
quemvis licere putant, prava tantum animi libidine atque petulantia
adducti. Zu *ὕβρις* Rost-Passow: „Ueberhebung, Uebermuth, jede
Verletzung menschlicher oder göttlicher Rechte, insofern sie aus ge-

setzloser Uebergewalt, aus übertriebenem Kraftgefühl oder aus dem
Uebergewicht sinnlicher Triebe entspringt: Frechheit, Frevelmuth,
Muthwillen"), dann in dem ὑπερήφανος, der sich über seines Gleichen
erhebt, als wäre er mit Gott gleicher Ehre theilhaftig und dürfe
dieselbe für sich fordern, in dem ἀλαζών, der da prahlt, als wisse
er Alles, als könne er Alles, sich nicht daran kehrend, dass Allwissenheit und Allmacht allein Gottes ist; in dem ἐφευρετὴς κακῶν, der zu den Uebeln, die Gott den Sündern als Strafe auflegt,
neue schafft, als wäre er Gott.

Diese Eingriffe in das Wesen und Walten Gottes mit Gotte ab-
gewendetem, teuflischem Sinne fordern gewissermaassen Gottes heilige Energie heraus; ihnen gegenüber hat Gott offenbart und offenbart fort und fort, dass er das Böse und darum auch den Bösen,
der sich an seine Stelle setzen will, hasst. Wohl stehen die ψιθυρισταὶ und κατάλαλοι mit den ὑβρισταῖς, ὑπερηφ. in einer
Kategorie, aber erst bei der prägnantesten Erscheinungsform der
Gottesanmaassung verleiht er seiner heiligen Entrüstung Ausdruck,
indem er das θεοστυγεῖς als warnendes Merkmal ihnen beigiebt.
Dass der Apostel hier nur besonders hervorhebt, was die ganze heilige Schrift A. und N. T.'s als sonderlichen Gegenstand der strafenden Gerechtigkeit Gottes bezeichnet, möchte ich hier nur andeuten
und mit einigen Stellen belegen:

Levit. 26, 19: καὶ συντρίψω τὴν ὕβριν τῆς ὑπερηφα-
νίας ἡμῶν. Jes. 13, 11: καὶ ὕβριν ὑπερηφάνων ταπεινώσω
cfr. 25, 11. Ezech. 30, 18. 33, 28. Hos. 5, 5. Jes. 10, 33 u. a. St.
Luc. 1, 51. 52: διεσκόρπισεν ὑπερηφάνους διανοίᾳ κ. τ. λ.
Die ἀλαζόνες werden mit den αὐθάδεις zusammengestellt Proverb.
21, 24. Gen. 49, 7: ἐπικατάρατος ὁ θυμὸς αὐτῶν, ὅτι αὐθάδης.
Ueber den Begriff der ἀλαζόνες s. Xenoph. Cyrop. p. 38. Memor.
lib. 2. p. 578. Exemplum ἀλαζονείας v. Jacob. 4, 16.

Zu ἐφευρετὰς κακῶν cfr. Philonem in Flacc. p. 968a:
κακῶν εὑρεταί; ib. p. 975: ὁ Φλάκκος — ἐπενδῖσεν ἔκτοπον
τινα ἐπίθεσιν ὁ μεγαλουργός, ὁ καινῶν ἀδικημάτων εὑρετής.
2 Macc. 7, 31 wird Antiochus Epiphanes πάσης κακίας εὑρετῆς
genannt und Tacit. Annal. 4, 11 Sejan: facinorum repertor. Nicht
Erfinder schlechter Dinge, wie M will, sondern von Uebeln. Den
Uebergang zum Folgenden vermittelt G in der Weise, dass er sagt:
Leute von diesem Schlag hätten gewöhnlich im Schoosse der Fa-
milie ihren schlimmen Charakter zu verrathen angefangen: sie seien
ihren Eltern ungehorsam gewesen. Der Zusammenhang dieser Notiz
mit dem Nachfolgenden wird nicht weiter nachgewiesen. G fasst
die Schlussgruppe, zu welcher er noch die ἐφευρετὰς κακῶν zählt,
unter dem allgemeinen Titel der Unterdrückung aller natürlichen
menschlichen Gefühle zusammen. M bleibt seiner Annahme getreu,
dass an irgend welche systematische Disposition nicht zu denken
sei, und macht daher nicht einmal den Versuch, das gegenseitige

Verhältniss der einzelnen Namen in dieser Gruppe näher zu bestimmen. Soviel ich sehe, hat der Apostel bei Aufzählung der Sünden in den vv. 30. 31 die beiden Grundbedingungen, von welchen der Fortbestand wie der Menschheit, so jedes Volkes abhängig ist, im Auge; die erste Grundbedingung ist: Unterordnung unter Gott, die zweite: Wahrung und Sicherung des Bandes, welches die Menschen, bez. Volksgenossen unter einander verknüpft. Der ἀδόκιμος νοῖς hat nun die finale Wirkung gehabt, Menschen hinzustellen, die von der Unterordnung unter Gottes Willen nichts wissen wollen, sondern ihren sündlichen Willen an die Stelle des göttlichen setzen, ja thun, als seien sie selbst Gott. Von γονεῦσιν ἀπειθεῖς ab nennt der Apostel Erscheinungsformen des ἀδόκιμος νοῖς, welche darin zusammentreffen, dass sie das Band zerreissen, welches die Menschen untereinander verbindet. Das innigste Band ist das zwischen Kindern und Eltern; es wird zerschnitten durch die ἀπείθεια. Ein weiteres Band ist das Verständniss für das Pflichtmässige, Geziemende (καθήκοντα v. 28). Das Volk aber, das sich von Gottes Willen emancipirt, ist toll und blind, οἳ συνίει (Jes. 1, 3 nach dem Grundtext): οὐκ ἔστιν ὁ συνιῶν Ps. 14, 1. 2 (Rom. 3, 11). Man vergleiche Ps. 32, 8. 9. Ἀσύνετος drückt die Wirkung des ἀδόκιμος νοῖς auf die im normalen Zustande allen Menschen gemeinsame σύνεσις aus. Die Menschen sind ohne Verstand, ohne Ueberlegung; sie verstehen weder, was sie treibt, noch wohin sie getrieben werden. Darum babylonische Sprachverwirrung, Parteitreiben ohne Ende. Sie sind ἀσύνθετοι (nicht unverträglich, wie Tittmann will, sondern) solche, mit welchen ein συνθέσθαι (ein Vertrag-, Bund-Schluss) unmöglich ist — Leute ohne Treu und Glauben, charakterlose Menschen. So Jerem. 3, 8. 10 u. flgg. LXX. Sie sind ἄστοργοι unzugänglich, unempfänglich für Liebe. Der ἀδόκιμος νοῖς erstickt die edelsten Gefühle. Gleichermaassen kennen sie kein Mitleid, sie sind ἀνελεήμονες. Wo selbst die kindliche Pietät, moralisches Verständniss, Vertragstreue, Empfänglichkeit für Liebe, Erbarmen dahin ist, da besteht in Wahrheit kein sittliches Band mehr zwischen Mensch und Mensch.

Der ἀδόκιμος νοῦς hebt in seiner letzten Consequenz jede Unterordnung unter den Willen Gottes auf, indem er das Ich zu Gott macht; er zerstört die Grundlage, auf welcher das Gemeinschaftsverhältniss zwischen den Menschen, bez. Volksgenossen beruht, und diese Emancipation von Gott, diese Vergottung des Ich, diese Pest für den Fortbestand der Menschheit, wie des Volksthums ist da, sie wird vertreten durch alle diejenigen, welche Gott hingegeben hat in verkehrten Sinn, weil sie sich nicht daran kehrten, die lebendige Gotteserkenntniss zum Princip ihres Lebens zu machen.

Die Einweisung der vv. 30 und 31 in das Sündenregister kann erst nach Auslegung von v. 29 erfolgen, zu welcher ich nunmehr übergehe.

Dass der Apostel keine blosse Nebeneinanderstellung von den verschiedensten Arten der Versündigungen, gewollt hat, dürfte schon aus dem Wechsel von πεπληρωμένους und μεστούς hervorgehen, über deren Unterschied ich mich oben bereits ausgesprochen habe. Es wäre jedoch immer noch möglich, diesen Wechsel der Rhetorik zuzuschreiben, wiewohl die Kargheit des Apostels in diesem Stück hinlänglich bekannt ist, wenn nicht ein auffallender — von den Auslegern leider nicht erkannter Wesensunterschied zwischen den Dingen sich zeigte, womit die οἵτινες, von welchen hier die Rede ist, erfüllt worden sind und zwischen den Dingen, wovon sie voll sind. Die Nomina hinter πεπληρωμένους sind sämmtlich Abstracta und bezeichnen ihrer adjectivischen Herkunft gemäss Eigenschaften, Anlagen, Dispositionen. Dagegen drücken die Nomina hinter μεστούς lauter concrete Begriffe aus; nur das letzte κακοήθεια hat die Form eines Abstractums, worüber weiter unten das Nähere gesagt werden wird.

Das also sagt der Apostel, dass die Menschen durch den ἀδόκιμος νοῦς erfüllt worden sind mit der Disposition (Neigung) zu aller Ungerechtigkeit, zu aller Bosheit, zu aller Selbstsucht (Habgier), zu aller Schlechtigkeit. Der ἀδόκιμος νοῦς ist, wie ein Gutsbesitzer, der sein Grundstück mit allerlei Anlagen und Pflanzungen erfüllt (πληροῖ). Von dem, was aus diesen Anlagen, Pflanzungen erwächst, ist nunmehr das Grundstück voll (μεστός). Es ist aber aus der ἀδικία, d. i. derjenigen Eigenschaft des sündigen Menschen, welche dem Nächsten nicht geben mag, was ihm gehört oder zukommt, der φθόνος, dessen prägnanteste Form der φόνος; aus der πονηρία d. h. derjenigen Eigenschaft, welche dem Nächsten alles Herzeleid zutreibt und ihm das Leben verbittert, der Zank (ἔρις), davon ja allerdings das Leben der Sünder voll ist bis zum Ueberfliessen; aus der πλεονεξία, derjenigen Eigenschaft oder Disposition des sündigen Menschen, die immer mehr haben will, der δόλος, die Schlauheit und Hinterlist, um das, was des Andern ist, an sich zu bringen, hervorgewachsen. Endlich aus der κακία, der Schlechtigkeit, d. i. derjenigen Gesinnung, die sich lediglich durch das κακόν bestimmen lässt, also kein Mittel scheut, wenn es nur zur Erfüllung der sündlichen Begierde hilft, dieser vollendeten Disposition zum Bösen, in welcher ἀδικία, πονηρία und πλεονεξία Wurzel und Nahrung haben; aus der κακία, sage ich, wächst die κακοήθεια, d. i. derjenige Zustand, da die Sittlichkeit schlecht, verderbt ist, Sittenverderbniss, moralische Fäulniss, die Vollendung alles dessen, was die Aussaat des ἀδόκιμος νοῦς hervorgebracht hat.

Was nun in den vv. 30 und 31 folgt, ist nichts weiter, als eine Skizze derjenigen Gestalten, in denen die moralische Fäulniss zur Darstellung gelangt; es ist ein Verzeichniss derjenigen individuellen Formen, in welchen die κακοήθεια sich so zu sagen personificirt. Somit ist κακοήθεια gewissermaassen der summarische Ausdruck für alle die nachfolgenden Erscheinungsformen; um desswillen hat es die Form des Abstractums, welches bekanntlich nicht selten mit dem Collectivum zusammenfällt. Hinter κακοήθεια ist ein Doppelpunkt zu denken.

Der Apostel reiht also nicht aneinander, sondern schreitet von der allgemeinen Disposition, welche der ἀδόκιμος νοῦς wirkt, zu den Aeusserungen derselben, bez. zu den speciellen Erscheinungsformen der stattgehabten Verkehrung. Das scheint mir der Schlüssel zu dem in den vv. 29 — 31 vorliegenden Problem zu sein.

Capitel 2.

1. Was ist das für ein ἄνϑρωπος, den der Apostel in 2, 1 anredet? Zwar ist die Antwort bereits bei Auslegung der letzten Verse des ersten Capitels der Hauptsache nach gegeben, doch halte ich es nicht für überflüssig, die Frage zu wiederholen, um die Antwort tiefer zu begründen. Wie der Apostel die Darlegung der menschlichen Verschuldung in den Schleier der Allgemeinheit hüllt, doch so durchsichtig, dass man unter der leichten Hülle die charakteristischen Merkmale heidnischer und jüdischer Verschuldung bald erkennt, so fährt er im Cap. 2 fort, den ἄνϑρωπος κρίνων allgemein zu halten. Er sagt nicht, an welche Kategorie er gedacht hat. Doch schliesst die Frage in den vv. 3. 4 deutlich genug die Heiden aus, denn ich finde in den Briefen des Apostels auch nicht die leiseste Andeutung, dass er Heiden gekannt habe, welche dem Weltgericht gegenüber, wenn sie überhaupt daran glaubten, um irgend welcher Privilegien willen eine Ausnahmestellung beansprucht hätten. Richtig daher *M*: πᾶς ὁ κρίνων gehe auf die jüdische Menschheit, deren Charakteristicum eben das Richten. Weniger zutreffend die Bemerkung: die allgemeine Bezeichnung sei aus Schonung gewählt. Aehnlich *G*: „Paulus will das Volk, welches sich erlaubt, alle andern vor die Schranken zu rufen, selbst vor den Richterstuhl Gottes fordern. Der Apostel weiss, wie heikel die Aufgabe ist, an welche er sich macht, dem auserwählten Volk zu beweisen, dass der jetzt über die Heiden ausgegossene Zorn Gottes auf ihm ebenfalls lastet. Das ist ein kühnes Unternehmen; der Apostel geht darum vorsichtig zu Werke. Er spricht vorerst seinen Gedanken in abstracter Form aus: „Du, der Du richtest, wer Du auch seist", um ihn später ganz zu enthüllen. *G* substituirt für die schriftstellerische Absicht: Nachweis und Begründung der Schuld vorläufig in der Form der Allgemeinheit, die Rücksichtsnahme auf die Juden, welche dann freilich nur bis v. 9 vorhalten würde. Uebrigens geht auch hieraus hervor, dass *G*, wie bereits erwähnt worden, 1, 18—32 lediglich auf die Verschuldung der Heiden bezieht. Er findet von v. 18 ab „den auf der Heidenwelt lastenden Zorn Gottes" vollständig begründet, sofern nachgewiesen ist die „Strafe der freiwilligen Verdunklung der religiösen Anlage (die Gottlosigkeit) und des sittlichen Bewusstseins (die Ungerechtigkeit), welche

in dem Menschen durch die ursprüngliche Offenbarung Gottes waren
geweckt worden". Wie falsch diese Bipartition ist, hat meine Auslegung gezeigt. Die ἀδικία ist nicht die Hälfte, sondern der Inbegriff der menschlichen Schuld (1, 18), ihre Aeusserung das Unrecht gegen Gott, da sie ihm die Ehre entzogen und Götzendienst
einführten statt des Gottesdienstes (vv. 23. 25); ihre Strafe: heidnische Unsittlichkeit bis zu unnatürlichen Wollustgreueln (vv. 24. 27),
Bei der zweiten Gruppe vv. 28 — 32 ist ἀδικία eben diese,
dass sie Gott nicht zum bestimmenden Princip ihres innern und
äusseren Lebens machen wollten. Daher die Strafe des ἀδόκιμος
νοῦς, dessen Erscheinungsformen in den vv. 29 — 32 dargelegt
werden.

Wenn daher G das zweite Capitel als Parallele zu 1, 18—32
oder, was dasselbe ist, als die Anklage gegen die Welt nach der
gegen die Heidenwelt und die zwei ersten Verse als das Thema derselben auffasst, so wird das nach dem Vorhergehenden allenthalben
nicht mehr befremden, auch die Widerlegung dieser Ansicht nicht
erwartet werden.

Ich kehre zu der Frage zurück: wer ist der ἄνθρωπος κρίνων? Die griechischen Ausleger antworten: es sind die heidnischen
Obrigkeiten. Die Besseren unter den Heiden sind gemeint. So
die Reformatoren und neuestens noch H consequent. Wenn 1, 18—32
von den Heiden handelt, so entspricht es dem überleitenden διό, bei
dem ἄνθρ. κρίν. eben an einen Heiden zu denken. Mit der richtigen Auffassung des zweiten Capitels fällt natürlich auch diese Ansicht. Calvin will heidnische Heuchler (K jüdische Heuchler)
angedeutet finden. So würde der Apostel aus seinem Plane, das
System der neutestamentlichen Heilsöconomie zu schreiben, heraus-
gefallen sein und sich mit Casuistik beschäftigen. Ganz allgemein
fassen Beza, Calov, Benecke u. a. den πᾶς ἄνθρωπος und kommen
der Wahrheit am nächsten. Nur hätten sie in dieser allgemeinen
Fassung den formell ausgedrückten Universalismus in seinem Uebergang zu den speciellen Ansprüchen des Judenthums finden sollen.

Die Probe auf die rechte Auslegung, insbesondre auf die richtige Darlegung des Zusammenhangs zwischen Cap. 1 v. 2 giebt ein
kleines, unscheinbares Wörtlein, das Anfangswörtlein des zweiten
Capitels διό, daher nicht wenig Mühe und Arbeit der Exegeten, das
Wörtlein auf ihre Deutung herüberzuziehen. Dass bei der Auslegung von Röm. 1, 18—32, wie sie herkömmlich auf die Heidenwelt bezogen wird, das διό keinen rechten Sinn giebt, haben von
den Neuern H und Ritschl gesehen, ohne einen annehmbaren Ersatz
für die hergebrachte Erklärung zu bieten. M empfiehlt folgende
Gedankenverbindung: „Deshalb, weil so nachgewiesener Maassen
Gottes Zorn vom Himmel offenbart wird über jede Gottlosigkeit und
Unsittlichkeit u. s. w., deshalb ist keiner zu entschuldigen, welcher
den anderen richtet, denn, um diess näher nachzuweisen, mit diesem
Richten verdammt er sich selbst, weil er das Nämliche (der all-

gemeinen Kategorie nach) thut, was er richtet". „Bei dieser Argumentation", fährt *M* fort, „liegt als Voraussetzung schon der erst später (v. 17 flg.) auszuführende Satz zu Grunde, dass jeder Mensch, auch der Jude, der Herrschaft der Sünde unterworfen sei." Also ein logisches Hysteron-Proteron trotz der dialectischen Meisterschaft des Apostels!

Auch *W* geht auf ἀναπολόγητος 1, 20 zurück, glaubt aber den Zusammenhang so fassen zu sollen: „Darum, weil du nicht, wie die Heiden, durch göttliches Strafgericht das sittliche Unterscheidungsvermögen verloren hast, bist du gewiss unentschuldbar". Also mit bestimmter Deutung des ἄνθρωπος auf den Juden im nächsten Anschluss an den ἀδόκιμος νοῦς 1, 28, jedoch so, dass der Gedanke, auf welchen διὸ zurückgehen soll, erst hineingetragen und an den ἀδοκ. νοῦς angelehnt, keineswegs aber daraus entwickelt ist, denn, wie die Worte lauten, würde der causale Anschluss so lauten müssen: „weil die Heiden das sittliche Unterscheidungsvermögen verloren haben, ist kein Jude zu entschuldigen, der da richtet". Oder wird der Nichtverlust des Unterscheidungsvermögens Seiten der Juden in 1, 32 ausgesagt, dann geht sicherlich οἵτινες sammt vv. 28—31 auf die Juden, was doch *W* nicht will, zumal dann auch der ἀδόκιμος νοῦς auf die Juden ginge und mit dem Nichtverlust des Unterscheidungsvermögens schwerlich zu vereinigen sein würde. In ähnliche Verwicklung geräth *G*, der es gleichfalls für möglich hält, διὸ an v. 32 anzuknüpfen. Er spricht sich so aus: „wenn es frevelhaft ist, zu sündigen, während man der Sünde des Nächsten Beifall zollt, wäre es nicht noch unentschuldbarer, die Sünde des Andern zu verdammen, und sich zugleich an derselben zu betheiligen? Im ersten Falle ist wenigstens Uebereinstimmung zwischen dem Gedanken und der That. Man thut, was man zu billigen erklärt, während im zweiten Falle ein innerer Widerspruch und eine handgreifliche Heuchelei vorliegt. Durch sein Richten verdammt der Richtende sein eignes Thun!"

Bei alledem will *G* unter dem ἄνθρω. κρίν. einen Juden verstanden wissen, während Cap. 1, 18—32 sich auf die Heidenwelt beziehen soll. Wie mag denn aus dem, was die Heiden thun, ohne Weiteres die Unentschuldbarkeit der Juden gefolgert werden, denn gerade das, worauf es ankommt, dass nämlich die Juden dasselbe thun (τὰ αὐτὰ in 2, 1 fasse ich, wie τοιαῦτα in 2, 3 mit *M* allgemein: alle die vorher aufgeführten Sünden und Schanden, Werke τῶν τὴν ἀλ.θ. ἐν ἀδικίᾳ κατεχόντων 1, 18, um derentwillen ἡ ὀργὴ τοῦ θεοῦ ἀποκαλύπτεται), wäre eine blosse Anschuldigung ohne Beweis, wenn nämlich 1, 28—32 nur von den Heiden die Rede ist.

Aber auch für die von mir entwickelte Auffassung, dass 1, 28—32 die Verschuldung der Juden dargelegt wird, imgleichen, dass der Apostel in 2, 1 mit ἄνθ. πᾶς ὁ κρίνων den Juden anredet, hat das διὸ Schwierigkeiten. Denn, wenn von den Juden insgemein 1, 32 gesagt ist: συνευδοκοῦσι τοῖς πράσσουσι, wie mag dann aus der Mitte dieser συνευδοκοῦντες ein κρίνων hervorgehoben werden? Ist nicht κρίνειν τὸν ἕτερον das gerade Gegentheil von συνευδοκεῖν? Doch nur, wenn unter dem ἕτερος wieder ein Jude verstanden wird. Nach dem Paulinischen Universalismus aber vertritt der ἕτερος die zweite Kategorie der Menschheit. Jude und Heide verhalten sich demnach zu einander, wie ὁ ἕτερος πρὸς τὸν ἕτερον; einer ist des andern Nächster. Wir begreifen, weshalb der Apostel in v. 1 den κρίνων ganz allgemein als ἄνθρωπος bezeichnet, nicht schon ausdrücklich als Juden. Hätte er letzteres gethan, so würde ohne Zweifel jeder jüdische Leser unter ἕτερος nur wieder einen Juden verstanden haben. Wie jeder Jude als solcher sich zum Richter über den Heiden berufen fühlte, ist bekannt und wird von dem Apostel in 2, 17 u. flgg. des Weitern ausgeführt.

Von hier aus fällt Licht auf das συνευδοκεῖν in 1, 32. Die Thäter dessen, worauf nach dem Gesetze Gottes Todesstrafe steht, können eben nur wieder Juden sein. Alle Juden hielten sich kraft Abstammung, Beschneidung für gerecht. Zeigt Jerem. 31, 34, dass es in Israel Zeiten gegeben hat, wo einer den andern lehrte und ermahnte, also ein κρίνειν τὸν ἕτερον im Falle der Abweichung vom Gesetz geübt wurde; zeigt das Beispiel eines Nathan und der späteren Propheten, dass selbst Könige mit dem richtenden und strafenden Worte nicht verschont wurden; ist es mehr als wahrscheinlich, dass die Vorschrift des Apostels 1 Thess. 5, 11. Hebr. 3, 13. Act. 14, 22 u. s. w. der für jeden Israeliten bestehenden Verpflichtung nachgebildet worden, so erscheint es als Zeichen tiefen Verfalls des israelitischen Gemeindelebens, dass todeswürdige Sünden nicht bloss geschehen, sondern dass man kein strafendes Wort für die Gesetzesübertreter hatte, ja dass jedem Israeliten, trotz seines ruchlosen Wandels (man vergl. 2, 17 u. flgg.) die Gerechtigkeit vor Gott zuerkannt wurde. So erklärt man stillschweigend sein Einverständniss mit dem, was geschah — οὐ μόνον ποιοῦσι τὰ ἄξια θανάτου, ἀλλὰ καὶ συνευδοκοῦσι τοῖς πράσσουσι. Diese, den thatsächlichen Verhältnissen allein entsprechende Erklärung, während die Deutung des συνευδοκεῖν aus rein heidnischen Verhältnissen in das Gestrüpp unannehmbarer Hypothesen sich verliert, ist zugleich eine nachträgliche Bestätigung für meine Auslegung von 1, 28—32.

Was ἐν ᾧ anlangt, so halte ich nicht Ms, sondern Gs Auffassung für richtig: „Du thust zweierlei zugleich; du verdammst deinen Nächsten und indem du ihn wegen dessen verdammst, das du selbst thust, entziehst du dir selbst alle Entschuldigung."

In den vv. 1. 2. 3 sieht G mit M einen Syllogismus. v. 2 soll die propositio major sein zu v. 3. G mit einiger Modification: dein Richten über den Nächsten verdammt dich (v. 1). Nun ist das Gericht Gottes immer wahrhaftig (v. 2). Folglich kann dich dein heuchlerisches Richten gegen das Gericht Gottes nicht schützen (Schlusssatz zwischen v. 2 und 3). — Vor allen Dingen ist daran festzuhalten, dass unter τὰ τοιαῦτα in v. 2 etwas anderes nicht zu verstehen ist, als in 1, 32. Unwiderleglicher Beweis dafür ist v. 3. Das κρῖμα in v. 2 ist also nicht auf κρίνων bezogen, sofern letzterer sich herausnimmt, zu richten, sondern auf den κρίνων, sofern er τὰ αὐτὰ πράσσει.

Das Subject zu οἴδαμεν will G mit M ganz allgemein gefasst wissen: jedermann weiss: es ist allgemein bekannt. Dann soll κατὰ ἀλήθειαν die Norm ausdrücken, „nach welcher das Richterurtheil Gottes gegen die τὰ τοιαῦτα πράσσοντας ist, nach der Norm der Wahrheit, so dass es ohne alle Irrung oder Parteilichkeit ganz dem Verhalten der Subjecte entspricht." „Die Juden", sagt G, „konnten sich nicht von der Vorstellung losmachen, dass sie in diesem Zeitpunkte wegen ihres reinern Glaubens und ihrer über andere Völker so erhabenen Stellung ein Vorrecht geniessen würden." Fritzsche erklärt: κατὰ δικαιοσύνην, οὐ κατὰ προςωπολημψίαν (v. 11), οὐ κατ᾽ ὄψιν (Joh. 7, 24), οὐ κατὰ τὴν σάρκα (Joh. 8, 15). — Wenn das aber, wie die neuern Ausleger wollen, jedermann bekannt ist, was v. 2 aussagt, so muss es auch der ἄνθρωπος κρίνων wissen. In diesem Falle aber ist die Frage v. 3 unbegreiflich. Die Aussage in v. 2 muss so gedeutet werden, dass sie für die Frage in v. 3 Raum lässt. Ebenso darf das Subject zu οἴδαμεν nicht so gefasst werden, dass es den κρίνων geradezu ausschliesst, denn wie in aller Welt wäre zu verstehen, dass der Apostel in den vv. 1. 3 den κρίνων anredet, dazwischen aber mit οἴδαμεν sich an andere wendet, um ein gegen den κρίνων anwendbares allgemeines Urtheil zu erlangen. Dazu kommt, dass die Unparteilichkeit des Richtens, welche man in v. 2 finden will, erst in v. 11 zur Aussprache gelangt und ihre dialectische Stelle einnimmt. Abgesehen von diesem aus dem Context gegen die interpretatio recepta entnommenen Grunde, will es mir durchaus nicht in den Sinn, dass κατὰ ἀλήθειαν ohne Artikel heissen solle nach Norm oder Maassgabe der Wahrheit. Dergleichen artikellose Abstracta mit Präpositionen sind allemal Umschreibungen des Adverbs. So ist ἐπ᾽ ἀληθείας Luc. 22, 59 soviel, wie ἀληθῶς. Vielleicht hätte Paulus das üblichere ἐπ᾽ ἀληθ. auch in v. 2 geschrieben, wenn nicht ἐπὶ c. accus. unmittelbar darauf gefolgt wäre. Im N. T. kommt κατ᾽ ἀλήθ. nur hier vor; in der profanen Gräcität habe ich es bei Diodor. Sicul. p. 194 A gefunden: τὸ κατ᾽ ἀλήθειαν κηρίον verus et naturalis favus. Dann bei Polyb. 4, 69, 6: λαβόντες ἔννοιαν τοῦ κατ᾽ ἀλήθειαν ὄντος: „als sie den wirklichen Sachverhalt erfuhren". Somit hatten Raphel, Köllner und Krehl nicht Unrecht, die Phrase gleichbedeutend mit ἀληθῶς zu nehmen. Wenn die Neuern nichts davon wissen wollen, so liegt das in der vorgefassten Meinung, es sei in v. 1 von einem heuchlerischen Richten die Rede, welchem dann in v. 2 das Richten Gottes nach der Wahrheit gegenübergestellt werde. Der Apostel aber findet das ἀναπολόγητον des ἄνθρ. κρ. nicht darin, dass er anders urtheilt, als er gesinnt ist — der ἄνθρ. hält wirklich (κατ' ἀλήθ.) den ἕτερος für strafbar —, sondern dass er, gleich schuldig, wie der andere, überhaupt urtheilt, weil er für seine Person irgend welche Verschuldung nicht anerkennen will. Der Apostel greift also nicht die heuchlerische Gesinnung des κρίνων an, sondern den fälschlichen Anspruch desselben auf Immunität.

Ein weiterer Grund gegen die unrichtige Auslegung von κατ' ἀλήθ. liegt in der falschen Auffassung des ἐστὶ ἐπὶ c. accus. Am weitesten geht darin G. Er übersetzt v. 2: „nun wissen wir, dass das Gericht Gottes der Wahrheit gemäss ist über die, welche solches thun". Abgesehen davon, dass der Apostel etwas bezeugen würde, was seines Zeugnisses sicherlich nicht bedarf, dass nämlich das Gericht Gottes der Wahrheit gemäss ist, so muss die Zusammenfassung von κρῖμα ἐπὶ τοὺς πράσσοντας aus grammatischen Gründen beanstandet werden. Wo und wann wäre jemals im Griechischen gesagt worden: κρίνειν ἐπί τινα? Und wenn das nicht, so ist auch κρῖμα ἐπί τινα ungriechisch. — Aber auch diejenigen, welche ἐπὶ τοὺς τὰ. τ. πρ. von εἶναι abhängen lassen und sich sehr richtig auf die nicht selten vorkommenden Fälle beziehen, in welchen Verba des Zustandes bez. der Ruhe mit Präpositionen der Bewegung (ἐπὶ, πρὸς, παρὰ u. a. c. accusat.) verbunden werden, irren darin, dass sie die Aussage v. 2 als eine dogmatische Sentenz auffassen, von welcher vorausgesetzt wird, dass auch der ἄνθρ. κρίνων ihre Richtigkeit anerkennt. — Nun aber ist v. 2 lediglich als geschichtlich constatirter Erfahrungssatz (οἴδαμεν) aufzufassen, den auch der κρίνων nicht in Abrede stellen kann und darf.

Die Thatsache, auf welche der Apostel mit seinem οἴδαμεν hinsieht, sind entweder der allgemein bekannten Geschichte Israels entnommen und fallen ohne Zweifel mit den Begebenheiten zusammen, welche der Apostel 1 Cor. 10, 1—12 ausführlich bespricht, um dort zu zeigen, was er in der vorliegenden Stelle in kürzester Fassung giebt, dass die Juden, wenn sie εἰδωλολατ., πορνεία u. dgl. an sich kommen lassen, in keinerlei Weise von dem κρῖμα τ. θ. eximirt sind.

Es kann aber auch sein, dass die Thatsachen, aus welchen der Apostel argumentirt, seinen Lesern vor Augen liegen, also der unmittelbarsten Gegenwart angehören; mir will sogar scheinen, als ob diese Auffassung der erstern vorzuziehen ist, sofern das κρῖμα ἐστὶ κ. ἀλ. ἐπὶ τ. — πράσσοντας vollständig parallel ist dem ἀποκαλύπτεται ὀργὴ θεοῦ ἐπὶ πᾶσαν ἀσέβ. 1, 18. Offenbart sich dort die ὀργή d. i. die energische Abwendung Gottes von dem sündigen Geschlecht als Hingabe der Schuldigen in schändliche Lüste und Begierden, so wird hier das κρῖμα τοῦ θ. die Vollziehung des göttlichen Strafurtheils, das Gericht als solches — nicht bloss das Fallen-lassen und Gehen-lassen des sündigen Geschlechts in's Auge

gefasst. — Wäre nicht unter den Juden das heidnische Wesen in
seinem Widerspruch gegen Gottes Gesetz erkannt und offenbar
gewesen, dann würde kaum ausnahmsweise unter ihnen ein ἄνθρωπ.
χρίν. sich haben finden lassen. Aber gewiss nicht bloss von ihrer
confessionellen Stellung aus urtheilten sie wider das Heidenthum;
die Greuel desselben mussten auch den verstocktesten Juden als
gerechte Gottesstrafen, als χρῖμα τοῦ θ. erscheinen. Nun hat
der Apostel überdiess Juden vor Augen, welche die sittliche Ver-
sumpfung der Welthauptstadt aus unmittelbarer Anschauung kannten,
ja die möglicher Weise den Untergang jüdischer Familien erlebt
hatten, welche sich von heidnischer Gottlosigkeit und Unreinigkeit
hatten anstecken lassen. Es gehörte sicherlich kein scharfer Blick
dazu, um zu erkennen, wie Alles im Niedergang begriffen war, die
Staatsgrundlage je länger, desto mehr von schmachvoller Ambition der
Ehrgeizigen, von sittlicher Corruption der Unterthanen angegriffen;
die socialen Verhältnisse von Lug und Trug vergiftet, die Familien-
bande zerschnitten, das gesammte private und öffentliche Leben vom
Hauche der Verwesung durchzogen. Welche θλίψις καὶ στενοχωρία
(2, 9) musste hieraus hervorgehen! War es anders möglich, als dass
dies Elend von jedem, der noch an Gerechtigkeit glaubte, als Gottes
Gericht empfunden wurde! Paulus konnte getrost, ohne Widerspruch
zu fürchten in v. 2 sein οἴδαμεν aussprechen. Dies zu thun, hatte
er eben dringende Veranlassung dem Hochmuth gegenüber, der
noch immer darauf pochte: „wir Juden haben als Abrahams Same
nur Gottes Gnade, nicht aber Gottes Gericht zu erwarten" — imgleichen den Leichtsinnigen gegenüber, die etwa sprachen, wie
2 Petr. 3, 4, und wenn sie auch theoretisch zugaben, dass Gott die
Welt richten werde, es dennoch nicht eilig hatten mit ihrer Sinnesänderung. Allen diesen ruft der Apostel zu:
„Das Gericht Gottes ist da und ergeht in Wirklichkeit thatsächlich) über diejenigen, welche solches thun",
womit ja allerdings zugleich angedeutet ist: ohne Unterschied der
Personen, denn es geht über alle, die solches thun, nicht bloss über
die Heiden, an den Juden vorbei.
vv. 3. 4. Eben diese Thatsache schiebt der Apostel in v. 3 dem
χρίνον in's Gewissen. Weil er aber dies erst in v. 3 thut, so
kann er's nicht bereits in v. 2 direct gethan haben. — Dass ich
übrigens recht gesehen habe, dass der Apostel, wie vorhin gesagt,
den Hochmüthigen, wie den Leichtfertigen mit v. 2 in's Gewissen
reden will, geht aus den Fragen in den vv. 3 und 4 hervor. Gegen
die ersten ist v. 3, gegen die zweiten v. 4 gerichtet. Soll nun nicht
die Tragweite der in v. 4 gestellten Frage contextwidrig hinaus-
gedehnt werden, so wird vor allen Dingen nöthig sein, die Bedeutung, welche die χρηστότης, die ἀνοχή und die μακροθυμία Gottes
für den χρίνον hat oder doch haben sollte, richtig zu begrenzen.
Ich meine, dass G zu weit geht, wenn er unter dem πλοῦτος
χρηστότητος alle Wohlthaten versteht, welche Gott dem Volke

Israel in der Vergangenheit erwiesen hat, also die Erwählung, die fort-
laufende Offenbarung, die beständige Fürsorge, endlich die Sendung
des Messias; wenn er weiter mit $\dot{\alpha}voχ\acute{η}$ das Gefühl ausgedrückt findet,
das den Wohlthäter bewegt, wenn seine Güte mit Undank erwidert
wird; es sei beispielsweise $\dot{\alpha}voχ\acute{η}$ gewesen, wenn Gott auf die Kreuzigung des Messias nicht sofort mit der Ausrottung des Volkes ant-
wortete. Der dritte Ausdruck $\mu\alpha\varkappa\varrho o\vartheta v\mu\acute{\iota}\alpha$ endlich soll die unbegreifliche Verlängerung der Existenz Israels ungeachtet des 30 Jahre nach-
einander fortdauernden Widerstandes gegen die Mahnung Gottes und
gegen die Predigt der Apostel, bez. ungeachtet der Ermordung des
Stephanus und Jacobus erinnern. — Nach meiner Meinung ist der
Horizont der Frage zuweit hinausgerückt. Der Apostel will dem
$\varkappa\varrho\acute{\iota}v\omega v$ nicht den Antheil vorrücken, welchen er an der gnadenreichen
Geschichte seines Volkes hat. Er hat einen Juden vor Augen, der,
trotzdem er's reichlich verdient, das $\varkappa\varrho\~{\iota}\mu\alpha$ (v. 2 an sich selbst
noch nicht erfahren hat. Gottes Strafgerichte sind bereits unterwegs;
es ist eine allgemein bekannte Thatsache, welche auch der $\varkappa\varrho\acute{\iota}v\omega v$
nicht ableugnen kann, dass schon auf Juden und Heiden vernichtende
Schläge gefallen sind, weil sie „die Wahrheit niedergehalten haben
mit ihrer Ungerechtigkeit." Ihn hat der Blitzstrahl des Gerichts
noch nicht getroffen, an ihm hat Gott bisher noch seine freundliche
Herablassung ($\chi\varrho\eta\sigma\tau\acute{o}\tau\eta\varsigma$ von $\chi\varrho\acute{\alpha}o\mu\alpha\iota$ $\tau\iota v\iota$ möchte ich mit Um-
gänglichkeit, Leutseligkeit wiedergeben), seine Schonung ($\dot{\alpha}voχ\acute{η}$),
seine Langmuth ($\mu\alpha\varkappa\varrho o\vartheta v\mu\acute{\iota}\alpha$) bewiesen. Dies herablassende Verhalten Gottes ($\tau\grave{o}$ $\chi\varrho\eta\sigma\tau\grave{o}v$) hätte den Frevler zur Sinnesänderung
treiben sollen, statt dass er nunmehr gering davon denkt und trotzig
spricht: „mich trifft's nicht; ich bin durch Abstammung und Sa-
crament gegen jedes $\varkappa\varrho\~{\iota}\mu\alpha$ $\vartheta\varepsilon o\~{\iota}$ gefeit."

v. 5. Das $\delta\grave{\varepsilon}$ in v. 5 deutet an, dass es mit dem $\dot{\alpha}\gamma voῶv$
v. 4 seine völlige Richtigkeit hat. Strenge grammatisch construirt
hätte v. 5 lauten müssen: $\varkappa\alpha\tau\grave{\alpha}$ — $\vartheta\eta\sigma\alpha v\varrho\acute{\iota}\zeta\omega v$ „nicht wissend,
dass Gottes Güte dich zur Busse treibt, vielmehr ($\delta\grave{\varepsilon}$) dir häufend
u. s. w." Der Uebergang aus der Participialconstruction zu einem
selbstständigen Satz findet sich häufiger. Was ist nun aber unter
$\dot{\eta}\mu\acute{\varepsilon}\varrho\alpha$ $\dot{o}\varrho\gamma\~{η}\varsigma$ $\varkappa\alpha\grave{\iota}$ $\dot{\alpha}\pi o\varkappa\alpha\lambda\acute{v}\psi\varepsilon\omega\varsigma$ $\delta\iota\varkappa\alpha\iota o\varkappa\varrho\iota\sigma\acute{\iota}\alpha\varsigma$ $\tau o\~{v}$ $\vartheta\varepsilon o\~{v}$ (so lese
ich ohne $\varkappa\alpha\grave{\iota}$ zwischen $\dot{\alpha}\pi o\varkappa\alpha\lambda.$ und $\delta\iota\varkappa\alpha\iota o\varkappa\varrho.$) zu verstehen? M
begnügt sich mit der einfachen Worterklärung: $\dot{o}\varrho\gamma\grave{\eta}v$ $\dot{\varepsilon}v$ $\dot{\eta}\mu.$ $\dot{o}\varrho\gamma\~{η}\varsigma$
Zorn, der am Zornestage ausbricht; $\dot{\eta}\mu.$ $\dot{\alpha}\pi o\varkappa\alpha\lambda.$ $\delta\iota\varkappa\alpha\iota o\varkappa\varrho.$ $\tau.$ $\vartheta.$,
an welchem Gottes gerechtes Richten (welches vorher noch ver-
hüllt blieb) enthüllt, d. h. öffentlich dargestellt wird. Dass $\delta\iota\varkappa\alpha\iota o$-
$\varkappa\varrho\iota\sigma\acute{\iota}\alpha$ sich übrigens nur bei den Vätern, ausserdem bei einem
unbekannten Uebersetzer des Hosea 6, 5 und im Testament der
zwölf Patriarchen findet, wird von den Exegeten pflichtschuldigst
bemerkt. Näher auf das Sachliche geht G ein: in dem Ausdruck
Tag des Zorns sind zwei Ideen vereinigt, die der grossen nationalen Katastrophe, welche der Täufer und Jesus angekündigt (Matth.
3, 10. Luc. 11, 50. 51), und die des Endgerichtes über die schul-

digen Einzelnen am jüngsten Tage." Von der δικαιοκρ. sagt derselbe Ausleger: „der Ausdruck deutet an, dass der Zorn Gottes
(das gerechte Gericht) hinsichtlich der Juden noch verhüllt ist (im
Gegensatz gegen das ἀποκαλύπτεται 1, 18), aber dass er dann
auch für sie völlig offenbar werden wird." So in Folge der vorgefassten Meinung über die Beziehung des ersten Capitels auf die
Heiden allein. Wiewohl davon bereits des Weitern die Rede
gewesen ist, wird nicht zu vermeiden sein, darauf zurückzukommen,
da eine richtige Auffassung von 2, 5 nicht möglich ist ohne Auseinandersetzung mit 1, 18.

Verhielte sich die Sache so, dass 1, 18 nur auf die Heiden
ginge, sowie 2, 5 nur auf die Juden, so würde damit sofort das
Ergebniss meiner Untersuchung über 1, 18—32 umgestossen, sofern
nicht schon dort, sondern erst in 2, 5 von der Offenbarung des
Zornes Gottes an den Juden, also von dem Beweise ihrer Verschuldung
die Rede wäre. Nun aber ist zwischen dem ἀποκαλύπτεσθαι in
1, 18 und zwischen der ἀποκάλυψις in 2, 5 ein grosser Unterschied. Die letztere läuft mit der erstern nicht, wie G annimmt,
parallel, sondern ist die Vollendung des ἀποκαλύπτεσθαι in 1, 18
und zwar nicht bloss für die Juden, sondern auch für die Heiden.
Zum Beweise diene Folgendes:

1. Der Apostel sagt ausdrücklich von dem κρίνων, dass er τὰ
αὐτὰ πράσσει, was der ἕτερος. Was unter τὰ αὐτὰ zu verstehen
ist, geht aus 1, 32 hervor: es sind das τοιαῦτα, wie sie vorher
schon von 1, 21 an geschildert worden. Hervorgegangen ist das
τοιαῦτα πράσσειν aus dem ἀδόκιμος νοῦς in 1, 28; dieser aber
ist ausdrücklich als eine Kundgebung des göttlichen Zorns an solchen
bezeichnet, die Gott zwar kannten, aber dieser Kenntniss keine
Folge für ihr inneres und äusseres Leben geben mochten. So hat
denn auch der κρίνων irgend welche Offenbarung des göttlichen
Zorns nicht erst zu erwarten ἐν ἡμέρᾳ κ. τ. λ., sondern irgend welche
ἀποκάλυψις τῆς ὀργῆς ist schon vorhanden und zeigt sich darin,
dass der κρίνων gleichfalls hingegeben ist in den ἀδόκιμος νοῦς,
sintemal er dasselbe thut, was jene.

2. Was hätte denn doch das θησαυρίζειν ὀργήν in v. 5 für einen
Sinn, wenn nicht der κρίνων die ὀργή Gottes sich zugezogen und
an sich erfahren hätte vor der ἡμέρα ὀργῆς? Oder sollen wir
uns mit Gs Auskunft begnügen: die ὀργή sei vorher verhüllt
gewesen? Wie konnte der gerechte und heilige Gott seine ὀργή gegen
die ἀσέβεια und ἀδικία jemals verhüllen?! Aber es giebt Grade
der Zornesäusserung Gottes. Das Maass der ἀποκάλυψις bemisst
der barmherzige Gott je nach dem Maasse der individuellen Versündigung, bez. nach seiner erziehenden Weisheit und Liebe, denn
Gott will nicht den Tod des Sünders. Daher die χρηστότης, die
ἀνοχή, die μακροθυμία, insonderheit gegen die Sünder aus Israel.
Diese sonderliche Rücksicht, welche in der Vorgeschichte Israels
wurzelt, schliesst aber in keinerlei Weise das ἀποκαλύπτεται ὀργή
θ. ἐπὶ πᾶσαν ἀσέβ. καὶ ἀδ. ἀνθρώπων aus. Jude oder Heide —

wer Gottes Wahrheit aufhält in Ungerechtigkeit, hat seine Zornesoffenbarung zu erleiden.

3. Weiter muss beachtet werden, dass dies ἀποκαλύπτεσθαι
ein successives, temporäres, bemessenes ist, daher 1, 28: καθὼς
οὐκ ἐδοκίμασαν — παρέδωκεν αὐτοὺς κ. τ. λ. Dagegen ist in
v. 5 von einem bestimmten Zeitpunkte, von einer ἡμέρα ὀργῆς καὶ
ἀποκαλ. die Rede. Von der durch alle Tage des Erdenlebens hin-
durchgehenden Kundgebung der ὀργή wird hier ein Tag unterschieden:
ἡμέρα ὀργ. καὶ ἀποκαλ. δικαιοκρ. Das muss der Tag sein, an
welchem, was bisher successiv geschehen, nun seinen völligen, seinen
finalen Abschluss erreicht, nicht mehr ein Tag des Wartens und der
aus Erbarmen moderirten Zorneserweisung, sondern der Tag der
vollständigen Abrechnung. Das temporäre, successive κρίνειν
Gottes entspricht niemals der menschlichen Schuld, denn diese verlangt
als gleichwerthiges Strafmaass den Tod. Es wird aber ein Tag
kommen, an welchem die Geduld, und in Folge dessen das bemessene
Richten ein Ende hat, an welchem die Gerechtigkeit zu ihrem
vollen Rechte kommt, das ist die ἡμέρα δικαιοκρισίας. Mag
die Abrechnung mit einem Volk oder am Schluss der Weltgeschichte
mit der ganzen Menschheit erfolgen, Gottes χρηστότης, ἀνοχή und
μακροθυμία ist der Grund, dass die Katastrophe nur dann eintritt,
wenn für die Erweisungen der göttlichen Barmherzigkeit kein Raum
mehr ist. Und weil die Sache, Gottlob, sich nur am Ende findet,
wenn Alles vorbei ist, so möchte man sagen, ist das Wort in der
heiligen Schrift, die vorzugsweise nur von Gnade handelt, so selten,
ja nur an dieser einen Stelle zu finden, wo dem hartgesottenen
Juden das Finale seines Thuns unter die Augen gerückt wird.

Was ist das nun für ein Tag? Ist das derselbe, von welchem
Matth. 3, 7 (cfr. 23, 33) die Rede ist? Ist es der Tag der Zerstörung Jerusalems? Oder der Tag des jüngsten Gerichts? Ich
meine, dass zu unterscheiden ist zwischen dem, was dem Apostel
vorschwebt, und zwischen dem, was die sich selbst auslegende und
erläuternde Gottesoffenbarung zur Deutung des apostolischen Wortes
beibringt. Soviel ich sehe, sind es nicht zwei Ideen, welche dem
Apostel nach Gs Meinung vorschweben, sondern nur die eine Idee,
dass ein Tag kommen wird, an welchem der volle Ausgleich zwischen
der menschlichen Schuld und zwischen der göttlichen Gerechtigkeit
stattfindet, und dass die ganze Menschheit diesem Tage entgegengeht.
Es kann ja sein, dass der Apostel diesen Tag näher erwartet,
vielleicht sogar, ehe das Geschlecht, zu welchem er redet, abgetreten
ist. Die individuelle Meinung des Apostels über den Termin des
Endgerichts hat nichts gemein mit der Wahrhaftigkeit der Thatsache selbst; letztere steht fest, in Betreff des erstern bekennt
Paulus selbst sein Nichtwissen. Ich meine nicht, dass wir damit
weniger zugestehen, als die apostolische Stellung zur Wahrheit
(Inspiration) verlangt.

Jede weitere Reflexion über den Zeitpunkt, ob der Tag der

Zerstörung Jerusalems gemeint sei oder irgend welche andere für
das Reich Gottes entscheidende Katastrophe oder endlich der letzte
Tag, gehört uns selbst an und ist von uns zu verantworten. Nach
meiner unmaassgeblichen Ansicht tritt für ein Volk oder für ein
Geschlecht die δικαιοκρισία Gottes ein, wenn die sämmtlichen
nationalen, socialen und sittlichen Existenzgrundlagen als verfault
offenbar werden, wenn ein Volk z. B., wie das jüdische sein natio-
nales Bestehen, sein Land, seinen Cultus verliert und in alle Welt
zerstreut wird, wenn eine Katastrophe eintritt, wie in Rom seit der
Cäsarenzeit, wenn alle Sünden und Schanden des auf heidnische Anschauungen gegründeten Staatswesens sich vollenden und die ehe-
malige Weltgrösse zur lächerlichen Carricatur herabsinkt, bis ein
gewaltiger Stoss von Aussen das morsche Gebäude über den Haufen
wirft.   Solche Katastrophen sind für das Ganze, wie für den Einzelnen finale Gottesgerichte, wenn auch nur insofern, dass es mit
einem ganzen Volke oder mit einem ganzen Complexe sogenannter
Lebensanschauungen ein Ende nimmt. Alles das aber schliesst nicht
aus, dass in diese partiale Katastrophe die Schlusskatastrophe der
ganzen Menschheit am letzten Tage der Weltgeschichte vorweg ihre
Schatten wirft, dass die einzelnen Phasen des fortschreitenden Gerichts über die Völker, bez. über die Geschlechter ein Typus werde
für den Typus des finalen Weltgerichts.   Am Ende wird dann erscheinen absolute Gerechtigkeit für alle.   Man begreift, wie der
Apostel sich veranlasst sieht, dies dem κρίνων vorzuhalten, der das
Recht ungestraft zu sündigen für sich in Anspruch nimmt, während
er zugleich zu Gericht sitzt über die Heiden, welche doch nur thun,
was er sich selbst erlaubt.   Den ἕτερος wollte er durch sein Richten
der ὀργή Gottes überantworten; in Wahrheit ϑησαυρίζει ἑαυτῷ
ὀργήν κ. τ. λ.

v. 6. Die Schwierigkeiten der Auslegung steigern sich. In
Anbetracht derselben hat man sogar versucht, bereits 2, 5 an 1, 18
anzuschliessen (Ritschl). Bei der eminenten Wichtigkeit dieses Abschnitts für die Paulinische Theologie wird es gerechtfertigt sein,
wenn ich die neuesten Ausleger in aller Ausführlichkeit sich expliciren lasse. M bemerkt zu 2, 5—16 Folgendes:

1. Paulus redet unzweifelhaft vom Weltgericht, welches Gott
durch Christum halten lassen wird v. 16;

2. Die Subjecte welche gerichtet werden, sind Juden und Heiden
v. 9 und flgg., mithin alle Menschen v. 16, wobei der Unterschied,
ob sie Christen sind oder nicht, in dieser Exposition, da dieselbe
zur Erkenntniss der Nothwendigkeit die Glaubensgerechtigkeit mit
einzuleiten bestimmt ist (bis 3, 20) annoch ausser Betracht bleibt;

3. Die Norm der Entscheidung ist das sittliche Thun und dessen
Gegentheil v. 6—10; und diese Norm ist auch wirklich und in
der That die einzige, welcher Alle, auch die Christen selbst, beim
jüngsten Tage unterworfen sein werden und wonach ihr ewiges Loos
bestimmt werden soll Matth. 16, 27. 25, 31 und flgg. 2 Cor. 5, 10.

Gal. 6, 7 flgg. Eph. 6, 8. Col. 3, 24. Apocal. 2, 23. 20, 12. 22, 12
u. a.   Aber

4. Das Verhältniss des sittlichen Thuns zur fides salvifica bei
den Christen, als deren nothwendige Lebensthätigkeit und Frucht
jenes Thun beim Gericht gefordert werden muss, kann aus den
unter 2 angeführten Gründen hier noch nicht mit in die Behandlung
der Sache gezogen werden. Vielmehr muss

5. lediglich das Gesetz (in Betreff der Juden das Mosaische,
in Betreff der Heiden das natürliche) als das die Entscheidung vermittelnde hingestellt werden v. 12 ff., was aber ebenfalls (vergl. das unter
3 Bemerkte) seine volle Wahrheit hat, da auch der Christ, weil nach
seinem Thun zu richten, gesetzlich gerichtet werden muss (vergl. die
Lehre vom tertius legis usus) und zwar nach der durch Christum eingetretenen πλήρωσις τοῦ νόμου Matth. 5, 17 vergl. 25, 31 ff. —
Obwohl er (was aber in diese allgemeine Ausführung Pauli noch
nicht gehörte) nicht aus Verdienst der Werke, sondern durch
den Glauben, dessen Zeugnisse die Werke sind, des Heils theilhaftig wird. Demnach ist die ‚phrasis legis' (Melanchth.) in unserer
Stelle zwar anzuerkennen, aber in ihrer völligen Wahrheit zu begreifen und weder als Inconsequenz (Fritzsche), noch so anzusehen,
dass in der Rechtfertigungslehre eine theilweise Aufhebung der moralischen Weltordnung liege (Reiche) welche vielmehr durch sie bestätigt und festgestellt wird 3, 31. So *M.*

Aehnlich *W*, welcher der Meinung ist, dass die Besprechung
des Verhältnisses, in welchem diese Aussage zu der Paulinischen
Rechtfertigungslehre stehe, in die Exegese der vorliegenden Stelle
gar nicht hineingehöre. Nach ihm heisst κατὰ τὰ ἔργα αὐτοῦ einfach: „je nachdem es der sittlichen Beschaffenheit seiner Handlungen
entsprechend sein wird;" die Aussage sei nichts andres, als die
allgemeinere Ausführung des Gedankens in v. 2; übrigens sei die
Vergeltung am Tage des Weltgerichts gemeint (vergl. v. 5), wie denn
auch hier nur die Frage vom Apostel besprochen werde, was nach
der Urnorm der göttlichen Gerechtigkeit der Maassstab für die Vergeltung sein werde. In sofern sei von de Wette, Reiche u. A. mit
Recht behauptet worden, dass Paulus hier vom gesetzlichen Standpunkt rede. Dagegen erklärt sich *W* entschieden gegen *M*s Ansicht,
dass für die Beurtheilung der Werke in Betreff der Juden das
Mosaische Gesetz, in Betreff der Heiden das natürliche, in Betreff
der Christen die durch Christum eingetreten πλήρωσις τοῦ νόμου
das Entscheidende sei.

Also die Aussage Pauli doch nach *M-W* in seinem Lehrbegriff
ein Unicum, von wo aus der Weg zur Inconsequenz (Fritzsche) nicht
weit sein dürfte. Ausführlicher ·hat sich darüber *G* ausgesprochen,
um seine allerdings höchst eigenthümliche Auffassung zu begründen.
G setzt für die ἔργα die bei der sittlichen Thätigkeit herrschende
Gesinnnng und fährt dann wörtlich so fort:

„Man hat gefragt, wie dieser Grundsatz sich mit der Lehre von

der Rechtfertigung durch den Glauben vereinigen lasse. Fritzsche
sieht hier zwei verschiedene Theorien, deren Widerspruch hier unauf-
löslich sei. Andere meinen: im Gericht werden die sittlichen Un-
vollkommenheiten der Gläubigen durch ihren Glauben bedeckt; was
darauf hinausläuft, dass man aus dem Glauben ein Mittel macht,
ungestraft zu sündigen. Was wäre das für ein gerechtes Gericht!
Melanchthon, Tholuck u. A. nehmen an: diese Regel sei rein hypothetisch; die würde Gott anwenden, wenn die Erlösung nicht
dazwischen getreten wäre. Allein das Futurum „wird vergelten"
ist keine Bedingungsform (würde vergelten). Ueberdiess ist das Gericht nach den Werken durch viele andere Stellen bezeugt. Ritschl
meint, in der ganzen Stelle lasse Paulus „einen Pharisäer sprechen,
welcher von einem beschränkten Begriff der göttlichen Gerechtigkeit,
von der Idee der vergeltenden Gerechtigkeit ausgehe. Aber wo
findet sich im Texte eine Spur von einer solchen Anbequemung des
Apostels an eine ihm fremde Ansicht? In der logischen Verkettung
des Abschnittes und in seinem Verhältniss zum Vorhergehenden und
zum Nachfolgenden zeigt sich nirgends eine Unterbrechung des Zusammenhangs. Es giebt nur eine Antwort, wenn man nicht einen
schreienden Widerspruch in der Lehre des Apostels annehmen will:
die Rechtfertigung durch den Glauben **allein** gilt für den
Zeitpunkt des Eintritts in das Heil durch die freie Vergebung der Sünden, aber nicht für den Zeitpunkt des Gerichts. Wenn Gott den Sünder zu Gnaden annimmt, im Augenblick
seiner Bekehrung, so verlangt er nichts von ihm, als den Glauben;
aber von diesem Augenblick an beginnt für ihn eine ganz neue Verantwortlichkeit; Gott verlangt von dem begnadeten Gläubigen
die Früchte der Gnade. Dies ist ersichtlich aus dem Gleichniss
von den Pfunden. Der Herr vertraut seinen Knechten seine Güter
umsonst an; aber nach dieser ausserordentlichen Gnadenerweisung
erwartet er etwas von ihrer Arbeit. Vgl. auch das Gleichniss von
dem bösen Schuldner Matth. 18, 23—35, wo der begnadigte Sünder,
der sich weigert, gegen seine Brüder barmherzig zu sein, sich unter
die Ordnung der Gerechtigkeit und folglich unter die Last seiner
Schuld zurückversetzt sieht. Denn der Glaube ist nicht das traurige
Vorrecht, ungestraft sündigen zu können; er ist im Gegentheil das
Mittel, die Sünde zu überwinden und heilig zu handeln: und wenn
diese Lebensfrucht sich nicht zeigt, so ist er todt und wird für eitel
erklärt werden. Matth. 3, 10. 1 Cor. 6, 9. 10. Gal. 6, 7." So G.

Bevor ich mein Urtheil über diese Auslassungen abgebe und
zu meiner eigenen Auffassung übergehe, möge mir gestattet sein,
Allgemeines vorauszuschicken.

Selbstverständlich wird jede Auslegung eines Abschnitts sich
darüber auszuweisen haben, ob sie sich dem Ganzen ungezwungen
einfügt; insbesondere wird, wenn der Verfasser sich der argumentirenden Schreibweise bedient, zu fragen sein, ob der gewonnene
Sinn einer Stelle dem dialectischen Fortschritt entspricht. Vergegen-

wärtigen wir uns die Ansicht der neuesten Ausleger über den Gedankengang des Apostels in Cap. 2.

G nimmt eine Bipartition an. Aehnlich die meisten andern. Im ersten Theil von v. 1—16, so heisst es bei *G*, stellt der Apostel das Princip des gerechten, unparteiischen Gerichtes Gottes auf. Im zweiten v. 17—29 wendet er das direct auf den Juden an. Der erste Theil enthält die Entwickelung von 3 Ideen: 1) Die empfangenen Gnadenerweisungen, weit· entfernt, eine Befreiung vom Gericht zu begründen, erschweren vielmehr die Verantwortlichkeit dessen, der sie genossen v. 1—5; 2) das göttliche Urtheil gründet sich auf das Thun v. 6—12; 3. nicht auf das Wissen v. 13—16.

Auch *M* lässt den Apostel vom Weltgericht handeln, welches Gott durch Christum halten wird; v. 1—4 steuern auf dies Thema zu; v. 6—16 geben die Ausführung, woran sich dann als Application v. 17—29 anschliesst.

Dieser Auffassung entsprechend beziehen sich $\dot{\alpha}\pi o\delta\dot{\omega}\sigma\epsilon\iota$ in v. 7, $\dot{\alpha}\pi o\lambda o\tilde{\nu}\nu\tau\alpha\iota$, $\varkappa\rho\iota\vartheta\dot{\eta}\sigma o\nu\tau\alpha\iota$ v. 12, $\delta\iota\varkappa\alpha\iota\omega\vartheta\dot{\eta}\sigma o\nu\tau\alpha\iota$ v. 13, $\varkappa\rho\iota\nu\epsilon\tilde{\iota}$ v. 16 auf das zukünftige Endgericht, sind also sämmtlich futura temporis.

Achten wir auf das, was zunächst auffällt. Der Apostel will sein Lehrsystem darlegen, ist aber über die Einleitung noch nicht hinausgekommen, wenn es sonst richtig ist, dass das Centrum seiner Lehre die Rechtfertigung durch den Glauben bildet. Dessen ungeachtet würde der Apostel nach der interpretatio recepta ziemlich umfänglich von den letzten Dingen reden, statt von den ersten. — Es ist weiter falsch, zu sagen: Der Apostel stelle im ersten Theil des Capitels das Princip des gerechten, unparteiischen Gerichts auf. Er kommt vielmehr gelegentlich auf das Gericht zu reden, indem er die Ansprüche des richtenden Juden vor Go t trotz seines ungerechten Thuns widerlegt. Das Thema im zweiten Capitel ist: Zurückweisung des jüdischen Anspruchs auf eine Ausnahmestellung den Heiden gegenüber und Nachweis, dass die Bedingung des Eintritts in das Reich Gottes vom Juden:hum, wie von irgend welchem andern Volksthum völlig unabhängig sei. Für die Behandlung dieses Thema's können die weltgerichtlichen oder zeitgerichtlichen Vorgänge nur adminiculirende Momente abgeben. Was wäre das ferner für ein wunderliches Verfahren, das Princip des gerechten und unparteiischen Gerichtes Gottes in der grössern Hälfte des Capitels Menschen gegenüber zu erweisen, deren keiner an der Richtigkeit und Schriftgemässheit dieses Dogma's zweifelte, zumal selbst das Pochen auf Privilegien daran nichts ändern konnte, da sie fest daran hielten: Gott könne eben um seiner Gerechtigkeit willen sie der von ihm selbst zugesicherten und verbürgten Vorrechte nicht berauben. Es war nachzuweisen, dass gerade diese jüdische Position vollständig unhaltbar, darum aber auch ihr Verdict gegen die Zulassung der Heiden zum Reiche Gottes auf falschen Voraussetzungen beruhe.

Wie wenig diese Gedanken, welche das Thema unbedingt fordert, bei der herkömmlichen Deutung der Verse 6—16 zu ihrem Rechte kommen, tritt sofort entgegen. Und — was nicht zu unterschätzen sein dürfte — ich habe noch Niemanden gefunden, der sich von dieser Auslegung befriedigt gefühlt hätte; trotz aller künstlichen Eintragungen wachsende Unklarheit! Was mich vollständig davon zurückgebracht hat, ist die von derselben unzertrennliche, wenn auch neuerdings etwas in Schatten gestellte Fiction des „natürlichen Gesetzes", welches bei den Heiden ein Aequivalent sein soll für das Mosaische Gesetz. Die völlige Grundlosigkeit dieser durch ihr Alter ebenso sehr, wie durch ihre gelehrten Vertreter imponirenden Hypothese werde ich bei Auslegung der vv. 14—16 beleuchten.

In summa: die herkömmliche Auffassung ist nicht zu halten. Nach vielen vergeblichen Versuchen, annehmbares Verständniss auf andern Wegen zu finden, bin ich dahin gekommen, dass vor allen Dingen ein Haupthinderniss hinwegzuräumen ist, die unrichtige Auslegung der futura in den Versen 6—16, welche bisher mit allgemeinster Uebereinstimmung als futura der Zeit angesehen worden sind, während sie in Wahrheit futura der logischen Folge, argumentative futura sind, welche am häufigsten in der hellenistischen, aber auch in der classischen Gräcität dann eintreten, wenn der Schriftsteller erwartet, dass der Leser seinen Satz ohne Weiteres anerkennen wird, also bei Behauptungen, deren Selbstverständlichkeit vorausgesetzt wird. Aehnliches findet sich in allen Sprachen. Ich weiss, dass nichts schwerer ist, als eingerostete Meinungen aufzugeben, erwarte daher auf Seiten derer, die in ihren exegetischen Gewohnheiten fest geworden sind, lebhaften Widerspruch. Ich verlange auch nicht sofortige Zustimmung, sondern einfach einen Versuch auf gut Glück. Wer sich dann überzeugt, dass er bei meinem Vorschlage besser fortkommt, und offenbare Verkehrtheiten der hergebrachten Auslegung vermeidet, der entschliesst sich vielleicht, liebgewordene Meinungen zu Gunsten des Bessern aufzugeben.

Ehe ich auf die futura eingehe, knüpfe ich an v. 5 an. Der κρίνων, welcher angeredet wird, ist ohne Zweifel Repräsentant des Judenthums; die ἡμέρα ὀργῆς κ. τ. λ. dürfte insofern auf eine dem ganzen Volke bevorstehende Katastrophe gehen. Es hindert jedoch nichts, auch an Individuen zu denken. Für jeden hartnäckigen Sünder giebt es Zeiten, da Gott auf ihn wartet und seine Gerichte über ihn pädagogisch abmisst, aber auch Zeiten, in welchen seine Geduld ein Ende hat und die Gerichte bis zum Vollmaass sich steigern. Der Tag des Vollmaasses ist die ἡμέρα ὀργῆς. — Bei alledem hat das apostolische Dictum v. 5 zunächst nur den Werth einer subjectiven Behauptung, denn die Anerkennung, dass das Wort in apostolischer Vollmacht geredet sei, darf der Apostel von dem κρίνων nicht erwarten. Somit erübrigt noch die Beibringung einer Auctorität, welche beide, der κρίνων und der Apostel anerkennen, nämlich die Auctorität der heiligen Schrift. Paulus bringt den

Schriftbeleg in v. 6 ὃς ἀποδώσει ἑκάστῳ κατὰ τὰ ἔργα αὐτοῦ. Ich wundere mich, dass in den mir vorliegenden Drucken das N. T. eben nur auf Jerem. 17, 10; in der Stier-Theileschen Polyglotte auf Jerem. 32, 19 verwiesen wird. Die eigentliche sedes des Citats ist von *M* richtig angegeben, Proverb. 24, 12: ὃς ἀποδίδωσιν ἑκάστῳ κατὰ τὰ ἔργα αὐτοῦ und darnach Psalm 62, 13: ὅτι σὺ ἀποδώσεις ἑκάστῳ κατὰ τὰ ἔργα αὐτοῦ. Diesem Schriftworte gegenüber hat jeder Anspruch auf Exception zu verstummen. Nicht minder erhellt daraus, dass die göttlichen Erweise der χρηστότης, ἀνοχή καὶ μακροθυμία rein erziehliche Bedeutung haben, schliesslich aber das ἀποδοῦναι nach seinem ganzen Umfange wahr und wirklich werden muss. Gott wird geben (Ps. 62, 13) oder, was bei der zweifellosen Gewissheit der Thatsache ebensogut präsentisch lauten kann: Gott giebt (Proverb. 24, 12) einem Jeglichen nach seinen Werken! So das Wort der Wahrheit, die Schrift.

Das Citat hat aber nicht bloss die Bedeutung, v. 5 zu begründen; es hat noch eine zweite Seite, und diese wird nun dem κρίνων gegenüber herausgekehrt, denn eben bei diesem handelt es sich nicht bloss um den Anspruch, gerecht zu sein trotz aller Versündigung, sondern auch um sein Verdict über die Heiden als ἁμαρτωλοί. Denn so lautet ja das κρίμα, dass die Heiden schlechthin ausgeschlossen seien vom Reiche Gottes. Der Schriftspruch aber Proverb. 24, 12 hat mit seinem ἑκάστῳ nicht nur den Anspruch des Juden auf Immunität zunichte gemacht, sondern auch das Urtheil der Juden über die Heiden als vollständig falsch abgewiesen, sofern nicht die persönliche Stellung des ἐργαζόμενος, sondern lediglich die ἔργα als solche über die Zulassung zum Reiche Gottes entscheiden. Damit solches aber nicht missverstanden werde, giebt der Apostel in den vv. 7—11 die Interpretation.

Was will denn nun Paulus unter ἔργοις verstanden wissen? Nach *M*, *G* u. *A*. sind ἔργα die Glaubenszeugnisse, die Früchte der πίστις, nach welchen am Tage des letzten Gerichts ausschliesslich gefragt werden wird. Sicherlich wird — dafür sprechen zahlreiche Schriftstellen — der Entscheid im letzten Gericht nach den Glaubensfrüchten bemessen werden. Daraus folgt aber mit Nichten, dass jedesmal, wenn in der Schrift von einem ἀποδοῦναι κατὰ τὰ ἔργα die Rede ist, unter dem ἀποδοῦναι ein endgerichtlicher Gottesact, unter ἔργοις aber Glaubensfrüchte zu verstehen seien. Wie in aller Welt würde doch Proverb. 24, 12 oder Ps. 62, 13 oder die beiden vorhin angeführten Jeremiasstellen dazu passen? Bis der Nachweis erbracht ist, dass v. 6 sich nur auf das letzte Gericht bezieht, muss ich annehmen, dass das allbekannte Sprichwort v. 6 nur eine Aussage über die Gerechtigkeit Gottes im Allgemeinen enthält, dass diese also nicht minder auf Zeitgeschichtliches, als auf Endgeschichtliches bezogen werden kann. Ich finde sogar die Beziehung auf Zeitgeschichtliches wahrscheinlicher, denn was soll doch die Partition der endgerichtlichen ἀπόδοσις in

ϑυμός, ὀργή, ϑλῖψις καὶ στενοχωρία? Das allein Zutreffende
wäre ἀπώλεια gewesen: der Abschluss des sündigen Lebens für
alle Ewigkeit durch einen Gerichtsact, während die Theilvorstellungen in v. 9 auf zeitliche Entwickelung der Pein schliessen
lassen. Aehnliches wäre über die δόξα, τιμή, ἀφϑαρσία in v. 7
zu sagen, wenn darunter die endgerichtlich zuerkannte Seligkeit der
Gerechten verstanden werden sollte.

Die Ursachen, weshalb die meisten Ausleger sich darauf ver-
stürzen, ἔργα als Glaubensfrüchte aufzufassen, liegt auf der Hand.
Man ist daran gewöhnt, an der Stelle, welche in den vv. 6—11 die
ἔργα einnehmen, in den Paulinischen Briefen die πίστις zu finden.
Zu welchen verzweifelten Annahmen dieser Umstand geführt hat,
ersieht man aus den Erklärungen Fritzsche's, Reiche's u. A., dass
hier ein nicht auszugleichender Widerspruch in der apostolischen
Lehrweise stattfinde.

Allein weder Glaubensfrüchte, noch dem Glauben entgegenstehende ἔργα meint der Apostel. Wer dem grössten Dialectiker
unter den Aposteln zutraut, dass er in der Darlegung seines Systems
methodisch verfahren sei, wird nicht meinen können, dass er Begriffe, deren technische Bedeutung erst später hervorzutreten hat,
vorweg anwendet. Insofern hat M vollkommen Recht, wenn er
sagt, dass der Apostel hier, als in der Einleitung. von der
πίστις, deren Wesen und Bedeutung erst im dritten Capitel behandelt wird, noch nicht habe reden können.

Die Erläuterung von v. 6 durch die nachfolgenden Verse zeigt
auf das Deutlichste, dass Paulus die ἔργα weder unter den Gesichtspunkt der Verdienstlichkeit, noch der Gesetzeserfüllung überhaupt,
noch der Glaubensfrüchte gestellt hat, sondern dass er sie lediglich
als Aeusserungen der Gesinnung, als Zeichen angesehen wissen
will, dadurch sich die Lebensrichtung des Menschen zu erkennen
giebt, allerdings ist von dieser Auffassung die Tholuck-Luthardtsche
Anschauung (man vergl. W zu der Stelle) fern zu halten, dass das
Glaubensleben Product vorheriger Lebensrichtung sei und
die ἔργα sich vollenden im Glauben. Die subjective Disposition (Receptivität) für den Glauben mit dem ganzen Apparat ihrer
Aeusserungen (ἔργα) kann niemals den Glauben im Paulinischen
Sinne erzeugen; abusive mag diese Bereitschaft für Göttliches Glauben
genannt werden. Der Apostel nennt sie nicht so. Ihm ist die πίστις
stets ϑεοῦ τὸ δῶρον (Eph. 2, 8, niemals ein Product menschlicher Anlage, sondern himmlischer Herkunft, von Allerhöchster
Hand in das bereite Gemüth hineingethan (Gal. 3, 25). Diese πίστις
ist, wie Paulus in den nachfolgenden Capiteln lehrt, Empfängerin und
Inhaberin der δόξα, τιμή, ἀφϑαρσία, in summa des ewigen Lebens.
Aber auch die ἀπιστία, in ihrer Vollendung die πώρωσις ist von
Gott, ein Strafgericht (κρῖμα) über diejenigen, welche das Böse
wirken (κατεργαζομένοις τὸ κακόν); dies κρῖμα begreift als Folge
in sich ϑλῖψις καὶ στενοχωρία. Das ἀποδοῦναι Gottes (v. 6)

ist also ein Gerechtigkeitsact Gottes, kraft welches er einem jeglichen, der sich dazu geeignet erweist (durch seine ἔργα͵ den Zutritt zum Reiche Gottes, oder, was dasselbe ist, die Theilnahme am
ewigen Leben gewährt, andre aber, deren ἔργα ihre Unwürdigkeit bezeugen, vom Reiche Gottes ausschliesst und damit der zeitlichen
und ewigen Qual überantwortet.

Führen wir hier schon den Begriff des Paulinischen Glaubens
ein, welchen der Apostel zufolge seiner methodischen Darstellung
noch nicht herbeiziehen konnte, so ist das Object des ἀποδοῦναι
Gottes, auf seinen kürzesten Ausdruck gebracht, Glaube oder Unglaube (Verstockung); die ἔργα, nach welchen das ἀποδοῦναι erfolgt, sind Werke vor dem Glauben, nicht aus dem Glauben, Werke,
welche die Lebensrichtung des Menschen anzeigen. Demzufolge
wird von Leuten dieser Richtung ein ζητεῖν (v. 7) oder ein κατεργάζεσθαι ausgesagt, nicht ein ἔχειν wie es die Werk-
gerechten für sich in Anspruch nehmen.

v. 7. Das Constante in der Richtung auf die ζωὴ αἰώνιος
bezeichnet der Apostel mit καθ᾽ ὑπομονὴν ἔργου ἀγαθοῦ „in
Stetigkeit guten Werks“. Sporadisch Gutes mag auch im Leben
des bösen Menschen vorkommen. Wer seinem Leben die Richtung
auf das Unvergängliche gegeben hat, der kann wohl zeitweilig
von einem Fehl übereilt werden, im Uebrigen aber wird sein Wesen
durch die Beharrlichkeit im Guten charakterisirt.

v. 8. Ebenso giebt v. 8 die charakteristischen Züge τῶν
κατεργαζομένων τὸ κακὸν, derer, die das Böse gewissermaassen
bearbeiten, der Arbeiter am Bösen. Der Apostel bezeichnet sie
als τοὺς ἐξ ἐριθείας Leute, die aus der ἐριθεία ihr Wesen haben,
deren Wesen in der ἐριθεία wurzelt. _M_ bemerkt richtig: „Umschreibung des Substantivbegriffs, aus der Vorstellung der ethischen
Genesis zu erklären. Was die Bedeutung von ἐριθεία anlangt, so
halte ich nach den gründlichen Untersuchungen von Fritzsche
(Excurs zu Röm. 2, 8 in seinem Commentar), ferner nach Vergleichung der neutestamentlichen Stellen, in welchen das Wort vorkommt: 2 Cor. 12. 20. Gal. 5. 20. Phil. 1, 26. 2, 3. Jac. 3, 14. 16
für richtig, dass darunter nicht sowohl Streitsucht, zänkisches
Wesen im engeren Sinne (man vergleiche ἔρεις, ζῆλοι neben ἐρι-
θεῖαι in 2 Cor. 12, 20), als vielmehr Parteisucht, parteisüch-
tiges Treiben zu verstehen sei. Befremdend ist, dass Exegeten,
wie _M_ und Fritzsche diese Bedeutung zwar als die allein zutreffende
anerkennen, in Wirklichkeit aber damit nichts anzufangen wissen.
Wie sollte man auch sich das zurecht legen, dass der Apostel —
falls hier vom Endgericht die Rede wäre — von all den Sünden,
welche die Verdammung nach sich ziehen, eben nur die ἐριθεία
genannt hätte, denn, was nachfolgt: das ἀπειθεῖν τῇ ἀληθ. und
das πείθεσθαι τῇ ἀδικίᾳ ist doch mehr eine Erläuterung zu ἐριθεία, als ein selbstständiger Zug. Die gewundene _M_sche Erklärung
erklärt eigentlich nichts. Fritzsche mindert die eigentliche Be-

deutung ab, bis die ἐξ ἐριθείας zu homines nequam werden; ebenso gleitet Köllner von der Parteisucht zu gottlosem Wesen im
Allgemeinen. Nur G sieht das Rechte; er sagt: „das Substantiv
ἐριθεία bezeichnet den Sinn, welcher mehr den Sieg der Partei,
der man sich aus eigenem Interesse angeschlossen hat, als den Besitz der Wahrheit sucht. Paulus kannte das Wesen der rabbinischen
Streitigkeiten recht gut aus Erfahrung, und er zeichnet es hier mit
Einem Worte". Freilich hat auch G die tiefste Beziehung des
Wortes nicht gefasst, wenn er meint: dasselbe sei im Hinblick auf
die rabbinischen Streitigkeiten gewählt. Der Apostel hat das Judenthum als solches (bez. dessen Repräsentanten, den κρίνων) im Auge.
Von seiner universalistischen Grundanschauung aus, deren ersten
Theil: die allgemeine Verschuldung er bereits entwickelt hat, erscheint ihm das gemeine Judenthum mit seinen Ansprüchen auf
Sonderstellung innerhalb der gleich verschuldeten und zu gleicher
Gnade berufenen Menschheit als eine Partei, das jüdische Treiben
als Parteifanatismus. Die Leute aus dieser Partei behaupten ja,
dass sie das Rechte haben; sie sind in ihrer Parteisucht so ver-
härtet, dass sie der Wahrheit nicht mehr Gehör geben. Und wäre
dies das Einzige? Ihre Sünde besteht aber nicht bloss darin, dass
sie der Wahrheit ungehorsam sind, sondern Schlimmeres haftet ihnen
an: sie sind der Ungerechtigkeit dienstbar geworden. Der
Apostel fügt das negative und positive Verhalten dieser Leute mit
μέν und δέ aneinander und wählt die assonirenden Prädicate ἀπει-
θοῦσι und πειθομένοις, um die andere Seite des Ungehorsams
gegen die Wahrheit, nämlich den Gehorsam gegen die Ungerechtigkeit recht scharf hervortreten zu lassen.

v. 9. 10. Ueber das κατεργάζ. τὸ κακόν habe ich mich zu
v. 8 geäussert; auch ist der Inhalt des zehnten Verses bereits besprochen worden. Lassen wir das Licht der entwickelten apostolischen Heilslehre auf v. 10 fallen, so wird sofort erhellen, dass,
wie oben erwähnt worden, δόξα, τιμή, εἰρήνη in summa ζωὴ
αἰώνιος beschlossen sind in einer Gottesgabe, nämlich in der
πίστις εἰς Ἰησ. Χόν. Wer diese Gabe empfangen hat, dem steht
damit der Zugang zu allen Gütern des Reiches Gottes offen.

Diese Gabe aber will Gott Allen geben, welche in Stetigkeit
guten Werks trachten nach δόξα, τιμὴ καὶ ἀφθαρσία. Der
Mensch muss das Ewige wollen und seinen ernstlichen Willen thatsächlich dargelegt haben in dem, was er thut, wenn Gott ihm den
Eingang in das Himmelreich gewähren soll. Mit diesem Satz wird
keineswegs die Wahrheit umgestossen, dass der Mensch nichts vermag aus eigner Vernunft und Kraft, vorausgesetzt, dass das „nichts"
richtig verstanden wird. Er kann aus sich selbst an keinem, auch
nicht an dem geringsten Theile das ewige Gut, die Seligkeit, erlangen.
Was er erlangt, erlangt er Alles aus Gnaden. Das ζητεῖν in v. 7
bliebe in alle Ewigkeit ein vergebliches Sehnen, Rennen und Jagen, wenn
es nicht zum Ziele geführt wird durch das göttliche ἀποδοῦναι.

Somit schildert der Apostel in v. 7, sowie in v. 10 — denn das
ἐργάζεσθαι ist·nur die andre Seite des ζητεῖν — die subjective Disposition für die Gnadengabe des Glaubens an Christum; streng in den
Grenzen des natürlichen Vermögens, denn dieses schliesst das Sehnen der Creatur, und ein aliquotes Wollen nicht aus. Wenn
Bekenntnissschriften und Dogmatik unsrer Kirche hart daran strei-
fen, auch das Sehnen nach dem Heil, bez. das demselben entsprechende Thun dem unwiedergebornen Menschen abzusprechen, so
überschreiten sie damit die Grenze der Schriftwahrheit, es sei denn,
dass sie unter dem Guten das dem absoluten Gotteswillen Entsprechende verstanden wissen wollen, dessen Ausrichtung allerdings
über das Vermögen des natürlichen Menschen hinausgeht.

Dagegen ist in dem ἐξ ἐριθείας v. 8 das Nicht-Wollen, in
dem πείθεσθαι τῇ ἀδικίᾳ das Nichtmehr-Können ausgedrückt.
Da ist kein Anknüpfungspunkt für die Gnade; es können nur die
unausbleiblichen Folgen des Widerstandes gegen Gottes Wahrheit
sich vollziehen. Unwillen und Zorn Gottes treten dem Frevler
entgegen, wenn das ἀποδοῦναι κατὰ τὰ ἔργα αὐτοῦ erfolgt. Dem
entspricht denn auch das über den Frevler hereinbrechende Verhängniss. Wo Gottes Gnade nicht ist, da ist kein Friede, sondern
θλῖψις (Drangsal, Pein); da ist keine ζωή im eigentlichen Wort-
sinne, kein voller Athemzug der Freiheit, wie sie Kindern Gottes
eignet, sondern στενοχωρία ein gepresstes, ein geängstetes Dasein.
Das sind schon diesseits Gaben des gerechten Gottes für den Menschen, der seine Gnade nicht will, wie vorhin in den vv. 7 und 10
die diesseitigen Gaben für den Menschen genannt sind, der die Güter
der Gottesgnade sucht und sich darnach sehnt.

v. 11. Dies ἀποδοῦναι nach v. 6 hat die gleiche Geltung für
Juden und Heiden, denn bei Gott ist kein Ansehn der Person. Der
Apostel begründet das, indem er die möglichen Exceptionen bei
Vollziehung des Gerichts, wie sie etwa durch den κρίνων gemacht
werden könnten, scharf und bestimmt abweist.

v. 12. Einwendungen gegen die allgemeine Gültigkeit des von
dem Apostel ausgesprochnen Satzes waren vom Standpunkte des
Gesetzes aus zu erwarten. Dass der Apostel erst an dieser Stelle
die Frage behandelt, ob in dem Verhalten Gottes gegen die Sünder
doch nicht die Angehörigkeit an das Gesetz einen Unterschied
machen dürfte, erklärt sich daraus, dass er erst in den vv. 9. 10
Juden und Hellenen ausdrücklich hat hervortreten lassen, jetzt also
erst von dem die Rede sein konnte, was beide von einander unterscheidet.

Was nun die Paulinische Argumentation anbetrifft, so könnte
man versucht sein, v. 12 auf v. 11 zu stützen. Allein v. 11 würde
für diesen Zweck nur dann geeignet sein, wenn es dem κρίνων
gegenüber mehr wäre, als eine lediglich subjective Versicherung
Pauli. Schriftcitat ist v. 11 nicht, man müsste denn annehmen,
dass Paulus bei dem κρίνων den Ausspruch des Sirach (35, 15) als

bekannt und anerkannt vorausgesetzt hätte, was dann aber zu dem
κατακρίνειν in v. 1 nicht passen will. — Dass kein Ansehn der
Person bei Gott stattfindet, begründet der Apostel vielmehr durch
das gleiche κρῖμα Gottes für alle Sünder, also auch für die unter
dem Gesetz (v. 12); letzteres aber — was eben der κρίνων nicht
ohne Weiteres zugegeben haben dürfte — durch den Hinweis darauf, dass nicht die Hörer, sondern die Thäter des Gesetzes schuld-
und straffrei sein werden (v. 13) also durch den canonischen Satz:
ἀποδώσει ἑκάστῳ ὁ θεὸς κατὰ τὰ ἔργα αὐτοῦ (v. 6).

Somit haben wir in den vv. 11—13 eine weitere Explication
der argumentativen Momente in v. 6 vor uns. v. 6 ergiebt in Anbetracht des ἑκάστῳ den eng an 7—10 angeschlossenen Ausspruch in v. 11.

Die hinter v. 10 (Ἰουδ. τε πρ. καὶ Ἕλλ.) unvermeidliche Rücksichtsnahme auf das Gesetz hat eine Ausweitung des argumentirenden
Inhalts von v. 6 in dieser Richtung zur Folge. Die Verkennung
dieser Gedankenverbindung und das unglückliche Vorurtheil, dass
die futura in v. 12 und 13 lediglich als futura temporis zu fassen
seien, musste Verwirrung anrichten und die logische Structur des
apostolischen Beweisverfahrens in völliges Dunkel hüllen. Kurz:
ἀπολοῦνται und κριθήσονται sind nicht Geschehnisse, welche erst
am Tage des Endgerichts eintreten werden — denn wie mochte
Paulus sich auf zukünftige Ereignisse berufen, vor Leuten, die
seine apostolische und prophetische Dignität keineswegs anerkannten —,
sondern es sind Folgerungen aus v. 6, deren Richtigkeit auch der
verrannte Jude anerkennen muss, wenn er nicht auf die Denkgesetze
verzichten will. Wir haben futura nicht der zeitlichen, sondern der
logischen Folge, futura consequentiae, nicht temporis vor uns.

Sünde ist Sünde. Dass die einen das Gesetz haben, die
andern nicht, macht in Betreff des κρῖμα, bez. der ἀπώλεια keinen
Unterschied. Nur die ἔργα, nach welchen das κρῖμα bemessen
wird, sind modificirt, je nachdem sie von Juden oder Heiden verrichtet werden, sofern bei erstern das Gesetz bestimmend einwirkt.
Die Uebertretungen des Gesetzes führen die bezüglichen Strafbestim-
mungen gleich mit sich. Bei den Heiden ist das κρῖμα die unmittelbare Folge der Sünde, bei den Juden die durch das Gesetz
zuerkannte Strafe.

v. 13 war nothwendig, denn das wollte den Juden nicht in den
Kopf, dass sie, die ἐπαναπαυόμενοι τῷ νόμῳ (v. 17), durch denselben νόμος gerichtet werden sollten. Der Apostel lässt sich an
dieser Stelle darauf nicht weiter ein, er drückt unerbittlich auf
das κατὰ τὰ ἔργα — οἱ ποιηταὶ τοῦ νόμου δικαιωθήσονται!

Noch einiges Sprachliche und Sachliche!

Ἀκροαταὶ sagt der Apostel, nicht οἱ νόμον ἔχοντες. M und
G meinen: der Ausdruck wolle an die sabbathliche Vorlesung der
Thorah erinnern; das Substantiv hebe stärker, als das Particip, das
Charakteristische hervor: diejenigen, deren Sache das

Hören ist. — Das ist zuviel gesagt. Wäre im Substantiv als
solchem die Beschränkung auf das Hören ausgedrückt, so würde
Jacobus nicht nöthig gehabt haben, in 1, 22 das μόνον noch be-
besonders zu ἀκροαταί hinzuzufügen. Die macula liegt in dem
stricten (also ausschliessenden) Gegensatz zu den ποιηταῖς νόμου.
Um ποιηταὶ zu werden, müssen sie jedenfalls ἀκροαταὶ gewesen sein,
aber nicht schon als solche haben sie Anspruch auf Gerechtigkeit.

Das Futurum δικαιωθήσονται ist, wie bereits bemerkt, futurum
der logischen Folge. Selbstverständlich sind diejenigen gerecht
(dialectisch ausgedrückt: werden diejenigen gerecht sein), welche
das Gesetz thun. Was es mit dem δικαιοῦσθαι auf sich hat, davon
soll später geredet werden.

Hier sollen nur noch zwei der neuesten Ausleger gehört werden, welche, der ununterbrochenen exegetischen Tradition Folge
leistend, δικαιωθ. als futur. temporis gefasst haben.

M sagt: der Schlusssatz des 13. Verses sei das allgemeine
Grundgesetz des mit Gerechtigkeit richtenden Gottes, und fährt dann
fort: „wie bei der Unmöglichkeit, ein vollständiger ποιητὴς νόμου
zu sein, der Glaube eintrete und eine δικαιοσύνη ἐκ πίστεως her-
stelle, auch dann der Mensch vermöge der durch den Glauben erlangten καινότης ζωῆς (6, 4) das durch Christum vollendete Gesetz
(den νόμος τοῦ πνεύματος τῆς ζωῆς 8, 2) erfüllen müsse und
könne, gehört nicht hieher." Und doch fordert der nachfolgende Text eine klare Aussprache über das ποιῆσαι τὸν νόμον,
ohne welches Niemand gerecht werden kann. Ist wirklich ein Erfüllen aller gesetzlichen Vorschriften gemeint? Soviel ist schon richtig, dass der Apostel hier nicht den ausführlichen Heilsweg darstellen will, allein auch das ist richtig, dass nach seiner Lehre nur
der ποιητὴς τοῦ νόμου gerechtfertigt wird. Darüber wäre allerdings viel zu sagen gewesen. *M* hat es auf gelegnere Zeit ver-
schoben. Um so eingehender hat sich *G* ausgesprochen. Er sagt
unter Berufung auf 8, 4: „Wir werden gewiss am Tage des Gerichtes gerecht sein müssen, damit uns Gott als gerecht erkenne
und erkläre; die zugerechnete Gerechtigkeit ist der Anfang des
Heilswerks, das Mittel in den Stand der Gnade einzutreten. Aber
diese anfängliche Gerechtigkeit muss, indem sie die Gemeinschaft
zwischen Gott und dem Menschen wiederherstellt, den Letzteren
zu dem wirklichen Besitz der Gerechtigkeit führen, d. h. zu der
Erfüllung des Gesetzes; sonst würde diese erste Rechtfertigung im
Gericht nicht bestehen. Eben deswegen entspricht es, was auch eine
antinomistische, ungesunde Richtung [sic!] behaupten mag, dem Gedanken des Paulus, eine zweifache Rechtfertigung zu unterscheiden:
die anfängliche, ausschliesslich auf den Glauben gegründete, und die
schliessliche, auf den Glauben und seine Früchte gegründete. Die
anticipirte göttliche Zurechnung muss, um wahr zu sein, wahr werden [!], d. h. sich verwandeln in die Anerkennung einer wirklichen
Gerechtigkeit." — So *G*.

Also trotz der justificatio per fidem die alte Gewissensnoth. Nur die erste Rechtfertigung würde sich auf Christi Werk allein gründen, die zweite auf die synergistische Verbindung von dem eignen Werk mit Christi Werk. Die erste würde nur die Bedeutung haben, die Cooperation des eignen Werks zu ermöglichen, auf welches hin die endgerichtliche justificatio eintreten soll. In dieser Behauptung zwiefacher Rechtfertigung ist ein wahres Arsenal von Angriffswaffen gegen die reformatorische Rechtfertigungslehre enthalten. Es thut mir leid, dass ein so verdienstvoller Ausleger und ein so treuer Christ sich zum Autor dieser Heterodoxie hergegeben hat.

Dem gründlichen Missverstand dieser Stelle, aus welchem ein so grundstürzender Irrthum hervorgegangen, stelle ich vorläufig entgegen:

1) dass δικαιωθῆναι nirgends im N. T. von einem endgerichtlichen Gottesspruch gebraucht wird, sintemal die Gerechten nicht in's Gericht kommen, sondern als solche ihrer ewigen Bestimmung zugewiesen, die Ungerechten aber definitiv der ἀπώλεια übergeben werden;

2) dass die von Melanchthon aufgestellte und von der modernen Exegese nachgesprochene Behauptung: hanc descriptionem esse justitiae legis, quae nihil impediat alia dicta de justitia fidei, auf Irrthum beruht. Was der Apostel 10, 5. 6 schreibt, ist nicht so zu verstehen, als existire eine Gerechtigkeit aus dem Gesetz neben der Gerechtigkeit aus dem Glauben. Die apostolische Unterscheidung zwischen Gesetzes- und Glaubensgerechtigkeit hat nur Werth und Wichtigkeit für die Polemik gegen die jüdische Fiction, welche der Apostel als Aufrichtung einer eignen Gerechtigkeit kennzeichnet, sofern die Gesetzes-Gerechten, weit entfernt, die Gebote im Sinne Gottes vollständig erfüllt zu haben, vielmehr die ganze Forderung des Gesetzes vor sich haben und vor sich behalten. Somit beruht ihr Anspruch auf Gerechtigkeit darauf, dass sie sich selbst rechtfertigen (d. h. ihre eigne Gerechtigkeit aufrichten), nicht, dass sie nun auch vor Gott gerecht sind. Der Glaubensgerechte übrigens — das sei schon hier bemerkt — springt von der Gesetzeserfüllung nicht ab, weil die Forderung unerreichbar sei; er hat das ποιήσας αὐτὰ nicht vor sich als eine Unmöglichkeit, sondern hinter sich als Abgethanes, sofern er die Bestimmung, welche alle Gebote, also auch die Zusammenfassung derselben im Gesetz hat: die Menschen zur Erkenntniss der Sünde zu führen, an sich zum Vollzug gebracht hat. Doch davon später.

vv. 13—16. Die nächste und letzte Causalperiode von vv. 14—16 lässt sich ohne Zuziehung von v. 13 nicht wohl behandeln; ich werde daher auf v. 13 wiederholt zurückkommen, insofern und soweit es die Darlegung des Zusammenhangs erfordern sollte.

Anerkannter Maassen ist der vorliegende Abschnitt eine wahre Crux interpretum. Den originellsten Versuch, die Schwierigkeiten zu bewältigen, hat neuerdings K in seinen Correcturen gemacht. Ich lasse ihn billiger Weise vorangehen. K ist auf Grund einer eigenthümlichen Auffassung von 2, 17 u. flgg. der Ansicht, dass, wie dort, so auch in den vv. 13—16 der Apostel den äusserlichen Gesetzeserfüller dem innerlichen gegenübergestellt habe. Um desswillen, meint er, habe der Ausdruck οἱ ποιηταὶ τοῦ νόμου, von welchem das δικαιωθήσονται ausgesagt wird, einer näheren Bestimmung bedurft, damit die in v. 17 flgg. gezeichneten Juden in die Klasse der ἀκροαταί ein- und aus der der ποιηταὶ ausgeschlossen würden. Diese Bestimmung sei mit οἵτινες v. 15 gegeben, also zu construiren: οἱ ποιη. τ. ν. δικαιωθήσονται, οἵτινες ἐνδείκνυνται κ. τ. λ. Es sei das der verhängnissvolle Fehler aller Ausleger, den Satz mit οἵτινες v. 15 als Erklärung von ἑαυτοῖς εἰσιν νόμος in v. 14 anzusehen. v. 14 jedoch enthalte eine Nebenbemerkung, und sei vielleicht in die Pause des Hauptsatzes gerückt, um etwa auslegend den vorher gewählten Ausdruck gegen einen möglichen Einwurf zu rechtfertigen; möglich auch, dass er, hinter v. 16 einzuschalten bestimmt, vom Rande hinter v. 13 an den falschen Ort verschlagen sei. Demnach wäre so zu lesen: Οἱ ποιη-ταὶ τοῦ ν. δικαιωθ. — ὅταν γὰρ ἔθνη bis νόμος — οἵτινες ἐνδειχν. κ. τ. λ. als Relativbestimmung zu ποιηταί.

Alle futura, wie die andern Ausleger auch, von endgerichtlichen Vorgängen verstehend, gewinnt er dann für vv. 13—16 folgenden Sinn:

„Nicht die Hörer des Gesetzes sind gerecht vor Gott, sondern die Thäter des Gesetzes werden für gerecht erklärt werden — — sind doch Heiden, sobald sie in innerem Triebe gesetzmässig wandeln, obwohl ohne Gesetz, sich selbst Gesetz — — (Thäter des Gesetzes also) sofern sie das dem Gesetz entsprechende Werk als ein solches erweisen, das in ihrem Herzen geschrieben steht, indem ihr Gewissen es ihnen selbst mitten in der gegenseitigen Verklagung oder auch Vertheidigung der Gedanken am Tage des Gerichts über das Menscheninnere bestätigt."

Es würde zu weit führen, dem Herrn K alle die Abwege nachzuweisen, auf welche die unrichtige Prämisse ihn gedrängt hat. Dass, abgesehen von allem andern, die Beweisführung des Apostels, e futuris, welche, ohne irgend wie auf Schriftgrund sich zu stützen, lediglich mit kühnen, durch forensisches Bildwerk illustrirten Behauptungen vorgeht, für den redlich forschenden Leser wirkungslos sein musste, liegt auf der Hand.

Ich beschränke mich in Betreff des Syntaktischen auf die Frage: wie ist das γὰρ in v. 14 zu fassen? Selbstverständlich ist K ausser Stande, zuzugestehen, dass γὰρ den vorangegangenen Satz, sei es in seinem negativen oder positiven Theile begründe, wo bliebe sonst die Elimination von v. 14 oder gar die Beziehung von οἵτινες v. 15 auf ποιηταὶ v. 13? K hält es für unzweifelhaft, dass der Satz mit γὰρ „der seiner Natur nach sowohl das Vorhergehende begründen und rechtfertigen, als auch das Folgende erläuternd vorbereiten kann (z. B. Röm. 7, 1) „nicht geschrieben sei im Hinblick auf den vorhergehenden Satz v. 13, sondern im Hinblick auf die Qualification, welche im folgenden Satze v. 15 vom Gesetzesthäter verlangt wird. Er übersetzt also: „sind doch Heiden u. s. w." Es bedarf nicht erst des Nachweises, dass γάρ nie das Folgende erläutert, dass auch in Röm. 7, 1, womit diese eigenthümliche Behauptung belegt wird, γάρ nicht das Folgende erläutert, sondern das vorangegangene ἢ ἀγνοεῖτε; die der Causalpartikel von K zugemuthete Function fällt mit seiner Hypothese, dass v. 14 in die Paulinische Argumentation „eingesprengt sei", also doch eigentlich nicht hineingehöre. Wer die Hypothese zurückweist, ist damit der Mühe überhoben, sich mit der K'schen Deutung des γάρ auseinanderzusetzen.

Aber nicht bloss für K's Auffassung, sondern auch für die der neueren und neuesten Ausleger ist das γάρ verhängnissvoll.

G entscheidet sich für die Philippische Ansicht: „Das denn geht auf den allgemeinen Gedanken des v. 13. Nicht das Gesetz gehört zu haben, wie die Juden meinen, sondern es beobachtet zu haben, wird der Grund der Rechtfertigung sein, denn wenn das Hören hinreichte, so könnten die Heiden sich auch einen solchen Vorzug zuschreiben, da bestimmte Erscheinungen in ihrem sittlichen Leben von dem Vorhandensein eines in ihr Herz gegrabenen Gesetzes Zeugniss geben von der sehr bewussten Anwendung, die sie davon machen." M's Einwurf, dass diese Auffassung über 13b hinweggehe, ist nicht so ganz unrichtig, wie G meint. Wohl aber wird bei dieser Erklärung das (sogenannte) natürliche Gesetz der Heiden als gleichwerthig mit dem positiven Gesetz der Juden bezeichnet, ohne zu beachten, dass, wenn das erstere nicht bloss den Heiden, sondern allen Menschen eignet, auch die Juden das natürliche Gesetz für sich in Anspruch zu nehmen haben. Wenn nichts desto weniger Gott das Gesetz durch Moses hinzugethan hat, so dürfte gerade daraus mit vollem Rechte geschlossen werden, dass das natürliche Gesetz nicht ausreichend gewesen sei, um Gottes heilige Absichten an der Menschheit zu verwirklichen. Insofern würden die Juden sich dennoch eines Vorzugs vor den Heiden zu rühmen haben. Ebenso würden die bestimmten Erscheinungen im sittlichen Leben der Heiden als etwas Besonderes nicht hervorgehoben werden können, da der Rückschluss auf das Vorhandensein des natürlichen Gesetzes als des treibenden Princips erst dann für die Beweisführung des Apostels von Bedeutung sein würde, wenn er vorher gezeigt hätte, dass die Juden als solche dieser Treibkraft entbehrten. Das hat er weder gekonnt, noch gewollt.

Auch „die sehr bewusste Anwendung", welche die Heiden von dem natürlichen Gesetz machen, bringt v. 14 noch nicht in causale Verbindung mit v. 13, denn nicht von irgend welcher bewussten oder unbewussten Anwendung des natürlichen Gesetzes war in v. 14 zu reden, sondern davon, dass die Heiden wirklich $\pi o\iota\eta\tau\alpha\grave{\iota}$ $\tau o\tilde{\nu}$ $\nu \acute{o}\mu o\nu$ seien und darum mit Recht das $\delta\iota\varkappa\alpha\iota\omega\vartheta\tilde{\eta}\nu\alpha\iota$ von ihnen könne ausgesagt werden.

Ueber dem Allen will berücksichtigt sein, dass der Apostel nicht von **den** Heiden (in ihrer Gesammtheit), sondern von Heiden (einzelnen) redet, darum auch nicht von einem in die Herzen **aller** Heiden geschriebenen Gesetze, sondern von einem Gesetze, das in den Herzen **gewisser** Heiden eingeschrieben sich finde, solcher nämlich, welche der Apostel vor Augen hat.

Aber wie ist doch nur v. 14 mit v. 13 zu verbinden? Eine der beliebtesten Verbindungsweisen ist die Calvinische, welche bis auf 12a zurückgeht: „die Heiden werden mit Recht **verloren gehen**, obgleich sie das Gesetz nicht haben (v. 12), denn sie haben im Herzen ein Gesetz, welches sie wissentlich verletzen". So wesentlich Neander, de Wette u. A. Wir fragen mit *G*: „war es denn überall nothwendig, den Juden die Gerechtigkeit der Strafe, welche die Heiden treffen werde, zu beweisen?" Und dann das natürliche Gesetz — ferner die Heiden, da Paulus doch nur von etlichen Heiden redet!

Eine andere Verbindungsweise, welcher Lange, Schaff u. A. zustimmen, bringt Tholuck: „$\gamma\acute{\alpha}\varrho$ bezieht sich auf 13b. Die Beobachter des Gesetzes werden gerechtfertigt werden, denn Gott wird aus Gnaden bei den Heiden ihre relative Beobachtung annehmen." — Oder auch so: „es wird diesen Heiden, die das Gesetz theilweise beobachten, nicht fehlen, dass sie eines Tages zum Glauben an das Evangelium gelangen, wodurch sie völlig werden gerechtfertigt werden." Mit Recht bemerkt *G*, dass nichts im Texte auf dergleichen Auskunftsmittel führe.

Auch *M* will das $\gamma\acute{\alpha}\varrho$ auf 13b bezogen wissen: „Nur die das Gesetz beobachten, können gerechtfertigt werden, denn diese Regel ist auch auf die Heiden anwendbar, weil auch sie ein in ihr Herz geschriebenes Gesetz haben." Wir fragen mit *G*: ob der Apostel wirklich habe sagen wollen, dass ein Heide die Rechtfertigung durch die Beobachtung des natürlichen Gesetzes erlangen könne?

Schlagender kann wohl die Unrichtigkeit der bisherigen Auslegung von 2, 14—16 nicht erwiesen werden, als durch diese vergeblichen Versuche, die causale Verbindung mit v. 13 in befriedigender Weise zu Stande zu bringen.

Dass es mehr, als kühn erscheinen dürfte, Annehmbareres geben zu wollen, als bisher geleistet worden ist, irrt mich nicht. Ich gebe, was ich habe. Wer Besseres zu bieten hat, der trete hervor; ich will gern zurücktreten. Ich meine aber, dass die erste und grösste Schwierigkeit der Auslegung aus der vorgefassten Meinung erwachsen ist, als sei des Apostels Absicht, zu zeigen, dass die Juden keinerlei Ursache hätten, sich den Heiden gegenüber als die alleinigen Besitzer und Inhaber des Gesetzes zu rühmen; die Heiden hätten auch ein Gesetz, welches ebenso functionire, als das mosaische, das Gewissensgesetz. Es liegt auf der Hand, dass dergleichen Voraus-setzungen einen grossen Einfluss auf die Auslegung haben. Ver-geblich lehnt man den Vorwurf exegetischer Velleitäten ab durch Berufung auf die objectiven Gesetze der historisch-grammatischen Interpretation. Diese sind schmiegsamer, als man gewöhnlich glaubt; alles kommt darauf an, welcher Grundanschauung sie dienstbar gemacht werden, ob der des hergebrachten kirchlichen Lehrbegriffs oder des von dem Exegeten herzugebrachten individuellen Glaubens. Nun kann es ja wohl geschehen, dass der Text in so bestimmte Worte gefasst ist, dass sich für die Eintragung vorgefasster Meinungen kein Raum finden will. Das ist freilich in den vorliegenden Versen nicht der Fall; gerade dadurch wird die lichtvolle Darlegung und Auffassung des apostolischen Gedankens um so mehr erschwert.

Wer sind die $\pi o \iota \eta \tau a \iota$ $\tau o \tilde{v}$ $v \acute{o} \mu o v$? Wie verhält sich dazu $\delta \iota \varkappa a \iota \omega \vartheta \acute{\eta} \sigma o \nu \tau a \iota$? Accessorisch, oder aus dem $\pi o \iota \tilde{\eta} \sigma a \iota$ $\tau \grave{o} \nu$ $v \acute{o} \mu o \nu$ resultirend? Was ist's mit dem in v. 14 gesetzten Fall? That-sache oder Fiction? Was heisst $\tau \grave{a}$ $\tau o \tilde{v}$ $v \acute{o} \mu o v$? Setzt der Apostel das Unmögliche (nämlich das Thun des Gesetzes) als möglich oder meint er etwas Andres? Was will der Nachsatz sagen: $\dot{\varepsilon} a v$-$\tau o \tilde{\iota} \varsigma$ $\varepsilon \dot{\iota} \sigma \grave{\iota}$ $v \acute{o} \mu o \varsigma$? Lehrt der Apostel das Vorhandensein eines an-gebornen Sittengesetzes, warum denn $\ddot{\varepsilon} \vartheta \nu \eta$, und nicht $\tau \grave{a}$ $\ddot{\varepsilon} \vartheta \nu \eta$? Warum die blosse Möglichkeit ($\ddot{o} \tau a \nu$) eines solchen Vorkommnisses, statt der factischen Allgemeinheit? Und nun $\tau \grave{o}$ $\ddot{\varepsilon} \varrho \gamma o \nu$ $\tau o \tilde{v}$ $v \acute{o} \mu o v$, ferner die $\sigma v \nu \varepsilon \acute{\iota} \delta \eta \sigma \iota \varsigma$ $\sigma v \mu \mu a \varrho \tau v \varrho o \tilde{v} \sigma a$, und endlich der ganze 16. Vers, dessen bisherige Auslegung schon an der einfachen Be-stimmung $\varkappa a \tau \grave{a}$ $\tau \grave{o}$ $\varepsilon \dot{v} a \gamma \gamma \acute{\varepsilon} \lambda \iota o \nu$ $\mu o v$ scheitert, alles Andere zu ge-schweigen?

a) Wir beginnen mit der Begriffsbestimmung von $v \acute{o} \mu o \varsigma$.

Aus v. 12 erhellt ein Zwiefaches, 1) dass die Heiden $\ddot{a} \nu o \mu o \iota$ sind und darum auch $\dot{a} \nu \acute{o} \mu \omega \varsigma$ $\dot{a} \pi o \lambda o \tilde{v} \nu \tau a \iota$, 2) dass die Juden $\dot{\varepsilon} \nu$ $v \acute{o} \mu \omega$ sind und darum $\delta \iota \grave{a}$ $v \acute{o} \mu o v$ $\varkappa \varrho \iota \vartheta \acute{\eta} \sigma o \nu \tau a \iota$. In v. 14 werden die Heiden näher bestimmt als $\tau \grave{a}$ $\mu \grave{\eta}$ $v \acute{o} \mu o \nu$ $\ddot{\varepsilon} \chi o \nu \tau a$. Nun wird Niemand in Abrede stellen können, dass Griechen und Römer, und wer sonst noch unter den Heiden, eine Ueberfülle von Gesetzen producirt haben, wie denn keinerlei Staatenbildung gedenkbar ist ohne Gesetz. Auch wird zugestanden werden müssen, dass die Ge-setze der Heiden nicht bloss das politische Leben regelten, sondern auch tief in das sociale und Familienleben eingriffen, also nicht bloss im Volke Israel ein Social-, bez. Sittengesetz bestand.

Somit will der Apostel nur die Offenbarung des heiligen Gottes-willens, wie sie dem Volke Israel gegeben ward, als $v \acute{o} \mu o \varsigma$ gelten lassen. Die Heiden, welche „Gott ihre eignen Wege hat gehen las-sen" sind $\tau \grave{a}$ $\mu \grave{\eta}$ $v \acute{o} \mu o \nu$ $\ddot{\varepsilon} \chi o \nu \tau a$. Der Apostel würde in Wider-spruch mit sich selbst gerathen, wollte er fast in demselben Athem sagen, dass eben diese Gesetzlosen doch von Natur ein Gesetz hätten, welches für sie die Stelle des positiven Offenbarungsgesetzes verträte und sie vor Gott nicht minder verantwortlich machte, wie die Juden.

Das sagt der Apostel nicht. Was man so hat verstehen wollen, ist, wie wir weiter unten sehen werden, anders zu verstehen.

b) Was ist nun τὰ τοῦ νόμου ποιεῖν? Was soll überhaupt der ganze Vordersatz? *H* sagt: „der Apostel spricht hier, da er ὅταν gebraucht, von etwa vorkommenden Fällen, in denen heidnischer Seits, wie das artikellose ἔϑνη umschrieben werden mag, ein Thun dessen vorkommt, was Gottes geoffenbartes Gesetz — dasselbe, welches vorher mit dem artikellosen νόμον, nur aber dort ohne Rücksicht auf die geschichtliche Wirklichkeit eines solchen Gesetzes gemeint war — diejenigen thun heisst, denen es gegeben ist. Denn τὰ τοῦ νόμου ποιεῖν kann nicht heissen: „das thun, was das Gesetz thut". Dass ποιεῖν τά τινος Führung der Geschäfte, Betreibung der Angelegenheiten eines Andern bedeutet, lässt sich für diese Auslegung nicht geltend machen (Mehring), da in solchen Fällen ein Thun gemeint ist, „welches dem Andern dient und zu Gute kommt, nicht aber ein Thun dessen, was der Andere auch seinerseits thut. In solchen Fällen liegt der Ton auf dem Genitiv, weil es sich darum handelt, wessen Geschäfte Einer führt, wessen Angelegenheiten er betreibt. Im vorliegenden Falle dagegen ergiebt sich aus dem Zusammenhange, dass der Ton auf ποιοῦσιν ruht [?]. Denn dass es auf das Thun ankommt, will der Apostel beweisen, während es sich von selbst versteht, dass dies Thun ein Thun dessen sein will, was Gott von dem Menschen fordert, also ein Thun des im Gesetz heilsgeschichtlicher Weise Kundgegebenen. Sonach und da im Begriff des Gesetzes die Vorstellung eines Gebietens [?] und nicht die eines Thuns gegeben ist, kann τὰ τοῦ νόμου nichts anderes sein, als das vom Gesetz Gebotene [?]". Dies *H*s Ansicht.

Ob das so sei, davon weiter unten.

Zunächst ist das artikellose ἔϑνη, welchem die participiale Bestimmung mit dem Artikel nachfolgt, nicht anders aufzufassen, als Gal. 3, 21: νόμος ὁ δυνάμενος ζωοποιῆσαι. Man sehe Winer's Grammat. 6. Aufl. S. 126. Völlig zu verwerfen ist die Meinung, als dürfe der Artikel des Attributs auf ἔϑνη erstreckt und ausgelegt werden, als stände τὰ ἔϑνη. Aber nicht minder abzulehnen ist *H*s Umsetzung des ἔϑνη in „heidnischer Seits". Das οἶτοι des Nachsatzes, nicht minder das οἵτινες in v. 15 zeigen klar, dass der Apostel hier nicht von unbestimmten Fällen redet, die „etwa" heidnischer Seits sich zutragen möchten, sondern von wirklichen, dem Apostel sehr wohl bekannten Fällen, in welchen Heiden (das ist: heidnische Individuen) das, was des Gesetzes ist (τὰ τοῦ νόμου) gethan haben. Diese Erfahrung berechtigt ihn, in Betreff solcher Heiden, welche φύσει τὰ τοῦ νόμου ποιεῖ die Behauptung des Nachsatzes aufzustellen: ἑαυτοῖς εἰσι νόμος. Ἄν, der Zeitpartikel ὅτε angehängt, generalisirt; ὅταν bringt nicht eine Thatsache, die sich möglicher Weise zutragen könnte, sondern es bringt das Allgemeine, das Sich-Wiederholende an einer Reihe von Thatsachen; der Nachsatz aber spricht eine Behauptung aus, von welcher

alle im Vordersatz generalisirten Einzelfälle betroffen werden. Jedesmal, wenn das Eine geschieht, findet auch das Andere statt. Es
versteht sich von selbst, dass das Allgemeine dem Individuellen
gegenüber das Unbestimmte ist. Wann die Heiden das thun, darüber äussert sich der Apostel nicht, sondern über das, was dann
regelmässig stattfindet, wenn sie es thun. So kann es denn sehr
wohl geschehen, dass ὅταν eine unbestimmte Zeitangabe indicirt.
Dass aber in der vorliegenden Stelle eine unbestimmte Zeitangabe
nicht hat gemacht werden wollen, liegt auf der Hand. — Gehen
wir nunmehr zu τὰ τοῦ νόμου ποιεῖν über. H hat Recht, wenn
er die Mehringsche, auf reichen philologischen Apparat gestützte
Auffassung, nach welcher es heissen soll: das thun, was das Gesetz
thut, ablehnt. Aber Besseres und Zutreffenderes hat er dafür nicht
gesetzt. Der Apostel, sagt er, spricht von etwa vorkommenden
Fällen, in denen ein Thun dessen vorkommt, was Gottes geoffenbartes Gesetz diejenigen thun heisst, denen es gegeben ist. Ἔθνη
τὰ τοῦ νόμου ποιεῖ soll also heissen: es kommt bei ihnen manchmal ein Thun vor, wie es den Israeliten vorgeschrieben ist. Das
ist keine Paraphrase, welche dem Ausdruck τὰ τοῦ νόμου, gerecht
wird. Denn das wenigstens deutet der Artikel an, dass nicht Einzelnes, sondern der ganze Umfang dessen gemeint ist, was des
Gesetzes ist. Der Apostel würde also den Fall setzen, dass die
Heiden (nicht etliches, sondern) Alles thun, was das Gesetz gebietet,
und zwar, ohne das Gesetz zu haben oder demselben unterthan zu
sein. Das ist ein unmöglicher Fall. Was für einen Werth aber
hätte die apostolische Argumentation, wenn sie mit offenbaren Un-
möglichkeiten operirte?!

Dasselbe ist zu fragen bei ποιηταὶ τοῦ νόμου in v. 13. Ist
da auch unter νόμος das „vom Gesetz Gebotene" zu verstehen, so
hat der Apostel Vergebliches gelehrt, denn wie soll da jemals das
δικαιοῦσθαι eintreten! Oder will man unter νόμος (wie bei τὰ τοῦ
νόμου) nur dies und das im Gesetze, also einzelne Bestimmungen
desselben verstehen und unter ποιητ. τ. ν. solche sich denken,
welche einzelne Gebote ausgerichtet oder doch auszurichten versucht
haben? Sicher würde man damit des Apostels Sinn nicht treffen.

c) Wir kehren zu v. 14 zurück. Ist τὰ τοῦ νόμου ποιεῖν
hier soviel, als die Gebote des von Gott geoffenbarten oder mosaischen
Gesetzes ausrichten, dann ist das ἑαυτοῖς εἰσι νόμος nicht zu verstehen. Gesetz mögen sie sich wohl sein, aber mosaisches Gesetz??
Noch unverständlicher ist ἔργον τοῦ νόμου in v. 15, wenn es bedeuten soll die vom Offenbarungsgesetz geforderten Werke, einheitlich gefasst. Wenn Paulus von einem νόμος redet, dessen Bestimmungen selbstHeiden ausrichten und darnach ihr inneres Leben
normiren, ohne deswegen zum Judenthum übergetreten zu sein, oder
die Thorah studirt zu haben, so liegt auf der Hand, dass der Apostel
wenigstens in den vv. 14 und 15 nicht das Individuelle, auf jüdisches
Volksthum und jüdisches Leben Bezügliche zum Wesensbegriff des

νόμος gerechnet haben kann, sondern das am Gesetz — wohlverstanden am Offenbarungsgesetz — welches in gleicher Weise auf Juden und Heiden sich bezieht, die allgemeinen Bestimmungen und Functionen desselben. Ich bin keineswegs der Meinung, dass unter diesem Allgemeinen am *νόμος* eben das Sittengesetz zu verstehen sei, denn das sogenannte Sittliche erscheint niemals für sich, von den anderweiten Geboten abgesondert, sondern stets eingekleidet in die Form des Popularen. Auch die jüdische Gottesdienst- und Gesellschaftsordnung hat dies Allgemeine an sich, sintemal alle Aeusserungen des Volkslebens in Beziehung stehen zu dem einigen Gott und von dieser Angehörigkeit Aller an den Einen die sämmtlichen Specialverordnungen ihre Directive empfangen. Das gilt selbst vom Decalog. Solche allgemeine, aus der Erkenntniss des einigen Gottes abfolgenden und in demselben wurzelnden Lebensordnungen, welche allein *νόμος* genannt werden mögen, hatte kein Heide; Gesetz genug, aber kein Gesetz in diesem Sinne.

Wenn nun *II* meint: im Begriff des Gesetzes sei die Vorstellung des Gebietens gegeben und nur diese, so hat er seine Meinung auf Grund der Form sich gebildet, in welcher die Gesetzesparagraphen zum Ausdruck gelangen. Die Form des Gesetzes und seiner Verordnungen ist aber keineswegs das Wesentliche im Begriff des Gesetzes. Auch hat die Schrift, soviel ich mich erinnere, an keiner einzigen Stelle das „Gebieten" als sein Hauptmerkmal hingestellt.

Die eigentlichen Funktionen des Gesetzes *τὰ τοῦ νόμου* sind aus folgenden Stellen ersichtlich: Röm. 2, 12: (*ὅσοι ἐν νόμῳ ἥμαρτον*) *διὰ νόμου κριθήσονται*. Röm. 3, 20: *διὰ γὰρ νόμου ἐπίγνωσις ἁμαρτίας*. Röm. 4, 15: *ὁ γὰρ νόμος ὀργὴν κατεργάζεται*, und Röm. 7, 10: *εὑρέθη μοι ἡ ἐντολὴ ἡ εἰς ζωήν, αὕτη εἰς θάνατον*. Alle diese Functionen wurzeln in dem *κρίνειν*, denn darin ist ebenso das *δοκιμάζειν τὰ διαφέροντα*, wie das *ἐπιγινώσκειν τὴν ἁμαρτίαν*, und das *κατακρίνειν* enthalten.

Wenn mit *τὰ τοῦ νόμου* die einzelnen Gesetzesfunctionen ausgedrückt werden, so mit *ἔργον τοῦ νόμου* die Gesammtfunction des Gesetzes. Nach *II* soll es sein das „einheitlich gedachte Verhalten, dessen Forderung den Inhalt des Gesetzes bildet". Also *ἔργον τ. ν.* das vom Gesetz geforderte Werk, collectivisch gefasst. Nun aber heisst *ἔργον τοῦ νόμου* nicht das Werk, welches das Gesetz fordert, sondern welches das Gesetz thut. Wenn ich bei *τὰ τοῦ νόμου* die Auslegung Mehring's, dass es sein solle das, was das Gesetz thut, abgelehnt habe, bei *ἔργον τοῦ νόμου* muss ich eben um des *ἔργον* willen entschieden bei dieser Auffassung stehen bleiben, weil der Gen. *νόμου* niemals heisst *κατὰ τὸν νόμον* oder dess etwas. Ich halte die hergebrachte Deutung: vom Gesetz gefordertes, dem Gesetz entsprechendes Werk, für den folgenschwersten Irrthum der neutestamentlichen Exegese, weiss wohl, dass ich damit ein eingerostetes, durch Jahrhunderte hindurch gepflegtes, nicht bloss durch Majoritäten, sondern durch die Einstimmigkeit der Ausleger aller Zeiten geheiligtes Vorurtheil angreife, kann aber dennoch nicht umhin, das, was ich als wahr erkannt habe, nach besten Kräften zu vertreten.

d) Die Sache ist wichtig genug, um durch Heranziehung und Vergleichung sämmtlicher vom νόμος, bez. von ἔργοις τοῦ νόμου handelnden Stellen in grösserer Allgemeinheit festgestellt zu werden. Ich erinnere daran, dass die Paulinische Begriffsbildung erfolgte, als der jüdische Gesetz-, bez. Rechtsstaat trotz mannichfacher Eingriffe der Römer in seine Machtsphäre noch bestand und alle die Ansprüche, welche die Juden als Angehörige des Gottesstaats erhoben, an dem äusseren Bestande ihren Halt hatten, ja bei den meisten mit schwärmerischen Hoffnungen auf zukünftige Grösse und Herrlichkeit verbunden waren. Zur Zeit des Apostels nun war der νόμος nicht bloss Codex der bürgerlichen und kirchlichen Ordnungen, sondern eine Macht, die dem jüdischen Staatswesen seinen Inhalt verlieh und seine Angehörigen als Volk zusammenhielt. Der νόμος war Person, die Mittelsperson zwischen Gott und den Juden. Die Zuversicht derselben beruhte vor allen Dingen auf dem, was das Gesetz verrichtete, auf dem Thun des Gesetzes an den Juden (2, 17), nicht auf dem, was die Gesetzesangehörigen verrichteten, auf dem Gesetzesgehorsam der Juden und zwar wog ersteres in der Maasse vor, dass der Apostel die meisten seines Volks in dem Wahne verstrickt sah, dass die äussere Angehörigkeit an das Gesetz zur Gerechtigkeit vollständig ausreichte.

Es ist daher ein grosser Irrthum, zu meinen: die Juden hätten den Anspruch auf Gerechtigkeit abgeleitet aus ihrem gesetzlichen Thun, aus der Erfüllung der vom Gesetz gebotnen Werke. Man braucht nur Röm. 2, 17 bis zum Schluss zu lesen, um an dieser Auffassung gründlich irre zu werden. Die Juden leiteten ihren Anspruch nicht ἐξ ἔργων αὐτῶν, sondern ἐξ ἔργων νόμου ab. Nun ist ja richtig, dass das Gesetz Werke nicht thun konnte ohne Vermittlung von Menschen; est ist aber ein grosser Unterschied zwischen den Bediensteten des Gesetzes und zwischen den Gesetzesangehörigen, an welchen und für welche die Priester und Leviten des Gesetzes Werke auszurichten hatten. Zu diesen ἔργοις νόμου gehörte insonderheit die continuirliche Bekanntgebung des Gesetzes durch Vorlesen in den Schulen, dann der Opferdienst, endlich die Ausübung der Strafgewalt an allen, welche sich gegen gewisse gesetzliche Vorschriften verfehlt hatten. Etwaige persönliche Verschuldungen am Sittengesetz wurden durch das tägliche Opfer und nachmals durch das hohepriesterliche Opfer am Versöhnungsfeste beseitigt. — Wenn Paulus Gal. 3, 10—12 von solchen spricht, ὅσοι ἐξ ἔργων νόμου εἰσίν oder sagt, ὅτι ἐν νόμῳ οὐδεὶς δικαιοῦται, und gegen Leute, welche lediglich ἐν νόμῳ oder ἐξ ἔργων νόμου gerecht zu sein meinen, das ποιῆσαι πάντα τὰ γεγραμμένα ἐν τῷ βιβλίῳ τοῦ νόμου geltend macht, so erhellt schon aus der gegen-

sätzlichen Beziehung, dass das πεποιϑέναι ἐν νόμῳ oder die δικαιοσύνη ἐξ ἔργων νόμου mit dem ποιῆσαι Seitens der Juden
nichts gemein hat. Man hat daher den Ton auf πάντα ποιῆσαι
legen, in den ἔργ. νόμου aber nur ein mangelhaftes aliquotes Thun
annehmen müssen, um einen leidlichen Gegensatz herauszubekommen.
Ganz unrichtig. Das Vertrauen auf die ἔργα νόμου, auf das Lehren
(2, 18), Zusammenhalten, Entsündigen, wie es vom Gesetz für das
ganze Volk verrichtet wird, nicht der Anspruch auf subjectiven Gehorsam ist gemeint.

Röm. 3, 20: ἐξ ἔργων νόμου οὐ δικαιωϑήσεται κ. σ.
3, 28: πίστει δικαιοῦσϑαι ἄνϑρ. χωρὶς ἔργων ν.
9, 32: οὐκ ἐκ πίστεως, ἀλλ' ὡς ἐξ ἔργ. νόμου.
Gal. 2, 16: ἐξ ἔργων νόμου, ἐὰν μὴ διὰ πίστεως, ebenso in
demselben Verse noch zweimal.
3, 2: ἐξ ἔργων νόμου ἢ ἐξ ἀκοῆς πίστεως; ähnlich 3, 5.
Ueberall wird das Gesetzeswerk (nicht die subjective Gesetzeserfüllung), weil opus operatum, als Quelle der δικαιοσύνη bei Gott
negirt, und dafür die πίστις, die subjective Hingabe an die Gnade
Gottes als Ursache der δικαιοσύνη genannt.

Selbstverständlich sind von diesen ἔργοις νόμου auf das Schärfste
zu unterscheiden die ἔργα τῶν ἀνϑρώπων. Sofern der Mensch
seine Gerechtigkeit auf das subjective Thun stützt, gilt von diesen
ἔργοις ganz dasselbe, was von den ἔργ. τοῦ νόμ. Hier tritt die
erfahrungsmässig feststehende Thatsache ein, dass Niemand im Stande
ist, den ganzen Gotteswillen zu erfüllen. Diese Gerechtigkeit aus
den eignen Werken wird aber mehr auf heidnischer Seite zu suchen
sein, dagegen die Gerechtigkeit aus den Werken des Gesetzes
auf jüdischer Seite.

In dem Vorstehenden war der Satz ausgesprochen, dass ποιῆσαι τὸν νόμον oder τὰ τοῦ νόμου oder τὰ ἔργα τοῦ νόμου (bez.
τὸ ἔργον τ. ν.) etwas ganz anderes sei, als ποιῆσαι τὰ γεγραμμένα ἐν τῷ βιβ. τ. ν. Der Unterschied zwischen beiden ist — wie
ich des Weitern bemerke — dieser, dass das Letztere unmöglich; das Erstere aber nicht bloss möglich ist, sondern
die unerlässliche Vorbedingung des Heils. Hiernach sind
auch die ποιηταὶ τ. ν. zu beurtheilen; es sind nicht die, welche die
gesetzlichen Vorschriften ausrichten, sondern diejenigen, welche das
Gesetz selbst, sein Wesen, seine Bestimmung zum Vollzuge
bringen. Der Apostel erschöpft sich in Synonymen, um diese seine
Auffassung zu verdeutlichen. Er sagt v, 25 für νόμον ποιῆσαι —
νόμον πράσσειν d. h. εἰς τὸ πέρας ἄγειν v. 26 τὰ δικαιώματα τοῦ νόμου φυλάσσειν die Rechte des Gesetzes wahrnehmen, v. 27 τὸν νόμον τελεῖν, Πέρας, τέλος des Gesetzes
(objectiv: Christus) ist subjectiv die ἐπίγνωσις ἁμαρτίας Röm. 3, 20,
und des Weiteren das κρίνειν 2, 12.

Schliessen wir das πληρῶσαι τὸν νόμον an (Matth. 5, 17),
so wäre es einseitig, hierin lediglich die obedientia activa des Herrn

zu finden. Christus hat das Gesetz erfüllt, da er, die Sünde der
Welt tragend, den Fluch des Gesetzes auf sich nahm (Gal. 3, 13).
Sofern solches in absoluter Unterwerfung unter den Willen des
Vaters mit vollständiger Hingabe seiner selbst geschah, ist beides in
dem πληρῶσαι τ. ν. offenbar: der active und passive Gehorsam,
nicht eins für sich allein. Ich kehre zu v. 14 zurück.

c) Ποιεῖν τὰ τοῦ νόμου: ausrichten das, was des Gesetzes ist,
heisst also: des Gesetzes Geschäft ausrichten, also nicht: thun,
was das Gesetz befiehlt, sondern thun, was das Gesetz zu thun **hat**,
d. i. den Willen Gottes kund geben, zur Erkenntniss der Sünde
führen, den Sünder verurtheilen, in summa κρίνειν. Der Apostel
redet also von Heiden, die als solche bekanntlich gesetzlos sind τὰ
μὴ νόμον ἔχοντα) und deutet auf Fälle, in welchen diese Heiden
aus sich selbst (φύσει vergl. Harless zu Eph. 2, 3) des Gesetzes
Geschäft oder Werk verrichtet d. i. ihre Sünden erkannt und verurtheilt hätten. Wie und wann die Heiden solches thun, sind sie
— so fährt der Apostel fort — sintemal sie ein Gesetz nicht haben,
sich selbst Gesetz. — Bekanntlich fassen, soviel mir bekannt, sämmtliche Ausleger den Nachsatz so auf, als wolle der Apostel dem auf
sein Gesetz stolzen Juden mit der Behauptung entgegentreten, dass
die Heiden auch im Besitz eines Gesetzes seien, der blosse Besitz
eines solchen also dem Juden keinen Vorzug gebe vor den Heiden.

Ich habe schon oben meine Bedenken gegen diese Auffassung
geäussert und bringe sie hier noch einmal in verstärktem Maasse.
Hätte der Apostel wirklich, wie man doch annimmt, von dem allen
Menschen angebornen Sittengesetz geredet, so wäre nicht zu verstehen, wie dies Sittengesetz, welches ja den Juden auch von Natur
eigen gewesen sein müsste, als gleichen Werthes mit dem mosaischen
Gesetze hätte bezeichnet werden können. Wozu denn die mosaische
Gesetzgebung? Zum zweiten wäre der Ausdruck ἔθνη τὰ μὴ
ἔχοντα ν. verfehlt. Ist das Sittengesetz allen Menschen angeboren,
so participiren daran nicht bloss gewisse oder etliche Heiden (ἔθνη
ohne Artik.), sondern alle Heiden, und es musste heissen τὰ ἔθνη
τὰ κ. τ. λ. Endlich welch sonderbare Argumentation: die νόμον
μὴ ἔχοντες wären schliesslich **doch** die νόμον ἔχοντες, nämlich
νόμον γραπτὸν ἐν ταῖς καρδίαις κ. τ. λ. Einmal heisst νόμος
mosaisches Gesetz und dann wieder ganz allgemein Sittengesetz! —

Doch die Spitze aller Bedenken liegt in dem Sätzlein ἑαυτοῖς
εἰσὶ νόμος. Soll das heissen, wie man doch will, sie sind selbst
für sich Gesetz, so hätte Paulus schreiben müssen: αὐτοὶ οὗτοι —
ἑαυτοῖς εἰσὶ νόμος (man vergl. Act. 24, 15; 24, 20). Ohne αὐτοὶ
ist der ohnehin voranstehende Dativ ἑαυτοῖς betont. Der Gegensatz ist ἄλλοις; also ἑαυτοῖς εἰσὶ νόμος, οὐκ ἄλλοις. Hätten
die Heiden nämlich einen νόμος, so wäre ja allerdings, wie bei dem
κρίνων 2, 1, eine Anwendung desselben auf andere gedenkbar, ohne
dass sie selbst davon berührt würden. Da sie aber einen solchen
νόμος nicht haben, so kann, wenn sie τὰ τοῦ νόμου ausrichten,

dies Richten in der That nur sie selbst zum Gegenstande haben, das heisst: Selbstgericht sein, d. h. sie sind sich selbst Gesetz. Bei sorgfältiger Beachtung der im Gegensatz zu vv. 14—16 concipirten Gedankenreihen von vv. 17—23 hätte man längst an der hergebrachten Auslegung irre werden sollen:

Den νόμον μὴ ἔχοντες steht der Ἰουδαῖος ἐπαναπαυόμενος τῷ νόμῳ gegenüber.

Dem φύσει τὰ τοῦ νόμου ποιῆσαι das διδάσκειν ἕτερον, ἑαυτὸν μὴ διδάσκειν.

Somit ergiebt sich mit Nothwendigkeit, dass die Heiden, die der Apostel im Sinne hat, ἑαυτοῖς εἰσί νόμος, dagegen die Juden ἄλλοις, οὐχ ἑαυτοῖς (man vergl. die ἀμετανόητος καρδία v. 5).

Wir verstehen nun auch, weshalb der Apostel das νόμον μὴ ἔχοντες hinter οὗτοι noch einmal schreibt, nachdem er kurz vorher hinter ἔθνη gesetzt hatte τὰ μὴ νόμον ἔχοντα. Es hat hier aber eine ganz andere Beziehung. Das erste Mal bezeichnet der Apostel die Heiden als gesetzlose, d. i. als solche, denen die Gottesoffenbarung des mosaischen Gesetzes nicht zu Theil geworden ist. Das zweite Mal ist das Nichthaben des Gesetzes als Grund erwähnt, aus welchem die in Rede stehenden Heiden sich selbst und nicht andern Gesetz, d. i. die richtende und verurtheilende Instanz sind. Wo es an einem objectiven Maassstab für Recht und Unrecht fehlt, kann das Urtheil nur ein subjectives, nach eigenen Erfahrungen bemessenes sein. Also umschrieben: wenn Heiden, die als solche ohne Gesetz sind, von selbst des Gesetzes Geschäfte ausrichten, so kann das nur geschehen, indem sie an sich selbst Recht und Unrecht bemessen, d. i. sich selbst Gesetz sind.

Eben dieser innere Prozess des Selbstgerichts wird in den vv. 15 und 16 mit plastischer Anschaulichkeit explicirt.

f) Der Apostel deutet durch das Relativ οἵτινες an, dass er eine gewisse Kategorie vor Augen habe, die er mit dem Nachfolgenden charakterisiren wolle. An Menschen nämlich, die sich selbst Gesetz sind, soll gezeigt werden, in welcher Weise sie solches sind. Sie selbst geben das übrigens klar zu erkennen (ἐνδείκνυνται). Gewöhnlich fasst man τὸ ἔργον τ. ν. γραπτὸν als acc. c. inf. auf. Im N. T. findet sich ἐνδείκν. niemals mit acc. c. inf., wie es scheint, auch in der profanen Gräcität nicht, sondern nur mit ὅτι und ὡς. Es genügt übrigens τὸ ἔργον τ. ν. einfach als Object von ἐνδείκν. zu fassen: „als welche das Werk des Gesetzes in ihrem Inneren eingegraben (sich vollziehend) aufzeigen", oder "bei welchen die innern Vorgänge deutlich das Werk des Gesetzes erkennen lassen", sofern sich innerlich eine Gerichtsverhandlung vollzieht: Einleitung des Verfahrens, abhören der Parteien unter Zuziehung von Zeugen, Lossprechen und Verurtheilen — Alles τὸ ἔργον τοῦ νόμου. Als Mitzeuge fungirt das Gewissen, Kläger und Vertheidiger sind die Gedanken; die Handlung deutlich als Gerichtshandlung durch den forensischen Ausdruck ἡμέρα bezeichnet; der Vorsitzende des Gerichts ist Gott. — Nun zu dem Einzelnen.

Es ist unglaublich, welche Verwirrung die unrichtige Auffassung des ἔργον τοῦ νόμου und der συνείδησις angerichtet hat. Es würde zu weit führen, die exegetischen Meinungen über diese Begriffe zu sammeln und zu beurtheilen. Ich begnüge mich, die Msche als die bekannteste und verbreitetste zu citiren. Τὸ ἔργον τ. ν. soll sein das auf das Gesetz bezügliche Werk, d. i. das dem Gesetz entsprechende, es erfüllende Handeln. Gegentheil ἁμαρτήματα νόμου. „Geschrieben steht dies, so sagt M., als geboten, als sittliche Verpflichtung in ihrem Herzen." Συνείδησις soll sein das innere sittliche Bewusstsein. Was unter ἔργον τοῦ νόμου zu verstehen ist, habe ich eben gezeigt. Ich wende mich nun zu συνείδησις. Das sittliche Bewusstsein nach Mscher Definition wird ohne Zweifel das innere Gebot, die sittliche Verpflichtung in sich schliessen. Somit würde συνείδησις sich nur dem Umfange nach unterscheiden von ἔργον τοῦ νόμ. γραπτὸν ἐν ταῖς καρδ. κ. τ. λ. Wir hätten somit den modernen Begriff des Gewissens oder, besser gesagt, den in der Zeit des Rationalismus wieder in Curs gesetzten heidnischen, bez. stoischen Begriff des Gewissens vor uns; wir würden das γραπτὸν ἐν τ. κ. auch kaum anders wiedergeben können, als mit angeboren, so dass συνείδ. wäre das angeborene Sittengesetz, vom Apostel aufgefasst als Mitzeuge der positiven Offenbarung. Wäre das richtig, dass den Menschen als solchen die Grundlagen der Sittlichkeit, das positive Princip derselben eignete, so müsste doch das ethische Vermögen in der Form des Gewissens auch etwas für sich sein, abgesehen von der Zeugenschaft gegenüber der göttlichen Offenbarung, und D. Schenkel würde den richtigsten Standpunkt getroffen haben, wenn er die evangelische Glaubenslehre auf das ebenso objective, als subjective Gewissenszeugniss stellte; auch würde man gegen die Kritik der Gottesoffenbarung vom Standpunkte des natürlichen Menschen etwas nicht einwenden können, denn sie hätte etwas Anderes nicht zu bedeuten, als eine Untersuchung über das Verhältniss der Tradition zu der dem Menschen angeborenen Grundwahrheit; endlich wäre nicht zu begreifen, warum dieser für die Erkenntniss und Legitimation des Gotteswillens so wichtige Begriff von dem Apostel nur hier angewendet, im Uebrigen aber die Wahrheit und Gewissheit seiner Lehre lediglich auf das Zeugniss des heiligen Geistes gestellt worden wäre. Doch würden alle diese Bedenken zurückzutreten haben, wenn der Apostel in unsrer Stelle vom Gewissen eben gesagt hätte, was die neuere Exegese, der Ueberlieferung folgend, ihn sagen lässt. — Ist denn aber συνείδησις wirklich das sittliche Bewusstsein und als solches Norm und Princip alles Sittlichen? Hätte das Wort diese Bedeutung, so wäre nicht nöthig, dasselbe mit Epithetis zu versehen, um einen bestimmten Begriff zu erlangen. Nun aber lesen wir im N. T. συνείδησις ἀγαθή Act. 23, 1; σ. ἀπρόσκοπος Act. 24, 16; σ. ἀσθενὴς

1 Cor. 8, 7. 10. 12; καθαρὰ συνείδ. 1 Tim. 3, 9; καλὴ σ. Hebr. 13, 18. — Steht συνείδ. ohne Attribut, so ist der Inhalt aus dem Vorangehenden zu ergänzen. So Röm. 13, 5 διὰ τὴν συνείδ., um nicht das Bewusstsein zu haben, einer Dienerin Gottes (v. 4) ungehorsam zu sein; 1 Cor. 10, 25 διὰ τ. σ., um nicht von dem Bewusstsein beunruhigt zu werden, Unreines gekauft oder gegessen zu haben. Wie unter συνείδ. eine Potenz sittlichen Urtheils nicht zu verstehen sei, sondern ein subjectives, mit allerlei Meinungen über Recht und Unrecht erfülltes Bewusstsein, ersieht man aus 1 Cor. 10, 28. 29. Meist bezeichnet συνείδ. die das äussere Thun begleitende Gesinnung. Wer nicht anders redet oder handelt, als er denkt, hat eine καθαρὰ συνείδ.; wer bei seinem Handeln sich der edelsten Absicht bewusst ist, hat eine ἀγαθή, eine καλὴ συνείδ. So ist auch in unsrer Stelle, wie Röm. 9, 1 die συμμαρτυροῦσα συνείδ. das die Worte oder Werke Jemandes als richtig, als wahr bezeugende Bewusstsein.

Das ἔργον τ. ν. ist: dem Menschen seine Verschuldung bei Gott vorzuhalten, die συνείδησις stimmt zu; der Mensch weiss sich, auch ohne dass es ihm gesagt wird, vor Gott schuldig. Nun beginnt die actio, der Prozess, um das Maass der Schuld festzustellen. Das Bild des Apostels lehnt sich genau an die Vorgänge des weltlichen Gerichtsverfahrens an. Es erfolgt Anklage und Vertheidigung; die λογισμοὶ sind die Gedanken des reus; nicht ist mit Μ an Verhandlungen mehrerer Heiden untereinander und miteinander zu denken, sondern von λογισμοῖς mit λογισμοῖς desselben Menschen, also μεταξὺ ἀλλήλων. Immerhin ist in diesem inwendigen Prozess der Selbstanklage und Selbstvertheidigung der νόμος — wir lassen für jetzt noch unentschieden, wie sein ἔργον in den Menschen hineingekommen ist — die Norm, nach welcher Recht und Unrecht ermittelt werden soll, und zwar von einem κριτής, über dessen Thun v. 16 nähere Auskunft ertheilt.

Dieser sechszehnte Vers aber ist unbestritten einer der schwierigsten des ganzen N. T. Welche und wie viele Lösungsversuche gemacht worden sind, darüber giebt jeder ausführliche Commentar Auskunft. Schwerlich aber dürfte ein gewissenhafter Ausleger sich bei einem der vielen Erklärungsversuche vollbefriedigt fühlen. Ein Hauptbedenken ist das fut. κρινεῖ. Dafür κρίνει zu setzen, scheint denn doch zu kühn. Zieht man nun, wie es am natürlichsten ist, ἐν ἡμέρα, ὅτε zu κατηγορούντων — ἀπολογουμένων, so erscheint ein gegenwärtiges Gerichtsverfahren in einem zukünftigen Gerichtstermine geradezu als contradictio in adjecto. Man hat daher versucht, die vv. 14. 15 einzuklammern (so neuerdings noch Theile), um ἐν ἡμέρα mit δικαιωθήσονται in v. 13 zu verbinden. Nun aber ist denn doch das Weltgericht, bez. die Abhaltung desselben durch Jesum eine so allgemein christliche Idee, dass man nicht begreift, wie der Apostel dasselbe für seinen speciellen Lehrbegriff κατὰ τὸ εὐαγγέλιόν μου) in Anspruch nehmen konnte. Wenn aber feststeht, dass die Eigenthümlichkeit des Paulinischen Evangeliums mit seinem Heidenmissionsdienst eng zusammenhängt (man vergl. Röm. 16, 25. 1 Tim. 1, 11. 2 Tim. 1, 11. 2 Tim. 2, 8), so muss in dem Bestimmungssatz mit ὅτε etwas gesagt sein, was mit dem Universalismus der Paulinischen Predigt irgendwie zusammenhängt. Es wird somit v. 16, abgesehen von der schwerfälligen Parenthese, nicht zu δικαιωθήσονται v. 13 zu construiren, sondern in seinem natürlichen Zusammenhange mit v. 15 zu belassen sein. Dann kehrt aber die Frage wieder: wie kann Präsentisches (κατηγορούντων ἢ καὶ ἀπολογουμένων) durch eine zukünftige Action (ἐν ἡμέρᾳ ὅτε κρινεῖ) näher bestimmt werden? Man könnte sagen — woran freilich bisher nicht gedacht worden ist — dass das artikellose ἡμέρα nicht nothwendigerweise den Tag des Weltgerichts bezeichnet, sondern jeden andern Gerichtstag bezeichnen kann, ja hier, wo von einem innern Vorgange die Rede ist, bezeichnen muss! Die Frage bleibt jedoch dieselbe: „wie mag eine futurische Aussage zu näherer Bestimmung eines präsentischen Factums verwendet werden"?

Die Antwort lautet: das wird dann geschehen können, wenn diese Aussage nicht die Form des Factischen, sondern die Form der Argumentation hat, oder mit andern Worten: wenn das futur. nicht fut. temporale, sondern fut. logicum oder consecutivum ist; also, wenn der Schriftsteller sich an die Logik des Lesers wendet, von vorn herein überzeugt, dass ein vernünftiger Mensch nicht anders urtheilen wird, also eine Redeweise, wodurch man einen Satz als selbstverständlich bezeichnet. Ich habe mich über diese futura zu den vv. 12. 13 ausgesprochen. An dieser Stelle sei verstattet, ein sehr instructives Beispiel aus nächster Nähe anzuführen. Röm. 3, 30 heisst es: ἐπείπερ εἷς ὁ θεός, ὃς δικαιώσει περιτομὴν ἐκ πίστεως καὶ ἀκροβυστίαν διὰ τῆς πίστεως. Der Apostel lässt den Leser aus εἷς ὁ θεός (cfr. v. 29 Ἰουδαίων ὁ θεός καὶ ἐθνῶν) folgern, dass die Art der Rechtfertigung bei den Heiden keine andere sein werde, als bei den Juden. Paulus hätte schreiben können: ἐπείπερ εἷς ὁ θεός, ὃς δικαιοῖ κ. τ. λ. Das Futur. wendet sich an das Denkvermögen des Lesers und fordert ihn auf, darüber zu befinden, ob der Schluss aus den gegebenen Prämissen nicht ganz richtig ist. Das Präsens würde einfach das Urtheil als der Thatsache entsprechend hinstellen.

Das κρίνειν τὰ κρυπτὰ τῶν ἀνθρ. ist eine besondere Function des göttlichen Richteramtes. Unterschieden von der richterlichen Thätigkeit am Schlusse der Weltgeschichte, mit welcher Gott einst richten wird die οἰκουμένην ἐν δικαιοσύνῃ Ps. 19, 8, ist das κρίνειν in Ausübung der Weltregierung, das Schaffen und Erhalten von Recht und Gerechtigkeit unter den Völkern der Erde. Zu seinem besondern Herrschaftsgebiete, zum Volk des Eigenthums hat Gott sich Israel erwählt; dies Volk ist nicht bloss Gegenstand seiner Erhaltung und Regierung gewesen, wie die Heiden auch, sondern Gegenstand seiner besondern Führung zu einem vorweg bestimmten

Ziel, denn es sollte durch dies Volk das Heil für die sündige Menschheit vermittelt werden. Die andern Völker (Heiden) waren Objecte, aber nicht Coëfficienten des Heilsplanes Gottes. Darum wird von ihnen gesagt, dass Gott die Heiden ihre eigenen Wege habe gehen lassen (Act. 14, 16). Selbstverständlich nicht für immer, sondern nur so lange, bis die Zeit der Heilsvorbereitung erfüllt war. Die Propheten des A. B. hatten geweissagt, dass eine Zeit kommen werde, wo Gott das κρίνειν (nicht in eschatologischem, sondern in heilsöconomischem Sinne) auch unter den Heiden ausrichten werde. So Ps. 9, 20 κριτήθωσαν ἔθνη ἐνώπιόν σου. Jes. 2, 4: κρινεῖ ἀνὰ μέσον τῶν ἐθνῶν. Selbstverständlich fiel dies κρίνειν mit der Annahme der ἔθνη zum Volke Gottes zusammen; das κρίνειν ein Zeichen, dass die von Paulus Röm. 9, 25. 26 citirte Verheissung erfüllt war. Und der Apostel erkennt die Erfüllung der Verheissung, die Aufnahme der Heiden in das Reich Gottes eben darin, dass Gott in unverkennbarer Weise (vgl. ἐνδείκνυνται) seine richterliche Thätigkeit in den Herzen der Heiden beginnt, sobald sie die Predigt von Christo gehört und angenommen haben (εὐαγγέλιόν μου διὰ Ἰησοῦ Χριστοῦ); denn diese Selbstkritik, welche die Gläubigen aus den Heiden an sich vollziehen, ist für den Apostel im tiefsten Grunde die Kritik Gottes selbst über die verborgensten Vorgänge und Zustände des inwendigen Menschen; Anklage und Vertheidigung beruhen eben auf der Offenbarung und Kundwerdung der Tiefen des Herzens, und diese Tiefen kann niemand aufwecken, als Gott allein. Was Gott dem Hause Israel Jer. 31, 33. Hebr. 8, 10 sagt: ὅτι αὕτη ἡ διαθήκη ἣν διαθήσομαι τῷ οἴκῳ Ἰσραὴλ μετὰ τὰς ἡμέρας ἐκείνας, λέγει κύριος. διδοὺς νόμους μου εἰς τὴν διάνοιαν αὐτῶν καὶ ἐπὶ καρδίας αὐτῶν ἐπιγράψω αὐτούς [cfr. τὸ ἔργον τοῦ νόμου γραπτὸν ἐν ταῖς καρδίαις αὐτῶν, also die gläubigen Heiden das Israel nach dem Geist] καὶ ἔσομαι αὐτοῖς εἰς θεὸν καὶ αὐτοὶ ἔσονταί μοι εἰς λαόν.

So ist denn das ἔργον τ. νομ. γραπτ. ἐν ταῖς καρδ. α. nicht Werk eines den Menschen angeborenen Sittlichkeitsprincips, sondern Werk eines in Folge der Paulinischen Predigt den dafür empfänglichen Heiden verliehenen Gnadengeschenks, mittelst welches Gott selbst — denn wer anders könnte das ausrichten! — ihre verborgenen innern Zustände aufdeckt, um sie dann in die Erkenntniss des Heils einzuführen.

Dass übrigens das Erforschen der κρυπτά, das doch immer dem κρίνειν vorangehen muss, stets unmittelbar auf Gott zurückgeführt wird, dafür ausser dem classischen 139. Psalm nur noch einige Stellen:

Dan. 2, 22: ἀποκαλύπτει βαθέα καὶ ἀπόκρυφα.

Jerem. 49, 9: ἀνεκάλυψα τὰ κρυπτὰ αὐτῶν.

Sir. 1, 28: ἀποκαλύψει κύριος τὰ κρυπιά σου.

Susann. 42: ὁ τῶν κρυπτῶν γνώστης, ὁ εἰδὼς τὰ πάντα.

Es ist also unverkennbare, unzweifelhafte Thatsache, dass Gott

die Heiden angenommen hat und die Weissagung erfüllt ist, denn
er übt fürder nicht bloss sein Weltregieramt über die Heiden aus,
wie früher auch, sondern übt ein Amt aus, welches Fürsten nur an
ihrem eigenen Volke ausrichten, das Richteramt. „Die Tiefen des
Herzens werden aufgedeckt, wenn die Leute mein Evangelium annehmen, spricht der Apostel; wer anders kann die Tiefen auf-
decken und richten, als Gott allein — urtheilt selbst daher das
futur.), ob die Thatsache der Sündenerkenntniss und Bussfertigkeit
unter den Heiden nicht das Zeichen ist, dass Gott sein Gesetz ihnen
in's Herz geschrieben hat und dass dies Gesetz nun sein Werk ausrichtet. — Dass Gott aber solches thun wolle und thun werde an
den Menschen ($\tau \dot{\alpha}$ $\varkappa \varrho \upsilon \pi \tau \dot{\alpha}$ $\tau \tilde{\omega} \nu$ $\dot{\alpha} \nu \vartheta \varrho$.), nicht an den Juden allein,
und zwar durch Jesum Christum, der aller Menschen Heiland ist, das
ist ja eben mein Evangelium."

Ich meine, dass durch diese Auffassung, welche den Worten
und dem Zusammenhange entspricht, alle Schwierigkeiten des Abschnitts sich lösen.

Die von v. 17 ab entwickelte andere Seite der Parallele, die
Geschichte der Juden mit ihrem äussern Gesetz und den harten
Herzen, dieser Menschen ohne Reu und Leid (2, 5) wird die Richtigkeit
der gegebenen Auslegung vollends bestätigen.

Bevor ich zu dem zweiten Theile übergehe, werden noch einige
textkritische Bemerkungen nachzuholen sein.

v. 2 ist statt $o\ddot{\iota}\delta\alpha\mu\epsilon\nu$ $\delta\dot{\epsilon}$ mit Tischd. nach $\aleph$ C. zu lesen
$o\ddot{\iota}\delta\alpha\mu\epsilon\nu$ $\gamma\dot{\alpha}\varrho$ trotz W, welcher die Bezeugung ungenügend findet.
Der Apostel gründet sein Urtheil in v. 1 auf die thatsächliche Ver-
urtheilung von dergleichen Uebelthätern Seitens Gottes.

In v. 5 ist $\varkappa\alpha\dot{\iota}$ hinter $\dot{\alpha}\pi o\lambda\upsilon\psi\epsilon\omega\varsigma$, welches $\aleph^c$ u. D* bringen,
wahrscheinlich wegen der Häufung der Genitive, entschieden zu
streichen.

v. 8. $\mu\dot{\epsilon}\nu$ nach $\dot{\alpha}\pi\epsilon\iota\vartheta o\tilde{\upsilon}\sigma\iota\nu$ ist in der Tischd.-Gebh. Ausgabe
mit $\aleph$. B. weggelassen; dafür $\aleph^c$ A. und etliche andere Uncialen.
W urtheilt, es sei wegen des folgenden $\delta\dot{\epsilon}$ zugesetzt. Ich meine,
dass gerade in der vorliegenden Stelle das $\mu\dot{\epsilon}\nu$ nicht wegen der
Reciprocität mit $\delta\dot{\epsilon}$ eingeschoben sein kann; die Wechselbeziehung
ist eine in der Gräcität nicht allzuhäufige, $\mu\dot{\epsilon}\nu$ ist nicht eine Er-
leichterung, sondern eine Erschwerung des Sinns, daher halte ich es
für ursprünglich. — Statt der Recepta $\vartheta\upsilon\mu\dot{o}\varsigma$ $\varkappa\alpha\dot{\iota}$ $\dot{o}\varrho\gamma\dot{\eta}$ lies nach
den bessern codd. $\dot{o}\varrho\gamma\dot{\eta}$ $\varkappa\alpha\dot{\iota}$ $\vartheta\upsilon\mu\dot{o}\varsigma$.

v. 13. Der Artikel vor $\nu\dot{o}\mu o\upsilon$ (zweimal), erst von E. K. L. P
eingeführt, ist von Tischd. mit Recht gestrichen. — Für $\pi o\iota\tilde{\eta}$ der
Recepta, einer grammatischen Schrulle der Abschreiber, ist mit
$\aleph$. A. B. C. D. $\pi o\iota\tilde{\omega}\sigma\iota$ zu schreiben. So auch die neueste Ausgabe des Tischd. N. T.

v. 16. Nach einer Bemerkung von W liest Volckmann nach
B. $\dot{\epsilon}\nu$ $\ddot{\eta}$ $\dot{\eta}\mu\dot{\epsilon}\varrho\alpha$, Lachmann nach A. $\dot{\epsilon}\nu$ $\dot{\eta}\mu\dot{\epsilon}\varrho\alpha$ $\ddot{\eta}$. Die Recepta $\dot{\epsilon}\nu$

ἡμέρᾳ ὅτε. Ebenso א. - Es ist kein Grund, davon abzugehen. Dagegen ist statt der Recepta Ἰησοῦ Χριστοῦ mit א B. entschieden zu lesen Χριστοῦ Ἰησοῦ. S. meine Bemerkung zu 1, 1.

---

v. 17. Es wird zum Verständniss meiner abweichenden Auffassung beitragen und den Uebergang zum Folgenden klar legen, wenn ich die Verse 14—16 in ausführlicher Paraphrase wiederhole: „Beweis dafür (nämlich für die Richtigkeit des Satzes 13ᵇ) sind die Heiden, welche als solche ein Gesetz nicht haben, wenn sie aus innerm Triebe thun, was des Gesetzes ist, nämlich sich selbst anklagen und verurtheilen, denn in diesem Falle sind sie eben, weil sie ein Gesetz nicht haben, sich selbst Gesetz, indem sie darthun, dass sie das Zeugniss der Annahme zum Gottesvolk, das in's Herz geschriebene Gesetz, bez. die Wirkung desselben, wie aus dem innerlich sich vollziehenden Gerichtsacte hervorgeht, empfangen haben, denn wer anders wird an dem Tage Gericht halten über die verborgenen Tiefen des Menschen, als Gott? Und, wie mein Evangelium lautet, will er allen Menschen zum Heile helfen, welches geschieht, wenn er das Innere richtet durch Jesum Christum — das ist ein gnädiges Richten, welches Gerechte macht. So erweist sich thatsächlich die Wahrheit des Satzes, dass nicht schon diejenigen, welche das Gesetz hören, gerecht sind, sondern dass die, welche das Gesetz (sc. an sich selbst) zum Vollzuge bringen oder, was dasselbe ist, dass diejenigen, welche sich selbst Gesetz sind, gerechtfertigt werden sollen."

Dass der Apostel das durch die Predigt von Christo zur Bussfertigkeit erweckte Herz im Auge hat, welches ihm dem prophetischen Worte gemäss als Zeichen und Zeugniss der Bundschliessung mit Gott gilt, zeigt der Gegensatz von v. 17 ab, wo der Apostel in dialectisch schärfster Weise aufzeigt, dass die Juden, trotzdem sie des Gesetzes sich rühmen, ohne Reu und Leid hingehen und darum von Rechtswegen dem Gerichte verfallen. — Näheres wird die nachfolgende Auslegung bringen.

Was den Text anbetrifft, so ist die Lesart εἰ δὲ durch die ältesten Uncialen geschützt. Statt dessen hat die Recepta ἴδε mit D*** und einigen späteren Codd.; wie M-W richtig bemerken, eine Aenderung im Interesse der bequemern Structur.

Der Apostel zeigt zunächst, wie sich trotz alles Rühmens des Gesetzes und der Gottesgemeinschaft im jüdischen Volke keine Spur finde von dem Werke des „in die Herzen geschriebenen Gesetzes", woran doch allein die Angehörigkeit an Gott und die Zugehörigkeit zu dem neuen Bunde (Jerem. 31, 33 und flgg. Hesek. 36, 23—27) zu erkennen sei, so dass mit Recht gefragt werden könne, ob sie denn noch in Wahrheit Juden seien.

Die originellste Auslegung zu dem Abschnitte hat unstreitig D. K gegeben: nicht von einem jüdischen Heuchler rede der Apostel, von einem Menschen also, der eben das, was er öffentlich verurtheilt, heimlich selbst begeht, sondern von einem durch künstliche Theorie das Gewissen erstickenden, und eben das, was er andern als Befehl des Gesetzes vorstellt, unter anderer Form sich ermöglichenden talmudisch pharisäischen Lehrer. — Der Apostel aber sagt dem Juden v. 14 nicht, dass er trotz der Wahrung des äussern Scheins dennoch das Gebot übertritt, sondern er sagt geradezu: Du stiehlst, du hurst u. s. w.

Ehe ich Weiteres gebe, wird nöthig sein, noch einige Schwierigkeiten der vv. 17 und flgg. einer näheren Untersuchung zu unterwerfen. Eine der hauptsächlichsten ist die grammatische Structur. *Εἰ δὲ* beginnt den Vordersatz; wie weit geht derselbe? wo ist der Nachsatz? Winer meint: Paulus habe, indem er den Gedanken, den er als Protasis vorausschicken wollte, durch mehrere Sätze hindurchführte, das *εἰ* aus dem Gedächtniss verloren und gehe, die Apodosis v. 21 anknüpfend, auf eine andere Wendung mittelst *οὖν* ein, welche Partikel auf Anacoluthie hindeute. M dagegen findet die Structur ganz angebracht: wenn du Jude heissest u. s. w., lehrst du, der demnach *(οὖν* zufolge des im Vordersatz vv. 17—20 Angeführten) andern lehrt, dich selbst nicht?"

Dagegen wendet G ein, dass in einer Schlussfolgerung, wie diese (,,wenn nun v. 17") *οὖν* nicht recapitulirend, sondern argumentativ müsse gefasst werden, also in der Bedeutung folglich. Gs „Schlussfolgerung" kommt allein auf seine Rechnung; *εἰ δὲ* hat adversativen, aber nicht argumentativen Sinn. Dass *οὖν* nicht bloss im Paulinischen Sprachgebrauch, sondern in der ganzen Gräcität reassumirende Bedeutung haben kann, unterliegt keinem Zweifel. Immer aber würde bedenklich bleiben, dass *οὖν* nicht den ganzen Vordersatz, sondern nur die vv. 19 und 20 wieder aufnimmt, so dass doch ein Abgehen von dem anfänglichen Gedanken der Protasis stattgefunden haben müsste. Ueberdies scheint es hart, dass der Gesammtinhalt oder ein Haupttheil der Protasis von dem zum Particip *διδάσκων* construirten *οὖν* aufgezehrt wird, während man doch erwarten müsste: *οὐκοῦν διδάσκων ἕτερον σεαυτὸν διδάσκεις;* G. hält es für besser, mit H anzunehmen, dass die Reihe der von *εἰ δὲ* abhängenden Sätze bis zum Schluss von v. 24 fortläuft, wo der aus allen diesen Erwägungen sich ergebende Hauptsatz als augenscheinliche Folgerung hinzugedacht ist: was werden dir dann in diesem Fall (bei solchen Sünden v. 21—24) alle diese Vorzüge helfen (v. 17—20)? „Auf diesen hinzugedachten Schluss, den wir durch Gedankenstriche ersetzen würden, — so fährt G fort — bezieht sich ganz natürlich das denn des v. 25. Durch diese rhetorische Figur (die Aposiopese) erspart sich der Apostel das eigne Aussprechen eines Schlusses, welcher von selbst sich dem Gewissen jedes Lesers aufdringen muss." Wenn aber *τί οὖν τὸ περισσὸν τ. Ἰ.* den Abschnitt 2, 17—24 abschliesst; wie mag es denn in ganz anderm Sinne die für das dritte Capitel grundlegende Frage bilden?

Gegen die Zusammenfassung der vv. 17—23 in einen einzigen

Vordersatz spricht ferner der Umstand, dass hinter v. 23 die Gewissensfragen abbrechen, und jedenfalls eine affectvolle Pause angenommen werden muss, irgend welche directe Antwort aber nicht erfolgt, auch nicht erfolgen kann, denn sie müsste entweder ein Zugeständniss der Schuld enthalten, wozu der Jude (v. 17) wohl in keinerlei Weise geneigt sein würde, oder eine Ableugnung der Schuld, die um so gewagter sein dürfte, als der Apostel nicht nur auf Thatsachen sich stützt, sondern was mehr ist, auf Schriftgrund. Wenn geschrieben steht: „der Name Gottes wird um euretwillen gelästert unter den Heiden," so ist das die summarische Verurtheilung der jüdischen Gesetzesbeobachtung, deren Specification der Apostel in seine Gewissensfragen niedergelegt hat. Somit geht das γὰρ (v. 25) nicht, wie G will, auf den verschwiegenen Nachsatz: „was werden in diesem Falle euch alle diese Vorzüge helfen?" sondern γὰρ führt des Apostels in Frageform gekleidete Anklagen, insbesondere die Anklage v. 23, auf das prophetische Wort zurück. Die Juden haben sich seit des Jesaia Zeiten nicht geändert (vv. 2. 5). Des Propheten Ausspruch gilt auch für die Juden zu Pauli Zeit. Was mich aber insonderheit gegen die H-G'sche Auffassung der Structur einnimmt, ist der Umstand, dass sie erst durch Anwendung zweier rhetorischer Figuren, nämlich eines Anacoluths v. 21 und einer Aposiopesis hinter v. 24 zu Stande kommt. Ich halte wenigstens die erste Figur für keine Figur. Ein Anacoluth beruht stets auf einer Incorrectheit der Satzverbindung. Eher liesse sich in affectvoller Rede eine Aposiopesis rechtfertigen. Aber auch diese sollte man bei Auslegung der heiligen Schrift nur mit grösster Vorsicht in Anwendung bringen.

Meine Meinung ist, dass es zur Erklärung der vorliegenden Stelle irgend welcher Figuren nicht bedarf.

Zunächst wird v. 17 in seinem Verhältniss zu dem Vorhergehenden und zu v. 18 in's Auge zu fassen sein. Wir empfangen sofort den Eindruck, dass der Apostel bereitwilligst auf die Momente eingeht, aus welchen der Jude seine Vorzüge vor den Heiden ableitet. Zunächst ist der Name von Bedeutung. Sicher hat G Recht, wenn er sagt: der Name Jude sei wohl nicht ohne Anspielung. Jehudah, der Gelobte (man vergl. v. 29). Durch diesen Namen, der zugleich ein Urtheil enthält, ist der Jude ausgezeichnet vor allen Völkern. M gesteht zu, dass Jude der theocratische Ehrenname Israels sei. G sagt: die Präposition ἐπί, welche zu dem Verb. hinzutritt (ἐπονομάζῃ v. 17) macht aus diesem Namen einen Titel. Also der Jude ausgezeichnet schon durch seinen Namen. Dazu tritt ein zweiter Vorzug: der Jude ist im Besitz eines Gesetzes, das, wie es von Gott kommt, so auch die Urkunde der Bundesschliessung ist zwischen Gott und Israel. Wer mit dem allmächtigen Gott im Bundesverhältniss steht, der braucht um anderweiten Schutz, um anderweite Hülfe nicht zu sorgen, er fasst Beruhigung bei der Urkunde, welche ihm Gottes Schutz verbürgt, ἐπαναπαύεται τῷ νόμῳ. Ja noch mehr. Wo ist ein Volk auf Erden, welches so, wie dieses die un-

versiegbare Quelle seines Rühmens in Gott hat! — Der Name zeigt
seine hohe Stellung unter den Völkern, das Gesetz verbürgt ihm
den Beistand des Allerhöchsten; Gottes Volk im besondern Sinne
zu sein, von Ihm geführt und regiert zu werden, das ist sein Ruhm.
Man wolle nicht übersehen, dass der Apostel alle diese Vorzüge,
weil der Jude sich vor den Heiden brüstet, zusammenstellt und betont,
damit auf die Thatsachen vv. 21—23 ein um so grelleres Licht
falle. Die Verse 18—20 führen zunächst auf, was aus dieser bevorzugten Stellung abfliesst in Betreff der Erkenntniss des göttlichen
Willens, und zeigen, wie die Juden diese Vortheile den Heiden gegenüber vortrefflich ausnützen. Es kann keinen Augenblick zweifelhaft sein, wo der Apostel hinauswill. — Aus dieser bevorzugten
Stellung erwachsen dem Juden Erkenntnisse, die ihn tausendfach
mehr, als es bei den unwissenden Heiden jemals geschehen konnte,
zu einem würdigen, Gott wohlgefälligen Wandel verpflichten.

Steht nun die Sache so, dass in v. 17 die bevorzugte Stellung,
von da ab aber Alles das, was dem Juden daraus erwächst, angeführt wird, so dürfte es doch kaum angehen, beides: Stellung und
Folgen der Stellung einander zu coordiniren. Vielmehr hat die
Stellung die Protasis, dagegen die Angabe der aus der Stellung ab-
fliessenden Erkenntniss die Apodosis zu bilden. Mit andern Worten:
der vermisste Nachsatz zu εἰ δὲ beginnt mit v. 18. Es ist zu
übersetzen, wie folgt:

„Wenn du aber den Ehrennamen eines Juden führst und nicht
nur auf das Gesetz dich verlässest, sondern dich sogar der Gemeinschaft mit Gott rühmst, so kennst du auch seinen Willen
und prüfest das Unterschiedene Belehrung schöpfend aus dem Gesetz, getraust dich sogar ein Führer zu sein von Blinden, ein
Licht derer in Finsterniss, ein Erzieher von Unverständigen, ein
Lehrer von Unmündigen, da du den Lehrbegriff der Erkenntniss
und Wahrheit hast am Gesetz. Der du nun einen andern lehrst,
du lehrst dich selbst nicht? u. s. w."

Von irgend welcher Gesetzeserfüllung, sei es äusserlicher oder
innerlicher, ist keine Rede, wie denn überhaupt die Deutung der
„Werke des Gesetzes" von Handlungen, die dem Gesetze entsprechen,
ferner vom Thun des Gesetzes, als sei es gleichbedeutend mit
Beobachten der Gebote oder des Sittengesetzes ganz verkehrt ist.
Der Jude verlässt sich an erster Stelle nicht auf die Conformität
seines Lebens mit den Geboten, oder, was dasselbe ist, auf das, was
er thut, sondern auf das, was das Gesetz für ihn thut. Alle
die Versöhnungs- bez. Entsündigungsritualien, wie sie durch die
Priesterschaft verrichtet werden, sind „Werke des Gesetzes für ihn".
Daher hatten diejenigen nicht ganz Unrecht, welche daran erinnerten,
dass man bei den Werken des Gesetzes auch an das Ceremonialgesetz zu denken habe. Nur hätte man nicht die eine oder die
andere Kategorie des Gesetzes für das ganze Gesetz nehmen sollen.
Das Gemeinsame dieser Kategorieen oder Theile ist: dem Menschen

Gottes Willen zu verkündigen und ihn zur Erkenntniss seiner Sünde
zu führen. Von diesem Generalwerk des Gesetzes ist die Bestimmung
des Sittengesetzes keineswegs unterschieden, denn die Unmöglichkeit,
dasselbe zu erfüllen, liegt für jeden Redlichen auf der Hand. So
muss die Absicht Gottes bei Erlass desselben nicht sowohl auf das
Thun, als auf die Erkenntniss gegangen sein, welche durch die
erfahrungsmässige Unmöglichkeit der Erfüllung sich von selbst aufdrängt.

Wenn der Apostel in 2, 5 von der σκληρότης und der ἀμετανόητος καρδία des Juden spricht, so hatten diese gerade darin
ihren Grund, dass der Jude durch den Besitz des Gesetzes, bez.
durch die ἔργα desselben in dem vorhin entwickelten Sinne, ferner
durch Abstammung und Beschneidung gegen etwaige Nachtheile, die
ihm aus seinem unsittlichen Lebenswandel vor Gottes Gericht hätten
erwachsen können, vollständig gedeckt zu sein glaubte. Die Gefahr
war nicht gering, dass sich auf diesem Wege der crasseste sittliche
Indifferentismus einbürgerte und allmälig die ursprüngliche Absicht
des Gesetzes geradezu aufhob. Wenn Paulus in den vv. 17. 18
von den Juden scheinbar Gutes aussagt, so hängt das damit zusammen, dass dem Apostel keineswegs unbekannt war, wie der Stolz
der Juden und ihr Anspruch auf das Lehr- und Erziehungswerk an den
Heiden wenigstens den intellectuellen Indifferentismus nicht hatte
aufkommen lassen. — Es wäre doch unbegreiflich, wie man sich
hätte der Gemeinschaft mit Gott rühmen mögen, ohne seinen Willen
zu kennen. Das musste der Apostel vor allem feststellen, 1. dass
die Juden entweder dem Anspruche, Gottes Volk zu sein und sich
seiner zu rühmen aufgeben, oder zugestehen müssten, dass der Wille
dieses Gottes, dessen sie sich rühmten, ihnen nicht unbekannt
sei. Der Apostel hatte ihnen dann des Weitern vorgehalten, dass
sie sich ja thatsächlich mit den subtilsten Fragen aus dem Gesetz
beschäftigten, also nicht bloss Kenntniss, sondern sogar ange-
wandte Kenntniss des Gesetzes bei ihnen vorhanden sei — auch
eine Folge ihrer besonderen Bestimmung, Gottes Licht und Recht
zu sein in allen irdischen Verhältnissen. Daraus ergab sich dann
als dritte Consequenz das Lehramt an den Heiden. Das Alles hat
der Apostel von vv. 18—20 ausgeführt und damit seine Angriffswaffen soweit geschärft, dass er hoffen darf, eine Empfindung für
den schreienden Contrast, der sich bei den Juden zwischen Lehre
und Leben zeigte, zu wecken, indem er noch schliesslich durch das
prophetische Wort v. 24 zeigt, dass diese Dissonanz vor Gott keineswegs durch den Besitz des Gesetzes und durch das Sacrament der
Beschneidung gelöst und gesühnt werde.

Dass dieser Gang dem Grundgedanken des ganzen Capitels,
insbesondere dem Abschnitt 2, 13—16 entspricht, ergiebt sich bei
eingehender Vergleichung sofort. Findet sich nämlich nach 2, 13—16
bei den Heiden, dass, wenn sie die Predigt von Christo hören und
vernehmen, eine innere Bewegung bei ihnen anhebt, die eben nur

als das Werk des in ihr Herz eingeschriebenen Gesetzes aufgefasst werden kann, sofern sie sich Gottes heiligen Willen vorhalten, ihrer Sünden bewusst werden und sich vor Gottes Gericht schuldig bekennen, so ist bei den Juden trotz der beanspruchten Vorzüge von einer solchen innern Bewegung nichts wahrzunehmen; ihnen fehlt das Zeichen und Zeugniss des neuen Bundes: das in die Herzen geschriebene Gottesgesetz. Darum bei allem Stolziren mit Gesetz und Beschneidung ein hartes, ungebrochenes Herz, Uebertretung des göttlichen Gebots, ein Leben ohne Reu und Leid!

Hieran schliessen sich dann in ungezwungener Weise die vv. 25—32 an.

Ich lasse nun dieser summarischen Betrachtung über die Gedankenfolge die Erörterung im Einzelnen folgen: v. 18 *Δοκιμά-ζεις τὰ διαφέροντα*. *M* übersetzt: du billigst das Vorzügliche. Er fügt hinzu: die pragmatische Richtung erhellt aus dem klimaktischen Verhältnisse, in welchem die zwei Momente von v. 18 zu einander stehen müssen: „du kennst den Willen Gottes und billigst (theoretisch) das Vortreffliche." *G* meint: *τὰ διαφέροντα* könnte bedeuten das Bessere (meliora probare) nach der Bedeutung übertreffen, welche das Wort *διαφέρειν* oft habe. Er fährt fort: „hier aber ist besser zu übersetzen: die verschiedenen Fälle (nach der Bedeutung verschieden sein, welche dem Worte *διαφέρειν* auch zukommt), denn der Apostel scheint auf jene Streitfragen gesetzlicher Casuistik anzuspielen, in welchen die Juden sich auszeichneten, wie wenn die beiden hervorragenden Lehrer Hillel und Schamai mit grossem Ernst die Frage verhandelten, ob es erlaubt sei, ein von einer Henne am Sabbattage gelegtes Ei zu essen."

Ich muss gestehen, dass ich mit der *M*schen Erklärung nicht recht etwas anzufangen weiss. Am nächsten würde mir liegen, an Fragen bez. Untersuchungen zu denken, wie sie Matth. 22, 36 zur Sprache gebracht werden. Doch scheint mir bedenklich, anzunehmen, dass der Apostel hier das Verfahren der *νομικοί*, Werthunterschiede zwischen den gesetzlichen Vorschriften zu behaupten und festzustellen als allgemein jüdisches habe anführen wollen. Mich bestimmt ferner das *κατηχούμενος ἐκ τοῦ νόμου*, denn durch diesen Ausdruck wird doch der *νόμος* mehr als Norm des *δοκιμάζειν*, wie denn als Gegenstand desselben bezeichnet. Endlich spricht Phil. 1, 10, worauf sich *M* bezieht, entschieden dagegen. Schwerlich wird der Apostel um *ἐπίγνωσις καὶ αἴσθησις* für die Philipper gebeten haben, damit sie in den Stand gesezt würden, sei es Unterschiede unter den mosaischen Geboten festzustellen, oder in allgemeiner Fassung: um zu billigen das Vorzügliche. Dass *M* übrigens nicht an *μάχας νομικάς* gedacht hat, geht daraus hervor, dass er ausdrücklich das „Vorzügliche" auf Sittliches beziehen will. Aber auch so habe ich Bedenken. Zunächst dagegen, dass er *δοκιμάζειν* mit billigen übersetzt. Ich weiss wohl, dass die Lexica auch diese Bedeutung anführen. Jedoch nicht ganz mit Recht. *Δοκιμά-ζειν* heisst: prüfen und proben, dann in den aoristischen Formen: geprobt haben d. i. sein Urtheil durch Prüfung festgestellt haben, woraus aber wieder die Bedeutung folgt: sich für etwas bestimmen, entscheiden, es für gut, für annehmbar erachten — kann immer noch intellectuell gefasst werden, wie es hier der Zusammenhang unbedingt erfordert, während billigen mehr ist, als ein aus den Proben hervorgegangenes Fürwahrhalten; namentlich auf Sittliches bezogen, drückt es einen gewissen Grad von Zustimmung aus, die der Hauptsache nach nicht bloss dem Wissen angehört. — Nehme ich nun dazu, dass *κατηχούμενος ἐκ τοῦ νόμου* steht, nicht *κατηχημένος*, dass das Partic. praesent. nicht ausgedrückt, sondern verdeckt wird durch die Uebersetzung: unterwiesen, unterrichtet, dass es zutreffender ist, zu sagen: Belehrung schöpfend aus dem Gesetz (unterrichtet werdend ist eben nicht deutsch), so unterliegt keinem Zweifel, dass man beim Prüfen Belehrung sucht und Belehrung schöpft; beim Billigen aber bereits Belehrung gesucht und empfangen hat. Auch von diesem Gesichtspunkte aus zweifle ich nicht, dass *δοκιμάζειν* in der vorliegenden Stelle mit Prüfen zu übersetzen ist. Endlich finde ich im N. T. keine Stelle, in welcher *δοκιμάζειν* billigen heisst; wohl aber inhaltlich sehr verwandte Stellen, in welchen *δοκιμάζειν* nur mit Prüfen übersetzt werden kann, wie z. B. Röm. 12, 2: *εἰς τὸ δοκιμάζειν ὑμᾶς, τί τὸ θέλημα τοῦ θεοῦ.* Eph. 5, 10. 2 Cor. 13, 5. 1 Thess. 2, 4. 5, 21. In Röm. 1, 28 und Röm. 14, 22 heisst *δοκιμάζειν* sich für etwas entscheiden, bestimmen. Billigen wäre zuviel! *Τὰ διαφέροντα* kann also nicht heissen: im Gesetz Unterschiedenes, Casuistisches, auch nicht das Vorzügliche, denn das ist nicht mehr Gegenstand der Prüfung, sondern des Erprobtseins. Aber das vom Gesetz, also vom Gotteswillen Unterschiedene, Verschiedene, das Unrecht, das Unsittliche wird gemeint sein. Soviel ich sehe, kann das Wort nur gebraucht sein mit Rücksicht auf die moralische Urtheilslosigkeit und Gleichgültigkeit, auf den sittlichen Indifferentismus, der das Wesen der vulgären Ethik ausmacht, die sich nicht bestimmen lässt durch Gottes Willen, sondern durch das, was Vortheil bringt oder überhaupt den fleischlichen Lüsten bequem und genehm ist. Die erste Wirkung des Gesetzes war und musste sein, die menschlichen Handlungen als in sittlicher Beziehung unterschieden zu kennzeichnen, die Werthbestimmung der Dinge nicht nach dem, was sie dem Fleische sind, sondern nach ihrer Stellung zu den höhern und höchsten Interessen festzusetzen. Die Kenntniss des göttlichen Willens wäre eine völlig unfruchtbare, eine todte gewesen, wenn sie nicht die Wirkung gehabt hätte, die Dinge der Welt in das rechte Licht zu stellen. Das ist das, was der Apostel mit dem *δοκιμάζειν τὰ δ.* bezeichnet. Dass bei den Juden dies Prüfen des Unterschiedenen auf Grund des Gesetzes lediglich im Interesse des Wissens geschah, den Einfluss aber nicht hatte, das Leben umzugestalten,

daran war lediglich die ἀμετανόητος καρδία schuld. Die ethische
Diremtion drang nicht in das innerste Gemüth. Auch Phil.
1, 10 ist ein solches Prüfen des ethisch Unterschiedenen gemeint, doch
nicht an dem Probirstein des Gesetzes, sondern mit einer aus der
lebendigen Gottesliebe gebornen Erkenntniss, die stets begleitet ist
von einem unmittelbaren Herausfühlen dessen, was vor Gott Gnade
findet, und was nicht. Κατηχούμενος, sagt G, macht aus jedem
Juden ein personificirtes Gesetz, denn κατηχεῖσθαι heisst von einem
Tone durchdrungen sein. Nicht richtig. Das Wort heisst seinem
Etymon nach: ganz und gar zu einem Echo gemacht sein oder
wiederhallen von etwas. Der Jude ist in keinerlei Weise damit als
„personificirtes Gesetz" vorgestellt, sondern, wenn wir im Gleichniss
bleiben wollen, als Resonanzboden desselben. Man könnte sagen:
von dem Worte des Gesetzes erfüllt, durchtönt. Doch ist diese
ursprüngliche Bedeutung im Sprachgebrauch so abgeschwächt, dass
es vollkommen ausreicht, so zu übersetzen, wie ich gethan habe.

Zu v. 20 bemerkt G unter Berufung auf Tholuck sehr richtig:
νήπιος sei der Ausdruck, womit die Juden die Proselyten bezeichneten. Man vergleiche übrigens Hebr. 5, 13.

Nicht geringe Schwierigkeiten bietet das ἔχοντα τὴν μορφ. τ.
γν. κ. τ. ἀλ.θ. Zunächst will μόρφωσις richtig aufgefasst sein.
M bemerkt, dass die Griechen dafür μόρφωμα gesagt hätten; er
weiss nichts von dem Vorkommen des Wortes in der profanen
Gräcität, auch bei den LXX sei es zu finden. Er meint, μόρφωσιν
mit Form wiedergeben zu sollen und bemerkt zur Erläuterung:
„in den Lehren und Vorschriften des Gesetzes ist die Erkenntniss
und die Wahrheit (beides in objectivem Sinne) in die ihrem Wesen
entsprechende (daher τὴν μορφ.) Form gefasst, so dass man im
Gesetze diejenigen Züge besitzt, deren Gesammtheit den σχηματισμός
(Hesych.) der Erkenntniss und Wahrheit constituiren und sie zur
adäquaten geistigen Anschauung bringen." G ähnlich: „der Jude
besitzt in dem Gesetz die genaue Skizze, die genaue Formel, vermöge welcher er die Erkenntniss und Wahrheit auf andere übertragen kann."

Nun aber haben selbst die Alexandriner (Philo u. s. w.) nicht
behauptet, und behaupten wollen, dass sie im Gesetz eine Form oder
Formel der Erkenntniss und der Wahrheit hätten; es ist ihnen nicht
eingefallen, das Gesetz für ein philosophisches oder theologisches
Lehrbuch der Wahrheit zu halten. Immer nur ist das Gesetz als
Codex aller Wissenschaft und Wahrheit, als Urkunde und Quelle
der Erkenntniss behandelt worden, aus welcher, und auf Grund
welcher die γνῶσις und ἀλήθεια ihre (systematische) Form zu
empfangen hatte. Die Juden hätten andernfalls auch nichts weiter
zu thun gehabt, als das Gesetz in der Form, in welcher es ihnen
überliefert worden war, weiter zu geben. Sie nahmen aber weit
mehr in Anspruch, wie wir bald sehen werden.

Weiter ist in sprachlicher Beziehung sehr bedenklich die Gleich-

stellung von μόρφωσις und μόρφωμα. Das erste ist das Substantiv
des activen, das zweite des passiven Verbalbegriffs. Ἡ μόρφωσις
heisst das Gestalten, τὸ μόρφωμα das Gestaltete. Damit stimmt
vollkommen Hesychius überein, wenn er μόρφωσιν durch σχημα-
τισμὸν erläutert. Offenbar ist diese Glosse aus Theophrast. Caus.
Plant. III, 7. 4 genommen. Dort heisst es: ἡ δὲ ἀναγωγὴ καὶ
ἣν καλοῦσιν οἱ πολλοὶ τῶν φυτῶν παιδείαν, οἷον σχηματισμός
ἐστι καὶ μόρφωσις τῶν δένδρων ὕψει τε καὶ ταπεινότητι
κ. τ. λ. dass σχηματισμὸς hier nicht Form heisst (σχηματισθέν,
σχῆμα), sondern Formung, wie denn alle nomina verb. auf μὸς
den Infint. activ. substantiviren, dass also auch μόρφωσις nicht
μόρφωμα oder μορφή sein kann, sondern Gestaltgebung oder Gestaltung heissen muss, zeigt der Zusammenhang unwiderleglich.
Interessant ist, dass μόρφωσις in Beziehung gesetzt ist zu παιδείαν,
wie in der vorliegenden Stelle zu παιδευτής. Nun ist es grammatisch
bekannt und anerkannt (s. Winer's Gramm. 6. Aufl. § 20, 2 b), dass,
wo schon das Stammverb mit einer gewissen Präposition construirt
wurde oder der Zusatz in der Tendenz des Substantivs liegt, der
sonst bei Erweiterung des Namens durch präpositionelle Zusätze
gebräuchliche Artikel wegfält. Wie nun der Apostel im Galaterbrief
μορφοῦσθαι Χριστὸν ἐν ὑμῖν schreibt, so wird auch nichts ent-
gegenstehn, μορφοῦν ἐν τῷ νόμῳ, substantivirt τὴν μόρφωσιν ἐν
τῷ νόμῳ zu sagen. Das ist ja wohl die παιδεία, welche die
Juden für sich in Anspruch nehmen, dass sie die Wissenschaft und
Wahrheit mittelst des Gesetzes (ἐν τῷ νόμῳ) gestalten oder zur
Darstellung bringen. Ἔχειν τὴν μόρφ. würde nun heissen: inne
haben das Gestalten, umschrieben: das Geschäft oder den Beruf
haben, Wissenschaft und Wahrheit mittelst des Gesetzes darzustellen.
Wie scharf der Participialsatz in dieser sprachlich allein richtigen
Fassung sich erläuternd und begründend an den παιδευτής, διδάσ-
καλος anschliesst, bedarf keines Nachweises.

v. 22 Ὁ βδελυσσόμενος — ἱεροσυλεῖς; G: „das Subject des
Satzes: der du an den Götzen Abscheu hast, zeigt deutlich, dass
es sich um Beraubung der Götzentempel handelt. Sinn: dein Abscheu vor der Abgötterei geht nicht so weit, dass er dich hinderte,
die zum Götzendienst verwendeten Kostbarkeiten, wenn du sie dir
zueignen kannst, als gute Beute zu betrachten".
M: Götzenverabscheuung und (habgierige) Tempelberaubung —
einen für das jüdische Gefühl schneidenderen Contrast zwischen Theorie
und Praxis konnte Paulus nicht an das Ende seiner tadelnden Fragen
rücken! Dass Tempeldieberei aber wirklich bei den Juden vorkam,
folgert man mit Recht aus Act. 19, 37. (Theophyl. ἱεροσυλίαν
λέγει τὴν ἀφαίρεσιν τῶν ἀνατιθεμένων τοῖς εἰδώλοις), besonders
aber aus Joseph. Antiqu. 4, 8, 10. G mildernd: „die Juden plün-
derten wahrscheinlich nicht selbst die heidnischen Tempel, aber sie
trieben das Geschäft der Hehler. Die Unehre, die sie Gott zufügten,
liegt in ihrer Gier nach Gewinn, in ihren Betrügereien und ihrer

Heuchelei, welche die heidnische Bevölkerung, unter welcher sie
lebten, leicht an's Licht ziehen konnte". Eine stattliche Reihe von
Auslegern (darunter Pelag, Grotius, Michael, Cramer, Reiche, Glöckler)
meint: es sei von der Beraubung des jüdischen Tempels zu verstehen, sei es durch Vorenthaltung von Tempelabgaben oder durch
Unterschlagung von Tempelgeldern, durch fehlerhafte Opfer u. s. w.
Ganz allgemein Luther, Calvin, Bengel, Flatt, Benecke u. A.: es
bezeichne die profanatio divinae majestatis. Luthers Glosse: „Du
bist ein Gottesdieb; denn Gottes ist die Ehre, die nehmen ihm alle
Werkheiligen!"

Dass *M-G*s Auslegung die allein richtige, ist mir nicht zweifelhaft.*)

v. 23. Niederschmetternde, das Vorangegangene zusammenfassende, an v. 17 anknüpfende Frage, deren Beantwortung nun
nicht mehr fraglich. Um des γάρ willen v. 24 würde ich das Fragezeichen hinter ἀτιμάζεις am liebsten tilgen.

v. 24. Das Citat ist nicht, wie Calvin und andere meinen, aus
Ezech. 36, 23, sondern aus Jes. 52, 5 genommen, welche Stelle nach
den LXX heisst: δι' ὑμᾶς διαπαντὸς τὸ ὄνομά μου βλασφημεῖται
ἐν τοῖς ἔθνεσιν. G meint, diese Jesajanische Stelle komme unserem
Verse mehr dem Buchstaben, als dem Sinne nach nahe. Der eigentliche
Sinn des Citats sei, dass Gottes Name durch die Sclaverei der Juden
Lästerung erfahre. M ist nun der Ansicht: die typisch-prophetische
Deutung sei an den historischen Sinn nicht gebunden. Nach meiner
Auffassung besteht eine Differenz zwischen dem eigentlichen Sinne
der Jesajanischen Stelle und zwischen der apostolischen Anwendung
nur dann, wenn man sie deutet, wie M und die meisten Neuern. Nach
dieser Deutung soll δι' ὑμᾶς in der typischen Auffassung Pauli
soviel heissen, als: um eures schlechten Verhaltens willen; βλασφημεῖται ἐν τοῖς ἔθνεσιν wäre aber so zu verstehen, dass die Heiden
aus dem unsittlichen Verhalten der Juden auf einen unheiligen National-
gott derselben schliessen und dadurch zur Lästerung des Jehovah-
namens veranlasst werden mussten. — Sonderbare Deutung, als ob
die Heiden, welche die schmutzigsten Liebeshändel und Zänkereien
ihrer Götter und Göttinnen ohne irgend welche sittliche Entrüstung
ertrugen, ohne an der Göttlichkeit ihrer Götter irre zu werden, dem
Judengott das unsittliche Verhalten des Judenvolks hätten anrechnen
können und wollen.

Die Sache ist vielmehr diese: Solche Prahlhänse und verlogene
Schufte, als welche Paulus die Juden in den vv. 17—23 darstellt,
mussten dem Zorne Gottes verfallen. Dies war das Strafgericht
Gottes über die Juden, dass er ihnen ihre politische Selbstständigkeit
nahm und sie den Heiden unterthänig machte. Die Unterwerfung

---

*) M bemerkt noch zu διὰ τῆς παραβ. τ. ν. in v. 23: „dazu gehört
nämlich auch das ἱεροσυλεῖν, denn Deuter. 7, 25 flgg. wird zwar die Zerstörung der heidnischen Statuen geboten, aber das Rauben ihres Goldes
und Silbers verpönt.

eines Volks war den Römern gleichbedeutend mit der Unterwerfung
ihres Nationalgottes, bez. ihrer Nationalgötter unter die Götter
Rom's. Diese hatten ihre Obmacht erwiesen über Jehovah, welcher
nicht mächtig genug gewesen war, zu verhindern, dass die Juden in
heidnische Knechtschaft geriethen. So wurde der lebendige Gott
unter den Heiden gelästert um der Juden willen, die durch ihre
Gesetzesübertretung ihn genöthigt hatten, sie fallen zu lassen und
sich damit selbst als den heidnischen Göttern unterlegen darzustellen.
Wie nahe lag die Anwendung des apostolischen Citats auf die
damalige Knechtschaft des jüdischen Volks und ihre Ursachen!

v. 25. Die Thatsache, dass die Juden Knechte der Heiden sind,
ist nicht wegzuleugnen. Gegen diese Thatsache hat ihnen die Beschneidung nichts geholfen. Denn die Beschneidung nützt, „wenn
du das Gesetz ausrichtest“. Anders nicht. $\Pi \varepsilon \varrho \iota \tau o \mu \dot{\eta}$ ohne Artikel, denn sie ist als blosser Begriff hinlänglich bestimmt — nicht
das Judenthum, wohl aber die Signatur des Juden als solchen am
Fleisch zur Bezeugung seiner Angehörigkeit an Jehovah und seines
Theilhabens an der Abrahamitischen Verheissung. — Ueber $v \acute{o} \mu o v$
$\pi \varrho \acute{a} \sigma \sigma \varepsilon \iota v$ ist zu v. 13 u. flgg. ausführlich gehandelt worden. —
$\Gamma \acute{\varepsilon} \gamma o \nu \varepsilon v$ perf., Factum und Fortdauer seiner Wirkung anzeigend.
In den Augen Gottes gilt fort und fort bei einem Juden, der das
Gesetz übertritt, die Beschneidung nicht mehr, als bei einem Heiden
die Vorhaut. Beides ist verloren für den Gesetzesübertreter: die
Gottesgemeinschaft und die Theilnahme an der Verheissung.

v. 26 und v. 27. Was zunächst die Interpunktion betrifft, so
halte ich mit M für effectvoller, das Fragezeichen hinter $\lambda o \gamma \iota \sigma \vartheta \acute{\eta}$-
$\sigma \varepsilon \tau a \iota$ zu setzen, hinter $v \acute{o} \mu o v$ dagegen in v. 27 einen Punkt. Ueberdies wird man dadurch der Suppletion des $o \dot{v} \chi \grave{\iota}$ vor $\varkappa \varrho \iota v \varepsilon \tilde{\iota}$ überhoben. Die richtige Erklärung dieser Verse beruht auf der rich-
tigen Fassung des $\varphi v \lambda \acute{a} \sigma \sigma \varepsilon \iota v$ $\tau \grave{a}$ $\delta \iota \varkappa a \iota \acute{\omega} \mu a \tau a$ $\tau o \tilde{v}$ $v \acute{o} \mu o v$, imgleichen
$\tau \varepsilon \lambda \varepsilon \tilde{\iota} v$ $\tau \grave{o} v$ $v \acute{o} \mu o v$, welche ich bereits oben zu v. 14 und flgg. ge-
geben habe. Für mich besteht insofern keine Schwierigkeit. Es
wird jedoch nicht überflüssig sein, über die Auslegung Ms und Gs
zu referiren. M fasst das $\varphi v \lambda \acute{a} \sigma \sigma \varepsilon \iota v$ $\tau \grave{a}$ $\delta \iota \varkappa.$ $\tau.$ $v.$, ferner das $\tau \varepsilon$-
$\lambda \varepsilon \tilde{\iota} v$ $\tau \grave{o} v$ $v o \mu.$, wie das $\pi o \iota \varepsilon \tilde{\iota} v$ $\tau \grave{a}$ $\tau o \tilde{v}$ $v \acute{o} \mu o v$ in v. 14 als „Beobachtung der Mosaischen Gesetzesforderungen, welche factisch da-
durch geschehen, dass der Heide das natürliche Sittengesetz befolgt“.
$E \dot{\iota} \varsigma$ $\pi \varepsilon \varrho \iota \tau o \mu \grave{\eta} v$ $\lambda o \gamma \iota \sigma \vartheta \acute{\eta} \sigma \varepsilon \tau a \iota$ heisst dann: es wird in Rechnung gebracht werden als Beschneidung (sc. bei Gericht). Dem Un-
beschnittenen, welcher das, was das Gesetz verordnet hat, d. h. die
sittlichen Vorschriften des Gesetzes beobachtet, wird dasselbe Heil
zuerkannt, welches Gott dem Beschnittenen bestimmt hat. M verwirft Philippi's Erklärung von einer vollkommenen, tief innerlichen
Gesetzeserfüllung als eingetragen, imgleichen die Beziehung auf die
Proselyten des Thors als willkürliche. Allein woher nimmt M das
Recht, $v \acute{o} \mu o \varsigma$ durchweg vom Sittengesetz zu verstehen, wo bleibt
denn das Social- und Ritualgesetz? Ist denn der $v \acute{o} \mu o \varsigma$ getheilt?

Im Gegensatz dazu sagt G: „der Apostel spricht hier nicht
mehr, wie vv. 14 und 15, von einer bloss vereinzelten Beobachtung
der gesetzlichen Pflichten. Der Ausdruck ist gewichtiger: $\varphi v \lambda \acute{\alpha} \sigma$-
$\sigma \varepsilon \iota \nu\ \tau \grave{\alpha}\ \delta \iota \varkappa.\ \tau.\ \nu \acute{o} \mu o \nu$ heisst Alles beobachten, was das Gesetz
für gerecht erklärt. Cap. 8, 4 beschreibt der Apostel mit einem
ähnlichen Ausdruck die Erfüllung des Gesetzes durch den Christen,
der vom heiligen Geist erfüllt ist. Wie kann er hier einem Heiden
einen ähnlichen Gehorsam zuschreiben? Philippi meint: es handle
sich um die zahlreichen Proselyten, welche das Judenthum zu jener
Zeit aus den Heiden sammelte. M u. A. suchen den Ausdruck auf
den des v. 14 zurückzuführen. Beides aus dem angeführten Grunde
unmöglich. Cap. 8, 4 zeigt den Gedanken des Apostels. Er spricht
von den zahlreichen, zum Evangelium bekehrten Heiden, welche, obgleich unbeschnitten, nichts desto weniger durch die Kraft des Geistes
Christi das Gesetz erfüllen und so das wahre Israel, das Israel
Gottes werden".
Dass G ein exegetisches Wagestück unternimmt, die Ausdrücke
in v. 26, welche sich auf Gesetzeserfüllung beziehen, von ihrer Basis
in v. 14 loszureissen, da er dem Apostel ein äusserst bedenkliches
Hysteron Proteron unterschiebt, wenn er ihn hier schon aus Argu-
menten, die erst im achten Capitel zur Verwendung reif sind, gegen
die Beschneidung polemisiren lässt, das wird auch von blöden Augen
leichtlich erkannt werden. Der völlige Zusammensturz des Gschen
Bauwerks erfolgt, wenn man Cap. 8, 4 genauer ansieht. G hat, wie
ich weiter unten zeigen werde, die Stelle falsch verstanden. — Die
Zurückweisung der M-Gschen Auslegung wird den Boden bereiten
entweder für völlige Rathlosigkeit oder für Annahme der von mir
zu v. 14 u. flgg. gegebenen Erklärung.

v. 27. Olshausen nach Koppe's Vorgang: $\dot{\eta}\ \dot{\varepsilon} \varkappa\ \varphi \acute{v} \sigma \varepsilon \omega \varsigma\ \dot{\alpha} \varkappa \varrho o \beta$.
sei ein Begriff, nämlich die ohne höhere Hülfe das Gesetz haltende
Heidenwelt. Richtig M (auch G) die Vorhaut von Natur, d. i. der
Unbeschnittene, wie er dies von Geburt ist. $K \varrho \iota \nu \varepsilon \tilde{\iota}$, emphatisch
vorangestellt: „Und richten wird der Unbeschnittene dich" d. h. in
seiner eignen Gesetzeserfüllung [ohne die Hülfsmittel, deren du dich
erfreust], wird er dich, der du trotz Buchstaben und Beschneidung
das Gesetz übertrittst, in deiner ganzen Strafwürdigkeit darstellen.
$\varDelta \iota \grave{\alpha}$ trotz, wie 1 Tim. 2, 15. Eine Verbalhandlung, welche sich
durch etwas hindurch (d. i. durch entgegenstehende Thatsachen hin-
durch) vollzieht, geschieht trotz dieser Umstände. Zu $\delta \iota \grave{\alpha}\ \gamma \varrho \acute{\alpha} \mu$-
$\mu \alpha \tau o \varsigma$ bemerkt M richtig: es sei gesagt im Gegensatz gegen das
ungeschriebene Gesetz [nicht Naturgesetz], welchem der Heide
folgt. — G gegen die Fassung des $\varkappa \varrho \iota \nu \varepsilon \tilde{\iota}$: er wird verdammen.
„Die Juden bildeten sich ein, nicht nur der Verdammniss, sondern
auch dem Gericht zu entrinnen, und es ist einschneidender für sie
zu hören, dass sie nicht nur, wie die Heiden, sondern durch sie
werden gerichtet werden". Wenn nur nicht $\tau \grave{o} \nu\ \nu \acute{o} \mu o \nu\ \tau \varepsilon \lambda o \tilde{v} \sigma \alpha$
dabei stände! M wird wohl Recht haben, wenn er sich für das in-

directe Richten des Heiden durch Gesetzeserfüllung, nicht für das
directe durch Richterspruch am jüngsten Tage entscheidet.
v. 28 und v. 29. Denn Gott siehet das Herz, das Innere
an. Dies der Grundsatz der gesammten prophetischen, darum orthodoxen Theologie, welche der Apostel mit vollstem Recht zum Stütz-
punkt seiner Begründung wählt.

M: ὁ ἐν τῷ φανερῷ = ὅς ἐν τῷ φαν. ἐστι, der es im
Aeusserlichen ist (d. i. in Bekenntniss, Beschneidung, Tracht, Cere-
moniendienst u. s. w.) ist Jude (d. i. ein echter). Ganz ebenso $\acute{\iota}$
ἐν τῷ φαν. ἐν τ. σ. περιτομή. Nach G ist das Subject Ἰουδαῖος,
ferner das Subj. περιτομή aus dem Prädicat zu ergänzen. Dagegen
sollen in v. 29 die beiden Prädicate Ἰουδαῖος und περιτομή aus
dem Subjecte ergänzt werden, also: „sondern, der im Verborgenen
Jude ist (sc. ist ein wahrer Jude) und Beschneidung des Herzens im
Geiste, nicht im Buchstaben (sc. ist wahre Beschneidung). Dagegen
wendet M ein, dass wegen des offenbaren Parallelismus von ὁ ἐν
τῷ κρύπτῳ mit ὁ ἐν τῷ φανερῷ in v. 28 jenes dieselbe Structur
haben müsse, wie dieses, also „der es ist im Verborgenen, ist Jude
sc. im idealen Sinne". Man sollte nun erwarten, dass die parallele
Structur auch auf περιτομὴ καρδ. ἐν πν., οὐ γρ. erstreckt werden
würde. Statt dessen findet M in diesem Zusatze eine Aussage über
den idealen Begriff von περιτομή mit völlig selbstständiger Construction. Der Zusatz soll nämlich heissen: Beschneidung des Herzens beruht (suppl. ἐστι) im Geiste, nicht im Buchstaben. Wohl
wissend, dass Paulus hier etwas über die rechte ·Beschneidung
aussagen will, nicht über die Beschneidung des Herzens insonderheit,
beruft sich M auf die symbolische Bedeutung der Beschneidung, dass
sie nämlich anzeige die Absonderung alles Unsittlichen aus dem
innern Leben, dass Philo sie aufgefasst habe, als σύμβολον ἡδονῶν
ἐκτομῆς De Sacrif. p. 258P.

Dieser Auslegung, welche bereits Luther gegeben, und unter den
Neueren besonders Fritzsche vertheidigt hat, steht entgegen, dass der
Apostel hier die rechte Beschneidung, nicht die Art und Weise, wie
solche zu Stande kommt, im Auge hat, dass er in diesem Zusammenhange nicht von der Beschneidung des Herzens, als einer bekannten
Deutung des jüdischen Ritus, sondern überall nur von der Beschneidung als einem opus operatum redet, darauf der Jude sich verlässt,
die Beschneidung des Herzens also nicht der Ausgangspunkt, sondern der Zielpunkt seiner Darlegung sein konnte. Dass der Apostel
hier mit der Speculation Philo's zusammentrifft, dass einige spätere
rabbinische Sprüche ungefähr dasselbe aussagen, macht die περιτομὴ καρδίας keineswegs zu einem jüdischen Theologumenon, dessen
Ergänzung oder Berichtigung der Apostel habe anstreben müssen.

Eben diese Erwägung in Verbindung mit der von dem Satzbau
des Apostels völlig abweichenden Structur hindert mich, der Mschen
Auffassung beizutreten. Ebenso bin ich mit M-G nicht einverstanden, dass ἐν πνεύματι mit Fritzsche und Philippi wegen der Anti-

these zu γράμματι, welches die äusserliche Beschneidung durch das
Gesetz bewirkt, auf den heiligen Geist als die prima causa der περιτομὴ καρδίας zu beziehen sei. Πνεῦμα (θεοῦ ζῶντος) kommt
2 Cor. 3, 3 als Gegensatz zu γράμμα vor. In dieser Stelle zeigt der
Zusammenhang, dass nicht der Menschengeist, sondern der Gottesgeist gemeint sei. Hier, wo die περιτομὴ ἐν σαρκὶ unterschieden
wird von der περιτ. ἐν πνεύματι kann das negirte ἐν γράμματι
nur Correlat von ἐν σαρκί, das eingefügte καρδίας aber nur erläu-
ternder Zusatz sein. Ebenso verstehe ich Röm. 7, 6; es ist dort
unter καινότης πνεύματος der erneuerte Menschengeist, unter παλαιότης γράμματος das alte Buchstabenwesen gemeint. Man vergl.
übrigens Matth. 5, 3 die πτωχοὶ τῷ πνεύματι. Die Einwendung
Ms: die Beschneidung des Herzens im menschlichen Geiste verstände
sich von selbst, brauchte also vom Apostel nicht gesagt zu werden,
will wenig bedeuten; ἐν πνεύματι ist ja nicht local, sondern instrumental zu fassen. Ohne die Zustimmung, bez. Einwirkung des
(selbstverständlich erneuerten) Menschengeistes auf das Herz ist an
eine περιτομὴ desselben nicht zu denken; umgekehrt ist die περιτομὴ ἐν γράμματι eine solche, von welcher das πνεῦμα nichts
weiss, lediglich auf Befehl des Buchstabens vollzogen. — Ich fasse
endlich οὗ nicht als Neutr.: cujus rei (so M), sondern mit G als
Mascul., jedoch so, dass griechischem Sprachgebrauch gemäss (s. Krüger's Grammat. §. 43 Anm. 2: adjectivische Begriffe, auf ein männ-
liches und weibliches Individuum bezogen, stehen im Mascul., οὗ
ebensowohl auf den ἐν τῷ κρυπτῷ Ἰουδαῖος, als auf die περιτομὴ καρδίας zurücksieht.
     Ich habe geglaubt, mich hierüber im Voraus erklären zu sollen,
bevor ich zu meiner eigenen Auslegung übergehe.
     Soviel ich sehe, ist die Construction des 29. Verses durch den
Zusammenhang bestimmt. Nachdem v. 28 gesagt worden, welcher
der echte (wahre) Jude und die echte (wahre) Beschneidung nicht
ist, kann schon um des ἀλλά willen v. 29 etwas andres nicht erwartet werden, als die positive Angabe, welches denn nun der echte
Jude und welches die echte Beschneidung sei. Die Bestimmung:
echt oder nicht echt kann mit Sicherheit von Menschen nicht gegeben werden, nur Gott allein gebührt, darüber zu entscheiden. Die
Entscheidung aber ist bereits getroffen, sie existirt in der Form des
ἔπαινος. Es ist wohl mehr, als wahrscheinlich, dass bei der Wahl
dieses Ausdrucks der appellative Begriff von Juda, welcher Name
dem Ἰουδαῖος zu Grunde liegt, maassgebend gewesen cfr. Gen. 49, 8:
Ἰούδα, σὲ αἰνέσαισαν οἱ ἀδελφοί σου. So hat denn der Relativsatz für mich den Inhalt, dass das wahrhafte Echte nicht schon
durch menschliche Anerkennung, sondern durch das Lob Gottes sich
als solches erweise. Um dies Urtheil an den Juden, sowie an die
Beschneidung heranzubringen, dazu bedarf es einfach einer Ergänzung von εἰσὶ oder ἐστὶ hinter γράμματι. Die Uebersetzung würde
dann so lauten:

„sondern der Jude im Verborgenen und Herzensbeschneidung im Geiste, nicht im Buchstaben (mittelst des Geistes, nicht mittelst des Buchstabens) ist es, deren Lob nicht von Menschen kommt, sondern von Gott." Nicht von Menschen, d. i. nicht von dén Juden selbst; kein Selbstlob! Dass diese Beschneidung des Herzens eine lobenswerthe, ja von Gott selbst geforderte Handlung ist, sagt des Herrn Wort durch den Propheten Jeremias 4, 3. 4: τάδε λέγει κύριος τοῖς ἀνδράσιν Ἰούδα — περιτμήθητε τῷ θεῷ ὑμῶν, καὶ περιέλεσθε τὴν σκληροκαρδίαν ὑμῶν. Dem Sinne, wenn auch nicht dem Buchstaben nach, sprachen sich alle Propheten so aus.

Für mich ist daher ὁ ἔπαινος nicht das gebührende Lob (so M), sondern das von der Schrift her bekannte Lob, welches nicht von Menschen, wohl aber von dem Gott herrührt, der die περιτομὴ καρδ. ἐν τιν. wirkt. Daher ἐκ τοῦ θεοῦ, nicht ἐκ θεοῦ; letzteres würde heissen: göttlichen Ursprungs; ersteres heisst: von dem persönlichen Gott, der auf den Menschengeist einwirkt, dass dieser die Beschneidung des Herzens vollzieht; so muss die περιτ. καρδ. ἐν τιν. wohl alles Lobes würdig sein.

Capitel 3.

Man konnte aus dem Vorhergehenden schliessen, dass die Juden vor den Heiden nichts voraus haben. Οὖν Schlusspartikel. Sollte das von Gott erwählte Volk keinen Vorzug haben? Soll das dem Fleische aufgedrückte Siegel ihres Bundesverhältnisses zu Gott, die Beschneidung, gar keinen Nutzen gewähren? Das ist die Frage, welche sich unwillkürlich den Ausführungen des Apostels gegenüber aufdrängt. Wer stellt die Textfrage? Nicht ein Heidenchrist (wie Sebast. Schmidt meint), nicht ein gegnerischer Jude (darin hat M ganz Recht), wohl aber der orthodoxe Jude in der Person des Apostels (καὶ γὰρ ἐγὼ Ἰσραηλίτης 9, 1). Er fragt sich selbst und antwortet sich selbst, aber gerade so, wie ein orthodoxer Jude geantwortet haben würde, so dass gewissermaassen in der Person des Apostels eine· Diremtion eintritt. Das erhellt aus dem μὴ γένοιτο in v. 4, denn überall, wo diese abwehrende Formel eintritt, hat der Apostel in seiner eignen Person den Juden mit seinen Consequenzmachereien und Einwänden sich gegenüber. Paulus selbst würde das κατὰ πάντα τρόπον niemals als seine (des nunmehrigen Christen) Ueberzeugung ausgesprochen haben. Ja er führt diesen arroganten Ausspruch des orthodoxen Judenthums in v. 9 (nach der von mir weiter unten gegebenen Erklärung) auf das rechte Maass zurück.

2. Πρῶτον. Nach M hebt Paulus damit an, das πολὺ nach seinen einzelnen Momenten auszuführen, wird aber gleich nach Nennung des ersten Punktes von einem damit zusammenhängenden Gedanken abgeleitet, so dass alle weitere Aufzählung unterbleibt.

Mit Recht weist G unter Bezugnahme auf den schriftstellerischen Charakter des Apostels dergleichen Annahmen, die schliesslich doch immer auf nachlässige Schreibart zurückführen, ab. Er verwirft aber auch mit M die von alten und neueren Auslegern angenommene Bedeutung für $\pi\varrho\tilde{\omega}\tau o\nu$ = praecipue, und zwar aus dem Grunde, dass die griechische Sprache für diesen Gedanken ihre besondern Ausdrücke habe — ein Grund, der in Wahrheit kein Grund ist, weil er geradezu alle Mannigfaltigkeit im Ausdruck, jeden Gebrauch von Synonymen u. s. w. verbieten würde. M hilft sich, wie oft, mit einer derben Phrase: es sei mit dem praecipue eben nur eine unbefugte Wegkünstelei des Anapodoton ($\mu\grave{e}\nu$ ohne $\delta\grave{e}$) beabsichtigt. — Nun heisst $\pi\varrho\tilde{\omega}\tau o\nu$ allerdings nicht praecipue, aber wohl praecipuum: ein Erstes, ein Vornehmliches, wie ich bereits zu 1, 8 nachgewiesen habe. Imgleichen zeigt das nachfolgende $\ddot{o}\tau\iota$, dass der Apostel $\pi\varrho\tilde{\omega}\tau o\nu$ hier nicht als Zahlwort, sondern als Adjectiv, bez. substantivirtes Adjectiv verwendete. Ebenso hätte M nicht so zuversichtlich behaupten sollen, dass ein $\mu\grave{e}\nu$ ohne nachfolgendes $\delta\grave{e}$ stets ein Anapodoton anzeige. $M\grave{e}\nu$ ohne $\delta\grave{e}$ verräth seinen Zusammenhang mit $\mu\acute{e}\nu\varepsilon\iota\nu$; es drückt ungefähr dasselbe aus, wie $\tau o\tilde{v}\tau o$ $\mu\acute{e}\nu\varepsilon\iota$. $\Pi\varrho\tilde{\omega}\tau o\nu$ $\mu\grave{e}\nu$ $\gamma\grave{\alpha}\varrho$ heisst also: „denn ein Hauptvorzug bleibt unbestritten, dass u. s. w." G hat also Recht, wenn er (zu seiner ungefähr dasselbe sagenden Erklärung: „denn es steht in erster Linie") bemerkt: „der Apostel ist weit entfernt, Weiteres sagen zu wollen, vielmehr fliesst ihm Alles von selbst aus dem Vortheil, den er nannte".

$\Gamma\grave{\alpha}\varrho$ (was allerdings im Vatic. und einigen jüngern Handschriften und Uebersetzungen fehlt, dagegen von Alex. und Sinait. geschrieben wird) mit G zu streichen, trage ich denn doch Bedenken, zumal es bei richtiger Auffassung des $\pi\varrho\tilde{\omega}\tau o\nu$ nicht wohl zu entbehren ist.

$\Ὅ\tau\iota$ $\grave{e}\pi\iota\sigma\tau$. τ. λ. τ. ϑ. $\Pi\iota\sigma\tau\varepsilon\upsilon\vartheta\tilde{\eta}\nu\alpha\acute{\iota}$ $\tau\iota$ heisst: mit etwas betraut werden. Die Erklärung Koppe's und anderer: confirmata iis sunt promissa divina ist gegen den Sprachgebrauch. Unter $\lambda\acute{o}\gamma\iota\alpha$ τ. ϑ. will M die göttlichen Weissagungsaussprüche vom Messias verstanden wissen, und zwar aus Gründen des Contextes. Er stellt nicht in Abrede, dass $\lambda\acute{o}\gamma\iota\alpha$ in Act. 7, 38 das Gesetz Mosis, in Hebr. 5, 12 die evangelische Offenbarung, in 1 Petr. 4, 11 die göttlichen Mittheilungen im Allgemeinen bedeutet, meint aber, dass, wie in den erwähnten Stellen, so auch in dieser der Context entscheide, ob das eine oder andere gemeint sei; die $\grave{\alpha}\pi\iota\sigma\tau\acute{\iota}\alpha$ aber in der vorliegenden Stelle weise auf die messianischen Weissagungen hin. Besser G, welcher $\lambda\acute{o}\gamma\iota\alpha$ auf das ganze A. T. bezieht, selbstverständlich die messianischen Verheissungen mit eingeschlossen. Richtiger sind mit $\lambda\acute{o}\gamma\iota\alpha$ die Gottesoffenbarungen ohne Unterschied gemeint, denn nicht das ist der Vorzug der Juden vor den Heiden, dass ihnen in Betreff des messianischen Heils besondre Verheissungen, sondern dass ihnen die Gottesoffenbarungen überhaupt anvertraut waren. Das Folgende wird diese Auffassung bestätigen. Uebrigens so auch Chrysosth.: χρησμοὺς αὐτοῖς ἄνωϑεν κατηνεχϑέντας. v. 3. Τί γάρ; was ist zu sagen? So G (besser, als M: was ist der Fall?). Tischend. 2. Theile . interpungiren ebenso. Dagegen setzen Bengel, Lachmann und Tischend. 8 das Fragezeichen hinter τινές. Offenbar richtiger. Nimmt man nämlich εἰ ἠπίστη- σάν τινες als Vordersatz zu μὴ — καταργήσει, so fehlt geradezu der Subjectssatz zu τί. „Wenn etliche nicht geglaubt haben, was ist's? was hat das auf sich? was will das sagen?" — Gegenstand des ἀπιστεῖν ist nach M und G die Verwerfung Jesu als des Messias, ferner die beharrliche Verwerfung der apostolischen Predigt. Schon Philippi hatte sich gegen diese Auffassung erklärt und als Gegenstand des ἀπιστεῖν die Offenbarungen Jehovah's im A. B. angesehen. Bengel sagt: zu allen Zeiten war ja Israel ein abtrünniges und götzendienerisches Volk. Die ἄπιστοι waren eigentlich nicht τινές, sondern πολλοί und τινές verächtlich, ironisch, quod non valde sub censum veniant. Dagegen M: „alle waren unfolgsam, nicht τινές, doch hatte Gott erfahrungsmässig fortgefahren, ihnen durch seine Propheten die Orakel vom Messias anzuvertrauen. Es konnte also dem Apostel das Bedenken, dass Gott wegen des Unglaubens der Juden in der vorchristlichen Zeit sein anvertrautes Gut, die λόγια wieder zurückziehen möchte, nicht kommen, wohl aber konnte der Apostel sehr leicht daran denken, ob nicht der partielle Unglaube der Juden an das Evangelium das der Nation gegebene Gotteswort der Verheissung aufheben möchte?" So M. — Dagegen ist zu sagen, dass die Behauptung: alle Juden seien in der vorchristlichen Zeit ἄπιστοι gewesen, nicht bloss τινές geradezu unwahr ist. Selbst zu des Elias Zeit waren noch 7000, die ihre Kniee vor Baal nicht gebeugt hatten. Zum Zweiten ist nicht richtig, dass Paulus in v. 3 seine eignen Bedenken vorträgt. Sich selbst würde der Apostel nimmermehr mit einem μὴ γένοιτο abgefertigt haben. Wohl aber hat er, ohne gerade einen Gegner dazwischen treten zu lassen, ein Bedenken berührt, welches gegenüber dem Umstande, dass den Juden scheinbar alle Vorzüge vor den Heiden abgesprochen worden waren, einem auf die anvertrauten λόγια τοῦ ϑεοῦ stolzen Israeliten wohl kommen konnte, ob nicht des Apostels Meinung diese gewesen sein möchte, dass Gott das Anvertraute um des Unglaubens willen zurückgezogen und nunmehr andere mit seiner Offenbarung betraut hätte. Denn man wolle nur bedenken, dass der orthodoxe Jude den Glauben an die λόγια τοῦ ϑεοῦ, sofern sie den Messias betrafen, keineswegs verwarf, desgleichen, dass er sich im Besitze dessen, was Gott dem Volke in der vorchristlichen Zeit an Offenbarungen vertraut hatte, vollständig sicher wusste, den Fortbestand desselben also gar nicht in Frage stellen konnte. Aber das glaubte der Jude nicht, dass Jesus der Christ sei; er hätte in diesem Betracht, so konnte er meinen, doch weitere Offenbarungen empfangen müssen, und diese müssten, wenn überhaupt vorhanden,

von Gott nicht den Juden, sondern eben den Christen anvertraut
sein — welches doch geradezu eine Zurücknahme der von Gott dem
Volke gegebenen Stellung, Träger der gesammten Gottesoffenbarung
(nicht bloss etlicher *λόγια*, sondern *τῶν λογίων τ. θ.*) zu sein, wäre, zumal diese Zurücknahme erfolgt sein müsste in Folge des Unglaubens
etlicher. Dass dieser Unglaube von dem orthodoxen Juden nicht
als Unglaube an Jesum Christum gefasst sein kann, liegt auf der
Hand. So muss er sich beziehen auf die mancherlei Unglaubens-
fälle, welche in der vorchristlichen Zeit oft genug vorgekommen
waren. Darauf führt auch der Aorist *ἠπίστησαν*. Noch war die
Verkündigung des Evangeliums nicht zum Abschluss gelangt, als
Paulus den Römerbrief schrieb. Ob und wieviele zum Glauben an
Jesum Christ würden bekehrt werden, war ihm sicher ein Geheimniss. Der Aorist aber drückt eine vollendete, abgeschlossene Thatsache aus. Ganz irrthümlich ist *G's* Bemerkung: „der Aorist *ἠπίστησαν* bezieht sich vielmehr auf ein besonderes geschichtliches
Ereigniss, als auf einen dauernden Zustand, wie der jüdische Unglaube während des A. B. gewesen war". Dass der jüdische Unglaube während des A. B. ein dauernder Zustand gewesen, möge
G vor der Geschichte verantworten. — Das *ἀπιστεῖν* Nichtglaube
der *τινές*) nöthigt die *πίστις τοῦ θ.* subjectiv als Glaubwürdigkeit
Gottes aufzufassen.

v. 4. *Μὴ γένοιτο* חָלִילָה: energische Zurückweisung einer sei
es direct oder frageweise ausgedrückten Behauptung. „Das sei fern."
Man beachte den Aorist: „Das dürfte nicht (nimmer) geschehen, vorgekommen sein". Was niemals geschehen ist, ja als geschehen vorgestellt werden dürfte (Opt.), das wird auch künftig nicht geschehen.
Das Werden Gottes ist durch den kategorischen Imperativ seines
eignen Wesens bestimmt. Wir sprechen ihn noch, diesen Imperativ
— zuversichtlicher, je mehr wir ihn aus der Offenbarung seiner
selbst erkannt haben: „Es werde Gott vielmehr wahr, jeder Mensch
aber ein Lügner". *Γινέσθω* imper. praes. selbstverständlich zu beziehen auf das zeitliche Werden, auf das Hervortreten in der
Geschichte. Daher schon recht, wenn es von Theophyl. erklärt
wird durch *φανεροῦσθαι*, *ἀποδείκνυσθαι*. Ob Paulus bei *πᾶς
ἄνθρωπος ψεύστης* an Ps. 116, 11 gedacht hat, ist eine müssige
Frage. Ein Citat hat er sicher nicht geben wollen, eben darum
nicht, weil er den Spruch mit einer andern Stelle Ps. 51, 6 in Verbindung setzt.

Was nun diese Stelle betrifft, so ist sie genau nach den LXX
wiedergegeben. Dass die Uebersetzung der LXX dem hebräischen
Grundtexte nicht überall entspricht, haben die alten und neuen
Ausleger bemerkt. Die griechische Version, wie sie der Apostel
citirt, lautet: „damit du gerechtfertigt werdest in deinen Worten und
obsiegest, indem du gerichtet (d. h. einem richterlichen Urtheil von
Menschen unterzogen) wirst". Der Grundtext lautet: „damit du gerechtfertigt werdest in deinen Worten und rein erfunden werdest,

indem du richtest (ּ‎בְשָׁפְטֶךָ‎ ‎תִּזְכֶּה‎). Beza, Piscat. Pareus, unter den
Neuern noch *G* waren der Meinung, *κρίνεσθαι* sei medial aufzufassen, um einen Ausgleich zwischen LXX und dem Grundtext herbeizuführen. *M* wird jedoch wohl Recht haben, wenn er sagt: Paulus
konnte die Abweichungen vom Grundtexte um so unbedenklicher
unberührt lassen, da sie die typische Bedeutung der Stelle [ich würde
sagen: die Bedeutung der Stelle für seine Beweisführung] nicht alte-
riren. Welches diese Bedeutung ist, davon später.

Zu *ὅπως ἄν* bemerkt *G*: „Um das 'Auf dass' zu erklären,
müssen wir lediglich der Art Rechnung tragen, wie David in den
vorhergehenden Worten sich ausdrückt. Er hatte gesagt, nicht nur:
Ich habe gesündigt, sondern gegen dich habe ich gesündigt; nicht
nur: Ich habe übel gethan, sondern: ich habe gethan, was deinen
Augen missfällt. David will sagen: ich war mir wohl bewusst, was
ich that; du hattest mich nicht im Ungewissen, darüber gelassen,
dass ich durch meine Sünde mich versündigte gegen deine Person, die
durch solchen Frevel vermehrt wird, und dass ich that, was du
hassest, auf dass, wenn ich es ungeachtet dieser Erkenntniss doch
thue, Du in dieser Sache rein bleibst und die Schuld mich allein
treffe". *M* deutet *ὅπως ἄν* unter Berufung auf Herrmann, Hartung, Klotz ad Devarium mit: auf dass im Fall der Entscheidung. Dass diese Deutung hier in keinerlei Weise zutrifft, sondern
ἄν ganz einfach den Zwecksatz verallgemeinert, ihn als einen jedesmal — nämlich wenn das *κρίνεσθαι* erfolgt — zutreffenden bezeichnet, liegt auf der Hand und wird auch für die classische Gräcität durch eine grosse Anzahl von Beispielen bestätigt.

Was die Bedeutung des Citats zunächst für Ps. 51, 6 anlangt,
so bin auch ich der Meinung, dass David jede Entschuldigung ablehnt; nicht irgend welche Umstände, innere und äussere Anfechtungen hätten ihn zur Sünde verführt; er ständе mit seinem Sündigen Gott allein gegenüber, unter seinen Augen habe er die
schwere Missethat begangen; das sei geschehen: damit Gott in seinem
Worte von dem sündlichen Verderben des Menschen (v. 7) gerechtfertigt werde.

Dagegen muss ich widersprechen und ablehnen, wenn *G*, *M*, sowie die neuern Exegeten überhaupt die Bedeutung des Citats zu-
sammt dem *γινέσθω — ψευστής* an *ἠπίστησάν τινες* in v. 3 anschliessen und den dialectischen Fortschritt gewissermaassen zurück-
stauen, statt ihn einmünden zu lassen in die Frage v. 5. So nämlich lässt sich *M* vernehmen: „der Apostel will Gotte die *ἀλήθεια*
ausschliesslich vindiciren, im Gegensatz zu *ἠπίστησάν τινες* v. 3,
diese *τινές* durch *πᾶς* überbietend. Lügner ist jeder Mensch, indem er nicht leistet, wozu er sich verpflichtet weiss, was in casu bei
den *τινές* durch die *ἀπιστία* hervorgetreten". Fragt man, wie das
zum Citat passt, so erwidert *M*: Paulus fasse unabhängig vom
näheren Zusammenhange und Sinne im Originale nur den Typus,
welcher auf das von ihm besprochene Verhältniss in dem Psalmworte

liegt, in die Form, in welcher sie von den LXX wiedergegeben
werden, und zwar in dem Sinne: damit du gerechtfertigt werdest fehllos und recht erscheinst) in deinen Aussprüchen (in Betreff deiner λόγια, die du erfüllst v. 2 und obsiegest (reell dasselbe, was vorher δικαιωθῆς) indem du gerichtet (einer richterlichen Beurtheilung von Menschen unterzogen) wirst." (; geht noch
weiter; er findet den Zusammenhang zwischen den vv. 3 und 4 in
Folgendem: „Weil Israel das messianische Heil verworfen hat, folgt
daraus, dass Gott künftig nicht alle seine Verheissungen an ihm
erfüllen wird? Keineswegs; seine Treue wird selbst in der Untreue
seines Volks ein Mittel finden, sich zu verherrlichen. Der Apostel
hat vor Augen, was er am Schlusse von Cap. 11 verfolgt: die endliche Begnadigung der Juden, nachdem ihre theilweise, vorübergehende Verwerfung zum Heil der Heiden gedient haben wird".
So G.

Was doch ein einziger Fehltritt in Betreff der Auffassung der
λόγια für Folgen haben kann! Wie der Apostel aus seinem dialectischen Geleise vollständig herausgeworfen wird und sich angeblich durch Dinge bestimmen lässt, welche zur Zeit vollständig ausserhalb seines Gesichtskreises liegen und erst in Cap. 11 hervortreten
sollen?!

Im Interesse der gesunden apostolischen Schreibweise muss ich
gegen derartige Zumuthungen mich ernstlich verwahren.

Ich gehe jetzt zu meiner eignen Auslegung über. Dass der
Apostel mit γινέσθω δὲ fortschreitet, zeigt ebensowohl das δὲ, als
das Prädicat ἀληθής. Hätte der Apostel nichts weiter thun, als
seine Antwort auf die Frage v. 3 weiter ausführen und mit Schrift
belegen wollen, so würde er ohne Zweifel geschrieben haben: γινέσθω δὲ ὁ θεὸς πιστός, πᾶς δὲ ἄνθρωπος ἄπιστος. Bei alledem ist das Prädicat ἀληθής so gewählt, dass es an die πίστις
τοῦ θεοῦ anknüpft. Beide, πιστὸς und ἀληθής von Gott ausgesagt, drücken die Zuverlässigkeit seines Wortes aus; πιστὸς insonderheit: dass das, was Gott gesagt, so wird, wie er's gesagt
hat; ἀληθής dass, was Gott gesagt hat, so ist, wie er's sagt. Dagegen bezeichnet ψεύστης einen Menschen, der etwas sagt, was nicht
so ist. Die Sphäre, in welcher nun aber dies gelten soll, dass Gott
ἀληθής, jeder Mensch aber ψεύστης ist, wird durch καθὼς Sinait.
und Alex. καθάπερ) γέγραπται abgegrenzt. Nicht sind die beiden
Aussagen in die Sphäre des dritten Verses hinein zu construiren
und das Schriftcitat nur als Beleg zu der Antwort v. 3 aufzufassen;
was denn zur Folge haben müsste, dass das Citat vom „Zusammenhang und Sinn im Original" vollständig abgelöst wird (M).

Nun aber geht zunächst aus dem Citat hervor, dass von einem
Rechtsstreit zwischen Gott und Mensch die Rede ist. Der Mensch
schuldigt Gott an und zwar ἐν τοῖς λόγοις αὐτοῦ, was Gott sagt,
soll nicht so sein. Es wird aber thatsächlich nämlich durch die
geschichtliche Entwicklung der Thatsachen, γινέσθω offenbar, dass

es so ist, wie Gott sagt, oder mit andern Worten, dass Gott ἀληθής, der Mensch aber ψεύστης ist.

Demnächst sind wir durchaus unbefugt, die geschichtlichen Beziehungen fallen zu lassen, auf welche das Citat hinweist. David
ist es, der Gott recht giebt und sich für überwunden erklärt, indem
er offen bekennt: „siehe, ich bin aus sündlichem Samen gezeugt und
meine Mutter hat mich in Sünden empfangen". Das sagt derselbe
Mann, der, wenn irgend einer, durch seine Abstammung, wie durch
das Bundessiegel der Beschneidung sich für einen δίκαιος halten
konnte und ohne Zweifel dafür gehalten hat. Nun bekennt er sich
ohne Rückhalt vor Gott als einen ἄδικος. Was er früher von sich
gehalten, was er für sich vor Gott in Anspruch genommen, alles das
beruht auf Selbsttäuschung, auf Unwahrheit: πᾶς ἄνθρωπ. ψεύστης.

Somit ist ja richtig, dass Gott den Juden seine λόγια anvertraut hat, aber zugleich mit diesen λογίοις und in denselben
(καθὼς γέγραπται) haben sie ihr Urtheil empfangen, und zwar aus
dem Munde ihres Propheten und ihres Königs, dem keiner unter den
Juden sich gleichzustellen wagen durfte. Und das Urtheil lautete,
dass es eine Lüge sei, Gerechtigkeit vom Fleisch erwarten und
auf Grund dieser vermeintlichen Gerechtigkeit sich gegen Gottes Urtheil auflehnen zu wollen, welches doch in Betreff der Sündhaftigkeit mit den Juden keine Ausnahme macht.

Nur so aufgefasst, erklärt sich in v. 5 die ἀδικία ἡμῶν, welche
das metabatische δὲ als im Vorhergehenden, wenn auch nicht dem
Buchstaben, so doch dem Sinne nach in den Gedankencomplex eingeführt bezeichnet. Endlich wird klar, dass in dieser Fassung, aber
auch nur in dieser v. 5 eine Station ist auf dem Wege zu v. 9:
Ἰουδαίους τε καὶ Ἕλληνας πάντας ὑφ᾽ ἁμαρτίαν εἶναι.

Dass im Uebrigen der Apostel mit diesem Citat nicht bloss die
Sentenz hat belegen, sondern auch ein Mehreres aus der Geschichte
Davids hat heranziehen wollen, zeigt ὁ θεὸς ὁ ἐπιφέρων τὴν
ὀργήν in v. 5. Der ἄνθρωπος, welchen der Apostel reden lässt
(κατὰ ἄνθρ. λέγω) erinnert sich offenbar an das nach Sam. 12,
9. 10 über David verhängte Gottesgericht.

Noch möchte ich bemerken, dass die vom Apostel angeeignete
Version der LXX, wenn auch nicht mit dem Buchstaben, so doch
mit dem Sinne des Grundtextes übereinstimmt. Ein κρίνειν, in
welchem Gott als δίκαιος, als ἅγιος (purus) erscheint, hat ja eine
Anschuldigung Gottes, als sei er ἄδικος zur Voraussetzung d. i. ein
κρίνεσθαι. Nicht minder zeigt die offenbar gewordene Reinheit
(hebr. tiskéh), Schuldlosigkeit Gottes, den Sieg, die Obmacht Gottes
in diesem Prozess an. Daher νικήσῃς sachlich vollständig richtig.

v. 5 und v. 6. Wie schon zu v. 4 erwähnt worden, verkennen
M und G vollständig den Uebergang und Fortschritt des Apostels
von der πίστις Gottes in Belassung der dem Judenvolke anvertrauten λόγια trotz der ἀπιστία einzelner zu der in eben diesen
λογίοις bestätigten Wahrheit, dass alle Menschen Sünder sind. Ob

sie's schon läugnen und ob insonderheit das Judenvolk im Vertrauen
auf sein in Abraham gesegnetes und mit dem Bundeszeichen signirtes
Fleisch Gott Lügen strafen möchte, so geradezu möchten sie's denn
doch nicht wagen. Aber allerlei Gedanken gegen die Gotteswahr-
heit, dass auch die Juden wegen ihrer ἀδικία dem Zorn Gottes
unterworfen seien, möchten sie denn doch vorbringen. Der Apostel
giebt in v. 5 einem solchen sophistischen Bedenken Worte.

M findet den Uebergang zu v. 5 so, dass die Wahrhaftigkeit
Gottes dem Unglauben der Juden gegenüber von dem gemeinen
jüdischen Menschenschlage zum Vorschutz seiner Unsittlichkeit leicht
dahin hätte gemissdeutet werden können: „die Unrechtheit der
Menschen verherrliche ja die Rechtheit Gottes, dürfe also auch in
gerechter Weise nicht von Gott gestraft werden".

Fast ebenso *G*. Nur will er unsre Ungerechtigkeit nicht auf der
Juden Ungerechtigkeit, sondern auf die menschliche Ungerechtigkeit im Allgemeinen bezogen wissen, weil er [irrthümlicher Weise]
voraussetzt: in v. 4 sei von dem Gegensatz zwischen Gott und allen
Menschen, nicht zwischen Juden und Heiden die Rede.

Wie *M* den Zusammenhang mit dem hypothetischen Sätzlein in
v. 3, bez. der Frage vermittelt, welche Paulus mit seinem μὴ γένοιτο in v. 4 längst abgethan hat; wie ferner statt γινέσθω δὲ
vielmehr γινέσθω γὰρ hätte stehen müssen, wenn die gelegentliche
Einrede in v. 3 nur als zu illustrirender Hauptgedanke hätte weiter
geführt werden sollen, davon habe ich bereits gehandelt. Falsch ist
auch *G*s Verallgemeinerung des ἡμῶν, denn nicht die Heiden, sondern die Juden protestiren dagegen, dass sie wegen ihrer ἀδικία
unter die ὀργή Gottes gestellt sein sollten.

Μὴ ἄδικος ὁ θεὸς ὁ ἐπιφ. τ. ὀργ. "Doch nicht ungerecht ist Gott, der den Zorn verhängende?" Eine bejahende
Antwort wird nicht erwartet. Der Artikel, so meint *M*, markirt das
ἐπιφ. τὴν ὀργὴν als ein bekanntes Verhältniss. *G* will das Particip auf Röm. 2, 4. 5 bezogen wissen. Es geht aber auf die Geschichte 2 Sam. 12, 9. 10. — Συνιστάναι heisst nicht feststellen,
darthun (*G*), sondern zusammenstellen, d. h. alles vereinigen, zu-
sammenbringen, was zu einer Sache gehört, um sie vollständig zu
übersehen, also etwas darstellen, in's Licht stellen.

6. Κόσμος ist nicht Heidenwelt, sondern die Heiden und
Juden umfassende Welt. Κρινεῖ ist nicht historisches, sondern
logisches Futurum. Vom allgemeinen Endgericht ist hier nicht die
Rede, sondern von dem κρίνειν als einer permanenten Function des
gerechten Gottes. *M* irrt, wenn er meint: „die Argumentation ruhe
auf der Prämisse, dass Gott nur als der Gerechte das Gericht der
Welt vollziehen könne." Vielmehr liegt die Sache so, dass es Gotte
schlechterdings an einem Objecte für seine richtende Thätigkeit
fehlen würde, wenn der Einwand in v. 6 stichhaltig wäre.

v. 7. 8. 9. Lesart: Sinait. und Vatic. lesen εἰ δὲ statt der
rec. εἰ γὰρ. Tischend. 8, wie Sin. Statt προεχόμεθα; οὐ πάν-

τως liest D. (G.) *προκατέχομεν περισσόν*. Für *προητιασ*. lesen
D. G. *ἠτιασάμ*.

Nicht unwesentlich für das Verständniss ist, sich die dialectische Disposition des Abschnittes 3, 1—7 gegenwärtig zu halten.
— Als feststehend sehe ich an, wie bereits oben bemerkt worden, dass die Formel *μὴ γένοιτο* stets die Antwort des Apostels
enthält oder doch einleitet. Somit werden die vv. 2 und 3 den
gegnerischen Standpunkt ausdrücken; ich sage 2 und 3 in der
Ueberzeugung, dass es wohl kaum jemandem einfallen wird, beide
auseinanderzureissen. Diese Verse sind nun hinwiederum Antwort
auf die Frage v. 1. Es liegt also auf der Hand, dass Paulus mit
οὖν die Consequenz aus dem zweiten Capitel gezogen und aus dem
Resultat die für den Juden, bez. die Beschneidung ebenso bedeut-
same, als demüthigende Frage genommen hat. v. 5 enthält ebenfalls
einen gegnerischen Einwurf; die vv. 6—9 des Apostels Widerlegung
und zugleich Wahrung seines eignen Standpunktes.

Paulus schliesst den siebenten Vers mit den Worten: *τί ἔτι
κἀγὼ ὡς ἁμαρτωλὸς κρίνομαι*; nach *M* soll *κἀγώ* ebenso wie das
vorangegangene *ἐμῷ* nicht auf Paulum selbst, sondern auf den
Sünder überhaupt gehen: eben ich, ich gerade, durch dessen Lüge
Gottes Wahrheit u. s. w. Nun aber gehört der Causalsatz v. 7 entschieden zu v. 6; v. 6 aber ist wegen des *μὴ γένοιτο* entschieden
des Paulus Aussage. Somit haben Schrader und Fritzsche ganz
Recht, wenn sie *ἐμῷ* und *κἀγώ* auf Paulus beziehen. Was hat
denn nur *M* veranlasst, in v. 7 eben nur den Redenden aus v. 5
erkennen zu wollen? Er sagt: *κρίνομαι* könne nach v. 6 nicht das
Urtheil der Feinde, sondern müsse nothwendig den göttlichen Ge-
richtsactus bezeichnen. — Sonderbar. Weshalb muss denn *κρίνομαι*, wenn es in zwei aufeinanderfolgenden Versen vorkommt, stets
dasselbe Subject haben, bez. wenn es einmal Gottes Endgericht bezeichnet hat, nun auch im nächstfolgenden Verse dasselbe bezeichnen?
Ich habe schon erwähnt, dass und warum eine solche Beziehung
auf den Redner in v. 5 ganz unzulässig ist. Paulus aber kann sich
doch unmöglich selbst als den von dem Weltgericht Gottes Ver-
urtheilten bezeichnet haben. — *Κρίνειν, κρίνεσθαι* ist in den vv. 6
und 7 vox media, wenn nicht wider die Schrift angenommen werden soll, dass das Richten Gottes eben nur ein verdammendes
Richten sein wird. In den Schlussworten des siebenten Verses liegt
der Gerichtsspruch in *ὡς ἁμαρτωλός*, während *κρίνομαι* das Ab-
geurtheilt-Werden im Allgemeinen ausdrückt.

Der Apostel will sagen: „Wenn unsere Ungerechtigkeit Gottes
Gerechtigkeit nur in ein um so helleres Licht setzt; die Lügner und
Ungerechten also nur an Gottes Verherrlichung arbeiten, dann bleibt
für das göttliche Weltgericht Niemand mehr übrig, ja nicht einmal
ich (sc. bleibe übrig), der ich für einen besondern Sünder bei den
Juden gelte, sintemal ich doch durch meine Lügen, deren jene mich
beschuldigen, mich besonders um Gottes Verherrlichung verdient ge-

macht haben müsste und daher Lohn zu erwarten haben dürfte, nicht aber Zorn".

Die Richtigkeit dieser Auffassung wird sich klar herausstellen, wenn die vv. 8. 9 das richtige Verständniss erlangt haben werden.

Zunächst dürfte es sich um den Anschluss des 8. Verses an v. 7 handeln. Ich gebe die ziemlich allgemein recipirte Msche Ansicht: „Was die Structur betrifft, so hat Paulus den durch καὶ μὴ eingeleiteten Bau der Rede: „„und warum sollten wir nicht das Böse thun u. s. w."" durch die eingeschaltete Bemerkung mit καθώς verleitet, verlassen, und ὅτι ποιήσωμεν in directer Rede: „„lasset uns thun u. s. w."" an λέγειν angeknüpft." Alle andern Versuche, die Structur zu erklären, hält M für verkehrt; auch den letzten Versuch von Matthias, welchem M eine längere ziemlich nichtssagende Widerlegung widmet. Wenigstens darin hat Matthias entschieden Recht, dass man dem Apostel nicht ohne Weiteres dürfe nachsagen: er habe sich zu einer incorrecten Schreibweise verleiten lassen. Auch darin hat Matthias Recht, dass er ὡς ἁμαρτωλός, mit dem 8. Vers in adversative Beziehung bringt. Darin fehlt er freilich, dass er meint: der Apostel hätte eigentlich schreiben sollen, statt καθώς βλασφ. — ὡς ποιήσας τὰ κακὰ ἵνα ἔλθῃ τὰ ἀγαθά.

Statt mich auf weitere Censuren einzulassen, gebe ich meine Auslegung. Ich nehme einfach aus v. 7 κρίνομαι herüber und setze es hinter καὶ μή, also τί καὶ μὴ κρίνομαι. Das folgende καθὼς βλασφημούμεθα κ. τ. λ. drückt dann die Norm, bez. den Maassstab aus, nach welchem jene Leute aus v. 5 eigentlich ihr Urtheil über Paulus hätten formuliren sollen, wenn sie nicht zweierlei Maass und Gewicht anwenden wollten. Der Sinn dieser Stelle würde sofort in die Augen springen, wenn der Apostel statt καθὼς βλασφ. etwa geschrieben hätte: κατὰ τὰς βλασφημίας, ἃς βλασφημοῦσί τινες ἡμᾶς λέγειν, ὅτι ποιήσ. κ. τ. λ. Man vergleiche Joh. 5, 30: καθὼς ἀκούω, κρίνω. Die Uebersetzung würde lauten: „warum werde auch ich noch als ein Erzsünder beurtheilt, und nicht gemäss dem Grundsatz, welchen man uns lästerlicher Weise nachsagt: „lasset uns Böses thun, damit Gutes komme. Solcher Verdammniss geschieht von Rechts wegen".

Der Apostel deckt die Praxis seiner unliebsamen Gegner auf, wie sie mit zweierlei Maass messen; anders sich selbst, anders den Apostel; er weist gründlich den Versuch ab, sich durch sophistische Kniffe von aller Verantwortung loszumachen und trotz ihrer Sünden, welche gerade die λόγια τοῦ θεοῦ, auf deren Besitz sie ihre Ausnahmestellung gründen, ihnen auf den Kopf nachsagen, den Fortbestand ihrer Gerechtigkeit vor Gott zu behaupten. Zugleich hat er die gegen ihn und die Seinen erhobenen Beschuldigungen schlagend widerlegt und die Verurtheilung des ihm zur Last gelegten fluchwürdigen Grundsatzes ausgesprochen.

Paulus aber kennt die sophistische Geriebenheit seiner Wider-

sacher. Ehe sie ihre Sündhaftigkeit anerkannten, stellten sie lieber
Gottes Gerechtigkeit in Frage (v. 5). Sie wollten nicht ἐφ' ἁμαρτίαν sein. Es stand zu erwarten, dass sie versuchen würden, auch
des Apostels offne Erklärung zu verdrehen und ihr Gewicht wo möglich auf ihn selbst zurückfallen zu lassen. — Der Apostel war in der
Lage gewesen, sich v. 7 gegen die Beschuldigung zu wehren, als sei
er ein ἁμαρτωλός. Daraus konnte leicht gefolgert werden, dass der
Apostel zweierlei Maass und Gewicht führe; seine Widersacher
nennt er insgesammt Sünder; sich selbst aber scheint er von der
allgemeinen Sündhaftigkeit zu eximiren. Paulus wäre aber nicht
der scharfsinnige Dialektiker gewesen, der er wirklich war, wenn er
nicht diese scheinbare Blösse seiner Argumentation gesehen und
gegen einen immerhin möglichen Angriff seiner Gegner sich gedeckt
hätte. Diese Betrachtungen sind es, welche uns an das Verständniss
des 9. Verses näher heranführen. Bevor wir jedoch darauf eingehen,
wird es nöthig sein, einige lexicalische und grammatische Schwierigkeiten aus dem Wege zu räumen. Was heisst προεχόμεϑα? Die
Versuchung lag ausserordentlich nahe, das Wort rückwärts mit den
Anfangsworten des dritten Capitels in Verbindung zu setzen und
das Medium für gleichbedeutend zu nehmen mit προέχομεν. Es
giebt jedoch für diese Gleichstellung in der ganzen Gräcität kein
Analogon. — Demnächst hat man προεχόμεϑα in passiver Bedeutung genommen: werden wir übertroffen? (sc. von den Heiden).
Von den meisten Auslegern mit Recht als unmöglich abgelehnt. Die
neueren haben sich fast sämmtlich der bereits von Hemsterhuis vertretenen medialen Auffassung zugewendet. M sagt richtig: προ-
έχεσϑαι heisst lediglich: vorhalten, vor sich haben, entweder im
eigentlichen Sinne z. B. vom Vorhalten der Speere zum Schutz
Hom. Il. ρ 355), vom Vorsichhaben von Stieren (Od. γ 8), vom Vorhalten des Widderkopfs (Herod. 2, 4) u. s. w., oder im ethischen
Sinne: vorschützen, zum Schutz vorwenden, wie Soph. Antig. 80.
Thucyd. 1, 40". — Er paraphrasirt dann die Stelle, wie folgt: „Wie
also? Sind wir in der Lage, einen Vorschutz anzuwenden?"

Gehen wir nun auf den Zusammenhang ein. M sagt: „hat
Paulus v. 6—8 die Gerechtigkeit Gottes als des den Zorn Verhän-
genden (v. 5) dem an sich richtigen Satze, dass die menschliche
Sünde zu Gottes Verherrlichung ausschlage, gegenüber vertheidigt,
so hat er damit dem Sünder allen Vorschutz entzogen, welchen er
aus der missbräuchlichen Anwendung jenes Satzes entnehmen könnte.
Diese Lage der Sache, wie sie sich aus vv. 6—8 ergiebt (οὖν),
spricht nun der Apostel in v. 9, wie triumphirend, aus".

M hat übersehen, dass die Anfechtung und Vertheidigung der
göttlichen Gerechtigkeit in der ganzen Argumentation ein unter-
geordnetes Moment ist. Die Juden meinen, eben dies vorauszuhaben
vor den Heiden, dass sie kraft ihrer von Gott selbst erhaltenen
Prärogative an der allgemeinen Verschuldung nicht Theil haben,

sondern trotz ihrer Sünde vor Gott gerecht sind. Wenn nun schon die vier ersten Verse dieses Capitels nach richtiger Auslegung dem Nachweise dienen, dass selbst die λόγια, auf welche der Jude so stolz ist, die allgemeine Verschuldung predigen, die vv. 5—8 aber lediglich einen durch die Sophistik der Gegner hervorgerufenen Excurs enthalten, nach dessen Erledigung das eigentliche Thema mit v. 9 wieder seinen Fortgang nimmt, so musste die Msche Auffassung, welche προεχόμεθα; οὐ πάντως aus dem Excurs erschliesst und auf den Vorschutz gegen den Zorn Gottes bezieht (gegen das ἐπιφέρειν τὴν ὀργ. v. 5) mit der Apostolischen Begründung des προεχόμεθα — was auch das Wort bedeuten mag, in Conflict gerathen, denn Paulus gründet die Aussage auf seinen vorher gegebenen Nachweis, dass Juden und Hellenen insgesammt unter der Sünde sind, während M das προεχόμεθα; οὐ πάντως einen logischen Schluss aus den vorangegangenen Versen sein lässt. So würde selbst in dem Falle, dass προεχόμεθα; οὐ πάντως sich zugleich aus Vorangegangenem ableiten, wie durch das Nachfolgende begründen liesse, eine derartige logische Hypertrophie ohne Beispiel sein. — Der Mschen Auffassung aber steht vollends entgegen, dass οὐ πάντως niemals dasselbe bedeuten kann, was πάντως οὐ, und doch steht und fällt die Msche Auslegung mit dieser Annahme. Winer zwar (Gramm. 6. § 61) sagt: die sprachliche Möglichkeit solcher Deutung sei durch Theogn. 305 und Epiphan. haer. 38. 6 bewiesen und M hat es ihm nachgeschrieben. Ich halte dafür, dass zwei Stellen, die allenfalls so erklärt werden können, der ganzen Gräcität gegenüber nichts beweisen, zumal bei der gewiss nicht unbegründeten Annahme, dass der Text des Theognis vielfach verderbt ist, während Epiphanius für die Gräcität der apostolischen Zeit wenig in's Gewicht fällt. Auch will ich nicht unerwähnt lassen, dass οὐ πάντως κακοί bei Theognis sehr wohl heissen kann: nicht völlig (total) schlecht.

Unter diesen Umständen wird der Versicherung Ms: die Erklärung οὐ πάντως durch nequaquam οὐδαμῶς sei die einzig richtige, nicht Glauben zu schenken sein. Οὐ πάντως heisst: nicht auf alle Weise, nicht ganz und gar. Stimmt dazu die Bedeutung von προεχόμεθα nicht, so folgt eben nur soviel, dass das Verb nicht richtig aufgefasst ist.

Es ist endlich darauf zu achten, dass das Subject in βλασφημούμεθα, ποιήσωμεν, προεχόμεθα, προῃτιασάμεθα stets der Apostel ist, für die Person oder in Vertretung der Seinen. Bei der Mschen Auffassung des προεχόμεθα: „sind wir in der Lage, einen Vorschutz anzuwenden?“ würde Paulus sich mit den Juden v. 5) zusammenfassen, während er kaum eine Zeile weiter mit προῃτιασ. gegen diese Juden argumentirt. Eine jede Erklärung, die solchen Wechsel der Subjecte statuirt, ist für mich unannehmbar.

Προέχεσθαι in der Bedeutung vorschützen (d. i. sich etwas vorhalten) wird, soviel ich weiss, stets mit einem Object ver-

bunden. Hier steht es absolut. Es handelt sich also nicht um
irgend ein τί, welches vorgeschützt wird, sondern allein um den
Verbalbegriff, um die Thätigkeit des Sich-Schützens an und für sich.
Wir haben dafür einen treffenden, derselben Anschauung entnommenen Ausdruck: sich verwahren. Der Apostel will nicht als
ἁμαρτωλός gelten. Er weist die Beschuldigung zurück, indem er
die Widersacher auffordert, ihn mit ihrem eigenen Maasstabe zu
messen d. h. ihn so zu beurtheilen, wie sie sich selbst beurtheilen.
Diese Position konnte nun, wie oben bereits erwähnt worden, so
ausgelegt werden, als belaste er die Juden, nehme aber für sich
selbst eine Ausnahmestellung in Anspruch; sie sollen ἁμαρτωλοί
sein, er nicht.

Diesem möglichen Einwurf begegnet er mit v. 9. „Wie nun?
verwahren wir uns?" nicht ganz d. h. dagegen verwahren wir
uns allerdings, dass wir ἁμαρτωλοί sind und das thun, was ihr
verläumderischer Weise uns zur Last legt. Dass wir ἁμαρτάνοντες sind, dagegen verwahren wir uns in keinerlei Weise, denn
wir haben vorher angegeben (προῃτιασάμεθα nicht: angeklagt,
wie M will), dass Juden und Hellenen sämmtlich (also ohne dass
wir mit uns eine Ausnahme gemacht hätten) der Sünde unterworfen sind.

Ἁμαρτωλοί sind mehr, als ἁμαρτάνοντες. Dies Mehr stellt
der Apostel in Abrede, dagegen verwahrt er sich; gegen die Zugehörigkeit der allgemeinen Schuld verwahrt er sich nicht.

Es liegt nahe, auf das πολὺ κατὰ πάντα τρόπον in v. 2 zurück-
zublicken, umsomehr, als eine nicht geringe Ursache unrichtiger Auslegung von v. 9 darin ihren Grund gehabt hat, dass προεχόμεθα
auf περισσὸν in v. 1 und οὐ πάντως auf πολὺ κατὰ π. τρ. in
v. 2 bezogen wurde. In Wahrheit besteht zwischen den vv. 1. 2.
und v. 9 keine sachliche Verbindung. Paulus hat, wie wir gesehen,
in οὐ πάντως einen ganz andern Zweck verfolgt; das πολὺ κατὰ
π. τρ. aber in v. 2 nur insoweit ausführen wollen, als nöthig war,
sein Thema zu bestätigen: Ἰουδαίους τε καὶ Ἑλλ. πάντας ἐφ᾽
ἁμαρτίαν εἶναι. Wenn er nun an erster Stelle nachgewiesen, dass
die Juden als Archivare der Offenbarungsurkunde damit zugleich
das Document ihrer eignen Verschuldung und Verurtheilung auf-
bewahrten, so war dem Zwecke, um desswillen die Frage nach dem
περισσὸν der Juden in die apostolische Dissertation eingeführt
worden, vollkommen genügt, ein δεύτερον, τρίτον u. s. w. war nicht
mehr vonnöthen. K entwickelt folgenden Sinn: „Was wenden wir
also dem kommenden Gerichte gegenüber ein? Etwa dieses, dass
nicht schlechthin (denn wir haben in erster Linie jüdische und hellenische Menschen als Gottes Zorn erregende angeschuldigt) alle unter
der Sünde seien, wie die Schrift spricht u. s. w." Allein von einem
kommenden Gericht ist nicht die Rede; πάντως πάντες schlechthin
alle, wie K will, findet sich in der ganzen Gräcität nicht. Ἰουδαίοι
τε καὶ Ἑλλ. gehen auf die ganze Menschheit, nicht bloss auf jüdische

und hellenische Menschen, wie ich zu 1, 16 bereits dargethan habe. Endlich heisst *προαιτιᾶσθαι* nicht: in höherem Grade anschuldigen.

___

v. 10. Thesis aus 3, 9: *Ἰουδαῖοι τε καὶ Ἕλληνες πάντες ἐφ' ἁμαρτίαν*. Schriftbeweis. *Ὅτι* etwa, wie unser Doppelpunkt, Citationspartikel.

Die citirte Stelle steht Ps. 14, 1—3 אֵין giebt Paulus mit *δίκαιος* wieder. Die LXX übersetzen: *οὐκ ἔστιν ποιῶν χρηστότητα, οὐκ ἔστιν ἕως ἑνός*. *M* meint: der Apostel habe absichtlich für *ποιῶν χρηστ.* gesetzt *δίκαιος*, um letzteres im Interesse seiner Ausführung hervortreten zu lassen. Der Apostel dürfte jedoch correcter übersetzt haben, als die LXX. Einer, der Gutes thut — das Gute richtig und voll gefasst — ist eben ein Gerechter. Nach Köllner, Fritzsche wäre v, 10 nicht Citat, sondern die summarische Inhaltsangabe dessen, was folgt. Dagegen das allegirende *ὅτι*.

v. 11 lautet bei den LXX *(Κύριος ἐκ τοῦ οὐρανοῦ διέκυψεν —* : *εἰ ἔστιν συνιῶν ἢ ἐκζητῶν τὸν θεόν*. Der Apostel nimmt aus dem Text, was er braucht, und giebt ihm die passende Form. „Nicht vorhanden ist der Vernünftige, nicht, der nach Gott fragt“. Ueber *συνιῶν* von der Wurzel *συνιέω* statt *συνιείς* s. *W* Gramm. 6 S. 75). — *Συνιῶν*, wie *συνετός* (vergl. *ἀσύνετος* 1, 31 und den *ἀδόκιμος νοῦς* 1, 28) finden ihre Erklärung in Ps. 14, 1. Der Gottlose ist eo ipso ein *ἀσύνετος*. Er hält Schatten und Träume für Wesenhaftes. Vernehmen im tiefsten Sinne ist: Wesenhaftes, Gott und Gottes Wort in sich aufnehmen, auf die Wahrheit hören, vernünftig sein. *Ἐκζητῶν τὸν θεόν* אֶת אֱלֹהִים דֹּרֵשׁ einer, der überall in der Geschichte, in seinem Leben, in den Werken der Schöpfung Gott sucht, d. i. seine unsichtbare Kraft und Gottheit wahrzunehmen trachtet. Wegen des Artikels vor *ἐκζ.* s. *W*'s Gramm. 6, S. 100: „Im Griechischen wird die Qualität als bestimmtes Concretum gedacht, nur die Person bleibt unbestimmt“. Anders *G*: „Gott ist vorgestellt im Psalm, als ob er diesen einzigen Menschen suchte und nicht fände!“

v. 12 ist genau nach den LXX citirt. Das visum repertum Gottes. Er sieht vom Himmel herab, zu schauen den vernünftigen, den frommen Menschen, aber sie sind alle abgewichen d. h. sie haben alle den rechten Weg verlassen und sind *ἀχρεῖοι* geworden, unbrauchbare, unnütze, zum Guten untüchtige Menschen. *Χρηστότητα* hier, wie v. 1 für das hebr. טוֹב; *χρήσιμον, χρηστόν τι* in Anklang an *ἠχρειώθησαν*, dem hebräischen nicht ganz entsprechend. Aehnlich im deutschen: Tugend; das, was taugt. *Χρηστότητα ποιεῖν* tugendhaft handeln. *Ἕως ἑνός. M*: „das *οὐκ ἔστιν* findet bis auf Einen inclusive statt, so dass also keiner ausgenommen ist.“ Zu Ps. 14, 1—3 bemerkt Delitzsch: „was der Psalmist sagt, gilt zunächst von der israelitischen Menschheit seiner Umgebung, aber zugleich von der heidnischen, wie sich von selbst versteht: es wird weder insbesondern das pseudoisraelitische, noch das heidnische

sondern das gemeinschaftliche in Israel nicht minder, als in der
Heidenwelt herrschende Verderben beklagt".
G ebenso, denn „v. 4 geht der Ausdruck: mein Volk auf das
wahre Israel, die Elenden v. 6, im Gegensatz gegen die gewaltigen
Stolzen, sowohl in, als ausser der Theocratie". Moll: „die Volks-
verzehrung betrachten die Gottlosen als ihr natürliches Geschäft, ohne
dessen Verrichtung sie selbst nicht leben können."

v. 13. Τάφος — ἐδολιοῦσαν ist aus Ps. 5, 10. Von da ab
bis zum Schluss des Verses aus Ps. 140, 4. Beides genau nach
den LXX. — Τάφος ἀνεῳγμένος ὁ λάρυγξ αὐτ. Das Bild
macht den Auslegern zu schaffen. Estius: sicut sepulchrum patens
exhalat tetrum ac pestiferum foetorem, ita ex ore illorum impuri,
pestilentes noxiique sermones exeunt. M findet es der Parallele
Jer. 5, 16 angemessener, die Vergleichung darin zu finden, dass,
wenn die Gottlosen zu trügerischen und verderbenden Reden ihre
Kehle aufthun, es ebensoviel ist, als wenn ein Grab geöffnet ist,
welchem der Leichnam zur Verwesung und Zerstörung verfallen soll.
So gewiss und unabwendbar ist ihre Rede. Delitzsch: „Ihre Kehle
(als Redewerkzeug gedacht) ist ein Grab, welches klafft, wie ein
Rachen, der sich aufthut, um zu erhaschen und zu verschlucken."
G: „der Schlund (Kehlkopf) wird mit einem Grabe verglichen; es
handelt sich um die Redeweise des brutalen, rohen Menschen, von
dem man im gemeinen Umgange sagt: es ist, als wollte er Einen
fressen." Jngeniosius, quam verius! Delitzsch bezeichnet mit Recht
das Folgende: „ihre Zunge glätten sie" (LXX ἐδολιοῦσαν, alexan-
drinisches Imperfect s. Sturz d. Dialect. Alex. p. 60: betrogen sie,
täuschten sie — dem Sinne nach zutreffend, das Imperf. die Wiederholung derselben Wahrnehmung bezeichnend) als Umstandssatz. „So
geartet und gerichtet ist ihre Kehle, während sie ihre Zunge glätten,
um ihre wirkliche Absicht unter Schmeichelworten zu verbergen".

Eben darum aber ist λάρυγξ hier nicht als Redewerkzeug
gedacht; es kann nur im Unterschiede von γλώσσαις gesezt sein.
zumal das, was aus dem λάρυγξ kommt, von dem, was mit den
Zungen geschieht, grundverschieden ist. Seltsam ist nicht minder
die Auffassung des λάρυγξ als eines Grabes, welchem der Leichnam
zur Verwesung anheimfallen soll (M oder als eines Rachens, der
sich aufthut, um zu erhaschen und zu verschlucken (Delitzsch, G).
Wo hätte man denn jemals gehört oder gelesen, dass die „Kehle"
des Menschen eine Art Begräbnissstätte sei. Zur richtigen Erklärung giebt der hebräische Text Anleitung. Dem τάφος ἀνεῳγμένος geht unmittelbar voran רַבַּם הַוַּת „ihr Inneres Verderben".
Aus dem Innern kommt, was die Zunge redet. Der Weg aber aus
dem Innern zur Zunge ist vermittelt durch die Kehle. Wie der
Hauch, der aus der Kehle tritt, die Zunge in den Stand setzt, tönende
Worte hervorzubringen. so wird hier die Kehle als dasjenige Organ
gedacht, welches bewirkt, dass die Zunge redet und ihr aus dem
Innern zuführt, was sie redet. Λάρυγξ heisst hier ein geöffnetes

Grab (nicht ein offenes). Das verschlossene Grab ist das Innere, die Stätte des Verderbens, wo Moder der Verwesung, Todtengebeine. Mit dem λάρυγξ und durch denselben öffnet sich das Innere nach Aussen, des Weitern der Zunge sich bedienend. So wird λάρυγξ zum τάφος ἀνεωγμένος; durch denselben steigt Leichengeruch, steigt der Hauch des Todes aus dem Innern und setzt die Zunge in Bewegung. Was aus dem geöffneten Grabe der Zunge zugeht, das sind nicht Gedanken der Ewigkeit, Gedanken des Lebens, sondern Ausdünstungen der innern Verwesung, Lug und Trug. Also λάρυγξ nicht Redewerkzeug, sondern Organ der Vermittelung zwischen dem Innern und der Zunge, zwischen der verborgenen Welt der Gedanken und der tönenden Rede. Ἰὸς ἀσπίδ. — γέμει Ps. 140, 4, Bild des hinterlistig = Verderblichen (M). Delitzsch: „sie schärfen" ihre Zunge, so dass sie tödtlich sticht, wie eine Schlangenzunge, und unter ihren Lippen ist, von da hervorschiessend, Otterngift." cfr. Ps. 58. 5. 64, 4. Ἀσπίς giftige Schlange, Natter. v. 14 ὧν τὸ στ. — γέμει aus Ps. 10, 7, frei nach den LXX. Πικρία, hebräisch ־־־־ List, Betrug. Vielleicht haben die LXX gelesen ־־־־. Für den Zweck des Apostels macht es keinen Unterschied, ob so oder anders gelesen worden ist.

Mit den vv. 13. 14 sind die Symptome des sündlichen Verderbens, wie sie zunächst sich zu erkennen geben an dem, was der Mund spricht, als bereits in der heiligen Schrift bezeugt nachgewiesen.

Von vv. 15—18 zeigt Paulus an dem Wandel des Menschen (dessen Sinnbild die Füsse und der Weg) die Sündenherrschaft zunächst an der Hast, womit die Füsse eilen, Blut zu vergiessen. Der Apostel belegt diese und die folgenden Aussprüche in den vv. 16. 17 mit dem Excerpte aus Jes. 59, 7. 8 LXX. Wenn die Selbstsucht den Menschen soweit bringt, dass er selbst das Leben seines Nächsten antastet, sobald es seinen Interessen im Wege zu stehen scheint, so ergiebt sich, was weiter auf den Wegen des Sünders zu erwarten steht: Zermalmung, Zertretung σύντριμμα, alles dessen, was ihm hinderlich oder zuwider ist, und Elend (ταλαιπωρία, wo er steht und geht.

Dass es so ist, bezeugt Gottes Wort. Allgemein ist das sündliche Verderben, denn von ihnen allen gilt: einen Friedensweg haben sie nicht kennen gelernt, d. i. einen Wandel, der zum Frieden führt, dessen Ziel der Friede ist. G: „Friede kann weder im Innern solcher Menschen, noch in ihrer Umgebung sein." Ebenso unrichtig M: „einen Weg, auf welchem Heil von ihnen verbreitet würde, haben sie nicht kennen gelernt, er ist ihnen fremd geblieben." Beide Erklärungen exegetisch zu allgemein, wenn auch die Grundgedanken zutreffen.

Mit v. 18 schliesst der Apostel seine Belege aus der heiligen Schrift zu dem Satze v. 9. Eine Quelle ist es, aus welcher all das sündige Wesen hervorgeht, Mangel an Gottesfurcht. Das Citat ist aus Ps. 36, nach den LXX. Ἀπέναντι τῶν ὀφθ. αὐτῶν. *M*: auf Gottesfurcht sind ihre Augen (ihre Interessen) nicht gerichtet. Die Gottesfurcht, sonst Sache des Herzens, ist hier objectiv als eine dem Menschen gegenüberstehende Macht dargestellt, mit welcher er zu rechnen, auf welche er allezeit, wie auf einen Leitstern, seine Augen zu richten hat, damit er nicht die rechte Strasse verfehle oder von dem Versucher nicht berückt werde, dieselbe gar zu verlassen. Wer Gottesfurcht nicht im Herzen hat als Trieb und Licht, der sollte sie wenigstens vor Augen haben, als Warnerin und Führerin. Aber weder innerlich, noch äusserlich ist die Gottesfurcht bei dem verderbten Geschlecht zu finden. So sagt das Wort der Wahrheit, die heilige Schrift.

v. 19. In der That eine niederschmetternde Zurückweisung aller Ansprüche, welche das eitle Menschenherz auf Schuld- und Straflosigkeit vor dem Richterstuhl Gottes erheben möchte, insbesondere ein zermalmender Schlag auf die dünkelhafte Prätension der Juden, dass sie als solche kraft ihrer Abkunft und kraft des Bundes mit Gott gerecht seien. Dennoch kennt der Apostel diese Nation zu gut, als dass er nicht für nöthig halten sollte, einem Einwande, welcher entweder schon von etlichen gemacht worden war oder doch gemacht werden konnte, entgegenzutreten, dem Einwande nämlich, als gingen die angeführten Schriftstellen nicht auf sie, sondern auf die Heiden.

Ὁ νόμος kann hinter den Citaten von vv. 10—18, welche den Psalmen und dem Propheten Jesaias entlehnt sind, an dieser Stelle etwas anders nicht bedeuten, als das A. T. in seiner Totalität. In der That stehen alle Theile des A. T. in Beziehung zum Gesetz; letzteres ihr Mittelpunkt, und — Denominatio fit a potiori. Auch der Ausdruck τοῖς ἐν τῷ νόμῳ nöthigt, das Gesetz in seiner Totalität, d. h. nicht nur in seinem urkundlichen Centrum, nämlich dem Pentateuch, sondern auch in seinen peripherischen Eradiationen, den prophetischen Schriften nämlich zu fassen. Vergl. 1 Cor. 14, 21. Joh. 10, 34. 12, 34. 15, 25. — Λέγειν und Λαλεῖν unterscheidet *M* so, dass er λέγειν materiell auf die λόγοι des Gesetzes bezieht, während er λαλεῖν vom äussern Acte, welcher die λόγοι laut werden lässt, durch die Rede kund giebt, versteht. Deutlicher *G*: λέγειν bezieht sich auf den Inhalt des Wortes, λαλεῖν auf den Act des Aussprechens. Tittmann (Synon. N. T. p. 79) λαλεῖν nihil aliud est, quam loqui i. e. verba proferre alicujus linguae, nulla rerum, quae verbis enunciantur, ratione habita, ut psittacum dicimus loqui, sprechen (nemo dicat reden), quia, ut Aelianus dicit, vocis humanae verba eloqui potest. Ergo si quis dicitur λαλεῖν, nihil aliud cogitatur, quam eum uti voce humana. Recte illud afferri solet: λαλεῖν ἄριστος, λέγειν ἀδυνατώτατος. Sed errant, qui dicunt λαλεῖν esse imprudenter et inconsiderate loqui. Cfr. Matth. 9, 18. 10, 19. 20. Luc. 24, 25. Act. 21, 39. Luc. 1, 45. 55. Act. 3, 21. 7, 6. Joh. 9, 29. Act. 7, 38. 44. 8, 26 — Λέγειν quidem ad sententiam et nexum verborum referendum est, λαλεῖν ad emissionem vocis humanae ex ore. So Tittmann.

Unrichtig an allen diesen Erklärungen ist, dass λαλεῖν heissen soll: menschliche **Worte** aussprechen, während λέγειν bedeutet: Gedanken aussprechen. Ohne λαλεῖν kein λέγειν. Dagegen könne ein λαλεῖν stattfinden ohne λέγειν. So die Meinung.

Nach meinem Dafürhalten kann λαλεῖν auf eine ganze Reihe von Gedanken sich beziehen, wie in der vorliegenden Stelle: ὅσα λέγει — λαλεῖ κ. τ. λ. oder Matth. 9, 18 u. a. Für den Fortschritt der Darstellung aber kommt es auf das, was geredet worden ist, gar nicht an, sondern nur darauf, dass geredet worden ist, τινί zu jedwedem.

So wird auch v. 19 mit λαλεῖν τοῖς ἐν τ. ν. nur die Adresse genannt, an welche sich das Gesetz mit Allem, was es sagt (λέγει) wendet. „Wir wissen aber, dass das Gesetz alles, was es sagt, zu denen im Gesetz spricht, oder besser: dass das Gesetz Alles, was es sagt, an die im Gesetz richtet". Die im Gesetz sollen es auf sich beziehen.

Abschliessend will ich hierher setzen, was ich an einer andern Stelle über diese Verba bemerkt habe:

„Λαλεῖν und λέγειν sind in der profanen Gräcität ebenso unterschieden, wie im N. T. Λαλεῖν geht stets auf den Wortlaut, λέγειν auf den Wortsinn. Daher λαλεῖν von unvernünftigen Geschöpfen, welche menschliche Laute nachplaudern, aber nicht minder von göttlichen Offenbarungen und Reden, sofern der Wortlaut zugleich der Ausdruck ist für die Willensmeinung, und eine Aenderung durch Deutung ausschliesst; wogegen λέγειν ein Reden bezeichnet, dessen Sinn durch Aufmerken und Nachdenken erkannt und angeeignet werden muss."

Auch in der vorliegenden Stelle wird das, was das Gesetz sagt, als ein λαλούμενον d. i. als Gottes Offenbarung für Alle, die im Bereich des Gesetzes sind, mit besonderer Emphase bezeichnet.

G: „Mit dem Worte: wir wissen appellirt Paulus an den gesunden Verstand aller seiner Leser. Es ist ja einleuchtend, dass, wenn das A. T. vor den Augen der Juden die Verdorbenheit der Heiden schildert, es keineswegs die Absicht hatte, sie gegen diese zu reizen [sic], sondern sie vor denselben Sünden zu warnen und vor denselben Gerichten zu bewahren; zum Beweis, dass Gott in ihren Herzen dieselben Keime der Verderbniss erkannte und die unvermeidliche Entwicklung derselben voraussah, wenn die Juden sich nicht treulich an ihn hielten. So konnten alle die angeführten Aussprüche wohl sich nicht auf sie beziehen; aber sie waren doch darum nicht weniger sämmtlich für sie ausgesprochen." So G. Doch das heisst nicht, die Worte des Apostels auslegen, sondern sie entschuldigen, dafern nämlich — was unentschieden gelassen wird — die Stellen vv. 10—18 sich nicht direct auf die Juden, sondern auf die Heiden beziehen sollten. — Nun aber ist der Apostel entschieden

der Ueberzeugung, dass die Citate in den vv. 10—18 sich auf
Juden und Griechen gleichmässig beziehen, und hält auch dafür, dass
die Leser etwas andres darin nicht finden werden. Sonst würde er
sie nicht mit solcher Zuversicht niedergeschrieben haben. Dem
Apostel ist auch nicht bange, dass die Juden den Antheil, welcher
den Heiden daran zugehört, irgend wie in Abrede stellen sollten.
Wohl aber hatte er zu besorgen, dass der jüdische Antheil an der
allgemeinen Schuld abgelehnt werden dürfte. Darum die Versicherung
v. 19, dass das Gesetz nicht Mittheilungen machen will, welche die
Juden nichts angehen, sondern dass seine Eröffnungen recht eigentlich
Offenbarungen sind für die unter dem Gesetz, diese also an ihrem
Theile die niederschmetternden Aussprüche der Schrift über die Beschaffenheit ihrer Sittlichkeit auf sich zu beziehen haben.
Ἵνα heisst nicht so dass, sondern damit. Nicht der Erfolg,
sondern die Absicht, in welcher die Schrift über das sündliche Verderben des natürlichen Menschen Eröffnungen macht, soll ausgedrückt
werden. Wenn von Allerhöchster Stelle aus über den damaligen
Zustand des Menschengeschlechts so geurtheilt wird, so kann das
nur den Zweck haben, der menschlichen Eitelkeit und Selbstgerech-
tigkeit einen Riegel vorzuschieben und ihnen die Augen aufzuthun
über den wahren Stand der Dinge. Es war daher von Reiche
mindestens übereilt die telische Auffassung des ἵνα absurd zu
nennen.
Πᾶς ὁ κόσμος Juden, Griechen — alle Menschen ohne Unterschied. Auch die Patriarchen. Gerade die besondere Gnade,
welche ihnen widerfahren ist, zeigt die Wahrheit des Satzes —
Gnade ist keine Gnade, wenn sie nicht Begnadigung ist des nach
Urthel und Recht der ewigen Strafe verfallenen Sünders. Ὑπόδικος
der göttlichen Strafgerechtigkeit unterworfen. Γένηται nicht logice,
wie M unter Verweisung auf γινέσθω v. 4 behauptet. Es ist Aor.,
welcher alles Werden und Sich-Entwickeln ausschliesst. — Die gerichtliche Feststellung der allgemeinen Schuld, gegen welche keine
Appellation oder Widerrede mehr gilt (ἵνα πᾶν στόμα φράγῃ)
hat die Unterwerfung unter das Strafurtheil (des ὑπόδικον εἶναι
zur unmittelbaren Folge.
v. 20. Διότι nicht: darum, sondern darum, weil propterea
quod giebt die Ursache an von ὑπόδικος γένηται πᾶς ὁ κόσμ,
τῷ θεῷ. Hätten nämlich die Juden, wie sie wähnen, um der Werke
des Gesetzes willen, Immunität, so wäre eben nicht πᾶς ὁ κόσμ.
τ. θ. ὑπόδικος. Nun aber folgt, gerade aus jenen Citaten, dass
die heilige Urkunde mit den Beschnittenen, bez. Gesetzlichen keinerlei
Ausnahme macht. Diese logische Folge ist durch das fut. δικαιω-
θήσεται ausgedrückt. Nach den beigebrachten Schriftstellen kann
der Apostel getrost dem Leser überlassen, sich selbst sein Urtheil
zu bilden; es wird sich ergeben, dass aus Gesetzeswerken Niemand
vor Gott Gerechtigkeit erlangt. — Die herkömmliche Auffassung des
δικαιωθ. als futur. temporalis (so noch M) ist unrichtig; der Prag-

matismus der Stelle verbietet, die gegenwärtige Rechtsstellung der
Welt Gott gegenüber aus zukünftigen Gründen zu motiviren.
Ueber ἔργα νόμου habe ich mich bereits zu 2, 13 — 16 eingehend ausgesprochen. *M* wie *G* verstehen darunter Werke, welche
dem Gesetze Mosis entsprechen. So fast ausnahmslos alle Ausleger der alten und neuen Zeit. Bei der eminenten Wichtigkeit,
welche die richtige Auffassung dieses Ausdrucks für die ganze Paulinische Theologie hat, wird es mir nicht verargt werden, wenn ich
diese exegetische Meisterfrage immer wieder behandle. Sehe ich
auf die verhältnissmässig geringe Anzahl von Stellen, in welchen die
ἔργα νόμου vorkommen (Röm. 3. 28; 9, 32. Gal. 2, 16; 3, 2.
5. 10), so möchte ich schon daraus den Schluss ziehen, dass die
Worte etwas anderes aussagen müssen, als was die Ausleger darin
finden. Noch auffallender ist, dass man, um bedenklichen Widersprüchen zu entgehen, unter den ἔργοις νόμου bald die dem Sittengesetz, bald die dem Ceremonialgesetz entsprechenden Gebote
verstanden hat. Mit Recht hat sich *M* nach Usteri's Vorgange dagegen erklärt und geltend gemacht, dass Paulus das Gesetz immer
als ein „integrales Ganze" auffasse. Ihm folgt *G*. Wenn nun
aber hinterher dennoch die Unmöglichkeit, aus des Gesetzes Werken
gerecht zu werden, aus der sittlichen Unvollkommenheit des Menschen,
aus dem Unvermögen zu absolutem Gehorsam erklärt wird, so hat
man die soeben abgewiesene Zerspellung des νόμος in Ceremonial-,
Polizei- und Sittengesetz zu Gunsten des letzteren wieder eingeführt,
denn die Insufficienz des menschlichen Thun's kann eben nur auf
das Sittengesetz bezogen werden. — Wie bei dieser Insufficienz —
falls sie der Apostel wirklich als Erklärungsgrund hätte gelten lassen
nur noch geschrieben werden konnte: οἱ ποιηταὶ τοῦ νόμου
δικαιωθ. 2, 13, wie alles Ernstes von einer ἀκροβυστία τὸν
νόμον τελοῦσα 2, 26 die Rede sein konnte, ohne dass der Apostel
sich bewusst geworden wäre, damit geradezu Unmögliches niedergeschrieben zu haben, das begreife ich schlechterdings nicht.

Ich meines Theils halte dafür, dass in der That Niemand zum
Heile in Christo gelangt, er habe denn das Gesetz im Sinne von
2, 13. 26 wirklich gethan.

Ein solches Dafürhalten wäre freilich ein rein häretisches, wenn
Paulus unter ἔργα τοῦ νόμου wirklich verstanden hätte, was man
den Worten unterlegt. Ich wiederhole: ἔργα τοῦ νόμου sind Werke,
welche das **Gesetz** thut. Des Gesetzes Werke sind sehr mannigfaltig: es hat den Willen Gottes zu offenbaren, Vorschriften für das
gottesdienstliche und sociale Leben des Volkes Israel zu geben, eine
Scheidewand aufzurichten zwischen Israel und den Völkern, Uebertretungen zu richten und zu strafen u. s. w. Das waren die
ἔργα. Das ἔργον aber d. i. das Gesammtwerk des Gesetzes
ist: Erkenntniss der Sünde zu wirken. An keinem Theile war
das des Gesetzes Funktion: ζωοποιῆσαι und δικαιῶσαι (Gal. 3. 22).
Nun aber meinten die Juden, dass sie unter dem Gesetz stehend und

im Besitz des Gesetzes, eo ipso gerecht seien, mochten sie subjectiv noch so ungerecht und unheilig sein. Dafür waren die Opfer, sie stets schuldfrei zu erhalten. Gegen diesen Wahn, dass es sittlichen Strebens, sittlicher Energie von ihrer Seite gar nicht bedürfe, nicht persönlicher Anstrengungen, Gott zu gefallen, sondern, dass sie Alles, was sie gerecht mache, bereits als Hörer des Gesetzes besässen, eifert der Apostel.

Οὐ δικαιωθ. πᾶσα σάρξ. *G*: kein menschliches Geschöpf. Besser: kein Fleisch — also auch nicht Abrahamitisches, mit dem Bundeszeichen signirtes Fleisch. Σάρξ bezeichnet die Naturseite am Menschen, dann den natürlichen Menschen, wie er ist, ohne die Wiedergeburt durch den heiligen Geist.

Διὰ γὰρ ν. ἐπίγν. *M*: durch das Gesetz, indem es seine Forderungen den Menschen vorhält, wird ermittelt, dass dieser sein ethisches Missverhältniss zum Willen Gottes erst recht erkennt." Zuviel hineingelegt. „Ethisches Missverhältniss zum Willen Gottes" soll doch wohl heissen: moralische Insufficienz, den Willen Gottes auszurichten. Nun aber ist nicht von der Erkenntniss dieser Insuffi- cienz, sondern von der Erkenntniss der Sünde die Rede. Dass schliesslich die Sünde ihren Grund hat in sittlichem Unvermögen, ist ja richtig, aber davon handelt der Apostel hier noch nicht. — Wenn die Citate vv. 10—18, wie aus v. 19 hervorgeht, als Aussagen des νόμος aufgefasst werden, so hat sich der νόμος bereits that- sächlich als Mittel erwiesen, zur Erkenntniss der Sünde zu führen.

Soviel ich sehe, fehlt der Artikel bei νόμος, wie oft in den Casibus obliquis, weil an dem Mosaischen Gesetz eben dies prädicativ hervorgehoben werden soll, dass es als νόμος, oder insofern es νόμος ist, Erkenntniss der Sünde wirkt. Man vergleiche Röm. 5, 13: ohne Gesetz kein Bewusstsein der Gesetzesübertretung. Das Gesetz hat die Art, die Sünde in's Licht zu stellen, aber von der Sünde erlösen, das kann das Gesetz nicht. Dazu ist es nicht da.

vv. 21—28. Dieser Abschnitt ist wegen seines Lehrinhaltes ebenso wichtig, als in Betreff der Auslegung schwierig. Was ist νυνὶ δέ? Wie verhält sich εἰς πάντας zu ἐπὶ πάντας τοὺς πιστεύοντας? Was ist δόξα v. 23? Was προέθετο, was ἱλαυ- τήριον v. 25? Was für ein Unterschied ist zwischen εἰς ἔνδειξιν δικ. v. 25 und πρὸς ἔνδειξιν δικ. v. 26?

Ich beginne mit νυνὶ δὲ v. 21. Sehr richtig haben ältere und neuere Ausleger νυνὶ als Zeitadverbium gefasst. Seit Fritzsche, de Wette, *M* scheint man der Partikel eine logische Bedeutung bei- legen zu wollen. *M* übersetzt: bei dieser Lage der Sache aber und fügt zur Begründung hinzu: es sei das Vorhergehende nicht als Schilderung der Vergangenheit markirt, darum erscheine hier nicht der Gegensatz zweier Zeiten, sondern der Gegensatz der Ver- hältnisse, der Abhängigkeit vom Gesetz und der Unabhängigkeit vom Gesetz. Ebenso übersetzt *G*, indem er den Contrast mit dem Vor- hergehenden als einen mehr sittlichen [?] bezeichnet; es sei der Gegen-

satz der vom Gesetz ausgesprochenen Verdammniss v. 20 und der
neuen ohne das Gesetz erworbenen Gerechtigkeit (v. 21). Aber hat
denn der Apostel nicht deutlich genug in den vv. 18. 19 zu erkennen gegeben, dass er von dem redet, was das Gesetz sagt und
was das Gesetzt wirkt, und zwar bei denen ἐν τῷ νόμῳ? Wie
soll man aber den Apostel anders verstehen, als indem man sich
auf seinen eignen Standpunkt versetzt? Die Zeit, da er die Gerechtigkeit aus den Werken des Gesetzes erwartete, gehört für ihn
der Vergangenheit an, oder mit andern Worten; die Zeit der „Abhängigkeit vom Gesetz" war für ihn längst vergangen. Dieser
Zeit steht nunmehr gegenüber die Zeit des Heils („der Unabhängigkeit vom Gesetz". Man vergleiche 2 Cor. 6, 2 ἰδού, νῦν 'καιρὸς
εὐπρόςδεκτος, ἰδού, νῦν ἡμέρα σωτηρίας. Aehnlich das νῦν
Röm. 16, 26. — Dass νῦν δὲ auch argumentativ d. i. in dialectischer
Ausführung so gesagt werden kann, dass es vorher oder früher
Gesagtes durch einen neuen Gedanken beleuchtet oder modificirt,
soll nicht in Abrede gestellt werden, zumal auch der syllogistischen
Verwendung die temporaire Grundbedeutung des Jetzt im Gegensatz zu dem Vorher zu Grunde liegt. Auch mag die Partikel ohne
wesentliche Alterirung des Gedankenverhältnisses durch also und
dergl. übersetzt werden können. Man soll eben dess eingedenk sein,
dass dergleichen eingewechselte Partikeln die eigentliche Bedeutung von νῦν nicht wiedergeben. Am weitesten aber von der
Grundbedeutung entfernt ist die M'sche Umschreibung: bei dieser
Sachlage. Das kann doch nur heissen: - da aus den Werken des
Gesetzes kein Fleisch gerecht wird, so ist ausserhalb des Gesetzes
Gottes Gerechtigkeit offenbart, als wäre die nunmehr erkannte Insufficienz des Gesetzes, gerecht zu machen, die Ursache gewesen,
dass Gottes Gerechtigkeit erschienen sei, wiewohl das unmittelbar
darauf folgende μαρτυρουμένη ὑπὸ τοῦ νόμου καὶ τῶν προφητῶν
deutlich zeigt, dass nicht erst die Gottesgerechtigkeit bei dieser
Sachlage erschien, sondern in Gottes Rath, der sehr wohl wusste,
wozu er das Gesetz gegeben, längst vorbedacht, ja im Gesetz selbst
als bevorstehend angekündigt worden ist.

Selbstverständlich musste das, was im Gesetz nicht zu Stande
kommen konnte und sollte, sich ausserhalb des Gesetzes vollziehen. Anders die Ausleger. M deutet χωρὶς νόμου so: ohne
dass das Gesetz diese Offenbarung vermittelt. G ihm nachfolgend: ohne die geringste Mitwirkung dessen, was Gesetz heisst
(wegen des bei νόμου fehlenden Artikels, wiewohl in v. 20 νόμου
zweimal ohne Artikel steht, ohne Gesetz in abstracto zu heissen).
Wenn zugegeben werden muss, dass durch das Gesetz Sündenerkenntniss kommt und dass dem Sünder ohne diese Sündenerkenntniss
die δικαιοσύνη nicht ertheilt wird; wenn es richtig ist, dass das
Gesetz von dieser δικαιοσύνη zeugt, kurz: wenn das Gesetz die
Aufgabe empfangen und erfüllt hat, die Heilsoffenbarung vor-
zubereiten: so konnte der Apostel mit dem χωρὶς νόμου un-

möglich haben sagen wollen, dass diese Offenbarung ohne die geringste Mitwirkung dessen, was Gesetz heisst, zu Stande gekommen sei. M beruft sich zwar für seine Auffassung auf den Gegensatz von διὰ νόμου v. 20 und χωρὶς νόμου v. 21, und will damit offenbar andeuten, dass νόμου in v. 21 so gefasst werden müsse, wie in v. 20. Jedoch ist sofort klar, dass, wenn die ἐπίγνωσις ἁμαρτίας eine unerlässliche Voraussetzung der δικαιοσύνη ist, das Gesetz, durch welches die Sündenerkenntniss kommt, nicht identisch sein, d. i. nicht dieselbe Competenz, nicht dieselbe Begriffssphäre haben kann mit dem Gesetz, ohne welches oder besser: ausser welchem die Gerechtigkeit offenbart worden ist; χωρὶς νόμου steht nicht im Gegensatz zu διὰ νόμου, sondern zu ἐν τῷ νόμῳ v. 19, wofür denn v. 20 ἐξ ἔργων νόμου eintritt. Man vergleiche Gal. 3, 11 ὅτι ἐν νόμῳ οὐδεὶς δικαιοῦται.

Durch das Gesetz kommt Erkenntniss der Sünde, das liegt in seiner Sphäre;

aber gerecht machen — das liegt ausserhalb seiner Sphäre.

Darum musste die Gerechtigkeit erscheinen — nicht ἐν νόμῳ, sondern — χωρὶς νόμου.

Δικαιοσύνη θεοῦ im Gegensatz zu der ἰδίᾳ δικαιοσύνη oder zu der δικ. τῇ ἐκ τοῦ νόμου (Röm. 10, 3. 5), die doch keine ist. — Πεφανέρωται. Das Perfect drückt die in ihrer Wirkung ununterbrochen fortbestehende Thatsache aus. Es ist nicht, wie Flatt u. A. sagen, die Offenbarung durch die evangelische Predigt gemeint. Φανεροῦν heisst niemals verkündigen, sondern Verborgenes an's Licht bringen. M richtig: „das Wie des πεφαν. besteht darin, dass diese δικαιοσύνη θεοῦ thatsächlich geworden, geschichtlich in die Wirklichkeit eingetreten und zur Erscheinung gekommen ist." Aber unrichtig: „der Ausdruck setzt das vorherige Verborgensein in Gottes Rathschluss voraus." Seinen Rathschluss hatte Gott bereits im Gesetz und in den Propheten offenbart, aber nicht schon als erfüllten, sondern als zu erfüllenden. Φανεροῦν hat also nicht den verborgenen, sondern den als Verheissung im Gesetz und in den Propheten kundgegebenen Rathschluss zur Voraussetzung, und heisst diesen Rathschluss zur That machen, in die Wirklichkeit einführen.

Diese δικαιοσύνη θεοῦ ist, wie gesagt, aus dem Gesetz nicht zu erlangen, hat eine von allem Gesetzlichen ganz verschiedene Art, ist also in der That dem A. T. heterogen (gegen M); um desto mehr war nöthig, darauf hinzuweisen, dass sie mit den Intentionen dessen, der das Gesetz gegeben und die Propheten zur Verkündigung seines Rathschlusses ausgerüstet, keineswegs im Widerspruch stehe. Gesetz und Propheten bezeugen urkundlich, dass es so kommen sollte wie es gekommen ist. Von dem innern Verhältniss des Gesetzes zum Evangelio, oder zur evangelischen Gerechtigkeit redet hier der Apostel noch nicht, darum ist keine Veranlassung, sich mit G darüber zu verbreiten. Welches aber die Zeugnisse des A. T. sind, die der Apostel im Auge hat, darüber weiter unten.

Zu δικαιοσύνη δὲ v. 12 bemerkt *M* mit Hinweisung auf Phil. 2, 8, dass bei Wiederholung des näher zu bestimmenden Begriffs δὲ hinzugefügt wird. Man vergleiche Röm. 9, 30 δικαιοσύνην δὲ τὴν ἐκ πίστεως. 1 Cor. 2, 6 σοφίαν δὲ οὐ τοῦ αἰῶνος τούτου. Das Fehlen des Artikels vor διὰ πίστεως darf nicht verleiten, diesen erläuternden Zusatz sammt dem, was demselben anhängig ist, mit πεφανέρωται zu verbinden. Der Artikel fehlt bei dem Zusatz, weil das Nomen δικαιοσ. τοῦ θεοῦ ihn nicht hat. Ganz richtig sagt *M*: „weil es hier nicht auf die Art der Offenbarung, sondern auf die specifische Characterisirung der offenbar gewordenen Gerechtigkeit selbst ankam, ist weder διὰ πίστ. (Fritzsche) noch das folgende εἰς πάντας u. s. w, (mit de Wette, Fritzsche u. A. von πεφανέρωται abhängig zu machen.“ Einverstanden bis auf das u. s. w. hinter πάντας, wovon weiter unten die Rede sein wird.

Was ist nun aber das εἰς πάντας καὶ ἐπὶ πάντας τοὺς πιστεύοντας? Der älteste, uns bekannte Ausleger dieser Stelle Chrysosthomus schweigt sich darüber aus. Theodoret, Oecumen. u. A. beziehen εἰς πάντας auf die Juden, ἐπὶ πάντας auf die Heiden Ihnen folgen unter den Neuern Bengel u. A. *G* mit eigenthümlicher Modifikation: „εἰς πάντας stellt diesen Gläubigen, sei er Jude oder Heide, den Juden entgegen, welche allein zu der Gerechtigkeit des Gesetzes gelangen könnten; ἐπὶ πάντας stellt diese Gerechtigkeit als eine von Gott ganz fertig gegebene, der des Gesetzes entgegen, die der Mensch sich selbst erarbeiten muss.“ Wie kämen die Präpositionen εἰς und ἐπὶ dazu, einen solchen Unterschied zu begründen! derartige Versuche sind mit Recht zu verwerfen. Man hat sich denn auch neuerdings dahin geneigt, von einer Sinnverschiedenheit beider Präpositionen ganz abzusehen. *Εἰς* und *ἐπὶ* sei einfach eine Verdopplung der gleichen Beziehung im Interesse der Verstärkung: „Alle, Alle ohne Ausnahme.“ Dagegen *M*: „in keiner N. T. Stelle sind diese Präpositionen synonym.“ Noch andere wollen καὶ ἐπὶ πάντ. als erklärenden Zusatz zu εἰς πάντ. angesehen wissen: „und zwar für alle Gläubige, wobei sie selbstverständlich πιστεύοντας nur zu ἐπί, nicht auch zu εἰς ziehen. In diesem Falle müsste meines Bedünkens zum zweiten Male nicht ἐπί, sondern gleichfalls εἰς gesagt sein. Ganz ähnlich unter den neuesten englischen Auslegern Morison, jedoch mit dem Unterschiede, dass er εἰς von der Bestimmung, dagegen ἐπὶ von der realen Theilnahme an dieser Gerechtigkeit gesagt sein lässt, was sich denn doch schon eher hören lassen würde. *M* findet in den beiden Zusätzen nur eine emphatische Hervorhebung der universellen Bestimmung dieser δικαιοσ. διὰ πίστ. Beide Präpositionen bezeichnen, wie er sagt, die Richtung des Ziels, in welcher sich die δικαιοσ. befindet, jedoch mit der Modification, dass dem εἰς die Vorstellung der Bestimmung, dem ἐπὶ aber die Vorstellung des Sicherstreckens der δικαιοσ. über Alle zu Grunde liegt. Er übersetzt, indem er οὖσα ergänzt: „die da ist für Alle und auf Alle hin, welche glauben.“ Unter

Berufung auf Winer (Gramm. 6, S. 372) findet er in dieser Ausdrucksweise eine Eigenthümlichkeit Pauli, durch verschiedene präpositionelle Bestimmungen eines Wortes den Begriff allseitig zu erschöpfen. Also Cumulation aus rhetorischen Gründen. Wie ich meine, hätte Winer § 50, 6 seiner Grammatik ungeschrieben lassen sollen. Die präpositionellen Zusätze bei den Aposteln sind sammt und sonders abbrevirte Sätze, welche den Begriff des Nomens (nicht nach allen Grenzen, sondern) nach bestimmten Seiten hin expliciren. Diese Art zu reden ist der dialectischen Prägnanz überhaupt, nicht der Paulinischen Schreibweise insbesondere eigenthümlich. Ganz unrichtig aber wäre es, zwei solche Sätze zusammenzufassen und als eine Art summarischen Ausdrucks für gewisse Beziehungen des Nomens ansehen zu wollen. Auch will ich nicht unerwähnt lassen, dass die Präpositionen εἰς und ἐπὶ zwar dies gemeinsam haben, eine Richtung anzuzeigen, die Modification der Richtung aber in Betreff des ἐπὶ eine andere ist, als die von M angegebene, wovon später gehandelt werden wird.

Wenn somit auch dieser Versuch, die beiden präpositionellen Zusätze auseinander zu halten und als sachlich unterschiedene, jedoch im rhetorischen Interesse zu combinirende in den Zusammenhang einzufügen, als verfehlt angesehen werden muss, so würde nunmehr die Frage berechtigt erscheinen, ob denn auch der Text der ·in Rede stehenden Stelle kritisch gesichert ist. Würden die Worte καὶ ἐπὶ πάντας eliminirt, so wäre damit der Hauptanstoss entfernt. In der That kommen die wichtigsten Codd. dem Versuche, auf diesem Wege Abhülfe zu schaffen, freundlichst entgegen. A. B. C. lassen diese Worte weg. Griesbach hatte empfohlen, sie zu streichen. Lachmann war der erste, der sie aus dem Texte entfernte. Tischend. schwankte lange. Der Cod. Sinait. hatte ursprünglich diese Worte nicht; sie waren von späterer, aber freilich nach der Schrift zu schliessen, sehr alter Hand eingetragen. Endlich entschloss sich auch Tischend. dazu, das καὶ ἐπὶ πάντας zu tilgen. Und so liest denn nun Ausg. 8 des N. T. διὰ πίστεως Ἰ. Χ. εἰς πάντας τοὶς πιστεύοντας. G findet unbegreiflich, dass Tischd. auf den Cod. Sinait. soviel Gewicht legt. Er hätte sich erinnern sollen, dass die Codd. hinter A. B. C. ebenso lesen und dass die Auctorität der Handschriften weniger nach ihrer Zahl, als nach ihrem Alter zu bestimmen ist. Tischend. konnte nach seinen kritischen Grundsätzen kaum anders. Wer diesen Grundsätzen so gegenübersteht wie G, der dürfte in der Lage sein, das Verfahren Tsch's. zu beanstanden; aber es unbegreiflich zu finden, dazu ist denn doch kein Grund. Auch ich bin, ohne gerade Gs kritische Ansichten zu theilen, mit der Streichung dieser Worte nicht einverstanden. Chrysosth., in dessen Zeit die Entstehung des Sinaiticus fällt, liest, wie die Uncialen D. E. F. G. L. K. und die grössere Anzahl von Minuskeln. Der Corrector Sinait. ᶜ· der noch in der Zeit der Uncialen lebte, fand die gestrichenen Worte in so allgemeiner Geltung, dass er kein Bedenken trug, sie im Sinait. als

Variante einzutragen. Fragt man weiter nach dem Interesse der Weglassung oder Einfügung, so erklärt sich in Erwägung der Schwierigkeit, welche diese Worte der Auslegung bereiten und ohne Zweifel von Anfang an bereitet haben, die Weglassung sehr leicht, da sie, wie man meinte, doch nichts weiter besagen, als was durch εἰς πάντας hinlänglich ausgedrückt schien, während nicht zu verstehen ist, in welchem Interesse das dunkle καὶ ἐπὶ πάντας eingefügt sein sollte. Volle Gewissheit über die Berechtigung dieser Worte würde freilich erst dann erlangt werden, wenn die Exegese ihren eigentlichen Sinn erkannt und sie als nothwendige Bestandtheile der apostolischen Gedankenbewegung nachgewiesen hätte. Einen Versuch in dieser Richtung möchte das Nachfolgende darbieten.

1) Ich setze gleichfalls, wie das Wetstein, Flatt, Stuart und neuerdings Morison gethan haben, hinter εἰς πάντας ein Komma, lasse die folgenden Worte καὶ ἐπὶ πάντας τοὺς πιστεύοντας vorläufig auf sich beruhen und bekomme nun einen erläuternden Zusatz zu δικαιοσύνη δὲ θεοῦ διὰ πίστεως Ἰ. Χ. εἰς πάντας. Εἰς drückt die Bestimmung aus, darin trete ich der M-G'schen Auffassung bei. Der Zusatz würde demnach folgenden Inhalt haben: eine Gottesgerechtigkeit, vermittelt durch den Glauben an Jesum Christum, bestimmt für Alle. So ist sie bezeugt von dem Gesetz und den Propheten.

2 So ist sie auch an Allen, die da glauben, offenbar geworden. Καὶ ist nicht und, sondern auch zur Angabe der Wechselbeziehung zwischen εἰς πάντας und ἐπὶ πάντας τ. π. Zwischen der Bestimmung der Gottesgerechtigkeit durch den Glauben an Jesum Christum für alle, und zwischen der Verwirklichung dieser Bestimmung an allen, die da glauben, besteht eine Proportion; der gleiche Exponent beider Verhältnisse: Bestimmung für alle durch den Glauben — und Verwirklichung bei allen, die da glauben, ist mit auch ausgedrückt. Setzen wir um der grösseren Verständlichkeit willen das Verb des Hauptsatzes πεφανέρωται an's Ende, so würde die Uebersetzung lauten: „Jetzt aber ist ausserhalb des Gesetzes Gottesgerechtigkeit, bezeugt von dem Gesetz und den Propheten, eine Gottesgerechtigkeit aber durch den Glauben an Jesum Christum für Alle, auch an allen, die da glauben, offenbart worden, d. i. zur Thatsache, zur Wirklichkeit geworden. Das einzige Bedenken, welches dagegen vorgebracht werden könnte, wäre die Verbindung des πεφανέρωται mit ἐπὶ c. accus. Ich bemerke zur Rechtfertigung dieser Verbindung, dass im N. T. ἐπὶ c. accus. nicht bloss zu Verbis, die eine Bewegung ausdrücken, construirt wird. Der Apostel schreibt 2 Cor. 3, 15 κάλυμμα ἐπὶ τὴν καρδίαν αὐτῶν κεῖται. Es sind dabei zwei Vorstellungen in eine verschmolzen: die Decke hat sich auf ihr Herz gelegt und liegt nunmehr darauf. So Act 10, 17 ἐπέστησαν ἐπὶ τὸν πυλῶνα: sie waren bis zum Thor gekommen und standen nunmehr am Thor. Vergleiche Act. 11, 11. 14, 10. 26, 16. Hebr. 3, 6. Apoc. 7, 1. Für die Auslegung der in Rede

stehenden Stelle ist aber noch insbesondere zu beachten, dass im N. T. das ἐπί mit dem Acc. der Person gewöhnlich eintritt, wenn das, was über Jemand und auf Jemand kommen soll, von Oben erwartet wird: So spricht Paulus Act. 13, 11 zu Elymas: χεὶρ κυρίου ἐπὶ σέ. Gal. 6, 16: εἰρήνη ἐπ᾽ αὐτοὺς — ἔλεος ἐπὶ τὸν Ἰσραὴλ τοῦ θεοῦ. Act. 4. 33: χάρις ἦν ἐπὶ πάντας. Vergl. 2 Cor. 12, 9. 4 Mos. 6, 25. 26. LXX: ἐπιφάναι κύριος τὸ πρόςωπον αὐτοῦ ἐπὶ σὲ neben ἐπάραι κύριος τὸ προσ. αἰτ. ἐπὶ σέ. Was aber schliesslich für die Wahl dieser Construction den Ausschlag gegeben haben mochte, darüber weiter unten etwas Näheres.

Dass übrigens dem Apostel vornehmlich am Herzen liegt zu constatiren, dass die δικαιοσ. θεοῦ διὰ πίστεως Ἰ. Χ. εἰς πάντας, nun auch als historisches Factum sich erwiesen habe und erweise ἐπὶ πάντας πίστ., geht aus dem angeschlossenen Causalsatz hervor.

v. 23. Was ist nun aber die δόξα τοῦ θεοῦ in v. 23 und welches ist der Zusammenhang von 23ᵇ mit den Aussagen vorher und nachher? — Man braucht nur einen Blick in die Commentare zu werfen, um einen Eindruck von der Rathlosigkeit der Ausleger zu gewinnen. Ἡ δόξα τοῦ θεοῦ soll sein der Ruhm vor Gott oder die Herrlichkeit des ewigen Lebens; nach andern das Ebenbild Gottes oder eine gottähnliche δόξα. Alle diese Auffassungen sind bereits in überzeugender Weise als unmöglich zurückgewiesen worden. Ich halte mich daher nur bei M und bei G auf. Der erste erklärt: δόξα ist die Ehre, die Gott giebt, der Beifall von Seiten Gottes. Es dürfte genügen, zu constatiren, dass die δόξα τοῦ θ. im N. T. ein terminus technicus ist und etwas ganz anderes bedeutet. M nennt seine Erklärung die natürlichste. Ich möchte sie unnatürlich nennen, denn ich verstehe nicht, wie der Apostel darauf gekommen sein sollte, von der in der hebräischen Theologie nicht minder im Volke bekannten Bedeutung dieses Ausdrucks abzugehen und auf die appellative Bedeutung zurückzugreifen. Ferner, wo und wie hiesse denn δόξα τ. θ. der Beifall von Seiten Gottes? Zwischen Ehre und Beifall ist immerhin noch eine bedeutende Kluft. M deckt sich mit 2, 29, wo der Name Jude gedeutet wird, dann mit Joh. 12, 43, einer Stelle, die ganz anders auszulegen ist; man vergleiche Luthardt's Commentar. Jedenfalls sollte man eine solche Abweichung von der Bedeutung des Wortes nicht durch Berufung auf Stellen ungewisser Auslegung stützen wollen. Endlich die Hauptsache! Was will doch 23ᵇ nach der Mschen Deutung im Zusammenhange? Wie trivial, hätte der Apostel nichts anderes sagen wollen, als: alle sündigten und entbehren des Beifalls Gottes oder der Ehre, die Gott giebt? Bedarf es denn noch einer ausdrücklichen Versicherung, dass Gott an der Sünde kein Wohlgefallen hat? — Und wie verhält sich das Sätzlein zu v. 24? M sagt: „Δικαιούμενοι führt das hier in Betracht kommende begleitende Verhältniss ein: indem sie bei dieser Ermangelung die Rechtfertigung geschenkweise bekommen". Also die Satisfaction aus Gnaden ist ein die Ermange-

lung des Beifalls Seitens Gottes begleitendes Verhältniss! Verstehe
ich diese seltsame Ausdrucksweise recht, so sind die beiden Aussagen: sie ermangeln alle der Ehre, die Gott giebt — und Gott
giebt ihnen die Rechtfertigung schenkweise, also Missfallen Gottes
und Rechtfertigung aus Gnaden parallel. Soviel ich sehe, ist allein
die Erwägung des Zusammenhangs ausreichend, um die Msche Erklärung unmöglich zu finden. Wir wenden uns zu G: „$\acute{\eta}$ δόξα τοῦ ϑ.
ist der göttliche Glanz, der Gotte selbst eigen ist und den er allen
mittheilt, die in Gemeinschaft mit ihm stehen." In dieser Erklärung
ist nach Gs Meinung die von Rückert und Olshausen einbegriffen,
welche allerdings unter der Herrlichkeit Gottes zu speciell das
ursprüngliche Ebenbild Gottes in dem Menschen verstehen. Die Ergänzung ϑεοῦ soll beides sein: Genit. des Besitzes und Genit. der
Urheberschaft. Gott kann diese Herrlichkeit mittheilen, fährt G fort,
weil er selbst sie besitzt und sie zu seiner Natur gehört. Er hat
einen Strahl derselben dem Menschen mitgetheilt, indem er ihn rein
und selig erschuf; sie sollte immer völliger in ihm erglänzen, je
mehr er sich von der Unschuld zur Heiligkeit erhoben hätte. Durch
die Sünde hat der Mensch sowohl das, was er von derselben
empfangen hatte, als das, was er noch erlangen sollte, verloren. Er
ist ein entsetzter König, die Krone ist ihm vom Haupte gefallen. —
Je ansprechender dergleichen Darstellungen sind, ebenso gründlicher
werden sie auf ihren Wahrheitsgehalt zu prüfen sein. Ich behalte
mir vor, darauf zurückzukommen, und frage vorläufig nur, ob die
vorgetragene Erklärung dem Zusammenhange entspricht. G verkennt nicht, dass das Particip. δικαιούμενοι etwas Auffallendes
hat, meint aber, dass sich das Auffallende durch die Erwägung
mindere, dass die Idee der Rechtfertigung bereits in den vv. 21
und 22 förmlich eingeführt und in v. 23 motivirt worden sei
durch die Thatsache des Falls [?], und so könne sie jetzt als einfache Folge dieser bedeutenden Thatsache wieder auftreten. Man
könne umschreiben: „die wir in Folge dessen gerechtfertigt sind,
wie so eben erklärt worden ist, aus Gnaden". Das Partic.
δικαιούμενοι aufzulösen mit „in Folge dessen" ist grammatisch unmöglich. Das Particip erläutert den Gedanken des Hauptsatzes,
würde also in dem vorliegenden Falle angeben, wie das ύστερεῖσϑαι
τῆς δόξης τ. ϑ. zu Stande gekommen sei, nimmermehr aber, was
dasselbe für Folgen gehabt habe, oder noch habe. Das ύστερ. τῆς
δόξης τ. ϑ. müsste ferner nach der Auffassung des Verfassers in
Folge des πάντες ἥμαρτον eingetreten sein. Statt einer Folgerungs-
partikel steht aber zwischen 23ᵃ und 23ᵇ καί. Beide, das ἥμαρτον
und ύστεροῦνται, das eine ein Aor., das andere Praes., werden coordinirt. Wie ist der Wechsel der Tempora zu erklären, wenn καί
eben nicht heissen kann: in Folge dessen? Ueberdies ist Gs Auffassung von δόξα τοῦ ϑ. theils unklar, theils unzureichend. Nirgends wird in der heiligen Schrift gelehrt, dass Gott seine δόξα
oder doch einen Strahl derselben dem Menschen anerschaffen habe;

ebenso wenig, dass er seine Herrlichkeit dem Menschen mittheile. Die Offenbarung der Gottesherrlichkeit an dem Menschen oder in dem Menschen ist nicht Mittheilung derselben. Ἡ δόξα τ. ϑ. ist die Offenbarungsform Gottes, der Schimmer, das Durchscheinen des göttlichen Wesens im Bereiche des Endlichen. Daher nennt der Apostel Röm. 1, 23 das, was der Mensch von der ἀΐδιος δύναμις τε καὶ ϑειότης erschaut hat, das Gottesbild, was sich dem denkenden Menschen bei der Betrachtung der Werke des Allmächtigen in die Seele eindrückt, die δόξα τ. ϑ. — Die Sprache hat ja freilich bei den Versuchen, eine klare Definition zu geben, sich zu bescheiden, dass sich Unendliches eben nicht in adäquater Weise definiren lässt. Doch können wir der Sache näher treten, wenn wir's nicht verschmähen, uns der Bildersprache der Schrift zu bedienen. In Psalm 104, 2 heisst es: „Licht ist dein Kleid, das du anhast". Die δόξα ist das Kleid, das Gewand, in welchem Gott den Menschenkindern nahe tritt. Sie ist das Zeichen der Gottesnähe, der Gottesgemeinschaft, und hat überall, wo sie zu den Menschen in Beziehung tritt, die Wirkung des δοξάζειν, das ist: die Umgestaltung und Durchdringung des inwendigen Menschen mit dem Licht und Leben aus Gott. Die Heilslehre giebt für den die ganze sittliche Erneuerung des Sünders umfassenden Begriff des δοξάζειν die dem Stufengang der Heilsordnung entsprechenden Theilbegriffe der Berufung, Erleuchtung u. s. w. Das Ziel bleibt das Eph. 4, 13 festgesteckte; die Stellung des lebendigen Christen, des κατοπτρί-ζεσϑαι τὴν δόξαν κυρίου; die darauf basirte Methodik des μεταμορφοῖσϑαι τὴν αὐτὴν εἰκόνα ἀπὸ δόξης εἰς δόξαν 2 Cor. 3, 18. Unsre δόξα ist der Abglanz der von uns geschauten δόξα κυρίου; jede Doxologie der Reflex des Lichtes, das der Herr in unsre Seele geworfen hat, übersetzt aus der Lichtempfindung in Worte dankbarster Anerkennung.

Von diesem Standpunkte aus tritt δόξα, die Gottesnähe, der ὀργή d. i. der Gottesferne, deutlicher die Offenbarung der Gottesmacht und Gnade der Enthüllung des göttlichen Zornes gegenüber. Ὑστερεῖσϑαι τῆς δόξης τ. ϑ. würde heissen: des Lichtes ermangeln, das von der Gottesnähe, von der Gottesgemeinschaft ausstrahlt. Ob diese Erklärung wirklich die Meinung des Apostels trifft, wird erst dann mit einiger Gewissheit sich ergeben, wenn wir die Anhaltspunkte, welche der weitere und nähere Zusammenhang darbietet, um den ungewöhnlichen Ausdruck einigermaassen zu begreifen und auf seine Quelle zurückzuführen, geprüft haben werden. Der Apostel betont v. 21 ausdrücklich, dass die δικαιοσύνη ϑεοῦ, von welcher er handelt, bezeugt werde vom Gesetz und von den Propheten. Ich halte mich daher zu der Annahme berechtigt, dass der Apostel die Aussagen über die δικ. τ. ϑ., insbesondere die charakteristischen Momente, dass sie nun erschienen sei — ausserhalb des Gesetzes — durch den Glauben vermittelt, für alle Menschen bestimmt, und dass sie als Gottes Gerech-

tigkeit offenbar geworden sei an Allen, die da glauben, dem Gesetz
und den Propheten entlehnt oder doch in der Gewissheit gestanden
habe, dass sie sämmtlich schriftgemäss seien. Nun bin ich ja freilich mit *M* ganz einverstanden, dass bei dem Ausdruck: Gesetz und
Propheten an die sämmtlichen Messianischen Typen, Verheissungen
und Weissagungen im Gesetz und bei den Propheten zu denken sei,
in welchen auch das zur Theilnahme an der Messianischen Heils-
anstalt Erforderliche, die $\delta\iota\varkappa\alpha\iota\sigma\sigma\acute{\upsilon}\nu\eta$ $\vartheta\epsilon\sigma\tilde{\upsilon}$, enthalten sein müsse.
Aber doch meine ich, ist in den vv. 21. 22. manches Individuelle
angeführt, das sich nicht in allen messianischen Stellen findet,
sondern auf bestimmte Stellen zurückzuführen ist. Liessen sich
diese auffinden, so würde mit Recht anzunehmen sein, dass sie einen
Einfluss auf die Ausdrucksweise des Apostels geübt haben dürften.
Soviel ich sehe, ist das $\varphi\alpha\nu\epsilon\rho\sigma\tilde{\upsilon}\sigma\vartheta\alpha\iota$ $\epsilon\pi\grave{\iota}$ $\pi\acute{\alpha}\nu\tau\alpha\varsigma$ $\tau\sigma\grave{\upsilon}\varsigma$ $\pi\iota\sigma\tau$., auf
die $\delta\iota\varkappa\alpha\iota\sigma\sigma\acute{\upsilon}\nu\eta$ bezogen, demselben Texte entlehnt, aus welchem die
$\delta\acute{o}\xi\alpha$ τ. ϑ. v. 23 herrührt. Finden sich beide Vorstellungen, das
$\varphi\alpha\nu\epsilon\rho\sigma\tilde{\upsilon}\sigma\vartheta\alpha\iota$ und die $\delta\acute{o}\xi\alpha$ τ. ϑ. in einem und demselben Schrift-
abschnitt beisammen, so wächst die Wahrscheinlichkeit, dass der
Apostel eben diesen Abschnitt vor Augen gehabt und durch denselben seine Redeweise habe bestimmen lassen. Wir kommen der
Sache noch näher durch folgende Erwägung:

Der Apostel urgirt $\pi\acute{\alpha}\nu\tau\epsilon\varsigma$; also für Juden und Heiden dieselbe $\delta\iota\varkappa\alpha\iota\sigma\sigma\acute{\upsilon}\nu\eta$ und dieselbe Weise ihres Kommens, nämlich von
Oben herab, von Gott. Das $\pi\acute{\alpha}\nu\tau\epsilon\varsigma$ $\check{\eta}\mu\alpha\rho\tau\sigma\nu$ hat keine Schwierigkeit; es ist nicht wegzuleugnen, zudem hat der Apostel kurz vorher
den Beweis aus der Schrift selbst erbracht 3. 9 u. flgg.. Das gilt
also für die Vergangenheit; für die Gegenwart: $\pi\acute{\alpha}\nu\tau\epsilon\varsigma$ $\dot{\upsilon}\sigma\tau\epsilon\rho\sigma\tilde{\upsilon}$-
$\tau\alpha\iota$ $\tau\tilde{\eta}\varsigma$ $\delta\acute{o}\xi\eta\varsigma$ $\tau\sigma\tilde{\upsilon}$ $\vartheta\epsilon\sigma\tilde{\upsilon}$. Dass die Juden eine Anwartschaft auf
die $\delta\acute{o}\xi\alpha$ gehabt und diese ihnen unter gewissen Bedingungen in
Aussicht gestellt worden, das ist bekannt. Die $\delta\acute{o}\xi\alpha$ aber hat zur
unerlässlichen Voraussetzung die $\delta\iota\varkappa\alpha\iota\sigma\sigma\acute{\upsilon}\nu\eta$ — so sehr, dass selbst
dem philologisch gerichteten *M* bei Auslegung von v. 23 die Worte
entschlüpft sind, dass die $\delta\acute{o}\xi\alpha$ $\tau\sigma\tilde{\upsilon}$ $\vartheta\epsilon\sigma\tilde{\upsilon}$ der Sache nach nichts
Verschiedenes von der $\delta\iota\varkappa\alpha\iota\sigma\sigma\acute{\upsilon}\nu\eta$ τ. ϑ. sein könne. Das war nun
freilich nicht richtig. Aber so wahr zwischen Finsterniss und Licht
keine Gemeinschaft ist, so auch nicht zwischen dem Ungerechten
und Gott. Also erst die Aufhebung der Ungerechtigkeit, die $\delta\iota$-
$\varkappa\alpha\acute{\iota}\omega\sigma\iota\varsigma$, dann die $\delta\acute{o}\xi\alpha$; eine Ordnung, die der Apostel nachdrück-
lichst sanctionirt in Röm. 8, 30: $o\acute{\upsilon}\varsigma$ $\dot{\epsilon}\delta\iota\varkappa\alpha\acute{\iota}\omega\sigma\epsilon$, $\tau\sigma\acute{\upsilon}\tau\sigma\upsilon\varsigma$ $\varkappa\alpha\grave{\iota}$
$\dot{\epsilon}\delta\acute{o}\xi\alpha\sigma\epsilon$. Wenn nun die Juden der $\delta\acute{o}\xi\alpha$ $\tau\sigma\tilde{\upsilon}$ ϑ. ermangelten,
und dass sie derselben ermangeln, geht ja unbestreitbar aus der vom
Apostel gezeichneten Skizze ihres Sündenlebens hervor, so musste
das einen empfindlichen Rückschluss auf die von ihnen beanspruchte
$\delta\iota\varkappa\alpha\iota\sigma\sigma\acute{\upsilon}\nu\eta$ gestatten. Wann aber wäre bei den Heiden die $\delta\iota\varkappa\alpha\iota\sigma\sigma$.
$\dot{\epsilon}\xi$ $\check{\epsilon}\rho\gamma\omega\nu$ $\nu\acute{o}\mu\sigma\upsilon$ und in Folge dessen die $\delta\acute{o}\xi\alpha$ $\tau\sigma\tilde{\upsilon}$ ϑ. jemals beansprucht worden? Es muss also eine Stelle von dem Apostel ge-
meint sein, in welcher den Heiden, wie den Juden ein Antheil an

der $\delta\delta\xi\alpha$ $\tau o\tilde{v}$ ϑ. verheissen worden ist, versteht sich unter der
Voraussetzung, dass sie entweder gleichzeitig oder vorher der $\delta\iota$-
$\varkappa\alpha\iota o\sigma\acute{v}\nu\eta$ τ. ϑ. theilhaftig geworden. In diesem Falle konnte der
Apostel mit Recht sich darauf berufen, dass die Consequenz des
$\pi\acute{\alpha}\nu\tau\varepsilon\varsigma$ $\mathring{\eta}\mu\alpha\varrho\tau o\nu$ — wenn man von dem $\delta\iota\varkappa\alpha\iota o\tilde{v}\sigma\vartheta\alpha\iota$ aus Gnaden
absieht — für Heiden und Juden noch vollständig zu Recht be-
stand, denn beide und damit alle, sagt der Apostel, haben das
Zeichen der Gottesgemeinschaft in ihrem vorchristlichen Zustande
nicht; es zeigt sich, wie vorher nachgewiesen worden, in ihrem Wandel der Zorn Gottes, aber nicht die verklärende Macht der Gnade;
sie ermangeln alle der Herrlichkeit Gottes. Es wird nun nicht mehr
fraglich sein, welche Stelle dem Apostel vorgeschwebt hat, als er die
vv. 21—23 niederschrieb. Es sind die Schlussworte aus Cap. 59,
und Cap. 60 des Jesaias:
„Der Erlöser kommt für Sion und die vom Abfall sich Be-
kehrenden in Jacob",
der neue Bund, dessen Inhalt treues Festhalten an Gottes Wort und
Verheissung ($\pi\acute{\iota}\sigma\tau\iota\varsigma$; dann die Herrlichkeit Jehovah's über die
Gemeinde des neuen Bundes, dann das Herzuströmen der Heiden,
ihre Theilnahme an der Herrlichkeit über Zion. Vorher 59, 14 LXX:
$\mathring{\eta}$ $\delta\iota\varkappa\alpha\iota o\sigma\acute{v}\nu\eta$ $\mu\alpha\varkappa\varrho\grave{\alpha}\nu$ $\mathring{\alpha}\varphi\acute{\varepsilon}\sigma\tau\eta\sigma\varepsilon\nu$ $\mathring{\alpha}\varphi'$ $\mathring{\eta}\mu\tilde{\omega}\nu$. Dann v. 17 $\varkappa\alpha\grave{\iota}$
$\mathring{\varepsilon}\nu\varepsilon\delta\acute{v}\sigma\alpha\tau o$ $\delta\iota\varkappa\alpha\iota o\sigma\acute{v}\nu\eta\nu$ $\mathring{\omega}\varsigma$ $\vartheta\acute{\omega}\varrho\alpha\varkappa\alpha$ $\varkappa\alpha\grave{\iota}$ $\pi\varepsilon\varrho\iota\acute{\varepsilon}\vartheta\varepsilon\tau o$ $\pi\varepsilon\varrho\iota\varkappa\varepsilon\varphi\alpha$-
$\lambda\alpha\acute{\iota}\alpha\nu$ $\sigma\omega\tau\eta\varrho\acute{\iota}o\nu$ $\mathring{\varepsilon}\pi\grave{\iota}$ $\tau\tilde{\eta}\varsigma$ $\varkappa\varepsilon\varphi\alpha\lambda\tilde{\eta}\varsigma$. Jehovah schafft Recht nicht
bloss unter den Widersachern Israels, indem er ihnen vergilt, son-
dern er schafft Gerechtigkeit' auch in Israel, indem er den Erlöser sendet und einen neuen Bund aufrichtet. Dann das Aufgehen
der $\delta\acute{o}\xi\alpha$ $\varkappa\upsilon\varrho\acute{\iota}o\upsilon$, an welcher auch die Heiden Theil nehmen sollen.
Hier finden sich alle Elemente der Paulinischen Ausdrucksweise.
Die Zeit, von welcher Jesaias redet, ist jetzt gekommen. Jehovah
schafft Gerechtigkeit — nicht $\mathring{\varepsilon}\xi$ $\mathring{\varepsilon}\varrho\gamma\omega\nu$ $\nu\acute{o}\mu o\upsilon$ — sondern indem
er sich seines Volkes annimmt und aus eigner Bewegung einen Er-
löser sendet. Er fordert nichts von den Genossen des neuen Bundes,
als treues Festhalten an seiner Verheissung, $\pi\acute{\iota}\sigma\tau\iota\nu$ $\mathring{}I\eta\sigma o\tilde{\upsilon}$ $X\varrho\iota\sigma\tau o\tilde{\upsilon}$,
also $\delta\iota\varkappa\alpha\iota o\sigma\acute{v}\nu\eta$ $\delta\iota\grave{\alpha}$ $\pi\acute{\iota}\sigma\tau\varepsilon\omega\varsigma$ $\mathring{}I$. $X\varrho$. und zwar nicht bloss
für die Juden, sondern auch für die Heiden — $\varepsilon\mathring{\iota}\varsigma$ $\pi\acute{\alpha}\nu\tau\alpha\varsigma$.
Diese $\delta\iota\varkappa\alpha\iota o\sigma\acute{v}\nu\eta$, welche mit der $\delta\acute{o}\xi\alpha$ τ. ϑ. verbunden, so dass,
wo die $\delta\acute{o}\xi\alpha$ aufgeht, d. h. die verklärende Wirkung der Gottes-
gegenwart im Herzen, dort auch die $\delta\iota\varkappa\alpha\iota o\sigma\acute{v}\nu\eta$ sein muss, wird
von dem Apostel mit denselben Prädicaten ihres Eintritts eingeführt,
wie die $\delta\acute{o}\xi\alpha$ bei Jesaias. Daher Jes. 60, 1: $\mathring{\eta}$ $\delta\acute{o}\xi\alpha$ $\varkappa\upsilon\varrho\acute{\iota}o\upsilon$ $\mathring{\varepsilon}\pi\grave{\iota}$
$\sigma\grave{\varepsilon}$ $\mathring{\alpha}\nu\alpha\tau\acute{\varepsilon}\tau\alpha\lambda\varkappa\varepsilon\nu$, und v. 2. $\mathring{\varepsilon}\pi\grave{\iota}$ $\delta\grave{\varepsilon}$ $\sigma\grave{\varepsilon}$ $\varphi\alpha\nu\acute{\eta}\sigma\varepsilon\tau\alpha\iota$ $\varkappa\acute{v}\varrho\iota o\varsigma$ $\varkappa\alpha\grave{\iota}$ $\mathring{\eta}$
$\delta\acute{o}\xi\alpha$ $\alpha\mathring{\upsilon}\tau o\tilde{\upsilon}$ $\mathring{\varepsilon}\pi\grave{\iota}$ $\sigma\grave{\varepsilon}$ $\mathring{\iota}\varphi\vartheta\acute{\eta}\sigma\varepsilon\tau\alpha\iota$. Damit vergleiche man Röm. 3, 21:
$\delta\iota\varkappa\alpha\iota o\sigma\acute{v}\nu\eta$ $\vartheta\varepsilon o\tilde{\upsilon}$ $\pi\varepsilon\varphi\alpha\nu\acute{\varepsilon}\varrho\omega\tau\alpha\iota$ $\mathring{\varepsilon}\pi\grave{\iota}$ $\pi\acute{\alpha}\nu\tau\alpha\varsigma$ $\tau o\grave{\upsilon}\varsigma$ $\pi\iota\sigma\tau\varepsilon\acute{\upsilon}o\nu\tau\alpha\varsigma$;
zuvor aber lese man wegen des $\pi\acute{\alpha}\nu\tau\alpha\varsigma$ Jes. 60, 3: $K\alpha\acute{\iota}$ $\pi o\varrho\varepsilon\acute{\upsilon}\sigma o\nu$-
$\tau\alpha\iota$ $\beta\alpha\sigma\iota\lambda\varepsilon\tilde{\iota}\varsigma$ $\tau\tilde{\omega}$ $\varphi\omega\tau\acute{\iota}$ $\sigma o\upsilon$ $\varkappa\alpha\grave{\iota}$ $\mathring{\varepsilon}\vartheta\nu\eta$ $\tau\tilde{\eta}$ $\lambda\alpha\mu\pi\varrho\acute{o}\tau\eta\tau\iota$ $\tau\tilde{\eta}\varsigma$ $\mathring{\alpha}\nu\alpha$-
$\tau o\lambda\tilde{\eta}\varsigma$ $\sigma o\upsilon$, sowie die folgenden Verse.
Ich meine, dass mit dem Vorstehenden der Kreis, in welchem

sich die der apostolischen Darstellung zu Grunde liegenden Anschauungen bewegen, nachgewiesen ist. Die Punkte, auf welche ihm
alles ankommt sind, δικαιοσύνη, — χωρὶς νόμου — δίκαιος. εἰς
πάντας. Diese werden bei der Auslegung von vv. 23. 24 fest im
Auge behalten werden müssen.

Die Worte πάντες ἥμαρτον sind nicht mit G u. a. vom
Sündenfall zu verstehen. Die Thatsache: dass alle in dem Anfänger des Menschengeschlechts gesündigt haben, wird von dem
Apostel erst Röm. 5, 12 u. flgg. entwickelt und in sein System ver-
arbeitet. Der Apostel hat hier etwas anderes nicht im Sinne, als
was er in den beiden ersten Capiteln genugsam nachgewiesen hat,
πάντας Ἰουδαίους τε καὶ Ἕλληνας ὑφ᾽ ἁμαρτίαν εἶναι. Wäre
das πάντες ἥμαρτον nicht richtig, dann auch nicht das ὑφ᾽ ἁμαρτίαν εἶναι. Zwar behaupteten die Juden, dass sie als Inhaber des
Gesetzes δίκαιοι seien. In diesem Falle müsste sich jedoch erfüllt
haben, was Gott Jesaias 59 und 60 verheissen hat; es müsste
wenigstens an ihnen die δόξα κυρίου zur Erscheinung gekommen
sein; ja, wenn das prophetische Wort nach seinem vollen Inhalte
erfüllt werden sollte, müssten bereits die Heiden in der über Israel
aufgegangenen δόξα wandeln. Statt dessen gilt die Thatsache:
(πάντες) ὑστεροῦνται τῆς δόξης τοῦ θεοῦ; es ist keinerlei verklärende Wirkung der Gottesgemeinschaft an ihnen wahrzunehmen.
Vielmehr erscheinen sie thatsächlich als solche, welche die Rechtfertigung sei es aus eignem Thun, sei es aus den Werken des Gesetzes noch nicht erlangt haben. Das wird denn auch constatirt
dadurch, dass sie im neuen Bunde erst gerechtfertigt werden, δικαιούμενοι und dass diese Gerechtigkeit ihnen geschenkweise ertheilt wird.

Aus alledem geht hervor, dass das Gesetz seinen Angehörigen
keinerlei Vorrechte ertheilt, keinerlei bevorzugte Stellung bei Gott,
dass es also auch nicht im Stande ist, den Zorn Gottes d. h. die
Abwendung Gottes von dem Sünder hinwegzunehmen und dafür die
Gottesnähe, bez. die Gottesgemeinschaft zu setzen, denn

„sie sind alle der Gottesherrlichkeit (des Zeichens der Gerechtigkeit vor Gott) baar, indem sie gerechtfertigt werden geschenkweise u. s. w."

Nicht die Rechtfertigung aus Gnaden soll bewiesen werden,
sondern aus dieser durch v. 22 hinlänglich mittelst des Zeugnisses
des Gesetzes und der Propheten festgestellten Gerechtigkeit soll
nachgewiesen werden, dass sie χωρὶς νόμου und darum für alle,
auch für diejenigen, die kein Gesetz haben, stattfindet, weil aus der
Art ihrer Zueignung hervorgeht, dass sie in ihrer frühern Stellung
unter dem Gesetz oder sonst) nichts von der Gottesherrlichkeit
empfangen oder herzugebracht haben können.

Oder kürzer gefasst: δωρεάν ist nicht die Folge von dem
ὑστερεῖσθαι τῆς δόξης τ. θ., sondern ein Beweis dafür, dass die
unter dem Gesetz der Nahestellung zu Gott (der δόξα, von welcher

Jesaias redet, ebenso baar und ledig sind, wie die Heiden auch — beide ἐφ' ἁμαρτίαν.

v. 24. Bevor das δικαιοῦσθαι δωρεὰν τῇ αὐτοῦ χάριτι erläutert werden kann, wird erst der Begriff der ἀπολύτρωσις festzustellen sein. *M* definirt ihn als Loskaufung und verweist auf 1 Cor. 6, 20. *G*: eine durch Loskaufung (λύτρον Lösegeld) bewirkte Befreiung und bemerkt dazu: „allerdings gebrauchen die Schriftsteller des N. T. ἀπολύτρ. häufig in der allgemeinen Bedeutung Befreiung, ohne dass diese mittelst eines bezahlten Preises geschieht; so 8, 23; Luc. 21, 28; 1 Cor. 1, 30. Aber in dieser Stelle handelt es sich nur um eine der besonderen Folgen der allgemeinen, durch Christum bewirkten, grundlegenden Erlösung. Die Idee der letzteren ist gewöhnlich verbunden mit der des Lösegeldes, vergl. Matth. 20, 28. 1 Tim. 2, 6. 1 Petr. 1, 18. Dieselbe Idee 1 Cor. 6, 20; 7, 23. Gal. 3, 13". Zu der Bedeutung Befreiung habe ich zu bemerken, dass sie im N. T. ebensowenig vorkommt, wie in der profanen Gräcität. Die angeführten Schriftstellen haben sämmtlich das λύτρον Christi zur Voraussetzung. Die ἀπολύτρωσις geht auf den ganzen Menschen, nicht bloss auf den Geist, sondern auch auf den Leib. Die Auswirkung dieser principiell vollbrachten Erlösung erstreckt sich allerdings für jetzt nur auf den Geist — τὴν ἀπαρ-χὴν τοῦ πνεύματος ἔχομεν, ἀπεκδεχόμεθα δὲ τὴν ἀπολύτρωσιν τοῦ σώματος. Röm. 8, 23. So von der finalen Erlösung der Leiblichkeit, die principiell bereits in Christo vollbracht ist, auch Luc. 21, 28 und 1 Cor. 1, 30. Mit Recht warnt daher *M*, den eigentlichen Begriff Loskaufung nicht in den allgemeinen Befreiung zu verflüchtigen. Das ist neuerdings von Klostermann u. A., die ein Interesse daran haben, das λύτρον wegzuschaffen, mit einem Schein des Rechten insofern geschehen, als sie gegen die bisher als richtig angenommene Bedeutung redemtio, Erlösung, Loskaufung, Einspruch erhoben und dafür dimissio Entlassung, Befreiung gesetzt wissen wollen. In der That heisst ἀπολυτρῶ bei Plat. Leg. XI. 919 A.: accepto redemtionis pretio dimitto; bei Polyb. 22, 21, 8 accepto pretio libero, liberum do captivum; 2, 6, 6 τινὶ τὰ σώματα καὶ τὴν πόλιν pretio accepto restituo, corpora et civitatem. So Plut. II. 343 B. I. 631 D. ἀπολύτρωσις I. 631 B. Mehrere Beispiele bei Diodor. Sic. ed. Wesseling II. p. 122. Somit wäre ἡ ἀπολύτρωσις die Handlung dessen, der gegen Lösegeld Jemanden entlässt. Natürlich würde dabei in sämmtlichen neutestamentlichen Stellen nur an Entlassung aus der Schuldhaft gedacht werden können. Der uns entlässt, und zwar nach Entgegennahme des Lösegeldes, wäre Gott. Somit wären die Sünder nicht irgend welcher aussergöttlichen Macht, sondern Gotte selbst verhaftet gewesen; Gott selbst hätte sich das λύτρον als Aequivalent für die Schuld bezahlen lassen. Das Geschäft wäre in Christo Jesu zu Stande gekommen, sofern er mit seinem Blute das Lösegeld bezahlt hätte. Diese Auffassung der Consequenzen in die Erlösung oder Loskaufung, die in Christo ge-

schehen, überleiten, so dass sachlich sich dasselbe ergiebt, ob man
nun Loskaufung oder Entlassung übersetzt, scheint denn doch vielen
zu hart; sie lassen daher das λύτρον fallen und halten sich lediglich an die allgemeine Bedeutung: Befreiung, Entlassung, die sie
dann gern in die modernen Ausdrücke Amnestie oder General-
pardon umsetzen. Die sprachlichen Bedenken suchen sie dadurch
zu beseitigen, dass sie behaupten: es müsse dies Opfer dem Paulinischen System gebracht werden; der Apostel könne nicht eine so
unwürdige Vorstellung von Gott gehabt haben, dass er die Befriedigung der göttlichen Gerechtigkeit durch das Blut eines Unschul-
digen gelehrt habe; so Unvereinbares könne nur auf die Rechnung
der Ausleger kommen. Es wird weiter entgegengehalten, dass δωρεάν und τῇ αὐτοῦ χάριτι geradezu unwahr würden, wenn δικαίωσις und ἀπολύτρωσις im Sinne von redemtio correlate Begriffe
wären.

Dass diese Polemik im Grunde gegen die kirchliche Satisfactionstheorie angeht, braucht nicht erst nachgewiesen zu werden.
Vorweg habe ich zu bemerken, dass mir die moderne Theorie, nach
welcher die Sünder sich in Gottes Haft befinden, und unter der
ἀπολύτρωσις ἐν Χριστῷ Ἰησοῦ nichts weiter zu verstehen sei, als
die Entlassung der Sünder aus der Schuldhaft, sobald sie mittelst
des Glaubens dem Kreuze Christi eine ethische Wirkung auf ihr
Inneres einräumten, schon um desswillen nicht zusagt, weil sie
eins der vielen Experimente ist, den Heilsthatsachen nur soviel Bedeutung beizulegen, als sie ethische Erfolge haben. Ich glaube an
eine Heilsgeschichte ausser und über den Individuen und bin in
keinerlei Weise der Meinung, dass, was von dieser Heilsgeschichte zur
Zeit subjectiv erlebt worden ist, den hermeneutischen Maassstab für
die Auslegung der apostolischen Briefe herzugeben habe. Darum
dünkt es mir redlicher zu sein, von Schriftstellen, deren Inhalt von
den Auslegern noch nicht erlebt oder erfahren ist, zu sagen: ich
verstehe sie nicht, als: so kann Paulus nicht geschrieben haben. Es
würde weit weniger Streit sein, wenn jeder sich dessen bewusst
bliebe, dass sein Horizont nicht der des andern zu sein braucht,
bei einiger Demuth aber und Liebe, entschiedenes Heilsbedürfniss
vorausgesetzt, die Horizonte der Interpreten einander wunderbar
nahe rücken. Doch ich kehre zur Sache zurück.

Mir scheint ausser Frage, dass die Sache, welche die Ausdrücke
λύτρον, λυτρώσασθαι, ἀπολύτρωσις, ἠγοράσθηναι dem N. T. Lehrbegriff angehören und daher nicht durch Umdeutung ihres wesentlichen Inhaltes zu berauben oder zu beseitigen sind. Die Lehre von
der Satisfaction in Christo und durch Christum ist Schriftlehre.
Damit soll keineswegs gesagt werden, dass die anselmische oder
irgend welche andere Satisfactionstheorie schriftgemäss sei. Mir
scheinen diese Theorieen wenigstens in einem Punkte — und das
ist allerdings ein Hauptpunkt — mit der Schriftlehre nicht zu
stimmen.

Man bezeichnet nämlich die Gerechtigkeit Gottes als Empfängerin der Satisfaction; sie sei durch die Sünde verletzt und müsse daher, bevor Weiteres geschehen könne, gesühnt werden. Nun finde ich nicht, dass die Schrift irgendwo von einer Verletzung der göttlichen Gerechtigkeit redet, wohl deshalb nicht, weil eine Verletzung Gottes oder einer seiner Eigenschaften ein Ding der Unmöglichkeit ist. Wenigstens könnte nur figürlich davon geredet werden. Wenn aber irgend wo, so thut es hier Noth, alles uneigentliche Reden aufzugeben und diejenigen Ausdrücke zu gebrauchen, welche, soweit möglich, die Sache angeben, wie sie wirklich ist. Ich meine aber, dass nicht die Eigenschaften Gottes, sondern die Anstalten, Einrichtungen, Ordnungen u. s. w., welche von ihnen ausgehen, verletzbar sind. Und das scheint man auch gefühlt zu haben, wenn man neuerdings wieder spricht, wie in den Tagen des Anselmus, von der Verletzung der sittlichen Weltordnung durch die Sünde und von der unabweisbaren Pflicht der göttlichen Gerechtigkeit, die gestörte Ordnung durch entsprechende Strafen wiederherzustellen. Die sittliche Weltordnung finde ich wieder nicht in der Schrift; ich vermuthe daher, dass, wenn der Ausdruck fehlt, auch die Sache nicht schriftgemäss sein dürfte. — Was ist denn das für eine sittliche Weltordnung? Wäre darunter das système de la nature, ins Ethische übersetzt, zu verstehen? Wenn die Stoiker das naturam sequi als Norm und Ziel, als Summe alles sittlichen Verhaltens ansehen, so werden sie darunter eben das verstanden haben, was man heut zu Tage als sittliche Weltordnung bezeichnet. Viele sind ihnen darin nachgefolgt. Die Natur oder, anders ausgedrückt, die Weltordnung hat als das oberste Princip der Ethik Jahrhunderte lang die Culturvölker der Erde beherrscht. Aber viel Gutes ist dabei nicht herausgekommen. Was für Sünde und Schande hat nicht unter dem Deckmantel der natürlichen Ordnung gewüstet und das Menschengeschlecht an den Rand der Verzweiflung gebracht? Das wäre denn doch nicht möglich, wenn sich die sogenannte sittliche Weltordnung rein und unverfälscht aus den erkennbaren Naturgesetzen oder aus den geschichtlichen Vorgängen entnehmen liesse. Wir fragen billiger Weise: wer ist denn der Interpret der sittlichen Weltordnung? Ist der nicht zuverlässig, so wird auch nicht mit Bestimmtheit zu sagen sein, was dieser Ordnung entspricht und was nicht. Interpret und Zeuge soll nur sein das Gewissen, das der Menschenseele angeborne Sittengesetz. Die Schrift weiss nichts davon. Was man Röm. 2. 15 hat finden wollen, beruht auf falscher Auslegung. Die sogenannte sittliche Weltordnung sollte die vom Menschengeist begriffene Harmonie aller Naturgesetze sein, als solche das Vorbild aller staatlichen und socialen Einrichtungen; es fehlte aber viel daran, dass man das innere Wesen der Natur begriffen hätte. Und hätte man es begriffen, so würde man bald gefunden haben, dass die Natur nicht ist, was sie ursprünglich war, dass eine grosse Veränderung mit ihrer Harmonie vorgegangen sein muss, sintemal sie sich vielmehr darstellt als der organische Zusammenhalt endloser Conflicte, wie denn als ein in absoluter Harmonie beruhendes, friedvolles Ganze. Wir erfahren aus Gottes Offenbarung, dass die gegenwärtige Weltordnung nicht der reine Ausdruck des ursprünglichen Schöpferwillens ist, sondern die der Sünde des Menschengeschlechts entsprechende Modification des Naturlebens. Erst, wenn die Verheissung des neuen Himmels und der neuen Erde sich erfüllt hat, wird die ursprüngliche Weltordnung, physisch und sittlich, wieder hergestellt sein.

Was soll man hiernach von der Rede halten: die Satisfaction werde der göttlichen Gerechtigkeit für den Zweck der Wiederherstellung oder Wiederaufrichtung der sittlichen Weltordnung geleistet? Wir werden von der Verletzung der sittlichen Weltordnung und deren Restitution oder Sühnung absehen müssen.

Die sittliche Ordnung, welche der absolute Gesetzgeber verlangt, konnte auf keinem andern Wege dem Menschengeschlecht bekannt werden, als durch Offenbarung seines Willens. Eine solche Offenbarung hat stattgefunden. Der Νόμος ist das Princip aller sittlichen Ordnung. Gott hat ihn als solches proclamirt. Erst, seit dies geschehen, kann von Gesetz und Recht, kann von Rechtsverletzung, bez. Gesetzesübertretung die Rede sein. — Dieser νόμος nun hat seine von Gott ihm zugewiesenen Functionen, die in dem κρίνειν und κατακρίνειν gipfeln; nicht minder seine Rechte δικαιώματα. Ausdrücklich sagt der Apostel Röm. 8, 3 4: Christus sei gestorben, ἵνα τὸ δικαίωμα τοῦ νόμου πληρωθῇ ἐν ἡμῖν. Dass in Röm. 2, 26 das φυλάσσειν τὰ δικαιώματα τοῦ νόμου etwas anderes nicht heissen kann, als die Rechte des Gesetzes wahren, welche darin bestehen, dass der Sünder zur Erkenntniss der Sünde geführt und gerichtet werde, habe ich in meinen Bemerkungen zu der Stelle nachgewiesen.

Uebertretungen des Gesetzes sind also Rechtsverletzungen der Sünder ist dem Rechte verhaftet oder verfallen; die Forderungen des Rechts müssen gesühnt, dem Rechte oder, was hier dasselbe ist, **dem Gesetze** muss Genugthuung geleistet werden.

Wenn nun aber die Satisfaction dem νόμος, der doch nur für das Volk Israel gegeben war, gilt, wie steht's dann mit der Behauptung, dass die von Christo geleistete Satisfaction auf die ganze Menschheit sich beziehe? Darauf antworte ich, dass die Heiden, welche ἀνόμως gesündigt haben, auch ἀνόμως ἀπολοῦνται, Satisfaction aber im eigentlichen Sinne doch nur für ἁμαρτήματα geleistet werden kann, die nach göttlichem Rechte einer solchen bedürfen. Nun aber heisst es ausdrücklich Röm. 5, 13: ἁμαρτία οὐκ ἐλλογεῖται, μὴ ὄντος νόμου. Die προγεγονότα ἁμαρτήματα also, von denen 3, 25 geredet wird, sind wirklich die ἐπὶ τῇ πρώτῃ διαθήκῃ παραβάσεις Hebr. 9, 15. Daher wird die ἀπολύτρωσις ἐν Χριστῷ Ἰ. Gal. 3, 13 beschrieben, als ein ἐξαγορασθῆναι ἐκ τῆς κατάρας τοῦ νόμου. Wie erst der Fluch des Gesetzes von

Israel weggenommen werden musste, ehe der Segen zu den Heiden
gelangen und beide, Juden und Heiden, die Verheissung des Geistes
durch den Glauben empfangen konnten, habe ich zu Gal. 3, 13 (s.
die Zeitschrift für kirchliche Wissenschaft und Leben, Bd. I. Auslegung von Gal. 3, 20) gezeigt, also erhellt aus der richtig ver-
standnen Stelle Röm. 2, 15, dass der Heide, wenn er an das Evangelium glaubt, die Heilsgeschichte Israels, insbesondere τὸ ἔργον
τοῦ νόμου γραπτὸν ἐν τ. καρδ. innerlich durchlebt und das κρίνειν und κατακρίνειν desselben erfährt, insofern also ebenso, wie
der gläubig gewordene Jude, zu der ἀπολύτρωσις ἐν Χῷ Ἰησ.
seine Zuflucht zu nehmen hat, was er nicht könnte und dürfte, wenn
die Satisfaction von Christo nicht auch für die Heiden geleistet worden wäre, sofern sie nämlich ihre Sünden als Rechtsverletzungen
des göttlichen νόμος erkennen.

Das Recht nun, welchem Genugthuung zu leisten ist, darf nicht
mit der Gerechtigkeit Gottes verwechselt werden; es ist ein historisches Recht, an dessen Zustandekommen Menschen betheiligt gewesen sind — kurz, es ist das Bundesrecht Israels, dessen unverbrüchliche Geltung für Gott und für Israel auch formell durch
die Art und Weise der Bundesschliessung sichergestellt ist. Die
Gerechtigkeit Gottes als Eigenschaft steht in Beziehung zu diesem
historischen Rechte; sie ist nicht zu definiren als Güte, Wahrhaftigkeit, Treue, Heiligkeit, nicht als rechtfertigende und heiligende,
nicht als vergeltende Gerechtigkeit. Abgesehen davon, dass der
Paulinische Sprachschatz für jede dieser Eigenschaften besondere
Ausdrücke hat, dass ferner, wie mit Leichtigkeit zu erkennen ist,
die verschiedenen Deutungen der Gerechtigkeit in gewissen Vorurtheilen über den Context ihren Grund haben, würde die klar vorliegende Correlation zwischen δικαιοσύνη und ἀπολύτρωσις dadurch verdunkelt werden. Alle Sühne hat zu ihrer Voraussetzung
Verletzungen des positiven Rechtes. Die Gerechtigkeit aber ist diejenige Eigenschaft Gottes, vermöge welcher er das geltende Recht
wahrt, die Forderungen der δίκη aufrecht erhält und befriedigt; so
dass es also nicht die Gerechtigkeit Gottes ist, sondern der νόμος,
bez. τὸ δικαίωμα τοῦ νόμου, welchem Genugthuung geleistet wird.

Welches ist denn nun die Genugthuung, welche das verletzte
Bundesrecht Israels verlangt? Die für die Uebertretung des Gesetzes verordnete Busse ist der Tod. In den bei Weitem meisten
Fällen jedoch wird die Todesstrafe nicht vollzogen, sondern es tritt
eine λύτρωσις ein. Jedes Sühnopfer ist schliesslich die Darbringung
eines λύτρον für das verwirkte Leibesleben; seine Frucht der ἐξιλασμός; das λύτρον ist das ἱλαστήριον. Es wäre thöricht, dergleichen positive Bestimmungen metaphysisch erklären zu wollen.
Solchen Versuchen entstammen die Fragen, welche man von Zeit zu
Zeit vorgebracht hat, wie doch nur Thierblut ein Aequivalent sein
könne für Menschenblut oder, wie doch nur die Darbringung eines
Opferthiers am Versöhnungsfeste als ein quantitatives Aequivalent

habe gelten können für das dem Gesetz mit seinem Leben verhaftete
und verfallene Volk. Dergleichen Fragen sind einfach mit dem
Hinweis abzulehnen, dass das Ritualgesetz nicht auf philosophischen
oder juristischen Erwägungen beruht, sondern ebenso, wie die andern
gesetzlichen Bestimmungen, Ausdruck des göttlichen Willens ist.
Es genügt zu wissen, dass der Gesetzgeber mit seinen Anordnungen
eine bestimmte Wirkung verbunden hat, wobei nichts darauf ankommt, ob die Wirkung aus dem angeordneten Verfahren auf natür-
lichem Wege sich erklären lässt oder nicht.

Daher stellt der Hebräerbrief ganz einfach für das Lustrations-
verfahren die Bestimmung des Gesetzes hin (9, 22): καὶ σχεδὸν ἐν
αἵματι πάντα καθαρίζεται κατὰ τὸν νόμον καὶ χωρὶς αἵματ-
εκχυσίας οὐ γίνεται ἄφεσις. Es war ferner κατὰ νόμον, dass
der Hohepriester am grossen Versöhnungstage für das ganze Volk
das Blut eines Opferthiers darbrachte, wiewohl jeder einzelne aus
dem Volk durch seine Uebertretung das Leben verwirkt hatte und
daher als λύτρον für jeden Einzelnen das Blut eines Opfers hätte
dargebracht werden müssen. Somit ist die Darbringung eines
Opfers für viele Schuldige nicht wider das Gesetz, sondern dem Gesetz vollkommen entsprechend. Es kann also, wenn die Gerechtigkeit Gottes für das δικαίωμα τοῦ νόμου eintritt, die Befreiung aus
der Haft des Gesetzes nicht dadurch beanstandet werden, dass für
die Vielen nur ein Opfer blutet. Dem Gesetze war vollkommen
genug geschehen, wenn das geschah, was es selbst für diesen Zweck
anordnete. — Begreiflicher Weise kann das Verhältniss zwischen den
alttestamentlichen Opfern und dem Opfer Christi hier nicht ausführlich behandelt werden; die apostolische Stellung zu dieser Frage hat
der Hebräerbrief mit aller Klarheit dargelegt. Hier nur soviel, dass
das alttestamentliche Opfer die Sünde selbst nicht tilgen, sondern
nur äussere Reinigkeit herbeiführen konnte, immerhin aber dadurch,
dass es eine ἀνάμνησις ἁμαρτιῶν (Hebr. 10, 3) wirkte und diese
von Gott selbst für die Zeit der ἀνοχῆς bis zum καιρὸς διορθώ-
σεως durch die Anordnung der Sühnopfer beabsichtigt war, die Ver-
schonung des Volks und die Beibehaltung desselben im Bunde zur
Folge hatte, so dass diejenigen nicht Recht haben, welche dem alttestamentlichen Opfer nur symbolische Bedeutung beilegen, dagegen
aber jede exhibitive Wirkung absprechen.

Die volle Sühnung des gesetzlichen Anspruchs an den Sünder,
zu deren Herbeiführung Gott selbst als Urheber und Schirmherr des
Gesetzes kraft seiner Gerechtigkeit verpflichtet war, konnte nur dadurch geschehen, dass das verwirkte Menschenleben selbst als Schuldopfer dargebracht wurde. Dies hätte, da alle Menschen ohne Unterschied dem Tode verfallen waren, nur viritim geschehen können und
würde mit dem Untergange des Menschengeschlechtes geendet haben,
wenn sich nicht die Darbringung Eines λύτρον, Eines Menschenlebens für alle ermöglicht hätte. Die Sufficienz der Stellvertretung
stand κατὰ τὸν νόμον fest, falls nur ein genügendes λύτρον sich

finden liess. Dies λύτρον musste nämlich für sich vollkommen schuldfrei sein, wie hätte es sonst fremde Schuld, ja die Schuld des ganzen Menschengeschlechts auf sich nehmen können. — Die Möglichkeit einer λύτρωσις, bez. ἀπολύτρωσις hat nun Gott selbst erfunden (Hebr. 9, 12), indem er seinen Sohn hingab und ihn eintreten liess in unser Fleisch und Blut. So war ein Schuldfreier unter den Schuldbeladenen.

Es ist aber nicht zu übersehen, dass, wiewohl Gott in freiester Entschliessung seinen Sohn hingab, nichts desto weniger seine Gabe der Stellung zu entsprechen hatte, welche er kraft der Bundesschliessung zu seinem Eigenthumsvolk einnahm. Der Herr hatte als Schutz- und Schirmherr desselben auf sich genommen, mit allen ihm zu Gebote stehenden Mitteln den Seinen zu helfen, dass sie nicht verloren gingen. Darum die Hingabe seines Sohnes. Gott löste damit seinerseits die Verpflichtung gegen sein Volk, er sendete ihm und in weiterem Betracht der Menschheit das λύτρον ἀντὶ πολλῶν (Matth. 20, 28. Marc. 10, 45). Andrerseits hatte Israel, bez. die Menschheit ihr λύτρον darzubringen, damit der Zweck der Bundesschliessung sich verwirkliche: ein Gott und ein Gottesvolk. Indem der menschgewordene Gottessohn als λύτρον eintrat für die Schuldigen und damit den Fluch des Gesetzes aufhob, brachte er uno eodemque actu ˙sich selbst dem Vater als ἀντίλυτρον dar Namens der von ihm vertretenen Menschheit, daher die emphatische Hervorhebung des ἄνθρωπος in 1 Tim. 2, 5. 6. — Es versteht sich von selbst, dass mit der dem Gesetz geleisteten Genugthuung auch die δικαιοσύνη Gottes sich in ihrer vollen Kraft erwiesen hatte, ebenso, dass nunmehr die strafrechtliche Verfolgung der Schuldigen Seiten der δικαιοσύνη aufhörte und an die Stelle der ἀποκάλυψις ὀργῆς der ἱλασμὸς trat.

Dies in der Kürze der Versuch, den Paulinischen Gedanken über die Erlösung nachzugehen und sie zu einem übersichtlichen Ganzen zu verknüpfen.

Διὰ τῆς ἀπολυτρώσεως τῆς ἐν Χριστῷ Ἰησ. würde heissen: durch die Entlassung aus der Schuldhaft (des Gesetzes), wie sie durch die Erlösung in Christo Jesu stattgefunden hat. Durch den präpositionellen Zusatz mit Artikel wird diese ἀπολύτρωσις bestimmt unterschieden von einer andern. Das kann nur die ἀπολύτρωσις sein, wie sie nach jedem Schuldopfer stattfand, nicht die ἀπολύτρωσις nach Vornahme der gesetzlichen Reinigungen; auch nicht die Befreiung aus der Schuldhaft des Gläubigers im Jubeljahr, denn diese hiess ἄφεσις und fand statt ohne ein dem Gläubiger bezahltes λύτρον.

Ἐν Χριστῷ Ἰησοῦ darf nicht erklärt werden durch διὰ προςφορᾶς αἵματος Χρ. (Hebr, 10, 10). Das wäre Vorwegnahme des 25. Verses. Im 24. Vers ist ganz allgemein die Sphäre angegeben, innerhalb welcher die ἀπολύτρωσις zu Stande gekommen ist, gewissermaassen die christliche ἀπολύτρ. Es hindert übrigens nichts, $\dot{\alpha}\pi o\lambda\dot{v}\tau\varrho$. mit Weglassung des Etymologischen am Begriff mit Luther durch Erlösung zu verdeutschen. Das $\lambda\dot{v}\tau\varrho o\nu$ ist darin genügend ausgedrückt, die Loslassung aus der Schuldhaft durch Gott nicht ausgeschlossen. Wie verhält sich nun $\delta\omega\varrho\varepsilon\dot{\alpha}\nu$ und $\tau\tilde{\eta}\; \alpha\dot{v}\tau o\tilde{v}\; \chi\dot{\alpha}\varrho\iota\tau\iota$ zu $\delta\iota\dot{\alpha}$ $\tau\tilde{\eta}\varsigma\; \dot{\alpha}\pi o\lambda\dot{v}\tau\varrho.$? **Wir** haben weder die Schuld getilgt, noch das Lösegeld bezahlt. Somit ist unsre Rechtfertigung ein Geschenk. Dies hervorzuheben war um so mehr Veranlassung, als der Apostel gegen den Anspruch der Juden, gerecht zu sein, wenn auch nicht aus eignem Verdienst, so doch aus Verdienst der Patriarchen oder aus den Werken des Gesetzes, jedenfalls anspruchsberechtigt aus Leistungen, sei es eigenen oder anderer, zu zeugen hatte. Die Zurechnung fremder Leistungen würde aber auch als eine $\chi\dot{\alpha}\varrho\iota\varsigma$ aufgefasst werden können, als Liebesdienst, als Wohlthat, was alles $\chi\dot{\alpha}\varrho\iota\varsigma$ bedeutet. In der That dachte sich der hellenisch gebildete Jude — und mit solchen hatte es der Apostel vorzugsweise zu thun — seine $\dot{\alpha}\pi o$-$\lambda\dot{v}\tau\varrho\omega\sigma\iota\varsigma$ bez. $\delta\iota\varkappa\alpha\dot{\iota}\omega\sigma\iota\varsigma$ durch seine Abstammung von den Patriarchen vermittelt. Statt vieler Beispiele nur zwei. Philo de Creat. Princip. II, 366: $\tau\dot{o}\; \delta'\; \alpha\dot{\iota}\tau\iota o\nu$ (nämlich dass Israel vor allen Völkern der Erde dem „Schöpfer und Vater" als $\dot{\alpha}\pi\alpha\varrho\chi\dot{\eta}$ zugetheilt war $\alpha\dot{\iota}$ $\tau\tilde{\omega}\nu\; \dot{\alpha}\varrho\chi\eta\gamma\varepsilon\tau\tilde{\omega}\nu\; \tau o\tilde{v}\; \ddot{\varepsilon}\vartheta\nu o\upsilon\varsigma\; \pi\varepsilon\varrho\iota\mu\dot{\alpha}\chi\eta\tau o\iota\; \delta\iota\varkappa\alpha\iota o\sigma\dot{v}\nu\alpha\iota\; \varkappa\alpha\dot{\iota}$ $\dot{\alpha}\varrho\varepsilon\tau\alpha\dot{\iota},\; \alpha\ddot{\iota}\; \varkappa\alpha\vartheta\dot{\alpha}\pi\varepsilon\varrho\; \varphi\upsilon\tau\dot{\alpha}\; \dot{\alpha}\vartheta\dot{\alpha}\nu\alpha\tau\alpha\; \delta\iota\alpha\mu\dot{\varepsilon}\nu o\upsilon\sigma\iota\nu,\; \dot{\alpha}\varepsilon\iota\vartheta\alpha\lambda\dot{\varepsilon}\alpha$ $\varkappa\alpha\varrho\pi\dot{o}\nu\; \varphi\dot{\varepsilon}\varrho o\upsilon\sigma\alpha\iota\; \tau o\tilde{\iota}\varsigma\; \dot{\alpha}\pi o\gamma\dot{o}\nu o\iota\varsigma\; \sigma\omega\tau\dot{\eta}\varrho\iota o\nu\; \varkappa\alpha\dot{\iota}\; \pi\varrho\dot{o}\varsigma\; \pi\dot{\alpha}\nu\tau\alpha$ $\dot{\omega}\varphi\dot{\varepsilon}\lambda\iota\mu o\nu\; \varkappa\alpha\dot{\iota}\; \ddot{\alpha}\nu\; \alpha\dot{v}\tau o\dot{\iota}\; \tau\dot{v}\chi\omega\sigma\iota\; \delta\iota\alpha\mu\alpha\varrho\tau\dot{\alpha}\nu o\nu\tau\varepsilon\varsigma\; \dot{\iota}\dot{\alpha}\sigma\iota\mu\alpha,\; \dot{\alpha}\lambda\lambda\dot{\alpha}$ $\mu\dot{\eta}\; \pi\alpha\nu\tau\varepsilon\lambda\tilde{\omega}\varsigma\; \dot{\alpha}\nu\dot{\iota}\alpha\tau\alpha.$ Sehr instructiv ist namentlich der Stelle Gal. 3, 3. 13 gegenüber Philo de Execrat. § 9 II, 436. Es ist die Rede von der Rückkehr der Juden nach dem gelobten Lande, eine übermenschliche Gestalt werde sie führen, sichtbar $\tau o\tilde{\iota}\varsigma\; \dot{\alpha}\nu\alpha\sigma\omega\zeta o$-$\mu\dot{\varepsilon}\nu o\iota\varsigma,\; \tau\varrho\iota\sigma\dot{\iota}\; \chi\varrho\eta\sigma o\mu\dot{\varepsilon}\nu o\iota\varsigma\; \pi\alpha\varrho\alpha\varkappa\lambda\dot{\eta}\tau o\iota\varsigma\; \tau\tilde{\omega}\nu\; \pi\varrho\dot{o}\varsigma\; \tau\dot{o}\nu\; \pi\alpha\tau\dot{\varepsilon}\varrho\alpha$ $\varkappa\alpha\tau\alpha\lambda\lambda\alpha\gamma\tilde{\omega}\nu.\; \dot{E}\nu\dot{\iota}\; \mu\dot{\varepsilon}\nu\; \dot{\varepsilon}\pi\iota\varepsilon\iota\varkappa\varepsilon\dot{\iota}\alpha\; \varkappa\alpha\dot{\iota}\; \chi\varrho\eta\sigma\tau\dot{o}\tau\eta\tau\iota\; \tau o\tilde{v}\; \pi\alpha\varrho\alpha\varkappa\alpha$-$\lambda o\upsilon\mu\dot{\varepsilon}\nu o\upsilon,\; \ddot{o}\varsigma\; \sigma\upsilon\gamma\gamma\nu\dot{\omega}\mu\eta\nu\; \pi\varrho\dot{o}\; \tau\iota\mu\omega\varrho\dot{\iota}\alpha\varsigma\; \dot{\alpha}\varepsilon\dot{\iota}\; \tau\dot{\iota}\vartheta\varepsilon\tau\alpha\iota\cdot\; \delta\varepsilon\upsilon\tau\dot{\varepsilon}\varrho\omega$ $\delta\dot{\varepsilon}\; \tau\tilde{\eta}\; \tau\tilde{\omega}\nu\; \dot{\alpha}\varrho\chi\eta\gamma\varepsilon\tau\tilde{\omega}\nu\; \tau o\tilde{v}\; \ddot{\varepsilon}\vartheta\nu o\upsilon\varsigma\; \dot{o}\sigma\iota\dot{o}\tau\eta\tau\iota,\; \ddot{o}\tau\iota\; \tau\alpha\tilde{\iota}\varsigma$ $\dot{\alpha}\varphi\varepsilon\iota\mu\dot{\varepsilon}\nu\alpha\iota\varsigma\; \sigma\omega\mu\dot{\alpha}\tau\omega\nu\; \psi\upsilon\chi\alpha\tilde{\iota}\varsigma\; \ddot{\alpha}\pi\lambda\alpha\sigma\tau o\nu\; \varkappa\alpha\dot{\iota}\; \gamma\upsilon\mu\nu\dot{\eta}\nu\; \dot{\varepsilon}\nu\delta\varepsilon\iota\varkappa\nu\upsilon$-$\mu\dot{\varepsilon}\nu\alpha\iota\varsigma\; \pi\varrho\dot{o}\varsigma\; \tau\dot{o}\nu\; \ddot{\alpha}\varrho\chi o\nu\tau\alpha\; \vartheta\varepsilon\varrho\alpha\pi\varepsilon\dot{\iota}\alpha\nu\; \tau\dot{\alpha}\varsigma\; \dot{v}\pi\dot{\varepsilon}\varrho\; \upsilon\dot{\iota}\tilde{\omega}\nu\; \varkappa\alpha\dot{\iota}\; \vartheta\upsilon$-$\gamma\alpha\tau\dot{\varepsilon}\varrho\omega\nu\; \dot{\iota}\varkappa\varepsilon\tau\varepsilon\dot{\iota}\alpha\varsigma\; o\dot{v}\varkappa\; \dot{\alpha}\tau\varepsilon\lambda\varepsilon\tilde{\iota}\varsigma\; \varepsilon\dot{\iota}\dot{\omega}\vartheta\alpha\sigma\iota\; \pi o\iota\varepsilon\tilde{\iota}\sigma\vartheta\alpha\iota,\; \gamma\dot{\varepsilon}\varrho\alpha\varsigma$ $\alpha\dot{v}\tau o\tilde{\iota}\varsigma\; \pi\alpha\varrho\dot{\varepsilon}\chi o\nu\tau o\varsigma\; \tau o\tilde{v}\; \pi\alpha\tau\varrho\dot{o}\varsigma\; \tau\dot{o}\; \dot{\varepsilon}\pi\dot{\eta}\varkappa o o\nu\; \dot{\varepsilon}\nu\; \varepsilon\dot{v}\chi\alpha\tilde{\iota}\varsigma\cdot\; \tau\varrho\dot{\iota}\tau\omega$ $\delta\dot{\varepsilon},\; \delta\iota'\; \ddot{o}\; \mu\dot{\alpha}\lambda\iota\sigma\tau\alpha\; \varkappa\alpha\dot{\iota}\; \dot{\eta}\; \tau\tilde{\omega}\nu\; \lambda\varepsilon\chi\vartheta\dot{\varepsilon}\nu\tau\omega\nu\; \varepsilon\dot{v}\mu\dot{\varepsilon}\nu\varepsilon\iota\alpha\; \varphi\vartheta\dot{\alpha}\nu\varepsilon\iota\; \pi\varrho o$-$\alpha\pi\alpha\nu\tau\tilde{\omega}\sigma\alpha\cdot\; \tau o\tilde{v}\tau o\; \delta\dot{\varepsilon}\; \dot{\varepsilon}\sigma\tau\iota\; \beta\varepsilon\lambda\tau\dot{\iota}\omega\sigma\iota\varsigma\; \tau\tilde{\omega}\nu\; \dot{\alpha}\gamma o\mu\dot{\varepsilon}\nu\omega\nu\; \varepsilon\dot{\iota}\varsigma\; \sigma\pi o\nu\delta\dot{\alpha}\varsigma$ $\varkappa\alpha\dot{\iota}\; \sigma\upsilon\mu\beta\dot{\alpha}\sigma\varepsilon\iota\varsigma,\; o\ddot{\iota}\; \mu\dot{o}\lambda\iota\varsigma\; \dot{\varepsilon}\xi\; \dot{\alpha}\nu o\delta\dot{\iota}\alpha\varsigma\; \varepsilon\dot{\iota}\varsigma\; \dot{o}\delta\dot{o}\nu\; \dot{\eta}\delta\upsilon\nu\dot{\eta}\vartheta\eta\sigma\alpha\nu\; \dot{\varepsilon}\lambda$-$\vartheta\varepsilon\tilde{\iota}\nu,\; \dot{\eta}\varsigma\; \tau\dot{o}\; \pi\dot{\varepsilon}\varrho\alpha\varsigma\; o\dot{v}\delta\dot{\varepsilon}\nu\; \ddot{\varepsilon}\tau\varepsilon\varrho o\nu\; \dot{\eta}\; \varepsilon\dot{v}\alpha\varrho\varepsilon\sigma\tau\varepsilon\tilde{\iota}\nu\; \tau\tilde{\omega}\; \vartheta\varepsilon\tilde{\omega}\; \varkappa\alpha\vartheta\dot{\alpha}$-$\pi\varepsilon\varrho\; \upsilon\dot{\iota}o\tilde{\iota}\varsigma\; \pi\alpha\tau\varrho\dot{\iota}.$ Ich habe diese Stellen hieher gesetzt, weil das durch Voranstellung betonte $\alpha\dot{v}\tau o\tilde{v}$ in $\tau\tilde{\eta}\; \alpha\dot{v}\tau o\tilde{v}\; \chi\dot{\alpha}\varrho\iota\tau\iota$ mir einer Erklärung bedürftig schien und weil ich in Anbetracht dessen, dass die Citate der allbekannten jüdischen Zeittheologie angehörten, also weder dem Apostel, noch seinen Lesern unbekannt sein konnten, unbedenklich fand, darauf Bezug zu nehmen.

Also nicht $\tau\tilde{\eta}\; \tau\tilde{\omega}\nu\; \dot{\alpha}\varrho\chi\eta\gamma\varepsilon\tau\tilde{\omega}\nu\; \tau o\tilde{v}\; \ddot{\varepsilon}\vartheta\nu o\upsilon\varsigma\; \chi\dot{\alpha}\varrho\iota\tau\iota$, oder, wie

Philo gern schreibt, τῆς προγονικῆς εὐγενείας χάριν, sondern τῇ τοῦ θεοῦ χάριτι aus Gottes Gnaden ist die Rechtfertigung erfolgt. Das διὰ τῆς ἀπολύτρ. ἐν X. Ἰησ. sehe ich übrigens als erläuternde Apposition zu δωρεάν, τῇ αὐτοῦ χάριτι an.

vv. 25. 26. Man hat diese beiden Verse — so bemerkt G — das Mark der Theologie, die kurze Summe der göttlichen Weisheit genannt. Allerdings für klares Verstehen fast zu kurz. Statt vollständig entwickelter Sätze erhalten wir eine Anzahl von präpositionellen Bestimmungen: ἐν αἵματι — εἰς ἔνδειξιν. δ. α. — διὰ τὴν πάρεσιν τ. π. ἁμ. — ἐν τῇ ἀνοχῇ τοῦ θεοῦ — πρὸς ἔνδειξιν τ. δ. — ἐν τῷ νῦν κ. — εἰς τὸ εἶναι αὐτὸν δίκ. asyndetisch nebeneinander gestellt, von denen nur zwei als unzweifelhaft zusammengehörig erkennbar sind, nämlich εἰς ἔνδειξιν τ. δ. und διὰ τὴν πάρεσιν τῶν προγ. ἁμ.· — bleiben immer noch präpositionale Zusätze; deren Angehörigkeit und Bedeutung festzustellen ist. Soviel ich sehe, sind sämmtliche Exegeten darin einverstanden, dass diese Zusätze dem Relativsatz ὃν προέθετο ὁ θ. ἱλαστήριον δ. τ. π. anzuschliessen sind; ungewiss nur, ob ἐν τῷ αὐτ. αἵματι zu ἱλαστήριον oder zu διὰ τ. πίστεως zu ziehen ist. Ich meinestheils habe die Masse der Gedanken, die sich in diesen Zusätzen zusammendrängen, durch die vorerwähnte Verbindungsweise nicht bewältigen können. Nun ist zwar concise, ja contorte Redeweise kein Kennzeichen unpaulinischer Diction. Im Gegentheil! Aber bei aller dialectischer Gedrungenheit der paulinischen Schreibart erkennt man doch stets einen schnurgeraden Weg von den Prämissen zum Ziele. Diesen Weg vermisse ich, wenn ich sämmtliche Zusätze an προέθετο hänge. Auch meine ich eine Andeutung gefunden zu haben, dass der Apostel seine Aussagen anders verbunden wissen will. Es ist nämlich auffallend, dass, ob man nun ἐν τῇ ἀνοχῇ τοῦ θεοῦ zu πάρεσις oder zu προγεγονότ. ἁμαρτημ. zieht, in einem Complex von Bestimmungen, die, wie man annimmt, sämmtlich von προέθετο ὁ θεὸς abhängen, nachdem bereits τῆς δικαιοσύνης αὐτοῦ gesagt worden, nicht auch ἐν τῇ ἀνοχῇ αὐτοῦ gesagt wird, zumal in den auf v. 26 nachfolgenden Zusätzen noch zweimal αὐτοῦ und αὐτὸν gesetzt ist. Was hat das zu bedeuten, dass Paulus mitten in diesen asyndetisch nebeneinander gestellten Zusätzen statt des Fürwortes θεοῦ eintreten lässt (ἐν τῇ ἀνοχῇ τοῦ θ.)? — M findet den Grund darin, dass Paulus das διὰ τὴν πάρεσιν — θεοῦ von seinem Standpunkte aussagt, so dass das Subject objectiv dasteht [?]. Mit Recht erklärt sich G dagegen, nicht minder gegen die Meinung derer, welche die Entfernung des Subjects als Grund annehmen. G pflichtet vielmehr der „feinen" Bemerkung von Matthias bei: „durch das Wort τοῦ θεοῦ (für αὐτοῦ) hebt der Apostel stärker den Contrast hervor zwischen dem Verfahren der Menschen (ihre fortwährenden Verfehlungen) und dem Verfahren Gottes (seiner langen Geduld)". Also etwa: während einer Geduld, wie sie nur Gott üben kann. Ich finde jedoch in dem ganzen Gedankencomplex keine

Stelle, die einen solchen rhetorischen Accent rechtfertigt, denn nicht
die Grösse der Geduld, sondern die Geduldung oder Stundung
des Erweises der Gerechtigkeit bis zu einem gewissen Zeitpunkt,
also nicht die unendliche, sondern die zeitlich bemessene Geduld
passt in den Zusammenhang. Die Frage ist: warum hat Gott nicht
längst seine Gerechtigkeit erwiesen? Er hat Geduld gehabt oder
damit gewartet bis auf die Jetztzeit, damit er gerecht sei u. s. w.
— Lässt man den Accent weg und versucht dennoch $\dot{\epsilon}\nu \tau\tilde{\eta} \dot{\alpha}\nu o\chi\tilde{\eta}$
$\tau. \vartheta.$ entweder zu $\pi\dot{\alpha}\varrho\epsilon\sigma\iota\varsigma$ oder zu $\pi\varrho o\gamma\epsilon\gamma\acute{o}\nu o\tau\alpha$ zu construiren,
so ist dessen zu gedenken, dass die $\dot{\alpha}\nu o\chi\dot{\eta} \tau. \vartheta.$ keineswegs ein
terminus technicus für eine gewisse Zeitperiode ist; der Ausdruck
müsste sonst öfter vorkommen, während wir der $\dot{\alpha}\nu o\chi\dot{\eta}$ nur hier,
und in 2, 4 als Synonym von $\mu\alpha\varkappa\varrho o\vartheta\nu\mu\acute{\iota}\alpha$ begegnen. So würde
dann neben der $\pi\dot{\alpha}\varrho\epsilon\sigma\iota\varsigma \tau\tilde{\omega}\nu \pi\varrho o\gamma. \dot{\alpha}\mu\alpha\varrho\tau.$, welche selbstverständlich die Geduld Gottes zur Voraussetzung hat, das hinzugefügte $\dot{\epsilon}\nu$
$\tau\tilde{\eta} \dot{\alpha}\nu o\chi\tilde{\eta} \tau. \vartheta.$ sehr überflüssig erscheinen, was bei der concisen
Schreibart des Apostels nicht wohl anzunehmen ist.

Kurz, auch von dieser Seite aus lässt sich die Zugehörigkeit
von $\dot{\epsilon}\nu \tau. \dot{\alpha}\nu o\chi\tilde{\eta} \tau. \vartheta.$ zu irgend welchem Bestandtheil des Relativsatzes nicht begreifen. Wir sind daher um so mehr veranlasst,
daran festzuhalten, dass die $\dot{\alpha}\nu o\chi\dot{\eta} \tau. \vartheta\epsilon o\tilde{\nu}$ nicht wohl zu einem
Satze gehören kann, in welchem $\vartheta\epsilon\acute{o}\varsigma$ Subject ist, also auf die vorliegende Stelle angewendet, nicht zum Relativsatze. Es bleibt
nur Eins übrig — und das ist nach meiner unmaassgeblichen An-
sicht das allein richtige: $\dot{\epsilon}\nu \tau\tilde{\eta} \dot{\alpha}\nu o\chi\tilde{\eta} \tau. \vartheta.$ zu dem Participial- oder
Hauptsatze $\delta\iota\varkappa\alpha\iota o\acute{\nu}\mu\epsilon\nu o\iota$ zu construiren. Der Zusatz wird also
irgend welchen Umstand ausdrücken, unter welchem das $\delta\iota\varkappa\alpha\iota o\tilde{\nu}$-
$\sigma\vartheta\alpha\iota$ zu Stande kommt oder gekommen ist; es kann aber auch sein,
dass es ein Gedankenmoment, welches in directer Beziehung zu $\delta\iota$-
$\varkappa\alpha\iota o\tilde{\nu}\sigma\vartheta\alpha\iota$ steht, näher bestimmt, also unter den Zusätzen nicht unmittelbar, sondern mittelbar das Verbum des Hauptsatzes erläutert.
Wie ist nun das $\dot{\epsilon}\nu$ zu fassen? Nicht instrumental (so M): „die
gegen die vorigen Sünden durch die Geduld Gottes geübte Nach-
sicht", denn $\dot{\epsilon}\nu \tau. \dot{\alpha}\nu.$ ist nicht mit $\pi\varrho o\gamma\epsilon\gamma o\nu\acute{o}\tau\alpha$ zu verbinden.
Nicht mit G u. A. temporal: „die während der Geduld Gottes ge-
übte Nachsicht." Es ist ja richtig, dass $\dot{\epsilon}\nu$ Beides sein kann:
durch und während, aber eben so gewiss, dass es abgelöst vom
Relativsatze so nicht heissen kann. Die Sünder werden nicht durch,
auch nicht während der Geduld Gottes gerechtfertigt. Daraus folgt
unwiderleglich, dass der Zusatz $\dot{\epsilon}\nu \tau\tilde{\eta} \dot{\alpha}\nu o\chi\tilde{\eta}$ das Verbum des Hauptsatzes nicht unmittelbar, sondern erst mittelbar bestimmt, und dass
es eben um deswillen zu verbinden ist mit dem folgenden $\pi\varrho\grave{o}\varsigma \dot{\epsilon}\nu$-
$\delta\epsilon\iota\xi\iota\nu \tau. \delta. \alpha.$, aus welcher Verbindung sich dann die Bedeutung
der Präposition $\dot{\epsilon}\nu$ von selbst ergeben wird. Sollte jemand gegen
diese Verbindung das Bedenken geltend machen wollen, dass der
Artikel vor $\pi\varrho\acute{o}\varsigma$ fehlt, den verweise ich auf Winer (Gramm. 6.
S. 123. § 20. 2). $\dot{H} \dot{\alpha}\nu o\chi\dot{\eta} \tau. \vartheta. \pi\varrho\grave{o}\varsigma \ddot{\epsilon}\nu\delta. \tau. \delta. \alpha.$ heisst also

die Geduld oder besser die Zurückhaltung, Zögerung Gottes
in Bezug auf die Erweisung seiner Gerechtigkeit. Wir pflegen statt
zurückhalten, zögern in Bezug auf etwas kürzer zu sagen: zurückhalten, zögern mit etwas. Wegen der Bedeutung von $\pi\varrho\acute{o}\varsigma$ s.
Winer's Gramm. und die Lexica; ich will aber nachdrücklich gegen die
verkehrte Ansicht protestirt haben, als bedeute $\pi\varrho\acute{o}\varsigma$ dasselbe, was
$\epsilon\acute{\iota}\varsigma$, während doch $\pi\varrho\acute{o}\varsigma$ c. accus. stets die Beziehung auf et was,
$\epsilon\acute{\iota}\varsigma$ dagegen in uneigentlicher Bedeutung die Bestimmung für
etwas ausdrückt. Damit ist zugleich die Annahme abgelehnt, als
hätte der Apostel das $\epsilon\acute{\iota}\varsigma$ $\acute{\epsilon}\nu\delta\epsilon\iota\xi\iota\nu$ des 25. Verses im 26. Vers mit
$\pi\varrho\acute{o}\varsigma$ wiederholt, um ein vergessnes Moment, nämlich das $\acute{\epsilon}\nu$ $\tau\tilde{\omega}$
$\nu\tilde{\upsilon}\nu$ $\varkappa\alpha\iota\varrho\tilde{\omega}$ $\varkappa.$ $\tau.$ $\lambda.$ nachzuholen. Bei dieser Ansicht würde v. 26
wieder dem Relativsatz zugewiesen, was aus den oben angegebenen
Gründen unmöglich ist.

Man versteht nun den unmittelbar mit $\delta\iota\varkappa\alpha\iota o\acute{\upsilon}\mu\epsilon\nu o\iota$ ver-
bundenen Zusatz $\acute{\epsilon}\nu$ $\tau\tilde{\omega}$ $\nu\tilde{\upsilon}\nu$ $\varkappa\alpha\iota\varrho\tilde{\omega}$: „die Gerechtigkeit empfangend
jetzt, in der Jetztzeit, correspondirend dem v. 21: $\nu\upsilon\nu\grave{\iota}$ $\delta\grave{\epsilon}$ $\acute{\eta}$
$\delta\iota\varkappa\alpha\iota o\sigma\acute{\upsilon}\nu\eta$ $\vartheta\epsilon o\tilde{\upsilon}$ $\pi\epsilon\varphi\alpha\nu.$ Eben hiezu tritt $\acute{\epsilon}\nu$ $\tau\tilde{\eta}$ $\mathring{\alpha}\nu o\chi\tilde{\eta}$ $\tau o\tilde{\upsilon}$ $\vartheta.$
als erläuternde Bestimmung. „Wegen der Zögerung Gottes mit der
Erweisung seiner Gerechtigkeit (sc. im Kreuzestode Christi Jesu) die
Rechtfertigung empfangend jetzt, in der Jetztzeit.

Ich habe absichtlich den Relativsatz $\acute{o}\nu$ — $\mathring{\alpha}\mu\alpha\varrho\tau\eta\mu\acute{\alpha}\tau\omega\nu$
vorläufig ausser Acht gelassen, um die Durchsichtigkeit und Ueber-
sichtlichkeit der Auslegung nicht zu stören, lasse ihn auch jetzt
noch auf sich beruhen, und wende mich zur Erklärung des Final-
satzes: $\epsilon\acute{\iota}\varsigma$ $\tau\grave{o}$ $\epsilon\acute{\iota}\nu\alpha\iota$ $\alpha.$ — $I\eta\sigma o\tilde{\upsilon}.$

M will diesen Finalsatz als Epexegese von $\pi\varrho\grave{o}\varsigma$ $\acute{\epsilon}\nu\delta\epsilon\iota\xi\iota\nu$ $\tau\tilde{\eta}\varsigma$
$\delta\iota\varkappa.$ aufgefasst wissen, und $\epsilon\acute{\iota}\nu\alpha\iota$ logice nehmen, „damit er (er
selbst) als gerecht und gerecht machend den Gläubigen erscheine.
Das ist nun freilich falsch. $\Pi\varrho\grave{o}\varsigma$ ist nicht $\epsilon\acute{\iota}\varsigma$; $\tau\grave{\eta}\nu$ $\delta\iota\varkappa\alpha\iota o\sigma.$
$\acute{\epsilon}\nu\delta\epsilon\iota\xi\alpha\sigma\vartheta\alpha\iota$ ist nicht $\delta\acute{\iota}\varkappa\alpha\iota o\nu$ $\epsilon\acute{\iota}\nu\alpha\iota$; am allerwenigsten ist $\epsilon\acute{\iota}\nu\alpha\iota$
soviel als erscheinen. Mit Recht hat sich Gess gegen diese Ab-
schwächung von $\epsilon\acute{\iota}\nu\alpha\iota$ erhoben. G bemerkt dazu ganz richtig:
„indem Gott die unzähligen Sünder, welche während der Zeit der
Geduld lebten, nicht auf der Stelle niederschmetterte, hatte er sich
nicht gerecht gezeigt, und wenn er in's Unendliche fortgefahren
hätte, so zu thun, so hätte die Menschheit, die ganze sittliche Welt
daraus mit Recht geschlossen, er sei nicht gerecht". G erläutert das
mit $\delta\acute{\iota}\varkappa\alpha\iota o\nu$ $\epsilon\acute{\iota}\nu\alpha\iota$ verbundene $\varkappa\alpha\grave{\iota}$ $\delta\iota\varkappa\alpha\iota o\tilde{\upsilon}\nu\tau\alpha$ $\tau\grave{o}\nu$ $\acute{\epsilon}\varkappa$ $\pi\acute{\iota}\sigma\tau\epsilon\omega\varsigma$
durch Hinweis auf die Nothwendigkeit, dass Rechtfertigung und
Gerechtigkeit Gottes nicht von einander getrennt werden dürfen,
ohne die Sünder in die allergefährlichste Selbsttäuschung zu stürzen.
„Desswegen", sagt G, „hat Gott das Vorrecht der Begnadigung nur
ausgeübt vermittelst einer in die Augen leuchtenden Kundgebung
seiner Gerechtigkeit. Er hätte in der That auf seine Gerechtigkeit
verzichtet, wenn er sie nicht in diesem höchsten Moment seiner
Offenbarung zur Erscheinung gebracht hätte an der Welt."

Hieran knüpft nun *G* eine Darlegung seiner Rechtfertigungstheorie, die zu eigenthümlich ist, als dass ich's unterlassen könnte, sie wörtlich hieher zu setzen. Er sagt: „nachdem Gott die Gerechtigkeit gesichert hatte, konnte er den Ungerechten rechtfertigen. Wir haben gesehen, dass durch das Kreuz die Ordnung hergestellt ist, indem jeder an seine Stelle gesetzt wird, der heilige Gott auf seinen Thron, der aufrührerische Mensch in den Staub. So lange diese zurechtstellende Huldigung ausser uns bleibt, errettet sie uns nicht. Aber sobald wir sie zu der unsrigen machen durch den Glauben an Jesum, wird sie für uns giltig, denn Gott kann uns gerechter Weise lossprechen. — Indem nämlich der Gläubige dieser an Jesu vollzogenen Kundgebung der göttlichen Gerechtigkeit beistimmt, macht er sie sittlich zu der seinigen. Er erkennt persönlich das Recht Gottes über sich an. Er schaut in seiner eignen Person den todeswürdigen Uebelthäter, welcher das erleiden und auf sich nehmen sollte, was Jesus auf sich genommen und erlitten hat. — So ist die Sünde gerichtet in seinem Gewissen, wie sie in dem sterbenden Jesus gerichtet worden ist [!] d. h. wie sie durch die Heiligkeit Gottes gerichtet wird und wie sie durch die immer unvollkommne Reue des Sünders nie hätte gerichtet werden können. Indem der Gläubige die von dem Gekreuzigten der Majestät Gottes dargebrachte Huldigung sich aneignet, ist er vor Gottes Augen gleichsam selbst gekreuzigt; die sittliche Ordnung ist wieder hergestellt und das Gericht kann durch einen Act der Freisprechung abschliessen". So *G*.

Ich verstehe das so: Gott statuirt an dem Gekreuzigten ein Exempel seiner Gerechtigkeit. Diese Thatsache erzeugt in dem Gläubigen einen moralischen Prozess, in welchem er sich selbst als des göttlichen Gerichts schuldig erkennt, damit aber die eigne Sünde richtet und gewissermaassen kreuzigt. Diese subjective Empfindung ist die Herstellung der sittlichen Ordnung und macht den Gläubigen geschickt, gerechtfertigt zu werden! Damit ist die objective Genugthuung, Erlösung und Versöhnung, item Christi Blut und Gerechtigkeit, in summa, es sind alle Heilsthatsachen der ihnen an und für sich, d. h. ohne subjectives Dazuthun zustehenden Bedeutung entkleidet, und zu Acten der subjectiven Empfindung, in welchen der Gläubige die Momente des Heils sich vorstellig macht, herabgesetzt. Das ist Pauli Rechtfertigungslehre nicht.

Wir dürfen uns nicht wundern, wenn bei solcher Auffassung centraler Gedanken sich schliesslich völliges Dunkel über den Paulinischen Lehrbegriff legt. Bei dem Interesse, δίκαιον und δικαιοῦντα εἶναι mit einander zu einer Wirkung zu verschmelzen, ist freilich die eigentliche Bedeutung dieser Ausdrücke, in welche die apostolische Darstellung der Heilsgeschichte ausmündet, zu kurz gekommen.

Ich versuche zunächst, um meine Auffassung des Zusammenhangs zu begründen, die Worte τὸν ἐκ πίστεως Ἰησοῦ in ihrer Bedeutung für das Ganze darzulegen. *Ἐκ πίστεως Ἰησοῦ* ist derjenige, dessen Sein und Wesen aus dem Glauben an Jesum stammt oder dessen Lebensprincip der Glaube an Jesum ist, so dass er nichts mehr aus sich selbst oder durch das vergängliche Wesen dieser Welt sein will, sondern Alles, was in ihm denkt, fühlt und strebt, dem Glauben an Jesum angehört und daraus seine Kraft schöpft. Dieser Glaube ist das Organ für die *δικαιοσύνη θεοῦ*, daher von der letztern gesagt wird, dass sie sei *διὰ πίστεως Ἰ. Χρ.* nicht *δι᾽ ἔργων νόμου.* Die *πίστις* ist somit an die unter dem Gesetz nicht gebunden, nicht bloss specielles Organ für Israel, sondern *εἰς πάντας*, für die ganze Menschheit. Dass es so ist, das verbürgt uns die Thatsache, dass die *δικαιοσύνη πεφανέρωται ἐπὶ πάντας τοὺς πιστεύοντας.* Dem entspricht auch das *ἱλαστή-ριον* des N. T.; es wirkt nicht bloss unter den Gesetzesangehörigen. Seine Aneignung und Wirksamkeit erfolgt *διὰ τῆς πίστεως.* Darum wird auch schliesslich von Gott gesagt, dass er *δικαιοῖ τὸν ἐκ πίστεως.*

Aber die *πίστις Ἰησ.* konnte begreiflicher Weise nicht früher da sein, als Jesus. Die Adventsgeschichte des Heils zeigt nicht bloss das Werden und das Wachsen der Ereignisse bis zu dem Zeitpunkte, wo die Entwicklung soweit ausgereift war, um den Weltheiland zu empfangen, sondern ebenso sehr das Werden und Wachsen des zu seiner Aufnahme bestimmten Organs, nämlich des Glaubens. In die Erscheinung eintreten konnte der Glaube an den Weltheiland nur mit ihm selbst. Daher Gal. 3, 23: *πρὸ τοῦ δὲ ἐλθεῖν τὴν πίστιν, ὑπὸ νόμον ἐφρουρούμεθα συγκλειόμενοι εἰς τὴν μέλ-λουσαν πίστιν ἀποκαλυφθῆναι.* Ist nun die *δικαιοσύνη θεοῦ* an die *πίστις Ἰησοῦ* gebunden, so konnte das *δικαιοῦν* Gottes auch nicht eher eintreten, als bis die Zeit erfüllet und die conditio, sine qua non der *δικαίωσις*, nämlich die *πίστις Ἰησοῦ* ermöglicht war.

Würde nun Gott die *ἔνδειξις δικαιοσύνης αὐτοῦ* vorher, also vor der *πίστις Ἰησ.* haben eintreten lassen, so würde er allerdings als *δίκαιος* sich offenbart haben; aber das Menschengeschlecht würde verloren gegangen sein, denn *πάντες ἥμαρτον.* — So war denn also die *ἀνοχὴ τοῦ θεοῦ* in Betreff der *ἔνδειξις τῆς δικαιοσύνης*, und die Verlegung derselben in den *νῦν καιρός*, also in die Zeit, da die *ἀπολύτρωσις ἐν Χ. Ἰ.* zu Stande gebracht war, ein Gnadenwerk Gottes, *εἰς τὸ εἶναι αὐτὸν δίκαιον καὶ δικαιοῦντα τὸν ἐκ πίστεως Ἰησοῦ.*

Der Apostel hat nicht, wie G meint, zeigen wollen, dass die *δικαίωσις* und die *ἔνδειξις τῆς δικαιοσύνης* der Natur der Sache nach stets mit einander verbunden seien — als hätte Gott nicht die *ἔνδειξις* eintreten lassen können ohne die *δικαίωσις* aus Gnaden, sondern der Apostel hat gezeigt, weshalb Gott mit der *ἔνδειξις τῆς δικαιοσύνης* verzogen habe bis zu der Zeit der *μέλλουσα πίστις ἀποκαλυφθῆναι.* Zu keinem andern Zweck, als dazu, dass

er selber gerecht sei und gerecht mache den, der an
Jesum glaubt.

vv. 24—26 ohne den Relativsatz würde also lauten:

„Gerechtigkeit empfangend geschenkweise — aus seiner Gnade
— durch die Erlösung, die in Christo geschehen ist — zufolge der
Zögerung Gottes mit dem Erweis seiner Gerechtigkeit — eben in
der jetzigen Zeit — damit er sei gerecht und gerecht mache
den, der an Jesum glaubt".

Nun der Relativsatz ὅν — ἁμαρτημάτων, also genau v. 25,
den ich vorläufig ausser Acht gelassen habe und ausser Acht lassen
konnte, weil er im Grunde genommen nur das Zustandekommen der
ἀπολύτρωσις ἐν Χ. Ἰ. illustrirt, einen wesentlich neuen Gedankeninhalt also, der das Nachfolgende hätte modificiren können, nicht
enthält. Damit soll freilich nicht gesagt sein, dass das Verständniss
dieses Satzes einfach und plan wäre; es bietet im Gegentheil der
Schwierigkeiten nicht wenige und erfordert daher grosse Sorgfalt in
der Entwickelung der einzelnen Begriffe.

Anlangend das προέθετο bringe ich zunächst Ms und Gs
Auffassung. M übersetzt: „welchen Gott öffentlich ausgestellt hat"
— was, wie er in der Anmerkung hinzufügt, durch die Kreuzigung
geschehen ist, vergleiche die Rede Jesu bei Joh. 3, wo er sich mit
der Schlange Mosis vergleicht. Zur Begründung führt er an, dass die
Bedeutung: öffentlich ausstellen, aus dem Griechischen Sprachgebrauch
liquid und wegen der Correlation mit εἰς ἔνδειξιν entschieden anzunehmen sei. — G: προτίθεσθαι kann heissen: ausstellen,
öffentlich darstellen oder sich in seinem Innern vorsetzen, entscheiden, zum voraus bei sich selbst bestimmen. Denn die Präpos.
πρό kann die locale Bedeutung vor haben oder die temporelle
bevor. Im N. T. herrscht offenbar die zweite Bedeutung vor
[richtiger: kommt das Wort nur in dieser Bedeutung vor, denn es
findet sich ausser in der vorliegenden Stelle nur noch Röm. 1, 13.
Eph. 1, 9]. Doch ist auch die erste Bedeutung annehmbar. Der
Apostel würde in diesem Falle sagen: welchen Gott öffentlich ausgestellt hat als versöhnendes Osterlamm. Unter der öffentlichen Darstellung wäre entweder die Ausstellung Jesu am Kreuze zu verstehen
oder die Verkündigung seines Todes durch die apostolische Predigt."
G wendet jedoch dagegen ein: die Idee der öffentlichen Ausstellung
der Person Jesu habe etwas Theatralisches und zugleich Müssiges.
Auch spreche nicht der Zusammenhang dafür. „Die Grundidee der
Stelle," so fährt G fort, „ist doch der Gegensatz zwischen der Zeit
der göttlichen Geduld hinsichtlich der Sünde und zwischen dem entscheidenden Zeitpunkt, da Gott auf einmal die allgemeine Versöhnung
vollbracht hat. In diesem Gedankengang ist es natürlich, das hervorzuheben, dass Gott diesen abschliessenden Zeitpunkt vorausgesehen und dass er sich zum Voraus das Schlachtopfer vorbehalten
hat, vermittelst dessen die Versöhnung vollbracht werden sollte. Der

Ausdruck: sich zum Voraus vorsetzen, lässt schon den Contrast ahnen: in der gegenwärtigen Zeit v. 26."

Ich wundere mich über zweierlei 1) darüber, dass die Vertheidiger der „öffentlichen Ausstellung" nicht Hebr. 9, 8. 9 herbeigezogen und hervorgehoben haben, wie der νῦν καιρὸς Pauli identisch sei mit dem καιρὸς ἐνεστηκώς Hebr. 9, 9, und wie in v. 8 gerade das als das Characteristische dieses καιρὸς betont wird, dass nunmehr πεφανέρωται ἡ τῶν ἁγίων ὁδός, d. i. dass nunmehr der Zutritt zum ἱλαστήριον (in der Bedeutung Gnadenstuhl) nicht mehr dem Hohenpriester als solchem (v. 7), sondern allen Christen frei stehe, insofern also das ἱλαστήριον (welches hier Christus ist) öffentlich ausgestellt sei.

Das zweite, worüber ich mich wundere, ist, dass G das „Vorausgesehen" nicht in Beziehung gesetzt hat zu den officiellen Documenten der göttlichen Voraussicht, ich meine zu den prophetischen Schriften.

Auch nach meiner Ansicht ist M's Deutung des προτίθεσθαι zu verwerfen. Der einzige Grund, welchen er dafür anführt, ist die Correlation mit εἰς ἔνδειξιν, soll doch wohl heissen: was man zeigen will, das stellt man öffentlich aus, und umgekehrt: man stellt öffentlich aus, um zu zeigen. So bedingt das Ausstellen das Zeigen und umgekehrt. Sehe ich aber den Text genauer an, so soll etwas anderes gezeigt werden, als was ausgestellt wird. Christus ist eben nicht die δικαιοσύνη. Mit der Schaustellung des Kreuzes ist noch nicht die Gerechtigkeit Gottes zur Anschauung gebracht; es gehört dazu manches andere Wissen und Glauben, welches sich nicht zeigen lässt. Mit andern Worten: das προτίθεσθαι und das ἐνδείκνυσθαι gehören nur dann zusammen, wenn sie beide in einer und derselben Sphäre, nämlich in der Sphäre der Sichtbarkeit vor sich gehen. Nur das Sichtbare an dem Ausgestellten lässt sich zeigen. Dann scheinen doch die Vertheidiger der ersten Bedeutung nicht berücksichtigt zu haben, dass zum öffentlichen Darstellen oder Ausstellen vor allen Dingen die Darstellbarkeit des Objects gehört. Das Object ist nun hier ἱλαστήριον διὰ τῆς πίστεως. Das lässt sich nun zwar durch Worte, also auch durch die Predigt des Evangeliums darstellen. Jedoch M sagt ausdrücklich, dass er die Kreuzigung meine. Da ist denn doch klar, dass, da das ἱλαστήριον des N. T. ein Sichtbares nicht ist, sondern wie der präpositionale Zusatz zweifellos anzeigt, ein Gegenstand des Glaubens, die angenommene Bedeutung des προτίθεσθαι an der Unmöglichkeit scheitert, einen solchen Gegenstand als das, was er ist, öffentlich auszustellen. — Es könnte nun zwar zuletzt noch an die permanente Ausstellung des Kreuzes in den Herzen der Gläubigen gedacht werden (vergleiche Valerius Herberger: „in meines Herzens Grunde u. s. w."). Dann aber müsste, abgesehen von allem andern, das Tempus der Permanenz, also προτέθειται gesetzt sein. In Folge dieser Bedenken halte ich die M'sche Auffassung für unmöglich und wende mich zu

der *G*schen. *G* geht insofern zu weit, wenn er $\pi\rho o\vartheta\acute{\varepsilon}\sigma\vartheta\alpha\iota$ wieder-
giebt mit: sich im Voraus etwas vorsetzen; damit drückt er $\pi\rho o$
zweimal aus: im Voraus-, und Vor- setzen. Es ist ferner nicht
nöthig, die mediale Form durch ein vorangestelltes Sich anzuzeigen;
in vielen Fällen genügt die einfache Verbalbedeutung, sofern darin
enthalten ist, dass die Verbalhandlung im Interesse des Subjects
geschieht. So Thucyd. 5, 25: $\chi\rho\acute{o}\nu o\upsilon\varsigma$ $\tau\varepsilon$ $\pi\rho o\ddot{\iota}\vartheta\varepsilon\nu\tau o$ $\ddot{\alpha}\nu\varepsilon\upsilon$ $\xi\upsilon\gamma$-
$\gamma\rho\alpha\varphi\tilde{\eta}\varsigma$: sie bestimmten sogar einen gewissen Zeitpunkt, jedoch ohne
sich schriftlich zu verpflichten u. s. w. Auch das $\varepsilon\dot{\upsilon}\delta o\kappa\acute{\iota}\alpha\nu$ $\pi\rho o\acute{\varepsilon}$-
$\vartheta\varepsilon\tau o$ $\dot{\varepsilon}\nu$ $\alpha\dot{\upsilon}\tau\tilde{\omega}$ Eph. 1, 9 verstehe ich nicht anders: Gott bestimmte im Voraus seine Entschliessung bei sich selbst. Schliesslich
ist auch $\pi\rho o\vartheta\acute{\varepsilon}\sigma\vartheta\alpha\iota$ Röm. 1, 13 sich vornehmen gleichbedeutend
mit: im Voraus festsetzen, bestimmen.

Diesem Sprachgebrauche folgend übersetze ich v. 25: „welchen
im Voraus Gott bestimmt hatte zum Werkzeug der Sühne durch
den Glauben." Es liegt dem Apostel Alles daran, die Uebereiu-
stimmung seiner Lehre mit den vorweg bekundeten Gottesoffenbarungen zu constatiren. Diese aber konnten nur insoweit eine
sichere Basis für den Apostel bilden, als sie urkundlich durch das
Gesetz und die Propheten bezeugt waren. Schon im Eingange des
Briefs hebt der Apostel hervor, dass er ausgesondert sei für das
Evangelium Gottes, $\ddot{o}$ $\pi\rho o\varepsilon\pi\eta\gamma\gamma\varepsilon\acute{\iota}\lambda\alpha\tau o$ $\delta\iota\grave{\alpha}$ $\tau\tilde{\omega}\nu$ $\pi\rho o\varphi\eta\tau\tilde{\omega}\nu$ $\alpha\dot{\upsilon}\tau o\tilde{\upsilon}$
$\dot{\varepsilon}\nu$ $\gamma\rho\alpha\varphi\alpha\tilde{\iota}\varsigma$ $\dot{\alpha}\gamma\acute{\iota}\alpha\iota\varsigma$. Wie ich in meiner Erklärung von 1, 4 nach-
gewiesen habe, geht das $\dot{o}\rho\iota\sigma\vartheta\acute{\varepsilon}\nu\tau o\varsigma$ gleichfalls auf die prophetischen
Schriften zurück. Die Folgen der jüdischen Unbussfertigkeit belegt
er 2, 24 mit Jes. 52, 5; die allgemeine Verschuldung in 3, 10—18
mit 14 Stellen aus den Psalmen und andern prophetischen Schriften.
Ebenso hat er die $\delta\iota\kappa\alpha\iota o\sigma\acute{\upsilon}\nu\eta$ $\vartheta\varepsilon o\tilde{\upsilon}$ bezeichnet als $\mu\alpha\rho\tau\upsilon\rho o\upsilon\mu\acute{\varepsilon}\nu\eta$
$\dot{\upsilon}\pi\grave{o}$ $\tau o\tilde{\upsilon}$ $\nu\acute{o}\mu o\upsilon$ $\kappa\alpha\grave{\iota}$ $\tau\tilde{\omega}\nu$ $\pi\rho o\varphi\eta\tau\tilde{\omega}\nu$. Was also Paulus redet und
lehrt, beruht Alles auf dem, was Gott vorher als den von ihm
beabsichtigten Heilsweg bezeichnet hat. Wenn daher der Apostel
von Christo aussagt: Gott habe ihn vorherbestimmt als $\dot{\iota}\lambda\alpha\sigma\tau\acute{\eta}\rho\iota o\nu$
$\delta\iota\grave{\alpha}$ $\tau\tilde{\eta}\varsigma$ $\pi\acute{\iota}\sigma\tau\varepsilon\omega\varsigma$, so will er uns damit sicherlich nicht eine auf
dem Wege der Inspiration empfangene neue Offenbarung mittheilen,
sondern damit einfach sagen, dass Gott, wie ausdrücklich durch die
Propheten bezeugt ist, Christum Jesum im Voraus zum $\dot{\iota}\lambda\alpha\sigma\tau\acute{\eta}\rho\iota o\nu$
$\delta\iota\grave{\alpha}$ $\tau\tilde{\eta}\varsigma$ $\pi\acute{\iota}\sigma\tau\varepsilon\omega\varsigma$ bestimmt habe. Was das für eine Vorhersagung
ist, auf welche der Apostel sich bezieht, kann keinen Augenblick
zweifelhaft sein. Er denkt offenbar an Jes. 53. Ihm ist, wie
allen seinen Mitaposteln Christus, der Knecht Gottes. Für den
vorliegenden Zweck wird es genügen, nur diejenigen Züge heraus-
zuheben, welche Paulus in unserem Verse verwendet. Ich finde sie
in Jes. 53, 10—12, nicht nach der Uebersetzung der LXX, die
sichtlich bestrebt ist, die messianische Beziehung auszulöschen und
Alles vom jüdischen Volke, als dem Knechte Gottes $\kappa\alpha\tau'$ $\dot{\varepsilon}\xi$.
gesagt sein zu lassen. Wenn der Apostel zwar sonst in der Haupt-
sache der unter den Hellenisten fast mit canonischer Dignität be-

kleideten Version der LXX folgt, so zeigen doch seine Citate und
Bezugnahmen nicht bloss hier, sondern auch an andern Stellen, dass
er den Grundtext gekannt und dass er keine Bedenken getragen,
demselben zu folgen, wenn die griechische Version ihm das Richtige
nicht zu geben schien. Den Grundtext hat Luther nach der Vulgata
richtig übersetzt: „wenn er sein Leben zum Schuldopfer gegeben,
so wird er Samen haben und in die Länge leben, und des Herrn
Vornehmen wird durch seine Hand fortgehen. Darum, dass seine
Seele gearbeitet hat, wird er seine Lust sehen und die Fülle haben
und durch sein Erkenntniss wird er, mein Knecht, der Gerechte,
viele gerecht machen, denn er trägt ihre Sünden. Darum will ich
ihm grosse Menge zur Beute geben und er soll die Starken zum
Raube haben, darum, dass er sein Leben in den Tod gegeben hat
und den Uebelthätern gleich gerechnet ist und er vieler Sünden getragen und für die Uebelthäter gebeten" יַפְגִּיעַ פֹשְׁעִים וְאֶת־ אִם;
hiezu bemerkt Delitzsch, dass die Grundbedeutung von אָשָׁם sei
mulcta (satisfactio) gutmachende Zahlung, und dass diesem Begriffe
anpassend שׂוּם gewählt sei, welches das von Einsetzung eines Pfandes
übliche (Job. 17, 3) und also auch für jede die unmittelbare solutio
vertretende satisfactio passende Wort ist.

Es ist bekannt, dass das Mosaische Gesetz zwischen אָשָׁמִים
(Schuldopfer) und חַטָּאת (Sündopfer) unterscheidet und für jede Art
einen besonderen Ritus anordnete. Die Wirkung des einen, wie des
andern, ist jedoch dieselbe, der ἐξιλασμός (Lev. 7, 7). Wenn daher
die LXX Amos 8, 14 אָשָׁם mit ἱλασμός übersetzen, so ist damit
nicht gesagt, dass den Schuldopfern insonderheit zugeschrieben
worden, ἱλαστήρια zu sein. Ueberhaupt wird im A. T. niemals
ἱλαστήριον oder ἐξιλάσασθαι von einem θῦμα, bez. ἱερὸν ausgesagt. Wenn nun ἱλαστήριος, ον heisst: zur Sühne geeignet (man
vergleiche χαριστήριος, σωτήριος) so erhellt, dass, da eine besondere
Eigenschaft des Opferthiers nicht erforderlich war, um dasselbe zum
Sühnopfer geschickt zu machen, da ferner eine besondere, vorzugsweise zum Sühnopfer geschickte Classe von Priestern nicht vorgeschrieben war, ἱλαστήριον weder als Acc. von ἱλαστήριος, noch
als Acc. von ἱλαστήριον mit der Ergänzung θῦμα, ἱερὸν aufgefasst werden darf, zumal es, was ἱλαστήριον als Masc. anbetrifft,
dem Apostel eigenthümlich ist, Christum niemals als ἱερεὺς oder
ἀρχιερεὺς zu bezeichnen. Dass endlich ἱλαστήριον nicht das ἐπί-
θημα der Bundeslade, den sogenannten Gnadenstuhl bedeuten kann,
versteht sich, wenn sonst die Bezugnahme auf Jes. 53, 13 richtig
ist, von selbst. — Was ist denn nun ἱλαστήριον? Ich meine, dass
2 Cor. 5, 19: θεὸς ἦν ἐν Χριστῷ κόσμον καταλλάσσων ἑαυτῷ vollkommen ausreicht, um den Ausdruck zu erklären. Wenn Gott in
Christo die Welt mit sich versöhnte, so war Christus eben das
Werkzeug oder Mittel der Versöhnung, ἱλαστήριον. Die Thatsache
ist so einzig, dass ich mich gar nicht wundere, wenn auch der
Ausdruck dafür einzig dasteht. Nicht einmal das möchte ich zu-

geben, dass dem Apostel, wie M dafür hält, sicher die Idee eines
Sühnopfers vorgeschwebt habe, weil er hinzufügt ἐν τῷ αὐτοῦ
αἵματι. M behauptet ja, dass gerade dieser Zusatz nicht mit
ἱλαστήριον, sondern προέθετο zu verbinden ist, wie mag er ihn
dann zur Abwechslung an ἱλαστ. heranziehen, um die Vorstellung
eines Opfers zu Stande zu bringen? Der Apostel hat zunächst
nichts weiter im Sinne, als was er hinschreibt. Darauf kommt es
ihm an, das Werkzeug der Sühne im Unterschiede von allen gesetzlichen Sühnmitteln, die ex opere operato wirken, als ἱλαστήριον
διὰ τῆς πίστεως zu characterisiren, welches auch das ἱλαστ.
sein möge. Ich behalte mir vor, auf das διὰ τῆς πίστ. zurückzukommen. Für jetzt nur die Frage: wie stimmt diese Auffassung
mit Jes. 53, 10?

Darauf erwidere ich, dass der Apostel die Beziehung zu Jes.
53, 10 sofort, nachdem sein nächster Zweck erfüllt ist, mit ἐν τῷ
αὐτοῦ αἵματι aufnimmt. Christus ist אשם dadurch, dass Gott ihn
bestimmte zum ἱλαστήριον ἐν τῷ αὐτοῖ αἵματι. Aber nicht ein
אשם im gewöhnlichen, altritualen Sinne, denn nicht wird das Blut
eines Opferthiers vergossen und dargebracht, sondern τὸ αὐτοῦ
αἷμα. Ich wundere mich, dass unter den neuern Exegeten keiner
die Betonung des dem Nomen vorangestellten αὐτοῦ erkannt hat;
man würde sonst nicht gesagt haben, dass, da kein Versöhnungs-
opfer ohne Blut könne verrichtet werden, das ἐν τῷ αὐτοῦ αἵματι
neben ἱλαστήριον eigentlich müssig sei. Die beste Erläuterung des
betonten αὐτοῦ giebt der Hebräerbrief 9, 12: οὐδὲ δι' αἵματος
τράγων καὶ μόσχων, διὰ δὲ τοῦ ἰδίου αἵματος εἰσῆλθεν, und
v. 25: ὁ ἀρχιερεὺς εἰσέρχεται εἰς τὰ ἅγια κατ' ἐνιαυτὸν ἐν
αἵματι ἀλλοτρίῳ. Der Prophet drückt diese Hingabe des
eignen Blutes, die Selbstopferung aus in v. 10: „wenn er sein
Leben in den Tod gegeben hat.“ Die Seele des Menschen ist nach
3 Mos. 17, 11 im Blute. Das Blut, welches vergossen wird, ist also
das Leben, welches ausströmt. Dadurch, dass der Opfernde sein
eignes Blut darbringt, ist das Sühnopfer Christi von dem gesetzlichen Opfer unterschieden; aber nicht bloss dadurch, sondern auch
als ἱλαστήριον διὰ τῆς πίστεως; es wirkt nicht, wie bereits bemerkt, ex opere operato innerhalb des geschlossenen Kreises der
Gesetzesangehörigen, sondern kraft einer allgemeinen, für die ganze
Menschheit erreichbaren Disposition, der πίστις nämlich, so dass
in dem Zusatz διὰ τῆς πίστ. die universale Geltung des Sühn-
mittels ausgedrückt ist. — Sehr unrichtig deutet die moderne
Exegese diesen Zusatz als subjective Ingredienz des ἱλαστήριον, so
dass gewissermassen erst durch die objective πρόθεσις Gottes und
durch die subjective πίστις das ἱλαστήριον zu Stande kommt.
Dem gegenüber ist bestimmt daran festzuhalten, dass Gott den
Christ zum ἱλαστήριον gesetzt und eben durch diese seine Bestimmung zu dem, was er sein soll, gemacht hat, ohne irgend welche
Concurrenz der Menschen zur Erfüllung des Begriffs. Wäre der

Fall gedenkbar, dass Christus auf der ganzen Welt keinen Glauben gefunden, so würde er nichts desto weniger das von Gott gesetzte ἱλαστήριον sein. Nur das wäre zu sagen, dass Gott in diesem Falle etwas Vergebliches gethan hätte. Gegen diese Möglichkeit ist Gott hinlänglich bewahrt durch seine πρόγνωσις. Unter diesen Umständen ist διὰ τῆς πίστ. nicht ein den Begriff des ἱλαστήριον erfüllender Zusatz, sondern ein das ἱλαστ. von jedem gesetzlichen Sühnmittel unterscheidender Zusatz, sofern es sich nicht bloss dem unter dem Gesetz beschlossenen Volke darbietet, sondern jedem, der da glaubt. Soviel vorweg, um dann auf die Frage überzugehen, ob der Apostel διὰ τῆς πίστ. auch in Jes. 53 gefunden oder diesen Zusatz in apostolischer Erleuchtung aus dem Eigenen hinzugefügt habe.

Soviel ich sehe, dürfte der Apostel Jes. 53, 11: „durch seine Erkenntniss wird er, mein Knecht, der Gerechte, viele gerecht machen, denn er trägt ihre Sünden" im Sinne gehabt haben. Je gewisser es ist, dass Paulus eine andere δικαίωσις nicht kennt, als durch den Glauben, desto mehr werde ich zu der Annahme gedrängt, dass zwischen διὰ τῆς πίστεως und zwischen בְּדַעְתּוֹ eine Correlation stattfindet und zwar der Art, dass der Prophet das Wirkende, der Apostel aber das Gewirkte setzt, ἡ γὰρ πίστις ἐξ ἀκοῆς, ἡ δὲ ἀκοὴ διὰ ῥήματος θεοῦ. Was uns von dem Rathschluss Gottes zu unsrer Seligkeit offenbar ist, das beruht auf dem Wissen (דַּעַת) des Knechtes Gottes. Nach der bisherigen Auslegung verstand man unter „seiner Erkenntniss" die Erkenntniss von ihm, die ἐπίγνωσις αὐτοῦ, welche ja stets die πίστις zur Voraussetzung hat. Es ist das Verdienst des D. Delitzsch (Commt. zu Jesaias), nachgewiesen zu haben, dass nicht die Erkenntniss von ihm, sondern „seine Erkenntniss" gemeint und damit die Quelle, daraus alle Offenbarung fliesst angezeigt wird. Die Stelle geht also auf das prophetische Amt des Knechtes Gottes, dessen Ziel eben das ist, den Glauben an Gottes Wort und Werk zu vermitteln.

Was die neuere Auslegung der nachfolgenden Worte betrifft, so verbindet M διὰ τῆς πίστ. und ἐν τῷ αὐτοῦ αἵμ. mit προέθετο. „Diese beiden Zusätze, sagt er, geben an, wodurch die Aufstellung Christi als Sühnopfers geschehen sei, nämlich vermöge des Glaubens durch sein Blut. Der Glaube ist die subjective Bedingung auf Seiten der Menschen, ohne welche ihnen Christus kein ἱλαστήριον sein kann. Von Seiten Christi aber war sein vergossenes Blut dasjenige, was ihn objectiv zum Sühnopfer machte. Mithin konnte nur durch beides, durch das Blut Christi jene Aufstellung Christi zum ἱλαστήριον von Gott realisirt werden". Darauf ist zu sagen: wenn Gott Christum als ἱλαστήριον aufstellte, so musste er das, als welches er aufgestellt wurde, schon sein, nicht erst werden. Das Blutvergiessen musste nicht erst realisirt werden, damit Christus sei, wozu Gott ihn gemacht; es war als conditio, sine qua non im ἱλαστήριον mit enthalten, und ist als Besonderes nur hervorgehoben worden wegen des αὐτοῦ s. vorher.

M will die Möglichkeit zugeben, beide Bestimmungen auch eng an *ἱλαστ.* anzuschliessen, glaubt jedoch, dass der angegebene Zweck (*εἰς ἔνδειξιν*) energischer hervortritt, wenn die Zusätze zu *προέθετο* gezogen werden. „Gott hat Christum als Sühnopfer dargestellt vermittelst des Glaubens durch sein Blut, um (grade durch diese vom Glauben der Menschen und dem Blute Christi vermittelte Aufstellung) seine Gerechtigkeit zu beweisen." Was der subjective Glaube dazu thun soll, um energischer das *εἰς ἔνδειξιν κ. τ. λ.*, hervortreten zu lassen, ist um so weniger abzusehen, als Gott allezeit unabhängig von menschlichen Stimmungen seine Gerechtigkeit beweist. Dann ist bei dieser künstlich hergestellten Prägnanz das *αὐτοῦ* vor *αἵματι* vollständig übersehen. Das *αὐτοῦ* giebt dem *ἱλαστήριον* seinen besondern Character und hat nur in und mit diesem Einfluss auf die *ἔνδειξις.* — *G* hat die beiden Bestimmungen richtig mit *ἱλαστήρ.* verbunden, irrt aber, wenn er sagt: „wir finden die Idee der Versöhnung durch zwei parallele und sich ergänzende Beifügungen bestimmt; die erste: durch den Glauben giebt die subjective, und die zweite durch sein Blut die historische, objective Bedingung der Wirksamkeit des Mittels an". Die Erklärung ist um so wunderlicher, als *G* das *προέθετο* ganz richtig von dem vorhistorischen Beschluss Gottes, ein *ἱλαστήριον* herzustellen, versteht. Aber nicht sowohl auf die Herstellung des *ἱλαστ.* selbst, als vielmehr auf die Herstellung der Bedingungen, unter welchen das Sühnemittel in Wirksamkeit treten soll, würde Gottes *πρόθεσις* gegangen sein. Es ist daran festzuhalten, dass, wenn Gott im Voraus Christum als *ἱλαστήρ.* bestimmt, so hat er damit auch Alles bestimmt, was zum *ἱλαστήριον* gehört; die objective oder historische Realisirung, bez. die Modalität der Pertinenzien verstehen sich von selbst; sie werden aber auch nicht von dem Apostel als ergänzende Momente aufgefasst, so dass Christus das erst werden musste, was er seiner Bestimmung nach von Ewigkeit her ist. Daher muss auch der Zusatz *διὰ πίστεως* etwas anders ausdrücken, als was man gemeinhin darunter versteht, nicht die Modalität der Wirksamkeit des *ἱλαστ.*, sondern die characteristische Bestimmtheit, die ihm Gott von Anfang an gegeben, nicht von dem Gottesvolk als solchem, sondern von jedem, der da glaubt, angeeignet zu werden. Kurz: *ἱλαστ.* gelangt nicht erst zu seinem Begriff durch die subjective Aneignung und Wirkung, d. i. durch seine historische Realisirung, sondern es hat von vorn herein alle seine Wesensmomente an sich in der Form göttlicher, also unfehlbarer Vorherbestimmung.

Noch sei erwähnt, dass Luther, Calvin, von den Neuern auch Olshausen, und Winzer *ἐν αὐτοῦ αἵματι* von *πίστεως* abhängen lassen. Grammatisch liesse sich weder gegen das Fehlen des Artikels vor *ἐν*, noch gegen die Präposition, welche dann das Fundament, die Basis des Glaubens bezeichnet, etwas einwenden. Unmöglich erscheint diese Verbindung, wenn, wie ich vorhin nachgewiesen habe, *αὐτοῦ* soviel ist, als *ἰδίου αἵματος* im Gegensatz zu *ἀλλοτρίου* αἵματος. In den Glauben an Christi Blut lässt sich das betonte an Christi eigenes Blut nicht wohl eintragen.

Die dem Relativsatz angehörige Zweckbestimmung εἰς ἔνδειξιν, imgleichen die letzterer angehängte Begründung διὰ τὴν πάρεσιν χ. τ. λ. bieten keine Schwierigkeit. Dass πάρεσις von ἄφεσις unterschieden ist, braucht wohl nicht mehr ausführlich nachgewiesen zu werden. In Betreff der πάρεσις: das Hingehen lassen der Sünde, ohne sofortige Bestrafung verweist _M_ richtig auf das ὑπεριδεῖν Act. 17, 30. Nur muss man nicht die pragmatische Bedeutung des διὰ τὴν πάρεσιν χ. τ. λ. im Zusammenhange des Ganzen so fassen, wie _G_ thut: „wegen der Straflosigkeit, welche seit langer Zeit den Tausenden von Sündern, die nach einander auf der Erde lebten, zu Theil geworden ist, hat Gott für nothwendig befunden, endlich einmal durch ein hervorragendes Beispiel seine Gerechtigkeit kund zu thun; und er hat es gethan, indem er durch den Tod Jesu die Strafe vollzog, welche jeder von diesen Sündern zu leiden verdient hätte.‘‘

Dass der Apostel den Kreuzestod Christi ganz anders auffasst, nicht als ein Exempel der göttlichen Strafgerechtigkeit, sondern als regelrechten Vollzug der Weltversöhnung, deren Eintritt durch das göttliche Erbarmen auf die Zeit „da der Glaube kam‘‘ verlegt war, damit Gott nicht bloss gerecht sei, sondern auch gerecht mache den, der an Jesus glaubt, habe ich bei der Auslegung des Hauptsatzes bereits erörtert. Es würden also die Verse 24—26 so lauten: Gerechtigkeit — geschenkweise — aus seiner Gnade durch die Erlösung, die in Christo Jesu geschehen ist (welchen Gott zuvor bestimmt hatte zum Werkzeug der Glaubenssühne in seinem Blut, zum Erweis seiner Gerechtigkeit wegen der Nachsicht gegen die vorhergegangenen Sünden) — (gerechtfertigt) zufolge der Zögerung Gottes mit dem Erweis seiner Gerechtigkeit erst jetzt, damit Er gerecht sei und gerecht mache den, der an Jesum glaubt.

Die vv. 27—29 bedürfen keiner Erklärung. Ich setze daher die einfache Uebersetzung her:

v. 27. Wo ist nun das Rühmen? Es ward ausgeschlossen. Durch was für ein Gesetz? Der Werke? Mit Nichten, sondern durch das Gesetz des Glaubens.

v. 28. Denn (Recept. οὖν mit B. C., dagegen γὰρ א A. D. E. F. G., so zu lesen) wir halten dafür, dass durch den Glauben ein Mensch gerechtfertigt werde ohne Werke, die das Gesetz thut.

v. 29. Oder ist Gott nur der Juden Gott (B. μόνων statt μόνον) nicht auch der Heiden? Freilich auch der Heiden.

vv. 30. 31. Diese Schlussverse des Capitels sind nicht ohne Schwierigkeit. Zunächst das fut. δικαιώσει, welches einige für δικαιοῖ nehmen, andere, wie Beza und Fritzsche auf die Zeit des Weltgerichts beziehen, wie 2, 12. 13. 16. 3, 20. _M_ gesteht zu, dass der Relativsatz mit δικαιώσει die pragmatische Exposition dessen

enthält, was aus der Einheit Gottes nothwendig folgt. Dennoch
sträubt er sich, von der Weise der alten Ausleger und Grammatiker
abzugehen und das futur., wie Rückert bereits gethan, als futur. der
logischen Folge, der Schlussfolge anzusehen. Ich habe mich bereits
zu 2, 6. 12. 16 über dies futur. ausgesprochen, glaube jedoch auch
an dieser Stelle auf dasselbe besonders aufmerksam machen zu sollen.
Wie wunderliche Wendungen gemacht werden, um sich möglichst
bei der hergebrachten Auffassung zu erhalten, wolle man aus *G*s
Aeusserung ersehen, wonach das fut., wie v. 20 von jedem eintretenden Falle der Rechtfertigung gefasst werden
soll. Ist denn das aber nicht gerade die Eigenschaft der logischen
Folge oder Schlussfolge, dass sie für jeden einzelnen dahin-
gehörigen concreten Fall Geltung hat? Wenn nun aus der Einheit
Gottes folgt, dass das δικαιοῦν in der gleichen Weise bei Juden
und Heiden stattfinden wird, und der Apostel eben diese Wahrheit
mit δικαιώσει ausdrückt, was hindert, dies Fut. ein logisches Fut.
oder futurum consequentiae zu nennen? Die hartnäckige Abläugnung,
bez. Reduction desselben auf das fut. temporale hat zu vielen schie-
fen Auslegungen neutestamentlicher Stellen Veranlassung gegeben,
wie ich bereits zu 2, 12. 13. 16 dargethan habe.

Eine weitere Meinungsverschiedenheit hat sich in Betreff des
ἐκ πίστεως und διὰ τῆς πίστεως ergeben. *M* sagt: „der Wechsel
von ἐκ und διὰ ist als zufällig zu betrachten, ohne reelle Verschie-
schiedenheit. Dasselbe ist zu sagen von πίστεως (ohne Artikel) und
τῆς πίστεως“. *G* dagegen findet in dem Paulinischen Styl nichts
Zufälliges. „Die Schattirung, welche der Apostel beabsichtigt, ist,
wie es scheint, folgende: in Beziehung auf den Juden, welcher auf
Werkgerechtigkeit Anspruch macht, setzt er Kategorie gegen Kategorie, indem er die Präposition ἐκ gebraucht, welche den Ursprung
und die Natur ausdrückt: eine Gerechtigkeit aus Glauben. Desswegen lässt er auch den Artikel weg, welcher vielmehr die concrete
Thatsache, nicht die Beschaffenheit bezeichnet hätte.“ Richtiger nach
meinem Dafürhalten: ἐκ πίστεως fügt zu δικαιοῦν eine von der
Kategorie hergenommene nähere Bestimmung; ἐκ τῆς πίστεως
würde eine vom individuellen oder bereits erwähnten Glauben hergenommene Bestimmung hinzufügen.

G fährt fort: „hingegen, wo von Heiden die Rede ist, welche
bisher jedes Mittel entbehrten, zu irgend einer Gerechtigkeit zu gelangen, da wählt er die Präposition διὰ, welche einfach den Glauben
als das Mittel, als den Weg bezeichnet, durch welchen sie zu diesem
unerwarteten Ziel gelangen, und er fügt den Artikel bei, gerade weil
der Glaube sich in diesem Verhältniss dem Gedanken als das bekannte Mittel darbietet, neben welchem der Heide kein andres
ahnte“. So *G* in ziemlich unklarer Weise.

Ich stimme insofern zu, als ich nicht dafür halten kann, dass
die Präpositionen ἐκ und διὰ zufälliger Weise mit einander wechseln. Ich finde darin die thatsächlich (geschichtlich) sehr verschie-

dene Weise ausgedrückt, in welcher die πίστις bei Juden und
Heiden erscheint. Bei den Juden ist die πίστις seit Abrahams
Zeiten ein, so zu sagen, einheimisches Gewächs; immerhin eine
Gottesgabe, denn der Glaube der Frommen in Israel hatte Gottes
Wort und Verheissung zu seinem Inhalte. So lange der Ver-
heissene selbst noch nicht erschienen war, war dieser Glaube nach
seinem Inhalte noch nicht voll entwickelt, er war latent. Der Glaube
trat als subjectives Heilsprincip in die Erscheinung zugleich mit
dem ihn erfüllenden Inhalte, mit Christo (Gal. 3, 23). Somit knüpfte
sich die δικαίωσις der περιτομή, so zu sagen, an die vorgefundene
Heilsbereitschaft; das δικαιωθῆναι trat hervor ἐκ πίστεως wie der
Duft aus dem voll aufgeschlossenen Blumenkelch. — Dagegen war
die subjective Bestimmtheit, von welcher das δικαιωθῆναι abhing,
den Heiden erst durch die Predigt des Wortes zu übermitteln; auch
in diesem Stücke zeigte sich, dass die Heiden in den alten Oel-
baum „eingepflanzt", nicht in paralleler selbstständiger Entwicklung
zu Gerechten gemacht wurden. Daher διὰ τῆς πίστεως. Wenn
der Apostel Gal. 3, 8 ein δικαιοῖ. ἐκ πίστεως auch von Heiden
aussagt, so hat er hier sichtlich die Kategorie πίστις im Auge, um
die Art der Glaubensgerechtigkeit von jeder andern Gerechtigkeit
zu unterscheiden, nicht, wie in Röm. 3, 30, die geschichtliche Vermittlung der subjectiven Voraussetzung der Gerechtsprechung.

Der Artikel hinter διὰ ist einfach anaphorisch; die vor-
genannte πίστις ist gemeint, aus welcher die Beschneidung gerechtfertigt wird. Inhaltlich ist die eine von der andern durchaus nicht
verschieden; nur die Art, wie die eine oder die andere sich vor-
findet, das historische Vorhandensein ist verschieden. Bei der περιτομή ist, wie bereits gesagt, die πίστις herausgewachsen aus
Gottes Wort und Verheissung, bei der ἀκροβυστία angeeignet durch
Gottes Wort.

Auch v. 31 wird verschieden gedeutet. Zunächst ist es eine
mit Nichts zu erweisende Behauptung, dass οὖν nur eine Folge sein
könne aus den vv. 27—30 (G). Mindestens hat M eben soviel
Recht, wenn er sagt: „der Apostel folgert sich selbst aus seiner
eben behandelten Lehre von der Rechtfertigung ἐκ πίστεως —
χωρὶς ἔργων νόμου einen möglichen Einwurf und Vorwurf. Ich
meine, dass der Apostel seine Argumentation, welche es auch sei,
mit dem 30. Verse vorläufig abschliesst, das οὖν also auf den ganzen
Abschnitt, dessen Schluss der 30. Vers ist, zurückgeht".

M betrachtet übrigens v. 31 als den Anfang und gewissermaassen als das Thema des folgenden Capitels. Der Ausdruck: das
Gesetz (M versteht darunter das Mosaische Gesetz) beziehe sich
auf die Genesisstelle, welche der Apostel gleich nachher 4, 3 citirt.
„Aber", sagt G mit Recht, „es ist doch schwer zu glauben, dass
Paulus eine einzelne Stelle des Pentateuch kurzweg das Gesetz
nenne" [νόμον, nicht τὸν νόμον]. Sodann müsse in dem von M

angenommenen Zusammenhange, zu Anfang des 4. Capitels γάρ gesagt sein, nicht οὖν.

Vor allen Dingen ist nach meiner Meinung daran festzuhalten, dass hinter dem abschliessenden 30. Verse ein Zweifaches sich folgern liess.

1) Die Aufhebung von Gesetz und Ordnung, sobald das Princip des Gesetzes: die Gerechtigkeit des Gesetzesvolks, das Privilegium Israels in Abrede gestellt und so zu sagen den Heiden ausgeliefert würde, 2) die Herabwürdigung des Stammvaters Israels, der nur durch Gott wohlgefälliges Thun dahin gekommen, das zu sein, was er ist.

Der Apostel beantwortet 3, 31 die erste, 4, 1 u. flgg. die zweite Folgerung. Beide Folgerungen kündigen sich daher ganz parallel als Consequenzen der Paulinischen Rechtfertigungslehre an, die der Apostel selbst, versteht sich im Sinne seiner Gegner hervorhebt.

Doch ich kehre zu νόμος zurück. *H* legt dem Worte die engere Bedeutung des Sittengesetzes bei, Holsten die des Glaubensgesetzes aus v. 27. — *G* erklärt folgendermaassen: „man warf dem Apostel vor, sein Evangelium mache das Gesetz zu nichte, indem es die Gesetzeswerke als Mittel der Rechtfertigung beseitige; und er hat seinen Gegnern bewiesen, dass im Gegentheil seine Lehre mit dem wahren Sinn des Gesetzes übereinstimmt, während die Werk = Rechtfertigung es umstürzte, indem sie das menschliche Rühmen, welches das Gesetz vernichten will, festhält und indem sie den Monotheismus, der des Gesetzes Grundlage ist, zerstört".

Nur zum Theil richtig!

Dass die Glaubensgerechtigkeit vom Gesetz und den Propheten bezeugt sei, hat er v. 20 angeführt, die Art der Realisirung durch Christum als prophetische Voraussage in v. 25 nachgewiesen. Was aber vom Gesetz selbst als Gotteswille bezeugt ist, das kann doch nicht wider das Gesetz sein; im Gegentheil wird das Gesetz durch Realisirung seines Zeugnisses bestätigt. Οὖν geht daher ohne Zweifel auf den ganzen positiven Lehrabschnitt von v. 21—30. Es ist endlich von einer Unterscheidung zwischen Geist und Buchstaben, wie *G* will, keine Rede.

Eins nur ist mir dabei zweifelhaft, dass der Apostel v. 31 mit dem artikellosen νόμος das Mosaische Gesetz in seiner individuellen, historischen Gestalt solle gemeint haben. Ich trage kein Bedenken, niederzuschreiben, was ich früher darüber mir zurecht gelegt hatte. Ich hatte Nachstehendes aufgezeichnet:

„wenige Zeilen vorher (v. 27) hat der Apostel zweimal νόμος ohne Artikel in der appellativen Bedeutung des Wortes gebraucht: Gesetz = Ordnung. Was für eine Ordnung, ist durch die hinzugefügten Genitive angezeigt; es sind speciell Ordnungen der Werke und des Glaubens gemeint. Dagegen fehlt es v. 31 an diesem specialisirenden Genitiv. Es kann daher nur Ordnung im Allgemeinen angezeigt sein, Weltordnung, Weltengesetz — eine

Auffassung, die um so mehr für sich hat, als die Juden in der
διασπορά zum allergrössten Theile hellenistischer Bildung waren,
die Hellenisten aber das Gesetz Mosis für das Gesetz κατ᾽ ἐξοχὴν
erachteten. Was ausserdem für Gesetz galt, beruhte ja nur auf
der unsichern Feststellung menschlicher Rechtsansichten. Das
objective Recht, das Recht in Wahrheit konnte nur in der göttlichen Willensoffenbarung durch Moses gefunden werden, daher
fängt die Urkunde des Gesetzes, der Pentateuch mit der Schöpfung
der Welt an. Das Gesetz Mosis ist, richtig ausgelegt, zugleich
Physik, Weltengesetz. Von ihm aus empfängt das Volk des Gesetzes seine centrale Bedeutung für alle Völker der Erde; auf
der Existenz dieses Volkes beruht die Erhaltung der Menschheit.
Um der Gerechten willen in Israel — und sie sind alle gerecht
als Inhaber des Gesetzes — werden die Ungerechten verschont.

Diesem Gesetz die Befugniss absprechen, die unter ihm Be-
fassten als solche gerecht zu machen, hiesse ja das Princip der
Welterhaltung, die centrale Bedeutung des Volkes Israel, welches
als Träger des göttlichen Gesetzes zugleich Inhaber des Welt-
gesetzes ist, in Frage stellen, mit kurzen Worten: den κόσμος
der ἀκοσμία und ἀναρχία überliefern und an die Stelle der welt-
geschichtlichen Ordnung das Chaos setzen.

Dem gegenüber betont Paulus, dass er gerade diese, den
Kosmos umfassende universale Mission des Gesetzes und damit
seinen eigentlichen, wesentlichen Inhalt lehre, indem er den einen
Gott für alle, und die damit verbundenen Consequenzen für das
Heil der Menschheit (Abrahams Verheissung u. s. w.) in strenger
Uebereinstimmung mit den Aussprüchen des Gesetzes festhalte.

So ist denn νόμος der Name für das universal gedachte
Mosaische Gesetz, von dem Apostel wegen seiner relativen Wahr-
heit aus der hellenistischen Denkweise aufgenommen und seinem
Lehrbegriff eingefügt."

So hatte ich früher aufgezeichnet. Meine gegenwärtige Auffassung beruht auf einer Retractation dessen, was ich über νόμος
ohne Artikel (s. besonders den letzten Abschnitt) niedergeschrieben
habe. Es ist mir doch bedenklich erschienen, das artikellose νόμος
hellenistisch als Weltgesetz, Weltordnung zu deuten, zumal die
Hellenisten selbst nicht so verfahren, dass sie unter ὁ νόμος das
Mosaische Gesetz, unter νόμος aber das verabsolutirte Weltengesetz
verstehen. — Ich kann das artikellose νόμος nicht von dem Nomen
proprium: Mosaisches Gesetz losreissen, auch 3, 27 nicht, sofern das
Mosaische Gesetz den Glauben nicht ausser sich hat (man sehe
v. 21 μαρτυρουμένη ὑπὸ τ. ν.), sondern als Verheissung in sich
hat, wie andrerseits der νόμος τῶν ἔργων eine Fiction der Juden
ist, denn das Mosaische Gesetz selbst hat niemals die Gerechtigkeit
aus den Werken gelehrt (s. Röm. 10, 5 richtig verstanden). Wenn
νόμος in v. 27 ganz allgemein durch Ordnung übersetzt wird, so
ist darunter nicht eine dem Mosaischen Gesetz gegenüberstehende,

ausserhalb desselben befindliche, sondern eine bereits vom Gesetz bezeugte Ordnung (Röm. 10, 6 flgg.) zu verstehen, welcher die Juden einen selbsterfundenen νόμος ἔργων an die Seite gestellt hatten.

Das Richtige scheint mir zu sein, dass ὁ νόμος überall als Concretum, bez. Nomen proprium, dagegen νόμος (ohne Artikel) als Kategorie aufgefasst wird. Gesetz ist, dass die Juden Gottes Volk sind, aber ebenso ist Gesetz, dass die Verheissung des Heils auf alle Völker der Erde sich erstreckt; somit ist die δικαίωσις τῶν ἐθνῶν nicht Aufhebung, sondern Bestätigung eben dieser gesetzlichen Bestimmungen, daher νόμον ohne Artikel; τὸν νόμον würde 'die Aufrichtung des ganzen Mosaischen Gesetzes auch für die Heiden indiciren, was Paulus sicherlich nicht gewollt hat.

Am Schlusse dieses Abschnitts wäre noch der K'schen Auffassung zu gedenken, deren Irrthümer und Wunderlichkeiten aufzudecken, mehr Raum erfordern würde, als der Commentar gestattet. Ich begnüge mich, seine Ansicht über das Wesen der δικαιοσύνη θεοῦ wiederzugeben. Sie ist „die aus dem Glauben an das Evangelium erwachsende neue sittliche Lebensbeschaffenheit; die neue sittliche Artung, welche sich aller eignen Sittlichkeit gegenüber als eine göttliche bekundet". Mittelst der ἀπολύτρωσις d. i. nach K's Auslegung mittelst der Freilassung aus der Schuldhaft, welche Gott in Christo veranstaltet hat, werden wir befähigt, den Weg der δικαιοσύνη zu betreten. Die δικαίωσις ist nicht Verleihung der δικαιοσύνη, sondern ihre Definition. Dem K fällt δικαίωσις und ἁγιασμός zusammen. Für die Heilsthatsachen bleibt nur übrig das Verdienst der ethischen Sollicitation. — Diesen Grundideen hat selbstverständlich die Auffassung des Abschnittes sich anzupassen. Was nicht passen will, wird trotz Text und Sprache passend gemacht. — Das ist Ritschl's Theologie, aber nicht Paulinische Lehre, was schliesslich K herausbringt.

Capitel 4.

v. 1. 2. Die ersten Verse haben der Auslegung von je her Schwierigkeiten bereitet. Man erkennt das sehr bald aus den Versuchen, durch Umstellung der Textworte des ersten Verses einen leidlichen Sinn zu gewinnen. Nur das Wichtigste möchte ich hierüber beibringen, da es unfruchtbar wäre, die ganze Textgeschichte darzustellen, zumal sie aus jeder kritischen Ausgabe des N. T. ersehen werden kann. Ich lese mit dem Cod. Sinaitic. hinter ἐροῦμεν; εὑρηκέναι Ἀβραὰμ τὸν προπάτορα ἡμῶν κατὰ σάρκα. Diese Wortstellung ist übrigens auch durch die Codd. A. C. D. F. G. und eine grosse Anzahl von Minuskeln hinlänglich beglaubigt. M freilich findet sie verdächtig, indem er annimmt: die Umstellung sei nur erfolgt, um das κατὰ σάρκα näher an πατέρα oder προπάτορα ἡμῶν zu rücken. Auch hält er προπάτορα, welches א. A.

B. C., also die ältesten Uncialen lesen, für ein Glossem, da πατέρα hier noch nicht, wie später, in geistlichem Sinne stehe. — Wie unzutreffend diese Annahme ist, wird sich aus dem Nachfolgenden ergeben. — Noch sei erwähnt, dass der Vaticanus den Infinitiv weglässt. — In v. 2 liest Tischendorf nach den besten Zeugen mit Recht πρὸς θεὸν statt πρὸς τὸν θεὸν der Recepta.

Wie ist nun das den Zusammenhang mit dem dritten Capitel vermittelnde οὖν aufzufassen? M sagt: „οὖν knüpft den aus der Geschichte Abrahams zu gebenden Beleg für das ebengesagte νόμον ἱστῶμεν (3, 31) in Form einer Folgerung an, denn, wenn wir sagen müssten, Abraham habe κατὰ σάρκα etwas (die Gerechtigkeit nämlich) erlangt, so würde dies voraussetzen, dass das Gesetz, welches Abrahams Rechtfertigung bezeugt, διὰ τῆς πίστεως (3, 31) keineswegs befestigt werde. Nicht einen Einwurf haben wir daher hier, sondern eine von Paulus selbst folgerungsweise aufgestellte Frage, deren Beantwortung die Richtigkeit seines νόμον ἱστῶμεν durch das Beispiel Abrahams in's Licht setzen soll."

Dagegen W: „diese Auffassung ergiebt einen geschraubten und willkürliche Eintragungen fordernden Gedankengang."

Nach meinem Dafürhalten stellt M die Paulinische Argumentation geradezu auf den Kopf. Nicht aus Abrahams Geschichte folgert der Apostel, sondern aus 3, 30. 31 leitet er eine Frage ab, welche Israels Volksthum von Gottes Gnaden betrifft, und kommt so auf die geschichtliche Persönlichkeit, in welcher die Unterschiedenheit Israels von allen andern Völkern, anlangend die Race und die heilsöconomische Stellung, als im Quellpunkte zusammentrifft. Die Frage hat weniger die Form des Einwurfs, als eines Bedenkens, welches Belehrung heischt; sie sieht unschuldiger aus, als sie ist.

Gegen M spricht ferner, dass er das artikellose νόμος mit ὁ νόμος verwechselt. W unterscheidet, indem er νόμος ganz allgemein als „Gottes Ordnung" deutet. Ich habe mich zu den letzten Versen des dritten Capitels über den Unterschied ausgesprochen, will an dieser Stelle nur betonen, dass die prädicative Deutung des artikellosen νόμος (Ordnung, Norm u. s. w.) nur insoweit richtig ist, als sie von dem Gottesgesetz in toto nicht losgerissen wird; νόμος ist eine Ordnung, welche dem Mosaischen Gesetz entspricht, demselben consubstantial ist. Das Princip des Mosaischen Gesetzes: der Monotheismus ist νόμος; aber nicht ὁ νόμος. Der Apostel konnte sagen, wenn er das gleiche Verhalten Gottes, des einigen Gottes, zu Juden und Heiden in Betreff der Heilszueignung lehrt: νόμον ἱστάνομεν, aber konnte nicht sagen: τὸν νόμον ἱστάν., denn er wollte mit Nichten die Heiden dem Gesetze unterworfen wissen.

Ueber meine Auffassung des οὖν werde ich mich erst aussprechen können, nachdem der Sinn der ersten beiden Verse festgestellt worden ist.

Was nun die Interpunction von v. 1 betrifft, so setze ich das Fragezeichen nicht schon hinter τί οὖν; ich fasse τί οὖν mit

ἐροῦμεν zusammen, einmal, weil die Trennung für den Sinn nichts
austrägt, dann, weil τί οὖν ἐροῦμεν; eine dem Apostel sehr geläufige
dialectische Formel ist. Eben diese Formel wird aber aufgelöst,
wenn man, wie die recipirte Auslegung thut, das τί zum Objecte
des nachfolgenden Infinitivsatzes macht. Es ist nicht Pauli Art, die
Formel so mit nachfolgenden Sätzen zu verflechten. Er schreibt
Röm. 6, 1: τί οὖν ἐροῦμεν; ἐπιμενοῦμεν τῇ ἁμαρτίᾳ; 7, 7: τί
οὖν ἐροῦμεν; ὁ νόμος ἁμαρτία; 8, 31: τί οὖν ἐροῦμεν πρὸς
ταῦτα; εἰ ὁ θεὸς κ. τ. λ. 9, 14: τί οὖν ἐροῦμεν; μὴ ἀδικία
παρὰ τῷ θεῷ; und 9, 30: τί οὖν ἐροῦμεν; ὅτι ἔθνη κ. τ. λ..

Wenn wir aber im Interesse Paulinischer Schreibweise das τί
in den nachfolgenden Satz nicht eingehen lassen, so ist damit die
bisherige Auslegung des Infinitivsatzes unmöglich geworden. W
sagt: „wenn man τί οὖν ἐροῦμεν für sich nimmt, so fehlt ein Object
zu εὐρηκέναι, als welches man weder δικαιοσύνην, noch ein dasselbe vertretendes „es" hinzudenken darf, das unmittelbar vom Texte
geboten sein müsste". Wir werden bald sehen, auf welcher irrthümlichen Auslegung diese Bedenken beruhen. Nur das ist richtig, dass
die bisherige Auffassung des Infinitivsatzes unmöglich ist. Wir sind
in Folge dessen auf einen andern, einzig noch möglichen, und zwar,
wie sich später zeigen wird, allein richtigen Weg gedrängt. Wie in
Röm. 9, 30: τί οὖν ἐροῦμεν; ὅτι ἔθνη κ. τ. λ. der Objectivsatz
mit ὅτι von ἐροῦμεν abhängig gedacht ist, so ist hier der Infinitivsatz von ἐροῦμεν (welches übrigens wiederholt werden kann), abhängig. Nun ist hinlänglich bekannt, dass die Griechen, wenn Infinitivsatz und Hauptsatz dasselbe Subject haben, letzteres im Infinitivsatz nicht wiederholen, wie Jac. 2, 14 s. Winer Gramm. 6. S. 287.
Somit ist der Infinitivsatz so zu verstehen: (wollen wir sagen) dass
wir Abraham, unsern Stammvater erlangt haben κατὰ σάρκα? Κατὰ
σάρκα heisst hier auf dem Wege der natürlichen Descendenz, der
fleischlichen Abstammung; ich übersetze kurz: auf dem natürlichen
Wege. So ist z. B. Esau der προπάτωρ der Edomiter κατὰ σάρκα;
die Edomiter sind eben von seinem Fleisch, auf dem gewöhnlichen
Wege der Zeugung von Geschlecht zu Geschlecht sich mehrend bis
zum Volke. — Man begreift übrigens, dass hier, wo es sich darum
handelt, Abraham recht eigentlich als den Stammvater zu bezeichnen,
προπάτωρ und nicht das viel allgemeinere πατήρ zu setzen war.

Bevor ich weiter gehe, habe ich vor allen Dingen mich gegen
die hergebrachte Deutung zu wenden, als sei v. 2 die Antwort auf
v. 1. M ist mit allen Neuern dieser Meinung und vermittelt sich
die Sache so, dass er zwischen vv. 1 und 2 ein Sätzlein einschiebt,
nämlich: „wir dürfen nicht behaupten, dass Abraham etwas erlangt
habe nach dem Fleische" und dies nun durch γάρ begründet werden lässt. Es will mir jedoch die Annahme über die Maassen hart
erscheinen, dass Paulus die Hauptsache verschwiegen, die Begründung aber der verschwiegenen Hauptsache niedergeschrieben habe.
Für uns, die wir das τί nicht zum Infinitivsatz gezogen haben,

würde der angeblich verschwiegene Satz so lauten müssen: wir
dürfen nicht behaupten, dass wir Abraham zum Stammvater erlangt
hätten nach dem Fleisch; eine Auffassung, die wir im Zusammenhange mit der nachfolgenden Argumentation (v. 3 flg.) dem Apostel
nicht zuschreiben können.

Einfacher und natürlicher ist die Verbindung des Causalsatzes
mit der Frage v. 1; der zweite Vers sagt aus, was für Gedanken
der Frage zu Grunde gelegen, bez. sie hervorgerufen haben. Es
wird jedoch vor Allem nöthig sein, mich über die Interpunction des
zweiten Verses zu erklären. Ich setze hinter καύχημα ein Punktum.
Dann lasse ich die Antwort auf die mit γάρ begründete Frage
folgen; sie lautet:

„Ἀλλ' οὐ πρὸς θεόν.“

woran sich dann die weitere Begründung in v. 3 flg. anschliesst. —
Wir erhalten durch diese Vertheilung des Stoffs, über deren Zu-
lässigkeit und Zweckmässigkeit allein der dadurch erlangte Sinn entscheiden kann, die Füglichkeit, den Causalsatz bis καύχημα, der
speciell Jüdisches enthält, dem Fragesteller in den Mund zu legen.
Ich sage: dem Fragesteller, will mich aber, um sehr geläufigen,
äusserst wohlfeilen Einwürfen zu begegnen, dagegen ausdrücklich
verwahren, als meinte ich: Paulus habe bestimmte Persönlichkeiten
reden lassen. Ich weiss, dass Paulus sich selbst Einwürfe macht
und Fragen stellt, aber ich weiss auch, dass er solches im Sinne der
ihm sehr wohl bekannten gegnerischen Polemik thut, und dass es
der Auslegung auch nicht den mindesten Schaden thut, wenn der
Deutlichkeit wegen die Einwürfe und deren Beantwortung fester auseinander gehalten und auf bestimmte Persönlichkeiten vertheilt werden. Zunächst wird noch Einzelnes zu besprechen sein. Καύχημα
ist von Abraham als προπάτωρ ausgesagt. Wäre er das letztere
nur κατὰ σάρκα, so hätte er kein καύχημα. Für Esau ist es beispielsweise kein Gegenstand des Rühmens, Stammvater der Edomiter
zu sein; er ist es auf dem gewöhnlichen Wege der fleischlichen
Zeugung, also κατὰ σάρκα geworden. Was unterscheidet in diesem
Betracht Abraham und Esau? Dies, dass Abraham (s. die vv. 18. 19)
durch besondere Gotteshuld, als er 100 Jahre alt geworden, also
über die Jahre der Fortpflanzung nach dem Naturlauf hinaus war,
in den Stand gesetzt wurde, Vater des Isaak und damit Stammvater des israelitischen Volkes zu werden. Diese Gotteshuld aber —
so meinten die Juden (Beispiele in Hülle und Fülle bei Philo und
den Rabbinen) — hatte Abraham sich durch Werke erworben. „Er
war gerechtfertigt (ganz im Paulinischen Sinne), d. h. aus dem
Bereiche der Sünde und Schuld in den Bereich göttlicher Huld-
erweisungen gestellt worden wegen seiner Werke.“ Anders wusste
es kein Jude, darin hat M ganz Recht. So ergiebt sich denn ein
vollständiger Syllogismus: Abraham hat den Ruhm, Stammvater des
jüdischen Volkes zu sein, auf ausserordentliche Weise erlangt; nach
der Natur (κατὰ σάρκα) war es bei seinen 100 Jahren unmöglich;

nur Gottes Gnadenerweisungen konnten ihn dazu in den Stand setzen; die Vorbedingung aber derselben war seine δικαιοσίνη; diese konnte nur durch Werke erworben sein. Wenn nun Gerechtigkeit überhaupt nicht durch Werke erworben wird, so hat sie auch Abraham nicht durch Werke erworben, so ist sein Ruhm dahin, denn er könnte nur Stammvater des Israelitischen Volkes geworden sein, wie jeder andere Urheber eines Volkes, also κατὰ σάρκα, welches doch wieder der Geschichte widerspricht. — Das ist das Gedankennetz, welches die Argumentation des Apostels umgarnen und ersticken möchte. Paulus zeigt uns nicht die einzelnen Maschen, sondern nur die Hauptfäden, aber diese deutlich genug, um daraus die Structur des Weitern herzuleiten.

Jetzt erst empfängt das οὖν in v. 1 sein volles Licht. — Ist Gott der Juden und Heiden Gott, der die einen, wie die andern, durch den Glauben gerecht macht, d. h. in das Volksthum Gottes einführt, und behauptest du, Paulus, dass diese Lehre ganz und gar schriftgemäss sei 3, 31: νόμον ἱστάνομεν), dann haben wir Juden keinerlei Veranlassung mehr, Abraham als Stammvater zu rühmen; seine Werke haben dann nichts genützt, um Gottes besondere Huld und durch diese die geschichtliche Existenz Israels herbeizuführen; wir sind geworden, wie andre Völker, auf dem Wege des Fleisches — ist das so? stimmt das mit der Schrift (dem Gesetze)? —

Die Schlinge ist fein genug angelegt.

Paulus kann nicht in Abrede stellen, dass die Juden den Abraham rühmen, ja himmelhoch erheben, weil sie durch ihn, durch seine Werkgerechtigkeit überhaupt erst historisches Dasein erlangt, und gewissermaassen durch die fleischliche Zusammengehörigkeit mit dem Stammvater Träger und Inhaber geworden sind von allen ihm zu Theil gewordenen Gottesgnaden. Der Apostel selbst ist Israelit; er will Abraham in der Achtung seiner Nachkommen nicht herabsetzen. Es ist richtig: Abraham hat wegen seiner Werke Ruhm — aber — und nun fällt der Schlag, der alles Rühmen vernichtet — nicht Gott gegenüber!

Wir haben ein Meisterstück der Paulinischen Dialectik vor uns; ich meine, dass die gegebene Auslegung dazu beitragen wird, dasselbe in das rechte Licht zu stellen.

Es wird von dem rechten Verständniss der Verse nicht abführen, wenn ich anhangsweise Einzelnes aus der neuern Auslegung in besondrer Besprechung heraushebe.

Man hat mit starker Betonung hervorgehoben, dass das Subject zu ἐροῦμεν eben darum, weil mit οὖν aus dem Vorhergehenden gefolgert wird, dasselbe sein müsse, was in καταργοῖμεν und ἱστάνομεν; oder mit anderen Worten: das Wir könne nur auf Christen, bez. auf Vertreter des christlichen Standpunktes gehen. Wäre das richtig, so würde Ἀβραάμ zwar immer noch πατὴρ ἡμῶν genannt werden können (cf. 11, 28), aber nicht πατὴρ oder προπάτωρ ἡμῶν κατὰ σάρκα.

Ich habe vorher gezeigt, dass οὖν keineswegs einen logischen Untersatz zu νόμον ἱστάνομεν bringt, wie *M* will, noch in sonst argumentativem Verhältniss steht zu 3, 31, sondern dass οὖν in 4, 1 den gesammten Gedankeninhalt des vorangegangenen Abschnitts recapitulirt und daraus ebenso selbstständig, wie οὖν in 3, 31, eine Frage zieht, die den Apostel in Widerspruch mit sich selbst oder mit anderweit anerkannten Wahrheiten verwickeln soll. Wie nun βλασφημούμεθα, προεχόμεθα, προῃτιασάμεθα in 3, 8. 9, dann λογιζόμεθα in 3, 28 zunächst auf den Apostel und in zweiter Linie auf die Anhänger der apostolischen Lehre geht, weshalb auch der Pluralis (nicht majestaticus, sondern communicativus) gesetzt ist, so wird Paulus hier in 4, 1 zunächst als Jude und in seiner Person alle Mitglieder der Christengemeinde, die mit ihm gleichen Ursprungs und gleicher Gesinnung sind, interpellirt über seine Stellung zu Abraham. Die Juden (vergl. 16, 17) bringen wider ihn als ehemaligen Juden die vermeintlich heiligsten und unwidersprechlichsten Wahrheiten des Judenthums in's Gefecht, oder vielmehr der Apostel wendet ihre schärfsten Waffen wider sich selbst. Hätte er gerade in diesem Stücke keine genügende Antwort geben können, so würde nicht allein seine Stellung zum Judenthum als eine ungerechtfertigte erschienen, sondern auch sein Abfall vom Gesetz offenbar geworden sein, während doch der Apostel gerade die Position entschieden festhält, dass er nichts lehre, was nicht im Gesetz und in den Propheten bezeugt sei.

G leitet seine Auslegung des vierten Capitels folgendermaassen ein: „Abraham war für die Juden die Verkörperung des Heils, sein Beispiel war ein Hauptpunkt in der Lösung der hier behandelten Frage. Es lag hier eine Ueberzeugung vor, welche Paulus mit seinen Gegnern theilte [?]. War der Patriarch gerechtfertigt durch den Glauben, und zwar durch den Glauben allein, so war seine These bewiesen. War er gerechtfertigt durch irgend ein zu seinem Glauben hinzugekommenes eignes Werk, so war es um die Lehre des Paulus geschehen". Die Sache steht nicht ganz so. Der Apostel hielt den Abraham mit Nichten für die Verkörperung des Heils; auch die Juden verwechselten ihn nicht mit dem Messias. Es ist ferner nicht richtig, dass Paulus an Abraham die Richtigkeit seiner Rechtfertigungslehre erweisen wollte. Zunächst hatte er die Absicht, die verkehrte jüdische Gerechtigkeitslehre zu widerlegen. Selbstverständlich war die Zurückweisung der jüdischen Meinungen von Abraham eine Verstärkung seiner eigenen Position.

G verbietet zu theilen: τί οὖν ἐροῦμεν; und Ἀβραὰμ τ. πατ. ἡμ. εὑρ. κ. σάρκα. Er meint, in diesem Falle müsste zu εὑρηκέναι entweder ein Object hinzugebracht werden, wie δικαιοσύνην, was äusserst gezwungen wäre, oder man müsste mit *ΙΙ* ἡμᾶς als Subject ergänzen, welches noch gezwungener wäre. *G* hat eine bekannte Regel übersehen, die Krüger in seiner griech. Grammatik § 55, 2. Anmerk. 4 so ausdrückt: „weggelassen wird das persönliche Pronomen des Subjectsnominativ, wenn es mit dem Subjecte des re-

gierenden Verbum eins, und nicht betont ist". Somit ist grammatisch gegen die Zweitheilung nichts einzuwenden, sachlich auch
nichts, wenn man nicht irrthümlicher Weise annimmt, Paulus fasse
sich communicativ mit den Heidenchristen zusammen, eine Annahme, über deren Ungrund ich mich vorher bereits ausgesprochen
habe. — Aber freilich bei der herkömmlichen Erklärung des Infinitivsatzes konnte der Eindruck des Gezwungenen, ja Perversen nicht
ausbleiben, wenn man auch richtig ἡμᾶς als Subject desselben er-
gänzte. Κατὰ σάρκα soll heissen: durch seine eigene Thätigkeit; der Sinn der Frage soll also sein: was hat Abraham durch
seine eigne Thätigkeit erlangt? Schwerlich wird sich durch Analogie oder sonst erweisen lassen, dass der Apostel mit der Phrase
κατὰ σάρκα jemals diesen Sinn verbunden habe. Und nun die
Antwort auf diese Frage! G will nicht, wie gewöhnlich suppliren:
„durchaus nichts". Er meint, das gehe zu weit; er ergänzt: „nichts,
was die Rechtfertigung vor Gott betrifft". Was nun v. 2
betrifft, so sieht G darin nicht einen Beweis für die erwartete negative Antwort, sondern die Erklärung des Beweggrundes, aus welchem Paulus die Frage des v. 1 hat stellen müssen: „Ich frage so,
weil Abraham, wenn er durch seine Werke gerechtfertigt wäre, wirklich Ursache hätte, sich zu rühmen, und folglich der Selbstruhm,
den ich (3, 27) für ausgeschlossen erklärt habe, nur um so besser
sich breit machen würde."
    Diese Erkärung ist schon sprachlich unmöglich: εἰ — ἐδικ.,
ἔχει heisst nicht: wenn er gerechtfertigt wäre, hätte er etc., sondern „wenn er gerechtfertigt ward, hat er". Auch ich habe v. 2
als Erklärung des Grundes, aus welchem die Frage gestellt wird,
gefasst, aber allerdings nicht als Erklärung des Grundes, aus welchem
Paulus diese Frage stellt, sondern des Grundes, aus welchem Paulus diese Frage im Sinne der Gegner aufwirft. Paulus begründet
nicht seine Frage, sondern er giebt an, womit die Gegner diese,
ihre Frage begründen. Hätte G das erkannt, so würde er sich
doch gescheut haben, zu sagen, was er zu ἀλλ᾽ οὐ πρὸς θεόν bemerkt: „die Wendung, die der Apostel gebraucht, ist allerdings
sonderbar, ja wir möchten sagen, wie etwas verlegen [!]. Er fühlt,
dass er an einen zarten Gegenstand kommt, bei welchem das jüdische
Nationalgefühl sich sehr empfindlich zeigen musste. Um seine Gedanken zu fassen, muss man nach den Worten: „wenn er gerechtfertigt ist durch die Werke, so hat er Ursache, sich zu rühmen"
hinzufügen: und er hat wirklich viel Ursache, sich zu rühmen;
es ist keine Kleinigkeit, ein Abraham geworden zu sein; es ist ein
Name, den man sich zur Ehre rechnen darf, aber . . . hier lenkt
der Apostel wieder auf sein Thema ein, aber aller dieser Ruhm hat
nichts zu thun mit der Rechnung, die er mit Gott abmachen musste."
So G. Wer sich in diese stark französischen Excusen, die G dem
Apostel unterlegt, zu finden weiss, wer's dann mit der Grammatik
nicht allzugenau nimmt, der mag sich mit Gs Auslegung begnügen.

Eine eigenthümliche Erklärung hat sich neuerdings D. Klostermann (Correcturen u. s. w.) ausgedacht. K. versucht zunächst, durch Aenderung des Textes seiner eigenthümlichen Auslegung den Weg zu bereiten. Er findet dass der Vaticanus (B) schreibt: Ἀβραὰμ τὸν προπάτορα ἡμῶν, während die Uncialen A. C. D. F. G schreiben: Ἀβραὰμ τὸν πατέρα (προπ.) ἡμῶν εὑρηκέναι πατὰ σάρκα, und steht nun nicht an, dem letzten Texte den Vorzug zu geben. Demnächst versichert K, als hätte er das Alles gesehen und mit durchlebt, das εὑρηκέναι habe ursprünglich am Rande gestanden und sei durch Versehen eines Abschreibers in den Text gerathen, darum müsse es gestrichen werden. Dann ist τί οὖν ἐροῦμεν als eine Frage zu fassen, das Fragezeichen an dem Schluss des zweiten Verses, also hinter θεὸν zu setzen, und die Worte εἰ γὰρ Ἀβραὰμ ἐξ ἔργων ἐδικαιώθη, ἔχει καύχημα als Parenthese zu fassen.

Seine Auffassung lautet: „Was werden wir demnach sagen? werden wir Abraham unsern Urvater nach dem Fleische nennen — denn wenn er aus Werken vor Gott gerechtfertigt worden ist, so hat er Gott gegenüber natürlich eigenen Ruhm, und passt also in dieser religiösen Beziehung nicht zu uns — aber nicht im Verhältniss zu Gott?"

Ich halte jede Beleuchtung für überflüssig.

V. 3. In dem Citat Genes. 15, 6 heisst es: Abraham glaubte Gott; das will allerdings mehr sagen, als er glaubte seiner Verheissung. Der Glaube ist die Grundrichtung des innern Menschen, wodurch seine sittliche Stellung und seine Ziele bestimmt werden. Ist Gott das absolute Ziel, so ist der Mensch, dessen Grundrichtung dorthin geht, nicht nur auf dem rechten Wege, sondern auch in der richtigen Stellung. — „Gerechtigkeit, sagt G, bezeichnet hier den vollkommenen Gehorsam gegen den Willen Gottes, kraft dessen Abraham von Gott ganz natürlich für gerecht erklärt worden wäre, gemäss dem Thatbestand, wenn er einen solchen Gehorsam gehabt hätte. Da er ihn nicht hatte, nahm Gott seinen Glauben als gleichgeltenden Werth iu Rechnung (ἐλογίσθη αὐτῷ εἰς δικ.)". Nicht ganz richtig: vollkommener Gehorsam gegen Gott ist seinem Begriff nach Gerechtigkeit; es bedarf für den Betreffenden keiner Gerechterklärung. Solchen vollkommenen Gehorsam, meint G, hatte Abraham nicht; dafür nahm Gott seinen Glauben in Rechnung. Zu äusserlich. Zur Gerechtigkeit gehört nicht bloss die rechte Stellung zu Gott, sondern auch die zur Umgestaltung des innern und äussern Lebens erforderliche Glaubensenergie. Die Differenz zwischen Glaube und zwischen Gerechtigkeit ist im tiefsten Grunde die Differenz zwischen Lebensprincip und Lebensgestaltung. Gott rechnet dem Abraham das Princip für die vollendete Gestalt des Lebens in Gott, welche im eigentlichen Sinne Gerechtigkeit heisst. Die rechte Herzensstellung zu Gott wurde für gleichwerthig erachtet mit der rechten Lebensstellung.

v. 4. Unterschied zwischen Gnadengeschenk und Arbeitslohn.

Wäre Abraham ein wirklicher Werkheiliger gewesen, wie das Judenthum sich ihn vorstellte, so wäre die Stellung, welche ihm Gott verliehen hatte, lediglich verdienter Lohn gewesen. Nun aber sagt die Schrift ausdrücklich, dass Gott ihm nicht seine Arbeit, sondern seinen Glauben gerechnet hätte zur Gerechtigkeit.

v. 5. Dasselbe in positivem Ausdruck. Die Grundstellung des Herzens (den Glauben) siehet Gott an und nimmt ihn in Rechnung für die vollendete Ausgestaltung des Lebens in Gott.

v. 6. Καθάπερ ist, wie G meint, nachdrücklicher als καθώς und soll eine innere, schlagende Aehnlichkeit anzeigen: genau so wie. Stellen, wie 2 Cor. 1, 14. 3, 13. 18 zeigen, dass dem nicht so ist. Wie aus den Bestandtheilen der Partikel (καθ' ἅπερ) sich ergiebt, wird vielmehr die Aehnlichkeit auf gewisse Punkte beschränkt, in welchen Uebereinstimmung stattfindet, also: dem entsprechend, sc. was vorher über die Zurechnung der Gerechtigkeit aus dem Schriftzeugniss über Abraham entwickelt worden ist. Im Uebrigen sind die beiden Fälle sehr verschieden, wie ja G (auch M) richtig bemerkt, wenn er der Annahme wehrt, als hätte Paulus David neben Abraham als zweites Beispiel anführen wollen. Damit steht nun freilich in Widerspruch, wenn G in demselben Athemzuge bemerkt: „Paulus habe nur einen Ausspruch des heiligen Sängers anführen wollen, um das Zeugniss des Moses über Abraham zu ergänzen. Denn in diesem Falle wäre doch die Mosaische Grundstelle über Abrahams Rechtfertigung einer Ergänzung bedürftig gewesen. Nicht schon die von Paulus zuerst angeführte γραφή, sondern diese erst in Verbindung mit dem 32. Psalm enthielt die vollständige Lehre von der Rechtfertigung aus dem Glauben." So steht's nicht, und wenn G dem Davidischen Ausspruch die Function beilegen will, das, was Genes. 15, 6 positiv gesagt ist, negativ zu ergänzen, so ist zu bemerken, dass die angegebenen Kategorien positiv und negativ nur die Form, nicht aber den Inhalt angehen, der Apostel aber schwerlich die Absicht gehabt hat, mit Anführung eines Davidischen Spruchs die formelle Seite der Rechtfertigungslehre zu ergänzen.

Die Sache steht vielmehr so, dass David hier angeführt wird als der, wie der Apostel voraussetzen darf, von ganz Israel anerkannte Interpret der Mosaischen Grundstelle über Abrahams Gerechtigkeit, als der unzweifelhafte Kenner und Bekenner der Rechtfertigungslehre aus der Schrift. Paulus tritt also hier denen entgegen, die etwa Gen. 15, 6 sich anders zurechtlegen möchten. Dass dergleichen Umdeutung nach jüdisch-gnostischen Principien zur Zeit Pauli wirklich vorkam, erhellt aus Philo Mg. I. p. 485. 486 u. a. Stellen. Indem der Apostel seine Auffassung durch die des königlichen Bekenners bewährt, gewinnt er zugleich die Füglichkeit, die universale Bedeutung dieses Bekenntnisses, seine Gültigkeit nicht bloss für Israel, sondern auch für die Heidenwelt daraus zu deduciren.

Aber freilich nicht sofort. Der Makarismus geht nicht auf Beschnittene als solche, sondern in völliger Allgemeinheit auf die

Menschen, denn es heisst ausdrücklich v. 7 μακάριοι, ὧν κ. τ. λ., und wie der Zusammenhang zeigt, können nur ἄνομοι und ἁμαρτάνοντες ohne Unterschied der Nationalität als dazu gehörige Subjecte gedacht werden, vergleiche v. 8 μακάριος ἀνὴρ κ. τ. λ. woraus sich auf die Allgemeinheit des Davidischen Ausspruchs schliessen lässt. Aber so sicher allerdings nicht, dass sich nicht fragen liesse, ob der Makarismus auch wirklich auf die ἀκροβυστία mit zu beziehen sei. Denn v. 9 λέγομεν γὰρ, ὅτι ἐλογίσθη τῷ Ἀβραὰμ ἡ πίστις εἰς δικαιοσύνην. Eben auf Grund dieses Satzes ist es fraglich, ob nicht der Makarismus ausschliesslich auf die περιτομὴ d. i. auf den Samen Abrahams nach dem Fleische gehe.

Es ist unrichtig, wenn M wegen der Wortstellung auf ἐλογίσθη, nicht auf Abraham den Ton gelegt wissen will, indem er sich auf v. 10 Πῶς οὖν ἐλογίσθη; beruft. Er hätte sich leicht überzeugen können, dass es dem Apostel bei dem Πῶς nicht auf die Modalität der Zurechnung, sondern auf den Zustand Abrahams ankam, in welchem er die Zurechnung empfing. Das λογισθῆναι kommt nach seiner innern Beschaffenheit weiter gar nicht in Betracht, sondern dies, dass Abraham die Gerechtigkeit empfing ἐν ἀκροβυστίᾳ. Die rhetorische Bedeutung Abrahams beruht darauf, dass der Name vor das Subject ἡ πίστις gestellt ist. Dieser rhetorische Accent wird durch das dem Abraham vorhergehende ἐλογίσθη nicht aufgehoben. Hätte Paulus dies betonen wollen, so würde er geschrieben haben: ὅτι ἐλογίσθη ἡ πίστις τῷ Ἀβ. εἰς δικαιοσύνην. Ebenso ist in v. 10 nicht ἐλογίσθη, sondern πῶς accentuirt, dem dann als Antwort entspricht: ἐν ἀκροβυστίᾳ ἐλογίσθη.

„Es gab im Leben Abrahams, bemerkt G zu v. 10, eine Zeit, da er durch seinen unbeschnittenen Zustand die Heiden repräsentirte, wie er später seit seiner Beschneidung der Repräsentant Israels geworden ist. In dieser ersten Epoche seines Lebens nun, d. h. in seinem heidnischen Zustand ist er gerechtfertigt worden durch den Glauben. Die Schlussfolgerung springt in die Augen. Paulus erschwert sie seinen Gegnern nicht; er legt sie mit ihren entscheidenden Folgen im Nachstehenden dar.“

v. 11. Καὶ leitet einfach die weitere Geschichte Abrahams ein, soweit, als sie hier zur Sache gehört. Richtig ziehen M und G τῆς ἐν τῇ ἀκροβυστίᾳ zu πίστεως, nicht zu τῆς δικαιοσύνης τῆς πίστεως wegen des folgenden πιστευόντων ἐν τῇ ἀκροβυστίᾳ und τῆς ἐν ἀκροβ. πίστεως v. 12.

Zu σημεῖον περιτομῆς bemerkt G aus den Rabbinen: „Gott hat das Zeichen der Liebe in das Fleisch gelegt.“ Περιτομῆς Appositionsgenitiv. Abraham empfing das Zeichen der Beschneidung als Siegel, d. h. er sollte an seinem Leibe die Versicherung von der Gerechtigkeit des Glaubens tragen, den er gehabt hatte in der Vorhaut. Εἰς τὸ nicht: so dass, sondern damit u. s. w. Es war Gottes Absicht, dass er ein Vater aller Gläubigen, also auch der Heiden sein sollte; sein, nicht werden! Denn von Abraham rührt

die Aussaat des Glaubens her für alle Geschlechter der Erde 1 Mos.
12, 3; ihr geistliches Wesen ist dem Glauben Abrahams consubstantial. Das zweite εἰς τό verbindet G mit πιστευόντων nicht in
dem Sinne Hs, „welche glauben, dass es ihnen werde zugerechnet
werden," sondern in dem grammatisch allein möglichen Sinne „derer,
welche glauben, auf dass ihnen die Gerechtigkeit zugerechnet werde."
In dem Glauben liegt ein Wille; er sucht die Versöhnung mit Gott
und folglich die Rechtfertigung.

In v. 12 fassen die neuern Exegeten das καὶ πατέρα περιτομῆς richtig als Fortführung des πατέρα πάντων in v. 11 auf;
das dazwischengeschobene εἰς τό λογισθῆναι gewissermassen als
Parenthese. Ebenso wird περιτομή als Collectiv. für περιτετμη-
μένοι genommen. Somit wäre Alles plan. Um so mehr Schwierigkeit verursacht das Folgende τοῖς οὐκ ἐκ π. bis zum Schluss des
Verses. Auf die mancherlei Deutungsversuche näher einzugehen,
erfordert die Pflicht der exegetischen Arbeit, wobei die Mühe der
Forschung den mancherlei Düfteleien und Verkehrtheiten gegenüber
einigermaassen compensirt wird durch die Freude über die Sorgfalt,
welche der Schriftauslegung gewidmet wird.

Zunächst ist, wie G und M richtig hervorheben, das die Frage,
ob Beschnittene allein in Rede stehen oder Beschnittene und Unbeschnittene. Man hat übersetzt: „Vater der Beschneidung für diejenigen nicht nur, welche aus der Beschneidung sind, sondern auch
für diejenigen, welche wandeln in den Fussstapfen des Glaubens,
welchen unser Vater Abraham in der Vorhaut hatte." Demnach
würde die Aussage mit οὐ μόνον auf die Juden gehen, dagegen die
mit ἀλλὰ καί auf die Heiden. Diese Auslegung ist nur möglich
unter der Annahme, dass τοῖς οὐκ gesagt wäre für οἳ τοῖς. So
haben in der That Theodoret, Luther und einige Neuere ausgelegt.
Dagegen M und nach ihm G: „eine solche Inversion ist beispiellos
und wie sonderbar, wenn Paulus noch einmal die Vaterschaft für die
gläubigen Heiden hervorgehoben, die für die Juden aber ganz ohne
die bedingende Bestimmung des Glaubens gelassen hätte!" — Bei
Weitem allgemeiner ist seit Chrysosth. die Fassung derer, welche
übersetzen: „für diejenigen, welche nicht blos beschnitten sind, sondern auch gehen in den Fussstapfen u. s. w." Daran hat nun neuerdings die philologische Akribie Anstoss genommen. Es wird behauptet, dass diese Uebersetzung den Artikel τοῖς vor στοιχοῦσι
übersehen habe. Nur, wenn στοιχοῦσι ohne Artikel stände, wäre
die Fassung richtig. Man hat versucht, das τοῖς unter Beibehaltung
der Chrysosth.'schen Auslegung zu rechtfertigen. Reiche sagt: στοιχοῦσι müsse den Artikel haben, denn es sei nicht Apposition zu
τοῖς οὐ [als müssten die artikellosen Participien stets in apposi-
tionellem Verhältniss stehen], sondern selbstständige Charakterisirung
derjenigen Beschnittenen, welchen Abraham Vater ist. — Nun, das
ist's ja eben, was zur Frage steht, ob τοῖς στοιχ. selbstständige
Characterisirung ist oder nicht, vielmehr ein zweites Merkmal neben

ἐκ περιτομῆς. Köllner sagt: „es dürfe zugegeben werden, dass der Artikel vor στοιχ. fehlen könnte, es sei aber kein Grund abzusehen, warum ihn Paulus auch nicht wiederholen sollte, da er mit dazu dient, den Begriff der Gläubigen nur um so schärfer und bestimmter hinzustellen." Alles richtig, wenn τοῖς στοιχ. als selbstständige Characterisirung derjenigen, denen Abraham Vater ist, nachgewiesen wäre, und nicht als zweites Moment neben τοῖς ἐκ περιτομῆς stände. Philippi meint: Nachlässigkeiten im Styl fänden sich auch bei den besten Schriftstellern. Andere anders. — M verwirft alle diese Versuche, indem er annimmt, τοῖς vor στοιχοῦσι sei irrig wiederholt. „Paulus fährt negligenter Weise bei ἀλλὰ καὶ so fort, als ob er vorher ein οὐ μόνον τοῖς geschrieben hätte. Durch die gänzliche Unzulässigkeit einer andern Erklärung wird dies zu statuiren gefordert." So M in seiner bekannten, ebenso ehrlichen, als apodictischen Weise. Es war vorauszusehen, dass man den Apostel, welcher, wenn irgend einer, sorgfältig ist in der Schreibweise, nicht so ohne Weiteres unter der Anklage der Negligenz oder Nonchalance belassen würde. Man suchte nach Auswegen. H glaubte einen solchen gefunden zu haben. Er sagt: „der Apostel würde nicht darauf verfallen sein, hinter ἀλλὰ καὶ den Artikel zu setzen, wenn er die Einen und Selben verneinender und bejahender Weise, und nicht vielmehr Unterschiedene gegensätzlicher Weise hätte benennen wollen. Es ist daher anzunehmen, dass er zunächst nur τοῖς οὐκ ἐκ περιτομῆς μόνον mit πατέρα περιτομῆς zu verbinden vorhatte. Diese beiden Stücke entsprechen sich und geben zusammen vorerst einen befriedigenden Gedanken, indem sie besagen, dass Abraham Vater der gläubigen Unbeschnittenen und der Beschnittenheit für die nicht bloss Beschnittenen, also auch Gläubigen ist und sein sollte (also? hic haeret aqua). Ἀλλὰ καὶ heisst dann nicht sondern auch, sondern: aber auch: „Es werden noch andere benannt, denen Abraham gleichermaassen Vater der Beschnittenheit [!] ist und sein sollte." Das, meint H sei auch zu schliessen aus τοῦ πατρὸς ἡμῶν Ἀβραάμ, wo αὐτοῦ statt Ἀβρ. nicht nur genügte, sondern allein am Orte wäre. Also, um es kurz zu sagen: ἀλλὰ καὶ gehört nach Hs Ansicht nicht zu οὐ μόνον, sondern fängt einen eignen Satz an. Dieser Satz will sagen, dass Abraham ein Vater der Beschnittenheit sei auch für die Unbeschnittenen, falls sie glauben. — Ich halte diese Fassung theils schon durch das Gesagte widerlegt, theils einer Widerlegung nicht bedürftig. — Wieseler (Commentar zum Galaterbrief S. 407) scheint unter τοῖς στοιχ. gleichfalls Christen im Allgemeinen, aber nicht Judenchristen insbesondere zu verstehen. Dies würde nur möglich sein bei einer der Hschen analogen Construction.

Neuerdings hat nun G eine andere Lösung der Schwierigkeit gesucht, und wie er meint gefunden. Er sagt: „man darf dazu nur in dem ersten τοῖς ein Pronomen erkennen, wie dies unbestreitbar ist (diejenigen, welche), hingegen in dem zweiten nicht ein paralleles

Pronomen (welches auch vor καί stehen müsste, ἀλλὰ τοῖς καὶ στοιχ.) sondern einen blossen bestimmten Artikel: „den in den Fussstapfen . . . wandelnden (Personen)". Die Fassung, die sich daraus ergiebt, ist: „denjenigen, welche nicht nur aus der Beschneidung sind, sondern welche auch d. h. zu gleicher Zeit die in den Fussstapfen . . . wandelnden Individuen sind."

Zur Verdeutlichung seiner Ansicht giebt G noch den Satz, wie er vervollständigt lauten müsste: οἱ οὐκ ἐκ περιτομῆς μόνον (ὄντες), ἀλλὰ καὶ (ὄντες) οἱ στοιχοῦντες und fügt hinzu: „die στοιχοῦντες bilden keine zweite Classe neben der ersten, sondern in dieser eine besondere Gruppe, welche neben der gemeinsamen Eigenschaft ein Attribut (den Glauben) besitzt, das den andern fehlt; diese Abzweigung innerhalb des beschnittenen Israel scharf zu zeichnen, dazu dient der Artikel."

Das Letztere ist nicht unrichtig. Auch hat G eine Ahnung gehabt von dem zur richtigen Auffassung führenden Wege. Doch ist es ihm, wie mir scheint, nicht gegeben gewesen, die Reiseroute klar darzulegen. Zunächst lehne ich Gs Zumuthung, in τοῖς ein Pronomen zu erkennen, dem nachfolgenden τοῖς aber partitive Bedeutung beizulegen, entschieden ab. Beide Artikel substantiviren; das erste τοῖς den präpositionellen Ausdruck ἐκ περιτομῆς, wenn man nicht vorzieht οἶσι zu ergänzen, das zweite τοῖς das Particip στοιχοῦσι. Der pronominale Schein kommt dem Artikel durch Auflösung der Participien in gewöhnliches Deutsch oder Französisch: οἱ ἐκ περιτ. ὄντες diejenigen, welche aus der Beschneidung sind, οἱ στοιχοῦντες = οὗτοι, οἳ στοιχοῦσι. Dadurch erhält der Artikel in keinerlei Weise pronominale Function. Ebenso ist der Artikel nicht an und für sich partitiv. Was G gern erweisen möchte, dass sich die Aussage τοῖς στοιχ. κ. τ. λ. den τοῖς ἐκ περιτομῆς gegenüber partitiv verhält, ergiebt sich nimmermehr aus dem blossen Artikel.

Am einfachsten dürfte sein, zunächst der Entstehung dieser keineswegs „negligent", wohl aber dialectisch contort zusammengefügten Sätze τοῖς οὐκ ἐκ π. — Ἀβραάμ nachzugehen. Ich scheide zu dem Ende das οὐ μόνον, ἀλλὰ καί aus und gelange so zu der einfachen Form: τοῖς ἐκ περιτομῆς τοῖς στοιχοῦσι τοῖς ἴχνεσι u. s. w. Durch das eingefügte οὐ μόνον — ἀλλὰ καί wird nämlich das Verhältniss der beiden Aussagen mit τοῖς nur in so weit berührt, als die zweite Aussage als nothwendige Ergänzung der ersten hervorgehoben, diese Hervorhebung aber nun durch Weglassung der beiden Partikeln gewissermassen sistirt wird. Das jedoch, worauf es hier allein ankommt, das grammatische Verhältniss der beiden Bestimmungen zu einander wird durch die vorläufige Weglassung der rhetorischen Accentuation nicht im Mindesten alterirt.

v. 12 würde also lauten καὶ πατέρα περιτομῆς τοῖς ἐκ περιτομῆς, τοῖς στοιχοῦσι τοῖς ἴχνεσι τῆς ἐν ἀκροβ. πίστεως τοῦ π. ἡμ. Ἀβρ. Aus der einfachen Gegenüberstellung ergiebt sich, dass beide Bestimmungen gleich selbstständig sind, nicht eine die andere limitirend. Man wäre versucht, zwei verschiedene Klassen von Menschen, nämlich: Beschnittene und Gläubige zu unterscheiden, welchen beiden Abraham Vater der Beschneidung wäre. Daran hindert jedoch das hineingestellte οὐ μόνον — ἀλλὰ καί. Handelt es sich wirklich um zwei unterschiedene Classen, so hätte der Apostel schreiben müssen: οὐ τοῖς ἐκ περιτ. μόνον, ἀλλὰ καὶ τοῖς στ. Wie die Worte lauten, so sind nicht Unterschiedene gemeint, sondern dieselben; die Selbstständigkeit, welche der Artikel anzeigt, geht auf die Merkmale: es sind dieselben Leute, welche dies Beides an sich haben, aus der Beschneidung zu sein, und zu wandeln in den Fussstapfen u. s. w., aber nicht so, dass ein Merkmal das andere limitirt oder modificirt, als stände περιτετμημένοις τοῖς στοιχοῦσιν, oder τοῖς περιτετμημ. (ἐκ περιτομῆς), στοιχοῦσιν, sondern so, dass dieselben, denen Abraham Vater der Beschneidung ist, das Beschnittensein und eo ipso das Wandeln in den Fussstapfen Abrahams u. s. w. und was noch seltsamer ist, das Wandeln in den Fussstapfen des Glaubens Abrahams in der Vorhaut an sich haben. Von welcher Wichtigkeit gerade die Betonung und Beachtung der πίστις in der Vorhaut Abrahams ist, werden wir sehr bald erkennen.

Ich habe bis jetzt fast ausschliesslich das Sprachliche ins Auge gefasst. Aber nicht dies ist es allein, was mich gegen die interpretatio recepta einnimmt. Der Pragmatismus des Textes scheint mir nicht minder der Annahme entgegenzustehen, als könne in v. 12 nur von solchen Beschnittenen die Rede sein, welche glauben, oder von Juden und Heidenchristen. Mir ist in solchem Grade die Beschränkung der Vaterschaft Abrahams auf die gläubigen Juden bedenklich. Ich wüsste keine Stelle der Schrift, in welcher derartiges gelehrt würde. Abraham ist und bleibt der Vater der περιτομή, mag die Herzensstellung der Juden sein, welche sie wolle. Der Herr lässt den reichen Mann in der Qual rufen: Vater Abraham, und dieser nennt ihn Sohn. Man hat sich auf Röm. 9, 7 berufen Allein *H* beanstandet mit Recht die gemeine Auslegung, wonach οὐδ' ὅτι — Ἀβραάμ Causalsatz sei zu πάντες τέκνα. Er zieht οὐδ' ὅτι — Ἀβρ. zum sechsten Vers: „Nicht Alle die, welche von Israel abstammen, sind Israel — auch nicht darum (sc. sind sie Israel), weil sie Abrahams Samen sind. Alle sind Kinder, aber in Isaak wird der Samen berufen werden. Die Israeliten sind insgesammt Abrahams Kinder, Abrahams Same". Ob echte oder unechte, darauf kommt es wenigstens in Röm. 4, 12 nicht an.

Was mich zweitens bedenklich macht, ist der Zusammenhang. Der Apostel hat offenbar die Verse 11 und 12 so gedacht, dass sie klar legen, wie Beschnittene und Unbeschnittene gleichmässig Antheil haben an der dem Abraham und seinem Samen gegebenen Verheissung. In Betreff der Unbeschnittenen genügt,

dass Abraham factisch der Anfänger und Begründer des in der Vorhaut zur Gerechtigkeit führenden Glaubens ist, also mit Recht der
Vater aller derer genannt werden kann, die, wie er, in der Vorhaut
glauben.   Die dem Abraham und seinem Samen gegebene Verheissung geht auf die κληρονομία κόσμου, erstreckt sich auf alle
Völker der Erde, gehört also in erster Linie dem heiligen Volke,
den Nachkommen Abraham's an.   Die heilige Geschichte nennt Abraham als den Anfänger und Begründer der Beschneidung.   Wer
das Siegel an seinem Fleische empfangen hat, ist ein Kind Abrahams,
Abraham sein Vater.   Paulus will die Vaterschaft Abrahams weder
nach der einen noch nach der andern Seite als eine particulare
aufgefasst wissen, sie ist universaler Natur, daher Abraham πατήρ
ημῶν.   Das muss vor allen Dingen fest stehen, wenn die Universalität des Heilsprincips, d. i. der Glaube, sowie die Universalität
der Verheissung bestehen bleiben soll.

Das Judenthum sprach dem Glauben in der Vorhaut d. h.
dem Glauben eines Heiden, der nicht zuvor dem Gesetzesvolk einverleibt worden war, allen und jeden Antheil an der Verheissung,
bezw. den Privilegien des Judenthums ab.

Sollte wirklich der Apostel in v. 12 nichts weiter haben geben
wollen, als eine Wiederholung des bereits in v. 11 Gesagten mit
besonderer Application auf die Juden? Sollte er keine Veranlassung
genommen haben, gerade hier in prägnantester Form die particularen
Ansprüche des Judenthums und seinen Widerwillen gegen die Vorhaut in die gebührenden Schranken zurückzuweisen?

Ich finde, dass der Apostel gerade mittelst der so
eben besprochenen Worte τοῖς οὐκ ἐκ περ. — Ἀβρ. das
Judenthum förmlich niederschmettert, indem er zeigt, dass
alle seine wirklichen und vermeintlichen Ansprüche auf
dem Glauben in der Vorhaut, das ist auf dem Glauben,
den Abraham hatte, als er noch in der Vorhaut war, beruhen, dass also die Polemik desselben gegen die Berufung der Heiden geradezu eine Polemik ist gegen seine
eigne geschichtliche Grundlage.

Dies und nichts anderes sagt der Apostel mit den Worten τοῖς
οὐκ ἐκ περιτ. — Ἀβραάμ. Es liegt mir ob, dies im Einzelnen
nachzuweisen.

„Abraham ist Vater der Beschneidung denen, welche nicht bloss
aus der Beschneidung sind, sondern denen, welche (eben als Beschnittene) wandeln in den Spuren (Fussstapfen) des in der Vorhaut bewiesenen Glaubens unsers Vaters Abraham.“

Fassen wir die ἴχνη τῆς ἐν ἀκροβ. πίστεως richtig auf; es
sind die Spuren, welche der Glaube Abrahams in der Vorhaut
dem Boden der Geschichte eingedrückt hat. Es sind Güter und
Einrichtungen vorhanden, ganz unabhängig davon, ob sie persönlich
angeeignet worden oder nicht, Ordnungen und Einrichtungen, in

welchen der Glaube, welchen Abraham in der Vorhaut hatte, über die Erde schreitet und seine Fussstapfen in die Geschichte eindrückt, so lange es ein Volk von Beschnittenen giebt. Die Segensverheissung für alle Geschlechter der Erde, die Aufrichtung des Bundes mit Gott, das Bundeszeichen am Fleisch als Zeichen eines heiligen Volksthums — alles das sind ἴχνη τῆς πίστεως τοῦ Ἀβραάμ, und zwar τῆς ἐν ἀκροβυστίᾳ πίστεως τοῦ πατρ. ἡμ. Ἀβραάμ. Die Beschneidung aller Zeiten tritt als solche in die Fussstapfen des Glaubens Abrahams; es wandelt in diesen Fussstapfen, so lange es noch Anspruch macht auf die Gnaden Gottes und auf die Güter eines heiligen Volksthums. Dieser Glaube Abrahams aber — darauf kommt es dem Apostel hier an, — in dessen Spuren das Judenvolk geht, ist ἡ ἐν ἀκροβυστίᾳ πίστις.

Ganz gleich, ob die περιτομή glaubt oder nicht glaubt, sie wandelt ἐν τοῖς ἴχνεσι κ. τ. λ. und Abraham ist Vater der Beschneidung denen, die nicht bloss aus der Beschneidung sind, sondern die zugleich — sie mögen es nun anerkennen oder nicht, — in den Fussstapfen des Glaubens einhergehen, den Abraham hatte, als er noch in der Vorhaut war.

Dieser Abrahamitische Glaube in der Vorhaut ist, so zu sagen, die Basis geworden, auf welcher die Beschneidung in ihrer Gesammtheit steht, und worauf sie bei jedem Schritt und Tritt sich gründet. Wie mag den Heiden zugemuthet werden, den Segen des Glaubens in der Vorhaut, wie ihn Abraham hatte, dem Judenthum zu Lieb hinzugeben und sich unter das Gesetz zu stellen — dem Judenthum zu Lieb, das eben keine andere Grundlage hat, als den Segen des Glaubens in der Vorhaut!

Ich meine, dass durch die gegebene Auffassung das Verhältniss des 11. Verses zum 12. richtig gestellt, die vorhandenen grammatischen Schwierigkeiten gelöst und der Dialektik des Apostels ihr volles, durch irrthümliche Exegese lange vorenthaltenes Recht wiedergegeben ist.

v. 13. Dass der Apostel in diesen Gedanken sich bewegt, ·zeigt v. 13. Das Judenthum verrückt seine Basis, wenn es sich auf das Gesetz stellt. Auch die Gesetzgebung ist nichts anders, als ein weiteres ἴχνος des in der Geschichte seines Volks fortschreitenden Glaubens, welchen Abraham in der Vorhaut hatte.

G bemerkt richtig: „Der Besitz der Welt war Abraham und seiner Nachkommenschaft in dreierlei Formen verheissen: 1) in der dem Patriarchen gegebenen Verheissung des Landes Canaan, welcher, da man Canaan als das Sinnbild der erneuerten Erde, als den Ausgangspunkt ihrer herrlichen Gestaltung auffasste, 2) ausgedehnt wurde auf den Besitz der ganzen Welt 1 Mos. 12, 3; 22, 17. 18; 26, 3. 4. jedoch so, dass 3) unter dem Weltbesitz die Theilnahme an dem die ganze Welt umfassenden messianischen Reich zu verstehen ist — die messianische Weltherrschaft Ps. 2, 8. Das Mittel, in den Besitz dieses Erbtheils zu gelangen, d. i. Theil zu haben an der messianischen Weltherrschaft ist nicht das Gesetz, sondern der Glaube.

v. 14. Denn, wenn der Weltbesitz aus der Angehörigkeit an das Gesetz abfolgte, so wäre der Glaube ausgeleert, d. h. seines wesentlichen Inhalts, seiner Bestimmung, die Gottesgerechtigkeit und damit zugleich die Erfüllung der Verheissung zu empfangen, beraubt (unrichtig G); mit der Verheissung aber wäre es aus, denn des Organs beraubt, dadurch sie allein realisirt werden konnte und sollte, wäre sie für alle Zeit unerfüllbar.

vv. 15 und 16. Wollte man sagen: der Besitz des Gesetzes macht gerecht und verbürgt damit die Erfüllung der Verheissung, ja ist diese selbst, so erledigt sich dieser Wahn im Lichte der Thatsachen von selbst, denn, weit entfernt, gerecht, d. h. Gott wohlgefällig zu machen, richtet es vielmehr Zorn an, statt die εὐλογία τοῦ Ἀβρ. (Gal. 3, 14) d. h. die Verwirklichung der Verheissung herbeizuführen. „Der göttliche Zorn, objectiv, nicht etwa bloss das Bewusstsein desselben ist gemeint." So M, dessen Glosse gerade heut zu Tage doppelt zu beherzigen ist. Schon Melanchthon bezieht die ὀργή auf den Aerger des verdammten Menschen über Gottes Gericht. Aber nicht der menschliche Aerger über die ὀργή, sondern die ὀργή selbst ist es, welche den Gesetzesübertreter enterbt. — Wäre kein Gesetz, dann auch nicht einmal παράβασις, geschweige denn Fluch, diese schärfste Form der ὀργή. Den Sündern ohne Gesetz enthüllt sich die ὀργή als ein παραδίδοσθαι εἰς ἀκαθαρσίαν, εἰς πάθη ἀτιμίας; bei den Gesetzlichen als ein παραδιδ. εἰς ἀδόκιμον νοῦν, welches gewissermassen der erste Act der göttlichen Abwendung ist, deren letzter die Vollstreckung der κατάρα an dem Unbussfertigen. In Betreff des Textes ist zu erwähnen, dass die Recept. mit den Uncialen D. E. F. G. I. K. L. P und den ältesten Uebersetzungen γάρ liest, während A. B. C und der ursprüngliche Text des Sinait. δὲ haben, wofür Lachmann, Fritzsche und neuerdings G stimmen und welches auch in die ed. 8 des Tischd. N. T. aufgenommen ist, während M für γάρ ficht, und die Aenderung der Lesart in der Verkennung der pragmat. Bedeutung des v. 15b findet. G hält dafür, dass 15b kein Beweis, sondern eine einfache Bemerkung zur Unterstützung von 15a ist. Nicht richtig. v. 15b schliesst sich mit δὲ logisch schärfer an 15a an, denn wie kann man schlagender beweisen, dass das Gesetz Zorn anrichtet, als durch den angefügten Satz, dass, wo kein Gesetz ist, auch nicht einmal die Voraussetzung des Zornes, nämlich die Uebertretung sich findet. Mir scheint im Uebrigen viel leichter, sich zu erklären, wie dem Zusammenhange gegenüber aus dem δὲ ein γάρ geworden ist (οὐ γάρ v. 13, εἰ γάρ v. 14, ὁ γάρ v. 15, wie leicht konnte sich ein οὖ γάρ statt οὖ δὲ einschleichen), als umgekehrt. Auch ist für mich die Lesart der drei ältesten Codd. von entscheidender Wichtigkeit. — Was νόμος ohne Artikel betrifft, so ist M der Ansicht, dass es hier, wie im ganzen Context, stets das Mosaische Gesetz bedeute, und

dass der Artikel dabei keinen Unterschied mache. *G* erklärt sich mit Recht dagegen. Siehe meine Bemerkung zu 3, 30. 31.
v. 16. *M*: „διὰ τοῦτο Conclusion aus vv. 14. 15. Der vv. 14—16 enthaltene Beweis für v. 13 nämlich kommt auf das Dilemma zurück: die κληρονομία ist entweder durch das Gesetz oder durch den Glauben bedingt. Ersteres kann nicht sein (vv. 14. 15); διὰ τοῦτο muss der letzte Fall stattfinden.“
Ebenso richtig ergänzt *M* zu ἐκ πίστεως: κληρονόμοι εἰσιν. — Dazu *G*s Erklärung: „Ist das Erbe allein dem Glauben gewährt, so bleibt es eben damit ein reines Gnadengeschenk, und wenn es ein Gnadengeschenk bleibt, so kann es nicht wieder empfangen werden, wie dies hätte geschehen müssen, wenn seine Erlangung an die Erfüllung eines Gesetzes gebunden wäre. — Εἰς τὸ εἶναι nicht: so dass, sondern damit. Es ist göttliche Absicht.
Zur Ueberleitung auf v. 17 lässt *G* folgenden Einwand dazwischen treten: „Aber — damit dieser göttliche Plan verwirklicht würde, musste doch ein Israel vorhanden sein, und damit es ein Israel gebe, musste ein Isaak auf die Welt kommen. Nun ist dieser Sohn dem Abraham geboren auf dem Wege der natürlichen Geburt, was hat diese Weise der Kindschaft mit dem Prozess des Glaubens zu thun?“ Nun beweist der Apostel vv. 17—21, dass auch die Geburt des Isaak ein Werk des Glaubens war.
v. 17. Das Citat nach Gen. 17, 6 LXX. Τέθεικά σε. Vor Gott ist der Patriarch bereits, was er werden soll. Nach *M* ist καθὼς γέγραπται bis τέθ. σε Parenthese. Κατέναντι οὗ ἐπίστ. würde also mit πατὴρ πάντ. ῾ι̣μ. v. 16 zusammenhängen. Dagegen bemerkt *G*: „das ἐστὶ im Schlusssatz des v. 16 bezieht sich offenbar auf den Augenblick, in welchem Paulus schrieb; und dies passt nicht zu dem Ausdruck: in Gegenwart des u. s. w., welches uns gerade in den Augenblick versetzt, da Gott mit Abraham redete.“ So unleugbar letzteres ist, so unannehmbar erscheint die Art, wie *G* κατέναντι — θεοῦ mit dem Citat verbindet. Dieser Zusatz (vorläufig mit Ausschluss von ἐπίστευσε) soll nämlich so aufgefasst werden: „was in Gegenwart des Gottes, an welchen u. s. w. schon wahr war d. h. dass vor den Augen Gottes, welcher mit Abraham redete, dieser schon gesetzt war zum Vater dieser vielen Völker.“ — Ich meine denn doch, dass *G* mehr herausbringt, als der Text hergeben will. Ohne Eintragung ist es unmöglich, wenn Citat und κατέναντι zusammengehören sollen, zu begreifen, wie das Ich des Citats ohne Weiteres in θεὸς übergeht. Wollte man mir entgegenhalten, dass κατέναντι eben nicht zu dem citirten Schriftwort gehört, sondern von dem Apostel nur logisch damit verbunden ist, so hätte ich zu erwidern, dass das Citat ausdrücklich von ihm mit γέγραπται eingeleitet wird, eine weitere Exposition des Apostels sich also an dies γέγραπται anzuschliessen haben würde. Wenn aber dieser Anschluss als unmöglich sich herausstellt, so bleibt etwas andres nicht übrig, als zu ergänzen: καὶ ἦν oder ἐγένετο πατὴρ

$\pi o \lambda \lambda$. $\dot{\varepsilon} \vartheta \nu$. $\varkappa \alpha \tau \dot{\varepsilon} \nu \alpha \nu \tau \iota$. So Philippi: als solcher ist er eingesetzt
worden! vergl. Bengel. Eine solche Ellipse wäre aber unbegreiflich
nach zweien Seiten: Unbegreiflich, was den Apostel zu solcher Ellipse
vermocht hat, und zum andern unbegreiflich, wie es doch nur den
Auslegern hat gelingen mögen, die Auslassung zu entdecken und in
überzeugender Weise für die Auslegung zu verwenden. Ich habe
aber noch dies Bedenken gegen die *G*sche und gegen alle ver-
wandten Hypothesen, dass, so Schönes auch zu $\varkappa \alpha \tau \dot{\varepsilon} \nu \alpha \nu \tau \iota$ vorgebracht
wird, um das Setzen Gottes zugleich als vollendete Realität zu er-
weisen, der Apostel doch, wie v. 18 ausdrücklich bezeugt, auf das
göttliche $\tau \dot{\varepsilon} \vartheta \varepsilon \iota \varkappa \dot{\alpha}$ $\sigma \varepsilon$, das $\gamma \varepsilon \nu \dot{\varepsilon} \sigma \vartheta \alpha \iota$ folgen lässt. Gott setzt die
Thatsache in ihrem wurzelhaften Wesen auf unumstössliche Weise,
aber, was von ihm gesetzt ist, das soll nun auch in der Geschichte
werden, das muss geworden sein.

Kurz: dass Abraham Vater unser aller ist, hat seinen Wesens-
grund in jenem Machtspruch Gottes Gen. 17, 5. Das Werden
aber dessen, wozu Abraham von Gott gesetzt ist, sollte geschichtlich sich vollziehen. Dazu gehörte bei Abraham ein Glaube von Hoffnung auf Hoffnung. Erst Herauswachsen vieler Völker aus seinem
Fleisch und Blut. Doch auf dem Gebiete der physischen Expansion
lag nicht die Erfüllung der Verheissung. Ein Same war es, aus
welchem der Abrahamide hervorgehen sollte, durch welchen alle
Völker der Erde gesegnet und das Abrahamitische Wesen, nämlich
die Glaubensart durch geistliche Zeugung fortgepflanzt würde, um
dem Abraham als dem geistlichen Vater alle Völker der gesammten
Erde zuzuführen.

Aus dem Gesagten wird hervorgehen, dass und warum mir
auch die *G*sche Verbindungsweise nicht zusagt. Damit ist freilich
schon in etwas der grammatischen Frage vorgegriffen, die ich jetzt
erheben möchte: wie ist das $\varkappa \alpha \tau \dot{\varepsilon} \nu \alpha \nu \tau \iota$ $o \tilde{v}$ — $\ddot{o} \nu \tau \alpha$ zu verstehen?
Fast von allen Exegeten wird $\varkappa \alpha \tau \dot{\varepsilon} \nu \alpha \nu \tau \iota$ $o \tilde{v}$ — $\vartheta \varepsilon o \tilde{v}$ als durch
Attraction des Relativs entstanden aufgefasst und in dreifach ver-
schiedener Weise aufgelöst. *M* in Uebereinstimmung mit Winer und
einigen Neuern löst auf: $\varkappa \alpha \tau \dot{\varepsilon} \nu \alpha \nu \tau \iota$ $\tau o \tilde{v}$ ϑ. $\varkappa \alpha \tau \dot{\varepsilon} \nu \alpha \nu \tau \iota$ $o \tilde{v}$ $\dot{\varepsilon} \pi \dot{\iota} \sigma \tau \varepsilon \upsilon \sigma \varepsilon$
coram Deo, coram quo credidit. *G* mit der überwiegenden Mehr-
zahl der ältern und neuern Ausleger: $\varkappa \alpha \tau \dot{\varepsilon} \nu \alpha \nu \tau \iota$ $\vartheta \varepsilon o \tilde{v}$ $\ddot{\psi}$ $\dot{\varepsilon} \pi \dot{\iota} \sigma \tau \varepsilon \upsilon \sigma \varepsilon$,
wogegen *M* richtig bemerkt, dass die Attraction des Relativs im
Dativ im N. T. gar nicht vorkommt, und im Classischen sehr selten
ist, vergl. Kühner's Gr. § 787. Anm. 4. Eine dritte Auflösung hat
Glöckler vorgeschlagen: $\varkappa \alpha \tau \dot{\varepsilon} \nu \alpha \nu \tau \iota$ $\vartheta \varepsilon o \tilde{v}$ $\tau o \tilde{v}$ $\varkappa$. τ. λ. $\ddot{o} \nu$ $\dot{\varepsilon} \pi \dot{\iota}$-
$\sigma \tau \varepsilon \upsilon \sigma \varepsilon$. Dagegen spricht, dass $\pi \iota \sigma \tau \varepsilon \dot{\upsilon} \varepsilon \iota \nu$ mit dem Accusativ der
Person ohne Sprachgebrauch ist. So scheint denn nur die *M*sche
Auflösung als philologisch correct übrig zu bleiben.

Noch mannigfaltiger, wie die Auflösung der vermeintlichen
Attraction, ist die Deutung des $\varkappa \alpha \tau \dot{\varepsilon} \nu \alpha \nu \tau \iota$. Ich lasse die wichtigsten Erklärungen nach *M*s Zusammenstellung folgen. $\varkappa \alpha \tau \dot{\varepsilon} \nu \alpha \nu \tau \iota$
soll heissen: nach dem Willen (Reiche, Krehl u. A.), nach dem

Urtheile (Rückert, Fritzsche u. m.), vi atque potestate divina (Koppe), vor Gottes Allwissenheit (Olshausen); ad exemplum (Glöckler). So schon Chrysosth., Theodor., Oecum., Theophyl. Letzter sagt: ὁμοίως τῷ θεῷ· ὥσπερ γὰρ ὁ θεὸς πάντων ἐστὶ πατήρ, οὕτω καὶ αὐτός (Abraham). Mit Recht bemerkt *M*: „Aber κατέναντι == ὁμοίως ist eine reine Invention".

Wie erklärt nun *M*: „κατέναντι coram, Angesichts ist ohne alle Ausdeutung zu belassen. Abraham ist vergegenwärtigt, wie er Angesichts des ihm erschienenen Gottes steht als πατὴρ πάντων ἡμῶν und in conspectu Dei gläubig geworden ist. Diese lebendige Vergegenwärtigung Abrahams, als ob er, wie in jenem heiligen Moment der Geschichte als unser Aller Vater vor Gottes Angesicht stände, rechtfertigt auch völlig die Verbindung des κατέναντι mit ὅς ἐστι πατὴρ πάντων ἡμῶν". — Wie bereits *G* bemerkt hat, ist das ἐστι in v. 16 mit Gen. 17, 5 der Zeit nach gar nicht zu vereinigen. Der Gottesspruch und des Apostels Aussage liegen etwa 2000 Jahre auseinander, und es gehört eine kühne Phantasie dazu, beide zusammenzurücken. Dann erscheint mir die Phrase κατέναντι θεοῦ πιστεύειν ebenso neu, als unverständlich. Das Object des Glaubens ist schliesslich doch immer ein Unsichtbares, hier: Gott. Nun aber redet die Phrase von einem Glauben Angesichts Gottes: das Object ist nicht mehr unsichtbar, sondern steht dem Glauben sichtbar gegenüber. Will man diese contradictio in adjecto dadurch vermeiden, dass man als Object des Glaubens die Einsetzung Abrahams zum Vater vieler Völker ansieht, so ist ja richtig, dass diese Vaterschaft keine irgend wie durch die Sinne verbürgte war. Hier galt es freilich, zu glauben, aber wozu denn κατέναντι θεοῦ? Soll Abrahams Glaube dadurch bezeichnet werden als ein der Theophanie gegenüber selbstverständlicher? Ich meine nicht, dass der Apostel den Zusatz gemacht hat, um darauf hinzuweisen, dass bei dem Glauben Abrahams äussere Motive mitgewirkt haben. Der Zusatz dürfte im Gegentheil nur gemacht sein, um dem Glauben dadurch eine höhere Weihe zu geben und die Abrahamische Vaterschaft als eine um so gewissere erscheinen zu lassen, sintemal sie Abraham unmittelbar von Gott empfangen hatte. — Dieser Annahme steht aber wiederum entgegen, dass diese Gewissheit in Beziehung gesetzt wird nicht zu unserem, sondern zu Abrahams Glauben. Er soll κατέναντι θεοῦ um so gewisser werden, dass er zum Vater vieler Völker gesetzt, sein Glaube also an diese Thatsache unfehlbar sei. Was aber soll — so fragen wir weiter — Abrahams subjective und durch die Gegenwart Gottes verstärkte Glaubensgewissheit im Zusammenhange der Paulinischen Argumentation nur helfen, da der Apostel diejenigen glaubensgewiss machen wollte, an welche er schrieb? Abrahams Glaubensgewissheit ist noch nicht eo ipso die unsre. Wenn jedoch das κατέναντι θεοῦ πιστεύειν sich herausstellt als ein unvollziehbarer und im besten Falle dem Zusammenhange fremder Begriff, so wird die

*M*sche Erklärung aufzugeben sein, zumal das $\dot{\varepsilon}\sigma\tau\dot{\iota}$ $\pi\alpha\tau\dot{\eta}\varrho$ $\pi\acute{\alpha}\nu\tau.$ v. 16 dadurch als eine bereits bei der Promulgation des Gottes-spruchs Gen. 17, 5 vollständig fertige und abgeschlossene Thatsache erscheint, welcher gegenüber das $\gamma\varepsilon\nu\acute{\varepsilon}\sigma\vartheta\alpha\iota$ $\pi\alpha\tau\acute{\varepsilon}\varrho\alpha$ v. 18 kaum noch statthaben könnte.

Ich wende mich daher zu der allerneuesten, der *G*schen Aus-legung, bei welcher $\varkappa\alpha\tau\acute{\varepsilon}\nu\alpha\nu\tau\iota$ an den Gottespruch anknüpft und die Auflösung der Attraction des Relativs in $\varkappa\alpha\tau\acute{\varepsilon}\nu\alpha\nu\tau\iota$ $\vartheta\varepsilon o\tilde{v},$ $\tilde{\psi}$ $\dot{\varepsilon}\pi\dot{\iota}\sigma\tau.,$ wenn auch ungewöhnlich, doch auch nicht unmöglich ist. Hier fällt eine grosse Schwierigkeit bei Erklärung des $\varkappa\alpha\tau\acute{\varepsilon}\nu\alpha\nu\tau\iota$ $\vartheta.$ $\pi\iota\sigma\tau.,$ weg; eine andre bleibt stehen. In dem ganzen Zusammenhange tritt der Glaube in den Vordergrund: v. 16 $\dot{\varepsilon}\varkappa$ $\pi\dot{\iota}\sigma\tau\varepsilon\omega\varsigma,$ $\tau\tilde{\eta}$ $\dot{\varepsilon}\varkappa$ $\pi\dot{\iota}$-$\sigma\tau\varepsilon\omega\varsigma$ $\mathcal{A}\beta\varrho\alpha\acute{\alpha}\mu,$ v. 17 $\dot{\varepsilon}\pi\dot{\iota}\sigma\tau\varepsilon\upsilon\sigma\varepsilon,$ v. 18 $\pi\alpha\varrho'$ $\dot{\varepsilon}\lambda\pi\dot{\iota}\delta\alpha$ $\dot{\varepsilon}\pi'$ $\dot{\varepsilon}\lambda\pi\dot{\iota}\delta\iota$ $\dot{\varepsilon}\pi\dot{\iota}\sigma\tau.,$ v. 19 $\mu\dot{\eta}$ $\dot{\alpha}\sigma\vartheta\varepsilon\nu\dot{\eta}\sigma\alpha\varsigma$ $\tau\tilde{\eta}$ $\pi\dot{\iota}\sigma\tau\varepsilon\iota,$ v. 20 $o\dot{v}$ $\delta\iota\varepsilon\varkappa\varrho\dot{\iota}\vartheta\eta$ $\tau\tilde{\eta}$ $\dot{\alpha}\pi\iota\sigma\tau\dot{\iota}\alpha,$ $\dot{\alpha}\lambda\lambda'$ $\dot{\varepsilon}\nu\varepsilon\delta\upsilon\nu\alpha\mu\dot{\omega}\vartheta\eta$ $\tau\tilde{\eta}$ $\pi\dot{\iota}\sigma\tau\varepsilon\iota.$ Von vv. 16—21 ist $\pi\dot{\iota}$-$\sigma\tau\iota\varsigma$ und $\pi\iota\sigma\tau\varepsilon\dot{\upsilon}\varepsilon\iota\nu,$ so zu sagen, die Angabe, um welche sich die apostolische Auseinandersetzung dreht, und hat demzufolge in allen den angeführten Stellen den dialectischen Accent. Nur in v. 17 er-scheint $\tilde{\psi}$ $\dot{\varepsilon}\pi\dot{\iota}\sigma\tau\varepsilon\upsilon\sigma\varepsilon$ sehr überflüssig. *G* zwar ist bemüht, gerade die beiden Attribute $\tau o\tilde{v}$ $\zeta\omega o\pi o\iota o\tilde{v}\nu\tau o\varsigma$ und $\tau o\tilde{v}$ $\varkappa\alpha\lambda o\tilde{v}\nu\tau o\varsigma$ als diejenigen darzustellen, welche der Glaube Abrahams erfasst, um ihm dadurch einen für den Zusammenhang bedeutsamen Inhalt zu geben; er umschreibt: in Gegenwart des Gottes, an welchen er glaubte als an den lebendig machenden und rufenden u. s. w., aber so steht da nicht, sondern in Gegenwart Gottes, an welchen er glaubte, der da ist der lebendigmachende und rufende. *G* über-sieht die Bedeutung des Artikels cum participio hinter dem artikel-losen $\vartheta\varepsilon o\tilde{v}.$ Somit ist von dem Apostel wenigstens nicht angegeben, dass die Participialbestimmungen mit $\tau o\tilde{v}$ den Inhalt des Abrahami-tischen Glaubens angeben sollen, vielmehr sollen sie das $\pi\alpha\tau\acute{\varepsilon}\varrho\alpha$ $\pi o\lambda\lambda.$ $\dot{\varepsilon}\vartheta\nu.$ $\tau\acute{\varepsilon}\vartheta\varepsilon\iota\varkappa\acute{\alpha}$ $\sigma\varepsilon$ als völlig in der Machtsphäre Gottes be-legen erweisen: „und das war der Gott, an welchen Abraham glaubte!" Für den Abrahamitischen Glauben sind also jene Parti-cipien nicht der Inhalt, sondern die Voraussetzung. Somit halte ich die *G*sche Erklärung für logisch unrichtig. Das Schlimmste jedoch ist, was ich schon oben berührt habe: die Anknüpfung des $\varkappa\alpha\tau\acute{\varepsilon}$-$\nu\alpha\nu\tau\iota$ an den Gottesspruch Gen. 17, 5. Sie genügt, um *G*s Aus-legung unannehmbar zu machen. Uebrigens scheint die Zugehörig-keit des $\varkappa\alpha\tau\acute{\varepsilon}\nu\alpha\nu\tau\iota$ zu dem Gottesspruch, aber auch die Schwierig-keit, ihn mit dem nachfolgenden zu verbinden, früh erkannt zu sein. Wenigstens erkläre ich mir so die Lesart der Uncialen F. G. $\dot{\varepsilon}\pi\dot{\iota}$-$\sigma\tau\varepsilon\upsilon\sigma\alpha\varsigma,$ mit welcher die Uebersetzung der Peschito übereinstimmt; diese ist, nachdem sie von Erasmus aufgenommen worden, auch in Luthers Uebersetzung übergegangen (allerdings in neuern Bibelaus-gaben wieder ausgemerzt und mit $\dot{\varepsilon}\pi\dot{\iota}\sigma\tau\varepsilon\upsilon\sigma\varepsilon\nu$ vertauscht). *G* be-merkt: es wäre bei dieser Lesart am besten $\varkappa\alpha\tau\acute{\varepsilon}\nu\alpha\nu\tau\iota$ $o\tilde{v}$ zu er-klären durch $\dot{\alpha}\nu\vartheta'$ $o\tilde{v}$: dafür, dass du geglaubt hast. Diese Be-

deutuug von κατέναντι ist jedoch nicht nachzuweisen, dazu ist die
Lesart selbst sehr schwach beglaubigt, und, was die Hauptsache ist,
im höchsten Grade unwahrscheinlich, dass der Apostel es gewagt
hätte, einen Gottesspruch durch eigene Zusätze zu interpoliren.
Bei diesem Stande der Sache wäre ein geringeres Maass von Zuversichtlichkeit bei den Auslegungsversuchen der Neuern angemessner
gewesen. Auch darf es uns nicht Wunder nehmen, wenn von Zeit
zu Zeit versucht worden ist, der schwierigen Stelle durch Text-
änderungen beizukommen. So setzte Grotius hinter ἐπίστευσε ein
Fragezeichen: „vor wem glaubt er?" und antwortete mit τοῦ
ζωοποιοῦντος. Dann aber müsste, wie M richtig bemerkt, statt
οὗ stehen τίνος, und κατέναντι bei der Antwort wiederholt sein.
Einen andern Versuch werde ich weiter unten anführen, und zwar
im Zusammenhange mit meiner eignen Ansicht, die ich nunmehr darzulegen mir gestatte.

Ich meinerseits halte die Annahme einer Attraction des Relativs in dem κατέναντι — ἐπίστευσε für nicht richtig, interpungire
hinter ἐπίστευσε, und fasse θεοῦ τοῦ ζωοπ. bis ὄντα als Genitiv.
absolut., und zwar so, dass τοῦ ζωοποιοῦντος τοὺς νεκροὺς Attribut ist zu θεοῦ, dagegen καὶ (auch) καλοῦντος bis ὄντα Prädicat.
Es wird meine Aufgabe sein, zu zeigen, dass in dem Vorstehenden
auch nicht das Mindeste postulirt wird, was gegen die Gesetze der
Grammatik und des Sprachgebrauchs verstösst, dass aber die von
mir zu gebende Auslegung überall dem Zusammenhange entspricht
und damit sich hinlänglich als die richtige legitimirt.

Zuerst die Worte κατέναντι οὗ ἐπίστευσε. Οὗ ist Genit.
von ὅ und geht auf den unmittelbar vorher angeführten Gottesspruch, also ad totam sententiam, wie, um nur zwei Beispiele anzuführen: Matth. 12, 4 τοῖς ἄρτους ἔφαγεν ὃ οὐκ ἐξὸν ἦν αὐτῷ
φαγεῖν. Act. 2, 32 ἀνέστησεν ὁ θεὸς οὗ πάντες ἡμεῖς ἐσμὲν
μάρτυρες. Ebenso 3, 15. Gal. 2, 10. Col. 1, 29 u. s. w. (s. Bruder's
Concordanz S. 619).

Selbstverständlich kann κατέναντι dann nicht heissen coram,
Angesichts. Ich halte dafür, dass ein gut Theil der exegetischen
Fehlgriffe auf den lexicalischen, mit bewundernswürdiger Hartnäckigkeit festgehaltenen Irrthum zurückzuführen ist: κατέναντι könne
nichts anderes heissen, zumal θεοῦ gegenüber. Ich bin, wie gesagt,
durch die Nähe von θεοῦ in keinerlei Weise gehindert, κατέναντι
in seiner ersten, ursprünglichen Bedeutung zu nehmen: e regione,
ex adverso, gegenüber im eigentlichen und im uneigentlichen
Sinne. Im ersten findet sie sich Marc. 11, 2; 12, 41; 13, 3; Luc.
19, 30 — also immer häufig genug, da das Wort im N. T. überhaupt nur siebenmal vorkommt. Im uneigentlichen Sinne, d. i.
wenn Gedachtes, also Zustände, Empfindungen einander gegenübergestellt werden, findet es sich bei den LXX. ziemlich oft, so dass
Wahl in seiner Clavis libr. V. T. Apocryphorum schreiben konnte:
es werde gebraucht de ea rerum ratione, qua altera alteri oppo-

sita est. Somit kann von einer Unterscheidung eigentlicher und
uneigentlicher Bedeutung kaum die Rede sein; jedes Gegenüber,
auf Personen, Ort, Gegenstände aller Art, also Objecte im Allgemeinen
bezogen, wird mit κατέναντι ausgedrückt. Ich will, um den hellenistischen Sprachgebrauch, namentlich nach der uneigentlichen
Seite hin festzustellen, folgende Beispiele anführen:

Micha 2, 8: κατέναντι τῆς εἰρήνης αὐτοῦ τὴν δορὰν αὐτοῦ
ἐξέδειραν: seinem Frieden (seiner Friedfertigkeit) gegenüber
(entgegen) habe sie ihm das Fell gegerbt.

Ezech. 3, 8: τὸ νεῖκός σου κατισχύσω κατέναντι τοῦ νείκους
αὐτῶν: deinen Streit will ich stärken, ihrem Streit gegenüber.

Eccles. 6, 8: ὁ πένης οἶδεν πορευθῆναι κατέναντι τῆς ζωῆς
— weiss, dem Leben gegenüber zu wandeln (sich zu schicken).

Sirach 22, 19: καρδία δειλὴ ἐπὶ διανοήματος μωροῦ κατέναντι παντὸς φόβου οὐ μὴ ὑπομείνῃ — kann keinem
Schrecken gegenüber bestehen.

— 36, 15: καὶ οὕτως ἔμβλεψον εἰς πάντα τὰ ἔργα ὑψίστου
δύο δύο, ἓν κατέναντι τοῦ ἑνός: Von je zwei eins gegenüber dem andern.

— 42, 25: πάντα δισσά, ἓν κατέναντι τοῦ ἑνός.

In der classischen Gräcität wurde das Wort, soviel ich habe
ermitteln können, nur einmal gelesen, nämlich in einem Plat. Char-
mid. 155 D angeführten Sprüchworte εὐλαβεῖσθαι μὴ κατέναντι
λέοντος νεβρὸν ἐλθόντα μοῖραν αἱρεῖσθαι κρεῶν. Die Neuern
lesen jedoch auf Grund der bessern Codd. κατέναντα oder κατ᾽
ἐναντία. So scheint denn das Wort, dessen Vorkommen ich nicht
einmal bei den Schriftstellern der κοινή habe constatiren können,
lediglich dem Hellenistischen anzugehören.

Das Vorstehende wird übrigens hinreichende Klarheit über den
Gebrauch des Wortes verschaffen. Ich übersetze: „Dem gegenüber
glaubte er"; πιστεύειν absolut, wie bald darauf v. 18. Es kommt
dem Apostel darauf an, zu zeigen, wie stark und gewissermaassen
alle Grade nach der Höhe und Tiefe umfassend der Glaube Abrahams
gewesen sei. Denn nur dann ist Abraham der Vater aller Gläubigen, wenn in seinem Glauben der Glaube seiner ganzen geistigen
Nachkommenschaft präformirt erscheint. Das findet offenbar nur
dann statt, wenn Abraham's Glaube in den stärksten Anforderungen,
welche in diesem Betracht an den Menschen gestellt werden können,
die Probe bestand. — Anforderungen aber an den Glauben des
Menschen treten stets aus dem Gebiete des sinnlich Wahrnehmbaren
heraus. In demselben Maasse, als die Gesetze der sinnlichen Gewissheit oder Wahrscheinlichkeit den Menschen bestimmen und leiten, tritt der Glaube zurück. Dagegen zeigt sich die Stärke des
Glaubens, wenn Sichtbares oder Wahrscheinliches einen schlechthin

bestimmenden Einfluss nicht mehr ausübt, wenn das Unsichtbare über den Menschen Herrschaft gewinnt, und das natürliche Raisonnement dem Worte Gottes weicht. „Dennoch halte ich fest an dir", das ist die Parole des Glaubens. Es kann keine Glaubensbewährung gedacht werden, ohne dass die Versuchung zum Unglauben gegenübergestanden hat. Jedes πιστεύειν hat es irgend wie mit einem κατέναντι zu thun gehabt.

Vergegenwärtigen wir uns die Lage Abrahams, als das Wort des Herrn Genes 17, 5 an ihn erging. Abraham war 99 Jahr alt. Was er hatte werden können durch treue Arbeit und sorgliche Verwaltung des ihm anvertrauten Gutes, das war er geworden. Wer dem 100sten Lebensjahre entgegengeht, der wird selbst in der Patriarchenzeit nicht für wahrscheinlich gehalten haben, dass die grössere Lebensaufgabe für ihn noch aussteht. Abraham war ein Fremdling in dem Lande Canaan, da der Herr ihm erschienen. Dem Fremdling wird eine Machtstellung verheissen, ja nicht bloss verheissen, sondern thatsächlich ertheilt, die unter den Völkern auf Erden ihres Gleichen nicht hat. Aber noch mehr. Abraham hat mit seinem Weibe Sarah keinen Sohn, er ist kinderlos, und das in seinem 100sten Lebensjahre; dessenungeachtet wird er von dem Herrn nicht bloss zum Gebieter, sondern zum Vater vieler Völker gesetzt. Das τέθεικα ist nicht ein Wort der Weissagung, sondern der präsenten Thatsache.

Gegenüber (κατέναντι) der Verleihung einer Machtfülle, wie sie keinem Fürsten auf Erden jemals geeignet hat, steht der Fremdling, der thatsächlich nicht eine Hand voll Erde sein eigen nennt.

Gegenüber (κατέναντι) der Bestellung zum Vater vieler Völker der kinderlose 100jährige Greis, der nach natürlichen Gesetzen Nachkommenschaft nicht mehr zu erwarten hat.

Die Lage Abrahams tritt hier in die schärfste Antithese gegen den Gottesspruch. Der natürliche Mensch hätte dieser Verkündigung ein einfaches Unmöglich entgegengesetzt, denn die äusserste Grenze der Möglichkeit war, nach den natürlichen Verhältnissen des Patriarchen zu urtheilen, bereits überschritten. So rein, wie hier, hat sich Menschliches und Göttliches nicht wieder gegenübergestellt; immer sind in den Glaubenskämpfen des Christen noch Hoffnungsschimmer vorhanden, die von der irdischen Lage aus dem Gottesworte gewissermaassen helfend zur Seite treten. Schweres kann zu überwinden sein, aber Unmögliches zu überwinden wird eben nicht verlangt.

Diesem, nach menschlicher Rechnung, Unmöglichen stand Abraham gegenüber. Nun musste es sich erweisen, ob er die im Bereich der natürlichen Entwicklung klar vorliegende Unmöglichkeit für höher und mächtiger erachtete, als den Gottesspruch; es musste nunmehr offenbar werden, ob seine Frömmigkeit tief gegründet, ob er in-

sonderheit das erste Wort, welches der Herr zu ihm redete: ich bin
der allmächtige Gott, wandle vor mir und sei fromm, zur Grundlage alles seines Wissens von Gott und alles seines Wandels gemacht hatte. Dass das geschehen war, bezeugt der Apostel ausdrücklich.

Dem für den natürlichen Menschen Unfassbaren gegenüber, dass er trotz seiner Kinderlosigkeit, trotz seiner
100 Jahre, trotz seiner Fremdlingschaft sich fortan kraft
göttlicher Einsetzung als Vater vieler Völker anzusehen
habe, glaubte er.

Und seines Glaubens Grund!

„Da ein Gott, der die Todten lebendig macht, auch das
(ins Dasein) ruft, was nicht ist, als wäre es."

Durch diese Auffassung von v. 17b kommt nun auch das ar-
tikellose $\vartheta\epsilon o\tilde{v}$ mit dem Attribut $\tau o\tilde{v}$ $\zeta\omega o\pi o\iota o\tilde{v}\tau o\varsigma$ zu seinem
Rechte. Mir ist das $\zeta\omega o\pi o\iota\epsilon\tilde{\iota}\nu$ $\tau o\grave{v}\varsigma$ $\nu\epsilon\varkappa\varrho o\grave{v}\varsigma$ etwas anderes nicht,
als solennes Charakteristicum des allmächtigen Gottes (1 Sam. 2, 6.
Sapient. 16, 13. Deut. 32, 39; damit zu vergl. Joh. 5, 21. 2 Cor.
1, 9. 1 Tim. 6, 13). Ich halte daher jede spezielle Beziehung auf
Geschichtliches oder die Umdeutung der $\nu\epsilon\varkappa\varrho o\iota$ in geistliche Todte
mit M für ausgeschlossen. Aus diesem Begriff der Allmacht
Gottes als einer solchen, die selbst am Todtenreiche keine Schranken
hat, folgt dann ohne Weiteres, was der Apostel in Berücksichtigung
der besondern Lage, in welcher Abraham seinen Glauben zu bewähren hat, sich folgern lässt, dass Gott auch ruft das Nichtseiende als Seiendes. M erklärt: „Gott spricht sein verfügendes
Gebot aus über das, was nicht existirt, wie über Existirendes".
Das heisst $\varkappa\alpha\lambda\epsilon\tilde{\iota}\nu$ denn doch nicht: sein verfügendes Wort über
etwas aussprechen. Auch ist $\dot{\omega}\varsigma$ $\ddot{o}\nu\tau\alpha$ mit M nicht zu übersetzen:
wie über Existirendes. Wäre $\dot{\omega}\varsigma$ als Vergleichungpartikel zu fassen,
so müsste $\dot{\omega}\varsigma$ $\tau\grave{\alpha}$ $\ddot{o}\nu\tau\alpha$ stehen, ebenso wie das Verglichene als $\tau\grave{\alpha}$
$\mu\grave{\eta}$ $\ddot{o}\nu\tau\alpha$ bezeichnet wird. Das Fehlen des Artikels zeigt eben an,
dass $\dot{\omega}\varsigma$ $\ddot{o}\nu\tau\alpha$ prädicative Bestimmung ist zu $\tau\grave{\alpha}$ $\mu\grave{\eta}$ $\ddot{o}\nu\tau\alpha$. — Was
übrigens die Negation $\mu\acute{\eta}$ anbetrifft, so liebt man es, dieselbe im
Gegensatz zu $o\dot{v}$ als subjective zu bezeichnen. Dieser Canon wird
denn doch einer durchgreifenden Revision und erneuten Festsetzung
bedürfen. — Was sich mir als das Richtige ergeben hat, ist, dass
unter $\tau\grave{\alpha}$ $\mu\acute{\eta}$ $\ddot{o}\nu\tau\alpha$ verstanden wird, was an dem (absoluten) Sein
nicht Theil hat, also der Entwicklung, Veränderung u. s. w. unter-
worfen ist, daher die Alten die $\ddot{v}\lambda\eta$ als $\tau\grave{o}$ $\mu\acute{\eta}$ $\ddot{o}\nu$ bezeichneten, gewissermaassen das von sich selbst noch nicht Seiende, während $\tau\grave{o}$
$o\dot{v}\varkappa$ $\ddot{o}\nu$ die Existenz negirt, daher $\mu\acute{\eta}$ überall da steht, wo das
Hervortreten der Verbalthätigkeit verboten wird, wo etwas nicht
geschehen soll (wie in Imperativsätzen). Ich erkläre also: „Gott ruft
das (noch) nicht Seiende, als wäre es da", im Uebrigen mit G ein-
verstanden, welcher über $\varkappa\alpha\lambda\epsilon\tilde{\iota}\nu$ sich folgendermaassen ausspricht:
„der natürliche Sinn des Wortes: einen auffordern zu erschei-

nen, genügt vollständig. Der Mensch ruft so die Wesen, welche
sind (existiren), auf die Stimme des Herrn erscheint der Diener.
Aber Gotte steht es zu, Wesen, die nicht sind, zu rufen, als wären
sie schon. Und so spricht Gott zu Abraham von der Menge der
zukünftigen Nationen, welche seine Nachkommenschaft bilden solle.
Er ruft sie herbei und stellt sie ihm vor Augen, wie eine schon
gegenwärtige Menge, ebenso real vorhanden, wie der Sternenhimmel,
mit welchem er sie vergleicht, und spricht: „Ich habe dich gesetzt
zum Vater dieser Menge".

Wie nun an diesen Principalglauben v. 17, wenn es erlaubt ist,
sich so auszudrücken, die übrigen Glaubensfälle sich anschliessen
und in allen der Grundcharakter des Glaubens sich ausspricht, die
πληροφορία ὅτι ὁ θεὸς ὃ ἐπήγγελται, δυνατός ἐστι καὶ ποιῆσαι
(v. 21) mag hier nur angedeutet werden. Kurz, nicht der πατὴρ
πολλῶν ἐθνῶν, sondern der Glaube, welchen Abraham diesem
Gottesspruch gegenüber bewährt, ist der Inhalt des 17. Verses und
bildet die einzige richtige Vermittlung mit dem Folgenden.

Zum Schlusse dieser Auseinandersetzung will ich nicht unerwähnt lassen, dass bereits Bretschneider der richtigen Deutung
des 17. Verses sehr nahe getreten war. Er sagt in seinem Lexicon
manuale s. v. κατέναντι zu unsrer Stelle:
κατέναντι οὗ (intellige εἰρημένου) ἐπίστευσε, θεοῦ τοῦ κ. τ. λ.
i. e. proprie: welchem Worte gegenüber er Glauben hatte in Betracht (de qua vi genitivi vide Rostii gramm. § 109) Gottes, der
auch die Todten zu beleben vermag". Dazu bemerkt Winer
(Gramm. 6. Aufl.): „die von Bretschneider vorgeschlagene Auffassung ist in mehr, als einem Betracht erkünstelt". Ich begreife
nicht, wie man gegenüber den überaus verzwickten Deutungen
der modernen Exegese einen Versuch, wie den Bretschneider's, der
sich durch Einfachheit in wohlthuender Weise auszeichnet, erkünstelt nennen kann. ∙Nimmt man das εἰρημένου in der Klammer weg, so ist das κατέναντι οὗ ἐπίστευσε vollkommen richtig
aufgefasst; die Erklärung des θεοῦ τοῦ κ. τ. λ. „in Betracht
Gottes" ist freilich trotz der Berufung auf Rost's Grammat. nicht
zu halten, insoweit muss ich Winer Recht geben.

v. 18. Ὅς auf das in ἐπίστευσε latente Subject zu beziehen:
Er, der u. s. w. Die Charakterisirung der Abrahamitischen πίστις
wird fortgesetzt. Παρ' ἐλπίδα. Luther vortrefflich: da nichts
zu hoffen war. M: hoffnungswidrig. G: gegen Hoffnung u. s. w. Εἰς
τὸ γενέσθαι: damit u. s. w. Abraham glaubte zu dem Zwecke,
dass der Gottesspruch verwirklicht werde. Der Gottesspruch war
die unverrückbare Wurzel, das constante Wesen seines Glaubens.
Dieser Glaube rankte sich fort von Hoffnung zu Hoffnung. „Gottes
Wort muss endlich doch erfüllt werden". Damit es erfüllt werde,
hat der Gottesmensch, der die Verheissung empfing, fort und fort
zu glauben. Wir glauben, weil Gottes Wort wahrhaftig ist, und
wir glauben, damit Gottes Wort als wahrhaftig sich erweise.

v. 19. Das $o\dot{v}$ vor $\varkappa\alpha\tau\epsilon\nu\acute{o}\eta\sigma\epsilon$ ist mit א A. B. C. zu streichen. Abraham hatte in Folge der Verheissung nicht das Gefühl
seines Alters und seines körperlichen Schwächezustandes verloren;
er war sich dessen sehr wohl bewusst, aber dies Bewusstsein übte
nicht den mindesten Einfluss auf seinen Glauben; im Gegentheil: es
war ein unentbehrliches Ingredienz desselben, denn welchen Werth
hat ein Glaube, der das eigne Unvermögen zur Erreichung eines
von Gott gesteckten Ziels gar nicht erkennt. Abraham sahe sehr
wohl seinen erstorbenen Leib an, aber „ohne im Glauben zu wanken".
        v. 20. Das $\delta\grave{\epsilon}$ steht im Gegensatz zu $\alpha\sigma\vartheta\epsilon\nu\acute{\eta}\sigma\alpha\varsigma$. $E\grave{\iota}\varsigma$
$\grave{\epsilon}\pi\alpha\gamma\gamma$. Mit Rücksicht auf die Verheissung. $O\dot{v}$ $\delta\iota\epsilon\varkappa\varrho\acute{\iota}\vartheta\eta$, $\tau\tilde{\eta}$
$\alpha\pi\iota\sigma\tau\acute{\iota}\alpha$ schwankte er nicht im Unglauben. Der Artikel vor
$\alpha\pi\iota\sigma\tau\acute{\iota}\alpha$ steht nicht in Bezug auf den bekannten, dem natürlichen
Menschen eigenen Unglauben (so Philippi, G), sondern $\tau\tilde{\eta}$ $\alpha\pi\iota\sigma\tau\acute{\iota}\alpha$
steht für $\tau\tilde{\eta}$ $\alpha\pi\iota\sigma\tau\acute{\iota}\alpha$ $\tau\tilde{\eta}$ $\epsilon\grave{\iota}\varsigma$ $\grave{\epsilon}\pi\alpha\gamma\gamma\epsilon\lambda\acute{\iota}\alpha\nu$: nach der Seite der Verheissung wurde er nicht unentschieden (ungewiss) gemacht durch
Unglauben daran. $E\nu\epsilon\delta\upsilon\nu\alpha\mu\acute{\omega}\vartheta\eta$ passivisch: die Verheissung
betreffend, so wurde er gestärkt in dem Glauben daran der Artikel
bei $\pi\iota\sigma\tau\epsilon\iota$, wie bei $\alpha\pi\iota\sigma\tau\acute{\iota}\alpha$. Uebrigens ist $\tau\tilde{\eta}$ $\pi\iota\sigma\tau\epsilon\iota$ nicht mit
G zu $\delta o\grave{\upsilon}\varsigma$ $\delta\acute{o}\xi\alpha\nu$ zu construiren.
        vv. 21. 22. Darum auch wurde er ihm zur Gerechtigkeit ge-
rechnet, nämlich darum, dass Abraham erfüllt war von der Ueberzeugung: Gott sei mächtig, was er verheissen, auch zu thun; denn
durch diese $\pi\lambda\eta\varrho o\varphi o\varrho\acute{\iota}\alpha$ bewährte sich der Glaube als der rechte
Glaube, und solchen Glauben rechtfertigt Gott.
        vv. 23—25. Der Uebergang des Apostels von der Rechtfer-
tigung Abrahams zu der unsrigen ist verschieden erklärt worden.
Die gewöhliche, fast von sämmtlichen Commentatoren angenommene
Erklärung giebt M: „Rechtfertigung Abrahams und die Rechtfertigung
der Christen werden in Parallele gestellt. $\varDelta\iota'$ $\alpha\grave{\upsilon}\tau\grave{o}\nu$ v. 23 soll
heissen: um die Art und Weise seiner Rechtfertigung darzulegen.
        v. 24. $M\acute{\epsilon}\lambda\lambda\epsilon\iota$ enthält die Bestimmung, welche für jeden ein-
zelnen Fall stattfindet, eine generelle also, daher das Präs. —
Wegen der Charakterisirung des Glaubens durch $\grave{\epsilon}\pi\grave{\iota}$ $\tau\grave{o}\nu$ $\grave{\epsilon}\gamma\epsilon\iota\varrho$.
I. τ. $\varkappa\acute{\upsilon}\varrho$. $\mathring{\eta}\mu$. $\grave{\epsilon}\varkappa$ $\nu\epsilon\varkappa\varrho\tilde{\omega}\nu$ verweist M auf die Analogie mit v. 17
und auf v. 25. „Die göttliche Allmacht, welche Jesum erweckte,
war zugleich der höchste Erweis der göttlichen Gnade."
        v. 25. $\varDelta\iota\grave{\alpha}$ $\tau\grave{\alpha}$ $\pi\alpha\varrho\alpha\pi\tau\acute{\omega}\mu$. $\mathring{\eta}\mu$. „damit dieselben durch das
$\iota\lambda\alpha\sigma\tau\acute{\eta}\varrho\iota o\nu$ Jesu gesühnt würden. $\varDelta\iota\grave{\alpha}$ $\tau\grave{\eta}\nu$ $\delta\iota\varkappa\alpha\acute{\iota}\omega\sigma\iota\nu$ $\mathring{\eta}\mu$. „um
den Act der Versetzung in das Verhältniss der $\delta\iota\varkappa\alpha\iota o\sigma\acute{\upsilon}\nu\eta$ an uns
zu vollziehen." M fährt fort: „zu diesem Zweck erweckte Gott
Jesum aus den Todten; denn die Auferstehung des Geopferten war
erforderlich, um bei den Menschen den Glauben zu wirken, durch
welche das Factum der Opferung Jesu erst die Kraft der $\delta\iota\varkappa\alpha\acute{\iota}\omega\sigma\iota\varsigma$
subjectiv haben konnte. Ohne die Auferweckung Jesu wäre das
Sühnewerk seines Todes ohne subjective Aneignung geblieben; seine
Hingebung $\delta\iota\grave{\alpha}$ $\tau\grave{\alpha}$ $\pi\alpha\varrho\alpha\pi\tau\acute{\omega}\mu$. $\mathring{\eta}\mu\tilde{\omega}\nu$ hätte ihren Zweck, unsre

Rechtmachung nicht erreicht". „Die beiden Bestimmungen mit $\delta \iota \dot{\alpha}$ sollen die beiden Seiten derselben Gnadenerweisung sein, die negative und positive, die erstere dem Tode als dem object. $\hat{\iota}\lambda\alpha\sigma\tau\dot{\eta}\varrho\iota o\nu$, die zweite der Auferstehung, als dem die Aneignung vermittelnden Factum treffend zugetheilt."

Ueber Gs Bemühungen, diesen Abschnitt tiefer zu fassen und offenbare Fehler der hergebrachten Auslegung zu beseitigen, soll weiter unten berichtet werden. Vorher nur einige Bemerkungen über Einzelnes.

Das $\varDelta\iota'$ $\alpha\grave{v}\tau\grave{o}\nu$ ist von M zu eng, dagegen von Tholuck zu weit gefasst: ihm zur Ehre. Besser von G: um einen der Geschichte Abrahams angehörigen Vorgang zu erzählen. Dem Zusammenhang entsprechend muss es heissen: um einen nur auf Abraham bezüglichen Fall, sc. der Rechtfertigung zu erzählen. Der Fall, will der Apostel sagen, hat principielle Bedeutung; er drückt die Art und Weise der Rechtfertigung überhaupt aus; darum geht er auch uns an. Die $\pi\hat{\iota}\sigma\tau\iota\varsigma$ soll ($\mu\dot{\epsilon}\lambda\lambda\epsilon\iota$) fort und fort zur Gerechtigkeit gerechnet werden, uns, die wir glauben an den, welcher u. s. w. oder uns als denen (solchen), die da glauben. Unrichtig G mit Verkennung der Bedeutung des Artikels: wenn wir glauben. Das $\mu\dot{\epsilon}\lambda\lambda\epsilon\iota$ ist vom Standpunkt der Schrift gesagt: die $\dot{\eta}\mu\epsilon\tilde{\iota}\varsigma$ v. 24 sind nicht die eventuell, sondern die factisch Glaubenden, in Betreff welcher das, was von Abraham geschrieben steht, die Bedeutung hat, dass diesen Glaubenden die Glaubensgerechtigkeit zugerechnet werden soll.

Insoweit wäre Alles klar. Unklar dagegen ist bei allen Auslegern geblieben, wie der Apostel sich die Correspondenz zwischen dem Glauben Abrahams und zwischen dem Glauben der $\dot{\eta}\mu\epsilon\tilde{\iota}\varsigma$ gedacht hat. Dass eine Beziehung zwischen dem $\dot{\epsilon}\gamma\epsilon\hat{\iota}\varrho\alpha\varsigma$ $'I\eta\sigma o\tilde{\iota}\nu$ v. 24 mit dem $\zeta\omega o\pi o\iota\tilde{\omega}\nu$ $\tau o\tilde{\iota}\varsigma$ $\nu\epsilon\kappa\varrho o\tilde{\iota}\varsigma$ v. 17 stattfindet, ist zwar von Allen behauptet worden, aber der Nachweis fehlt, dass trotz der Verschiedenheit der Objecte zu $\dot{\epsilon}\gamma\epsilon\hat{\iota}\varrho\epsilon\iota\nu$ und $\zeta\omega o\pi o\iota\epsilon\tilde{\iota}\nu$ die Analogie bestehe und der wichtige Zusatz $\kappa\alpha\grave{\iota}$ $\kappa\alpha\lambda o\tilde{v}\nu\tau o\varsigma$ v. 17 auch in v. 25 zu seinem Rechte gekommen sei. Am unklarsten ist bei den alten und neuen Exegeten das Verhältniss zwischen der Auferweckung Jesu und zwischen unsrer $\delta\iota\kappa\alpha\hat{\iota}\omega\sigma\iota\varsigma$ geblieben. Es wird daher nicht überflüssig sein, diese beiden unklaren Punkte einer gründlichen Besprechung zu unterziehen und zwar zunächst die Analogie zwischen den Objecten des $\pi\iota\sigma\tau\epsilon\dot{v}\epsilon\iota\nu$ in v. 17 und v. 25. Ich betone vor Allem, dass nicht geschrieben steht $\tau o\tilde{\iota}\varsigma$ $\pi\iota\sigma\tau\epsilon\acute{v}o\iota\sigma\iota\nu$, $\acute{o}\tau\iota$ $\check{\eta}\gamma\epsilon\iota\varrho\epsilon\nu$ $\acute{o}$ $\vartheta\epsilon\grave{o}\varsigma$ $'I\eta\sigma o\tilde{\iota}\nu$ $\dot{\epsilon}\kappa$ $\nu\epsilon\kappa\varrho\tilde{\omega}\nu$, sondern $\tau o\tilde{\iota}\varsigma$ $\pi\iota\sigma\tau\epsilon\acute{v}o\iota\sigma\iota\nu$ $\dot{\epsilon}\pi\grave{\iota}$ $\tau\grave{o}\nu$ $\dot{\epsilon}\gamma\epsilon\hat{\iota}\varrho\alpha\nu\tau\alpha$ $\kappa.$ $\tau.$ $\lambda.$ Nicht der Glaube an die Thatsache der Auferweckung, sondern der Glaube an den, der Jesum, unsern Herrn, von den Todten auferweckt hat, ist hervorgehoben. Dass Gott die Todten lebendig macht, ist, wie ich zu v. 17 bemerkt habe, eine formula solennis des A. T. Abraham ist nicht schon um dieses Glaubens willen, sondern um der Folgerungen willen, welche er aus diesem Glauben für seine Stellung zu Gottes Wort

und Verheissung zog, für gerecht erklärt worden. So ist auch
bei uns nicht der Glaube an den Gott, der Todte lebendig macht,
sondern der Glaube an den Gott, der Jesum, unsern Herrn, von den
Todten erweckt hat, die Bedingung der Glaubensgerechtigkeit. Denn
in diesem besondern Glauben liegt das tertium comparationis
unsres Glaubens mit dem Glauben Abrahams, nämlich der Glaube an
Gottes Wort und Verheissung. Um diese Sätze jedoch dem Verständniss näher zu bringen, muss ich an meine Erklärung des Par-
ticipialsatzes θεοῖ, τοῦ ζωοποιοῦντος κ. τ. λ. — ὡς ὄντα erinnern.

„Da ein Gott, der die Todten lebendig macht, auch ruft das,
was nicht ist, als wäre es." In dieser Auffassung tritt der Glaubens-
fortschritt Abrahams von dem Gotte, der Todte lebendig macht, zu
dem Gotte, der da „gebeut und es steht da", oder mit andern
Worten zu dem Gott, dessen Wort zugleich absolute Realität schafft,
an's Licht. Ich habe zu v. 17 Gs ungefähr zutreffende Erklärung
notirt. Hier möchte ich mich deutlicher darüber erklären. Ich
meine nicht, dass das καλεῖν die Menge der zukünftigen Nationen
zum Objecte hat, welche Gott dem Abraham vor Augen stellt, wie
eine schon gegenwärtige Menge. Denn in diesem Falle schaute
Abraham kraft einer von Gott selbst gewirkten Illusion das Object
der Verheissung, und mit seinem Glauben war es nichts. Auch
meine ich nicht, dass καλεῖν den verfügenden Ruf des Gebieters
bezeichnet, welcher an das von ihm beherrschte Gebiet ergeht (M.
In diesem Falle müssten die Nationen, welchen Abraham zum Vater
gesetzt wird, wirklich schon vorhanden gewesen und von Gott eben
nur herbeigerufen worden sein; sie sind aber in Wirklichkeit μὴ
ὄντα. Das καλεῖν gehört ohne Zweifel zu den Verbis, die eine
Willensäusserung Gottes ausdrücken, unterscheidet sich aber von den
Gottesbestimmungen, die erst im Laufe der Geschichte verwirklicht werden sollen, also von Gott selbst dem Gesetze des Werdens, der Entwicklung unterworfen sind, eben dadurch, dass das,
was Gott ruft, auch sofort erscheint, vorhanden ist. Der Zeitunterschied zwischen dem Nichtsein und Sein wird nicht erst durch
ein allmäliges Werden überbrückt, sondern zwischen der Präsenz
dessen, was da ist, und zwischen der Präsenz dessen, was noch
nicht da ist, besteht, wenn Gott ruft, kein Unterschied weiter.

Gott ruft das, was nicht ist, als wäre es. Nichts andres also
wird durch diesen Ausspruch ausgedrückt, als:

„So Er spricht, so geschieht es, so Er gebeut, steht es da"
(Ps. 33, 9).

Was dem Abrahamitischen Glauben zu Grunde lag, war beides:
die Gewissheit, dass Gott die Todten lebendig macht, und der darauf gegründete Schluss:

Der den Lebensprozess im Menschen wiederherstellt, ruft auch
in's Dasein, was nicht ist, als wäre es.

Auf Grund dessen glaubte er, als Gott zu ihm sprach: „Ich

habe dich zum Vater vieler Völker gesetzt". Mit diesen Worten
war er aus Gottes Verheissung das, wozu er gesetzt war, Vater
vieler Völker. Wiewohl Alles, was die Sinne wahrnehmen, diesen
Worten entgegenstand.

Ich habe mich absichtlich darauf beschränkt, die Glaubensstellung Abrahams lediglich aus v. 17 zu erläutern, nicht aus den
Thatsachen, welche die folgenden Verse berichten, denn ich meine,
dass nach apostolischer Intention diese Thatsachen die Darstellung
des Abrahamitischen Glaubens nicht sowohl ergänzen, als illustriren
sollen. Welches ist nun der Vergleichungspunkt in v. 24? „Auch
uns soll der Glaube zur Gerechtigkeit gerechnet werden." Das Object der Rechtfertigung ist der ἀσεβής, der ἁμαρτωλός, der ἐχθρὸς
θεοῦ. Nicht auf dem Wege der successiven Heiligung — ganz abgesehen von der Frage, woher doch nur die Kraft dazu —, sondern
durch einen Gottesspruch wird der πιστεύων zu einem δίκαιος
ἐνώπιον τοῦ θ. Soweit die Sinne wahrnehmen, hat sich an seiner
Person keinerlei Veränderung zugetragen, und dennoch ist eine
Veränderung in seiner Stellung zu Gott eingetreten, die über sein
ewiges Loos entscheidet. Das ist in der That ein Wunder der
Gnade. Trotzdem und dessen ungeachtet sein Herz, sein Gewissen,
dagegen remonstrirt, es bleibt dabei: er ist ein Gerechter vor Gott,
vorausgesetzt, dass er den Gottesspruch annimmt oder mit andern
Worten: dass er Glauben hat, Glauben an Gottes Wort und
Verheissung, wie Abraham. Man könnte freilich einwenden, dass
bei Abraham die Verheissung durch eine persönliche Offenbarung
Gottes übermittelt worden sei, dass er insofern also, wenn nicht
Alles, so doch viel vor uns voraus habe. Diesem vermeintlichen
Vorzug in Betreff der leichtern Aneignung der Verheissung stellt der
Apostel v. 24 diejenige Gottesthat gegenüber, welche uns das Wort
von der Glaubensgerechtigkeit verbürgt, wie nur die persönliche Erscheinung Gottes sie dem Abraham verbürgen konnte: die Auferweckung Jesu Christi von den Todten, denn diese ist geschehen, wie Paulus v. 25 mit Prägnanz hervorhebt: διὰ τὴν δικαίωσιν ἡμῶν. Welcher Zusammenhang stattfindet zwischen der
Auferweckung Jesu und unsrer Rechtfertigung, darüber werde ich
sehr bald mich aussprechen. Für jetzt nur soviel: dass die Auferweckung Jesu schon an und für sich, insonderheit durch den Zusatz τοῦ κυρίου ἡμῶν aussagt, was es mit unserm Glauben auf
sich hat, denn es können doch diejenigen nicht mehr für ἁμαρτωλοί
und ἐχθροὶ gelten, deren Herrn Gott von den Todten auferweckt
hat. Damit aber kein Zweifel sei, hat der Apostel ausdrücklich hinzugefügt: ἠγέρθη διὰ τὴν δικαίωσιν ἡμῶν. Wollten wir den
Parallelismus zwischen dem v. 17 und v. 24 den Worten nach her-
stellen, so würden wir schreiben müssen: πιστεύομεν, ὅτι θεὸς ὁ
ἐγείρας Ἰησοῦν τὸν κύριον ἡμῶν ἐκ νεκρῶν (drüben ὁ ζωοποιῶν
τοὺς νεκρούς) καὶ δικαιοῖ ἡμᾶς (drüben καὶ καλεῖ τὰ μὴ ὄντα
ὡς ὄντα), ἠγέρθη γὰρ διὰ τὴν δικαίωσιν ἡμῶν.

Wir gehen zur zweiten Frage über: „wie verhält sich die Auferstehung Christi zu unsrer δικαίωσις, und wenn Christus ihretwegen auferstanden sein sollte, wie ist dann die erste Hälfte des Relativsatzes ὃς παρεδόϑη διὰ τὰ παραπτ. ἡμ. zu verstehen?

Die älteren Theologen der lutherischen Kirche hielten fest an dem Satze: solam obedientiam Christi activam et passivam esse meritoriam causam nostrae justificationis, also die Auferweckung Christi an keinem Theile. Ausdrücklich sagt Gerhardt: in obedientia Christi plene erat satisfactum, nec ulla ad pretii illius complementum necessaria erat accessio. Steinmeyer Auferstehungsgeschichte des Herrn, Berlin 1871 bemerkt, dass die Katholischen, unter ihnen namentlich Andradius, unsre Stelle zum Nachweise herbeigezogen, dass die Vergebung der Sünden und die Rechtfertigung zwei von einander verschiedene Dinge seien. Dies gab der lutherischen Polemik Veranlassung, insbesondere durch Chemnitz und Gerhardt den Satz aufzustellen: gratuitam peccatorum remissionem et justitiae per Christum partae imputationem vel realiter a se invicem non differre vel certe a se invicem separari non posse. Nun räumte Balduinus ein: resurrectionem esse complementum justitiae a Christo nobis acquisitae. Gerhard retractirte, indem er sich später dahin äusserte: Christum sua morte et resurrectione pro peccatis satisfecisse.

Die angeführten Aussprüche gehören insofern hierher, als ihnen sämmtlich die Deutung des παρεδόϑη διὰ τὰ π. ἡμ. von der satisfactio, bez. remissio peccatorum oder gar justificatio zu Grunde liegt. Calvin wollte gleichfalls die justificatio et morte et resurrectione Christi geschehen sein lassen, suchte aber den Antheil beider Thatsachen an der justificatio so zu bestimmen, dass er sagte: sacrificio, quo expiata sunt peccata, inchoatam fuisse salutem nostram, resurrectione vero demum fuisse perfectam, näher zu 1 Cor. 15, 4: quemadmodum morte Christi abolitum fuit peccatum, ita resurrectione parta justitia. Begreiflicher Weise konnten die lutherischen Ausleger auf diese Partition nicht eingehen. Sie legten dem Opfertode Christi die objective Vollziehung der satisfactio und justificatio bei, wollten dagegen der Auferstehung nur eine subjective Bedeutung für die Glaubenden beigelegt wissen, so nämlich, dass die Auferweckung Christi sei eine manifestatio, declaratio, confirmatio, ein evidens testimonium der vollbrachten Erlösung, ut fides nostra quam certissima reddatur (so Gerhardt und Egid. Hunnius). Im Grunde genommen erklären sich die namhaftesten neuern Ausleger Fritzsche, M. II ebenso, nämlich: Christus sei um unsrer Sünden willen in den Tod gegeben, damit sie gesühnt würden; wiederum seine Auferweckung habe dem Zwecke gedient, bei den Menschen den Glauben zu wirken, auf Grund dessen ihre Rechtfertigung erfolgen könne.

Mit Recht tritt Steinmeyer dieser Auffassung entgegen, indem er ausführt, dass damit nicht die sehr wichtige Frage erledigt werde, wie doch nur Gott den Sünder rechtfertigen, d. h. ihm die justitia Christi imputiren könne, selbst, wenn er gläubig ihm gegenüberträte; der Hinweis auf die misericordia Dei genüge nicht, es sei vielmehr hier eine wesentliche Lücke offen gelassen, welche dringend der Ergänzung bedürfe. Steinmeyer glaubt diese Ergänzung in dem Apostelworte: Ἰησ. ἠγέρθη διὰ τὴν δικαίωσιν ἡμῶν gefunden zu haben. Er sagt: „Gott konnte den Ungerechten nur dann „wie gerecht" nennen, wenn eine Bürgschaft vorhanden war, dass diesem Namen auch der wirkliche Zustand mehr und mehr entsprechen werde. Und die Bürgschaft war vorhanden. Sie ruhte nicht in dem gläubigen Menschen, als hätte sein Glaube eine nachfolgende Heiligung garantirt, sondern in Christo war sie gegeben. Aber nicht in dem Christus, welchen Gott dem Tode überantwortet, sondern in dem, welchen er von den Todten auferwecket hat. Es war darauf zu rechnen, dass der Auferstandene die, welche glauben, zu der Stufe fördern werde, wie sie in den Worten: ὅμοιοι αὐτῷ ἐσόμεθα (1 Joh. 3, 2) geschildert wird". So Steinmeyer. Stellen wir die gewöhnliche Auslegung mit der Steinmeyer'schen zusammen, so lautet die erstere: Gott hat Jesum auferwecket, damit wir durch ihn in den Stand gesetzt würden, zu glauben und durch den Glauben die Rechtfertigung zu empfangen. Dagegen Steinmeyer: Gott hat Jesum auferweckt, damit er in den Stand gesetzt würde, die Glaubenden zu rechtfertigen. — Also Jesus, nachdem er für unsre Schuld bereits gebürgt, wird als der Auferstandene aufs Neue Bürge für unsern Glaubensgehorsam. Die Glaubensgerechtigkeit wird nicht erlangt nach der Regel: Gott ruft das Nichtseiende, als wäre es; Er gebeut, und es steht da, sondern sie wird unter der Bedingung ertheilt, dass Jesus für das Leben des Gerechtfertigten bürgt. — Soviel ich sehe, hat diese Auffassung nicht viel Anklang gefunden.

Ich wende mich nun zu G's Auslegung, der ich grössere Beachtung widmen möchte, nicht bloss darum, weil sie die neueste Erklärung über die in Rede stehende Frage bringt, sondern weil sie einem, namentlich in kirchlichen Kreisen sehr geachteten Theologen angehört. Auch G will von einer Motivirung des διὰ τὴν δικαίωσ. ἡμ. durch rein subjective Interessen nichts wissen. Er legt dem Zusatz eine objective Bedeutung bei für die Auferweckung Jesu selbst. Er sagt: „nachdem einmal die Versöhnung unsrer Sünden durch Jesu Tod vollbracht und das Recht der Gerechtigkeit Gottes ernstlich dargethan war, konnte Gott die allgemeine Freisprechung der künftigen Gläubigen aussprechen und Er hat es gethan. „Ueber dem Blut des Opfers ist ein Rechtfertigungsurtheil zu Gunsten der schuldbehafteten Menschheit ausgesprochen; ihre Verdammung ist aufgehoben worden. Nun war es unmöglich, dass angesichts dieser göttlichen That nicht auch eine entsprechende Veränderung in der Person Christi selbst vorging. Durch dasselbe Gesetz der Zusammengehörigkeit, vermöge dessen unsre Verdammung ihn ans Kreuz gebracht hatte, musste unsre Rechtfertigung seinen Tod in Leben ver-

wandeln. Wenn der Schuldner als zahlungsunfähig erkannt ist, wird
der Bürge in's Gefängniss geworfen; sobald aber diesem gelingt, zu
bezahlen, ist der Schuldner gesetzlich frei und der Bürge mit ihm.
So eng ist das durch den Rath Gottes zwischen Christus und uns
gebildete Band der Zusammengehörigkeit. Unser Schicksal ist gleichsam mit dem seinigen verflochten; wir sündigen: er stirbt; wir werden gerechtfertigt, er wird wieder lebendig. Dies ist der Schlüssel
zu dem Ausspruche 1 Cor. 15, 17: „Ist Christus nicht auferstanden,
so sind wir noch in unsren Sünden." So lange der Bürge im Gefängniss ist, ist die Schuld nicht bezahlt; die Bezahlung hätte seine
Befreiung zur unmittelbaren Wirkung. Ebenso, wenn Jesus nicht
auferstanden wäre, wüssten wir nicht nur nicht, ob unsre Schuld
bezahlt sei, sondern wir könnten gewiss sein, dass sie es nicht ist.
Nur deswegen ist die Auferstehung der Beweis unsrer Rechtfertigung,
weil sie ihre nothwendige Wirkung war. So *G.*

Die Auseinandersetzung besticht. Doch hält sie eine schärfere
Prüfung nicht aus. — Dass unsre Rechtfertigung den Tod Christi
in Leben verwandelt haben sollte, dass Christus also seine Auferweckung von den Todten der sündigen Menschheit verdanke, sofern ihre Erlösung ihn selbst gelöst habe von des Todes Banden, das
dürfte sehr schwer eingehen. Es will den Anschein gewinnen, als
habe *G* die Wahrheit geradezu auf den Kopf gestellt und die objectiven Gottesthaten mit subjectiven Wirkungen in einander gerührt,
wiewohl er versichert, dass die letztern auch objectiv gefasst werden sollen. Was ist denn aber Rechtfertigung ohne Gerechtfertigte?? — Doch mit allgemeinen Bemerkungen und Ausstel-
lungen ist's nicht gethan; wir werden der *G*schen Exposition näher
treten müssen.

Wie *M* διὰ τὰ παραπτώμ. ἡμ. ohne Weiteres dahin explicirt:
„damit die παραπτώματα durch das ἱλαστήριον Jesu gesühnt
würden", so hat *G*, ihm darin getreulich nachfolgend, bemerkt:
„zu welchem **Zwecke** die Hingabe erfolgt, hat uns Paulus 3, 25 gesagt". Was ich gegen *M* und *G*, sowie gegen alle ihre Vorgänger
einzuwenden habe, ist diess: dass der Apostel mit dem παρεδόθη
etwas weiteres habe ausdrücken wollen, als die Hingabe in den
Tod. Auch Röm. 8, 32 ist etwas anderes nicht gemeint; die Liebe
Gottes, welcher selbst des eignen Sohnes nicht verschonte, sondern
ihn in den Tod gegeben hat für uns alle, ist an und für sich —
ohne jede finale Beziehung — ein so gewaltiges Zeugniss, dass
Paulus sehr wohl fortfahren konnte: wie sollte er uns mit ihm nicht
alles schenken. — Die Combination unsrer Stelle mit 3, 25 halte
ich für verfehlt. Dort steht προέθετο, nicht παρέδωκεν. Richtig
gefasst, drückt das Verb die Vorherbestimmung Gottes über das am
Kreuz vergossene Blut Christi, bez. seine künftige Geltung im Heils-
werke aus (nach Jes. 53). Diese Bestimmung tritt in Kraft, nachdem Christus sein Blut vergossen hat; aber παρεδόθη heisst diess
eben nicht. Gestehen wir zu — und wir müssen das zugestehen —

dass Gott auch in der Verwirklichung seiner Heilsgedanken eine
bestimmte Ordnung einhält, so dürfen wir bei παρέδωκεν nicht
gleich das ἱλαστήριον heranziehen, denn indem Gott Christum hin-
giebt, giebt er ihn nicht schon als ἱλαστήριον hin, sondern dazu,
dass er unsre Sündenschuld auf sich nähme. Mir ist eine Stelle der
heiligen Schrift nicht bekannt, in welcher παραδοῦναι soviel hiesse:
als: zum Sühnopfer hingeben. Es heisst kurzweg: das Seine hingeben. Wozu? das muss besonders ausgedrückt, oder aus dem
Zusammenhange mit genügender Sicherheit zu erkennen sein. So
vermag ich denn in dem παρεδόθη v. 25 etwas Anderes nicht zu
finden, als einen Act der Hingabe in den Tod oder in die Strafe
des Todes, auf dass Christus erlitte, was die Sünder zu erleiden
schuldig waren. Aus dem Zusammenhange ergiebt sich mir keinerlei
Nöthigung, das, wozu Gott den Sündenträger vorweg bestimmt
hatte, nämlich ein ἱλαστήριον zu sein, hinzuzufügen, denn nicht an
jeder Stelle hat der Apostel Alles lehren wollen. Der logische Inhalt von 25a erschöpft sich aber vollständig, wenn man der Veranlassung gedenkt, die der Apostel unmittelbar nach der Erwähnung
der Auferweckung Jesu haben musste, die Thatsache anzuführen
und zu motiviren, auf welche die Auferweckung mit Nothwendigkeit
hinführt. Nur von einem Todten kann die Auferweckung ausgesagt werden. Weshalb Jesus, unser Herr, in den Tod gegeben
worden, das zu bemerken, ist dem Apostel ein Bedürfniss. Es ist
geschehen, um unsrer Sünde willen.

Also die Ursache, aus welcher Gott unsern Herrn in den Tod
gegeben, soll angeführt werden, nicht soll an dieser Stelle etwas
über die Wirkung ausgesagt werden, welche der Tod Jesu nach dem
Heilsplane Gottes gehabt hat.

Dass die Sache sich so verhalte, hat schon Chemnitz geahnt,
wenn er gegen die partitio Calvins bemerkt, der Apostel habe nicht
geschrieben: mortuus est propter remissionem peccatorum, sondern
mortuus est propter peccata nostra.

Dieselbe Bemerkung gilt auch gegen Reich, welcher (in der
Schrift: die Auferstehung des Herrn, Darmstadt 1845) lehrt: auf den
Tod Christi gründe sich die Vergebung der Sünde, dagegen auf
seine Auferstehung unsre Kindschaft bei Gott.

Gs Auslegung wird theilweise davon betroffen. Es wäre jedoch möglich, dass man von seiner eigenthümlichen Auffassung des
διὰ τὴν δικαίωσιν ἡμῶν einen Rückschluss auf διὰ τὰ παραπτ.
ἡμῶν zu machen und damit aus dem Zusammenhange die von mir
abgelehnte Beziehung auf ἱλαστήριον wieder zurückzuführen geneigt
sein möchte. Es wird daher Gs Deutung als Ganzes in's Auge zu
fassen und darum vorläufig auf das Ergebniss der vorher über die
Bedeutung von παραδοῦναι und die logisch-rhetorische Stellung von
25a gegebenen Bemerkungen zu verzichten sein.

G hat gegen die gewöhnliche Auslegung vornämlich einzuwenden, dass das διά in v. 25a anders gefasst werde, als in v. 25b; es werde übersetzt: wegen unsrer Sünden und gleich darauf für unsre Rechtfertigung, als stünde nicht διὰ τὴν δικαίωσιν ἡμῶν, sondern πρὸς oder εἰς τὴν δικ. Ich weiss nicht, welchen Uebersetzer G dabei im Auge gehabt hat. M hat ebenso wie Luther übersetzt: um unsrer Rechtfertigung willen. Wenn nun eben dieselben διὰ τὰ παραπτ. ἡμ. wiedergeben mit: um unsrer Sünde willen, so ist aus der blossen Uebersetzung nicht zu constatiren, dass διά in v. 25 das erste Mal anders gefasst werde, als das zweite Mal. G's Bedenken richtet sich daher nicht sowohl gegen die Uebersetzung, als gegen die Erklärung von διά. Er stellt den Grundsatz auf: διά müsse beide Mal in seiner „natürlichen" Bedeutung wegen genommen werden, nicht, wie das Seiten der Ausleger geschehen sei, das zweite Mal in der Bedeutung: für, in Absicht, zu dem Zwecke, denn so hätte man doch meist den Apostel verstanden, als habe er sagen wollen: Christus sei auferweckt worden, damit wir gerechtfertigt würden.

Nun aber dürfte denn doch die Behauptung G's: διά müsse stets als Präposition des Grundes gefasst werden, jeder Begründung entbehren. Wenn auch die Zweckbeziehung abzulehnen ist, so kann doch Niemand längnen wollen, dass die Griechen mit διά auch das Motiv ausdrücken. Dem Parallelismus aber der beiden Sätze in v. 25 würde doch zuviel eingeräumt werden, wenn διά nicht das eine Mal causal, das andere Mal als Präposition des Motivs genommen werden dürfte. Mit Recht hat Steinmeyer gegen diesen von Reich zuerst aufgestellten Canon Verwahrung eingelegt. Ich meinestheils habe keine Veranlassung, mich dagegen zu sträuben, bin vielmehr geneigt, dem Satzparallelismus das Begehrte zuzugestehen, ohne dass dabei etwas in meinem Widerspruch gegen G's Deutung geändert wird. Es hindert mich nichts, διά beide Male mit wegen zu übersetzen und, je nachdem, beide Male die Ursache oder den Beweggrund zu verstehen. Was G will, ist etwas ganz anderes. Am klarsten wird sich das herausstellen, wenn wir aus der alten Logik den sehr gewichtigen Unterschied zwischen causa efficiens und causa impulsiva wieder aufnehmen. Διά soll beide Male als causa efficiens aufgefasst werden: „unsre Sünde hat ihn getödtet, unsre Rechtfertigung hat ihn auferweckt". Oder anders gewendet: „wie Jesus wegen unsrer Uebertretungen d. h. wegen unsrer [verdienten] Verdammniss gestorben ist, so ist er auferweckt worden wegen unsrer [vollbrachten] Rechtfertigung. Also peccatum nostrum causa efficiens mortis, justitia nostra causa efficiens resurrectionis. Dass schon παρεδόθη und ἠγέρθη (als Passiva) Sünde und Rechtfertigung als active Potenzen ausschliessen und sie als das, was sie sind, nämlich als rein impulsive bezeichnen, will ich nicht unbemerkt lassen. Auf das selbstverständliche Subject zurückgeführt, würden die beiden Sätze so lauten: Gott hat sich durch unsre Sünde dazu bestimmen lassen, Jesum in den Tod zu geben, und Gott hat sich durch unsre Rechtfertigung dazu bestimmen lassen, ihn von den Todten aufzuwecken.

Etwas Weiteres ist aus den Worten nicht zu eruiren. Freilich, wenn *G* mit seiner in Klammern eingeschlossenen Exegese Recht hätte, so würde sich viel, ja Unerhörtes ergeben: dieses nämlich, dass Christus seine Auferweckung unsrer Rechtfertigung, also einer Thatsache verdankte, die er doch durch seinen Opfertod erst zu Stande gebracht hat. Ich habe bereits oben diese Umkehrung der von der Schrift anderweit bezeugten Heilsordnung als eine Verkehrtheit bezeichnet. Dies harte Urtheil zu begründen, dürfte mir zunächst obliegen. Zu dem Ende weise ich in Betreff der Erklärung von 25a: Jesus sei wegen unsrer [verdienten] Verdammniss gestorben, darauf hin, dass im Texte davon keine Silbe steht. Gerade unmöglich in sprachlicher Beziehung aber ist die Erklärung von 25b. *G* hat sich durch den Doppelsinn des Wortes Rechtfertigung irre führen lassen; es bedeutet beides: die actio ebensowohl, als das actum (Ergebniss der actio). *Δικαίωσις* aber kann nach Analogie aller nomina verbalia auf -*ις* etwas anderes nicht bedeuten, als die Handlung des Gerechtmachens. Nun hat zwar *G*, damit man ihn nicht missverstehe, in der Klammer das Wort „vollbracht" vorgesetzt, aber die vollbrachte Rechtfertigung ist eben *δικαίωμα*, vergl. 5, 18. *G* hat ausgelegt, als stände dort *ἠγέρθη διὰ τὸ δικαίωμα* (oder *δικαιοσύνην*) *ἡμῶν*, und somit den Sinn der Paulinischen Stelle in sein Gegentheil verkehrt.

Doch genug. Ich gehe nunmehr auf ein Gebiet über, welches der Exegese im engern Sinne nicht angehört, auf das Gebiet der speculativen Christologie. Ich weiss aber nicht, wie anders ein Verständniss des Paulinischen Ausspruchs erzielt werden soll, wenn nicht versucht wird, ihn in das Ganze des Paulinischen Lehrbegriffs einzufügen. Denn, dass dies schon geschehen sein sollte, wird wohl kaum behauptet werden der Thatsache gegenüber, dass noch heute Exegeten und Dogmatiker in nicht geringer Verlegenheit sind, wie sie die *δικαίωσις ἡμῶν* mit der *ἀνάστασις Ἰησοῦ* verbinden sollen, ohne gegen die bekannte Rechtfertigungslehre unsrer Kirche, die schliesslich auf dem Sühnopfer Christi allein oder doch hauptsächlich beruht, anzustossen. Die Auskunft, dass wir gerechtfertigt seien et morte et resurrectione Christi, wie sie von etlichen Theologen gegeben worden, ist doch mehr aus Connivenz gegen Schriftstellen, wie die vorliegende, hervorgegangen, als aus speculativer Einsicht in die den Momenten des Heilswerks zukommende Stellung. Weit entfernt von der Meinung, Abschliessendes mitzutheilen, will ich doch wenigstens das Resultat meines Nachdenkens mittheilen.

Ich beginne mit dem characteristischen Satze des *G*schen Theorems, dass die Auferweckung Christi in Folge und auf Grund unsrer Rechtfertigung geschehen sei. Die Voraussetzung desselben ist, dass unsre Rechtfertigung durch Christi Opfertod vollbracht, also eine abgeschlossene Thatsache gewesen sei vor Christi Auferstehung.

Aehnliches behauptet übrigens auch *M* und vor ihm und nach ihm
eine namhafte Anzahl von Exegeten. Doch bezeichnen sie vorsichtig
diese Rechtfertigung als eine objective Thatsache, deren subjective
Aneignung die Auferweckung Christi nöthig gemacht habe, sofern erst durch letztere die Bedingung derselben d. i. der Glaube
gewirkt worden sei. Jedoch keiner von ihnen behauptet, dass in
der objectiven Thatsache der durch Christi Blut vollbrachten Rechtfertigung für Gott die Nöthigung gelegen habe, Jesum aufzuwecken.
— Nachdem ich die Unmöglichkeit der Gschen Auffassung in sprachlicher Beziehung nachgewiesen, bleibt nur einiges Bildwerk übrig,
welches jedoch auf völlig verkehrten Anschauungen beruht. Doch
scheint es nicht unangemessen, vor tieferm Eingehen in die Sache
wenigstens das Scheinbare davon in's Auge zu fassen, um sich von
der Unhaltbarkeit und Unangemessenheit desselben zu überzeugen.
Zum Ersten ist es unrichtig, Jesum als Bürgen im rechtlichen Sinne
des Wortes aufzufassen. Der Bürge übernimmt es mit seinem Vermögen für den Schuldner einzutreten, falls er zu einer bestimmten
Frist nicht zahlt. Wenn aber von vornherein feststeht, dass der
Schuldner in alle Ewigkeit nicht zahlen kann und zahlen wird, so
kommt bei Christo ein für den Begriff des Bürgen wesentliches
Merkmal in Wegfall. Christus ist nicht eventuell für unsere
Schuld eingetreten, sondern hat sie factisch auf sich genommen, ist
nicht hypothetisch, sondern thetisch unser Stellvertreter geworden,
hat also doch noch mehr auf sich als die blosse Bürgschaft. Zum
Zweiten ist der Sünder dem Gesetz nicht bloss mit einem Theile
seines Vermögens verhaftet, sondern er hat sein Leben verwirkt.
Die Strafe für die unbezahlte und unbezahlbare Schuld ist der Tod,
nicht bloss Gefängnisshaft d. i. Freiheitsstrafe. Wer die Strafe des
Sünders auf sich nimmt, nimmt damit die Todesstrafe auf sich.

Ist der Tod für die Sündenschuld erlitten, so ist einfach dem
Rechte Genüge geschehen; das Gesetz hat an dem, der die volle
Busse gezahlt, keinen Anspruch weiter; er ist frei von weiterer
gerichtlicher Verfolgung. Aber doch nicht frei in dem Sinne, wie
der Schuldner frei wird, wenn seine Schuld entweder unmittelbar
oder mittelbar bezahlt ist. Dem letztern wird seine bürgerliche
Freiheit mit dem Erfolge restituirt, dass er wieder ganz und voll
in sein früheres Leben eintritt, dem Sünder aber, der das verwirkte
Leben in den Tod hat geben müssen, wird, nachdem solches geschehen, eben dies Leben nicht restituirt. Hier deckt sich das Gesammtvermögen des Menschen mit der Strafe. Ist die letztere gezahlt, so ist das erstere unwiederbringlich dahin. Somit hat die
in Stellvertretung erfolgte Abzahlung der Schuld durch Christum so
ohne Weiteres keineswegs die restitutio in integrum, die Zurück-
gabe des λύτρον durch Auferweckung Christi von den Todten zur
Folge. Für die Sünde der Welt war gezahlt — das ist richtig.
Ob die Zahlung, eben weil sie nicht von den Schuldnern selbst, sondern vicario modo geschehen war, an Allerhöchster Stelle eo ipso

werde angenommen werden, das stand noch zur Frage. Hier ist
der Punkt, an welchem alle Dialektik der Welt scheitert, wenn sie
versucht, eine Nöthigung für Gott zu begründen, den Tod Christi als
Aequivalent für das verwirkte Sündenleben anzunehmen. Die Annahme der Stellvertretung Christi als Satisfaction für die dem Gesetze schuldige Busse ist ein Gnadenact Gottes. Sein eigen Gesetz
konnte Gott nicht fallen lassen; seine Gerechtigkeit verpflichtete ihn,
den Forderungen des Gesetzes Genugthuung zu verschaffen. Das
aber war in Gottes Rath gestellt, ob er das stellvertretende Leiden
und Sterben des Gerechten für die Ungerechten als hinreichendes
λύτρον den Forderungen des Gesetzes gegenüber wollte angesehen
wissen oder nicht. — Und Gott hat im Gesetze selbst seinen Rath
vorgebildet: dem Gesetze sollte und musste genügen die Darbringung Eines Opfers für die Sünden Vieler. Ja schon im Beginn
der Heilsgeschichte hatte Gott durch seine Propheten verkündigen
lassen, dass der Gerechte einst werde sterben für die Ungerechten,
und dass dieses Opfer ihm werde angenehm sein.

Was aber die Propheten verkündigt hatten, das musste als
Thatsache in die Geschichte eintreten; ebenso war, nachdem das
Schuldopfer wirklich dargebracht worden, eine thatsächliche Erklärung zu erwarten, dass Gott das Opfer des Gerechten für die
Ungerechten angenommen habe. — Aber wer sollte diese Erklärung
empfangen? Doch wohl der, welcher das Opfer gebracht. Für
wen sollte Christus diese Erklärung entgegennehmen? Gewiss für
die Gesammtheit der Ungerechten, für die Welt. Aber eben diese
Gesammtheit war in der Person Christi vertreten. Christus hatte,
so zu sagen, die Sündenwelt nicht ausser sich, sondern in sich.
Eine thatsächliche Erklärung, dass sein Opfer angenommen sei, hatte
der ἄνθρωπος Χριστὸς Ἰησοῦς, wie Paulus den Herrn an zwei
sehr wichtigen Stellen (Röm. 5, 15 und 1 Tim. 2, 5) nennt, für die
Person zu empfangen. Er selbst musste zuerst für gerecht erklärt
werden, wenn die Rechtfertigung durch sein Blut principiell für
die ganze von ihm vertretene Menschheit feststehen sollte.

Wie verhielt es sich denn aber mit dem ἄνθρωπος Ἰησ. Χός,
als er am Kreuze verschieden war? Ist Christus wirklich gestorben
— und ohne diese Thatsache keine Darbringung des verwirkten
Lebens, kein Opfertod — so muss auch eingetreten sein, was bei
dem wirklichen Sterben des Menschen eintritt, eine Trennung von
Seele und Leib, oder vielleicht besser, da eine solche Trennung der
allgemeinen Auferstehung gegenüber doch immer nur eine momentane
sein kann, eine Suspendirung des Lebensprozesses, eine Aufhebung
der Wechselwirkung zwischen Leib und Seele auf Zeit. Eine solche
Isolirung der Seele vom Leibe war auch bei dem Tode Christi eingetreten. Diese hatte in keinerlei Weise die Bedeutung einer Ab-
lösung der menschlichen Natur in Christo von der göttlichen. Der
Gottmensch hatte die Sistirung der Wechselwirkung zwischen den
beiden Wesensmomenten seiner Menschennatur, zwischen Seele und

Leib zu erleiden, und der Leib ward in's Grab gesenkt. Das πνεῦμα
hatte der Herr in die Hände seines himmlischen Vaters befohlen.
Das ist nicht so zu verstehen, als hätte sich nun das πνεῦμα von
seiner Person abgelöst. Es war an und bei ihm, dem Gottmenschen,
aber in den Händen seines himmlischen Vaters, behütet und bewahrt durch seinen himmlischen Vater als ihm zugehörig und ver-
bleibend trotz des Todes. Das πνεῦμα im Menschen oder, wie wir
gewöhnlich sagen, die Seele behält ihr Eigenthumsrecht an den Leib,
sei es in organisirter Gestalt oder in der Form des Staubes. Gott
wird seine Gabe nicht leid; der Staub der zerfallenen Hütte ist
mein Eigenthum; er wird's bleiben bis zur Restitution am Tage der
Auferstehung. Somit lässt sich nicht sagen, dass Christus, nachdem
er den Tod erlitten, zwar als Sohn Gottes sein unzerstörbares Leben
fortgelebt, aber als Mensch momentan aufgehört habe, zu sein, so
dass der ἐνσαρκωθείς an diesem Theile durch den Tod geschädiget
worden. Im Gegentheil: der Gottmensch blieb auch unmittelbar
nach seinem Kreuzestode im vollen Besitz dessen, was seine Gottmenschheit constituirt. Aber seine Geschichte war während der
Zeit der Grabesruhe eine andere, dem wirklich erlittenen Tode entsprechende. — Christus war für die Person ohne Sünde; seine Seele
stand allezeit in der Gemeinschaft mit seinem himmlischen Vater;
insofern hatte der Tod über Christi Seele keine Macht; sie hatte
als sündlose Theil an dem πνεῦμα αἰώνιον (Hebr. 9, 14), an der
δύναμις ζωῆς ἀκαταλύτου (Hebr. 7, 16). Somit war das Eingehen
des Gottmenschen in den Tod das Eingehen unzerstörbaren
Lebens in den Tod; die Erscheinung des Herrn also am Orte der
Todten, nach Seiten der menschlichen Natur die Erscheinung seines
πνεῦμα unter den πνεύμασι (1 Petr. 3, 19) konnte nur sein die
thatsächliche Bekundung seines Siegs über Tod und Verwesung,
seines Herrenrechtes über die Todten, wie über die Lebendigen.
    Aber die Erklärung über die Annahme seines Opfertodes war
damit noch nicht erfolgt. Er, der die Sünde der Welt auf sich
genommen, bedurfte als ἄνθρ. Ἰ. Χ. zuerst der Rechtfertigung;
indem er sie empfing, empfing sie in ihm die ganze von ihm vertretene Sünderwelt. Nun aber war Christus als πνεῦμα, wie er im
Hades erschien, nicht zugleich in der Lage, die Rechtfertigung für
die Menschheit entgegenzunehmen; er sollte sie ja nicht empfangen
als eine παρακαταθήκη, die er nachmals weiter zu geben hatte,
sondern für seine eigne Person, sofern er nur als wahrer Mensch
Vertreter der Menschheit sein konnte. Zur vollen Menschheit aber
gehörte nicht bloss das πνεῦμα, sondern auch die σάρξ — selbstverständlich, nachdem sie durch den Tod hindurchgegangen war,
frei geworden von allen Zuständlichkeiten der ἀσθένεια, welche der
noch nicht erlösten σάρξ eignen, also tüchtig geworden, ein reines
Organ des Geistes, also ein πνευματικὸν σῶμα zu sein.
    Darum erweckte Gott den ἄνθρ. Ἰ. Χ. von den Todten, ihm
zunächst in seiner eignen Person die δικαίωσις, damit aber zu-

gleich, sofern der Auferstandene Vertreter der Menschheit, uns Allen die δικαίωσις verleihend.

Hiernach dürfte es keinem Zweifel unterliegen, dass die *M*sche Erklärung, nach welcher Christus auferstanden ist, um (nachmals als der zur Rechten Gottes Erhöhte, wie wir hinzufügen können) durch die apostolische Verkündigung seines Wortes das subjective Erforderniss zur Rechtfertigung, nämlich den Glauben zu wirken, ebenso wenig richtig ist, wie die *G*sche. Das subjective Erforderniss zur Entgegennahme der δικαίωσις war principiell von Christo geleistet und in Christo vorhanden, nicht bloss für seine Person, sondern für die von ihm vertretene Menschheit, als er stellvertretend sein Blut dargebracht hatte. Alles nachmalige Empfangen der Rechtfertigung von Seiten der Erlösten ist etwas Weiteres nicht, als Theilnahme an der Rechtfertigung Christi, d. h. an der principiellen Rechtfertigung der Menschheit in ihm, welche der Herr mit seiner Auferstehung von den Todten entgegennahm; daher ἠγέρθη διὰ τὴν δικαίωσιν ἡμῶν wie Röm. 5, 18 ὡς δι᾽ ἑνὸς παραπτώματος εἰς πάντας ἀνθρώπους εἰς κατάκριμα, οὕτω καὶ δι᾽ ἑνὸς δικαιώματος εἰς πάντας ἀνθρώπους εἰς δικαίωσιν ζωῆς, in welcher Stelle ζωή nichts anderes ist, als das in der Auferweckung Christi offenbar gewordene ewige, für den Tod schlechthin unzugängliche Leben, welches allen Menschen die Rechtfertigung durch Christi Tod verbürgt, sofern es durch den Glauben angeeignet wird.

Capitel 5.

Eine vorläufige Aussprache über den Inhalt wird nicht zu umgehen sein. Wie sehr die Ausleger differiren, tritt sofort beim Lesen der Ueberschriften entgegen. *G* überschreibt das 5. Capitel: die Gewissheit des ewigen Heils für die Gläubigen, mit Schott einverstanden, der so formulirt: „die Gewissheit des Bestehens der Gläubigen in dem Heil und der ewigen Vollendung des Heils", imgleichen sich an *M*s Ueberschrift anschliessend: „die selige Gewissheit des Heils für die Gegenwart und für die Zukunft." *H*, welcher ἔχωμεν liest, paraphrasirt so: „lasst uns denn eingehen in dies Verhältniss des Friedens mit Gott, in welchem wir die Hoffnung der Herrlichkeit, den Trost in den Prüfungen, die Liebe zu Gott und die Gewissheit der Errettung von dem ewigen Zorn halten. — Die Mehrzahl der neuern Ausleger, unter ihnen Olshausen, Philippi, Lange und Schaff finden darin die Früchte oder die wohlthätigen Folgen der Rechtfertigung durch den Glauben ausgedrückt. Zum Theil lassen sie schon nach dem 5. Capitel die Ermahnungen des Apostels zur Heiligung des Wandels beginnen, wobei denn freilich die zweite Hälfte des Capitels (vv. 12—21 als ein blosser Anbau, der ursprünglich im Plane des Apostels nicht gelegen, angesehen werden muss. Aber auch *G* lässt die Darlegung einer das ganze Capitel

umfassenden Idee vermissen. Er überschreibt die zweite Hälfte des
Capitels: „die Allgemeinheit des Heils in Christo, bewiesen durch
die Allgemeinheit des Sterbens in Adam" Schon diese Zerstückelung
des Capitels in zwei sehr verschiedene Abhandlungen würde mich
an der Richtigkeit der Ueberschrift zweifeln lassen. Mehr oder
minder gehen die neuern Ausleger sämmtlich denselben Weg.

Ich denke nun der unvermeidlichen Nöthigung, mit einem vorläufigen Eindruck von dem Inhalte des Textes an die Auslegung
zu gehen, mich keineswegs zu entziehen. Diesen vorläufigen Eindruck möchte ich aber nicht bloss aus dem wiederholten Lesen des
betreffenden Abschnittes, sondern aus dem Ganzen entnehmen, indem
ich mich frage, welchen Gang hat der Apostel bis zum Schluss des
4. Capitels eingeschlagen, welchen Weg verfolgt er in den Capiteln
6 und 7, was für ein Stück Wegs muss also dazwischen liegen?
Der Apostel legt zuerst die allgemeine Verschuldung dar
Cap. 1, weist dann jeden Anspruch auf eine Ausnahmestellung
zurück, widerlegt insonderheit den Anspruch der Juden auf Gerechtigkeit aus dem Gesetz (Cap. 2), begründet demnächst die
Gerechtigkeit durch den Glauben als den Heilsweg für alle Menschen
(Cap. 3), und zeigt zu dem Ende, dass nicht die fleischliche Abstammung von Abraham, sondern die Geistesverwandtschaft mit Abraham, als welche sich im Glauben bekundet, zur Gerechtigkeit an-
gerechnet werde (Cap. 4; kurz: die Lehre von der Rechtfertigung durch den Glauben wird von dem Apostel thetisch
und antithetisch entwickelt.

In den Capiteln 6, 7 und 8 beweist der Apostel, dass die Rechtfertigungslehre keineswegs einen libertinistischen, gesetzlosen Wandel
zur Folge haben dürfe, sintemal die Lossprechung von der Sünde
einen neuen Dienst, den Dienst bei Gott begründet (Cap. 6), ebenso
wie das Abgestorbensein dem Gesetze uns dem von den Todten auferstandenen Lebensfürsten verbindet, der uns von dem Leibe dieses
Todes errettet (Cap. 7 und das Gesetz des lebendigmachenden
Geistes in uns aufgerichtet hat, welches fortan unsern Wandel bestimmt und durch alle Widerwärtigkeiten der Zeit, ja durch den
Tod hindurch führen wird zur seligen Ewigkeit.

Es ist leicht erkennbar, dass mit den Capiteln 6—8 nicht die
Lehre von der Rechtfertigung weiter geführt, sondern gegen möglichen Einwand und Missverstand vertheidigt wird, wobei denn, wie
solches des Apostels dialectische Weise mit sich bringt, durch die
Antithese die These, d. i. die Ermahnung zu einem gottseligen
Wandel und die Hinweisung auf die Hoffnung des Christen hindurch-
bricht. Wer den Apostel verstehen will, muss daran festhalten, dass
sich jeder Fortschritt in der apostolischen Lehre eben dialectisch,
d. h. durch die Antithese und durch die Negation hindurch vermittelt. Wer den Gedankengang nur durch thetische Behauptungen
vermittelt wissen will, wie z. B. bei Capitel 6 durch die Ueberschrift:
Ermahnungen zur Heiligung, der darf sich nachher nicht darüber

wundern, dass ihm die Muskeln und Nerven der apostolischen Dialectik als schwer verständliche Zuthat liegen bleiben.

Frage ich nun, was zwischen der Rechtfertigungslehre der vier ersten Capitel und zwischen dem darauf bezogenen ethisch-polemischen Inhalte der Capitel 6, 7 und 8 in der Mitte liegen könnte, erwäge ich weiter, um jeden Seitenweg abzuschneiden, dass die ersten Worte des 5. Capitels δικαιωθέντες οὖν ἐκ πίστεως jeden Gedanken an eine **Digression** ausschliessen, und in der Erwartung bestärken, dass Capitel 5 im engsten Zusammenhange mit den vorangegangenen Capiteln steht, so dürfte die Annahme gerechtfertigt sein, dass Capitel 5 den **Abschluss** der Rechtfertigungslehre enthalten werde. Die Gerechtigkeit aus dem Glauben hat sich zum Schluss darüber auszuweisen, dass sie **giebt**, was weder Gesetz, noch Fleisch geben kann, **Immunität** von der ὀργή Gottes, welcher die ganze Menschheit eben um ihrer Sünde willen unterworfen ist, und dass an dieser Stellung zu Gott die Leiden dieser Zeit, aus welchen etwa unser Verbleib unter der ὀργή gefolgert werden könnte, nichts ändern. — Zum Zweiten würde zu erwarten sein der Nachweis, dass die Rechtfertigung durch den Glauben in der That den **Wendepunkt** der ﾞmit Adam beginnenden Geschichte des sündigen Verderbens der Menschheit bezeichnet, und die mit Christo Jesu beginnende Geschichte des Heils, die durch den Ueberschwang der göttlichen Gnade um soviel glorreicher ist, als die Unheilsgeschichte verderblich, einleitet und begleitet bis zu unserm Eintritt in die selige Ewigkeit.

Diese beiden Stücke, deren erstes die hohe Bedeutung der Rechtfertigung durch den Glauben Gotte gegenüber, deren zweites die heilsgeschichtliche Bedeutung derselben für die Menschheit darlegt, werden in der That in Capitel 5 abgehandelt. Ich fasse beide zusammen unter der Ueberschrift:

Das Verhältniss der Glaubensgerechtigkeit zur Heilsvollendung.

indem ich zuerst die Frucht der Glaubensgerechtigkeit, dann das nach vollständiger Tilgung des Adamitischen Unheils mittelst der Glaubensgerechtigkeit erlangte überschwengliche Heil — **Unheil und Heil durch Einen Menschen — als Inhalt des Capitels erkenne.**

So gehe ich denn allerdings mit einem gewissen Vorurtheile an die Auslegung, aber nicht mit einem Vorurtheile, das aus dem Lesen des 5. Capitels allein mir erwachsen ist, sondern aus sorgfältiger Erwägung der Stellung, welche das Capitel zu den vorangegangenen und nachfolgenden Briefabschnitten einnimmt. Die Auslegung wird nunmehr im Einzelnen nachzuweisen haben, ob und inwieweit die vorläufige Inhaltsangabe zutrifft.

v. 1. Zunächst habe ich gegen K (Correcturen u. s. w.) ebenso, wie gegen H zu bemerken, dass weder δικαιωθέντες den Ton hat, noch ἐκ πίστεως, sondern dass δικαιωθ. ἐκ πίστεως zu einem Gedanken verschmolzen ist, welcher den Gesammtinhalt der vorangegangenen Capitel in sich aufgenommen hat. Zu Anfang des Satzes stehend, sind also beide betont, oder vielmehr der aus beiden erwachsene Begriff der Glaubensgerechtigkeit.

Keine geringe Schwierigkeit bereitet in Betreff der Lesart das nachfolgende ἔχομεν. Lachm., Scholz, Fritzsche, *H* und neuerdings *K* lesen dafür ἔχωμεν. nach א. A. C. D. 1. K. und mehreren Versionen (Ital. und Vulgata: habeamus. Ebenso Chrysost. und andere Väter. Die neueste Tischd.-Gebh. Ausgabe des N. T. hat ἔχωμεν in den Text aufgenommen. Dagegen liest ἔχομεν der erste Corrector im Cod. Sinait., und der dritte von B., ferner E. F. G. Dafür spricht sich *G* mit *M* aus. Er sagt: „offenbar geht die Lesart ἔχωμεν aus einer falschen Correctur hervor, die ihren Ursprung in der irrigen Vorstellung über Inhalt und Zweck dieses Abschnittes hat. Vielleicht ist sie auch dadurch entstanden, dass eine liturgische Vorlesung mit dem Verse begann. Kein einziger Ausleger hat über diesen plötzlich mitten in einer dialectischen Entwicklung eintretenden Imperativ eine genügende Erklärung geben können." Ich stimme vollständig zu. — Was *H*s Auslegung nicht leistet („lasst uns Friede mit Gott halten!"), das versucht *K* durch eine Novität zu erreichen. Er trennt πρὸς τὸν θεόν von εἰρήνην; nicht Friede mit Gott habe der Apostel gemeint. Lasst uns Frieden haben! heisse, für sich genommen, lasst uns nicht mehr quälen, ängsten und unruhig sein, lasst uns vielmehr Ruhe und Sorgenfreiheit haben. Und zwar in der Richtung auf Gott, sofern wir durch ihn gerecht erklärt sind und uns dessen im Glauben getrösten dürfen. *K* versteigt sich sogar zu der Behauptung: Friede mit Gott, sei nicht dem Sprachgebrauch gemäss, während kein Zweifel ist, dass εἰρήνη πρὸς τὸν θεόν ein echt classischer Ausdruck ist (man vergl. *M* und *G*. Die von *K* proponirte Bedeutung von εἰρήνη „klare Gelassenheit eines zufriedenen Gemüthes, im Gegensatz zu innerer Qual und unruhiger Verlegenheit" dürfte sich weder aus der Profangräcität erweisen lassen, noch findet sie sich im N. T. Beachtenswerth jedoch ist das Bedenken, was *K* veranlasst hat, eine neue Erklärung von εἰρήνη aufzusuchen, um ἔχωμεν festhalten zu können. In der That ist nicht abzusehen, wenn Friede eben Friede heisst, wie ein aus dem Glauben Gerechtfertigter, der ja eben dadurch, dass er glaubt, Frieden nachgesucht und erlangt hat, ermahnt werden mag, Frieden mit Gott zu haben. Hiesse es: Frieden bewahren, so könnte man die Ermahnung allenfalls verstehen. Aber das, was der Natur der Sache nach in der Gerechtigkeit aus Gott enthalten ist, nämlich Friede mit Gott, als ein annoch zu Erstrebendes hinzustellen und dessen Besitz zu empfehlen, ist eine unklare Admonition. Eben darum, weil die Unangemessenheit auf der Hand liegt, die Entstehung der Lesart ἔχωμεν aber aus einer unrichtigen Auffassung der Tendenz des Abschnittes sich hinlänglich erklärt, ist jedenfalls ἔχομεν zu lesen.

G erklärt v. 1 im Anschluss an *M* wie folgt: „Weil wir nun

vermittelst unsres Glaubens die Erklärung unsrer Rechtfertigung von
Seiten Gottes erlangt haben, so finden wir uns im Verhältniss zu
ihm in einen Stand des Friedens versetzt, welcher fortan in uns an
die Stelle der Furcht vor dem Zorne tritt!" Präciser M: „der Ge-
rechfertigte ist nicht mehr in dem Verhältniss eines ἐχϑρὸς ϑεοῦ
(v. 9 und flgg.); er hat den Frieden der Versöhnung. Dieser Friede
tritt als sofortige und dauernde Folge mit der Rechtfertigung ein."
Es wäre jedoch besser gewesen, die εἰρήνη unter Bezugnahme auf
die ἀποκάλυψις ὀργῆς ϑεοῦ in 1, 18 und flgg. zu erklären. Der
Zorn Gottes gegen alle Gottlosigkeit und Ungerechtigkeit der Menschen offenbart sich (ἀποκαλύπτεται) unausgesetzt: ϑυμὸς καὶ
ὀργή, ϑλῖψις καὶ στενοχωρία ἐπὶ πᾶσαν ψυχὴν ἀνϑρώπου τοῦ
κατεργαζομένου τὸ κακόν κ. τ. λ. Selbstverständlich sind nunmehr
die δικαιωϑέντες von der ὀργή ϑεοῦ ἀπ' οὐρανοῦ liberirt; sie
haben Frieden, Gott gegenüber, und zwar ist dieser Friede nicht
vermittelt durch irgend welche Privilegien des Volksthums oder der
Rasse, sondern allein durch unsern Herrn Jesum Christum.

G erklärt sich gegen die Ausleger (insbesondere gegen M),
welche v. 1 auf das vorher dargestellte Versöhnungswerk beziehen,
denn, sagt er, v. 2 handelt von diesem Werk; so müssten vv. 1 und 2
wesentlich dasselbe besagen. Nun aber ist das dem δι' οὗ καὶ
gegenüber rein unmöglich, es muss in v. 2 ein anderes angeschlossen
werden, als was in v. 1 ausgedrückt ist. Er meint schliesslich die
Aussagen in vv. 1 und 2 so unterscheiden zu können: „wir haben
in Christus ausser der Vermittlung seines Todes, durch welchen
wir schon gerechtfertigt worden sind (δικαιωϑέντες) die seines
Lebens, durch welches wir in diesem Heilszustand werden erhalten
bleiben." Er findet dann in den vv. 9. 10 die authentische Erklärung des Ausdrucks: durch unsern Herrn Jesum Christum. Anders
K: „ἐσχήκαμεν und ἐστήκαμεν bezeichnet den erworbenen, aus
der Vergangenheit erwachsenen Gnadenstand, wie δικαιωϑέντες das
Erlebniss, durch welches wir daran betheiligt wurden; εἰρήνην
ἔχωμεν aber die innere Verfassung in der wir auf Grund dieses
Erlebnisses und jenes Standes uns halten und erhalten sollen." Das
ἔχωμεν ist oben bereits abgethan. Darin hat K Recht, dass er
ἐσχήκαμεν auf den „aus der Vergangenheit erwachsenen Gnadenstand" deutet. Nur hätte er nicht übersehen sollen, dass sich
ἐστήκαμεν keineswegs auf die Vergangenheit bezieht, sintemal
das Perf. von ἵστημι Präsensbedeutung hat. Mit G theilt er übrigens den Irrthum, dass δικαιωϑέντες einseitig auf v. 2 zu beziehen sei.

Durch v. 2 wird das εἰρήνην ἔχομεν erläutert und des Weitern
begründet. Διὰ τοῦ κυρ. ἡμῶν Ἰ. Χ. vermittelt die Thesis, die
es durch Bezugnahme auf ein der Vergangenheit angehöriges Werk
des Herrn unterstützt. Hierdurch fällt Licht auf δικαιωϑέντες ἐκ
πίστεως v. 1; wir erkennen, dass dadurch der Stand der Schuldfreiheit bei Gott bezeichnet wird, welcher ebensosehr die Einführung

in die Gnade zur Folge gehabt hat, in welcher wir stehen, wie er
andrerseits die Exemtion von der Zornesoffenbarung, welche die
Sünderwelt zu befahren hat, uns verbürgt. Und zwar beides durch
unsern Herrn Jesum Christ. Man beachte das Epitheton τοῦ
κυρίου ἡμῶν. Die Erlösung durch Christi Blut ist die conditio,
sine qua non der περιποίησις. Durch den Glauben sind wir der
Gerechtigkeit Christi theilhaftig geworden. Nunmehr gehören wir
zu seinem Volk, und er ist unser Herr. Wie wäre das gedenkbar,
dass dieser Herr, welcher uns durch den Glauben hinzugeführt hat
zu der Gnade, in welcher wir stehen, uns, die Seinen der Ungnade,
dem Zorne Gottes sollte blossgestellt sein lassen? Der uns, die aus
dem Glauben Gerechtfertigten, hinzugeführt hat zu der Gotteskind-
schaft, wird auch schaffen, dass wir Frieden mit Gott haben und
behalten.

Somit steht fest: Als Glaubensgerechte haben wir Frieden mit
Gott durch unsern Herrn, und rühmen uns auf Hoffnung der Herrlichkeit Gottes.

v. 2. 3. *Καὶ καυχώμεθα* ist coordinirt dem *ἐν ᾗ ἑστήκ.*
„in welchem wir stehen und uns rühmen auf Hoffnung u. s. w.“
K: „lasset uns stolz thun in der Hoffnung des Beifalls, der ehrenden
Anerkennung Gottes!“ — Unmöglich. Richtig die meisten Ausleger,
auch M: „*δόξα* die Glorie Gottes, an welcher einst auch die Mitglieder des Messiasreiches participiren sollen“. Nur das Einst ist
zu beschränken. Man vergleiche meine Auslegung zu 3, 23. Der
Apostel hofft und erwartet, dass sich die *δόξα* d. h. das Zeichen
und Zeugniss, dass Gott mit den Seinen ist und ihnen aushilft,
sichtbarlich offenbaren werde. Prägnant der Lage gegenüber, in
welcher sich die Christen grossentheils befanden. Sie, die Verach-
teten, rühmen sich in Hoffnung der Herrlichkeit Gottes! —
Nun, es wird damals schon geredet sein, was heut zu Tage: „Ihr
Christen tröstet euch mit dem Zukünftigen. Das sind ungewisse
Sachen, Träume und Schäume. Wir, Weltleute, setzen unser Vertrauen auf Gegenwärtiges; wir rühmen uns dessen, was vor Augen
liegt und mit den Sinnen wahrgenommen wird“ Es ist, als ob der
Apostel ihnen antwortet, ja seine zuversichtliche Antwort steigert:
*οὐ μόνον δὲ καυχώμεθα ἐπ' ἐλπίδι, ἀλλὰ καὶ καυχώμεθα ἐν
ταῖς θλίψεσιν. Θλῖψις καὶ στενοχωρία* waren von dem Apostel
2, 9 unter den Widerfahrnissen genannt, in welchen Gottes Strafgerechtigkeit sich offenbart. Dass es auch den Christen an *θλίψεσιν*
nicht fehlt, gesteht der Apostel zu. Könnten nicht die Widersacher
aus des Apostels eigenem Munde ein Argument gegen den Gnadenstand der Christen hernehmen, mussten sie nicht die behauptete
δικαιοσύνη in Zweifel ziehen, da Gott zwischen ihnen und den
ἀδίκοις in Betreff der äussern Widerfahrnisse keinen Unterschied
machte?

Der Apostel hat einen andern Maassstab für die Beurtheilung
der Widerwärtigkeiten und Leiden, als die Weltmenschen. Für die

letztern, deren finis bonorum die Weltseligkeit ist, sind die Leiden absolute Uebel; für die Christen sind sie dagegen Förderungsmittel der Gottseligkeit. Von der Stellung, welche der Mensch geistlicher Weise zu den Leiden einnimmt, hängt das Urtheil über dieselben ab, ob' sie nämlich Schickungen der ὀργή θεοῦ, oder Mittel der Gnade seien, den Menschen je länger, desto mehr, von der Welt loszumachen und zu Gott hinzutreiben.

Vor allen Dingen ist daran festzuhalten (gegen *M* und *H* und andere), dass die θλίψεις nicht als Gegenstand des καυχᾶσθαι, nicht als Angabe dessen, wessen wir uns rühmen, aufzufassen sind. Es ist ein Verdienst *K*s, auf diesen Missverstand aufmerksam gemacht zu haben. Die Leiden sind wenig geeignet, eine Hoffnung zu nähren und. zu stärken, die' nichts Geringeres erwartet, als den Widerschein der Gnadengegenwart Gottes, das Licht der göttlichen Herrlichkeit an sich zu erfahren. Leiden sind in den Augen der Welt die grössten Hindernisse fröhlichen Muths, die eigentlichen Widersacher aller Hoffnung, indem sie die Trostquellen verschliessen. Es kann nicht anders sein. Die Weltleute sind in geistlichen Dingen schlechterdings blind und unwissend. Wir dagegen wissen (εἰδότες), was es mit den Leiden auf sich hat, und weil wir das wissen, so stören sie so wenig unsern getrosten Muth, dass wir auch in den Leiden uns rühmen, nämlich auf die Hoffnung der Herrlichkeit Gottes hin. — Es ist bei den εἰδότες nicht sowohl an subjective Erfahrungen zu denken, welche einzelne Kreuzträger gemacht haben, sondern an das allen Christen gemeinsame Wissen, welches sie unter dem Kreuze Christi gelernt haben, dass der Weg zur Herrlichkeit durch viel Trübsal hindurchgeht. Dies Wissen wird nun von dem Apostel nach seinen Momenten oder Stufen explicirt. Wohl zu merken ist, dass diese christliche Erkenntniss von der Bedeutung der Trübsal gerade das stärkt und befestigt, was nach der Meinung der Welt angefochten und zerstört wird, nämlich die ἐλπίς, so dass also v. 5 wieder zusammentrifft mit ἐπ' ἐλπίδι in v. 2.

vv. 3. 4. *K*: „Der Glaube wird zur Geduld, die da tragend Stand hält und zu warten vermag. wenn er dem Widerspruch begegnet, den die äussern Bedrängnisse gegen seinen Inhalt erheben. Ihm gegenüber legt er die ungeduldige Hast und den heftigen Drang ab, also gleich und überall in der handgreiflichen Wirklichkeit wiederzufinden, wessen er durch die Gottesgnade in Christo vergewissert worden ist. Er lässt sich begnügen an der in ihm selbst liegenden Gewissheit, und in derselben trägt er die üble Gegenwart als eine vorübergehende, nicht dauernde, einer bessern Zukunft, deren er zu warten vermag, Platz machend. Wessen Glaube aber so den Bedrängnissen der Zeit gegenüber zur tragenden, abwartenden Geduld geworden ist, in dem erzeugt die anhaltende Ueberwindung der Uebel durch die Geduld seines Glaubens den Zustand der Erprobtheit (δοκιμή). Wen die Uebel von seinem Glauben nicht haben abbringen, in demselben nicht haben irre machen können,

wer ihnen gegenüber denselben als standhafte Geduld erwiesen hat,
dessen Glaube wird zur erprobten und unerschütterlichen Gewissheit,
dass ihn kein Uebel und keine bedrückende Macht von der Gnade
Gottes scheiden wird (vergl. 8, 38. 39. Damit ist aber die Probe
des Glaubens gemacht, zu welcher in Gottes Hand und nach seinem
Rathe die Bedrängnisse der Gegenwart dienen sollen, und so wirkt
diese von fortgehend geübter Geduld zu Wege gebrachte Verfassung
eine um so lebendigere und festere Hoffnung, dass, nachdem sie als
Läuterungsmittel ihren Dienst gethan, die Bedrängnisse sich bald
heben werden." Also ἐλπίς in den vv. 4. 5 nicht die ἐλπίς (nach
ihrer specifisch christlichen Bedeutung) in v. 2, sondern nur im Allgemeinen: Hoffen auf bessre Zeit. Es ist jedoch kein Grund vorhanden, die ἐλπίς des zweiten Verses in den vv. 4. 5 zu verall-
gemeinern. Richtig *M*: ἐλπίδα geht selbstverständlich auf die δόξα
τοῦ θεοῦ. *G*: „wenn der Gläubige die Erfahrung von der göttlichen
Kraft gemacht hat, womit der Glaube ihn mitten im Leiden durchdringt, so fühlt er seine Hoffnung mächtig gehoben. Nichts, was
ihm in der Zukunft begegnen mag, erschreckt ihn mehr. Die Aussicht auf die Herrlichkeit stellt sich ihm glänzender und näherlie-
gend vor Augen. Wie viele Christen haben schon erklärt, dass sie
die Freudigkeit des Glaubens, die lebendige Hoffnung nur durch
das Mittel der Trübsal erkannt haben!" Besser wohl: Der Geprüfte
und Bewährte wird dessen vergewissert, dass das Ende des Wegs,
welches die helfende Gottesgnade immer deutlicher zu erkennen giebt,
eben nur die Theilnahme an der Herrlichkeit Gottes sein kann, auf
welche er seine Hoffnung stellt.

　　v. 5. Ἡ δὲ ἐλπίς ist allerdings nicht die so begründete
Hoffnung (Olsh., Thol.), aber auch nicht ohne Weiteres die Herrlich-
keitshoffnung (*M*, *G*), sondern die Hoffnung, welche aus der Be-
währung erwächst, wobei sich von selbst versteht, dass die Bewäh-
rung wieder zurückweist auf die christliche Erfahrung, aus welcher
sie selbst hervorgegangen ist. Der persönliche Anfangspunkt der
Entwicklung ist der leidende Christ, der sich als Gerechtfertigter
nicht bloss durch Christum, seinen Herrn, in Frieden mit Gott
weiss, sondern auch seiner Stellung in der Gnade gewiss ist. Die
Hoffnung, welche durch Vermittlung der Geduld und Erprobtheit
aus dieser Quelle fliesst, macht nicht zu Schanden, beschämt nicht,
οὐ καταισχύνει. *H* will καταισχυνεῖ lesen, weil doch immerhin erst
die Folgezeit offenbart, welcher Art die Hoffnung war. *M* begnügt
sich mit Calvin's Erklärung: Habet certissimum salutis exitum. *G*:
„das Präsens οὐ καταισχύνει ist das Präsens der Idee. Es handelt
sich im Zusammenhang um die schreckliche Lage des Gerechtfertigten,
welcher im Augenblicke des Gerichts sich plötzlich dem nicht versöhnten Zorne gegenüber finden würde. Diese Annahme erklärt
Paulus für unmöglich." Am originellsten *K*: „man darf den Zusammenhang zwischen καταισχύνεσθαι und καυχᾶσθαι nicht übersehen. Wer an seiner Erscheinung etwas an sich hat, was ihn her-

abwürdigt, entstellt, lächerlich macht, dem Spott und der Schande
Preis giebt *(καταισχύνει)*, der wird, wenn er ein vernünftiger Mann
ist, nicht öffentlich grossthun und einherstolziren *(καυχᾶσθαι)*, sondern sich ducken und drücken. Eben jenes bedeutet nun *καται-
σχύνειν*. — Ist es nicht die bestimmte Hoffnung auf den Sieg der
gerechten Sache, welche dem Unglück- und Unrecht Leidenden besonders gut steht und seine Erscheinung verklärt? Wer vermöge
seiner durch die Trübsal gereiften Hoffnung eine ehrenwerthe Erscheinung ist, der wird sich auch in und mit seinen Trübsalen stolz
sehen lassen können, und nicht bloss im Glücke, anstatt sich in die
Ecke zu drücken, wie ein Entehrter; also die Hoffnung entwürdigt und schändet nicht". So *K* — Hiernach hätte der Apostel
das würdige Benehmen des Christen nach Aussen hin im Auge gehabt. „Die Hoffnung entwürdigt nicht, sie giebt dem leidenden
Christen eine ehrenwerthe Erscheinung." Es genügt, diese Sätze
eben nur auszusprechen, um ihre volle Haltungslosigkeit zu erkennen.

Wer auf die *δόξα τοῦ θ.* hofft, der wird die Leiden dieser
Zeit nicht werth halten der zukünftigen Herrlichkeit. Aber auch
schon diesseits darf er ja hoffen, dass das „Gott mit uns", die
δόξα, zu rechter Zeit sich werde offenbaren. In dieser Hoffnung wird
er also geduldig *(ἐν ὑπομονῇ)* tragen und auf den Herrn harren.
Wer die Leiden dieser Zeit um des Herrn willen nicht tragen will,
dessen Hoffnung wird eo ipso zu Schanden. Sie war nicht rechter Art;
sie will Kronen tragen, ohne darum zu kämpfen. Wer ausharrt im
Kreuz, der erweist sich als ein bewährter Streiter Christi; er erlangt
die *δοκιμή*, aus welcher dann die echte, bewährte Hoffnung hervorgeht. Die Hoffnung wird nicht zu Schanden; sie wird erfüllt,
wenn sonst die Liebe Gottes in unserm Herzen kein leerer Wahn ist.

Οὐ καταισχύνει ist das Präsens der apostolischen Glaubensgewissheit. Paulus sagt nicht: es wird sich schon zeigen, dass
es so ist, sondern er sagt: es **ist** so. Ehe ich die logische Stellung
des nachfolgenden Satzes mit *ὅτι* bespreche, werden einzelne darin
vorkommende Ausdrücke und Wendungen klar zu stellen sein. *H*
will die *ἀγάπη τοῦ θεοῦ* aufgefasst wissen, als die Liebe, die
wir zu Gott haben; die Liebe des Gläubigen zu Gott werde hier
nur betrachtet als ein Zeichen seiner Erneuerung durch den heiligen
Geist. Mit Recht dagegen mit fast sämmtlichen ältern Auslegern
G, weil die folgenden durch *γάρ* mit v. 5 verbundenen Verse (6—8)
die Idee der Liebe Gottes zu uns, nicht die unsrer Liebe zu Gott
entwickeln. Aehnlich *K*: „Die erfahrene Liebe, deren thatsächlichen
Beweis ich im Herzen trage, verbürgt mir, dass ich in der Noth
nicht eine Beute des Zornes dessen geworden bin, der mich liebt. —
Nicht darauf, dass ich den andern liebe, beruht die Sicherheit, dass
ich mich nicht täusche, wenn ich gerade auf seine Hülfe in Nöthen
hoffe, die mich nicht ohne seine Mitwirkung treffen, sondern darauf,
dass ich das Unterpfand seiner Liebe direct und persönlich von
ihm empfangen habe, es heimlich bei mir trage."

Ἐκκέχυται ἐν ταῖς καρδίαις. M: Bild der reichlichen Mittheilung, wie Act. 2, 17. 10), 45. Tit. 3, 6, und zwar ἐν τ. κ., nicht
εἰς, weil das Verbreitetsein im Herzen markirt ist (motus in loco.
G: Paulus will sagen, aus dem Herzen Gottes ausgegossen, wo diese
Liebe ihren Quell hat, in das unsre. Die Präposition ἐν bezieht
sich auf den ganzen Zustand, welcher das Resultat der Ausgiessung
ist. K bemerkt dagegen: „aus den Worten ἐν ταῖς κ. ἡμ. folgt
durchaus nicht, dass das Ausgegossene in unsern Herzen Platz
haben soll, sondern bloss das Ausgiessen hier stattgefunden habe,
so dass ἐν τ. καρδ. ἡμ. den Ort für den Vollzug des Verbalbegriffs,
aber nicht den Ort des ausgegossenen Objectes als seine bleibende
Stätte bezeichnet.“ K argumentirt, als stände ἐξεχύθη. Das Perfect
ἐκκέχυται drückt allerdings aus, dass der Vollzug des Verbalbegriffs
nicht bloss irgend einmal in den Herzen stattgefunden hat, sondern
in seinen Wirkungen fortdauert. Der Unterschied zwischen Aor.
und Perf. wird noch fühlbarer durch δοθέντος gegenüber dem ἐκκέχυται. Die Gabe des heiligen Geistes ist als geschichtliche Thatsache markirt, die der Natur der Sache nach nur einmal erfolgt.
Wohl verstanden: die Wirkungen dauern fort, die Gabe selbst erfolgt durch einen einmaligen Gnadenact Gottes. In dieser Gabe des
heiligen Geistes ist nun die Fülle des Lichtes und des Lebens enthalten, und wird in den Herzen mit pädagogischer Weisheit ergossen
und ausgebreitet, je nach der Empfänglichkeit, bez. dem Bedürfniss
des Individuums. Von der einen Gottesoffenbarung aber sagt der
Apostel, dass sie ganz und voll ausgegossen ist in unsern Herzen,
das ist die Liebe Gottes zu uns; und zwar ist sie ausgegossen durch
den heiligen Geist, der uns gegeben ward. Noch ehe derselbe uns
gegeben ward, hatte die Liebe Gottes zu uns sich in all den Acten
offenbart, die unser Heil einleiteten und geschichtlich vollzogen. Sie
war ausgegossen, diese Liebe, über das ganze sündige Menschengeschlecht. Das Vollmaass derselben hat Gott offenbart, als er seinen
eingebornen Sohn für uns in den Tod gab; in dieser Hingabe
war seine Gottesliebe zu uns gewissermaassen ausgeschüttet, in ihrer
ganzen Fülle ausgebreitet.

Damit war sie aber noch nicht ausgegossen ἐν ταῖς καρδ.
ἡμῶν. Wer anders konnte uns die Liebe Gottes in Christo Jesu
zum Bewusstsein bringen, wenn nicht der heilige Geist! Diese Liebe,
ganz und voll in unsern Herzen zum Bewusstsein gebracht, ist Bürge
dafür, dass unsre Hoffnung keine eitle sein kann. Diese, Alles
durchdringende und erfüllende Gottesliebe im Herzen haben, das
heisst gewiss sein: dass, der seinen eingebornen Sohn für uns dahin-
gegeben, uns mit ihm auch Alles schenken werde.

Sehr gut äussert sich hierüber K: „die Liebe Gottes ist, man
mag sie deuten, wie man will, doch ein Affect der Seele, wie andere;
es ist aber bekannt, dass die Griechen von der Seele, von den
Affecten, von dem Menschen im Affect sagen, dass sie sich ergiessen,
dass sie sich ausschütten, wo nämlich der Affect, alle Schranken der

Zurückhaltung durchbrechend in dem ganzen Gebahren des Menschen
zum Ausdruck kommt, so dass nun jeder erkennt, was in der Seele
des Menschen war oder ist. Ebenso ist's im biblischen Sprachgebrauch. Auch da schüttet der Betrübte seine Seele, sich selber
aus, wenn er z. B. seiner inneren Trauer einen rückhaltslosen Ausdruck verleiht, vergl. Ps. 42, 5. Hiob 30, 16. 1 Sam. 1, 15. Ps. 142,
3; 102, 1 u. s. w.

„Gerade nach diesem geläufigen und gemeinen Sprachgebrauch
sagt der Apostel, dass die Liebe des im Himmel verborgenen Gottes
nicht im Himmel verborgen geblieben, nicht dort zurückgehalten sei
vor dem Zorne, der schon in dem Gange der Welt sich bethätigt
und einer vollen definitiven Entladung entgegengeht, dass sie auch
nicht bloss in vereinzelten Strahlen und Tropfen (vergl. Philippi zu
d. St.) auf das lechzende Herz der Menschen herabgeträufelt sei, sondern dass sie sich ausgeschüttet, dass sie mit Beiseitsetzung aller
bisherigen Reserve, mit Durchbrechung aller zwischen Gott und Menschen stehenden Schranke sich ergossen habe.

„Und eben diese unmittelbare, alle Schranken der bisherigen
Zurückhaltung gegen die Menschheit durchbrechende Selbstbethätigung
der Liebe Gottes meint der Apostel, wenn er sagt: ἡ ἀγάπη τ. θ.
ἐκκέχυται. Damit man sie aber von der unterscheide, welche noch
von der Zukunft erhofft wird, fügt er mit ἐν τ. καρδ. ἡμ. eine Angabe über die Sphäre hinzu, wo sie stattgefunden habe. Denn die
zukünftige Selbstausschüttung der Liebe Gottes wird in der sicht-
baren Welt geschehen, um sie zur Herrlichkeit göttlichen, ewigen
Lebens zu verklären, die von der christlichen Gemeinde bereits erlebt ist in ihrem Innern, an ihren Herzen geschehen, um sie zu
neuem Leben ewigen Werthes und göttlichen Inhaltes wieder zu ge-
bären."

In v. 6 ist zunächst der Stand der Lection, dann die Construction zu besprechen. Tischd.-Gebh. lesen ἔτι γὰρ Χριστὸς
ὄντων ἡμῶν ἀσθενῶν ἔτι κ. τ. λ. So auch Tregelles und zwar
auf Grund des Sinait. und der Codd. A. C. D. E. Der Text. recept.
liest ἔτι γὰρ ohne ἔτι hinter ἀσθεν. — Ἔτι hinter ἀσθεν. haben
Sinait. A. B. C. D. E. F. G. Für ἔτι γὰρ, welches Sinait. A. C. D.
E. K. P lesen, schreibt B. εἴ γε. F. G. εἰς τί γὰρ: Was die Väter,
ferner die Uebersetzungen anlangt, so wolle man darüber die kritischen Apparate nachlesen. Ich habe durch meine Anführungen nur
constatiren wollen, dass das doppelte ἔτι die meiste Wahrscheinlichkeit für sich hat.

K hat jedoch diese Lesart aus innern Gründen verurtheilt, indem er den Nachweis führen zu können meint, dass dieselbe einen
hier „unsinnigen" Gedanken ergeben würde. Freilich rührt der
Unsinn lediglich von der Deutung her, welche er dem Tischd. Texte
unterlegt. Richtig verstanden lässt sich gegen den darin ausgedrückten Gedanken nichts einwenden. K sucht mit einem grossen
Aufwande paläographischer und textkritischer Gelehrsamkeit wahr-

scheinlich zu machen, dass die ursprüngliche Lesart gelautet habe: εἰς τί γάρ; v. 6 also als Fragesatz aufzufassen sei.

Ich habe mich für die Lesart mit doppeltem ἔτι ausgesprochen, nicht nur, weil sie kritisch am besten beglaubigt ist, sondern weil sich aus derselben die Textvarianten am leichtesten erklären. Es handelt sich dabei vornehmlich um das erste ἔτι, das zweite wagt auch nicht einmal K anzufechten. Nach meiner Meinung sind die Varianten εἰς τί γάρ und εἴ γε lediglich als Versuche anzusehen, die ohne Zweifel schwierigen Textesworte dem Verständnisse näher zu bringen. Wir haben nicht Abschreibefehler, sondern Emendationen vor uns, denen gerade die Uebersetzer zu allermeist sich geneigt zeigen mussten, wenn sie nicht gar selbst die Urheber waren.

Was die grammatischen Verhältnisse des 6. Verses anlangt, so wende ich mich zunächst an das zweite ἔτι. G tadelt, dass Tisend. hinter ἔτι ein Komma setzt, das Adverb also mit dem Vorhergehenden verbindet. Er sagt: „wenn man diese sonderbare Lesart annimmt, so muss man ἔτι zu κατὰ καιρόν ziehen: noch zu rechter Zeit. Dadurch aber würde ein untergeordneter Gedanke zu stark betont. Am besten also ist, das zweite ἔτι aus dem Texte zu streichen". Darauf ist zu sagen, dass κατὰ καιρόν richtig gefasst s. unten) keineswegs einen untergeordneten Gedanken ausdrückt, dass diese Verbindung aber nur möglich ist, wenn der Apostel hat sagen wollen, dass Christus noch gerade im entscheidenden Augenblicke gestorben sei, weil später den ἀσθενείς nicht mehr zu helfen gewesen wäre — eine völlig unpaulinische, mit den anderweiten Aussagen des 5. und 6. Verses nicht wohl auszugleichende Deutung. Also auch von diesem Gesichtspunkte aus wäre ἔτι zu streichen. So hatte übrigens schon M geurtheilt. Nach ihm ist ἔτι irrthümlicher Weise wiederholt, weil das Wörtchen im Anfang des Verses nicht zu passen schien, zumal, da eine liturgische Lection mit Χριστός anfing. So habe man ἔτι zuerst nach ἀσθενῶν gestellt, und dann, indem man beide Lesarten vermischte, doppelt gesetzt. — Ich meinestheils halte eine solche Versetzung des von dem Apostel ursprünglich auf ἀσθενῶν bezogenen ἔτι für beispiellos trotz Winer Gr. 6. § 61, 4. Ich kenne nur rhetorische Voranstellung oder Hintenanstellung eines Satztheils, nicht eine derartige Versetzung, dass an den betonten und um desswillen vorangestellten Bestandtheil eines Nebensatzes unmittelbar das Subject des Hauptsatzes sich herandrängt und so den Zusammenhang zwischen dem betonten Worte und den dazu gehörigen Satztheilen unterbricht.

Für mich haben die vorgetragenen Meinungen und Bedenken insofern keine Bedeutung, als ich dafür halte, dass das erste ἔτι von dem zweiten ἔτι durchaus verschieden ist.

Das zweite ἔτι aber, mit welchem ich zunächst zu thun habe, kann ich nur zu den ὄντων ἡμῶν ἀσθενῶν construiren; auch schon um des parallelen ἔτι ἁμαρτωλῶν ὄντων ἡμῶν in v. 8 willen. Auffallend ist ja freilich, dass ἔτι in dem Participsätzchen des gen. abs.

die letzte Stelle einnimmt, während gerade umgekehrt in v. 8 ἔτι
zuerst gesetzt ist. In rhetorischer Beziehung würde dies jedoch
keinen Unterschied begründen, da bekanntlich die erste und die
letzte Stelle im Satze gleich stark betont sind. Fraglich war mir
nur, ob eine solche Nachstellung des ἔτι sich auch sonst vorfinde;
ich überzeugte mich jedoch, dass der griechische Sprachgebrauch
weder im N. T., noch in der Profangräcität etwas dagegen einzuwenden habe. So steht Matth. 5, 13: εἰς οὐδὲν ἰσχύει ἔτι. Apocal.
22, 11: ὁ ἀδικῶν ἀδικισάτω ἔτι, und so noch viermal hintereinander. Plat. Menon. p. 93 A: καὶ εἶναι καὶ γεγονέναι ἔτι.
Thucyd. V, 111: πολλοῖς προορωμένοις ἔτι. II, 31, 2: ἀκμα-
ζούσης ἔτι τῆς πόλεως. IV, 110 ἀφικόμενος νυκτὸς ἔτι.

Auch meine ich, klar zu erkennen, weshalb der Apostel nicht,
analog mit v. 8 geschrieben hat, ἔτι ἀσθενῶν ὄντων ἡμῶν. Vers 6
würde im letztern Falle gelautet haben: ἔτι γὰρ Χριστός, ἔτι ἀσθεν.
ἡμ. Das doppelte ἔτι so nahe aneinander würde, von der Kako-
phonie abgesehen, leicht Verwirrung angerichtet haben.

Was ist nun ἀσθενῶν? G denkt an die Unfähigkeit der
Menschen zum Guten; ihm sind ἀσθενεῖς die sittlich Kranken. M:
„Da wir noch schwach waren, d. h. die höhern Kräfte des wahren
geistlichen Lebens noch nicht hatten, welche wir erst durch den
heiligen Geist empfingen. Die Sündigkeit ist absichtlich als Schwäche
(Hülfsbedürftigkeit) bezeichnet, um sie als Motiv der zur Rettung
intervenirenden Liebe Gottes zu charakterisiren." Dem stimmt K
bei: „ἀσθένεια ist die Schwäche oder Kraftlosigkeit dessen, der
ohne Hülfe sterben, seinem Elende vollends erliegen würde, und das
nennt man auf deutsch Krankheit [sic]. Man vergl. Jes. 53, 4—6."
— Nach meiner Ansicht zeigt v. 9 deutlich, von welcher Grundanschauung aus der apostolische Ausdruck ἀσθένεια gewählt ist.
Das nachfolgende ἀσεβῶν nimmt vollends jeden Zweifel: ἀποκαλύπτεται ὀργὴ θεοῦ — ἐπὶ πᾶσαν ἀσέβειαν κ. τ. λ. Es waren
also dem Zorne Gottes verfallene, gottlose (oder unfromme, ἀσεβεῖς)
Menschen, für welche die Liebe Gottes interveniren wollte. Wären
wir nun im Stande gewesen, auf irgend eine Weise uns von der
ἀσέβεια loszumachen und somit der ὀργή zu entziehen, so würde
die Liebe Gottes zu uns nur in beschränkter Weise offenbar geworden sein und allenfalls nur den Werth gehabt haben, uns früher
zum Ziele zu führen, als es durch Selbsthilfe hätte geschehen können.
Wir aber waren nicht bloss in der Lage, des göttlichen Zornes gewärtig sein zu müssen, sondern befanden uns überdiess noch in einem
Zustande völliger Ohnmacht (ἀσθένεια), der jede Möglichkeit aus-
schloss, dass wir uns selbst hätten rathen oder helfen können. Die
Liebe zeigt sich da erst in ihrer ganzen Grösse, wenn sie den völlig
Hilflosen rettet. Somit übersetze ich: da wir ohnmächtig (hilflos)
waren (sc. uns selbst vor dem Zorne zu retten) obendrein, noch
dazu (ἔτι). Die Unmöglichkeit der Selbstrettung hatte begreiflicher
Weise zur Folge, dass das Rettungswerk die ἀσεβεῖς unverändert

vorfand. Christus also nicht für solche, die sich durch Rückkehr von
der ἀσέβεια der ὀργή, zu entziehen angefangen hatten, sondern für eitel
ἀσεβεῖς gestorben ist. — Nun erst tritt das κατὰ καιρὸν in volles
Licht: Christus ist zur bestimmten d. i. der von Gott vorher beschlossenen und bestimmten) Zeit gestorben, soll heissen: Gott ist in
Betreff der erlösenden That Christi nur durch seine selbsteigene
Liebe bestimmt worden, nicht durch irgend welche entgegenkommende
Selbsthülfe. Er hatte daher auch nicht beschlossen, mit der Sendung
seines Sohnes zu warten, bis etwa das Menschengeschlecht eines
solchen Opfers sich würdig gemacht oder doch Bereitwilligkeit gezeigt, seiner Liebesoffenbarung entgegenzukommen. Die absolute
Liebe Gottes gegen uns, deren volle Gewissheit der heilige Geist in
unsre Herzen ausgegossen, und dadurch für uns zu einer das ganze
Gemüth erfüllenden und umfassenden Thatsache gemacht hat, ist dadurch erwiesen, dass sie das Rettungswerk an uns verrichtete, als
wir nicht bloss dem Zorne Gottes verfallen, sondern völlig ohnmächtig
waren, uns selbst zu helfen; imgleichen dadurch, dass sie die Zeit
der Rettung lediglich von ihrer selbsteignen Entschliessung, nicht
von irgend welchem menschlichen Dazuthun abhängig gemacht hatte,
d. i. dass Christus gestorben ist κατὰ καιρὸν zur festbestimmten Zeit.

Ausser dieser Auffassung ist noch eine andere möglich. Ἔτι
mit einem Tempus der Vergangenheit verbunden hat in der Gräcität
gewöhnlich die Bedeutung: schon, bereits (man vergl. die Lexica;
ἀσθένεια könnte nun auch gefasst werden als Zustand völliger Er-
schöpfung, Kraftlosigkeit, wie er dem Tode voranzugehen pflegt;
ἀσθενής ist eben der, welcher keine Kraft mehr hat, sich des gegen
ihn andringenden Verderbens zu erwehren. Somit könnte ὄντ. ἡμ.
ἀσθ. ἔτι heissen: da wir bereits dem Verderben Preis gegeben oder,
da wir bereits verloren waren. Auch das parallele ἔτι ἁμαρτωλῶν
ὄντ. ἡμ. kommt, wie ich schon hier bemerken will, nicht zu seinem
vollen Rechte durch die Uebersetzung: da wir noch Sünder waren.
Ἁμαρτωλοί ist verschieden von ἁμαρτάνοντες; ein ἁμαρτωλός ist
ein verlorner Sünder. Somit wäre auch v. 8 zu übersetzen: da
wir bereits verlorne Sünder waren, d. i. solche, die unrettbar der
ὀργή verfallen waren.

Mit Rücksicht auf die θλίψεις, die den Menschen seine ἀσθένεια fühlen lassen und ihn der Gefahr, zu verzagen, aussetzen,
wäre eine Erinnerung daran, dass Christus für uns gestorben sei,
da wir bereits dem Verderben ohnmächtig gegenüberstanden, dass
Gottes Liebe aber sich durch unsre ἀσέβεια nicht habe beirren und
aufhalten lassen, zur bestimmten Zeit zu interveniren, wohl angebracht. Was mich abhält, für diese Auffassung einzutreten, ist lediglich
lich der Umstand, dass die ἀσθενεῖς und ἁμαρτωλοί mit einer gewissen Prägnanz als solche aufzufassen sind, deren Zustand das
letzte und gefährlichste Stadium der sündigen Entwicklung beschritten
hat. Es müsste dabei vorausgesetzt werden, dass die Sünde, wenn
auch stets ein krankhafter Zustand, doch nicht immer gleiche Ge-

fahren mit sich führt, dass der höchste Grad der Lebensgefährlichkeit aber mit den Prädicaten $\dot\alpha\sigma\vartheta\epsilon\nu\dot\eta\varsigma$ und $\dot\alpha\mu\alpha\varrho\tau\omega\lambda\dot o\varsigma$ habe angezeigt werden sollen. Hätte der Apostel bei der $\dot\alpha\sigma\vartheta\epsilon\nu\epsilon\iota\alpha$ die äussre Krankheitsgeschichte des Menschen im Auge gehabt, so könnte man ja zugeben, dass die Negation aller Widerstandskraft gegen das Uebel den Tod zur unmittelbaren Folge hat, wie andrerseits ein $\dot\alpha\mu\alpha\varrho\tau\omega\lambda\dot o\varsigma$ in Wirklichkeit erst dann vorhanden ist, wenn die $\dot\alpha\mu\alpha\varrho\tau\dot\iota\alpha$ aufgehört hat, in ihm momentan und transitorisch aufzutreten, vielmehr das non posse non peccare, das Verkauftsein unter die Sünde und ihre Folgen dem Menschen zu eigen geworden ist. So vermittelt würde das $\ddot\epsilon\tau\iota$ = bereits einen sehr annehmbaren Sinn ergeben.

Die Liebe Gottes, erwiesen durch die rettende That der Hingabe des Christ, als die letzte und höchste Gefahr die Sünderwelt bedrohte — an keinem Theile abhängig von irgend welchem Stadium der menschlichen Entwicklung, sondern von Gott in freier Entschliessung der Zeit nach festbestimmt — ein absolut selbstständiges Rettungswerk Gottes an **Gottlosen!**

Ich habe bis hierher absichtlich von dem ersten $\ddot\epsilon\tau\iota$ abgesehen. Ist die Lesart echt, und ich habe keinen Grund, die Echtheit in Frage zu ziehen, so bleibt etwas anderes nicht übrig, als $\ddot\epsilon\tau\iota$ mit $\dot\alpha\pi\dot\epsilon\vartheta\alpha\nu\epsilon\nu$ zu verbinden. Von Versetzung ist selbstverständlich keine Rede, sondern lediglich von rhetorischer Voranstellung. Ich meine, dass ein Oxymoron insofern vorliegt, als $\ddot\epsilon\tau\iota$ die Dauer ausdrückt, gewissermaassen die gerade Linie, in welcher der Verbalbegriff fortläuft, während der Aorist $\dot\alpha\pi\dot\epsilon\vartheta\alpha\nu\epsilon\nu$ den historischen Punkt bezeichnet, in welchem der Verbalbegriff zum Abschluss gelangt ist. Diese Combination von Dauer und abgeschlossenem Factum in einem Satze giebt scheinbar Widersprechendes und Unvereinbares. Dennoch ist diese Ausdrucksweise gerade die Form, in welcher die grösste Prägnanz erzielt wird. Vollständig entwickelt mit Abstreifung der Form des Oxymor. würde der Satz lauten: $\ddot\epsilon\tau\iota$ $\gamma\dot\alpha\varrho$ $\tau o\dot\upsilon\tau o$ $\mu\dot\epsilon\nu\epsilon\iota$, $\ddot o\tau\iota$ $X\varrho\iota\sigma\tau\dot o\varsigma$ $\varkappa$. τ. λ. also: „denn noch ist Christus, da wir bereits dem Tode nahe waren, oder da wir aller Widerstandskraft ledig der $\dot o\varrho\gamma\dot\eta$, Gottes gegenüberstanden, zur bestimmten Zeit für Gottlose gestorben!“ Aehnlich sprechen wir: sei nicht traurig, denn noch ist Gott nicht gestorben, oder wie Luther an Melanchthon in Augsburg 1530 schrieb: noch hat Gott seinen eingebornen Sohn für uns hingegeben. Was dann für Noth!

v. 7. Eine crux interpretum! *M* bringt folgenden Sinn heraus: „Kaum nämlich wird für einen Rechtbeschaffenen (geschweige denn für $\dot\alpha\sigma\epsilon\beta\epsilon\tilde\iota\varsigma$) Jemand sterben, denn für den Guten nimmt's einer auch wohl über sich zu sterben“. Diese Deutung bedarf freilich einer besondern Auslegung, wenn sie nicht missverstanden werden soll. Zwischen $\delta\dot\iota\varkappa\alpha\iota o\varsigma$ und $\dot\alpha\gamma\alpha\vartheta\dot o\varsigma$, sagt *M*, besteht ein wesentlicher Unterschied nicht, auch ist er im Context nicht begründet.

Darum ist keine Erklärung zuzulassen, welche auf einer wesentlichen
Begriffsverschiedenheit beider Worte fusst, so dass etwa τοῦ ἀγαθοῦ etwas anderes oder höheres, als δικαίου ausdrücken soll. Demnach ergiebt sich als wort- und textgemäss nur folgende Erklärung:
Nachdem Paulus gesagt hat, es werde kaum für einen Rechtbeschaffenen Jemand sterben, will er begründend hinzufügen γάρ), dass Fälle
der Uebernahme eines solchen Todes wohl vorkommen könnten, und
drückt dies so aus: denn für den Guten nimmt's einer auch wohl
über sich zu sterben. So ist das vorhergesagte ὑπὲρ δικαίου τις
ἀποθανεῖται, obgleich es μόλις vix et aegre geschieht, doch mit
Grund gesagt: es mag wohl vorkommen. Paulus hat nicht wieder
ὑπὲρ τοῦ δικαίου geschrieben, was er gekonnt hätte, sondern er
lässt τοῦ ἀγαθοῦ eintreten und stellt es voran, um im Interesse
des Gegensatzes die Beschaffenheit dessen, für welchen man sich
wohl einmal aufopfere, nur noch fühlbarer zu machen." — Mit Unrecht, so fährt M fort, hat man nach ihr die zweite Vershälfte überflüssig (de Wette) und schwächend (Köllner und Rück. gefunden, dieselbe bereitet vielmehr, indem sie zugiebt, was allerdings hin und
wieder vorkomme, den Gegensatz, dass Gott Christum für ganz
andre, als für δικαίους und ἀγαθούς, dass er ihn für uns Sünder
habe sterben lassen, um so nachdrücklicher vor." M ist so sehr
von dieser Auslegung befriedigt, dass er sagt: ihre völlige Wort-
und Textmässigkeit schliesse jede andre aus. Wie es sich damit
verhält, wird die weitere Untersuchung ergeben.

Zunächst ist das logische Verhältniss der beiden Sätze mit γάρ,
wie es von M gefasst worden, zu prüfen. Ich erinnere daran, dass
ἀγαθός etwas anderes nicht ausdrücken soll, als δίκαιος, statt ἀγαθοῦ also auch hätte δικαίου gesetzt werden können. Nun lautet
der erste Satz:

Kaum wird für einen Rechtbeschaffenen Jemand
sterben,

der zweite Satz: Für den Guten (= Rechtbeschaffenen) nimmt's einer
auch wohl über sich zu sterben.

Das sind trotz aller formellen Abminderung mit „kaum — auch
wohl" dennoch zwei contradictorische Behauptungen, deren eine wohl
zur Negation, nicht aber zur Begründung der andern gebraucht werden kann. M sieht sich daher auch genöthigt, in den zweiten Satz
das casuelle: es mag wohl vorkommen, hineinzutragen, wovon
keine Silbe im Texte steht.

Demnächst ist die M'sche Auffassung des ersten γάρ = nämlich
mindestens fraglich. Dass es unter Umständen so heissen kann, ist
gewiss. Aber weshalb das erste γάρ explicativ, das zweite γάρ causal
genommen werden soll, statt beide γάρ gleich zu fassen, ist nicht
abzusehen. Man erkennt leicht, dass M mit einer vorgefassten
Meinung an den Text herangetreten ist. Er sagt, die Verse 7 und
8 mit einander verbindend: „die Lebensaufopferung Jesu wird als
etwas ganz Ausserordentliches näher charakterisirt. Das passt nur

auf v. 8. Der 7. Vers begründet das ὑπὲρ ἀσεβῶν des 6. Verses.
Durch ein argumentum ad hominem soll die Gegenrede abgeschnitten
werden, als folge aus dem Tode des Herrn irgend etwas für die
ethische Beschaffenheit der Menschen. Dieser Einrede aber würde
geradezu Vorschub geleistet, wenn der zweite Causalsatz das heissen
sollte, was *M* herausbringt. Die Leute, welche ihre Verschuldung
vor Gott nicht anerkennen, können Christi Tod bereitwillig zugestehen, ihn aber dann als den Fall bezeichnen, der wohl vorkommen kann, dass einer nämlich ὑπὲρ τοῦ ἀγαθοῦ stirbt — also
als ein Vorkommniss, Widerfahrniss, welches sich zu einem Schluss
nicht verwerthen lässt.

Ferner: wenn *M* jede Erklärung abweist, welche auf den Be-
griffsunterschied von δίκαιος und ἀγαθός fusst, so ist ihm darin
beizustimmen. Wenn er aber meint: der Apostel habe zum zweiten
Male τοῦ ἀγαθοῦ für δικαίου eintreten lassen, um im Interesse
des Gegensatzes die Beschaffenheit dessen, für welchen man sich
wohl einmal aufopfere, nur noch fühlbarer zu machen, so meine ich,
dass der Gegensatz zu ἀσεβῶν mit δικαίου viel kräftiger ausgedrückt ist, und eben diesen Gegensatz hervorzuheben, darauf kann
es hier nur ankommen, sofern von einem Sterben für andere im juridischen Sinne die Rede ist. Opfert jemand bei feindlichen Angriffen oder in sonstigen gefahrvollen Lagen für andre sein Leben,
erleidet er also den Tod im philanthropischen Sinne, so dürfte das
Motiv seines Sterbens eben die Philanthropie, nicht insbesondre die
δικαιοσύνη oder die ἀγαθωσύνη des Gefährdeten sein. Von dieser
Philanthropie Christi redet Paulus in v. 8; sie ist der tiefste Grund,
weshalb er den Tod, welchen wir von Rechtswegen als ἀσεβεῖς zu
erleiden hatten, auf sich nahm. Dies „von Rechtswegen" ist das
Charakteristische in den vv. 6 und 7. Sofern aber Gott diesen von
Rechtswegen uns zuerkannten Tod auf seinen eingebornen Sohn legte,
συνίστησι τὴν ἑαυτοῦ ἀγάπην εἰς ἡμᾶς (v. 8). Ich muss um
deswillen dafür halten, dass die *M*sche Motivirung des Wechsels von
δικαίου und ἀγαθοῦ, wiewohl beide dasselbe bedeuten sollen, verfehlt ist.

Gehe ich vom Context auf die Worterklärung über, so ist
richtig, dass δικαίου, wie bereits erwähnt, im Gegensatz zu ἀσεβῶν
(v. 6) steht, und dass darum die neutrale Fassung von δικαίου ausgeschlossen ist. Wenn nun aber *M* fortfährt: „um desselben Gegensatzes willen, mithin wegen der Parallele von ὑπὲρ τοῦ ἀγαθοῦ
mit ὑπὲρ δικαίου, und weil es überhaupt der Context mit dem
Sterben für Personen zu thun hat, ist auch τοῦ ἀγαθοῦ nicht als
neutr., sondern als Masc. zu fassen, wobei der Artikel den bestimmten ἀγαθός des gesetzten Falls bezeichnet", so muss ich
dieser Ausführung in jeder Zeile widersprechen. Dass zwischen δικαίου, und τοῦ ἀγαθοῦ derselbe Gegensatz sc. zu ἀσεβῶν obwalten
soll, beruht auf der von *M* behaupteten, aber mit Nichts erwiesenen
Ansicht, dass τοῦ ἀγαθοῦ nur ein andrer Ausdruck sei für δικαίου.

Noch viel weniger beweist das beiden vorgesetzte ὑπέρ. Dagegen wird die vermeintliche Parallele nicht wenig dadurch beeinträchtigt, dass vor ἀγαθοῦ der Artikel steht, während er vor δικαίου fehlt, woraus wenigstens das zweifellos hervorgeht, dass δικαίου und τοῦ ἀγαθοῦ nicht in gleicher Bestimmtheit gedacht sind. M freilich sucht sich zu helfen: „der Artikel bezeichnet den bestimmten ἀγαθός des gesetzten Falles". Es ist nicht zu sagen, welche Verwirrung diese grammatische Dreistigkeit in der Exegese angerichtet hat. Es thut mir leid, so sprechen zu müssen; es ist dies aber keineswegs der einzige Fall, in welchem der zuversichtliche Ton philologischer Akribie eine zweifelhafte Sache decken soll. Wer in aller Welt kann mit der M'schen Auskunft: der Artikel bezeichne den bestimmten ἀγαθός des gesetzten Falles, einen klaren Gedanken verbinden? Wo hätte denn der Apostel davon geredet, dass er sich einen ἀγαθός, für welchen Jemand stirbt, denken wolle, um dann auf diesen gesetzten ἀγαθός mit dem bestimmten Artikel zu recurriren? Ist nicht der δίκαιος ebenso gesetzt, sintemal er eben nur ein andrer Ausdruck sein soll für ἀγαθός! Und wo bleibt denn schliesslich die angebliche Parallele, wenn δίκαιος allgemein und unbestimmt gelassen ist, während ἀγαθός bestimmt gedacht ist?

Nicht minder unklar und luftig ist das Argument: der Context habe es überhaupt nur mit dem Sterben für Personen zu thun. Das ist eben M's vorgefasste Meinung, dass τοῦ ἀγαθοῦ auch auf eine Person gehe. So lange es noch Menschen giebt, die für Personen nicht sterben mögen, weil durch sie das sachliche Interesse, für welches sie zu sterben bereit sind, nicht vertreten wird, so lange, sage ich, wird aus dem Contexte nicht erwiesen werden können, dass eine Weigerung, für Personen sich zu opfern, nicht durch Mangel an sachlichem Interesse begründet werden dürfe.

Indem ich nunmehr aus meiner kritischen Stellung heraustrete und meinen eignen Weg zu gehen versuche, will ick von vorne herein bemerken, dass für mich τοῦ ἀγαθοῦ der Genit. ist von τὸ ἀγαθόν. Es ist jedenfalls bemerkenswerth, dass ὁ ἀγαθός (substantivirt) im N. T. nicht vorkommt. Dafür steht Matth. 12, 35 ὁ ἀγαθὸς ἄνθρωπος; ebenso Luc. 6, 45. Ein einziges Mal steht ὁ ἀγαθός absolut Matth. 19, 17: τί με ἐρωτᾷς περὶ τοῦ ἀγαθοῦ (gen. von τὸ ἀγαθόν, vergl. v. 16: διδάσκαλε, τί ἀγαθὸν ποιήσω, ἵνα σχῶ ζωὴν αἰώνιον); εἷς ἐστιν ὁ ἀγαθός. Offenbar in Rückbeziehung auf die Anrede διδάσκαλε ἀγαθέ; der Artikel bringt also anaphorisch ein vorhergebrauchtes Attribut.

Dagegen findet sich τὸ ἀγαθὸν und τὰ ἀγαθὰ sehr oft und zwar in jedem Casus Matth. 19, 17. Luc. 6, 45. 12, 18. 16, 25. Joh. 5, 29. Röm. 2, 10. 7, 13. 10, 15. 12, 9. 21. 13, 3. 4 σοὶ εἰς τὸ ἀγαθόν. Ebenso 16, 19. Gal. 6, 10. 1 Thes. 5, 15. Philem 14. 1 Petr. 3, 13, vergl. 3, 11. 3 Joh. 11. Ὑπὲρ τοῦ ἀγαθοῦ steht hier, wie Act. 21, 13 ἀποθνῄσκειν ὑπὲρ τοῦ ὀνόματος τοῦ κυϱίου cfr. 5, 41. Röm. 15, 8 *ὑπὲρ ἀληϑείας*. Joh. 11, 4 *ὑπὲρ τῆς δόξης τοῦ ϑεοῦ* u. s. w.

Es ist des Weitern zu bedenken, dass *δίκαιος*, wie bereits oben bemerkt ist, hier, wo es sich um das Erleiden des Todes als einer vom Allerhöchsten Gerichtshof zuerkannten Strafe handelt, im juridischen Sinne steht. Alle die casuistischen Erwägungen von Fällen, in welchen ein Justizmord intendirt ist, sind absolut aus· geschlossen. Es kann ferner nur von einem Forum die Rede sein, welches das stellvertretende Sterben für den todeswürdigen Verbrecher als vollgültig anerkennt. Das dürfte schwerlich bei einem irdischen Gerichtshofe der Fall sein. Auch scheint der Apostel dadurch, dass er nicht Jesus oder Jesus Christus, sondern einfach *Χριστὸς* setzt und das *ἀπέϑανε* von ihm aussagt, darauf hinzudeuten, dass der Entschluss, für arme Sünder zu sterben, absolut frei gefasst (wer wollte auch den Christ dazu zwingen? vergl. Joh. 10, 18); anderseits die Annahme der Stellvertretung Gottes verbürgt ist. — Aber nicht hierauf, sondern auf einen allgemeinen Erfahrungssatz beruft sich der Apostel, um zu beweisen, dass ein Sterben des Christ nur für *ἀσεβεῖς* könne stattgefunden haben, indem er sagt:

„schwerlich wird Jemand für einen Menschen, welchem die Todesstrafe gar nicht zuerkannt worden, weil er *δίκαιος* ist, sterben — denn was sollte dem *δίκαιος* eine solche Aufopferung helfen! Nicht so, dass es keinerlei Nutzen bringt, sondern um des Guten willen, was er damit zu stiften gedenkt, stirbt Jemand — vielleicht sogar mit Kühnheit".

Dass im Griechischen häufig Adverb. durch Verbalbestimmungen ausgedrückt werden (man vergleiche Sätze mit *φϑάνειν*, *ἐϑέλειν* u. a,., bedarf keiner Auseinandersetzung; ich habe der Einfachheit wegen das *τολμᾷν* c. infin. durch eine adverbiale Bestimmung wiedergegeben.

Am nächsten kommt der von mir gegebenen Erklärung Melanchthon (Comment. zum Römerbrief): nur verkennt er die gegensätzliche Beziehung des *δικαίου* zu *ἀσεβῶν* in v 6, weil er das Gegentheil von dem, was die Neueren setzen, meint thun zu sollen, und zwar aus denselben Gründen des grammatischen Parallelismus. Er nimmt *δίκαιον* neutral, wie *τοῦ ἀγαϑοῦ*. Sehr schön leitet er dann zu v. 8 über. Er sagt; huuc amorem amplificat duplici collatione. Vix pro justa re aliquis moritur, id est cum debemus mori, tamen inviti oppetimus mortem. Ut fur invitus moritur, etiamsi debet mortem legibus. Intellige igitur verba Pauli pro justo, i. e. pro re justa seu causa justa, seu debito. Altera collatio est, pro bono ausit aliquis mori, i. e. pro bona et suavi re, i. e. incitati cupiditate aut opinione utilitatis facilius suscipimus pericula: ut ad defensionem conjugis, liberorum aut dignitatis vir fortis mortem oppetit etc. Ex his duabus propositionibus argumentatur et amplificat dilectionem Dei et Christi, a collatione causarum. Si quis bene facit, praesertim vitam impendens, cum neque debet neque movetur aliqua sua cupiditate, hunc necesse est adduci magna vi amoris: quia etiam qui debent poenas legibus inviti moriuntur et alii, si qui mortem oppetunt, moventur aliqua opinione utilitatis. Christus pro nobis mortuus est, cum nobis non deberet neque aliqua sua utilitate moveretur: ergo necesse est, ingentem et ineffabilem vim esse amoris erga nos.

Die vorstehenden Bemerkungen zu Röm. 5, 7 habe ich so in den Commentar aufgenommen, wie sie niedergeschrieben waren, noch ehe *K*s Correcturen und *G*s Commentar zum Römerbrief erschienen waren. Es ist mir leider nicht vergönnt, meine Kritik der eigenthümlichen Ansichten beider in extenso mitzutheilen; nur das bemerke ich, dass auch diese Erklärungen die eigentliche Bedeutung von δίκαιον im Gegensatz zu ἀσεβεῖς übersehen. Δίκαιος ist ihnen ein rechtschaffner Mensch im allgemeinsten Sinne des Wortes. Wenn nun aber das Prädicat ἀσεβεῖς auf ein Urtheil zurückführt, welches nicht von einem menschlichen Gerichtshof gefällt ist — denn schwerlich würden die Richter, welche Jesum verdammten, sich selbst ἀσεβεῖς genannt haben, — so ist auch δίκαιος nicht ein Attribut, wie es von Menschen an Menschen im gemeinen Verkehr ertheilt wird, sondern ein Attribut, welches auf göttlichem Erkenntniss beruht. Ein δίκαιος ist ein vor dem göttlichen Forum schuldfreier Mensch, der also mit der Todesstrafe in keinerlei Weise zu thun hat, während ἀσεβής ein des Todes Schuldiger ist. Den Tod nun erleiden für einen solchen, der gar nicht zu sterben hat, wozu soll das gut sein? Schwerlich wird Jemand für einen solchen sterben, weil man ὑπὲρ τοῦ ἀγαθοῦ für das Gute, um Gutes zu thun stirbt — vielleicht sogar mit Kühnheit. Gegen die Auffassung des ὑπὲρ τοῦ ἀγαθοῦ und der ihr zu Grunde liegenden Frage: cui bono? Oder: welchen Nutzen schafft ein solches Sterben? sollten die Exegeten nicht den Sprachgebrauch in die Schranken führen wollen. Für diese Bedeutung von ἀγαθόν liefert der Römerbrief allein ausreichende Belege Röm. 8, 28. 13, 4. 14, 16. 15, 2. Eine grosse Zahl von anderweiten Beispielen aus dem N. T. habe ich vorher schon beigebracht.

v. 8. Vorweg die Bemerkung, dass bei der engen logischen Verbindung zwischen v. 8 und v. 7 Manches, was bereits erwähnt worden, hier aufs Neue berührt werden muss.

G findet in dem δὲ des 8. Verses den Contrast angedeutet zwischen den höchsten Thaten menschlichen Heldenmuthes, wie sie in v. 7 erwähnt worden, und zwischen dem Verfahren Gottes gegen uns. „Was der Mensch kaum für das thut, was der Bewunderung und der Liebe am würdigsten ist, das hat Gott gethan für die, welche nur seinen Unwillen und Abscheu verdienten."

K: „Die Thatsache, dass, da wir noch Sünder waren, Christus für uns gestorben ist, sie stellt die ihm im Unterschied und Gegensatz zu Allem, was menschliche Liebe zu leisten vermag, eigenthümliche, seine selbstständige, von unsrer Beschaffenheit unabhängige, selbsteigene Liebe in's Licht." — Gegensatz zu Allem, was menschliche Liebe zu leisten vermag — das ist der Inhalt von v. 7, welchen K herübernimmt; also ziemlich wie G. Um so grösser ist der Unterschied zwischen beiden in der Auslegung des 8. Verses. K sucht mit allen möglichen und unmöglichen Gründen zu beweisen, dass die Lesart des Vaticanus, welcher ὁ ϑεός ganz weglässt, die allein richtige ist. Schon M hatte in Betreff dieser Auslassung bemerkt, dass nicht Gottes, sondern Christi Liebe nach v. 7 das Subject in v. 8 zu sein geschienen, weshalb man ὁ ϑεός getilgt. Kein Codex ist dem Vatic. gefolgt. Man hat ὁ ϑεός wieder in den Text eingetragen, jedoch an verschiedenen Stellen. A. C. K. hinter ἡμᾶς, so auch der Sinaitic. Dagegen D. E. F. G. J. vor εἰς. Tschd.-Gebh. folgen dem Sinaitic., und G bezeichnet diese Stelle aus inneren Gründen als die richtige: der Apostel habe ὁ ϑεός an das Ende des Hauptsatzes gestellt, um es dem ἁμαρτωλῶν nahe zu bringen und so den Contrast hervorzuheben zwischen unsrer Befleckung und der erbarmenden Liebe des heiligen Gottes. Auch ich halte dafür, dass ὁ ϑεός an der richtigen Stelle steht, und zwar nicht bloss aus textkritischen Gründen, sondern aus dem inneren Grunde, dass ὁ ϑεός gerade hier, wo aus dem Tode Christi für Gottlose der Schluss auf die Liebe Gottes gezogen werden sollte, am Schlusse des Hauptsatzes, also an scharf accentuirter Stelle zu stehen hatte, um das nach den vv. 6 und 7 leicht mögliche Missverständniss (dem auch der Cod. Vatic. erlegen ist) zu verhüten, als wäre in v. 8 Christus das Subject. Nun aber ist es Gott, der seine selbsteigne (selbstständige, von jeder Beeinflussung durch Menschenliebe oder Menschenleistung unabhängige) Liebe, τὴν ἑαυτοῦ ἀγάπην damit erwies, dass er Christum für uns sterben liess, da wir noch verlorene Sünder (ἁμαρτωλοί) waren. Und eben diese wunderbare, nur auf sich selbst beruhende, selbsteigene Liebe Gottes zu uns ist es, die durch den heiligen Geist in unsren Herzen zur zweifellosen Gewissheit erhoben wird und alle Höhen und Tiefen unsres Denkens und Fühlens erfüllt (ἐκκέχυται), so dass also mit v. 8 die mit v. 5 begonnene Gedankenreihe abschliesst, um in argumentative und comparative Beziehung zu den vv. 9—11 gesetzt zu werden. Συνίστησι wörtlich: stellt zusammen, wird hier von der alle einzelnen Momente (Liebesäusserungen) zusammenfassenden, also die Energie der Liebe in ihrer ganzen Grösse darstellenden That Gottes gebraucht. Συνιστάναι heisst nicht feststellen, wie G will, sondern darthun, beweisen. Das Präsens lässt uns diesen Beweis der vollendeten Gottesliebe als einen permanenten, durch alle Zeiten hindurch sich in gleicher Kraft darstellenden erkennen.

v. 9. Hierauf baut nun der Apostel seinen Schlusssatz. Gott hat uns den grössten Beweis seiner Liebe gegeben, als wir aus dem

Bereiche seines Lebens herausgetreten (ἀσθενεῖς) waren und uns ihm
ferne gestellt hatten bis zu völliger Entfremdung; wie sollten wir
jetzt, da wir gerechtfertigt sind in dem Blute Christi, nicht durch
ihn gerettet werden von dem Zorne! Ein Schluss a majori ad minus. In Betreff der ὀργή verweisst M auf 1 Thess. 1, 10. ,Dort
ist von der Wiederkunft des Herrn die Rede, die ἐρχομένη ὀργή
kann also nur sein die beim Weltgerichte zur vollen Offenbarung
gelangende ὀργή τ. θ. Nun erhellt ja allerdings aus σωθησόμεθα,
dass der Apostel sich auch in v. 9 den Zorn als einen zukünftigen
gedacht hat. Wir werden jedoch zu unterscheiden haben zwischen
dem Zorne Gottes, der im Laufe der Weltgeschichte sich fort und
fort offenbart (ἀποκαλύπτεται 1, 18) und zwischen dem Zorne
Gottes am Tage des Weltgerichts. Der weltgeschichtliche Zorn (dass
ich so sage) offenbart sich in den gewaltigen Conflicten und Katastrophen, in welchen Gott, der Herr, die hartnäckigen Sünder die
Folgen ihrer eignen Thorheit fühlen lässt. Es kann nicht fehlen,
dass von solchen Katastrophen auch diejenigen betroffen werden, die
sich dabei nicht besonders verschuldet haben. Auch die Christen
hatten beispielsweise einen Theil des Elends zu tragen, der durch
den jüdischen Aufstand und schliesslich durch die Zerstörung Jerusalems über das ganze Land gekommen war. Dass nun solche
θλίψεις für die Glaubensgerechten nicht als Aeusserung des göttlichen Zornes aufzufassen seien, sondern eine ganz andre Bedeutung
hatten, ist von dem Apostel 5, 3 u. flgg. nachgewiesen worden. Eine
Bekümmerniss also darüber, dass, wenn der Zorn Gottes über ein
ganzes Volk losbricht, dieser Zorn als solcher auch die Frommen
treffen und sie verderben könnte, sollte niemals unter denen aufkommen, die Christum als ihren Herrn anerkennen. Hat Gott zu
unsrer Rettung Christum in den Tod gegeben, so kann und wird er
die mit seinem Zorn nicht treffen wollen, welche dem Reiche Christi
angehören, also unter seinen Schutz gestellt sind. Gehen die Zornes-
wogen über ein Volk, ja über die ganze Welt noch so hoch — das
Gericht soll von denen nicht gefürchtet werden, welche Freisprechung
von der Schuld in dem Blute Christi erlangt haben.

Was übrigens das zweifache αὐτοῦ betrifft, so bin ich ausser
Stande, darin mit G eine nähere Erklärung des Apostels über die
in vv. 1. 2 ausgedrückte doppelte Vermittlung zu erkennen. Bei
aller Verwandtschaft ist doch auch eine Verschiedenheit der Ge-
dankenbeziehung vorhanden, und man thut unrecht, bei v. 9 auf die
Gedankenverbindung in den vv. 1. 2 zurückzugreifen. Ueberdies
bin ich der Ansicht, dass δι' αὐτοῦ nicht von Christo zu verstehen
ist, sondern von dem so eben angeführten αἵματι αὐτοῦ, also: „wir
werden dadurch, nämlich durch sein Blut gerettet werden von dem
Zorne." Denn die Ursache unsrer Zornfreiheit ist die Schuldfreiheit,
und diese ist allein bewirkt durch das δικαιωθῆναι ἐν τῷ αἵματι
αὐτοῦ. Der Grund unsrer Rechtfertigung ist auch der Grund unsrer
Rettung von dem Zorne. Die Exegeten berufen sich auf die (ein-

zige) Stelle, in welcher Jesus ohne Weiteres als Retter von dem zukünftigen Zorne genannt wird, nämlich 1 Thess. 1, 10, ohne zu bedenken, dass die Vermittlung διὰ τοῦ αἵματος αὐτοῦ als selbstverständlich einfach weggelassen, aber keineswegs ausgeschlossen ist.
Uebrigens tritt bei meiner Auslegung die Parallele mit διὰ τοῦ
θανάτου τοῦ υἱοῦ αὐτοῦ und mit ἐν τῇ ζωῇ αὐτοῦ v. 10 besser
hervor.

Zu v. 10 bemerkt *G*, dass eigentlich nur die Beweisführung
des 9. Verses wiederholt werde, wenn auch verstärkt. Der Apostel
fügt den Begriff **Feinde** hinzu, setzt für **gerechtfertigt** (v. 9) den
Ausdruck **versöhnt**, welcher sich näher an den Ausdruck Feinde
anschliesst, und dem δι' αὐτοῦ (= δι' αἵματος αὐτοῦ oder διὰ
τοῦ θανάτου αὐτοῦ (v. 10) das ἐν τῇ ζωῇ αὐτοῦ gegenüberstellt.
Man erkennt leicht, dass die von *G* behauptete „Wiederholung"
sich nur auf den hypothetischen Vordersatz erstreckt und besser
eine Wiederaufnahme des 9. Verses genannt werden möchte; der
eigentliche Hauptsatz πολλῷ μᾶλλον — αὐτοῦ ist keine Wiederholung, sondern eine Folgerung aus dem Vordersatze a minori ad
majus: „ist das eine geschehen, so wird das andere erst recht geschehen". Nur so ist das γὰρ in v. 10 zu verstehen: es wird
der Grund angegeben, weshalb der Apostel mit solcher Zuversicht
das σωθησόμεθα in v. 9 behauptet hat. — Eine Meinungsverschiedenheit hat sich bei der Begriffsbestimmung von ἐχθροὶ her-
ausgestellt. Bezeichnet dies Wort die Feindschaft der Menschen
gegen Gott oder die Feindschaft Gottes gegen die Menschen? Gott
Hassende (Dei osores) oder von Gott Gehasste (Deo odiosi)? Ebenso bei κατηλλάγημεν τῷ θεῷ. Sind wir mit Gott versöhnt oder
Gott mit uns? Hat Gott seiner Feindschaft gegen die Menschen
entsagt oder haben die Menschen ihrer Feindschaft gegen Gott
entsagt? Sehr richtig *G* (mit *M*): „Feindschaft muss dem zukommen,
welchem der Zorn zugeschrieben wird; und das Blut Christi, durch
welches wir gerechtfertigt worden sind, ist nicht in erster Linie ge-
flossen, um eine Veränderung in unsern Gesinnungen gegen Gott zu
bewirken, sondern in dem Verfahren Gottes gegen uns." — „Wenn
nun aber Gott feindlich und erzürnt ist, so muss vor Allem in Jesu
der Act der Versöhnung vor sich gehen. — Uebrigens beruht die
ganze Beweisführung des Apostels auf der Liebe Gottes gegen den
Menschen, nicht auf der Liebe der Menschen zu Gott."

Wie ist nun aber die **Liebe** Gottes zu uns Sündern mit der
Feindschaft Gottes gegen die Sünder zu vereinigen?

Darauf hat man geantwortet: Gott sei nicht dem Sünder,
sondern der Sünde feind. Dagegen *G*: „in dem Ausdruck Feinde
Gottes liegt gerade der Hass gegen die Sünder, gegen die Person
also, nicht gegen die Befleckung an ihr". Bei alledem lenkt er ein
und meint: der Sünder sei doch nur Gegenstand der Feindschaft in
dem Maasse, als er sich selbst freiwillig mit der Sünde identificire
und daraus das Princip seines persönlichen Lebens mache; findet

dann weiter auch nicht unangemessen, das Wort „feind" doppel-
sinnig aufzufassen, denn unser Herz stosse das Wesen zurück,
welches uns zurückstösst. Uebrigens sei von der Feindschaft alle
unreine Beimischung, alles Egoistische fern zu halten.

Gegen diese Maassbestimmungen der menschlichen Versündigung, wie anderseits des göttlichen Zorns habe ich mich auf das
Bestimmteste zu erklären. Des Apostels Meinung ist eben diese,
dass wir von Natur alle ohne Ausnahme die Sünde als bestimmendes Princip unsres persönlichen Lebens in uns tragen. Das Quatenus
würde des Apostels Lehrfundamente geradezu umstürzen.

Uebrigens sind Zorn Gottes und Zorn des Menschen toto genere von einander unterschieden, sofern ein charakteristisches Merkmal des letztern fleischliche Erregung ist, wovon selbst der sogenannte heilige Zorn sich nicht freisprechen darf. Nun aber ist
Alles, was vom Fleisch herrührt, selbstverständlich von Gott absolut
auszuschliessen. Zorn ist ferner in Gott kein Wesensbegriff, sondern ein Verhältnissbegriff; denken wir uns freie, also möglicher
Weise auch in den Gegensatz mit Gott tretende Wesen hinweg, so
ist damit die Füglichkeit schlechthin erloschen, von einem Zorne
Gottes überhaupt zu reden. Es ist daher richtig, dass Zorn in
keinerlei Weise zu den Eigenschaften Gottes gehört, sondern die
persönliche Stellung Gottes zu denjenigen Geschöpfen bezeichnet,
welche sein Wesen und seinen Willen negiren. Zorn ist demgemäss die heilige Energie, womit Gott seinen Willen oder,
was dasselbe ist, sein Gesetz gegen die Widersacher oder
Uebertreter desselben wahrt. Dem Zorne Gottes werden gewöhnlich allerlei Strafmittel angedichtet, in denen er seiner Energie Ausdruck giebt; ich finde aber, dass diese Mittel nicht eine selbstistän-
dige Existenz führen, um je nach Umständen auf die Sünder erstreckt zu werden, denn die ganze Reihe der menschlichen Leiden
bis zum Tode sind nicht von Gott geschaffen, sondern sind Geschöpfe
der Isolirung von Gott, der menschlichen Stellung wider Gott, also
der Sünde. So meine ich sagen zu dürfen, dass der Apostel aus
der Tiefe der Wahrheitserkenntniss heraus geredet habe, wenn er in
den ersten Capiteln des Römerbriefs die Offenbarung des göttlichen
Zornes als ein παραδοῦναι εἰς τὰ πάθη, εἰς τὸν ἀδόκιμον νοῦν
beschreibt; Gottes Zorn ist die heilige Energie, womit er die Sünder
von allen Zuflüssen seiner Gnade und zuletzt auch von seiner er-
haltenden Liebe ausschliesst und ihn den Folgen seiner Gottent-
fremdung Preis giebt, eine Action, die am letzten Tage der Weltgeschichte sich dahin vollendet, dass der Sünder von dem Leben
aus Gott und in Gott auf ewig ausgeschlossen wird. Diese letzte,
abschliessende Action ist aber nicht zu verwechseln mit der zeitgeschichtlichen Aeusserung der göttlichen ὀργή. Die Wahrung seines
heiligen Gesetzes in der Geschichte ist nur nach ihrer äussern Erscheinung ὀργή, nach ihrem innersten Wesen eine Action des göttlichen Erbarmens, denn es giebt kein andres Mittel, den Menschen

zur Einkehr in sich selbst und zur Umkehr zu bestimmen, als ihn
die Folgen seiner Abkehr von dem heiligen Willen Gottes empfinden
zu lassen. Es ist falsch, in der zeitgeschichtlichen ὀργή einen
Gegensatz gegen die Liebe Gottes zu erkennen; sie ist nur ein
empfindliches Hervortreten der heiligen Energie Gottes im Interesse
der rettenden Liebe. So lange der Mensch in dem Gegensatz gegen
Gott beharrt, ist er sein ἐχϑρός, dem gegenüber Gott seine ὀργή
offenbart, nicht, um ihn zu verderben, sondern um ihn auf den
Rettungsweg zu treiben, welchen er dem aus der Verlorenheit Um-
kehrenden offen hält. Es versteht sich von selbst, dass diese päda-
gogische ὀργή (um mich so auszudrücken) ihr Ziel hat an der
ἡμέρα ὀργῆς καὶ δικαιοκρισίας, an welcher die definitive Hingabe
in die ewige Ausschliessung von dem seligen Leben in Gott erfolgen wird. Kurz ἐχϑροί sind solche, die Gott wider sich haben;
dagegen die καταλλαγέντες solche, die Gott wiederum für sich
haben. (Man vergl. 8, 31).

Das σωϑησόμεϑα hatte M nicht bloss auf den Schluss des
Rettungswerks, sondern auf den ganzen Verlauf desselben bezogen.
„Der Tod Jesu wirkte unsre Aussöhnung; um so weniger kann sein
erhöhtes Leben unsre Rettung unvollendet lassen. Der lebende
Christus kann, was sein Tod wirkte, nicht ohne den endlichen Erfolg lassen“. G geht weiter: „der Ausdruck σωϑησόμεϑα bezeichnet das Heil in dem vollen Sinne des Wortes, das Endurtheil, welches
mit der Rechtfertigung die Wiederherstellung der Heiligkeit voraussetzt. Es giebt also ein anfängliches Begnadigungsurtheil, welches allein auf den Glauben gegründet ist, die Rechtfertigung in
dem gewöhnlichen Sinne des Wortes; und ein endliches Begnadigungsurtheil, welches nicht nur den Glauben, sondern auch die
Früchte des Glaubens in Rechnung zieht“. Ich habe bereits zu
2, 13 gezeigt, wie bekenntniss- und schriftwidrig diese Gsche
Lehre ist.

Σωϑησόμεϑα bezieht sich übrigens nicht auf das Gericht am
letzten Tage der Geschichte, sondern auf die ὀργή, ἥτις ἤδη ἀποκαλύπτεται 1, 18. Unter der Zornesoffenbarung über Sodom und
Gomorrha hätte auch Loth leiden müssen, wenn nicht von Gott ihm
ein Rettungsweg aufgethan worden wäre. Diese Rettung ist uns
durch Christi Blut aufgethan und wird uns um so mehr offen gehalten, da Christus lebt.

v. 11. Dass bei οὐ μόνον zu ergänzen ist σωϑησόμεϑα, liegt
auf der Hand; keinesfalls ist, wie M richtig bemerkt, καυχώμενοι
als Verbum finitum aufzufassen. M erklärt nun so: „nicht allein
aber gerettet werden wir durch sein Leben, nicht allein gerettet an
sich, sondern so, dass wir uns bei diesem σώζεσϑαι auch Gottes
rühmen u. s. w. oder: unsre Messianische Heilsrettung wird so geschehen, dass wir auch mit Triumph uns Gottes durch Christum
rühmend, in die künftige σωτηρία eingehen werden“. G glaubt
v. 11 analog mit v. 2 auffassen zu sollen. Er stimmt Philippi zu,

der die Steigerung von v. 10 zu v. 11 so darlegt: „das Heil ist
nicht bloss negativ die Befreiung vom Zorn; wir hoffen noch Besseres: die Theilnahme an der Herrlichkeit". Wie kann denn aber
das σώζεσθαι ἀπὸ τῆς ὀργῆς v. 9 und sicherlich auch v. 10 zugleich die Theilnahme an der Seligkeit bedeuten? Für *G* ist es
eine Nothwendigkeit, in diesem Schlussverse des ersten Hauptab-
schnittes die letztere irgend wie ausgedrückt zu finden, wenn er
nicht die Aufschrift streichen soll, welche er diesem Abschnitt gegeben hat: „die Gewissheit des ewigen Heils für die Gläubigen".
Es muss also σωθησόμεθα heissen: wir werden selig sein [und
v. 9: ἀπὸ τῆς ὀργῆς?!], ferner καυχώμενοι muss als verb. finitum gefasst werden, wobei sich *G* auf 2 Cor. 7, 5 beruft, dessen
nicht gedenkend, dass in v. 11 das Particip. evident Näherbestimmung ist zu σωθησόμεθα, während es in 2 Cor. 7, 5 absolut steht.
Dann paraphrasirt er: „Und nicht nur werden wir selig sein, sondern schon jetzt rühmen wir uns in Gott dieser gewissen Seligkeit". Somit wird σωθησόμεθα vor καυχώμενοι nicht ergänzt,
wohl aber die σωτηρία daraus entlehnt und als Object zu καυχώμενοι gedacht, wiewohl καυχώμενοι einer solchen Begriffsergänzung
hier durchaus unzugänglich ist, da alles Erforderniss durch ἐν θεῷ
bereits gedeckt ist. Nun erst recht erhebt sich für *G* eine grosse
Schwierigkeit, die nämlich: das Futur.: wir werden selig sein, und
das Präs.: wir rühmen uns miteinander, in Uebereinstimmung zu
bringen. Nachdem er alle andern Erklärungsversuche verworfen,
entscheidet er sich dafür, nach οὐ μόνον das Particip σωζόμενοι
zu suppliren und dies Particip ebenso, wie das folgende καυχώμενοι auf den Zeitpunkt der finalen Seligkeit zu beziehen: „Viel gewisser werden wir selig sein und zwar nicht bloss als Erlöste sondern auch als in Gott Triumphirende. — Also in einem Athemzuge σωθησόμεθα: wir werden selig sein, und σωζόμενοι nicht
etwa als Selige, sondern als Erlöste! Und dann, wie kommt
καυχώμενοι dazu, Triumphirende zu heissen? Freilich *G* brauchte
einen Ausdruck, der an die zukünftige Herrlichkeit anklingt und das
σώζεσθαι überbietet. Doch genug von dieser neuen Erklärung des
v. 11, der wunderlichsten, die mir bis jetzt vorgekommen ist, ebenso
schwer an grammatischen, wie an logischen Bedenken leidend. —
Ich halte entschieden daran fest, dass σώζεσθαι in den vv. 9—11
nur die eine Näherbestimmung zulässt, wie sie in v. 9 ausgedrückt
ist, nämlich ἀπὸ τῆς ὀργῆς. Der Apostel hat im ersten Capitel
von der ὀργή gesagt, dass sie in vollem Zuge ist, dass ferner die
Art, wie sie zur Zeit sich enthüllt, noch keineswegs die mögliche
Grösse und Fülle ihrer Aeusserung ausdrückt, sondern dass noch
eine ἡμέρα ὀργῆς κ. τ. λ. (2, 5) bevorsteht, die θλῖψις, στενοχωρία aller Art in Aussicht stellt, also jedenfalls eine gewaltige
Katastrophe. Dass diese ἡμέρα ὀργῆς die letzte sein werde, hat
der Apostel nicht gesagt; im Gegentheil lässt das Nachfolgende darauf schliessen, dass hinter diesem Tage noch ein Fortgang der

Geschichte sein werde. Was soll da, wenn der Zorn Gottes über die Sünderwelt hereinbricht, aus dem armen, wehrlosen Christenhäuflein werden? Die Frage konnte die Herzen der jungen Gläubigen um so mehr bewegen, je mehr sie von der Nothwendigkeit der Gerichte Gottes über die sündige Welt und von der Wahrheit der apostolischen Ankündigung überzeugt waren. Hatten sie nicht auch ihren Antheil an der Sündenmenge, über welche Gottes Gericht sich entladen sollte?

Der Apostel antwortet ihnen. Mögen die Christen auch in die Drangsale der Gottesgerichte verwickelt werden, ihnen sind sie nur ein Gegenstand des Rühmens, nicht des Schreckens. Die ὀργή kann und wird sie nicht treffen; sie werden erhalten bleiben. Ja noch mehr. Nicht bloss werden sie gerettet werden aus den gewaltigen Wettern, in welchen Gottes Zorn sich entladet, sondern ihre Rettung wird verbunden sein mit solchen Gnadenerweisungen, dass Herz und Mund voll sein wird des Rühmens — und zwar werden sie erfahren, dass Gott eine feste Burg ist, und wer in seinem Schutz und Schirm sich befindet, ein solcher rühmen kann, wenn der Erdball erzittert und die Sünderwelt bis in das innerste Herz erbebt.

Ἐν θεῷ καυχᾶσθαι heisst nicht: sich Gottes rühmen, sondern sich in Gott, d. h. umschlossen von seinem allmächtigen Schutz, im Bereiche seiner Macht und Gnade rühmen. So mochten die jungen Christen, als die Katastrophe über Jerusalem hereinbrach, in Pella die Bewahrung ihres treuen Gottes preisen; sie waren nicht bloss gerettet vor den Wettern des göttlichen Zornes, sondern das Gefühl, gerettet zu sein, war verbunden mit der Gewissheit, im Bereich der Macht und Gnade Gottes zu stehen. Das wissen, und das wieder und wieder sich sagen — war der Inhalt des καυχᾶσθαι ἐν θεῷ. So heisst auch καυχᾶσθαι ἐν νόμῳ nicht, sich des Gesetzes rühmen, sondern sich wegen seiner Stellung im Gesetz oder unter dem Gesetz rühmen, sofern man dadurch besondrer Vorzüge glaubte theilhaftig zu sein. — Der Relativsatz in v. 11 will sagen, dass, was an Zorneswettern über die Welt ergehen möchte, alles das hinter dem Jetzt liegt, also hinter der Gnade, in welcher die Christen dermalen durch Jesum Christum stehen. Ja, ständen sie noch der Welt gleich, als Feinde Gottes da, so wäre ihre Angst gerechtfertigt, aber jetzt nicht mehr, da sie die Versöhnung mit Gott erlangt haben durch unsern Herrn Jesum Christum. Und wo der Herr ist, da muss sein Knecht auch sein. Herr und Knecht sind beide ἐν θεῷ, und rühmen sich ἐν θεῷ.

Ich habe das fünfte Capitel überschrieben: Die Vollendung des Heils. Der 11. Vers, der im Grunde genommen doch etwas andres nicht ist, als die voll aufgeschlossene Blüthe der vorangegangenen Verse, setzt mich in den Stand, die Ueberschrift zu rechtfertigen. Ist das Sein ohne Gott oder gar das Sein wider Gott die Summe

alles Unheils, so muss das Sein in Gott, diese herrliche Frucht der
Versöhnung, die Vollendung des Heils sein. Und eben bis zu
dem καυχᾶσϑαι ἐν ϑεῷ hat der Apostel seine Lehrentwicklung
fortgeführt.

Allein die Vollendung des Heils will auch geschichtlich
als solche begriffen sein. Dazu führt nur ein Weg. Es muss auf-
gezeigt werden, wie Anfang, Mittel und Ende des Unheils überwunden und in das directe Gegentheil verkehrt sind durch das Heil.
Die völlige Tilgung des Unheils wäre schon als solche Heilsvollendung. Allein der Apostel will zeigen, dass das Heil aus
Gott nicht bloss sei die Restitution des Verlornen, sondern dass
Gott einen Ueberschwang der Seligkeit hinzugethan habe, um seine
Gnade zu erweisen als eine solche, welche nicht bloss alles Denken,
sondern alle Sünde der Welt übersteigt. Heilsvollendung ist
nicht bloss Vollendung der Rettung vom Zorn, sondern Vollendung
des göttlichen Liebesgedankens von Ewigkeit her: Aufnahme der
Geretteten in die volle Gottesgemeinschaft. Davon redet
der Apostel im zweiten Haupttheile des fünften Capitels.

Es versteht sich von selbst, dass der erste und zweite Theil
nicht neben einander liegen, wie zwei in sich abgeschlossene, in völliger Selbstständigkeit sich indifferent gegen einander verhaltende
Massen.

Der zweite Theil hat seine Wurzeln im ersten. Darauf konnte
jedoch bisher nicht Rücksicht genommen werden, ohne die Ueber-
sichtlichkeit der Auslegung zu stören. Ich habe es, zumal bei der
grossen Unklarheit, in welcher die Exegese sich über das Verhältniss des zweiten zum ersten Theil befindet, vorgezogen, diesen
ersten Theil für sich zu behandeln, und den Hinweis auf die
Wurzelfasern, welche aus dem zweiten Theil in den ersten hinein-
gedrungen sind, mir vorzubehalten. Das wird denn nun freilich
die Folge haben, dass ich den ersten Theil noch einmal werde in
Besprechung ziehen und die darin angelegten Beziehungen auf den
zweiten besonders werde aufzeigen müssen.

Bequem ist das nicht und entspricht am allerwenigsten der zur
Zeit beliebten glossatorischen Manier, aber eben von dieser wünsche
ich keinen Gebrauch zu machen.

Aus dem Gesagten wird erhellen, dass und weshalb die weitere Auslegung des fünften Capitels fast wie eine für sich bestehende
Abhandlung vor den Leser hintritt. Die Zusammengehörigkeit von
1 und 2 wird sich dann später zur Genüge herausstellen.

v. 12. Dieser Vers, welcher den Schlüssel zu der zweiten
Hälfte von Cap. 5 aufbewahrt, ist anerkannter Maassen eine wahre
crux interpretum. Es ist nicht meine Absicht, die exegetischen
Versuche, welche gemacht worden sind, um Klarheit zu schaffen, zu
registriren und kritisch zu beleuchten. Es würde dazu eine Aus-
dauer gehören, die ich nicht besitze, zumal sehr zweifelhaft ist, ob
sie in diesem Falle gut angewendet sein dürfte. Denn die Mannig-

faltigkeit der Meinungen kommt nicht sowohl aus dem Texte, als aus den Forderungen, welche an den Text gestellt werden, dies und jenes aussagen zu sollen, was dem Apostel nicht in den Sinn gekommen ist. Dass es sich so verhält, wird mir sicher von allen Auslegern zugegeben werden, die eine andere Auffassung, als die von ihnen vertretene, nicht für möglich halten. Man weiss ja, wie leicht entgegenstehende Ansichten abgethan werden. Mangel an Wissenschaftlichkeit, Verstösse gegen Grammatik, Context u. dergl. sind sofort bei der Hand. Der unbequeme Gegner wird als Neuerer verurtheilt und muss das Feld räumen. Nicht viel anders gestaltet sich der Kampf, wenn es sich um dogmatische Vorurtheile handelt. Selten giebt man sich die Mühe, die Wurzeln des Widerspruchs bloss zu legen und ihn mit der Schrift zum Schweigen zu bringen. Man begnügt sich mit einem summarischen Verfahren und schreibt statt der Begründung einfach die Censur: unwahr, falsch, thöricht, unlogisch und was dergleichen mehr ist. Man darf doch immer hoffen, wenn nicht bei Allen, doch bei Einigen damit Eindruck zu machen. Doch zur Sache.

Die Alten haben in Röm. 5, 12 die Lehre von der Erbsünde gefunden; sie werden hart gescholten von den Neuern, welche von einem moralisch-physiologischen Nexus zwischen Adam und den Adamiten nichts wissen wollen und nun auf die mannigfaltigste Weise sich zu entziehen suchen, wenn die Textesworte entschieden für die Auslegung der Alten eintreten. Man wolle von mir nicht verlangen, dass ich mich mit der kritischen Axt durch das exegetische Dickicht durcharbeite, welches aus dieser Mixtur von Dogma und Auslegung aufgeschossen ist. Ich meine, der Aufgabe, welche ich mir gestellt, genügt zu haben, wenn ich nur einige Erklärungsversuche heraushebe, zunächst den Textesworten nachgehend.

Der Apostel beginnt v. 12 mit $\delta\iota\grave{\alpha}$ $\tau o\tilde{\upsilon}\tau o$. Dass $\delta\iota\grave{\alpha}$ $\tau o\tilde{\upsilon}\tau o$ anaphorisch zu fassen ist, wird von Allen zugegeben; wieweit aber die Rückbeziehung gehen soll, darüber sind sie uneins. Fricke (in seiner Abhandlung über Röm. 5, 12) ist der Ansicht Ms, dass der Apostel an den Relativsatz in v. 11 anschliesst, er legt so aus: „darum, weil wir nämlich durch Christum die $\varkappa\alpha\tau\alpha\lambda\lambda\alpha\gamma\acute{\eta}$ und die Gewissheit des ewigen Heils empfangen haben". Dagegen G: „dieser Zwischensatz, welchen der Zusammenhang selbst nicht erfordert, ist nur zu dem Zwecke hinzugefügt, den ganzen vorhergehenden Theil vor dem Uebergange und zum Uebergang auf den folgenden, zu recapituliren. G meint daher, das $\delta\iota\grave{\alpha}$ $\tau o\tilde{\upsilon}\tau o$ sei mittelst der $\varkappa\alpha$-$\tau\alpha\lambda\lambda\alpha\gamma\acute{\eta}$, welcher Ausdruck an Beides: Verdammniss und Rechtfertigung erinnert, mit Tholuck u. A. auf alles Vorhergehende von 1, 17 an zu beziehen.

Was ferner die mit $\ddot{\omega}\sigma\pi\varepsilon\varrho$ beginnende Periode anlangt, so sind wohl die meisten neuern Ausleger darin einig, dass der Nachsatz fehlt. Von den mancherlei Meinungen über die Herstellung der Periode erscheint mir am ansprechendsten die von Bengel, Flatt,

Reiche und neuerdings auch von *G* vertretene Ansicht, dass vv. 13—17 in Klammern zu schliessen seien, so dass v. 18 die erste Vergleichshälfte wieder aufgenommen, und die zweite hinzugefügt werde. Dagegen *M* mit bekannter Zuversichtlichkeit: v. 18 ist nicht Reassumtion, sondern Recapitulation.

Soweit ich sehe, sind die Versuche, in den Versen von 14 oder 15 ab, einen, wenn auch grammatisch nicht correcten, doch dem Sinne nach entsprechenden Nachsatz zu finden, imgleichen die feinen Bemerkungen, wie und wodurch der Apostel verleitet worden sei, von dem Wege, den er ursprünglich eingeschlagen, abzulenken, exegetisch werthlos.

Mag man sich drehen und wenden, wie man will: die Annahme eines Anacoluths wird nicht zu umgehen sein. Anacoluth ist nach meiner Meinung eine grammatisch unerlaubte Schreibweise, ein Nachlässigkeitsfehler. Ich stimme aber *G* vollständig zu, wenn er sagt: „dass kein Juwelier je seine Diamanten sorgfältiger gefeilt, als der Apostel den Ausdruck seines Gedankens". Aber so gross ist die Zugkraft der Majoritäten: auch *G* hat kein Bedenken getragen, sich der Schaar der Anacoluthisten anzuschliessen!

Unter denen, welche den Nachsatz oder besser: den zweiten Vergleichungssatz hinter dem ersten mit ὥσπερ suchen, stellte ich mich früher auf die Seite derjenigen, welche ihn in καὶ οὕτως — δι῅λϑεν fanden. In grammatischer Beziehung waren keine Bedenken. Was den Context anlangt, so war ich der Ueberzeugung, dass mit διὰ τοῦτο die Parallele zwischen Adam und Christus eingeleitet, bez. aus den vorhergehenden Versen abgeleitet werden sollte, hielt ferner dafür, dass der Apostel die eine Seite der Vergleichung, nämlich die allgemeine Verschuldung durch Adam für sich behandelt, und erst mit dem Relativsatz v. 14 ὅς ἐστι τύπος τ. μ. auf die Vergleichung mit Christus übergegangen wäre. Ich musste mir jedoch bei wiederholter Prüfung dieser Auffassung sagen, dass die von jeder stylistisch erkennbaren Beziehung zu der nachfolgenden Vergleichung abgelöste Darlegung der allgemeinen Verschuldung durch Adam zunächst auch als für sich bestehende Weiterführung aus dem Vorhergehenden müsse gefolgert werden, und dass es daher nicht statthaft sei, διὰ τοῦτο lediglich auf die erst später eintretende Parallelisirung zu beziehen. Ich sah mich genöthigt, für διὰ τοῦτο eine Rückbeziehung, einen Anschluss an das Vorhergehende aufzusuchen, und fand für die Verbindung von v. 12 und v. 11 etwa den Gedanken, dass der Apostel aus der Allgemeinheit der καταλλαγή habe schliessen wollen, dass auch der ϑάνατος — dies untrügliche Kennzeichen der Feindschaft mit Gott — zu allen Menschen müsse durchgedrungen sein. Die Allgemeinheit der καταλλαγή fand ich etwa in dem ἐλάβομεν ausgedrückt, denn in dem **Wir** waren sicherlich nicht bloss Juden, sondern auch Heiden befasst. Ich hatte auch weiter die Annahme nöthig, dass der Apostel mit dieser Ausführung solchen habe entgegentreten wollen, welche

eine Allgemeinheit der Verschuldung durch Adam in Abrede stellten.
Nun aber werden selbst die Gesetzlichen diesen Satz schwerlich
geläugnet haben; wenn sie sich auch für ἁμαρτωλοὶ nicht hielten,
also nicht für des Todes schuldig, so war das eine Exception, zu
welcher sie sich als Nachkommen Abrahams und als Inhaber des
Bundeszeichens für berechtigt hielten. Dass die Heiden aber die
Adamatische Schuld sollten in Abrede gestellt haben, davon finden
wir nicht die leiseste Andeutung. — Und über dem Allen: was soll
denn diese Episode? Vorher und Nachher ist von der Adamitischen
Schuld als einer erst zu beweisenden Sache gar keine Rede,
wohl aber von der Rechtfertigung durch Christum allein.

Alle diese Bedenken haben mich veranlasst, meine ursprüngliche Auffassung aufzugeben.

Also kein Anacoluth, aber auch kein zweiter Vergleichungssatz im Nachfolgenden. So muss er im Vorhergehenden liegen, wenn nicht buchstäblich ausgedrückt, so doch ad
sensum. De Wette sagt: „man irrt, wenn man meint; es müssten
zwei Vergleichungsglieder bestimmt gedacht, wo nicht ausgesprochen
sein. Das erste ist verschwiegen, wie, wenn wir sagen würden:
demnach, sowie, und es wird dem Leser überlassen, aus dem
einen Vergleichungsgliede das ganze Vergleichungsverhältniss zu
entnehmen". De Wette führt Matth. 25, 14 und Gal. 3, 6 als Beispiele an. G meint: dem stehe das διὰ τοῦτο entgegen. Mit Unrecht. Nur soviel ist richtig, dass jene Stellen anders auszulegen
sind, als die vorliegende, eine Berufung darauf also nicht statthaft
ist. — Nach meiner Meinung ist das erste Vergleichungsglied von
dem Apostel nicht verschwiegen, sondern vollständig entwickelt, nur
freilich nicht buchstäblich dem zweiten Gliede mit ὥςπερ correspondirend.

Dies nachzuweisen, würde nun meine Aufgabe sein, die ich freilich nicht werde lösen können, ohne die Auslegung der vorangegangenen Verse mit specieller Beziehung auf v. 12 u. flgg.
zu recapituliren.

Vor allen Dingen habe ich mich gegen die Meinung zu verwahren, als rede der Apostel in den vv. 9—11 vom Endgericht.
Nicht bloss von dem letzten Stadium der ὀργή, sondern von der
ὀργή in allen ihren Stadien, auch in ihrem Vollzuge zu der Zeit, in
welcher der Apostel schrieb, werden wir errettet werden. Ich habe
mich bei der Auslegung von v. 9 über das futur. σωθησόμεθα
nicht eingehender ausgesprochen; an dieser Stelle aber habe ich besonders hervorzuheben, dass σωθησ. ebenso wie κριθήσονται in
2, 12. δικαιωθήσ. in 2, 13, λογισθήσεται in 2, 26, κρινεῖ in 2, 16
und 2, 27; δικαιώσει in 3, 30 futur. consequentiae ist, nicht futurum temporis. Der Apostel verkündet nicht kraft apostolischer
Inspiration zukünftige Ereignisse, sondern giebt an, was aus seinen
Prämissen mit Nothwendigkeit abfolgt.

Demnächst muss ich jede Erklärung für unzureichend halten,

welche nicht den rhetorischen Fortschritt des Apostels in den
vv. 9—11 zum Verständniss bringt. Der rhetorische Fortschritt
aber ist durch die Zusätze zu σωθησόμεθα ἀπὸ τῆς ὀργῆς bestimmt, also

v. 9 Erste Stufe; angezeigt durch πολλῷ μᾶλλον (der Positiv
des σωθησόμεθα ἀπὸ τῆς ὀργῆς liegt schon in v. 8.

Zweite Stufe v. 10: σωθησόμεθα sc. ἀπὸ τῆς ὀργ.) ἐν τῇ
ζωῇ αὐτοῦ.

Dritte Stufe v. 11: σωθησόμεθα — καυχώμενοι ἐν
τῷ θεῷ.

Man hat auf das Bestimmteste diese adverbialen Zusätze von
den Prämissen zu unterscheiden, aus welchen sie gefolgert werden.
Solche Prämissen sind δικαιωθέντες v. 9, καταλλαγέντες v. 10
welches im Grunde genommen nur den Conditionalsatz εἰ γάρ —
κατηλλάγημεν κ. τ. λ. aufnimmt, um daraus desto nachdrücklicher
das σωθησόμ. abzuleiten.

Ueber die Topik der Participialsätze habe ich mich in den
„Geschichtlichen Verhältnissen der Pastoralbriefe“ Leipzig, Teubner)
S. 28 u. flgg. ausgesprochen. Ich schreibe die dort entwickelte und
ausführlich begründete Regel hieher: „es ist ein constantes Gesetz
in der gesammten Gräcität, dass die topisch voranstehenden Participien auch in Betreff der Zeit vorangehen, die topisch nachstehenden Participien in Betreff der Zeit entweder gleich stehen oder
unmittelbar abfolgen. Man vergl. auch Krüg. Gramm. § 53, 6.
Anm. 7.“

Hieraus ergiebt sich, dass es unmöglich ist, das Particip καταλλαγέντες als Bestimmung der Art und Weise, wie σωθησόμεθα sich vollzogen hat, d. i. adverbial aufzufassen. Unzweifelhaft aber ist καυχώμενοι als nähere Bestimmung zu σωθησόμ.
d. i. adverbial zu deuten. Somit wäre es grammatisch unzulässig,
καταλλαγέντες conform mit σωθησόμεθα zu construiren, und das
οἱ μόνον etwa so zu ergänzen: σωθῇσ. οἱ μόνον καταλλαγέντες,
ἀλλὰ καὶ καυχώμενοι ἐν θεῷ, woraus denn weiter abfolgt, dass
die Steigerung nicht von καταλλαγέντες auf καυχώμενοι übergeht, sondern nur, wie ich oben angegeben habe, von ἐν τῇ ζωῇ
αὐτοῦ auf (καυχώμενοι) ἐν τῷ θεῷ übergehen kann.

Was ist nun ἐν τῇ ζωῇ αὐτοῦ? Ausführlich hat sich darüber M ausgesprochen. Er findet in dem Ausdruck eine pragmatische Specialisirung des δι' αὐτοῦ v. 9. Für mich annehmbar, da
ich früher bereits die Beziehung des αὐτοῦ auf ἐν τῷ αἵματι
nicht auf Χριστός, wie M nachgewiesen habe. Im Bereich der
Verse 5, 1—12 bleibt das: συνίστησι τὴν ἑαυτοῦ ἀγάπην εἰς
ἡμᾶς ὁ θεός der centrale Gedanke, von welchem alle übrigen Aussagen ihr Licht empfangen. Gott hat in seiner selbsteignen Liebe
dafür Sorge getragen, dass wir von der Manifestation seines Zornes
gerettet würden. Die Vermittlung ist überall durch Jesus Christus
geschehen, und zwar die δικαίωσις und καταλλαγή durch seine ab-

solute Hingabe (sc. in den Tod). Aber darum ist auch die Rettung
von dem Zorne Gottes durch Christi Blut nicht umzusetzen in die
Rettung durch Christum, d. i. die Obedienz Christi in eine Function
seiner Gottesherrlichkeit.

M fährt fort: „der Tod Jesu wirkte unsre Aussöhnung, um so
weniger kann sein erhöhtes Leben unsre Rettung unvollendet lassen.
Der lebende Christus kann, was sein Tod wirkte, nicht ohne den
endlichen Erfolg lassen. Dies geschieht aber nicht bloss durch seine
Fürbitte 8, 34 (Fritzsche, B. Crusius), sondern durch sein ganzes
mächtiges Wirken im Stande seiner Erhöhung für seine Gläubigen
bis zur Vollendung seines Werks in der Errichtung seines Reiches".
Fast ebenso *G*: „der Apostel hat den unbestimmten Ausdruck „durch
ihn" (v. 9) durch den genauern: „durch sein Leben" erklärt. Die
Rechtfertigung ist ja nicht das ganze Heil; sie ist nur der Eingang
dazu. Wenn die Sünde fortwährend herrschte, wie vorher [welch'
eine Voraussetzung bei dem, der die Rechtfertigung durch den
Glauben wirklich erlangt hat, und nicht davon abfällt!] so würde
der Zorn am Ende wieder ausbrechen (Hebr. 2, 14). Aber die Vermittlung des Lebens ergänzt die des Bluts und sichert die Heiligung durch die Enderlösung. Der Ausdruck σωθησόμεθα bezeichnet also das Heil in dem vollen Sinne des Wortes, das Endurtheil, welches mit der Rechtfertigung die Wiederherstellung
der Heiligkeit voraussetzt". Nun bringt *G* wieder sein bereits
wiederholentlich vorgetragenes Fündlein von einem anfänglichen
Begnadigungsurtheil, welches allein auf den Glauben gegründet ist
(Rechtfertigung im gewöhnlichen Sinne des Wortes), und ein endliches Begnadigungsurtheil, welches nicht nur den Glauben, sondern
auch die Frucht des Glaubens in Rechnung zieht. Das erste ist die
Frucht des Todes Christi, das zweite fliesst aus der Theilnahme
an seinem Leben!" — So *G*, der, wie es scheint weder den Glauben, noch die Rechtfertigung nach Paulus' Lehrbegriff richtig erfasst hat.

Es konnten aber die *M-G*'schen Irrthümer nicht ausbleiben,
wenn man σωθησόμεθα von einer zukünftigen σωτηρία oder
doch von einer Vollendung der zur Zeit durch Christi Blut erst an-
gefangenen σωτηρία versteht, d. h. wenn man die logisch-rhetorische Steigerung des Apostels mit πολλῷ μᾶλλον in eine successive Mehrung der σωτηρία umsetzt.

Die σωτηρία hat ja allerdings eine Zukunft, aber nicht eine
Zukunft des substantiellen Wachsthums ihrer selbst, sondern der Enthüllung der ihr schon jetzt immanenten, zur Zeit noch latenten Herrlichkeit. Was dazu gehört, dass sie ohne irgend welche Augmen-
tation ihrer Heilskraft den Inhaber zum Ziele führt, das ist mit der
in Christo vollbrachten καταλλαγή vollständig vorhanden; nur Unglaube und Abfall schliessen von der Erlangung des Endziels, weil
überhaupt von der christlichen Entwicklung aus.

Aber nicht bloss aus Gründen des apostolischen Lehrbegriffs,

sondern auch um grammatischer Bedenken willen muss ich die
*M-G*sche Auslegung entschieden ablehnen. Der Apostel hat nicht
ohne Grund, um die naheliegende Parallelisirung mit $\delta\iota\grave{\alpha}\ \tau o\tilde{v}$
$\vartheta\alpha\nu\acute{\alpha}\tau o\nu$ τ. $\upsilon\acute{\iota}o\tilde{v}$ $\alpha\acute{\upsilon}\tau$. abzuwenden, geschrieben $\grave{\epsilon}\nu\ \tau\tilde{\eta}\ \zeta\omega\tilde{\eta}\ \alpha\acute{\upsilon}\tau o\tilde{v}$,
nicht $\delta\iota\grave{\alpha}\ \tau\tilde{\eta}\varsigma\ \zeta\omega\tilde{\eta}\varsigma\ \alpha\acute{\upsilon}\tau o\tilde{v}$. Ich weiss sehr wohl, dass $\grave{\epsilon}\nu$ unter
Umständen der instrumentalen Bedeutung nahe kommt, doch nur
dann, wenn das Element, innerhalb welches eine Verbalthätigkeit
sich vollzieht, zugleich der Ausgangs- und Quellpunkt dieser Verbalthätigkeit ist; sonst nicht! Nun fassen freilich die neuern Ausleger
die $\zeta\omega\dot{\eta}$ $X\varrho\iota\sigma\tau$. als den Ausgangs- und Quellpunkt des $\sigma\omega\vartheta\acute{\iota}\sigma\epsilon$-
$\sigma\vartheta\alpha\iota$ in höherer Potenz; allein sie haben dabei die Hauptsache über-
sehen, ohne welche diese Auffassung alle ihre Berechtigung verliert,
nämlich den Nachweis, dass es die $\zeta\omega\dot{\eta}$ $X\varrho\iota\sigma\tau o\tilde{v}$ ist, innerhalb welcher diese $\sigma\omega\tau\eta\varrho\acute{\iota}\alpha$ sich vollzieht; gewissermaassen das neue Lebenselement, in welchem das $\sigma\omega\vartheta\dot{\eta}\sigma$. vor sich geht. Und da versteht
es sich denn doch von selbst, dass wir in diesem neuen Lebens-
elemente uns befinden müssen, wenn wir darin und Kraft desselben
gerettet werden sollen, oder mit andern Worten: dass wir „des
Lebens Christi" theilhaftig geworden sein müssen, um gerettet zu
werden $\dot{\alpha}\pi\grave{o}\ \tau\tilde{\eta}\varsigma\ \dot{o}\varrho\gamma\tilde{\eta}\varsigma$. De Wette, der in vielen Fällen tiefer
gesehen hat, als mancher unsrer neuesten Exegeten, hat wenigstens
eine Ahnung davon gehabt, wenn er sagt: „an die Vertretung Christi
im Himmel ist schwerlich zu denken, eher an die Theilnahme an
seinem Leben!"
      Die charakteristischen Merkmale des Lebens Jesu sind aus-
gedrückt in Röm. 6, 10: $\ddot{o}\ \gamma\grave{\alpha}\varrho\ \dot{\alpha}\pi\acute{\epsilon}\vartheta\alpha\nu\epsilon,\ \tau\tilde{\eta}\ \dot{\alpha}\mu\alpha\varrho\tau\acute{\iota}\alpha\ \dot{\alpha}\pi\acute{\epsilon}\vartheta\alpha\nu\epsilon\nu$
$\dot{\epsilon}\varphi\acute{\alpha}\pi\alpha\xi\cdot\ \ddot{o}\ \delta\grave{\epsilon}\ \zeta\tilde{\eta},\ \zeta\tilde{\eta}\ \tau\tilde{\omega}\ \vartheta\epsilon\tilde{\omega}$, also negativ: Sündlosigkeit, positiv: die absolute Hingabe an Gott, das $\zeta\tilde{\eta}\nu\ \tau\tilde{\omega}\ \vartheta\epsilon\tilde{\omega}$. Friede,
Freude, Seligkeit sind unmittelbare Consequenzen. Im Begriff der
Rechtfertigung liegt aber die nunmehrige Schuldlosigkeit, im
Begriff der Versöhnung das Gott hingegebene Leben. Beide Momente, die das Leben Jesu kennzeichnen, sind mit der Rechtfer-
tigung und Versöhnung sofort gegeben; der $\delta\iota\varkappa\alpha\iota\omega\vartheta\epsilon\grave{\iota}\varsigma$ und $\varkappa\alpha\tau\alpha\lambda$-
$\lambda\alpha\gamma\epsilon\grave{\iota}\varsigma$ bedarf also nicht eines besondern Actes der Aufnahme in
das Leben Jesu, sondern er ist als solcher in dies Leben ein-
getreten, dieses Lebens theilhaftig geworden. Der alte Mensch ist
todt, Phil. 1, 21 $\dot{\epsilon}\mu o\grave{\iota}\ \gamma\grave{\alpha}\varrho\ \tau\grave{o}\ \zeta\tilde{\eta}\nu\ X\varrho\iota\sigma\tau\acute{o}\varsigma$. Col. 3, 4 $\ddot{o}\ X\varrho\iota\sigma\tau\grave{o}\varsigma$
$\dot{\eta}\ \zeta\omega\dot{\eta}\ \dot{\eta}\mu\tilde{\omega}\nu$. Nach 2 Cor. 4, 10 soll die $\zeta\omega\dot{\eta}\ \tau o\tilde{v}\ I\eta\sigma o\tilde{v}$ auch
$\dot{\epsilon}\nu\ \tau\tilde{\omega}\ \sigma\acute{\omega}\mu\alpha\tau\iota\ \dot{\eta}\mu\tilde{\omega}\nu$ offenbar werden. Daher Gal. 2, 20: $\zeta\tilde{\omega}\ \delta\grave{\epsilon}$
$o\dot{\upsilon}\varkappa\acute{\epsilon}\tau\iota\ \dot{\epsilon}\gamma\acute{\omega},\ \zeta\tilde{\eta}\ \delta\grave{\epsilon}\ \dot{\epsilon}\nu\ \dot{\epsilon}\mu o\grave{\iota}\ X\varrho\iota\sigma\tau\acute{o}\varsigma$. In dem Leben Jesu ist
selbstverständlich aller und jeder feindlicher Gegensatz gegen Gott
abgethan. Daher steht das $\dot{\epsilon}\nu\ \tau\tilde{\eta}\ \zeta\omega\tilde{\eta}\ \alpha\acute{\upsilon}\tau o\tilde{v}$ in prägnanter Correspondenz mit $\dot{\epsilon}\chi\vartheta\varrho o\grave{\iota}\ \ddot{o}\nu\tau\epsilon\varsigma$ im Anfange des Verses. — Durch die
Versöhnung, dessen Correlat das Leben Jesu in uns, sind wir über
diejenige Sphäre, in welcher noch eine $\dot{\alpha}\pi o\varkappa\acute{\alpha}\lambda\upsilon\psi\iota\varsigma$ der göttlichen
$\dot{o}\varrho\gamma\dot{\eta}$ möglich ist, hinausgehoben, ein Wiedereintritt in diese Sphäre
wäre nur durch Abfall, bez. Unglauben gedenkbar; so ist es denn

logisch gerechtfertigt oder, was dasselbe ist, selbstverständlich,
dass wir πολλῷ μᾶλλον καταλλαγέντες σωθησόμεθα ἐν τῇ ζωῇ
αὐτοῦ. Der Apostel lässt, um das σωθήσεσθαι nach allen Seiten
desto gewisser zu machen, die Momente des Heils δικαιοῦσθαι, κα-
ταλλάσσεσθαι aus der ζωὴ τοῦ Ἰησοῦ einzeln hervortreten, um an
jeder zu zeigen, wie wir durch Gottes Gnade in Christo Jesu gewiss sein dürfen, der ὀργή enträckt zu sein.

Dass nun, wie in v. 10 das ἐν τῇ ζωῇ αὐτοῦ in adverbialem
Sinne zu σωθησ. steht, so in v. 11 καυχώμενοι ἐν τῷ θ. dieselbe
Stellung hat, ist oben nachgewiesen worden. Aber noch mehr: das
καυχᾶσθαι ἐν τῷ θεῷ bezeichnet den Gipfelpunkt der rhetorischen
Steigerung, so zu sagen, den Superlativ. Jede Auslegung, welche
einen andern, einen minderwerthigen Inhalt herausbringt, ist ohne
Weiteres zu verwerfen. Wie legen nun die Neuern aus?

M: „unsre Messianische Heilsrettung wird so geschehen, dass
wir auch mit Triumph [sic!] uns Gottes durch Christum rühmend,
in die zukünftige σωτηρία eingehen werden“.

G: „sich in Gott rühmen war das Vorrecht, das sich die
Juden kraft ihrer monotheistischen Offenbarung zur Ehre rechneten
2, 17 [sc. fälschlich!]. Paulus wendet den Ausdruck hier auf den
geheiligten Christen an, welcher nicht nur nichts mehr von Gott zu
fürchten hat, sondern auch als sein Kind sein Erbe ist.“

Also doch eine künftige σωτηρία, und bei dem Eintritt in
dieselbe (M) oder in das Erbe (G) ein Rühmen Gottes oder in Gott
durch Christum! Als ob der Apostel nicht das ganze Heilswerk,
auch in seinem diesseitigen Verlauf allezeit als ein Gnadenwerk
des barmherzigen Gottes in Christo darstellt, oder wie er selbst fort
und fort Gott die Ehre giebt, so die Gemeinde aufgefordert hätte,
die Gnade Gottes zu rühmen! — Das Einzige, was für die höchste
Steigerung der Rettungsgewissheit bei M bleibt, ist der Triumph,
in dem doch wohl ein andres Rühmen im Jenseits ausgedrückt
werden soll, als es diesseits geschehen konnte. Nur schade, dass
dieser Superlativ des Rühmens in das καυχᾶσθαι willkürlich eingetragen ist.

G will das ἐν τῷ θεῷ καυχᾶσθαι nicht schlechtweg auffassen, wie M, nämlich so, dass ἐν τῷ θεῷ einfach das Object
des καυχᾶσθαι bezeichnet. Ich habe vorher zu 5, 3 mich darüber
ausgesprochen, dass ἐν hinter καυχᾶσθαι niemals den blossen
Gegenstand des Rühmens, sondern das Element, den Bereich, die
Gemeinschaft, den Besitzstand ausdrückt, innerhalb welches das
Rühmen stattfindet; der Gegenstand ist aus dem Zusammenhange zu
ergänzen; meist bezeichnet er die besondern Vorzüge oder Gaben,
deren man sich in einer gewissen Lage, Gemeinschaft oder in einem
gewissen Besitzstand zu erfreuen hat. Καυχᾶσθαι ἐν θεῷ heisst
daher, in seine Bestandtheile zerlegt, in Gott sein, und in dieser
Gottesgemeinschaft sich rühmen. Wer sich in Gott rühmen

will, muss zuvor Gemeinschaft mit Gott erlangt haben, muss zuvor
in Gott sein.

Was nun solidarisch verbunden ist, dass nämlich das Leben
Jesu zugleich ein Leben in Gott ist, das hat der Apostel hier,
wie auch anderswo, rhetorisch auseinandergehalten, um das σωθῆναι
ἀπὸ τῆς ὀργῆς desto heller leuchten zu lassen. Den Schlüssel
zu dieser Redeweise giebt Röm. 6, 11: ζῶντας δὲ τῷ θεῷ ἐν
Χριστῷ, noch deutlicher Col. 3, 3: ἀπεθάνετε γὰρ καὶ ἡ ζωὴ
ὑμῶν κέκρυπται σὺν τῷ Χριστῷ ἐν τῷ θεῷ.

Durch die ζωὴ τοῦ Ἰησοῦ v. 10 vermittelt sich also die höchste
Stufe der σωτηρία; das Sein in Gott, die Gottesgemeinschaft;
für welche der Apostel rhetorisch amplificirend das καυχᾶσθαι ἐν
τῷ θεῷ setzt. Der Fortschritt ist dieser!

Unser σωθήσεσθαι ἀπὸ τῆς ὀργῆς ist gewiss trotz aller
Leiden der Zeit, denn

1) **noch** ist Christus für uns gestorben, da wir Sünder waren —
einen grössern Beweis seiner Liebe konnte uns Gott nicht
geben.

Gewisser noch muss das σωθ. ἀπὸ τ. ὀ. uns werden

2) wenn wir bedenken, dass wir gerecht geworden sind in
seinem Blute; die ὀργὴ τ. θ. aber nur dem Ungerechten
gilt; ferner

3) dass wir als Versöhnte Theil haben an dem Leben Jesu
(seinem Wesen nach Auferstehungsleben!). Den höchsten Grad
der Gewissheit aber haben wir in der Thatsache,

4) dass wir als Theilhaber an dem Leben Jesu nun auch die
Gottesgemeinschaft erlangt haben, in welcher wir uns rühmen
dürfen, über alle und jede Offenbarung der ὀργὴ erhoben zu
sein. Gott müsste ja sich selber zürnen, wenn er uns zürnen
wollte.

Wer sich das Alles noch plastischer vor Augen stellen will,
dem rathe ich, sich in Luther's Heldenlied zu vertiefen: „Ein' feste
Burg ist unser Gott."

Das ist ein καυχᾶσθαι ἐν τῷ θεῷ διὰ τοῦ κυρίου ἡμῶν
Ἰησοῦ Χριστοῦ, wie es vorbildlich geworden ist für die ganze
lutherische Christenheit. Daher sie auch in aller Fährlichkeit gerade dies Lied anstimmt. Denken wir uns, um das Bild recht aus-
zumalen, dass in die Thore dieser festen Burg Christus, der Auferstandene, eingezogen ist und dass keine Weltmacht die Wälle und
Mauern dieser Burg zu erstürmen vermag, so dass, wer darinnen ist,
sich absoluter Sicherheit für Zeit und Ewigkeit erfreut; denken
wir, dass die δικαίωσις ἐν Χριστῷ uns den Schlüssel zu dieser
Burg in die Hände giebt, dass die καταλλαγή mit dem Burgherrn
uns getrost eintreten heisst, dass wir draussen vor dem Thore den
alten Menschen mit seiner Trostlosigkeit zurücklassen, und nun
drinnen dürfen Theil haben an dem neuen, unüberwindlichen Leben,
das in der ζωὴ Χριστοῦ die Himmelsbürger erfüllt, und dass wir

endlich mit jedem Athemzuge uns sagen dürfen: ja, wir sind durch Christum Gottes, und Gott ist unser Gott, — und dürfen nun empfinden, wie Sünde und Tod, wie „Schwachheit und Verdruss" insgesammt „liegen unter unserm Fuss", dann, meine ich, werden wir St. Paulum ganz verstehen, wenn er spricht: *οὐ μόνον δέ, ἀλλὰ καὶ καυχώμενοι ἐν τῷ θεῷ διὰ τοῦ κυρίου ἡμῶν Ἰησοῦ Χριστοῦ.* Nach der bisherigen, allgemein angenommenen Verseintheilung folgt nun *δι' οὗ νῦν τὴν καταλλαγὴν ἐλάβομεν.* Ich halte Verseintheilung und Interpunction nicht für richtig, will mich jedoch vorläufig damit begnügen.

Der Apostel hatte v. 10, also wenige Zeilen vorher *κατηλλάγημεν διὰ τοῦ θανάτου τοῦ υἱοῦ αὐτοῦ,* dann *καταλλαγέντες* gesagt. Es muss auffallen, dass er zum dritten Mal schreibt *δι' οὗ νῦν τὴν καταλλαγὴν ἐλάβομεν.* Es ist wahrlich nicht des Apostels Weise, sich der Tautologie zu beflcissigen. So kann denn auch das Interesse des Relativsatzes nicht auf dem Empfang der *καταλλαγή* überhaupt, deren bereits zweimal Erwähnung geschehen ist, sondern muss auf dem vorangestellten *νῦν* und dem nachgestellten *διὰ τοῦτο* beruhen. Was ist *νῦν*?

M sagt: „*νῦν* ist im Gegensatz zu der künftigen Herrlichkeit zu fassen, als deren factischer Gewissheitsgrund die in der Jetztzeit (wie v. 9) empfangene Versöhnung gedacht ist." Ebenso *G*: „Paulus setzt den gegenwärtigen Zustand dem zukünftigen entgegen: durch welchen wir schon jetzt die Versöhnung empfangen haben — das erste Pfand der künftigen Erlösung. Er, der durch sein Leiden uns die erste dieser Gnaden, die Bedingung aller andern erworben hat, wird gewiss nicht ermangeln, sein Werk zu Ende zu führen, wenn wir durch einen standhaften Glauben ihm verbunden bleiben." So schr beherrscht das Phantom von der zukünftigen *σωτηρία* im Gegensatz zu den diesseitigen Anfängen der *σωτηρία* die Auslegung. Dass die Erlösung des Leibes, welche noch ausstcht, nicht eine Ergänzung der ersten *σωτηρία* zu ihrem Vollbegriff ist, sondern nur eine Offenbarung und Ausgestaltung der in sich selbst durch Christi Leiden und Auferstehen für Zeit und Ewigkeit vollzogenen *σωτηρία* oder mit andern Worten, dass es nur eine *σωτηρία* giebt, davon wollen diese Ausleger nichts wissen.

Νῦν ist hier nicht anders aufzufassen, wie Röm. 3, 21. 26 (*ἐν τῷ νῦν καιρῷ* vergl. die *προγεγόνοτα ἁμαρτήματα* v. 25), ferner 5, 9. Der Apostel redet nicht von der Jetztzeit im Gegensatz zur Vergangenheit. Die Auslegung der Neueren ist lediglich aus der falschen Deutung des *σωθησόμεθα* hervorgegangen, welches sie nicht, wie auf der Hand liegt, als logisches Futurum fassen, sondern als zeitliches. — Die Vergangenheit aber, auf welche das *νῦν* zurücksieht, ist durch den Context scharf begrenzt; es ist das die Zeit derjenigen Gottesoffenbarung, auf welche die Juden früher ihre Gerechtigkeitsansprüche gründeten, zunächst die Zeit des Mosaischen Gesetzes, dann weiter zurückliegend die Zeit der dem Ab-

raham ertheilten Gerechtigkeit, um derentwillen sie als seine Nachkommen dem Fleische nach nicht weniger bei Gott in Gnade zu
stehen meinten. Für die apostolische Argumentation lag die Bezugnahme auf Abrahams Gerechtigkeit am nächsten. War denn nicht
bereits mit dem Erzvater die Gerechtigkeit wieder in die Welt gekommen und mit ihr die Versöhnung? Die Frage konnte und musste
der Apostel sich aufwerfen, wenn er sie auch nicht bestimmt formulirte.
Hätte es nun mit dem recipirten Text seine Richtigkeit, so dass der
Relativsatz v. 11 mit $\delta\iota' \,o\tilde{v} \,\nu\tilde{v}\nu \,\dot{\epsilon}\lambda\dot{\alpha}\beta o\mu\epsilon\nu$ abschliesst, so würde
hier eben dies nur gesagt sein, dass nicht damals schon die $\varkappa\alpha\tau\alpha\lambda$-
$\lambda\alpha\gamma\dot{\eta}$ offenbar geworden sei, sondern jetzt erst. Wir würden diese
Aussage in dem Gedankenzusammenhang etwa so einzufügen haben:

Hätte Gott damals schon durch und mit Abraham Gerechtigkeit und Versöhnung für die Menschheit eintreten lassen, so würde
das Heil nicht in dem freien Erbarmen Gottes von Ewigkeit her
seinen letzten Grund haben, sondern Gottes Werk würde durch den
Glauben, bez. durch die Werke eines Menschen und zwar des Abraham veranlasst worden sein; wir verdankten unser Heil nicht der
Gnade, sondern dem Verdienste eines Menschen.

Durch das $\nu\tilde{v}\nu$ würde ebenso, wie durch das $\varkappa\alpha\iota\varrho\grave{o}\nu$ v. 6, ferner
durch die $\varkappa\alpha\iota\varrho o\grave{\iota} \,\,\ddot{\iota}\delta\iota o\iota$ 1 Tim. 2, 6 cfr. Gal. 4, 4 angezeigt, dass
unsre $\varkappa\alpha\tau\alpha\lambda\lambda\alpha\gamma\dot{\eta}$ nicht erfolgt sei zu einer durch das Verhalten
irgend welches Menschen oder der Menschheit, sondern lediglich zu
der durch die freie Gnade Gottes bestimmten Zeit. Eben dasselbe
wäre zu sagen von der vermeintlichen Gerechtigkeit aus dem Gesetz.
Nicht durch Moses und unter Moses ist die $\varkappa\alpha\tau\alpha\lambda\lambda\alpha\gamma\dot{\eta}$ zu Stande
gekommen, sondern $\nu\tilde{v}\nu$, auf dass kein Fleisch sich rühme u. s. w.

So richtig das nun Alles ist, so wenig lässt sich in Abrede
stellen, dass immer noch gefragt werden konnte, warum doch Abrahams Gerechtigkeit, bez. Rechtfertigung nur für die Person, also
individuell sich vollziehen liess, und nicht für seine sämmtliche Nachkommenschaft dem Fleische nach, also beschränkt-universell?

Ich meine, dass der Apostel eben dieser Frage begegnet durch
$\delta\iota\grave{\alpha} \,\,\tau o\tilde{v}\tau o$, womit bekanntlich unsre Texte den 12. Vers beginnen.
Wenn ich erwäge, was für Ungelegenheit dies $\delta\iota\grave{\alpha} \,\tau o\tilde{v}\tau o$ den Auslegern verursacht hat, und noch dazu an der Spitze eines Nachsatzes,
welchen der Apostel angeblich vergessen oder doch nicht in der
ursprünglich beabsichtigten Form ausgedrückt hat, so würde ich mich
fast für befugt halten, für die Wegschaffung des $\delta\iota\grave{\alpha} \,\tau o\tilde{v}\tau o$ aus der
bisherigen Stelle und für die Zuziehung desselben zu v. 11 Dank
zu erwarten.

Nun halte ich in der That dafür, dass der an der Spitze des
v. 11 stehende präpositionelle Ausdruck an das Ende des vorangehenden Relativsatzes gehört, und die Erläuterung zu $\nu\tilde{v}\nu$ bildet. Weshalb
$\nu\tilde{v}\nu$? Antwort: $\delta\iota\grave{\alpha} \,\tau o\tilde{v}\tau o$, darum jetzt, eben um desswillen, dass
wir nämlich Theil hätten am Leben Jesu und uns rühmen könnten

im Besitz der Gottesgemeinschaft. Dies neue Leben, diese Gemein-schaft mit Gott konnte uns weder Abraham, noch das Gesetz ver-schaffen (ὁ μὴ δυνάμενος ζωοποιῆσαι Gal. 3, 21); das konnte nur der eine, unser Herr Jesus Christus, der die Menschennatur durch den Tod zum Leben hindurch rettete. Eben desswegen haben wir jetzt [früher war es unmöglich] durch ihn die Versöhnung empfan-gen, dass wir seines Lebens theilhaftig in der Gemeinschaft mit Gott bewahrt sein und bleiben sollten vor dem Zorn.

Ich habe gesagt, dass ich eigentlich auf Dank rechnen könnte, will aber nicht verhehlen, dass ich bereits im Geiste meine Auslegung einstimmig verurtheilen höre; ich weiss aus Erfahrung, was für einen schweren Stand einer hat, wenn er es unternimmt, eingerosteten Vorurtheilen entgegenzutreten. Man wird mir sagen, dass diese Zu-ziehung des διὰ τοῦτο zum Relativsatz bisher noch von keinem Exegeten gewagt worden sei. Das gebe ich zu, aber davor schrecke ich nicht zurück. Man wird mir ferner einhalten, dass διὰ τοῦτο stets an der Spitze des Satzes erscheint, und dies der Natur der Sache nach, weil, es mag nun anaphorisch oder deiktisch stehen, stets der Ton darauf ruht. Ich könnte freilich einwenden, dass auch die letzte Stelle im Satze stark betont ist. Doch will ich das nicht thun, weil es mir für meinen Zweck angemessener zu sein scheint, der Thesis, dass διὰ τοῦτο stets an der Spitze des Satzes steht, nicht so ohne Weiteres zuzustimmen. Sind Beispiele auch selten, so kommen sie doch vor, selbst im N. T. So schreibt der Apostel z. B. an Philemon v. 15: τάχα γὰρ διὰ τοῦτο ἐχωρίσθη πρὸς ὥραν, ἵνα κ. τ. λ. Noch zutreffender ist Joh. 7, 21: ἓν ἔργον ἐποίησα καὶ πάντες θαυμάζετε διὰ τοῦτο. Fast alle Neuern haben bei dieser Stellung des διὰ τοῦτο Beruhigung gefasst, wogegen schon Chrysosth., unter den Neuern Bengel, Luthardt und zuletzt M das διὰ τοῦτο an die Spitze von v. 22 gestellt haben [genau so, wie die Alten das διὰ τ. von 5, 11 nach v. 12 versetzt haben], an-geblich „im richtigen Gefühl", weil διὰ τοῦτο zu θαυμάζετε gezogen schleppend und überflüssig sei. Freilich schleppend, wenn man die Bedeutung des Ausdrucks für den Zusammenhang nicht erkennt! Was für eine Qual demselben angethan wird, und nicht bloss ihm, sondern dem ganzen 22. Vers durch die Einbeziehung von τοῦτο, davon wolle man durch das Studium der Mschen Auseinandersetzung sich selbst überzeugen.

Ich fasse θαυμάζετε Joh. 7, 21 als Frage. „Ein Werk habe ich gethan [nicht mehr! — an diesem einen Werke hattet ihr zu urtheilen, ob es als Uebertretung des Sabbathsgesetzes aufzufassen ist] und ihr alle verwundert euch hierüber [über dies Werk]? Mit stärkster Betonung wird am Ende des Fragesatzes dies eine·Werk hervorgehoben und nun in den vv. 22, 23 gezeigt, dass, wenn nach Mosaischem Gesetz, wie sie zugeben müssen, am Sabbath die Be-schneidung geschehen darf, d. i. also die aliquote Reinigung des Menschen am Fleisch und seine Versetzung in das Bundesverhältniss zu Gott, die Befreiung des ganzen Menschen von seiner Krankheit nicht Sabbathschändung sein könne. Dies eine Werk, spricht der Herr, habe ich gethan — ein so preiswürdiges und Gott wohlgefälliges, wenn ihr es nach dem Gesetze Mosis richtig würdigt! Und ihr Alle wundert euch hierüber? Ich meine dass Ms Rede: διὰ τοῦτο sei schleppend und überflüssig sich hiedurch von selbst erledigt.

Ist aber in Joh. 7, 21 die Stellung des διὰ τοῦτο am Ende des Satzes gerade um der Prägnanz willen gewählt, so lässt sich dasselbe von διὰ τοῦτο am Ende von v. 11 sagen, und noch mehr, als dies. Wenn es nun einmal dem Apostel gefiel, das διὰ τοῦτο einem Relativsatze beizufügen, so war ja geradezu die Möglichkeit ausgeschlossen, es an die Spitze des Satzes zu stellen; er musste die zweitbetonte, also die letzte Stelle wählen, wodurch er zugleich auch dies erreichte, dass διὰ τοῦτο um der Euphonie willen räumlich weit genug von δι' οὗ getrennt wurde.

Also jetzt — nun Jesus Christus erschienen ist, um durch seinen Tod die Menschheit mit Gott zu versöhnen und zwar um desswillen zu versöhnen, damit wir durch Theilnahme an seinem Leben auch Gemeinschaft mit Gott haben möchten; jetzt ist geschehen, was durch keinen andern Menschen geschehen konnte, auch nicht durch Abraham, was kein Gesetz bewirken konnte: der Tod ist getödtet, das Leben an seine Stelle getreten.

Somit ist der Heilsrathschluss Gottes nicht durch Abraham, nicht durch die Erzväter, nicht durch Moses, nicht durch mehrere Menschen, sondern durch den einen Menschen für alle Menschen erfüllt, und damit die völlige Correspondenz zwischen der Geschichte des Unheils und zwischen der Geschichte des Heils als Beweis für die Rechtfertigung durch den Glauben an Christo Jesu, d. i. als Beweis für die factische Heilsvollendung hergestellt. — Die Erkrankung des Menschen und sein Heilungsprocess nehmen den gleichen Entwicklungsgang; den Weg, den die Erkrankung bis zum Tode durchmacht, hat die Heilung in rückläufiger Bewegung durchzumachen, um den zum Tode Erkrankten wieder dem Leben zuzuführen. So werden die Stadien der Krankheitsentwicklung zu Prüfsteinen für die Stadien des richtigen Heilverfahrens. So hat der eine Mensch, Jesus Christus, ausgerichtet, was kein anderer ausrichten konnte, indem er sein Rettungswerk begann, womit der erste Mensch das Unheilswerk vollendet hatte, mit dem Tode; durch den Tod hindurch wirkte Jesus Christus in seiner Person die Rechtfertigung für die Menschheit; von der Gerechtigkeit und Versöhnung führte Christus die in sein Leben aufgenommene Menschennatur wieder zur Gemeinschaft mit Gott zurück, und so wird der todeswürdige Sünder zum καινὸς ἄνθρωπος κατὰ θεὸν κτισθείς u. s. w. Eph. 4, 24.

Aus dieser Darlegung wird hinreichend erhellen, dass und warum ich v. 12 ὥσπερ — διῆλθεν nicht für den ersten Vergleichungssatz halte, dessen zweiter dem Apostel ab-

handen gekommen oder in eine incorrecte Form gerathen
ist, sondern für den zweiten Vergleichungssatz, dessen
erster in den richtig verstandenen vv. 8—11 enthalten ist.
„Also: wir haben jetzt durch Christi Tod Gerechtigkeit
und Versöhnung mit Gott empfangen um desswillen, dass
wir seines Lebens und durch dasselbe der Gemeinschaft
mit Gott (cfr. Eph. 4, 18 früher ἀπηλλοτριωμένοι τῆς ζωῆς τοῦ
ϑεοῦ) theilhaftig würden,
 ganz so, wie (ὥσπερ) durch einen Menschen die Sünde in
die Welt gekommen und durch die Sünde der Tod und
so (nämlich durch einen Menschen, siehe weiter unten) zu allen
Menschen hindurchgedrungen ist.
 Ich gehe nun nach Erledigung der schwierigsten Aufgabe zu
der anderweiten Auslegung von v. 12 über.
 Οὕτως, sagt G, kann auf dreierlei Art erklärt werden. Entweder weist es auf das: durch Einen Menschen zurück oder spielt
auf das zwischen Sünde und Tod geschilderte Verhältniss von Ursache
und Wirkung: „und so ist vermöge dieses Zusammenhanges zwischen
Sünde und Tod der Tod zu allen Menschen übergegangen", wobei
als Prämisse vorausgesetzt ist, dass auch die Sünde sich auf alle
erstreckt hat. Oder endlich dürfte das οὕτως am natürlichsten
durch das Verhältniss der beiden Verben zu einander zu erklären
sein: „Und einmal hereingekommen, hat er eben durch dies Herein-
kommen die Macht erlangt, zu allen zu dringen". Für diese letzte
Auffassung G.
 Gegen dieselbe spricht, dass οὕτως niemals soviel ist, als τότε
oder ἔπειτα (vergl. zu 11, 25), also nicht temporaire oder locale
Bestimmungen aus dem vorangegangenen Satze recapitulirt, denn
Zeit und Raum sind die allen Handlungen gemeinsamen, aber keine
dieselben besonders qualificirende Formen. Dann würde durch eine
derartige Auffassung der Satz mit καὶ οὕτως nur eine erweiternde
Bestimmung sein zu dem vorausgegangenen εἰσῆλϑε, nicht ein zur
Erfüllung der pragmatischen Auffassung nothwendiges Moment. Gegen
die zweite Erklärung hat G bereits eingewendet, dass sie auf der
Voraussetzung beruht, es sei zu ϑάνατος zu ergänzen ἡ ἁμαρτία.
Ich bemerke ausserdem noch, dass Sünde und Tod keineswegs so
zu allen Menschen hindurchgedrungen, wie beide durch die ersten
Menschen in die Welt eingetreten sind. Bei Adam war die Sünde
das erste, der Tod als göttliche Strafe das zweite, bei den übrigen
Menschen ist der Tod das erste, die Sünde das zweite, wie wenigstens die richtige Auslegung des ἐφ᾽ ᾧ π. ἥμ. ergiebt. (Genaueres
unten.)
 So bleibt in der That nur die erste Erklärung übrig. Was
aus Gründen des Zusammenhangs sich bereits vorläufig als der richtige Sinn der Stelle ergeben hat, bewährt sich auch grammatisch.
 Ich gehe nun zu dem Begriff des ϑάνατος über. M sagt:
„ϑάνατος ist der physische Tod, gedacht als Trennung der Seele

vom Körper und Versetzung derselben in den Hades. Diese Fassung
wird dadurch gewiss, dass der Text mit nichts vom nächsten Wort-
sinne ableitet, dass die Beziehung auf Gen. 2, 17. 3, 19 keinem
Leser verkennbar sein konnte, und dass es auf Grund der Genesis
allgemeine unbezweifelte Annahme im jüdischen und christlichen Bewusstsein war: die Sterblichkeit sei verursacht von Adams Sünde. —
Ferner: hätte Paulus $\vartheta\acute{a}\nu\alpha\tau o\varsigma$ in einem andern Sinne genommen,
so hätte er, um verstanden zu werden, es nothwendig bestimmt an-
zeigen müssen, nicht einmal Eph. 2, 1 ist anders zu fassen. —
Endlich: vom ethischen Tode, vom Defectus der geistlichen $\zeta\omega\acute{\eta}$,
gebraucht Paulus $\vartheta\acute{a}\nu\alpha\tau o\varsigma$ und $\dot{a}\pi o\vartheta\nu\acute{\eta}\sigma\kappa\epsilon\iota\nu$ niemals, auch nicht
7, 10, oder 2 Cor. 2, 16. 7, 10, wo vom ewigen Tode die Rede
ist. Ebenso 2 Tim. 1, 10." So *M.* Ihm folgt Cremer im Lexicon
der neutestamentlichen Gräcität): „in der gewöhnlich noch statuirten
Bedeutung der geistig-sittlichen Erstorbenheit findet sich $\vartheta\acute{a}$-
$\nu\alpha\tau o\varsigma$ in der biblischen Gräcität nicht." Doch will Cremer den
$\vartheta\acute{a}\nu\alpha\tau o\varsigma$ nicht überall vom leiblichen Tode verstehen: er sagt:
„behufs Erkenntniss und Verständniss des biblischen und neutesta-
mentlichen Sprachgebrauchs ist festzuhalten und davon auszugehen,
dass der Tod als die von Gott ausgesprochene strafrechtliche Folge
der Sünde gerichtliche Bedeutung hat; in seinem Gefolge und
mit ihm verbunden vergegenwärtigen und verwirklichen sich daher
dem Menschen alle Momente des göttlichen Gerichts. Daher ist der
Tod zusammenfassender Ausdruck für die gesammte Consequenz der Sünde. — Tod, bez. Ende des irdischen Lebens ist
stets dasjenige Moment des Gerichtsverhängnisses, um welches sich
alle übrigen Momente gruppiren." Damit lenkt Cremer sichtlich in
den *M*schen $\vartheta\acute{a}\nu\alpha\tau o\varsigma$-Begriff ein. *G* unterscheidet, wie sonst üblich
gewesen, drei Bedeutungen von $\vartheta\acute{a}\nu\alpha\tau o\varsigma$, den physischen, den geistlichen und den ewigen Tod. Er calculirt in Betreff der in Rede
stehenden Stelle so: der ewige Tod kann's nicht sein, denn der
fängt erst mit dem Gerichte an. [Damit hat er übrigens *M*s Erklärung von 2 Cor. 2, 16. 7, 10 und 2 Tim. 1, 10 abgethan.] Der
geistliche Tod kann's auch nicht sein, weil die Idee des Todes mit
der der Sünde zusammenfliessen würde, welche in der Stelle selbst
davon unterschieden wird. Darum kann nur der physische Tod
gemeint sein. Soweit geht *G* freilich nicht, dass er mit *M* behauptete: Paulus brauche das Wort nie vom geistlichen Tode.

Hiernach kann es als zur Zeit allgemein feststehend angesehen
werden, dass $\vartheta\acute{a}\nu\alpha\tau o\varsigma$ strafrechtliche Bedeutung habe und vom
physischen Tode zu verstehen sei. Der Gegenstand ist wichtig genug,
um eine genauere Prüfung zu rechtfertigen. Am leichtesten ist der
*M*sche Grund: Paulus hätte sich anders ausdrücken müssen, wenn
er unter $\vartheta\acute{a}\nu\alpha\tau o\varsigma$ einen andern Tod, als den physischen hätte
verstanden wissen wollen. Paulus war nicht in der Lage, seine
modernen Leser und Ausleger zu Rathe zu ziehen; ja er hatte die
Eigenheit, auch nicht einmal die Fassungskraft seiner zeitgenössischen

Leser zu berücksichtigen, wie würde sonst 2 Petr. 3, 16 von seinen Briefen gesagt sein, dass sich δυςνόητά τινα darin fänden. Der zweite Msche Grund ist: kein Leser hätte die Beziehung auf Gen. 2, 17. 3, 19 zu verkennen vermocht, und eben in dieser Stelle sei nur vom physischen Tode die Rede, und zwar nach unbezweifelter Annahme im jüdischen und christlichen Bewusstsein. — Allerdings sehr zuversichtlich geredet, aber vor dem wirklichen Stande der Auffassung von Gen. 2, 17 zur Zeit Pauli nicht zu rechtfertigen. Den Juden war es schon sehr früh aufgefallen, dass der physische Tod doch nicht sofort mit dem Tage des Sündenfalls eingetreten war; sie sagten sich, dass der leibliche Tod, sofern darunter das Ende des zeitlichen Lebens verstanden werde, in der Strafandrohung nicht könne gemeint sein. Als die Speculation (γνῶσις) unter den Juden aufkam — und fast alle Juden in der διασπορᾷ, mit denen es der Apostel bei Gelegenheit seiner Missionsreisen unter den Heiden zu thun hatte, waren dieser Speculation ergeben — da sah man den leiblichen Tod überhaupt nicht als Strafe, sondern als Erlösung aus dem Kerker des Leibes an. Philo sagt uns, dass diese Speculanten nach Millionen zählten. Ueber ihre Auffassung von Gen. 2, 17 giebt uns derselbe Philo in seiner Quaest. in Genesin, Sermo I. § 16 (aus dem Armenischen übersetzt) Auskunft:

Quid est „morte moriemini"? Proborum mors alterius vitae principium est. Duplex enim est vita: una in corpore corruptibilis; altera sine corpore incorruptibilis. Ergo unus improbus morte moritur, qui etiam adhuc spirans in viventibus jam pridem sepultus erat, ut nullam penitus scintillam in se conservaret verae vitae, quae est optima probitas. Probus autem vir tanto nomine dignus non morte moritur, sed ex vivente prolixo finem sortitur aeternum." Ist's nun mit der Behauptung nichts, dass bei der Erinnerung an Gen. 2, 17 die zeitgenössischen Juden auch sicherlich an den leiblichen Tod gedacht hätten, so sieht es noch übler aus mit dem Versuche, in Stellen, wie Eph. 2, 1 für den geistlichen Tod den physischen zu setzen. Νεκροὶ τοῖς παραπτώμασι soll proleptisch gefasst werden als certo morituri, „da ihr durch die Sünde dem Tode verfallen wart; demzufolge müsste nun auch συνεζωοποίησε v. 5 heissen: „hat er euch mit Christo von dem physischen Tode, dem ihr verfallen wart, befreit". War denn Christus auch nur dem physischen Tode verfallen, oder ist er wirklich gestorben und auferweckt worden? Würde also der Parallelismus nicht nothwendiger Weise für νεκροί ein thatsächliches Gestorbensein verlangen? — Das Tertium comparationis ist die Ueberwindung des Todes; ob auf physischem oder auf geistigem Gebiet, thut der Gesammtwirkung keinen Eintrag. Daher konnte der Apostel sehr wohl geistlichen und physischen Tod, geistliche Auferweckung und leibliche Auferweckung in Parallele stellen. Die Ueberwindung des geistlichen Todes hat die des leiblichen zur unausbleiblichen Folge.

Doch ist der so eben besprochene Fall noch nicht das stärkste

Beispiel des exegetischen Dogmatismus. *M* vermuthet sehr richtig: es werde seine Erklärung von θάνατος durch Hinweis auf die ζωή in v. 18 [warum nicht schon in v. 17?] angefochten werden. Er kommt diesem Bedenken zuvor, indem er sich also vernehmen lässt: „die Beziehung auf den geistlichen Tod wird auch keineswegs durch den Gegensatz von διχ. ζωῆς v. 18 vergl. v. 21 nothwendig, da ja der durch Adam in die Welt gebrachte Tod nicht bloss nach Rabbinenweise, sondern auch überhaupt an sich der durch Christum gekommenen ζωή entgegengesetzt werden konnte; denn zu dieser ζωή gehört auch das Leben der verklärten Leiblichkeit, es ist ein dem Tode nicht wieder unterworfenes Leben." Wie fein doch *M* in die ζωή die Beziehung auf die Leiblichkeit hinein definirt hat, um seinen θάνατος-Begriff zu retten! — *M* übersieht, dass er nicht die ζωή überhaupt, sondern speciell die ζωή des Auferstandenen definirt hat; dessen Leben wird allerdings dem Tode nicht wieder unterworfen sein. Zu der ζωή im Allgemeinen aber gehört keineswegs die Leiblichkeit, auch nicht die verklärte Leiblichkeit, wie würde sonst von einer ζωή τοῦ θεοῦ 'Eph. 4, 24 die Rede sein können? Von der ζωή im absoluten Sinne des Wortes ist die Leiblichkeit als solche, ist alles Sterben ausgeschlossen. Uebrigens siehe die Erklärung von 5, 17. 18 weiter unten.

Sind nun in dem vorliegenden Abschnitt 5, 12—21 θάνατος und ζωή correlate Begriffe, und dass sie es sind, wird man nicht in Abrede stellen wollen, und ist unter ζωή etwas anderes zu verstehen, als die wiederhergestellte Gemeinschaft zwischen Seele und Leib im Diesseits, so muss auch unter θάνατος etwas anderes zu verstehen sein, als die Trennung von Leib und Seele, d. i. der physische Tod.

Auch der Cremersche Versuch, für die neutestamentliche Bedeutung von θάνατος dadurch einen Einheitsbegriff zu gewinnen, dass derselbe gefasst wird als die von Gott ausgesprochene strafrechtliche Folge der Sünde nebst allen ihren Consequenzen, scheint mir nicht besonders glücklich zu sein. Eine Strafe wird verhängt; Strafmittel ist hier der Tod. Gott hat, wie die Schrift sagt, den Tod nicht geschaffen. Somit würde Gott eine Strafe verhängt haben, die nicht von ihm herrührt; man begreift nicht, woher denn der Tod seinen Ursprung genommen, und doch musste er vorhanden sein, wenn er als Strafe über den Menschen verhängt werden sollte. Gegenüber diesen unvermeidlichen Widersprüchen weiss ich keinen andern Ausweg, als: die Idee einer Strafandrohung, die man bisher in den Worten des Herrn: „an dem Tage, da ihr u. s. w. fallen zu lassen, und dafür die Idee der Warnung zu setzen. Gott eröffnet den ersten Menschen die unvermeidliche Folge ihres eventuellen Ungehorsams: „wenn ihr esset, werdet ihr sterben". Der Tod ist also in erster Linie nicht Strafe, sondern Folge des Ungehorsams. Der Mensch hatte es in seiner Gewalt, ihn herbeizuführen oder ihn fern zu halten. Er hat sich wider Gott entschieden;

die von Gott vorher verkündigte Folge trat ein. Gott hat sie nicht gehindert, seinerseits fand ein παραδοῦναι statt, wie 1, 26. 28. — Nichts desto weniger ist der Tod in der That durch die ersten Menschen in die Welt gekommen.

Ist der Tod primo loco nicht Strafe, sondern Folge der Sünde, so tritt nunmehr die Forderung an uns heran, darüber Klarheit zu erlangen, wie doch nur die Sünde den Tod zur Folge haben konnte. Ich habe darüber folgende Gedanken: Gott hat den Menschen zu seinem Bilde geschaffen, das ist: der Mensch hat die Bestimmung empfangen, Gottes Wesen bez. Eigenschaften darzustellen. Also nicht Antheil an göttlichem Wesen hat der Mensch empfangen, wenn es überhaupt zulässig ist, von einem Antheil an dem untheilbaren göttlichen Wesen zu reden; wohl aber ist der Mensch von Schöpfungswegen so geartet, dass er das göttliche Wesen in sich aufnehmen und darstellen kann; er ist absolute Receptivität; das göttliche Wesen absolute Positivität. Im Begriffe der absoluten Receptivität liegt, dass dieselbe nur in der persönlichen Gemeinschaft mit Gott zur Erfüllung und damit zum Frieden gelangt. Alles Gewordene ist vergänglich, auch der Mensch. Aber in seiner absoluten Receptivität ist begründet, dass er auch die Ewigkeit Gottes in sich aufnehmen kann, und da keine Eigenschaft Gottes ist, die nicht mit allen anderen, also auch mit der Ewigkeit zusammen das absolut in sich einige Wesen Gottes bildete, so hat der Mensch, insofern und so lange er die Gottesgemeinschaft festhält, auch an der Unsterblichkeit Theil. An dem Tage aber, an welchem er sich von Gott abwendet, hat er nur noch an dem creatürlichen Wesen, dem er ebenso, wie jede andere Creatur angehört, Theil; er ist auf sich selbst angewiesen, daher das nunmehrige Wesen des von Gott Abgefallenen die Selbstsucht; der weitere Verlauf ist, dass, da keinem Menschen das eigne Selbst genügt, sondern kraft der andauernden absoluten Receptivität sein Verlangen stetig über alles Endliche hinausgreift, er auf den Ausweg verfällt, das creatürliche Wesen zu verabsolutiren, d. i. innerhalb der Creatur die höchsten Ziele für sein Leben und für seine Liebe zu suchen und sich zu setzen. Der grobe und feine Götzendienst ist damit fertig. Was der Mensch aber als das höchste Gut anerkennt, dessen Geschick muss er theilen. Wer an dem vergänglichen Wesen sein Absolutes hat, ist eo ipso dem Tode verfallen.

Hieraus ergiebt sich, dass Tod und Leben nicht Wesensbegriffe, sondern Verhältnissbegriffe sind. Gemeinschaft mit dem lebendigen Gott ist Leben; Aufhebung oder Auflösung dieser Gemeinschaft ist Negation des Lebens, ist Tod. Der erste Mensch verfiel mit Nothwendigkeit dem Tode, als er sich von dem Leben in Gott und mit Gott abwendete. Ist nun das göttliche Leben der Inbegriff aller Seligkeit, so erhellt, dass die Abwendung von Gott der Quell aller Unseligkeit sein muss.

Nun berichtet uns die heilige Schrift, dass der Mensch vor

dem Sündenfall in persönlicher Gemeinschaft mit Gott stand; die
Gottesgemeinschaft schloss, so lange sie währte, jede bestimmende
Einwirkung des vergänglichen Wesens auf den Menschen, also auch
die Strafbarkeit aus. Als der Mensch sich von Gott abwendete, da
wendete sich Gott von dem Menschen ab. Die persönliche Gemeinschaft zwischen Gott und Mensch hatte in Folge der ersten Sünde
aufgehört. So war mit der Sünde zugleich die Trennung von
dem Leben mit Gott und in Gott eingetreten, d. i. der Tod. Ich
brauche nicht erst aufmerksam darauf zu machen, dass für mich der
physische Tod nur eine der mancherlei verderblichen Folgen ist,
welche die Trennung des Menschen von Gott mit sich gebracht hat,
oder noch kürzer: eine der Erscheinungsformen der Adamitischen
Schuld. Ebenso verstehe ich, wenn alles Unheil, ja die Summe des
sündlichen Verderbens Tod genannt wird. Aber der eigentliche
Begriff des Todes ist für mich die Negation der Gottesgemeinschaft, sowie der Begriff des Lebens für mich ist die Wiederherstellung der Gottesgemeinschaft, denn wie ich bereits erwähnt habe,
Leben und Tod sind für mich nicht Wesenheiten, die für sich
existiren und von den Menschen je nach ihren seelischen Dispositionen angeeignet werden, sondern sie sind Verhältnissbegriffe, und
bezeichnen Stellungen des Menschen zu Gott; Hinwendung ist Leben,
Abwendung ist Tod.

Trete ich mit diesem Begriffe von θάνατος: Geschiedenheit
des Menschen von der Lebensgemeinschaft mit Gott in den
Text ein, so verstehe ich nunmehr, wie der Apostel nur von dem
Tode, nicht auch von der Sünde sagt, dass sie zu allen Menschen
durchgedrungen sei. Was der erste Mensch, der zu gleicher Zeit
die Menschheit war, verloren hatte, das hatte er nicht bloss für die
Person, sondern auch für seine Nachkommen verloren. Der Millionair,
der durch unsinnige Speculation sein Vermögen einbüsst, hat nicht
bloss für sich, sondern auch für seine Kinder und Kindeskinder die
Einbusse erlitten. Der Verlust erstreckt sich auf alle nachfolgenden
Geschlechter. Unter den verlorenen Posten war selbstverständlich
auch die Unsterblichkeit. So ist ja denn auch richtig, dass die
Sterblichkeit Adam's auf alle Adamiten übergegangen ist. Aber, wie
gesagt, die Summa des Verlustes zeigt die Sterblichkeit keineswegs
an; Summa Summarum ist: die Geschiedenheit des Sünders von der
persönlichen Gottesgemeinschaft. — Die Sünde Adams ging nicht
mit über, denn die Sünde war Uebertretung eines positiven Gottesgebots; ein solches bestand vorläufig für die Adamiten nicht. Dennoch herrschte der Tod von Adam bis Moses über Alle, welche
nicht, wie Adam, ein positives Gottesgebot übertreten hatten. Somit
konnte der Tod nicht von den einzelnen Adamiten durch Uebertretung verschuldet sein, sie mussten ihn überkommen haben; von
wem denn anders, als von dem Urheber des Geschlechts und der
Sünde, der ein unermessliches Capital von Gnade und Seligkeit ver-
scherzt hatte.

Nichts desto weniger war bis zum Gesetz Sünde in der Welt
(v. 13). Woher denn? Nicht, weil man sie zugleich mit dem Tode
von Adam ererbt hatte, denn, wie gesagt, die Adamitische Sünde
war so eigner Art, dass sie eben nur von dem Empfänger eines
positiven Gottesgebots begangen werden konnte.

Wie das nun so gekommen ist, dass Sünde in der Welt war
bis zum Gesetz, und doch keine Uebertretung eines positiven Gebots,
das und nichts anderes will der Zusatz erklären:

$$\dot{\varepsilon}\varphi' \; \ddot{\omega} \; \pi\dot{\alpha}\nu\tau\varepsilon\varsigma \; \ddot{\eta}\mu\alpha\rho\tau\sigma\nu.$$

Wenn irgend eine Stelle, so hat diese eine grosse Zahl von
Erklärungen hervorgerufen, denen man unschwer ansieht, dass ihr
Ursprung nicht in der voraussetzungslosen Auslegung zu suchen ist.
Von den neuesten Erklärungen setze ich nur zwei her.

Zunächst lässt M sich so vernehmen: „$\dot{\varepsilon}\varphi' \; \ddot{\omega}$ ist gleich $\dot{\varepsilon}\pi\dot{\iota}$
$\tau o\acute{\upsilon}\tau\omega$, $\ddot{\sigma}\tau\iota$ und heisst auf Grund dessen, dass . ., mithin dem reellen
Sinne nach propterea quod, wie es auch Thom., Magist. und Favorin
gleich $\delta\iota\dot{\sigma}\tau\iota$ erklären. Demzufolge ist zu übersetzen: weil Alle
sündigten, alle Menschen in und mit ihm, dem Repräsentanten
der ganzen Menschheit gesündigt haben, ist der Tod, welcher durch
die in die Welt gekommene Sünde in die Welt kam, vermöge dieses
Causalnexus von Sünde und Tod in die Welt gekommen." G stipu-
lirt für $\dot{\varepsilon}\varphi' \; \ddot{\omega}$ beide Bedeutungen, die von $\delta\iota\dot{\sigma}$ und $\delta\iota\dot{\sigma}\tau\iota$, will sie
auch beide für den in Rede stehenden Satz anwenden.˙ Es kommt
indess nicht dazu; er bleibt bei der Auslegung stehen: auf Grund
dessen sie alle gesündigt haben, also weil sie alle gesündigt wie
M. $\Theta\dot{\alpha}\nu\alpha\tau\sigma\varsigma$ ist ihm, wie vorher erwähnt, gleichfalls der physische
Tod. G ist der Meinung, dass die nachfolgenden Verse die Rich-
tigkeit seiner Auffassung entschieden bestätigen. Ich glaube das
Gegentheil behaupten zu sollen. Ist der Tod zu allen Menschen
hindurchgedrungen auf Grund dessen, dass sie alle gesündigt haben,
wie G übersetzt, so finde ich, dass diese Gsche Auffassung mit seiner
nachfolgenden Auseinandersetzung im hellen Widerspruche steht;
denn nach der letztern ist der Tod bereits in Adam und durch
Adam über die Menschheit gekommen; nach der Uebersetzung aber
wäre der Tod erst zu Allen hindurchgedrungen, weil sie alle,
also jeder für sich gesündigt haben. Wie die Gsche Auffassung in
sich der Klarheit ermangelt, so steht sie ebenso, wie die Msche
gegen 5, 13. 14. Ist nämlich der Tod hindurchgedrungen, weil
alle sündigten, so wäre eine totale Ungleichheit für die Causalität
des Todes Adams und des Todes der Adamiten constatirt. Durch
Adam ist der Tod in Folge der Uebertretung eines positiven Gottes-
gebotes in die Welt gekommen; die Adamiten hatten sich keiner
Gesetzesübertretung schuldig gemacht, denn für sie bestand ein positives Gottesgebot nicht, und wo das nicht besteht, giebt's keine Zurechnung (v. 13).

Das will also Paulus beweisen, dass, wenn eben um des Erwähnten willen der Tod wegen Gesetzesübertretung über die Adamiten

nicht gekommen sein kann, der Tod eben von dem Sündenfalle Adams her zu ihnen hindurchgedrungen sein muss. — Dass aber Sünde, wenn auch nicht die bestimmte Adamssünde, da gewesen, will der Apostel nicht in Abrede stellen; die Sünde aber vor dem Gesetz habe ihren Grund gehabt in der Geschiedenheit von der Gottesgemeinschaft, oder was dasselbe ist, in dem $\vartheta\acute{\alpha}\nu\alpha\tau\sigma\varsigma$. Eines Bestimmungsgrundes nämlich für sein sittliches Handeln bedarf der Mensch, denn er ist eben nicht autonom. Hat er diesen nicht an der Gottesgemeinschaft, so findet er ihn in dem geschaffenen Wesen, in der Hingabe an das Naturleben, in einem Bestimmungsgrunde also, welchen die heilige Schrift mit $\sigma\acute{\alpha}\varrho\xi$ bezeichnet. Weil der $\vartheta\acute{\alpha}\nu\alpha\tau\sigma\varsigma$ hindurchgedrungen, oder positiv ausgedrückt, weil nicht das Leben aus Gott und mit Gott, sondern das Naturleben, die $\sigma\acute{\alpha}\varrho\xi$ das menschliche Handeln bestimmte, darum und daher die Sünde vor dem Gesetz! '$E\varphi$' $\tilde{\omega}$ heisst also nicht weil, sondern es ist $\delta\iota\acute{o}\tau\iota$ in seiner ursprünglichen Bedeutung: desswegen, um desswillen. Wenn G für die Bedeutung Weil 2 Cor. 5, 4. Phil. 3, 12 und Phil. 4, 10 beibringt, so erwiedre ich, dass in keiner dieser Stellen $\dot{\epsilon}\varphi$' $\tilde{\omega}$ weil heisst. Wegen 2 Cor. 5, 4 behalte ich mir weitere Ausführung vor. Phil. 3, 12: $\dot{\epsilon}\varphi$' $\tilde{\omega}$ $\varkappa\alpha\grave{\iota}$ $\varkappa\alpha\tau\epsilon\lambda\acute{\eta}\varphi\vartheta\eta\nu$ heisst: „wozu ich auch ergriffen ward", nämlich dazu, dass ich auch den Herrn ergreifen möchte. Phil. 4, 10 $\dot{\epsilon}\varphi$' $\tilde{\omega}$ $\varkappa\alpha\grave{\iota}$ $\dot{\epsilon}\varphi\varrho\sigma\nu\epsilon\tilde{\iota}\tau\epsilon$ heisst: „woran ihr auch dachtet", oder was ihr auch willens wart, aber die Zeit wollte es nicht leiden.

Wenigstens dass steht fest, das jene Stellen die Bedeutung Weil nicht mit Gewissheit ergeben. Mit Ungewissem aber Ungewisses gewiss machen wollen, ist kein richtiges Verfahren. Wenn M aus der spätern Gräcität zwei Beispiele anführt, nämlich Theoph. ad Autol. 2. 40 und Plut. de Pyth. orac. 29, so habe ich den Theoph. leider nicht zur Hand, kann daher nicht aus dem Zusammenhange beurtheilen, ob die angeführte Stelle richtig verstanden ist. Die aus Plutarch ist falsch aufgefasst. Es heisst dort: $\varphi\iota\lambda\tilde{\omega}$ $\dot{\epsilon}\mu\alpha\nu\tau\grave{o}\nu$ $\dot{\epsilon}\varphi$' ois $\dot{\epsilon}\gamma\epsilon\nu\acute{o}\mu\eta\nu$ $\pi\varrho\acute{o}\vartheta\nu\mu\sigma\varsigma$ d. h. $\varphi\iota\lambda\tilde{\omega}$ $\dot{\epsilon}\mu\alpha\nu\tau\grave{o}\nu$ $\dot{\epsilon}\pi\grave{\iota}$ $\tau\sigma\acute{\nu}\tau\sigma\iota\varsigma$, $\dot{\epsilon}\varphi$' ois, nicht $\dot{\epsilon}\pi\grave{\iota}$ $\tau\sigma\acute{\nu}\tau\omega$ oder $\tau\sigma\acute{\nu}\tau\sigma\iota\varsigma$, $\acute{o}\tau\iota$ . . ich bin mir selbst gut um der Dinge willen, wozu ich bereitwillig gewesen, nämlich Verschönerungen am Heiligthum zu Delphi auszuführen". Diesen beiden Stellen finde ich in der H'schen Bearbeitung des M'schen Commentars noch eine dritte beigegeben aus Diod. Sicul. 19, 98: $\dot{\epsilon}\varphi$' $\tilde{\omega}$ — $\tau\grave{o}$ $\mu\grave{\epsilon}\nu$ $\mu\epsilon\tilde{\iota}\zeta\sigma\nu$ $\varkappa\alpha\lambda\sigma\tilde{\nu}\sigma\iota$ $\tau\alpha\tilde{\nu}\varrho\sigma\nu$, $\tau\grave{o}$ $\delta\grave{\epsilon}$ $\check{\epsilon}\lambda\alpha\sigma\sigma\sigma\nu$ $\mu\acute{o}\sigma\chi\sigma\nu$ soll angeblich heissen: weil sie das Grössere Stier nennen. Diodor erzählt nämlich von einer $\lambda\acute{\iota}\mu\nu\eta$ $A\sigma\varphi\alpha\lambda\tilde{\iota}\tau\iota\varsigma$ mitten in Idumäa, dass bald eine grössere, bald eine kleinere compacte Masse von Asphalt auf dem See zum Vorschein komme," weshalb die Anwohner die eine, als die grössere Stier, die andere in Anbetracht ihrer Kleinheit Kalb nennen". Sehr richtig übersetzt Rodomannus (Wesseling) qua de causa, nicht propterea quod.

Gesetzt aber auch: es liesse sich aus alten Grammatikern —

denn zu diesen hat man sich schliesslich geflüchtet — mit grösster
Evidenz erweisen, dass $\dot{\epsilon}\varphi'\ \tilde{\psi}$ für $\ddot{o}\tau\iota$ gebraucht worden sei, so
würde damit nichts weiter erwiesen sein, als dass die spätere Grä-
cität in diesem Stück von der classischen Redeweise sich entfernt,
nicht aber, dass der Apostel sich proleptisch dieser Redeweise bedient habe.*)

Unter diesen Umständen ist die neueste Auslegung von $\dot{\epsilon}\varphi'\ \tilde{\psi}$
$\pi\acute{a}\nu\tau\epsilon\varsigma\ \ddot{\eta}\mu$. aus sprachlichen Gründen zu verwerfen. Man hat sich
zuerst darauf gesteift, $\vartheta\acute{a}\nu\alpha\tau o\varsigma$ als physischen Tod aufzufassen.
Dann war ja freilich nicht abzusehen, dass die von Adam über-
kommene Sterblichkeit Grund des Sündigens für die Adamiten sein
sollte. So wurde man durch das $\pi\rho\tilde{\omega}\tau o\nu\ \sigma\varphi\acute{a}\lambda\mu\alpha$ auf das zweite
gedrängt; dem $\dot{\epsilon}\varphi'\ \tilde{\psi}$ musste jedenfalls eine Bedeutung errungen
werden, bei welcher der angenommene Begriff von $\vartheta\acute{a}\nu\alpha\tau o\varsigma$ bestehen konnte. Gess hat schon das Richtige gesehn, wenn er aus-
legt: „über alle ist der $\vartheta\acute{a}\nu\alpha\tau o\varsigma$ gekommen, auf Grund dessen dann
alle menschlichen Individuen Acte von Sünden begangen haben".
Geirrt hat er darin, dass er $\vartheta\acute{a}\nu\alpha\tau o\varsigma$ ohne Weiteres als Sünde
fasste. Die Geschiedenheit von der Gottesgemeinschaft, d. i. von
dem ewigen Leben, war bei Adam Folge der Sünde, bei den
Adamiten Grund des Sündigens. Nicht die Adamitische Thatsünde,
sondern deren Folge ist auf das Menschengeschlecht gekommen.
Diese Folge ist der Mutterschooss alles Sündigens. Von dem $\vartheta\acute{a}$-
$\nu\alpha\tau o\varsigma$ in 5, 12 ist sehr wohl zu unterscheiden der $\vartheta\acute{a}\nu\alpha\tau o\varsigma$ und
das $\dot{a}\pi o\vartheta\nu\acute{\eta}\sigma\kappa\epsilon\iota\nu$ in Röm. 7, die Strafe nämlich für positive Gesetzesübertretung, d. i. die Strafe für individuelle Versündigung
ist zu unterscheiden von dem Adamitischen Erbe.

vv. 13 und 14. Soweit nöthig, sind diese Verse schon bei der
Auslegung von v. 12 besprochen.

Die nun folgenden Verse 15—21 bestätigen, was über Inhalt
und Zusammenhang des 5. Capitels, insonderheit des Abschnittes
8 bis 14 dargelegt und mit besondrer Beziehung auf das richtige
Verständniss von v. 12 zur Verwendung gebracht ist.

Es ergiebt sich nämlich, dass in diesen Versen von einem Ver-

---

*) Die Stellen aus Favorin entscheiden nichts. Woher sind sie ge-
nommen? Hat sie der Grammatiker richtig verstanden? Hat man die
Worte richtig interpungirt? Ein einziges Fragezeichen ändert alles: $\dot{\epsilon}\varphi'$
$\tilde{\psi}\ \tau\grave{\eta}\nu\ \varkappa\lambda o\pi\acute{\eta}\nu\ \epsilon\dot{\iota}\rho\gamma\acute{a}\sigma\omega;\ \dot{\epsilon}\varphi'\ o\dot{\iota}\varsigma\ \tau\grave{o}\nu\ \nu\acute{o}\mu o\nu\ o\dot{\upsilon}\ \tau\eta\rho\epsilon\tilde{\iota}\varsigma;\ \varkappa o\lambda\alpha\sigma\vartheta\acute{\eta}\sigma\eta$. „Weshalb hast du gestohlen? Warum hältst du nicht das Gesetz? Du wirst
bestraft werden." Man lösche die Fragezeichen und liest dann: weil du
gestohlen hast u. s. w., wirst du bestraft werden." Das aus Synes. an-
geführte, dem Devarius entnommene Beispiel $\dot{\epsilon}\varphi'\ o\dot{\iota}\varsigma\ \gamma\grave{a}\rho\ \Sigma\epsilon\varkappa o\tilde{\upsilon}\nu\delta o\nu\ \epsilon\dot{\upsilon}$
$\dot{\epsilon}\pi o\acute{\iota}\eta\sigma\alpha\varsigma,\ \ddot{\eta}\mu\tilde{a}\varsigma\ \dot{\epsilon}\tau\acute{\iota}\mu\eta\sigma\alpha\varsigma\ \varkappa.\ \tau.\ \lambda.$ hat M anders gedeutet, als Devarius.
Der Letzte richtig: in eo, quod bene fecisti Secundo, nos honorasti.
M: „weil du dem Sec. wohl gethan, hast du uns geehrt". Richtiger: mit
dem, was du an Sec. Gutes gethan, hast du uns geehrt. Ich zweifle nicht
daran, dass es mit dem Beispiel, welches Thomas Mag. aus Synes. ep. 73
anführt, eine ähnliche Bewandniss hat.

gleichungssatze zu v. 12, wenn auch nur dem Sinne nach, gar nicht
die Rede ist, denn die Verse 15—21 sind Ausführung des Thema's:
ἀλλ' οὐχ ὡς τὸ παράπτωμα, οὕτω καὶ τὸ χάρισμα. Hiervon
müsste der Apostel abgesprungen und etwa mit v. 18 eingelenkt sein
in das ursprünglich v. 12 angefangene Thema: ὡς τὸ παράπτωμα,
so dass dann vv. 15—21 etwa aussagen würden: οὕτω τὸ χάρισμα.
Das ist aber nicht der Fall. Zu v. 14 möchte ich noch nachträglich bemerken, dass ich den Satz: Ἀδὰμ τύπος τοῦ μέλλοντος
nicht für einen von dem Apostel der jüdischen Theologie entlehnten,
sondern für einen aus der so eben in der Parallele vv. 8—12 selbstständig entwickelten halte. Wenigstens ist meines Wissens das
Vorhandensein dieses Satzes in der damaligen Theologie nicht nachgewiesen worden. Erst bei den Talmudisten finden sich gleiche oder
ähnliche Aussprüche, versteht sich in ganz anderem Sinne und zu
ganz anderem Zwecke. Ich meine, dass die spätern Rabbinen diese
Parallele, wie manches andere, von dem Apostel entlehnt haben, nicht
umgekehrt

v. 15. Der Sündenfall und das Gnadengeschenk, sagt der
Apostel, stehen nicht in gleichem Verhältniss zu einander, denn was
die Vielen durch den Sündenfall des einen Menschen (nämlich
Adam's) verloren, das haben sie in viel höherem Maasse durch die
Gnade und Gabe Gottes vermöge der Huld des andern Menschen
Jesus Christus gegen die Vielen gewonnen.

Hier nur die Notiz, dass, wenn der Apostel in der zweiten
Hälfte des 5. Capitels πάντες und πολλοί mit einander wechseln
lässt, ihn dazu Jesaias 53, 12 bestimmt haben mag. Mir wenigstens ist es sehr wahrscheinlich, dass, wie an mehrern Stellen des
Römerbriefs, so auch hier das 53. Capitel des Jesaias dem Apostel
vorgeschwebt und seine Diction bestimmt hat.

v. 16. Und diese Gabe ist in diametral umgekehrter Weise
vermittelt, denn das Gericht von einem Sündenfall (ἑνὸς neutr.)
ward zur (allgemeinen) Verdammniss; die Gnadengabe von vielen
Sünden her (πολλῶν neutr.) zur (allgemeinen) Rechtfertigung.

v. 17. Dass die Sache sich so verhält, zeigt die Thatsache,
dass durch die solidarische Zusammengehörigkeit mit Christo, durch
welche, was er erworben, zugleich für die Menschheit erworben, nun
auch sein Sieg über den Tod, also sein Leben, das Leben aller
derer ist, welche den Ueberschwang der Gnade und der Gabe der
Gerechtigkeit empfangen, so dass also durch den andern Menschen
(Jesum Christum) selbstverständlich nun diejenigen über den Tod
herrschen, über welche in Folge des Sündenfalls Adams der Tod
geherrscht hatte.

Also paraphrasirt:

„Denn, wenn der Fall des Einen die Wirkung hatte, dass
der Tod herrschte durch den Einen [kraft der solidarischen Verbindung mit Adam, in Folge derer Allen widerfahren ist, was dem
Einen], so werden um so mehr diejenigen, welche das Uebermaass

der Gnade und der Gabe der Gerechtigkeit empfangen im Leben [Gegensatz zum Tode: das der Menschheit erworbene Lebenselement] herrschen durch den anderen, Jesum Christum." Somit v. 15 Maas der Gabe, v. 16 Wirkung der Gabe. Die $\pi\varepsilon\varrho\iota\sigma\sigma\varepsilon\iota\alpha$ der Gnade folgt selbstverständlich aus der durch das Leben in Christo principiell gesetzten Herrschaft der Gläubigen über das Todeselement v. 17.

Auf diese $\pi\varepsilon\varrho\iota\sigma\sigma\varepsilon\iota\alpha$ ist bei dem Uebergang zu v. 18 sorgfältig, zu achten. Ständе nämlich das $\chi\alpha\varrho\iota\sigma\mu\alpha$ zum $\pi\alpha\varrho\alpha\pi\tau\omega\mu\alpha$ in gleichem Verhältniss, so würde dasselbe über die Wiederholung des Zustandes (restitutio in integrum),' in welchem der Mensch vor dem Sündenfall sich befand, nicht hinausgehen dürfen; es würde einfach auf dem Gnadenwege die Zurücknahme des Todesdecrets zu erfolgen gehabt haben. Damit wäre den also Begnadigten zwar die Möglichkeit des Lebens (der $\zeta\omega\dot\eta$ im Sinne von v. 17), aber auch die Möglichkeit des Todes durch wiederholten Sündenfall gegeben. Die Theilnahme aber an der $\zeta\omega\dot\eta$ $X\varrho\iota\sigma\tau o\tilde{v}$ schliesst diese letztere Möglichkeit aus; die $\zeta\omega\dot\eta$, welche der begnadigten Menschheit in Christo verliehen ist, sie ist das Plus, die $\pi\varepsilon\varrho\iota\sigma\sigma\varepsilon\iota\alpha$ der Gnade, gegenüber der Wirkung des Adamitischen Falls: wir haben relativ mehr gewonnen, als verloren! Dabei bleibt es.

v. 18. Summarische Recapitulation des Abschnittes vv. 13—17, nicht der ganzen von v. 12 an behandelten Parallele (M-W); v. 12 ist das zweite Glied einer Gleichung. Dagegen haben wir von v. 13 ab eine Vergleichung vor uns, deren Exponent in v. 15a. Schwierigkeit macht: $\varepsilon\iota\varsigma$ $\delta\iota\varkappa\alpha\iota\omega\sigma\iota\nu$ $\zeta\omega\tilde{\eta}\varsigma$. Nach M soll darunter verstanden werden eine Rechtfertigung, welche den Besitz des ewigen Lebens zur Folge hat, nach H eine Rechtfertigung, welche das Leben zuerkennt. G fast, wie M, welche das ewige Leben wirkt. W, welche zum ewigen Leben gehört, ohne welche es Leben nicht giebt. — Die Ausleger stimmen also darin überein, dass unter $\zeta\omega\dot\eta$ v. 18 das ewige Leben zu verstehen sei. Jedenfalls werden sie die $\zeta\omega\dot\eta$ in v. 17 nicht anders verstehen wollen; in diesem Falle erhalten wir dicht hintereinander zwei auf die $\zeta\omega\dot\eta$ bezügliche Aussagen, welche miteinander nicht stimmen, nämlich in v. 17: $\dot\varepsilon\nu$ $\zeta\omega\tilde{\eta}$ $\beta\alpha\sigma\iota\lambda\varepsilon\dot{v}\sigma\sigma\sigma\iota$, in v. 21: $\dot{\iota}\nu\alpha$ $\dot\eta$ $\chi\dot\alpha\varrho\iota\varsigma$ $\beta\alpha\sigma\iota\lambda\varepsilon\dot{v}\sigma\eta$ $\varepsilon\iota\varsigma$ $\zeta\omega\dot\eta\nu$ $\alpha\iota\dot\omega$-$\nu\iota o\nu$. Nach meiner Ansicht ist hier die $\zeta\omega\dot\eta$ $\alpha\iota\dot\omega\nu\iota o\varsigma$ als Ziel- und Zweckpunkt des Gnadenregiments bezeichnet, wenn in v. 17 die $\zeta\omega\dot\eta$ als das neue Lebenselement erscheint, in welchem solch Gnadenregiment statt hat. — Anders ist $\zeta\omega\dot\eta$ auch in v. 18 nicht aufzufassen; es ist im Gegensatz zum $\vartheta\dot\alpha\nu\alpha\tau o\varsigma$ das Auferstehungsleben Christi oder mit andern Worten das durch Christum der Menschheit wiedergewonnene Leben. Ueber das Verhältniss des Auferstandenen zur $\delta\iota\varkappa\alpha\iota\omega\sigma\iota\varsigma$ habe ich mich zu 4, 25 ausgesprochen. Unsre Rechtfertigung ist vermittelt durch den, der unsre Gerechtigkeit ist, durch den Auferstandenen, oder setzen wir für die Person das sachliche Correlat, durch die $\zeta\omega\dot\eta$. So kann $\delta\iota\varkappa\alpha\iota\omega\sigma\iota\varsigma$ $\zeta\omega\tilde{\eta}\varsigma$ nur sein: eine

Rechtfertigung, welche von dem Leben ausgeht, in ihm ihren Quell, ihren Grund hat. Christus ist darum auferweckt worden, dass er die durch sein Todesleiden erworbene Gerechtigkeit in Empfang nehme für sich und für die von ihm vertretene Menschheit. Somit ist alle Rechtfertigung vermittelt durch Christi Auferstehung oder, was dasselbe ist, durch seine ζωή, allgemeiner ausgedrückt, da es für die Menschen eine andere ζωή nicht giebt, als die seinige, durch ζωή überhaupt.

Dieser ζωή kommt eben, weil sie ζωή ist, das Prädicat der Stetigkeit zu. Leben, so lange es Leben ist, erweist sich als die constante petitio principii, als das stetige Bewegen und Setzen seines Anfangs und Zwecks. Somit wird die δικαίωσις durch den Genitiv ζωῆς als eine Rechtfertigung bezeichnet, welche nicht bloss als einmaliger Act von Gott durch den auferstandenen Herrn in die Geschichte der Menschheit eingeführt worden ist, sondern als permanente Action des Auferstehungslebens Christi sich erweist. Gerechtfertigt werden heisst Theil empfangen an Christi Leben.

Sehen wir nun auf das verglichene Object zurück, so können wir sagen:

Das κατάκριμα war ein Act über Alle, die δικαίωσις ist auch ein Act, der auf einen Jeglichen erstreckt werden soll, aber in Betreff der Gesammtheit kein Act, mit Einem Schlage Alle treffend, sondern eine permanente Action des Heils, welche durch den Auferstandenen sich vermittelt, eine δικαίωσις ζωῆς.

In dem Verhältniss des κατάκριμα zur δικαίωσις ist die ζωή das Ueberflüssige, die περίσσεια.

v. 19. Dass die Sache sich so verhält, zeigt v. 19. Den Act im Gegensatz zur Action bezeichnet der Aorist κατεστάθησαν im Gegensatz zum futur. κατασταθήσονται.

Man könnte nun zu den vv. 18 und 19 die Frage aufwerfen, ob in der δικαίωσις ζωῆς, sowie in dem fut. κατασταθήσονται wirklich eine περίσσεια der Gnade ausgedrückt sei, und nicht vielmehr ein ἰστέρημα, denn es scheint, als wenn behufs Herstellung der einfachen Gleichung zwischen dem erlittenen Unheil und der Heilsgabe in v. 18 statt εἰς δικαίωσιν ζωῆς zu setzen gewesen wäre δικαίωμα, also nicht der Heilsweg, sondern das Heil als fait accompli, die Generalamnestie gegenüber dem über Alle ergangenen Verdammungsurtheil; imgleichen in v. 19 statt des fut. das perfect καθίστανται.

So scheint es. Man wolle jedoch erwägen, dass, wenn die Rechtfertigung in gleicher Weise zu der Gesammtheit oder zu den Vielen hätte gelangen sollen, wie die Verdammung, nämlich auf dem Wege der Vererbung von Geschlecht zu Geschlecht, Christus als wahrhaftiger Mensch der einzige Gerechte geblieben wäre, denn er war der einzige in seiner Art. Darum war es eine περίσσεια der Gnade, dass an Stelle des Unheilswegs der Heilsweg gesetzt wurde, welchem gemäss die Rechtfertigung durch Zurechnung des δικαίωμα Christi, oder was dasselbe ist, durch Mittheilung seiner ζωή erfolgt, imgleichen, dass die Theilnahme an der ζωή von Allen nachgesucht werden kann, während die Theilnahme an der Adamitischen Schuld ein Verhängniss war, welchem gegenüber der Wille des Menschen von jeder Bethätigung ausgeschlossen blieb.

In v. 20 wird der Apostel dessen eingedenk, dass hinter Adam und vor Christus bereits eine Gottesoffenbarung erfolgt sei, von welcher irrthümlich angenommen wurde, dass sie zur δικαίωσις führe.

Der Apostel führt aus, dass das Gesetz dazwischen eingekommen sei, nicht um gerecht zu machen, sondern um das wahre Wesen der Sünde ans Licht zu bringen. Nicht Minderung, sondern Mehrung der Sündenfälle war des Gesetzes Wirkung und Zwek.

Νόμος ohne Artikel. W erklärt: „ein Gesetz aber, wie es das Mosaische war, welches den Willen Gottes ausdrücklich kund machte". Nicht doch. Νόμος ohne Artikel ist, wie schon oft gesagt, prädicativ aufzufassen. Von dem ὁ νόμος weiss der Apostel viel Anderes zu sagen. Ὁ νόμος ist νόμος, aber noch mehr, als das. Der Apostel hebt an ὁ νόμος eben nur diese Seite hervor, nach welcher es befehlend, anordnend auftritt. Je mehr solcher Befehle, desto mehr Zuwiderhandlungen.

Οὗ ist nicht zeitlich (so Grot., de Wette, Fritzsche), sondern mit M räumlich aufzufassen: Wo.

v. 21. Ἐν τῷ θανάτῳ als in ihrem Herrschaftsgebiet. Διὰ δικαιοσύνης ist eine andere Wendung für ἐν ζωῇ v. 17. Das Leben, von welchem dort gehandelt wird, ist eben die Heimstätte der Gerechtigkeit; ein Regiment in dieser Sphäre kann sich nur vollziehen durch das demselben in absoluter Weise eignende Mittel der Schuldfreiheit. Dieses Regiments Zweck und Ziel kann nur sein die ζωὴ αἰώνιος, in welche unser Haupt und Herr Jesus Christus die Seinen einführt.

Es erhellt, dass auch die vv. 18—21 nichts weiter sind, als die Entwicklung des in v. 15 ausgesprochenen Thema's. So ist nachgewiesen, was ich nachweisen wollte, dass eine comparative Ergänzung, bez. ein Nachsatz zu dem 12. Verse in den vv. 15—21 nicht zu suchen ist, womit denn die Annahme, dass v. 12 nicht erster, sondern zweiter Vergleichungssatz ist, das Verglichene aber in den vorangegangenen vv. 8—11 zu suchen ist, an Wahrscheinlichkeit gewinnt, oder besser gesagt: der Gewissheit nahe gebracht wird.

Von der Vollendung des Heils aber, wie ich dies Capitel überschrieben habe, handelt die zweite Hälfte in ganz besonderer Weise, sofern darin der Nachweis erbracht wird, dass das Heil nicht bloss in der Wiedererstattung des Verlorenen bestehe, sondern, was mehr ist, in der Theilnahme an dem Auferstehungsleben Jesu Christi, durch welche wir der Einführung in die ewige Seligkeit gewiss sein dürfen.

Capitel 6.

Die Capitel 6—8 bilden ein Ganzes. Wie schliessen sie sich
an das Vorangegangene an? und in welcher Beziehung steht insonderheit Capitel 6 zu Cap. 5 und zu dem Ganzen? Ich lasse zunächst
die neuesten Ausleger ihre Meinung vortragen. *G* sagt:

„Der Apostel hat im ersten Theil von Capitel 5 unsere Blicke
hingelenkt auf einen Tag des Zorns, den Tag des künftigen Gerichts; ihn beschäftigt erstlich die Frage, ob die jetzt erlangte
Rechtfertigung auch für diese letzte und entscheidende Stunde in
Kraft bleiben werde. Um diese Frage zu lösen, hat er ein Heilsmittel dazwischen treten lassen, von welchem er zuvor noch gar
nicht gesprochen hatte: die Theilnahme am Leben Christi und
auf diese vorläufig schon Cap. 5, 9. 10 angekündigte Thatsache hat
er die Gewissheit gegründet, dass unsre Rechtfertigung werde in
Geltung erhalten bleiben bis auf den Tag der letzten Probe. Indem
Paulus jenes Wort aussprach, bezeichnete er im Voraus das neue
Gebiet, in welches er nunmehr eintritt — das der Heiligung.“

Also die Theilnahme an dem Leben Christi ein neues Heilsmittel!

„Leben heisst nicht nur den Frieden mit Gott wieder erlangt
haben durch die Rechtfertigung; es heisst: wohnen im Licht seiner
Heiligkeit und handeln in beständiger Gemeinschaft mit Ihm. Die
Vergebung ist im Heilungsprozess der Seele nur die entscheidende Wendung zur Genesung; die Wiederherstellung
der Gesundheit ist die Heiligung. Die Heiligkeit ist das wirkliche und wahre Leben.“ So *G* in weiterer Verfolgung seines Grund-
irrthums von einer doppelten Rechtfertigung aus dem Glauben und
aus den Werken, den ich schon oben besprochen habe.

Man erkennt sofort, dass *G* die Rechtfertigung durch den
Glauben nicht als persönliche Aneignung des in Christo thatsächlich
vollzogenen Heils (des δικαίωμα Χριστοῦ), sondern als Bereit-
stellung für den Heilungsprozess ansieht, von welchem ja freilich
gesagt werden muss, dass ein Christ aus diesem Leben wohl niemals
scheiden wird, der da sagen könnte, dass dieser Prozess bei ihm
vollständig durchgeführt sei, und dass er daher mit guter Zuversicht
dem Tage des künftigen Gerichtes könne entgegensehen.

Da der *G*'sche Irrthum ohne Zweifel Anklang und Anhang
finden wird, so gehe ich tiefer ein, als nöthig sein würde, wenn es
sich um eine einfache unverfängliche Sondermeinung handelte.

G nennt sein Verständniss des wahren Verhältnisses zwischen
Rechtfertigung und Heiligkeit den Schlüssel zum Römerbrief, ja zum
ganzen Evangelium, und wendet sich gegen alle die Exegeten und
Dogmatiker, welche das Verhältniss zwischen beiden bisher anders
aufgefasst haben, als er. Das Resultat seiner Censur giebt er mit
folgenden Worten:

„Die Heiligung ist weder eine Bedingung der Rechtfertigung

[sollte richtiger heissen: der andauernden Gültigkeit der Rechtfertigung], noch eine Folgerung aus ihr [d. i. eine moralisch-logische; Folgerung ist nicht Folge!], sie ist auch nicht die Ursache derselben [er meint, sie sei nicht die andere Seite der Rechtfertigung], noch weniger ihre Verneinung [gegen Lüdemann, der den Apostel in den fünf ersten Capiteln die jüdisch-juridische Theorie von der Rechtfertigung vortragen lässt, die nunmehr mit der richtigen moralischen vertauscht werde]." Nun giebt *G* seine eigne Meinung: „Das wahre Verhältniss zwischen der Rechtfertigung und der christlichen Heiligkeit, sowie es Paulus auffasst, scheint uns das zu sein; die Rechtfertigung durch den Glauben ist das Mittel, und die Heiligung der Zweck [Gewiss, ob aber der finale Zweck?]. Je schärfer man jene beiden göttlichen Gaben unterscheidet [also die Heiligung nicht in und mit der Rechtfertigung gesetzt, sondern eine besondere Gabe für sich?!], um so besser begreift man das wirkliche Band, welches sie verknüpft. Gott ist der allein Gute; das Geschöpf kann also das Gute thun nur in Ihm. Folglich, will man den Menschen in den Stand setzen, sich zu heiligen, so muss man damit anfangen, dass man ihn mit Gott versöhnt und ihm die Gemeinschaft mit Gott wieder aufschliesst [also die καταλλαγή eben nur der Anfang!]. Hiezu ist es nothwendig, die ihn von Gott trennende Scheidewand umzustossen — das göttliche Verdammungsurtheil, welches ihn als Sünder trifft. Ist einmal dies Hinderniss durch die Rechtfertigung weggeräumt und die Versöhnung zu Stande gebracht, dann öffnet sich das Herz des Menschen mit völliger Hingabe der göttlichen Huld, die ihm wieder erschlossen ist [wirklich?], und andererseits kommt auch die durch den Zustand der Verdammniss unterbrochene Gnadenmittheilung von Oben wieder in Fluss [!]. Der heilige Geist, welchen Gott einem mit ihm in Kriegszustand lebenden Wesen nicht zu gewähren vermochte, versiegelt nun in seinem Herzen das neue, auf die Rechtfertigung gegründete Verhältniss und vollendet das Werk einer freien und wahrhaft innerlichen Heiligung." [Wo bleibt nun das zweite Heilsmittel: die Theilnahme am Leben Christi, wovon oben die Rede war? Bei der Rechtfertigung ist also Christi Sterben und Auferstehen der Grund; von da ab ist der Herr Christus bei Seite geschoben. Die völlige Hingabe an die göttliche Huld, das Wieder-Flüssigwerden der göttlichen Gnade, die Werke des heiligen Geistes, Alles das macht sich nunmehr von selbst. Nun aber spricht Christus: Ich will euch den Tröster senden u. s. w.]. Das war das Ziel, welches *G* von vorne herein im Auge hatte, denn „die Heiligkeit ist das Seligsein in seinem Wesen selber." [Ja wohl, aber ein anderes, als *G* meint: nicht die erworbene oder die im Heiligungsprozess fortschreitende, sondern die in Christo thatsächlich vorhandene und von dem Sünder gläubig angeeignete Heiligkeit.] Man muss nach *G* die Rechtfertigung betrachten als die enge Pforte, durch welche wir eintreten auf den schmalen Pfad der Heiligung, die zur Heiligkeit führt. Richtiger betrachtet der Christ die Rechtferti-

‚gung als den Himmel, der sich über ihm ausbreitet und unter
dessen Einflüssen er den Weg zum ewigen Leben wandelt, indem die
Sonne der Gnade Gottes in Christo Jesu ihm leuchtet, ihn erwärmt
und belebt, ihn aufrichtet und tröstet. Dieser Wandel des Gerechtfertigten unter den Augen des in Christo Jesu versöhnten, gnadenreichen Gottes heisst eben Heiligung.

G disponirt die beiden Capitel nun so: die Heiligkeit in Christo
(6—7, 6); ohne Gesetz (7, 7—25), durch den heiligen Geist (8,
1—30).

Meine Bedenken gegen die G'sche Lehre von dem Verhältniss
der Rechtfertigung zur Heiligung habe ich dem Referat gleich in
Klammern beigefügt. Der Kern des Irrthums scheint mir dieser zu
sein, dass G, wiewohl er die Heiligung als eine Folge des in der
Rechtfertigung beschlossenen Princips ansieht, dennoch thatsächlich
die Heiligung als einen hinter der Rechtfertigung liegenden, aus der
wiederhergestellten Lebensbeziehung zwischen Gott und dem vor-
maligen Sünder sich ergebenden Prozess auffasst, ohne nachgewiesen
zu haben, wie doch nur diese Lebensbeziehung, welche etwas andres
ist, als blosse Sündenvergebung, zu Stande kommt.

Zum Theil basirt seine Theorie auf dem unrichtigen Begriff
von ζωή, und auf der eigenthümlichen Stellung, welche er diesem
Begriff zur Rechtfertigung giebt. — Meine Auslegung von Röm. 5,
9. 10 ist zugleich die Widerlegung der G'schen Neuerung.

Viel richtiger fasst M den Inhalt der Capitel 6. 7 auf. Er sieht
darin eine Darstellung „der ethischen Wirkungen der δικαιοσύνη
θ. — wie sie weit entfernt der Unsittlichkeit Vorschub zu leisten,
die Sittlichkeit erst recht herstellt, fördert und belegt, so Capitel
6 und 7; endlich schildert der Apostel in Capitel 8 die selige Situation derer, die als Gerechtfertigte sittlich Freie sind".

Auch ich halte dafür, dass der Apostel in den Capiteln 6—8
die Lehre von der Rechtfertigung gegen den Vorwurf des sittlichen
Indifferentismus und des formalen Dogmatismus vertheidigt. Dass er
zu solcher Apologie vor der römischen Gemeinde Veranlassung hatte,
zeigt 3, 8. 31 zur Genüge. Auch in Rom suchten jüdische Send-
linge (16, 17. 18) Unkrautsamen auszustreuen und gegen die Paulinische Lehre zu hetzen. Wenigstens sah der Apostel die Gefahr in
nächster Nähe. Was lag nun für die Gegner des Paulinismus näher
als die Verdächtigung: Paulus gefährde mit seiner Polemik gegen
das Gesetz die Grundlage aller sittlichen und staatlichen Ordnung.
War nun auch, wie gesagt, die Agitation nicht von der Bedeutung
der in den kleinasiatischen Gemeinden, sowie in Macedonien und
Achaia wirkenden Gegenmission, so hielt der Apostel doch für angebracht, jetzt schon dergleichen Anschuldigungen und Verdächtigungen
zu entkräften. Man wird wenigstens die Capitel 6 und 7 als eine
Apologie der Paulinischen Lehre gegen den Vorwurf des
Anomismus und Idealismus auffassen können. Das 8. Capitel
würde sich einschliessen lassen in die Ueberschrift: Die Bedeu-

tung der Rechtfertigungslehre für das christliche Leben,
zumal das apologetische Interesse im Grunde genommen zurücktritt
gegen das Bestreben des Apostels, die sittliche Bedeutung der
Rechtfertigungslehre festzustellen. Man würde jedoch irren, wollte
man, wie *G* in den Capiteln 6—8 ein System der Heiligungslehre
oder, wie *M* eine Darstellung der sittlichen Wirkungen der δικαιοσύνη finden. Der Apostel behandelt hier nicht die christliche Ethik,
sondern die Stellung der Rechtfertigungslehre zum ethischen Princip. Das ethische Princip aber ist die den Menschen
in allen seinen Functionen bestimmende Potenz. Die Dienststellung des Christen ist die sein Thun bestimmende Macht. Der
Apostel weist in Capitel 6 nach, dass das Christenthum nicht sei
die Religion der ethischen Ungebundenheit und Willkür, nicht die
Religion der schrankenlosen Autonomie, sondern dass sein innerstes
Wesen sei Gebundenheit in Christo Jesu. Im Anschluss an die
Terminologie des Apostels (6, 16. 17. 18. 19. 20, wo δοῦλος und
ὑπακούειν mit einander wechseln) überschreibe ich daher das 6. Capitel: „Der neue Dienst", erhalte dann sofort Anschluss an Ca-
pitel 7, denn der neue Dienst konnte nicht übernommen sein, ohne
Lösung des alten Dienstverhältnisses; in 7 zeigt der Apostel unser
Recht, den alten Dienst zu lösen a) aus Gründen des formalen
Rechts, b) aus Gründen der erfahrungsmässig constatirten Unmög-
lichkeit, in dem alten Dienstverhältniss zum Heil zu gelangen. Capitel 8 würde dann die Seligkeit des neuen Dienstes darlegen,
sofern hier schon a) einerseits die gewisse Hoffnung auf des Leibes
Erlösung, b) der Schutz Gottes unter allen Fährlichkeiten uns geleitet.
Es hindert nichts, die Capitel 6. 7. 8 insgesammt unter den
Gesichtspunkt des neuen Dienstes zu stellen, und zwar so, dass
Capitel 6 das Wesen, Capitel 7 das Recht, Capitel 8 die Hoffnung des neuen Dienstes zur Darstellung bringt.

Was noch sonst gefragt werden könnte, wird sich durch die
Auslegung erledigen. Den Zusammenhang zwischen Capitel 5 und 6
vermittelt οὖν.

v. 1. Nach *G* würde aus der gesammten Entwicklung in Capitel 1—5 gefolgert sein. Es ist ja nicht unrichtig, dass in weiterem
Betracht eine solche Rückbeziehung stattfindet, denn Capitel 6 ist
Glied eines Ganzen, und der Apostel argumentirt stets aus dem
Ganzen, eben weil er dialectisch schreibt. Wir fragen jedoch hier
nicht nach dem Verhältniss von Capitel 6 zu dem Gesammtinhalt
der vorausgegangenen Abschnitte, sondern wir fragen nach dem
nächsten Zusammenhange. Gewöhnlich sagt man, der Apostel habe
6, 1 an 5, 20 angeschlossen. Nun ist allerdings in 6, 1 eine Bezugnahme auf 5, 20 enthalten, jedoch offenbar nur zu dem Zweck,
um die Frage, ob Christen in der Sünde verharren dürfen, durch
Anlehnung an die apostolische Aeusserung in 5, 20 gewissermassen
zu ermöglichen, denn sie erscheint nach alle dem, was bisher
über den Ernst Gottes gegen die Sünde und über das Versöhnungs-

werk gesagt worden ist, als geradezu nichtswürdig oder doch nichts-
nutzig, daher im Munde des Christen unmöglich. Wir begreifen,
dass Paulus um desswillen die teleologische Beziehung ἵνα — πλεο-
νάσῃ einer besonderen Widerlegung nicht werth erachtet; vielmehr
das Verhältniss, in welchem der Gerechtfertigte zur Sünde steht,
sofort dogmatisch und paränetisch entwickelt. Somit muss dieser
Gedankencomplex von 1—11 seine Quellpunkte weiter rückwärts
haben. Was der Apostel unter Bezugnahme auf die Grundthat-
sachen des Christenthums auseinandersetzt, muss eben auf Aussprüche
des Apostels über Fundamentales zurückgehen. Und so ist es, wenn
die vv. 5, 18—21 richtig verstanden werden. Δἰ ἑνὸς δικαιώμ.
εἰς δικαίωσιν ζωῆς, dann διὰ τῆς ὑπακοῆς τοῦ ἑνὸς δίκαιοι κα-
ταςταθήσονται οἱ πολλοί, dann ἵνα ἡ χάρις διὰ δικαιοσίνης
βασιλεύσῃ. Wer in Christo ist, hat als solcher Theil an seinem
Leben; Die Wirkung dieses Lebens ist ἁγιασμός v. 22). Somit
ist die Rechtfertigung durch den Glauben, mittelst welcher wir eingetreten sind in das Leben Christi, die Quelle der christlichen
Ethik; dieser Thatsache gegenüber erscheint die Frage, ob Christen
bei der Sünde verbleiben sollen, geradezu sinnlos. Den Anschluss
also an die vorher entwickelte Heilsthatsache und an die Aneignung
ihres Princips markirt der Apostel mit οὖν.

Nun aber die Frage selbst! G hat Recht, dass gläubige Christen
nie die Alternative stellen werden: soll ich sündigen oder soll ich
nicht sündigen? Ich füge hinzu, dass die Frage, wie sie gemeinhin
aufgefasst wird, sittliche Zustände involvirt, wie sie bei Christen, insonderheit bei dem Apostel auch nicht einmal hypothetisch gesetzt
werden dürfen. Ueber den eigentlichen Sinn der Frage kann erst
dann eine nähere Aussprache erfolgen, wenn über den Text das
Nöthige beigebracht sein wird. Die Recepta liest: ἐπιμενοῦμεν;
Griesbach, Lachmann, Tischd.-Gebhardt lesen nach den gewichtigsten
Codd. A. B. C. D. E. F. G. ἐπιμένωμεν. Nur der Sinaitic. hat
ἐπιμένομεν. Bereits die ältesten librarii müssen in der Stelle
eine Schwierigkeit gefunden haben, mit welcher sie sich durch Ab-
änderung der Lesart abzufinden suchten.

M ist der Ansicht: ἐπιμενοῦμεν (so nur einige Minusc) sei
geschrieben wegen der Conformität mit ἐροῦμεν. Ἐπιμένωμεν ist
exhortativ, ἐπιμενοῦμεν deliberativ. Der Conjunctiv würde das
Befremdliche der Frage nur verstärken, die deliberative Form des
futur's dagegen mildern, zumal, wenn man mit M ἐροῦμεν vor ἐπιμένωμεν wiederholt: „sollen wir sagen: lasst uns beharren in der
Sünde u. s. w." Aber ob exhortativ oder deliberativ, immer setzt
die Frage voraus, dass der Fragende und die Gefragten trotz ihres
Christenstandes bisher ohne Scheu in der Sünde geblieben seien,
und jetzt erst aus Veranlassung der apostolischen Auseinandersetzung
sich darüber schlüssig machen wollen, ob sie bei der Sünde beharren
sollen oder nicht. Ob jedoch diametral Entgegenstehendes zulässig
sei, das, sollte man meinen, könne gar nicht zur Frage gestellt

werden. — Klarer wird die Situation durch die Lesart des Sinait. *ἐπιμένομεν.* Darnach wäre weder von einem Wollen (futur), noch von einem Sollen (conjunct.) die Rede, sondern von einer That- sache. Die Voraussetzung der Frage ist, dass Christen thatsächlich mit der Sünde noch nicht gebrochen haben, auch keine Anstalt machen, in den ernsten Kampf mit ihren Schoosssünden einzutreten, indem sie sich auf die Gnade berufen. Der Apostel mochte ferner dess eingedenk werden, dass er mit der Aeusserung in 5, 20 diese Christen in ihrem falschen Vertrauen nur bestärkt haben möchte. Kurz der Apostel würde mit *ἐπιμένομεν* nicht nach dem Wollen oder Sollen fragen, sondern nach dem Fortbestand der Thatsache. Darf das so bleiben? Soll die Gnade Gottes noch länger auf Muth- willen ·gezogen werden?

Hienach dürfte sich aus innern Gründen die Lesart des Sinait., wiewohl sie sonst von keinem Manuscript unterstützt wird, als die ursprüngliche empfehlen. Der Apostel hätte nicht, wie *M* annimmt, als mögliche Folgerung aus dem Vorhergehenden ein Problem sich gestellt, dessen verneinende Lösung nun sein Thema sein sollte, sondern er hätte leichtfertigen Auffassungen der Gnade gegenüber, wie sie in der römischen Gemeinde wohl stattfinden konnten, die streng sittliche Tendenz der Rechtfertigungslehre gegenübergestellt.

Dennoch hindert mich der Pluralis communicativ. *ἐπιμένομεν,* dieser ansprechenden Deutung beizutreten. Der Apostel hat entweder einen gegnerischen Vorwurf vor sich wie etwa 3, 8, und fragt, nachdem er in Cap. 5 die streng sittlichen Grundlagen der Recht- fertigungslehre entwickelt, mit Entrüstung, ob die Christen noch ferner einer heuchlerischen Protection der Sünde geziehen werden könnten, oder *ἁμαρτία* ist in Capitel 6 anders auszulegen, **so** näm- lich, dass ein *ἐπιμεῖναι τῇ ἁμαρτίᾳ* nicht geradezu als eine mit dem Christenthum unverträgliche Stellung angesehen wird. Die erste Auffassung würde sprachlich vollständig correct sein, hätte jedoch **sachlich** vornehmlich **dies** gegen sich, dass die Polemik in 6, 1. 2 fast wie ein Deus ex machina eintritt, ohne Basis in Capitel 5, ohne fortschreitende Berücksichtigung in Capitel 6, einem rhetorischen Einschiebsel gleichend, um einen ausführlichen Unterricht des Apo- stels über die nunmehrigen dienstlichen Verhältnisse des Christen daran zu hängen.

Ich wende mich zu der zweiten Möglichkeit, die *ἁμαρτία* so zu deuten, dass ein Verbleiben bei ihr nicht geradezu mit dem Christenthum unverträglich erscheint. So seltsam die von mir als **möglich** gesetzte Combination auf den ersten Blick sich darstellt, so wird sie durch nachstehende Erwägung näher gerückt werden. — Der Apostel fasst in Capitel 6 die Sünde als Herrin, als Herr- scherin auf. So v. 12: *μὴ βασιλευέτω ἡ ἁμαρτία,* und in v. 14 *ἁμαρτία ὑμῶν οὐ κυριεύσει.* Er redet von einem *δουλεύειν τῇ ἁμαρ.* v. 6, von einer Lösung des Unterthänigkeitsverhältnisses zur Sünde durch den Tod v. 7; von einem *ἐλευθερωθῆναι ἀπὸ τῆς* ἁμαρτίας v. 22. — Das Herrschaftsgebiet der Sünde aber ist das Gesetz v. 14: ἁμαρτία ὑμῶν οὐ κυριεύσει. οὐ γάρ ἐστε ὑπὸ νόμον, ἀλλ᾽ ὑπὸ χάριν. Unmittelbar an 5, 20 hatte der Apostel v. 21 angehängt, wo von einem βασιλεύειν der ἁμαρτία ἐν τῷ θανάτῳ die Rede ist. Welches aber im apostolischen Lehrbegriff der Zusammenhang ist zwischen θάνατος, ἁμαρτία und νόμος, zeigt 1 Cor. 15, 56: τὸ δὲ κέντρον τοῦ θανάτου ἡ ἁμαρτία, ἡ δὲ δύναμις τῆς ἁμαρτίας ὁ νόμος. Es wird nunmehr erhellen, dass für den Apostel ἁμαρτία und νόμος Correlatbegriffe sind. Bleiben wir bei der Sünde? würde also heissen: bleiben wir im Bereich der Sünde? Bleiben wir unter dem Gesetz? οὗ ἐπλεόνασεν ἡ ἁμαρτία (und das war unter dem Gesetz) ὑπερεπερίσσευσεν ἡ χάρις, so hatte der Apostel 5, 20 gesagt. Der Satz mit ἵνα 6, 1 nimmt einfach diese Sentenz in der Form eines finalen Satzes auf.

v. 2. Οἵτινες drückt nicht bloss eine Eigenschaft aus ,G , sondern eine characteristische Eigenthümlichkeit: wir, die wir u. s. w. Vorangestellt ist der Subjectivsatz vor die Fragepartikel um der Emphase willen. Ἀποθανεῖν τῇ ἁμαρτίᾳ. Der Dativ drückt das fernere Object aus, in Bezug auf welches das Sterben sich vollzogen hat. Wenn irgend wo, so wird hier ersichtlich, dass der Apostel unter θάνατος, ἀποθανεῖν u. s. w. nicht lediglich das physische Sterben verstanden haben kann, wie M zu 5, 12 behauptet. Sterben im weitesten Sinne tritt überall dann ein, wenn der lebensvolle, d. i. in Wirkung und Gegenwirkung sich bethätigende Zusammenhang zwischen den innern Functionen gelöst wird, also beispielsweise das Begehrungsvermögen nicht mehr den Willen in Bewegung setzt, kurz: wo die von der Sünde inficirten und erregten Seelenthätigkeiten nicht mehr einen bestimmenden Einfluss auf das Ich ausüben, die Action also zwischen dem Ich und dem principium agens nicht mehr statt hat. In diesem Falle ist der Mensch, dessen eigentliches (persönliches) Wesen in dem Ich wurzelt, für das bestimmende Princip todt. Dass bei Christen das Ich von der bestimmenden Einwirkung (von dem herrschenden Einfluss) der Sünde oder was dasselbe ist, von dem Leben in ihr und für sie gelöst ist, wird mit dem Ausdruck ἀποθανεῖν τῇ ἁμαρτίᾳ gesagt.

Wie nun diese Lösung erfolgt ist, bez. wie sie sich äussert, darüber gehen die Meinungen sehr auseinander. G zählt vier verschiedene Erklärungen auf: die rationalistische, nach welcher in den vv. 2 und flg. nichts anderes besagt wird, als dass Christen die Pflicht haben, das Tugendbild, welches Christus uns gelassen hat, nachzuahmen, die ideelle (R. Schmidt), nach welcher die Christen in der göttlichen Anschauung als gestorben in Christo erscheinen, im Uebrigen aber das ἀποθ. τῇ ἁμαρτ. ohne allen unmittelbaren Einfluss sei auf den sittlichen Zustand der Gläubigen, dann die ethische Erklärung, nach welcher ein bildlicher Ausdruck für den Willensact vorliegt, durch welchen der Gläubige sich selbst und Gotte bei dem

Blut der Versöhnung das Versprechen giebt, fortan dem Bösen zu
entsagen. Hierzu hat Gess sehr richtig bemerkt, dass der Apostel
nicht von etwas redet, das bloss sein soll, sondern das wirklich ist
(vergl. 7, 4), dass also nicht bloss von einem ethischen Willensacte,
sondern von einem reellen Willenszustande die Rede ist. Als
vierte Erklärung führt G die pietistische oder methodistische
auf, nach welcher das ἀποθανεῖν als die durch den Tod Christi
auf den Gläubigen unmittelbar ausgeübte Wirkung, gewissermaassen als die psychologische Voraussetzung des neuen Gehorsams,
bez. der neuen Creatur erscheint. Dazu wird dann bemerkt: „das
ἀποθ. ist allerdings ein Zustand, aber ein Zustand des Willens,
der nur so lange fortdauert, als der Wille sich selber unter dem
Einfluss der Thatsache hält, die denselben hervorgebracht hat und
beständig hervorbringt, des Todes Jesu". Ferner abschliessend: „das
der Sünde Sterben ist nicht ein vollkommnes Auflösen der Sünde in
irgend einem Zeitpunkt, sondern ein vollkommnes Brechen mit ihr
Seiten des Willens, und dies einfach unter der Herrschaft des
Glaubens an den Tod Christi um der Sünde willen. — Der Bruch
des Christen mit der Sünde ist allerdings in seiner Verwirklichung
ein stufenweise sich vollziehender, in seinem Princip aber ein absoluter, ein für alle Mal entschiedener".

Dass alle diese Auffassungen von der principiellen Annahme
ausgehen: der Apostel handle in Cap. 6 von der Heiligung, also
von der Folge der Rechtfertigung für die Ausgestaltung des christlichen Lebens, liegt auf der Hand und springt sofort in die Augen,
während, wie ich oben nachgewiesen habe, der Apostel von dem
neuen Dienste redet, in welchen der Christ eingetreten ist, von
der neuen Herrschaft, unter welcher er nunmehr steht; also von
einer Stellung, nicht von einer Action des Christen. Das ἀποθανεῖν τῇ ἁμαρτίᾳ ist gleichbedeutend mit θανατωθῆναι τῷ
νόμῳ in 7, 4. Wer für das Gesetz todt ist, der ist auch todt für
die δύναμις τοῦ νόμου, d. i. für die ἁμαρτία. Man vergleiche die
Erklärung zu 7, 4.

v. 3. Ἤ oder, nach M: „wenn dieses (v. 2) noch zweifelhaft
sein sollte". Nach G: „wenn ihr nicht versteht, was ich da sage,
sc. dass es bei euch ein 'der Sünde-Sterben' gegeben hat". Beides
ist nicht richtig. Nicht ἤ für sich, sondern ἤ ἀγνοεῖτε ist für die
Beziehung zu v. 2 maassgebend. Das ἀγνοεῖν aber geht nicht auf
Zweifelhaftes oder Missverständliches, sondern auf Neues,
wovon man bis dahin noch nichts gehört hat; der Apostel lässt also,
wenn seine zuversichtliche Behauptung, dass Christen als solche der
Sünde abgestorben sind, nicht sofort Zustimmung finden sollte, nur
die Möglichkeit offen, dass die Betreffenden von der Bedeutung der
christlichen Taufe nichts wissen. Selbstverständlich thut der Apostel
die Frage mit einem leichten Anfluge von Ironie. Es ist doch kaum
denkbar, dass so etwas nicht bekannt sein sollte. Weil es aber so
ist, so wird gerade durch diese Frage die in v. 2 liegende Ver-

sicherung um so kräftiger und eindringlicher. — Nicht beachtet ist von den Auslegern der Wechsel der Personen in *ἀγνοεῖτε* und *ἐβαπτίσθημεν*. Das letztere geht auf alle getauften Christen. Das erstere nur auf diejenigen, welchen v. 2 Unbekanntes oder Unverständliches bietet. *Ὅσοι* alle, die wir —, nicht charakterisirend, wie *οἵτινες*, sondern summirend: wir insgesammt, die u. s. w. *Ἐβαπτίσθημεν εἰς Χριστὸν Ἰησοῦν, εἰς τὸν θάνατον κ. τ. λ.* Diese und die in v. 4 folgenden Aussagen sind für die Bedeutung der Taufe von der grössten Wichtigkeit; es ist daher begreiflich, dass sich die Auslegung damit insonderheit beschäftigt. *M* übersetzt den Relativsatz in v. 3: „die wir in Bezug auf Christum Jesum getauft wurden" und erklärt das gleichbedeutend mit: die wir durch die Taufe Angehörige Christi wurden, und fährt fort, das Folgende in v. 3 übersetzend: „wir wurden in Bezug auf seinen Tod getauft, das soll dann heissen: wir wurden durch unsre Taufe in die Gemeinschaft seines Todes gesetzt, so dass wir an seinem Tode ethisch, durch Entäusserung alles Lebens für die Sünde participiren". Wie das herauskommen soll, wenn man mit *M* dafür hält: *βαπτίζειν εἰς* heisse nie etwas anderes, als taufen in Bezug auf, mit Hinweisung auf (*G*: im Hinblick auf), vermag ich freilich nicht zu erkennen. Im *M*schen Kielwasser segelt *G*, und zwar mit noch grösserer Zuversicht. Er sagt, 1 Cor. 10, 2 könne *εἰς τὸν Μωσῆν βαπτίζεσθαι* sicher nicht heissen: in Moses getaucht werden, sondern es müsse heissen: mit Wasser getauft werden in Beziehung auf Moses, so müsse es auch hier heissen: Ihr habt die Wassertaufe empfangen in Beziehung auf die Person Christi. So müssen auch die *βαπτιζ. εἰς τὸ ὄνομα* erklärt werden durch getauft werden im Hinblick auf den Namen Gottes u. s. w. — *G* erklärt sich dann wider die Auffassung, als sei die Taufe selber der Tod. Er meint: dadurch versetze man sich in die Unmöglichkeit, den folgenden Abschnitt, insbesondere das *συνετάφημεν* in v. 4 zu verstehen. Der Apostel vergleiche die Taufe keineswegs mit dem Tode, sondern mit der Beerdigung des Gestorbenen. Paulus wolle sagen: Ihr wisset nicht, dass ihr gestorben seid? Aber dann ist's euch also auch nicht bekannt, dass ihr, soviel eurer sind, begrabene (getaufte) Leute seid. Man beerdigt doch nicht Lebendige! Es dürfte genügen, gegen *G* zu bemerken, dass es meines Wissens noch Niemanden eingefallen ist, die Taufe für den Tod selbst zu halten, wohl aber für das Sacrament, dadurch an dem alten Menschen der Tod vollzogen wird; Todeselement aber und Tod sind zwei grundverschiedene Dinge. Ferner ist *συνετάφημεν οὖν* in v. 4 unbegreiflich, wenn das *βαπτισθῆναι εἰς τὸν θάνατον* etwas Weiteres nicht heissen soll, als: mit Wasser getauft werden im Hinblick auf den Tod Christi, denn daraus lässt sich das Mitbegrabenwerden in keinerlei Weise folgern. Gegen *M* aber ist zu sagen, dass er bei dieser Gelegenheit wieder einmal, wie öfter, ein Sprachgesetz kühnlicher

aufgestellt hat, als es die Wahrheit und Wirklichkeit erleidet. Also
βαπτίζειν εἰς soll nie etwas andres heissen, als taufen in Bezug auf
u. s. w.? Nun denn, so hiesse auch Marc. 1, 9: Ἰησοῦς ἐβαπτίσθη
ὑπὸ Ἰωάννου εἰς τὸν Ἰορδάνην „Jesus ward von Johannes getauft in Bezug auf den Jordan??" Ich habe das frappante Beispiel
nicht aus Schalkheit gewählt, sondern weil es mir besonders geeignet erscheint, zu zeigen, was es mit der vielgerühmten philologischen Zuverlässigkeit Ms auf sich hat, und dann, um die Entwicklung meiner Ansicht über die Bedeutung des βαπτισθῆναι εἰς
anzuschliessen. Es ist falsch, zu βαπτισθ. stets ἐν ὕδατι zu ergänzen. Matth. 20, 22. 23 ist diese Ergänzung sicherlich durch
den Zusammenhang untersagt. Wer ein Argument aus diesen
Stellen wegen kritischer Bedenken nicht zulassen möchte, den verweise ich auf die Thatsache, dass βαπτισθ. nicht bloss ἐν ὕδατι,
sondern auch ἐν πυρί, ja sogar ἐν πνεύματι ἁγίῳ zu sich nimmt.
Steht keins von diesen Mitteln der Taufvollziehung, so sollen wir
daraus erkennen, dass es dem Autor auf die Nennung eines solchen
überall nicht ankommt. In der vorliegenden Stelle betont Paulus
ersichtlich nicht das Womit der Taufe, sondern das Wohin? Wo-
hinein? εἰς τί; Die Sphäre eines Wortes bei uneigentlichem
Gebrauch ist nicht verschieden von der Sphäre desselben bei eigent-
lichem Gebrauch. Marc. 1, 9 bezeichnet εἰς τὸν Ἰορδάνην das
Element, in welches Jesus untergetaucht oder durch Untertauchen
versetzt wurde. Nichts Anderes, sondern eben dieses bezeichnet
jedes Nomen, welches mit εἰς zu βαπτισθῆναι hinzugefügt wird.
Das erscheint nun allerdings hart in Verbindungen, wie βαπτισθ.
εἰς τὸ ὄνομα Matth. 28, 19. 1 Cor. 1, 13; dennoch ist es nicht
anders. Der Name des dreieinigen Gottes ist das Element, in
welches der Täufling durch die Taufe versetzt wird. Das Element
ist gleichbedeutend mit Bereich, Lebenssphäre. Aus der Sphäre, in
welcher der Täufling bisher gelebt hat, wird er entnommen und
in den Bereich des dreieinigen Gottes versetzt. So wird der mit
Wasser Getaufte der Atmosphäre, in welcher er bisher geathmet
hat, entnommen und in ein anderes Element versetzt. Die Wirkungen, welche solches βαπτισθῆναι im sacramentlichen Sinne hat,
ist aus der Sintfluthsgeschichte bekannt. Soviel ich sehe, hat auf
diese Vollstreckung des Todesurtheils an der sündigen Menschheit
das βαπτισθ. jedesmal Bezug, und es ist ein Fehler von M und
G, dass sie dieser Beziehung mit keiner Silbe gedacht haben.

Am härtesten erscheint nun allerdings die Verbindung βαπτισθ.
εἰς Μωϋσῆν 1 Cor. 10, 2. Die Härte liegt darin, dass eine Person
als das Element fungirt, in welches hinein die Taufe stattfindet.
Es ist jedoch keineswegs dies der einzige Fall, in welchem der Inbegriff aller Beziehungen und Einflüsse mit dem Namen dessen bezeichnet wird, von welchem sie ausgehen. Ich erwähne Col. 1, 27:
ὅς ἐστι Χριστὸς ἐν ὑμῖν u. a. St. — Die Phrase kann also nur
heissen, die Israeliten seien durch die grossen Wunder Gottes, welche

durch die Hand Mosis geschehen, wie durch einen sacramentlichen
Act aller ihrer bisherigen Selbstführung entnommen und in den Bereich der Führerschaft des Moses versetzt, zur völligen Hingabe an
ihn verpflichtet worden.

Dem analog heisst „in Jesum Christum getauft werden" aus der
bisherigen Lebenssphäre entnommen und in die Lebenssphäre Christi
versetzt werden; das ist dem bisherigen Leben absterben und in
das Leben Christi eingehen. Dies Sterben aber ist kein physisches
Sterben, d. i. nicht der Tod, den wir um unsrer Sünde willen zu
erleiden hatten, sondern es ist Versetzung in den Tod, welchen der
Schuldlose um unserer Sünde willen erlitten hat, in **seinen** Tod. Wenn
nun der Herr durch seinen Tod die Rechtsforderung, welche die
Sünde in Folge der Uebernahme unsrer Schuld an ihn hatte, vollkommen erfüllte, so war fortan nicht nur jeder Rechtsanspruch an
ihn erloschen, sondern auch an uns, die wir in seinen Tod getauft, d. h. in den Bereich aller der Wirkungen seines Todes versetzt sind. Mit andern Worten, wir sind der S ü n d e, d. h. dem
Rechtsverhältniss zu ihr, kraft welches sie Forderungen an uns zu
stellen und über uns, als über insolvente Schuldner zu gebieten hatte,
abgestorben; der Gestorbne aber ist der Sünde nicht mehr hörig,
das Verhältniss zu ihr ist von Rechtswegen gelöst, ὁ ἀποθανὼν
δεδικαίωται ἀπὸ τῆς ἁμαρτίας (v. 7; wir sind ἐλευθερωθέντες
ἀπὸ τῆς ἁμ. (v. 22). — Nun erst tritt der Ausdruck τῇ ἁμαρτίᾳ
ἀποθανεῖν in sein volles Licht. Der Apostel bildet seine Termini
s. namentlich v. 7) nicht von der Ethik aus, sondern vom Rechtsstandpunkte. Ehe der neue Wandel eintreten konnte, musste erst
das δικαίωμα des Gesetzes, bez. der Rechtsanspruch der Sünde
vollständig befriedigt, und dadurch die Knechtschaft unter Sünde
und Tod, der wir von Rechts wegen verfallen waren, gelöst sein.
Wer mag, so lange er an Händen und Füssen geknebelt ist, feste
Tritte thun! — Der Rechtsanspruch der Sünde ist M a c h t der Sünde
über den Hörigen; keine blosse juristische Fiction, sondern eine
Realität, von welcher alle diejenigen zu sagen wissen, die, nachdem
sie ihre Sünde erkannt, gern von ihr los werden möchten und durch
selbstgemachte Askese von ihr los zu kommen hoffen. Immer wieder erliegen sie der unheimlichen Macht, welche die Sünde über sie
erlangt hat. Unvergebene Sünden bleiben; erst muss die Forderung befriedigt sein, welche die Sünde an ihren Knecht von
Rechts wegen zu erheben hat. Ist das durch Christi Blut und Gerechtigkeit geschehen, und der Sünder hat sich's im Glauben angeeignet, dann kann er mit der Hoffnung auf Erfolg in den Kampf
mit der Sünde treten; ihr Machtrecht ist erloschen.

Die neuere und neueste Exegese hat ein Interesse daran, den
Rechtsstandpunkt nicht aufkommen zu lassen. So soll denn nach
Ms und Gs Auffassung das Getauft werden in Christi Tod soviel heissen, als: an Christi Tod ethisch, durch Entäusserung
alles Lebens für die Sünde participiren. Wiewohl der Irr-

thum durch das Vorangehende bereits widerlegt sein dürfte, möchte ich doch noch Einiges hinzufügen, um die Unmöglichkeit dieser Erklärung aufzuzeigen. Ich fordere, nämlich, dass ein tertium sei zwischen dem Tode Christi und zwischen der Bedeutung, welche die Taufe in den Tod Christi für uns haben soll. Wäre dies nun ethisch aufzufassen als die Entäusserung alles Lebens für die Sünde? Dann müsste ja freilich das Leben und Sterben Christi auch ethisch genommen werden, nicht als die Busse für die Weltsünde von Rechts wegen, sondern als die Entäusserung seines Lebens für die Sünde. Nun aber hatte Christus sich eines Lebens für die Sünde in keinerlei Weise zu entäussern, denn er war eben ohne Sünde. An seinem Tode ethisch participiren, könnte also, richtig aufgefasst, nur heissen: an seinem Tode, der aus ganz anderen Gründen erfolgte, gar nicht participiren, sondern seinen Tod uns zur Aufforderung gereichen lassen, der Sünde zu entsagen, die ihn an's Kreuz geschlagen hat. Somit wäre das βαπτισθ. εἰς τὸν θάνατον ohne alle objective Bedeutung. Es hiesse eigentlich: durch die Taufe versetzt werden in diejenige Betrachtung des Todes Jesu, durch welche wir subjectiv zur Entäusserung unsres sündlichen Lebens veranlasst werden. So steht's jedoch nicht. Taufe ist eben Taufe, und nicht Predigt. Das Gemeinsame zwischen dem Tode Jesu und zwischen dem Getauftwerden in seinen Tod ist eben dies, dass, wie mit dem Sterben des Welterlösers alles und jedes Anrecht der Sünde an ihn erlosch, weil ihre Forderung vollauf befriedigt war durch das Blut des Lammes Gottes, das der Welt Sünde trug, so auch mit unserm Getauftwerden in den Tod Christi jeder Rechtsanspruch der Sünde an uns, ihr Herrschaftsrecht über uns erloschen, unsere δουλεία also aufgehört, unser Verkauftsein unter die Sünde ein Ende genommen hat.

Die Rechtfertigung giebt uns Frieden mit Gott und Zutritt zu aller Gottesgnade; die Taufe ist der Eintritt in das Leben Jesu, damit der Austritt aus der Sphäre der Todesverdammniss durch Annahme des erlösenden Todes Jesu.

Nur noch Einiges über Gs Taufbegriff. Er sagt: „wenn man auf Christum getauft wird, so wird das Band, das sich so zwischen ihm und uns bildet, geknüpft in Kraft seines Todes. Die Taufe hat zur Voraussetzung den Tod Christi und den des Täuflings selber (durch gläubige Aneignung des Todes Christi)". Voraussetzung? Was ist denn die Taufe selbst? Knüpfung des Bandes zwischen ihm und dem Täufling. Wer knüpft das Band? Der Taufact? G lässt uns darüber im Unklaren. Gesetzt aber, G antwortete uns, dass der dreieinige Gott durch den Taufact das Band knüpfte zwischen Christus und dem Täufling, so würde noch immer zu fragen sein, wie die vom Apostel gegebene Explication des Taufactes: getauft werden in den Tod Christi zum Zweck des neuen Lebens zu der Definition der Taufe als des bundschliessenden Actes sich verhalte. Ist das Getauftwerden in den Tod Christi, wie es scheint,

gleichbedeutend mit dem „der Sünde Sterben", und ist das letztere
ein Zustand des Willens, der nur so lange dauert, als der Wille
sich selber unter dem Einflusse des Todes Jesu hält, so fällt die
Taufwirkung doch so ganz auf die subjective Seite des Täuflings,
dass für die sacramentliche Bedeutung der Bundesschliessung kaum
etwas übrig bleibt, denn der Tod Christi kann von dem Glauben
angeeignet werden auch ohne das Sacrament der Bundesschliessung.
Was *G* vom Willen sagt, wäre besser vom Glauben zu sagen gewesen, dessen Aeusserung eben der Wille ist. Somit würde das
Sacrament in Wirklickeit nichts ausrichten, was nicht der Glaube
ohne Sacrament auszurichten im Stande wäre. — Dem entgegen behaupte ich als des Apostels Meinung entschieden, dass das Sacrament
einen von aller subjectiven Stellung und Entschliessung völlig unab-
hängigen Inhalt hat, ferner, dass dieser Inhalt unterschieden ist von
der Gabe, welche das erste Gnadenmittel, nämlich das Predigtwort
gewährt. Was die Taufe bedeutet, darüber verständigt uns das
erste Gnadenmittel, was sie ist und giebt, das ist nicht signi-
ficativer, sondern exhibitiver Natur, das ist nichts Ideelles, sondern
durch und durch Reelles. Sie ist wahr und wahrhaftig das Sacrament der Emancipation von der Gewalt und Herrschaft der
Sünde und des Todes, sowie der Einweisung in das neue Leben.
Wie Jesus in und mit seinem Tode der fernern Vergewaltigung
durch die Sünde für immer entrückt war, so ist für die Täuflinge,
welche in den Tod Christi eintreten oder versenkt werden, damit die
Freiheit von der Gewalt und Herrschaft der Sünde und des Todes
gesetzt, zugleich mit der Bestimmung, dass sie nun in einem neuen
Leben wandeln. Es ist also nicht der subjective Wille der Täuflinge, welcher den principiellen Bruch mit der Sünde im Taufacte
vollzieht; wie könnte ein Sündenknecht durch seinen Willensact sich
von der Dienstbarkeit der Sünde und des Todes erlösen? Das
kostet zuviel. Der Täufling hat nichts weiter im Taufacte darzubringen, als sich selbst durch den Glauben, d. h. durch demü-
thige Hinnahme dessen, was Gott durch Christum ihm bereitet hat.
Etwas Principielles geschieht ja allerdings im Taufsacrament.
Das Principielle ist der Uebergang aus der Gewalt der Sünde und
des Todes in die Gewalt und Herrschaft dessen, der Sünde und
Tod durch seinen Tod überwunden und vernichtet hat. So wird
durch die Taufe allerdings ein Zustand der Heiligkeit begründet.
Die Heiligkeit ist aber nicht, wie Seitens einiger Schwärmer geschehen ist, mit Sündlosigkeit zu verwechseln. Der Apostel sagt
nicht, dass die Christen durch die Taufe von allen und jeden Sün-
denfällen, sondern dass sie von der Herrschaft der Sünde frei
geworden seien (v. 12 μὴ οὖν βασιλευέτω ἡ ἁμαρτία κ. τ. λ.,
vergl. v. 14 und 5, 21). Fehltritte sind nicht Rücktritte unter die
δουλεία; erst beharrliches Sündigen, bewusste Auslieferung des Willens an die Gewalt des Fleisches wäre Rücktritt, damit aber auch
Austritt aus der Taufgnade.

v. 4. Mit M und G verbinde ich διὰ τοῦ βαπτίσματος εἰς τὸν θάνατον. Wegen des vor dem präpositionellen Zusatz fehlenden Artikels vergleiche man Winer's Gramm. Das οὖν hat für M keine Schwierigkeit; er sieht darin eine Folgerung aus v. 3 angedeutet, durch welche die in v. 2 ausgedrückte Unmöglichkeit nun ganz evident wird. — Wie denn eine Folgerung? — M meint: „wer durch seine Taufe in die Todesgemeinschaft mit Christo tritt, wird nothwendig auch in dem Acte der Taufe ethisch mit Christo begraben." Was ist das? „Reell ist dieses Mitbegrabenwerden nicht" das glauben wir auch ohne Versicherung, aber „es tritt so für das Bewusstsein des Täuflings hervor". Also ein nach der subjectiven Empfindung des Täuflings geformter Ausdruck. Somit ist, wie bei dem Getauftwerden in den Tod, so bei dem Begrabenwerden eine reelle Beziehung zu dem Tode und Begräbniss des Herrn nicht vorhanden; das Mitsterben und Mitbegrabenwerden ist nur metaphorisch zu verstehen und auf ethische Vorgänge in dem Innern des Täuflings zu beziehen. Nach G ist die Taufe in den Augen des Apostels die äussere Constatirung des Todes, wie das Begräbniss die des Hingangs. Der Zusammenhang mit v. 3 durch οὖν wäre dieser: „In Folge von diesem der Sünde Absterben, das wir in Christo erlitten haben, sind wir also mit ihm begraben, um auch, wie er, wieder aufzustehen". G glaubt durch diese Paraphrase geleistet zu haben, was keinem der frühern Ausleger gelungen ist, nämlich die Beseitigung der Schwierigkeit, welche die Erklärung des οὖν darbietet. Ich meines Theils vermag Gs Zuversicht nicht zu theilen. Nach ihm vergleicht Paulus die Taufe keineswegs mit dem Tode, sondern mit der Beerdigung des Verstorbenen. „Wie die Beerdigungsfeier als sichtbare und öffentliche Thatsache die Wirklichkeit des Todes constatirt, gerade so constatirt die Taufe in ihrer Eigenschaft als äusserlicher, wahrnehmbarer Act den Glauben, zugleich mit dem Der-Sünde-Absterben, das im Glauben implicite enthalten ist." Wie denn aber in aller Welt folgt aus der „Kundgebung des Todes" (Taufe) die Constatirung der Wirklichkeit des Todes (Begräbniss)? Ich kann mir wohl zwischen beiden ein ἔπειτα, τότε denken, aber kein οὖν. Doch genug davon.

Nach meiner Ueberzeugung ist einfach daran festzuhalten, dass die Taufe nichts andres ist, als der Act, dadurch wir in die Lebensgemeinschaft mit Christo versetzt werden. Das Leben Jesu Christi, des Gottes- und Menschensohnes ist hindurchgegangen durch Tod, Begräbniss und Auferstehen. Diese Momente, die zugleich ebenso viele Stationen der Heilsverwirklichung sind, müssen auch an uns sich vollziehen, wenn wir an dem wirklichen, nicht bloss ideellen Leben des Herrn Theil haben wollen. Ist das die Voraussetzung, so folgt eins aus dem andern auch für uns: aus dem Mitgestorbensein das Mitbegrabenwerden, aus diesem das Auferstehen. Der Act, durch welchen wir in den Tod Christi versenkt werden, hat zur Folge (οὖν) das συνταφῆναι.

Hat das Mitgestorbensein, wie ich oben entwickelt habe, die
Bedeutung der wirklichen, nicht bloss imaginairen Emancipation von
der Gewalt und Herrschaft der Sünde und des Todes, wie Christus
in und mit seinem Tode der Gewalt der Sünde entrückt ward, so
muss auch das Begrabenwerden des Täuflings analog gedeutet werden dem Begräbniss Christi. Welche Bedeutung hatte denn Christi
Begräbniss? Etwa nur diese, die Wirklichkeit seines Todes zu constatiren? Doch nicht. So lange der Leichnam Christi noch nicht
bestattet war, war er auch nicht völlig der Gewalt der Sünde entnommen. Auch an dem Leichnam hat sich oft genug die Bosheit
vergriffen. Erst mit dem Begräbniss ist die Disposition diesseitiger
Mächte über den Gestorbenen vollständig erloschen. Das Werk der
Sünde hat seine Endschaft erreicht; was mit dem Begrabenen wird,
das entzieht sich allem menschlichen Thun. Die absolute Grenze
aller Ansprüche und Forderungen ist das Grab; die Aufrichtung der
Scheidewand zwischen dem Verstorbenen und den diesseitigen Mächten
und Einflüssen, auch denen der Sünde, ist das Begräbniss.

Diese Bedeutung des Begräbnisses: die Versetzung aus der diesseitigen Atmosphäre in ein für die Sünde unerreichbares, jenseitiges Element ist ausgedrückt in dem Getauftwerden. Συνταφῆναι
ist in formeller Beziehung nur ein andres Wort für βαπτισθῆναι,
einzig und allein mit dem Unterschiede, dass ersteres mehr auf die
Sphäre, aus welcher der Verstorbene entrückt, letzteres auf die
Sphäre, in welche derselbe versetzt wird, hinweist. Aber auch die
Beziehung auf die Entrückung aus dem diesseitigen Wesen ist dem
βαπτισθῆναι nicht fremd, und sie wird ausdrücklich hervorgehoben
von dem Apostel mit συνετάφημεν οὖν: „es ist an uns also geschehen, was die Taufe in den Tod mit besagt: wir sind der
Welt entrückt, das ist mit Christo begraben worden." Der Apostel
hebt dies συνταφῆναι besonders hervor, um daran die Parallele
mit den Heilsmomenten weiter zu führen, und das ἐγερθῆναι sich
desto prägnanter davon abheben zu lassen.

Die Analogie zwischen dem Leben Jesu und zwischen dem
Christenleben, wie es hervorgeht aus der mit dem Tode Jesu gesetzten Befreiung von der Sündenherrschaft und aus der mit der Auferstehung Jesu gesetzten Macht des neuen Lebens, wird von dem
Apostel nicht schon in v. 4, sondern in den nachfolgenden Versen
entwickelt und begründet. Es werden daher von der Auslegung zunächst nur diejenigen Textmomente zu behandeln sein, deren Verständniss, abgesehen von der Analogie, für den Leser wichtig ist.
Ueber διὰ τῆς δόξης τ. πατρὸς verbreitet sich ausführlicher M.
Er sagt: „die δόξα, כבוד, die glorreiche Gesammtvollkommenheit
Gottes wirkte allerdings vorzugsweise als Allmacht (1 Cor. 6, 14.
Eph. 1, 19 flgg.) die Erweckung Jesu, aber deshalb ist dem Worte
seine umfassende Bedeutung nicht zu beschränken". Aehnlich G:
„die Herrlichkeit ist nicht etwa die Entfaltung der Gottesmacht,
losgetrennt von den andern Vollkommenheiten; es ist, wie gewöhnlich,

die Entfaltung aller vereinigten göttlichen Eigenschaften, denn sie haben alle mitgewirkt zu diesem Meisterwerk der Offenbarung Gottes auf Erden, die Gerechtigkeit, wie die Barmherzigkeit, die Weisheit, wie die Heiligkeit". Diesen Erklärungen gegenüber ist zu sagen, dass die δόξα weder eine Eigenschaft, auch nicht vorzugsweise eine solche, wie z. B. die Allmacht, noch den Inbegriff sämmtlicher Eigenschaften oder Vollkommenheiten bezeichnet. Gott ist nicht die Summe seiner Eigenschaften. Die δόξα ist nicht ein Ausdruck für irgend welche Bestimmtheit des göttlichen Wesens, sondern bezeichnet eine Modalität der Offenbarung oder Selbstdarstellung Gottes, eine Erscheinungsform Gottes; sie ist diejenige Form der Erscheinung Gottes, in welcher seine absolute Erhabenheit über alles endliche Wesen strahlt oder leuchtet; gewissermaassen der Reflex des unendlichen Wesens in der Sphäre der Endlichkeit. Die Wirkung der δόξα wird also diese sein, alles Widergöttliche und Vergängliche, soweit es mit der Sünde zusammenhängt, abzuthun, wie z. B. den Tod, ferner das Endliche in die Sphäre des Göttlichen aufzunehmen, d. i. zu verklären. Der Ausdruck Majestät kommt allerdings der δόξα sehr nahe, doch ist im gewöhnlichen Sprachgebrauch gerade diejenige Seite der δόξα ausgeschlossen, auf welche es hier vorzugsweise ankommt — das den Tod Tödtende und verklärtes Leben Wirkende, oder, wenn wir im Bilde bleiben wollen, das mit dem Glanze der Ewigkeit das endliche Wesen Durchstrahlende und in sein eignes, unendliches Wesen Verklärende. Es ist daher gerathen, bei dem Ausdruck Herrlichkeit stehen zu bleiben.

Interessant ist es, wie man in älterer Zeit einer Auslegung sich meinte erwehren zu müssen, welche man nach dem heutigen Stande der Wissenschaft mit Recht als die allein richtige bezeichnet. Nach constanter Vorstellung des N. T. ist nämlich Gott der Erwecker Jesu (M). So Röm. 4, 24. 8, 11. Act. 2, 24. 32 u. a. Aber schon Theodoret und Theophylact haben διὰ δόξ. τ. πατρός, τούτεστι διὰ τῆς οἰκείας θεότητος. Einen andern Weg schlugen Beza und Ernesti ein; διὰ δόξ. sollte heissen in gloriam patris. Castalio und Carpzow: in gloria paterna resurrexit. Sicher wären diese Versuche unterblieben, wenn man mit der Paulinischen Christologie bekannter gewesen wäre. Darnach würde der gestorbene, nichts desto weniger aber im Besitze der δόξα τοῦ πατρός befindliche Christus geradezu ein unlöslicher Widerspruch sein. Die Hörigkeit bis zum Tode am Kreuze war eben nur dadurch möglich, dass er der μορφὴ θεοῦ sich entäusserte. Nun aber ist die δόξα die μορφὴ des in seiner Erhabenheit über alles Vergängliche sich offenbarenden und darstellenden Gottes. Gehen wir noch tiefer in den Erlösungsprozess und in das durch denselben bedingte Verhältniss zwischen den beiden Naturen in Christo ein, so konnte die Einheit in der Person des Erlösers nur bestehen, wenn in den aufeinander folgenden Stadien der Entwicklung die stetige Congruenz zwischen der göttlichen und menschlichen Person sich herstellte, also kein Hervortreten der einen Natur vor der andern und auf Kosten der andern stattfand. Aus diesem Grunde hat Christus abgelehnt, seine Gottheit zu gebrauchen, um die Bedürftigkeit seiner Menschennatur aufzuheben; er that Wunder und redete Worte des ewigen Lebens, stets betonend, dass er die Anregung und Kraft zur Offenbarung seiner Herrlichkeit stetig vom Vater empfangen. Dem Sohne Gottes war gegeben, das Leben zu haben in ihm selber. Aber der ἐνσαρκωθείς stellte sich allezeit als der Empfangende dar. Durch seinen Gehorsam gegen den Willen des Vaters machte er die Menschennatur in ihm von der Sündenherrschaft los; jedoch nicht so, dass er die Gerechtigkeit als ein durch eigne Kraft erworbenes Gut beanspruchte, sondern als ein vom Vater verliehenes χάρισμα. Gleichermaassen ist das neue Leben zunächst der Menschennatur in ihm durch seine Auferstehung geschenkt; geschenkt von seinem himmlischen Vater in Kraft der δόξα. Als er die Menschennatur in das himmlische Wesen versetzte, da geschah es, dass Jesus nach seiner Gottmenschheit in die δόξα aufgenommen wurde.

Τοῦ πατρός. M hat es nicht für nöthig gehalten, zu erläutern, weshalb τοῦ πατρός steht für τοῦ θεοῦ. G: „von der Auferweckung des Lazarus redend sprach Jesus zu Martha: du wirst die Herrlichkeit Gottes sehen. Aber hier handelt es sich um die Auferweckung des Sohnes; deshalb sagt Paulus: durch die Herrlichkeit des Vaters". Nach meinem Dafürhalten ist durch diese Erklärung die Hauptsache eben nicht erklärt. Ist τοῦ πατρός nicht bloss honoris causa gesagt, sondern in sachlicher Beziehung zu dem zweiten Vergleichungssatz, so muss dadurch irgend eine der Ursachen angedeutet werden, aus welcher nun auch wir in einem neuen Leben wandeln. Wäre die Auferweckung Christi gewesen, wie des Lazarus, so hätte einfach eine Restitution des natürlichen Lebens stattgefunden; es wäre die schöpferische Macht Gottes offenbar geworden. Die Erweckung Christi aber ist geschehen kraft des von Gott ausgehenden, sein eignes, über alles Naturleben unendlich erhabenes Wesen mittheilenden πνεῦμα. Gott hat, so zu sagen, durch Ausgiessung seines Gotteslebens Christum erweckt. Darum ἃ δὲ ζῇ, ζῇ τῷ θεῷ. So wandelt er nun in einem andern Leben, als vor seiner Auferstehung. Gott hat als sein Vater, der er von Ewigkeit war, sich nunmehr auch in der Zeit erwiesen. Christus lebt nun wieder seines Vaters Leben, nicht bloss als Gottessohn, als welcher er stets in Gott lebte, sondern zugleich als Menschensohn; die Menschennatur ist durch die Erweckung Christi in das Leben seines himmlischen Vaters eingeführt. So ist's selbstverständlich, dass, wenn wir Theil haben an Christo, dem Auferstandenen, wir auch in einem neuen Leben wandeln sollen.

Ἐν καινότητι ζωῆς. M: „in neuer (sittlicher) Verfassung des Lebens. Stärkere Hervorhebung der Vorstellung καινότης, als

$\dot{\epsilon}\nu$ $\zeta\omega\tilde{\eta}$ $\varkappa\alpha\iota\nu\tilde{\eta}$ sein würde, wofür es nicht steht, s. Winer p. 267."
G: „Paulus sagt neuer Lebenszustand für neues Leben. Mit
diesem Ausdruck hebt er weniger die Idee des Lebens (im Gegensatz zu der des Todes) hervor, als die neue Natur dieses zweiten
Lebens im Gegensatz zu der des andern, welches durch jenes ausgeschlossen ist".
Winer sagt l. c. nichts weiter, als dass die Setzung des Substantivs an Stelle des Adjectivs rhetorischer Art ist und die
stärkere Hervorhebung der Hauptvorstellung bezweckt. *M* hat nun
gemeint, die rhetorische Betonung des für das Adject. gesetzten
Substantivs durch eine dem letztern beigelegte neue Bedeutung
wiedergeben zu sollen. $K\alpha\iota\nu\acute{o}\tau\eta\varsigma$ soll heissen: neue sittliche Verfassung. *G* ist ihm darin nachgefolgt und will $\varkappa\alpha\iota\nu\acute{o}\tau\eta\varsigma$ wiedergeben durch „neuen Lebenszustand". Man sieht, was aus der philo-
lologischen subtilitas werden kann, wenn man in jeder der fremden
Sprache eigenthümlichen Fügung einen Tiefsinn erkennen zu müssen
glaubt. Der Christ wandelt weder in einer neuen Verfassung, noch
in einem neuen Zustande, sondern in einem neuen Leben (kurzweg;
will man mehr, so sage man: in einem neuen Lebenselemente). Neue
Verfassung, neuer Zustand sind Früchte dieses Wandels. — Wir
haben im Deutschen diese Art, den Adjectivbegriff durch Umwandlung in das entsprechende Substantiv stärker zu betonen, nicht.
Wir betonen einfach das Adject. und deuten das in der Schrift an
mit einem Strich unter dem betonten Worte. Also hier: so auch
wir in einem **neuen** Leben (nicht in dem Leben des alten Menschen
v. 6) wandeln.

v. 5. Ueber $\sigma\acute{v}\mu\varphi\upsilon\tau o\varsigma$ und $\sigma\upsilon\mu\varphi\upsilon\acute{\eta}\varsigma$ geben die Neuern,
insbesondere Reiche, Fritzsche, *M* alle wünschenswerthe Auskunft.
Es ist richtig, dass beide die Bedeutung: angeboren, von Natur
eigen, dann zusammengewachsen oder verwachsen mit etwas
haben, aber unrichtig, dass, wie *M* und *G* angeben, $\sigma\upsilon\mu\varphi\upsilon\acute{\eta}\varsigma$ in
dieser Bedeutung bei den Classikern gangbar sei: der Unterschied
zwischen beiden besteht darin, dass $\sigma\acute{v}\mu\varphi\upsilon\tau o\varsigma$ als adject. verb. den
Prozess betont, $\sigma\upsilon\mu\varphi\upsilon\acute{\eta}\varsigma$ den aus diesem Prozess hervorgegangenen
Zustand. Beide werden bekanntlich mit dem Gen. und Dat. con-
struirt. Die Grundbedeutung ist: mit einer Person oder einem
Gegenstande zugleich geboren oder geworden; das Wort negirt
jede accidentelle Verbindung und affirmirt die organische (wesentliche Zusammengehörigkeit). Sofern nun Christus für die sündige
Menschheit den Tod erlitten hat, und zwar in seiner eignen, die
menschliche Natur mit umfassenden Person, sind die Menschen als
solche $\sigma\acute{v}\mu\varphi\upsilon\tau o\iota$ $\tau o\tilde{v}$ $X\rho\iota\sigma\tau o\tilde{v}$ $\tau\tilde{\omega}$ $\acute{o}\mu o\iota\acute{\omega}\mu\alpha\tau\iota$ $\tau o\tilde{v}$ $\vartheta\alpha\nu\acute{\alpha}\tau o\upsilon$. Was
aber der Menschennatur als solcher erworben ist, wird individuell
angeeignet durch das $\beta\acute{\alpha}\pi\tau\iota\sigma\mu\alpha$, in welchem wir Christum angezogen
haben, d. h. in die Gemeinschaft seines Todes und seiner Aufer-
stehung aufgenommen, also in Wahrheit $\sigma\acute{v}\mu\varphi\upsilon\tau o\iota$ geworden sind.
Dieser einfachen Erklärung liegen Voraussetzungen zu Grunde, welche

von den neuern Auslegern nicht überall getheilt werden. *M* umschreibt v. 5, wie folgt: „denn sind wir (durch die Taufe vv. 3. 4) solche geworden, welche mit der Aehnlichkeit seines Todes verwachsen sind, d. h. solche, zu deren Wesen es untrennbar gehört, die Aehnlichkeit mit seinem Tode (in ethischer Beziehung v. 3) an sich darzustellen, so werden wir auch mit der Aehnlichkeit seiner Auferstehung verwachsen sein". So geschickt in dieser Paraphrase die einzelnen Textmomente miteinander verwoben sind, so wenig ist sie geeignet, den Eindruck einer willkürlichen Zusammenstellung zu verwischen. Dass σύμφυτοι solche sein sollen, zu deren Wesen eben das, womit sie verwachsen sind, nunmehr untrennbar gehört, könnte man sich allenfalls gefallen lassen. Aber wie soll man sich vorstellig machen, dass das Wesen jemandes untrennbar verwachsen sein soll mit der Aehnlichkeit des Todes Jesu? Mit dem Tode Jesu, das ginge wohl, aber mit der Aehnlichkeit des Todes?! Ein Mensch kann nie mit einem Abstractum verwachsen. So musste in das ὁμοίωμα etwas hineingelegt werden, was wenigstens ideell ein σύμφυτον γενέσθαι gestattet. *M* hat demzufolge ὁμοίωμα umgedeutet in den „Beruf, etwas darzustellen" mit Zuziehung des Gen. also: in den Beruf „den Tod Jesu ethisch darzustellen", das ist, auf Paulus' Ausdrücke zurückgeführt: der Sünde abzusterben. Nun aber sagt Paulus nicht in v. 2 οἵτινες ἀποθνήσκομεν oder μέλλομεν ἀποθνήσκειν, sondern οἵτινες ἀπεθάνομεν. Das Sterben, dessen ὁμοίωμα an uns sich findet, ist nicht Beruf, ist fait accompli. Paulus hat also nicht das successive Absterben, d. i. den ethischen Prozess des Sich-Losmachens von der Sünde gemeint, sondern den in dem Tode Jesu für alle, die auf ihn getauft sind, vollgültig eingetretenen Tod, kraft welches wir mit Jesu der Herrschaft und Gewalt der Sünde nunmehr rechtskräftig entzogen sind (vv. 6. 7). Die Analogie zwischen Jesu Sterben und unserem Sterben ist also keine lediglich formelle oder ideelle. Die Sünde hatte ein Recht an dem, der aller Welt Sünde auf sich genommen, sie hatte ihre volle Herrschermacht an Jesu geübt, indem sie sich als das κέντρον τοῦ θανάτου erwies. Diese Macht hat der Herr für sich und für die Menschennatur gebrochen; sein Todesleiden kommt einem jeglichen von uns zu gut, d. i. wir sind mit ihm gestorben, sofern wir in seinen Tod getauft sind. Somit erweist sich *M*s Erklärung sprachlich und sachlich als verfehlt.

G verwirft die Verbindung von σύμφυτοι mit τῷ ὁμοιώματι aus ähnlichen Gründen, wie die bereits von mir angeführten. Ebenso wendet er sich gegen den Versuch Bisping's, σύμφυτοι zu τοῦ θανάτου zu ziehen, um dadurch eine Parallele mit τῆς ἀναστάσεως zu erzielen; τῷ ὁμοιώματι könne nicht mit Bisping für eine Adverbialbestimmung der Art und Weise angesehen und mit bildlich oder in Aehnlichkeit wiedergegeben werden. *G* hält wie die meisten Neuern die Verbindung τῷ ὁμοιώματι τοῦ θανάτου αὐτοῦ fest und übersetzt: durch die Aehnlichkeit mit seinem Tode. Der

Ausdruck bezieht sich dann, wie er meint, auf die innere Thatsache, durch welche das Sterben Christi um der Sünde willen sich in uns reproducirt, d. h. auf unser eigenes der Sünde-Absterben, das im Acte des Glaubens enthalten ist. Wie der ganze Zusammenhang der *G*schen Auslassung zeigt, versteht er das „der Sünde Absterben" ethisch; ebenso, wie *M.* Nun aber ist das sogenannte ethische Absterben nicht ein Abbild des Sterbens Christi, sondern eine Folge desselben; ohne die Vernichtung der Sündenherrschaft über die Menschennatur, wie Christus sie in seiner Person durch das Sterben am Kreuze vollzogen, wäre an eine sittliche Wiedergeburt der Menschheit, an die Möglichkeit, mit der allgewaltig gewordenen Sünde entschieden zu brechen, gar nicht zu denken gewesen. Sie hatte ein Recht, über uns zu herrschen; ihr Rechtsanspruch ist getilgt durch Christi Tod. Nun hat sie kein Recht mehr, uns zu knechten. Der Sünde sterben heisst: dem Dienstverhältnisse sterben, in welchem wir vor Christo zur Sünde standen (also dem ἐφ’ ἁμαρτίαν εἶναι). Σύμφυτος bezeichnet nach *G* die organische Verbindung, kraft deren ein Wesen das Leben, das Wachsthum, die wechselnden Daseinsformen eines andern Wesens theilt. Die einzig zulässige Construction scheint ihm zu sein, dass man dies Adjectiv auf die stillschweigend vorausgesetzte Bestimmung σὺν αὐτῷ mit ihm bezieht: geboren mit ihm, vereinigt mit ihm durch die Aehnlichkeit seines Todes! Ich halte diese Auffassung für richtig. Was *M* dagegen bemerkt, dass σὺν αὐτῷ eben nicht gesagt ist, und dass es unzulässig erscheint, zu συμφ. ein Wort zu ziehen, welches Paulus nicht gesetzt hat, und welches er setzen musste, um seine Leser nicht irre zu führen, dass endlich willkürlich sei, die Beziehung auf τῷ ὁμοιώματι, welche doch am natürlichsten sei und einen sehr passenden Sinn biete, abzuweisen — dies ganze *M*sche Exposé ist in sich vollkommen nichtig. Denn ich wüsste doch nicht, wie ein Leser, der v. 4 richtig verstanden, etwas andres hätte herauslesen können, als dass das συνταφῆναι αὐτῷ διὰ τοῦ βαπτισμ. εἰς τὸν θάνατον in dem σύμφυτον γεγονέναι τῷ ὁμ. sich in anderer Form darstelle. Ja, wenn der Apostel vorher von der Gemeinschaft der Gläubigen unter einander auf dem Grunde des Sterbens und Auferstehens Christi geredet hätte, dann wäre noch die eine Möglichkeit, aber auch nur die eine vorhanden gewesen, statt σὺν αὐτῷ zu ergänzen, σὺν ἀλλήλοις. Nun aber ist durch v. 4 auch diese Möglichkeit ausgeschlossen. Was ferner den sehr passenden Sinn bei der Structur σύμ. τῷ ὁμ. anlangt, so habe ich nachgewiesen, dass *M* dasselbe passend gemacht, dass ferner dieser sehr passende Sinn eben nicht passt. Somit würde ich *G* Recht geben müssen. Dagegen finde ich seine Uebertragung des σύμφ. geradezu unschicklich: „denn, wenn wir ein und dieselbe Pflanze (mit ihm) geworden sind u. s. w." Das mag sich im Französischen leidlich ausnehmen. Im Deutschen hat das Wort Pflanze, von Menschenkindern gebraucht, einen widerlichen Beigeschmack.

Ebenso kann ich nicht beistimmen, wenn er die von *M* nach
dem Vorgange Beza's, Grotius', Estius, von den Neuern Winzer's,
Fritzsche's, B. Crusius', Maier's, Philippi's acceptirte auf die com-
paratio compendiaria (Winer S. 283) zurückgeführte Ergänzung von
τῷ ὁμοιώμ. zu τῆς ἀναστάσεως verwirft, weil sie „den Satz sehr
schwerfällig mache". *G* lässt τῆς ἀναστάσεως direct von σύμφυτοι
abhängen. Nun ist ja richtig, dass σύμφ. promiscue mit Genit.
oder Dativ construirt wird, für meine Erklärung des hypothetischen
Vordersatzes auch sehr gleichgültig ist, ob man die Genitiv- oder
Dativ-Construction für angezeigt hält. Nichts desto weniger würde
der Apostel seine Aussage in v. 5 logisch zunichte machen, wenn
er im Vordersatz ein σύμφυτον τῷ ὁμοιώματι τ. ϑ., und im
folgenden Nachsatze ein σύμφ. τῆς ἀναστάσεως aussagte. Das
σύμφυτον muss in beiden Fällen auf gleiche Weise sich verhalten,
wenn der Schluss richtig sein soll. Freilich stimmt *G* damit nicht
überein; er meint sogar in dem Wechsel der Structur eine ganz besondere Feinheit entdeckt zu haben. Er sagt: „diese unmittelbare
Beziehung (mit Auslassung der Idee der Aehnlichkeit) entspricht
auch ganz dem Sachverhalt. Jesus theilt uns nicht seinen Tod
selber mit; wir haben von dem letzten nur eine Aehnlichkeit in dem
der Sünde-Absterben. Anders verhält es sich mit seiner Auferstehung und seinem Auferstehungsleben. Dieses Leben selber ist's,
das er auf uns überträgt (Gal. 2, 20. Joh. 14, 19)". Also Christus
theilt uns nicht seinen Tod selber mit, sondern nur ein ὁμοιώμ.
τ. ϑ.? Woher denn unsre Versöhnung mit Gott? Woher unsre Rechtfertigung, auf Grund welcher überhaupt nur ein Ablegen der Sünde
stattfinden kann? Man sieht, was daraus wird, wenn man unser
Theilhaben an dem Tode Christi eben nur symbolisch (verführt
durch ὁμοιώμ.), bez. ethisch deutet.

Bei ἐσόμεϑα hätten beide, *M* und *G* ruhig das fut. consequentiae zugeben können. Das log. futur. drückt eben aus, was
nothwendig stattfinden muss oder mit Nothwendigkeit aus dem Vorangegangenen abfolgt.

Habe ich in dem Vorstehenden meine eigne Auffassung bereits
angedeutet, so will ich doch nicht unterlassen, sie am Schlusse dieses
Abschnittes im Zusammenhange kurz zu entwickeln. Vorausschicken
muss ich freilich, dass, wie mir in v. 4 die καινότης ζωῆς etwas
anderes nicht war, als eine καινὴ ζωή mit starker Betonung des
Adjectivs; so ist mir auch τὸ ὁμοίωμα τοῦ ϑανάτου etwas anderes
nicht, als ὅμοιος ϑάνατος, nur selbstverständlich ὅμοιος stark betont. Der im Deutschen sehr wesentliche Unterschied zwischen
Aehnlich und Gleich existirt für ὅμοιος ebenso wenig, wie für
ὁμοίωμα. Hätte man das bedacht, man würde nicht von der Aehnlichkeit auf Symbolisches und Bildliches zugekommen sein und sich
dadurch das Verständniss getrübt haben. (So ist Röm. 1, 23 ἐν
ὁμοιώματι in Gleichstellung, Gleichsetzung, Röm. 8, 3 ist
von Gott gesagt, dass er seinen Sohn sandte in Gleichstellung

dem Fleisch der Sünde, d. h. indem er ihn dem Fleische der Sünde in Betreff der ἀσθένεια, Bedürftigkeit, Leidensfähigkeit u. s. w. ganz gleich stellte.) Die Substantivirung des ὅμοιος hat ermöglicht, dass der Apostel zu θανάτου noch αὐτοῦ hinzufügen konnte. Wörtlich also: „denn, wenn wir Verbundene geworden sind durch Gleichstellung mit seinem Tode, nun denn so werden wir's auch sein durch Gleichstellung mit seiner Auferstehung. Besser, das αὐτοῦ vom θανάτου ablösend, damit ἀναστάσεως und θανάτου formell correspondire, und σύμφ. zu αὐτοῖ, wenn auch nicht grammatisch, so doch logisch gedacht:

„Denn wenn wir ihm verbunden sind durch den gleichen Tod, so werden wir's auch sein durch die gleiche Auferstehung."

Erst durch die ebenmässige (ὁμοιώμ.) Theilnahme an dem Sterben und Auferstehen Christi ist die solidarische Zusammengehörigkeit Christi und der Seinen (das σύμφυτον γεγονέναι) zu einer Thatsache geworden. — Ist also das eine, so muss das andere auch sein!

v. 6. Wie ist nun γινώσκοντες anzuschliessen? Nach *M* ist darin eine nähere Bestimmung zu τῆς ἀναστάσεως ἐσόμεθα zu erkennen, welches objective Verhältniss durch das entsprechende subjective Bewusstsein bestätiget wird: „da wir dieses wissen." Wenn *G* einwendet: es werde durch diese Auffassung der Zusatz in v. 6 zu einer bloss beiläufigen Bemerkung herabgedrückt, so ist damit eigentlich nichts gesagt. Ist denn die Erläuterung objectiver Verhältnisse durch subjective Erkenntnisse etwas Nebensächliches und Beiläufiges? — Philippi: „in dem Maasse, als 5b sich verwirklichen wird, werden wir durch Erfahrung erkennen u. s. w.", als stände da καὶ γνωσόμεθα. *H*: „und wir werden die Erfahrung machen, dass das uns wirklich geschehen ist [nämlich σύμφ. γεγ. τῷ ὁμ. τῆς ἀναστάσ.], und geschehen damit, dass u. s. w." Wieder unter Verkennung des Partic. praes. Anders glaubt *G* exegesiren zu sollen. Er sagt: „die Beziehung zwischen dem Particip erkennend und dem Zeitwort wir werden sein (v. 5b) ist die einer sittlichen Bedingung, eines Mittels". Wie Gess sagt: „unsre Theilnahme an der Auferstehung Christi findet nicht statt in der Weise eines physischen und natürlichen Prozesses. Es bedarf, damit eine solche Thatsache eintrete, einer sittlichen Mitwirkung Seitens des Gläubigen". Diese Mitwirkung setzt natürlich, wie *G* hinzufügt, eine Erkenntniss voraus, die des Weges (v. 6) und des Zieles (v. 8). Es wird also von *G* die Aussage: wir werden mit Christo auch verbunden sein durch die gleiche Auferstehung, der objectiven Gewissheit entkleidet und nur als bedingungsweise sich verwirklichend hingestellt: wir werden das sein (5b), wofern wir erkennen.

Wer erkennt darin nicht die Weise einer gewissen modernen Theologie, die den objectiven Thatsachen der Heilsgeschichte nur in-

soweit Werth und Wirkung zugesteht, als sie durch subjective Erkenntniss sich vermitteln.

Nach meinem Dafürhalten ist die richtige Auffassung des γινώσκοντες in Folge eines dreifachen Missgriffs der bisherigen Auslegung gehindert worden. Zum ersten dadurch, dass man in 5b ein
objectives Verhältniss ausgedrückt gefunden, zum zweiten, dass
man die gegensätzliche Beziehung zwischen γινώσκοντες und
πιστεύομεν in v. 8 verkennt, endlich drittens, dass man dem vorangestellten, also betonten τοῦτο sein Recht nicht hat zukommen
lassen. — Das fut. logicum giebt der Aussage stets die Form subjectiver Gewissheit. Wird nun etwas anderweit Feststehendes,
Thatsächliches durch das fut. logic. ausgedrückt, so erhält dadurch
die Aussage einen Anstrich von Ironie. Etwas, das über allen
Zweifel erhaben ist, so hinstellen, als sei es wenigstens für den Re-
ferenten gewiss, giebt der Aussage eine Färbung, wodurch die Gewissheit des ohnehin Gewissen dem Hörer oder Leser nun erst recht
nahe gebracht wird. Wir haben also in v. 5b eine in der Form
subjectiver Gewissheit ausgedrückte Behauptung vor uns: „es wird
doch wohl so sein" oder umschrieben: „wenn 5a ist, so dürfen wir
wohl gewiss sein, dass auch 5b sein wird". Nun ist es ohne Zweifel,
so lange der Mensch denkt, geschehen, dass man Behauptungen,
die als solche nur subjective Gewissheit für sich in Anspruch nehmen
wollen oder können, durch innere Thatsachen des Bewusstseins, die
anderweit feststehen, unterstützt. Das Auferstehungsleben aber als
solches ist lediglich Gegenstand des Glaubens (v. 8), doch fehlt es
keineswegs an innern Vorgängen, die auf unser Theilhaben an der
ἀνάστασις schliessen lassen, ja, die ein solches neues Leben geradezu fordern. Diese innern, durch unsre Gemeinschaft mit
Christi Tod bewirkten Vorgänge sind: die Kreuzigung des alten
Menschen und die Vernichtung des Leibes der Sünde, kurz die Aufhebung der Sündenknechtschaft. Von diesen innern Vorgängen
wissen wir; so sehr sie verdunkelt werden durch die vorhandenen
Zuckungen des alten Wesens, immer drängt sich die Erkenntniss
auf, dass bei den Gläubigen das Alte den Todesstoss empfangen,
oder, dass es mit dem Leben in der Sünde und für die Sünde ein
Ende hat. Wenn der Gläubige trotz alledem, dass das Alte in
den Tod gegeben ist, lebt und wirkt, so muss dies Leben eben Auferstehungsleben sein. Diese letzte Consequenz zieht der Apostel in
v. 6 noch nicht. Er bezeichnet eben nur die negativen Voraussetzungen des Auferstehungslebens als erkennbar; gewissermaassen,
als wollte er sagen: „wenn auch die Theilnahme an dem Auferstehungsleben des Herrn Gegenstand des Glaubens ist, das ist nicht lediglich Gegenstand des Glaubens, sondern bereits Gegenstand der Erkenntniss, dass unser alter Mensch u. s. w." Also einfach: wir
dürfen gewiss sein, dass wir auch an seiner Auferstehung Theil
haben, indem wir das erkennen, dass unser alter Mensch u. s. w.

Kurz: τοῦτο γινώσκ. begründet mit innern Thatsachen, und

zwar mit solchen, die dem Erkenntnissgebiet angehören, dass die
Anzeichen des Auferstehungslebens in uns bereits vorhanden sind.
Ὁ παλαιὸς ἡμ. ἄνϑρ. soll nach *M* sein Personification
der sündlichen Gesammtverfassung vor der παλιγγενεσία; nach *G*:
die Menschennatur nach dem Fall. Der Ausdruck kommt nur noch
Eph. 4, 22 und Col. 3, 9 vor, und zwar in anderem Betracht, als
in der vorliegenden Stelle, denn hier heisst es συνεσταυρώϑη, dort
werden die Christen ermahnt, ἀποϑέσϑαι, ἀποδύσασϑαι τὸν παλ.
ἄνϑρ. Wenn *M* zu συνεσταυρ. bemerkt: nämlich, da wir getauft
wurden, so wird in den beiden andern Stellen vorausgesetzt, dass
für die Getauften der alte Mensch noch nicht sogar gekreuzigt sei,
dass nicht die Ermahnung vonnöthen wäre, ihn abzulegen. — Ich
meine, dass diese Differenz sich nur erledigt, wenn der Standpunkt,
von welchem aus der Apostel seine termini in Röm. 6 formt, genau
beachtet, und darnach die Definition derselben modificirt wird. Soviel ich sehe, giebt Paulus in 7, 14 diejenigen Momente an, aus welchen für ihn in diesem Zusammenhange der Begriff des alten Menschen resultirt: ἐγὼ σάρκινός εἰμι πεπραμένος ὑπὸ τὴν ἁμαρτίαν. Der alte Mensch ist also das unter der Herrschaft der Sünde
stehende Ich. Dass der Begriff hier so und nicht anders zu fassen
ist, zeigt unwiderleglich das nachfolgende τοῦ μηκέτι δουλεύειν
ἡμᾶς τῇ ἁμαρτίᾳ. Diejenige Seite des alten Menschen, nach welcher er im Allgemeinen Träger und Inbegriff ist der Adamsnatur
und welche in Eph. 4, 22 und Col. 3, 9 gemeint ist, also die
ethische Seite mag sich in mancherlei Anfechtungen noch immer
wieder geltend machen, wenn die δουλεία ὑφ' ἁμαρτίαν, oder von
der Kehrseite besehen, das Recht der Sünde, uns zu knechten,
längst abgethan ist. — Der alte Mensch ist, vom Rechtsstandpunkte
aus betrachtet, der Sünde unterworfen; der Sclave der Sünde von
Rechts wegen; wenn er den ϑάνατος als Sold empfängt, so geschieht
nur, was recht ist. — Der alte Mensch als Sclave der Sünde im
rechtlichen Sinne ist durch denselben Act abgethan, durch welchen der Gottmensch den Rechtsanspruch der Sünde an die gefallene
Menschheit mit dem Lösegeld seines Blutes tilgte. Damals ist auch
unser alter Mensch mit gekreuzigt worden. Die rechtliche Befreiung von der Sündenherrschaft schliesst aber in keinerlei Weise
aus die ethische Aufgabe, den alten Menschen, der nur als Sündenknecht (de jure) mitgekreuzigt ist, im Uebrigen aber in den mancherlei Regungen und Angriffen der Adamsnatur sich auch bei
Christen geltend macht (de facto), zu bekämpfen. Eben darin, dass
der παλαιὸς ἄνϑρωπ. als Rechtssubject mit gekreuzigt worden, ist
die Möglichkeit enthalten, dass der παλαιὸς ἄνϑρ. als Adamit im
ethischen Sinne als Unrechtssubject im Christenmenschen bekämpft
und beseitigt wird.

Zu συνεσταυρώϑη bemerkt *M*, dass der Ausdruck lediglich
deshalb gewählt sei, weil Christus am Kreuze getödtet ward. Formell richtig. Zur Sache verweist er auf die Taufe v. 3. 4, wiewohl

er sich leicht hätte sagen können, dass der Taufritus nimmermehr
auf das Bild des σταυρωϑῆναι führt. Die Wirkung mag dieselbe
sein, wie bei dem συνταφῆναι. Ehe ich jedoch weiter rede, habe
ich G's Erklärung zu besprechen — sicherlich eine der seltsamsten,
die jemals von einem Ausleger erdacht ist. „Der alte Mensch" sagt
G, „ist gekreuzigt, aber nicht getödtet worden. Er kann noch
existiren, aber in der Weise eines Gekreuzigten, dessen Thätigkeit
gelähmt ist. Das im Gewissen des Sünders ausgesprochene Todes-
urtheil ist für ihn ganz dasselbe, was das Kreuz war für Christus,
nicht ein alsbaldiges Sterben allerdings, aber die Versetzung in
den Zustand der Ohnmacht." Wo bleibt da der factische Abschluss
der Kreuzigung, wie er durch den Aorist angezeigt wird? Wo die
Parallele mit Christo, oder ist Christus auch in den Zustand der
Ohnmacht versetzt worden? Das sind die Folgen, wenn man die
Aussagen des Apostels von ihrer Basis, dem Rechte abzulösen und
um jeden Preis auf das ethische Niveau zurückzuführen unternimmt! — Die Taufe ist die individuelle Aneignung des von Christo
längst vorher für die ganze sündige Menschheit (also generell) erworbenen Heilsgutes. Der alte Mensch d. i. der Träger der adamitischen Schuld, der Sündenknecht von Rechtswegen ward mit dem
Träger der Sünde des Menschengeschlechts zugleich gekreuzigt. Darauf kam es hier dem Apostel an, nicht auf das individuelle Ver-
setztwerden in den Kreuzestod durch die Taufe. Der Anspruch
der Sünde an den alten Menschen, den Gott selbst durch Verhängung des Todes über den Sünder im Gesetz sanctionirt und durch
seine ὀργή executirt, ist durch das Opfer am Kreuz in der Person
Christi generell erledigt. Nimmt der Sünder das Opfer an, so
tritt er damit in den Kreuzestod, bez. in den Erfolg desselben ein;
der factische Eintritt des Individuums geschieht durch die Taufe.
Nunmehr sind Sünde und Tod im Unrecht, wenn sie noch des
Weitern ihre Herrschaft über den Menschen erstrecken wollen. Denn
das σνσταυρωϑ. ist geschehen, ἵνα καταργηϑῇ τὸ σῶμα τῆς
ἁμαρτίας.

Wie der παλαιὸς ἄνϑρωπος, so ist dies σῶμα τῆς ἁμαρτίας
Gegenstand vielfacher, zum Theil weit auseinandergehender Erklärungsversuche geworden. M polemisirt gegen diejenigen, welche τὸ σῶμα
τῆς ἁμαρτ. als Sitz, als Organ der Sünde auffassen. Er meint,
entscheidend dagegen sei καταργηϑῇ, „denn dies könnte weder
heissen: zerstört, vernichtet, weil ja auch des Wiedergebornen
Leib ein σῶμα τῆς ἁμαρτίας [?] in dem angenommenen Sinne ist
(v. 12); noch auch evacuaretur (Tertullian, Augustin): unthätig, un-
wirksam gemacht, denn σῶμα ist nicht σάρξ, und der Kreuzigung
entspricht nur die Zerstörung des Leibes". So M. Demnächst
kommt die tropische Auffassung des σῶμα τ. ἁμ. mit in Betracht.
Man hat nämlich die Sünde personificirt und ihr einen Leib zum
Zweck des σνσταυρωϑῆναι beigelegt, oder, wie Chrysosth. die Sünde
als organischen Complex aller möglichen Schlechtigkeiten gedeutet.

So auch Calvin: σῶμα = massa ex peccato conflata, und Philippi: das corpus peccati ist als gegliederter Organismus gedacht. Schöttgen und nach ihm Klee erklären τὸ σῶμα τ. ἁμ. für das Wesen der Sünde. Dagegen *M*: „der dem Princip der Sünde angehörige Leib, der von der Sünde beherrschte Körper.

G entscheidet sich für die Auffassung des Leibes als des Werkzeuges der Sünde. „Der Leib der Sünde wird zerstört, damit ein andrer an seine Stelle trete, der, welcher ein Organ der Gerechtigkeit ist (v. 13)." Aber von diesem andern Leibe ist hier wenigstens noch nicht die Rede. Nach meiner Ansicht liegt die Wahrheit zwischen *M* und *G* in der Mitten. Der Leib des alten Menschen — und nur von diesem ist die Rede — ist das der Sünde von Rechtswegen zustehende Herrschaftsgebiet, so zu sagen: die Domaine der Sünde, gerade so wie Röm. 7, 24: τὸ σῶμα τοῦ θανάτου das Herrschaftsgebiet des Todes bezeichnet. Selbstverständlich steht der Herrschaft das Gesammtvermögen ihrer Unterthanen zu Diensten. Wenn der Apostel hier vorzugsweise den Leib als der Sünde zum Sclavendienst verpflichtet anführt, so wird das durch 7, 23 hinlänglich erklärt: der νόμος ἐν τοῖς μέλεσι steht im Kampfe mit dem νόμος τοῦ νοός. Somit existirt nur das σῶμα als unbestrittenes Eigenthum der Sünde, wogegen der νοῦς noch immer gegen den Sündendienst reagirt und nicht mit freiem Willen, sondern nur als Gefangener ihrer Botmässigkeit sich unterwirft. Τὸ σῶμα τῆς ἁμαρτίας καταργεῖται heisst also: der Leib hört auf, das Herrschaftsgebiet der Sünde zu sein; sie hat das Recht auf die Dienstbarkeit des Leibes verloren, seit der zum Dienste der Sünde verpflichtete Mensch, d. i. der Mensch von Ehemals, der alte Mensch, mit Christo gekreuzigt wurde; ja eben darum kam die adamitische, dem Knechtsdienst der Sünde unterworfene Menschennatur in Christo unter das Kreuz, **damit** der Leib als Domaine der Sünde vernichtet werde. Die Sünde im Leibesleben der Christen ist nunmehr rechtlos; sie kann die Dienstbarkeit nicht mehr verlangen, sondern nur erschleichen durch Lüge und Betrug. Diese glorreiche Emancipation von der Sündenknechtschaft ist das beabsichtigte Endziel des an dem alten Menschen vollzogenen Gerichtsactes und die dadurch erfolgte Depossedirung der bisher im Leibe unumschränkt herrschenden Sünde. „Die Sünde ist als Gebieterin gedacht", sagt *M* bei Erklärung des Schlusssatzes in v. 6. Hätte er das von Anfang an beachtet, so würde er richtiger ausgelegt haben.

v. 7. Bei Erklärung dieses Verses kommt zu Tage, welchen verkehrten Weg die gemeine Auslegung gegangen. Ich begreife nicht, wie immer noch Erklärungsversuche mit grösster Unbefangenheit als allein zutreffende vorgetragen werden, während auch dem minder Scharfsinnigen die Verwirrung nicht entgehen kann, in welcher die Ausleger sich befinden, wenn sie nach einem Ausweg aus dem Labyrinthe tasten, in welches sie die eingeschlagene falsche Richtung geführt hat. Vor allen Dingen ist zu fragen, was der

Apostel unter dem ἀποθανών versteht? *M* und *G* erklären das Wort vom physischen Tode. *M* will ja überhaupt nichts davon wissen, dass ἀποθανεῖν, θάνατος, νεκρός anders als im physischen Sinne zu nehmen sei. Man vergl. seine Auslassungen zu Röm. 5, 12. Zu dem Ende soll v. 7 ein allgemeiner Satz sein — ohne Zweifel, um abzuwenden, dass ἀποθανών nicht in einem besondern Sinne verstanden werde. *G* vertheidigt diese allgemeine Fassung damit, dass das Wort keine nähere Bestimmung bei sich habe. Sonderbar, als ob nur ausdrücklich dazu gesetzte Bestimmungen, nicht schon der Zusammenhang über die eigentliche oder uneigentliche Bedeutung eines Wortes entscheiden! — Und nun gar in der vorliegenden Stelle ist über das γάρ und dessen Einfluss auf die Bedeutung von ἀποθανών gar nicht hinwegzukommen. Wir haben einen Causalsatz vor uns. Wäre nun in v. 7 von einem ganz andern Subjecte die Rede, als in dem zu begründenden Satze v. 6, so wäre das γάρ nicht zu begreifen. Ich kann nicht sagen: der mit Christo Gekreuzigte hat der Sünde nicht mehr zu dienen, denn ein physisch Gestorbener ist los von der Dienstbarkeit. Hier bleiben nur zwei Fälle übrig: entweder der παλαιὸς ἄνθρ. v. 6 ist mit Christo physisch gestorben, so dass nunmehr eine logische Beziehung von dem physisch Gestorbenen in v. 6 auf den physisch Gestorbenen in v. 7 möglich ist; oder der ἀποθανών ist in keinerlei Weise anders zu erklären, als der σταυρωθείς in v. 6. Das erste ist unmöglich. Darum gilt allein das zweite. Wollte Jemand das dritte, die ethische Auffassung, einführen, so erinnere ich daran, dass ich eben diese entschieden abgelehnt habe. Ich finde die Polemik *M*s dagegen vollständig gerechtfertigt und will einfach darauf verwiesen haben. Ὁ ἀποθανών ist, wie der Zusammenhang mit v. 6 und v. 8 fordert, der mit Christo Gestorbene oder, was dasselbe: dessen alter Mensch mit gekreuzigt worden. Von diesem ἀποθανών wird nun ausgesagt: δεδικαίωται ἀπὸ τῆς ἁμ., kann nur heissen: „wer in diesem Sinne gestorben ist, der ist nach dem Rechte von der Sünde los." Wenn Paulus δικαιοῦσθαι ohne Zusatz constant von der Rechtfertigung d. i. von dem Schulderlass bei Gott gebraucht, so wird durch den Zusatz in v. 7 eben angezeigt, dass ἁμαρτία nicht in dem Sinne von Schuld genommen ist, sondern, wie die letzten Worte von v. 6 zeigen, in dem Sinne von Sündenknechtschaft. Der mit Christo Gestorbene ist rechtskräftig losgesprochen von der Sünde, d. i. von der Angehörigkeit an die Sünde, von der Sündenknechtschaft. Die Sünde hat fürder an ihn kein Recht, keinen Anspruch.

Damit schliesst der Apostel, was wir in Betreff der negativen Voraussetzung des Auferstehungslebens, theils durch thatsächliche Wahrnehmung, theils durch Schlüsse zu erkennen im Stande, sind, und indem er mit dem hypoth. Satz: εἰ δὲ ἀπεθάνομεν σὺν Χριστῷ an das Vorangehende anknüpft — δέ ist metabatisch — geht er nun auf unser Zusammenleben mit Christo näher ein.

v. 8. 9. *G*: „die Antheilnahme an dem Tod ist erwähnt als

eine vergangene Thatsache, eingeschlossen in der des Glaubens, während die Antheilnahme an dem Leben bezeichnet ist als eine zukünftige Thatsache: wir werden auch leben mit ihm. Die erstere ist in der That für jeden wahren Gläubigen ein Gegenstand der Erfahrung; noch nicht so ist es mit der zweiten." Das alles soll geredet sein von dem Zeitpunkte der Taufe (v. 3. 4); da sei das neue Leben noch ein Gegenstand der Hoffnung und des Glaubens. Im Widerspruch damit steht, wenn G einige Zeilen weiter bemerkt: „Mit Christo leben heisst Antheil haben an dem Leben, das er als Auferstandener und Verherrlichter führt — Jesus theilt sich aus seinem himmlischen Wesen heraus demjenigen mit, der sich durch den Glauben seinen Tod zugeeignet hat, und füllt so durch sein heiliges Leben die Leere aus, welche in uns entstanden ist durch den Verzicht auf unser eignes Leben."

Es werden also diese beiden: der Tod Christi und sein Auferstehungsleben für den Christen insofern auseinandergerissen, als der Täufling in den Tod Christi versenkt wird, nicht aber zugleich in sein Auferstehungsleben; letzteres hat der Täufling erst später (zukünftig) auf dem Wege der Mittheilung [wie? hat G nicht gesagt; wenn nicht durch das Sacrament der Taufe, so bleibt nur noch das Gnadenmittel des Worts] zu erwarten, daher das fut. συζήσομεν. Aber steht denn nicht in v. 11 das Partic. praes. ζῶντας δὲ τῷ θεῷ? somit ist denn doch die Antheilnahme an dem Auferstehungsleben Christi nicht als eine zukünftige, sondern als eine dem Christen — und der Zeitpunkt des Christgewordenseins ist eben die, Taufe — allezeit präsente anzusehen.

Besser hat M das fut. συζήσομεν aufgefasst, indem er sich auf ἐσόμεθα in 5b beruft. Unrichtig, wenn auch consequent, ist die Beschränkung des συζῆν auf die ethische Participation an dem neuen immerwährenden Leben Christi. Die Taufe versetzt in die Gemeinschaft mit Christo, d. h. in die Theilnahme an sämmtlichen Momenten seiner gottmenschlichen Geschichte. Sein Leben ist unser Leben, also nicht beschränkt auf das Ethische, sondern Geist und Herz, Erkennen und Fühlen ebenso bestimmend, wie den Willen.

Dies ζῆν ἐν Χριστῷ ist als solches Gegenstand des Glaubens; mögen immerhin die Aeusserungen desselben in unserm Wandel erkennbar hervortreten, die Wurzel ist und bleibt einer Sphäre angehörig, bis zu welcher die Sinne nicht hinanreichen. So liegt denn schon im Begriff des Glaubens, dass er Objecte zum Inhalte hat, welche als übersinnliche dem Gebiete des Vergänglichen und Veränderlichen vollständig entnommen sind. Dass das Letztere wirklich stattfindet, sollen wir wissen, es müssen Thatsachen vorliegen, welche das Glaubensobject geschichtlich verbürgen; der Glaube ist die Aneignung dieser Thatsachen, die persönliche Annahme der geschichtlich beglaubigten, ihrem Wesen nach aber übersinnlichen Objecte. Für diese Beziehung des Wissens zum Glauben ist die vorliegende Stelle besonders instructiv. — Die Auferstehung Christi von

den Todten war anderer Art, als die Auferweckung des Jünglings
von Nain oder des Lazarus. Diese waren dem zeitlichen Leben
wiedergegeben, ein οὐκέτι ἀποθνῄσκειν konnte von ihnen nicht
ausgesagt werden. Die Angehörigen wussten, dass das συζῆν
αὐτοῖς nur auf Zeit stattfinden würde. Wie anders das Zusammenleben mit dem auferstandenen Christus! Sein Hingang zum Vater, seine
Sendung des heiligen Geistes, seine factische Ausübung des königlichen
Amtes über die Kirche, die namentlich dem Apostel auf seinem Wege
nach Damascus und dann während seines Missionsdienstes zu einer un-
widerleglichen Erfahrungsthatsache geworden war, erhoben für die
Gemeinde zur Gewissheit, dass Christus in das himmlische Leben
beim Vater eingetreten und damit der Gewalt des Todes auf ewig
entrückt war. „Der Tod hatte über ihn keine Gewalt mehr." War
nun der Weg eröffnet, in die Gewissheit dieses Lebens einzugehen,
so musste die Glaubensüberzeugung aller derer, welche das Sacrament des Todes Christi empfangen, diese sein, dass an die Stelle
des zeitlichen, dem Tode verfallenen und in den Tod Christi gegebenen Lebens nunmehr das Mitleben mit Christo oder was dasselbe
ist, das ewige Leben getreten sei und zwar schon hier. Das Fut.
συζήσομεν ist, wie bereits erwähnt, genau so gedacht, wie ἐσόμεθα
in v. 5; es drückt Thatsächliches in der Form der subjectiven
Gewissheit, weil logischen Nothwendigkeit aus.

v. 10. M: Beweis des θάνατος αὐτοῦ οὐκέτι κυριεύει. Ὁ γὰρ
ἀπέθανε κ. τ. λ. Ausführlich verbreitet sich über das ὅ Fritzsche
in seinem Comment. Vergl. Winer § 24, Anm. 3. Es sind grammatisch zwei Auffassungen möglich: „denn, was seinen Tod betrifft," oder, den Tod, welchen er gestorben ist" (vergl. Gal.
2, 10) weil man im Griechischen sagen kann: θάνατον ἀποθνῄσκειν.
Ebenso kann ὅ δὲ ζῇ aufgelöst werden. M lässt unentschieden,
welches die dem Sinne des Apostels entsprechende Erklärung sei,
weil beide Auffassungen zu dem Folgenden passen. Doch will er
die letztere, als die einfachere, mit Rücksicht auf Gal 2, 10 vor-
ziehen. Ebenso G, weil man bei der ersten meinen könnte: „es
handle sich eher um eine partielle, als um eine vorübergehende
Gewalt des Todes." Ich bekenne, dass ich dies Argument nicht verstehe. Der Unterschied zwischen der ersten und zweiten Auffassung
würde nach meiner Ansicht dieser sein, dass bei der letztern ὅ
ἀπέθανε Objectivsatz ist und eine nähere Bestimmung zu dem nachfolgenden ἀπέθανεν enthält, während bei der erstern ὅ ἀπέθ.
Adverbialsatz der Relation ist, mit Sätzen, wie Röm. 8, 3: τὸ γὰρ
ἀδύνατον τοῦ νόμου vollständig gleich geartet. Im erstern Falle
würde ὅ ἀπέθανε proleptisch das Thema angeben, von welchem in
dem nachfolgenden Satze etwas Näheres ausgesagt wird. Im letztern
Falle würde der Tod Christi als ein besonderer, als ein Christo
eigenthümlicher in's Auge gefasst sein. Christi Sterben war nicht,
wie das Sterben anderer Menschen; der Tod, welchen Christus
starb, unterschied sich davon in Betreff der Umstände, unter welchen

er erfolgte, sowie in Betreff seines Zwecks. Ob der Tod im Allgemeinen, oder der besondere Tod, welchen Christus starb, hier gemeint sei, darüber dürfte das richtige Verständniss des Hauptsatzes
entscheiden.

Was ist nun τῇ ἁμαρτίᾳ ἀπέθανεν ἐφάπαξ? *M* will das
Dativverhältniss aus v. 11 νεκροὺς τῇ ἁμαρτίᾳ bestimmen. Und
dieses könne wiederum nach seinem Dafürhalten kein anderes sein,
als das in ἀπέθαν. v. 2 ausgedrückte, nämlich „sein Tod galt der
Sünde, und zwar so, dass dieselbe (nämlich die Sünde der Menschen
als Potenz gedacht) nunmehr, nachdem sie ihm das Leben gekostet
hat, keinen Einfluss, keine Gewalt mehr an ihm haben kann“.
Ἐφάπαξ soll dann mit Emphase gesetzt sein, die Wiederholung
ausschliessend: einmal für immer!

Dagegen *G*: „Die momentane Gewalt des Todes über Jesus ist
erklärt durch die Ergänzung τῇ ἁμαρτίᾳ. Das Verhältniss, in
welchem Jesus zur Sünde gestanden, ist die einzige Ursache seiner
Unterwerfung unter den Tod gewesen. Da in diesem Abschnitt das
der Sünde-Absterben den vollständigen Bruch mit der Sünde bezeichnet (v. 2), so könnte man versuchen, hier auch diese Bedeutung
anzuwenden. Jesus hat während seines ganzen Lebens siegreich
gegen die Sünde gekämpft, indem er ihr auch nicht einen Augenblick
das Recht einräumte, in seiner Person zu existiren. Aber das Adverb
ἐφάπαξ auf einmal gestattet nicht, die Anwendung des Ausdrucks
der Sünde — sterben auf sein ganzes Leben auszudehnen. Deshalb wenden auch die Erklärer, welche, wie *M*, *II* diese Bedeutung
annehmen, jene Redensart nur auf den Augenblick des Todes an;
mit dem Ende seines Lebens hat sein Kampf mit der Sünde geendet; von diesem Augenblick an hat die Sünde (in der Form der
Versuchung) keinerlei Macht mehr über seine Person ausgeübt. Diese
Auffassung würde allerdings bis zu einem gewissen Grade von dem
ἐφάπαξ Rechenschaft geben. Allein sie nöthigt, das Wort sterben
in ganz verschiedenen Bedeutungen zu nehmen, in einem und demselben Satz, und man sieht nicht recht ein, was dieser Gedanke des
der Sünde — Absterbens in seiner Anwendung auf Jesus heissen
soll. Handelt es sich um den Kampf wider die Versuchung? Der
Ausdruck der Sünde — sterben passt dazu nicht. Man stirbt
einer wirklichen, nicht einer möglichen Thatsache. Oder soll man
denken an den Kampf gegen die Sünde ausser ihm? Allein dieser
Kampf dauert noch zur Stunde fort. Handelt es sich darum, persönlich zu brechen mit dem Bösen? Er hat sein Leben lang nichts anderes
gethan. Der einzig mögliche Sinn scheint mir also der von Grot.,
Olsh. angegebene zu sein: Er ist gestorben, um die Sünde zu büssen.
Es hat einen Augenblick gegeben in seinem Leben, da er der Sünde
erlegen ist, der Augenblick, in dem er die Strafe derselben getragen
und dadurch ihre Niederlage angebahnt [!] hat. Aber dieser Moment
war kurz und bleibt durchaus vereinzelt. Das bezeichnet ἐφάπαξ. —
Ist einmal die Schuld bezahlt, so ist sie es ganz und für immer

vergl. Hebr. 7, 27; 9, 12. 26. 28. 10, 10. 1 Petr. 3, 18. Der
Dativ τῇ ἁμαρτίᾳ bezeichnet also: im Dienst der Sünde, d. h.
um Alles zu erfüllen, was das Eintreten dieses Factums und die
Zerstörung desselben verlangte. — Nachdem einmal diese Krisis vorüber ist, schuldet Jesus der Sünde nichts mehr, und sein Leben
kann sich frei ohne Fesseln entfalten als Organ des Lebens Gottes".

So G, dessen Ausführungen ich buchstäblich wiedergegeben,
weil es mir schwer werden wollte, einen Auszug mitzutheilen, ohne
dem Verfasser vielleicht durch Weglassung wichtiger Momente wehe
zu thun.

Ich knüpfe an den Schluss des G'schen Exposé's an. Ist denn
Jesus nicht allezeit ein Organ des Lebens Gottes gewesen? Was ist
das, dass Jesus durch seinen Kreuzestod die Niederlage der Sünde
angebahnt hat? Und ist denn Jesus wirklich im Dienste der
Sünde gestorben? In solchen Wendungen kommt die Unklarheit
G's in Betreff der Paulinischen Heilslehre zum Durchbruch. M hat
in sofern Recht, als er das ἀποθανεῖν τῇ ἁμαρτίᾳ im gleichen
Sinne mit νεκροὺς τῇ ἁμαρτίᾳ v. 11 und dem ἀπέθαν. τ. ἁμ. in
v. 2 aufgefasst wissen will. Schon an dieser, wie mir deucht, unabweisbaren Forderung scheitert G's Erklärung, denn nimmermehr wird
v. 2 heissen können: wir seien gestorben ad expianda tollendaque
peccata. Umgekehrt aber ist vollkommen berechtigt, was G gegen
M, d. i. gegen die rein ethische Fassung und in Folge dessen gegen
die Beschränkung des Ausdrucks auf den Augenblick des Todes
Christi vorgebracht hat.

Daraus folgt, dass beide Erklärungen nicht zutreffen, wenn sie
auch beide Wahrheitsmomente enthalten. Das Richtige ist, ἀποθ.
τῇ ἁμ. so zu fassen, dass zwischen v. 2 und zwischen v. 10 ein
Widerspruch nicht mehr stattfindet. Ist das geschehen, dann ist
auch die Erklärung von νεκροὶ τῇ ἁμαρτίᾳ gefunden. Die Sache
ist aber die, dass zwischen der Sünde und dem Sünder ein von
dem Gesetze Gottes begründetes Rechtsverhältniss stattfindet. Die
Sünde hat das Recht, über die Sünder den Tod als Strafe zu verhängen, den Tod als ὀψώνιον zu verlangen. Der Sünder also, welcher den Tod erleidet, erleidet ihn als τῇ ἁμαρτίᾳ: von wegen
der Sünde, auf Grund ihrer Forderung, nach dem ihr zustehenden
Rechte.

Diesem Rechtsverhältniss, welches der Sünde Gewalt giebt über
den Sünder, so zu sagen, der Jurisdiction der Sünde hat Jesus
sich unterstellt, als er die Sünde der Welt auf sich nahm; er ist
den Tod gestorben, welchen der Sünder zu sterben hat von Rechtswegen, und zwar τῇ ἁμαρτίᾳ als der zur Forderung Berechtigten
von wegen der Sünde, nicht in ihrem Dienste. Das Recht der
Sünde erlischt von dem Augenblick an, wo ihre Forderung erfüllt,
wo sie zu ihrem Rechte gekommen ist. Der Tod ist die Lösung
alles und jedes Rechtsanspruches, welchen die Sünde an den Sünder
hat. Ist der Sünde auch nur einmal und durch Einen ihr Recht

geschehen, so ist ihre Herrschaft über den Sünder gebrochen und alle, die in diesen Einen ihr Leben versenken, haben an der Lösung des ehemaligen Rechtsverhältnisses zwischen Sünde und Sünder gleichmässigen Antheil.

Die Anschauung G's und vieler anderer: die Annahme der Taufe bedeute den vollständigen Bruch mit der Sünde, ist also, sofern dieser Bruch subjectiv als Action des Täuflings verstanden sein will, durchaus unrichtig. Die Taufe ist Eintritt in die Gemeinschaft dessen, der die Herrschaft der Sünde durch sein Leiden und Sterben gebrochen hat damit, dass er der Sünde genug gethan und das Rechtsverhältniss gelöst hat, welches zuvor zwischen ihr und dem Sünder bestand.

Das tertium comparationis ist dieses: wir, die wir in Christo sind, sind in keinerlei Weise der Sünde noch länger zum Gehorsam verpflichtet; sie hat keinerlei Recht mehr, an uns Forderungen zu stellen. Wir sind der Sünde, d. h. der Sündenherrschaft über uns mit Christo gestorben, gleichwie die Sünde kein Recht fürder hat an den Herrn, nachdem er einmal den Tod für die Sünde erlitten. — Es liegt in der Natur der Sache, dass, wenn einmal das Rechtsverhältniss gelöst ist, dasselbe ein für alle Mal gelöst ist. Eben dies und nichts anderes fügt $\dot{\epsilon}\varphi\acute{a}\pi a\xi$ epexegetisch hinzu.

$Z\tilde{\eta}\ \tau\tilde{\psi}\ \vartheta\epsilon\tilde{\psi}$. M: „vivit Deo, zu Eigenthum und Dienst. Der Gegensatz zu dem Vorherigen giebt den ausschliessenden Sinn. Christi irdisches Leben war nämlich auch ein $\zeta\tilde{\eta}\nu\ \tau\tilde{\psi}\ \vartheta\epsilon\tilde{\psi}$, aber es war zugleich auch dem zerstörenden Einfluss der menschlichen Sünde ausgesetzt, was nun nicht mehr der Fall ist." Dem zerstörenden Einfluss der menschlichen Sünde ausgesetzt, und doch ein $\zeta\tilde{\eta}\nu\ \tau\tilde{\psi}\ \vartheta\epsilon\tilde{\psi}$, das ist schier unbegreiflich. Aehnlich G: „Gotte leben heisst: einzig und allein leben, um Ihn zu offenbaren und Ihm zu dienen, ohne fernerhin an gewisse, durch ein entgegengesetztes Princip auferlegte Verpflichtungen gebunden zu sein." Durch ein entgegengesetztes Princip auferlegte Verpflichtungen? verstehe ich auch nicht. Und woher der ausschliessende Sinn: einzig und allein für Gott leben? G beruft sich auf M. M hat zwar gesagt: der ausschliessende Sinn ergebe sich aus dem Gegensatz zu dem Vorherigen, aber bewiesen hat ers nicht. Stände da: Christus hatte vor seinem Tode der Welt gelebt, so würde sich etwa aus dem zweiten Satze eruiren lassen, dass der Auferstandene nunmehr nicht der Welt, sondern Gott lebe. Aber auch dann wäre es mit dem einzig und allein schwach bestellt, zumal wenn es richtig ist, dass der verherrlichte Christus nach, wie vor für die armen Menschenkinder auf Erden lebt, wie er, als er auf Erden wandelte, zugleich für Gott gelebt hat.

Zum rechten Verständniss helfen Stellen, wie 2 Cor. 5, 15 $\varkappa a\grave{\iota}\ \dot{\upsilon}\pi\grave{\epsilon}\varrho\ \pi\acute{a}\nu\tau\omega\nu\ \dot{a}\pi\acute{\epsilon}\vartheta a\nu\epsilon\nu,\ \ddot{\iota}\nu a\ o\acute{\iota}\ \zeta\tilde{\omega}\nu\tau\epsilon\varsigma\ \mu\eta\varkappa\acute{\epsilon}\tau\iota\ \dot{\epsilon}a\upsilon\tauo\tilde{\iota}\varsigma$ $\zeta\tilde{\omega}\sigma\iota\nu,\ \dot{a}\lambda\lambda\grave{a}\ \tau\tilde{\psi}\ \dot{\upsilon}\pi\grave{\epsilon}\varrho\ a\dot{\upsilon}\tau\tilde{\omega}\nu\ \dot{a}\pio\vartheta a\nu\acute{o}\nu\tau\iota\ \varkappa a\grave{\iota}\ \dot{\epsilon}\gamma\epsilon\varrho\vartheta\acute{\epsilon}\nu\tau\iota$. So ist Christus auferweckt von den Todten durch die Herrlichkeit des

Vaters (6, 4, und es folgt daraus von selbst, dass er nunmehr dem lebt, welcher ihn auferwecket d. h. dem diesseitigen Leben des Todes und damit der Jurisdiction der Sünde über ihn entrückt hat. Die beiden Pole: τῇ ἁμαρτίᾳ und τῷ θεῷ bezeichnen die Disponenten über den Herrn vor und nach seinem Tode.

Nachdem Christus von aller und jeder Disposition der Sündenmacht über ihn durch seinen Kreuzestod gelöst und damit der Zweck seiner Sendung ein für allemal erfüllt war, konnte von einer Unterstellung unter dieselbe Macht, als er von den Todten auferstanden, nicht mehr die Rede sein; er lebt fortan nur dem, der ihn von den Todten auferweckt und da in dem jenseitigen Leben Sünde und Tod unerhört sind, so ist sein Leben identisch mit dem ewigen Leben. Somit ist bewiesen: θάνατος αὐτοῦ οὐκέτι κυριεύει.

v. 11. Λογίζεσθε Imperat. Man erwartet: οὕτω καὶ ὑμεῖς ἐστε νεκροὶ μὲν τ. ἁμ., ζῶντες δὲ τ. θ. ἐν Χρ. Ἰ. Der Apostel fordert einfach die Christen, an welche er schreibt, auf, mittelst eines Schlusses aus dem Vorhergehenden ((λογισμός) darüber klar zu werden, dass auch sie der Sünde gestorben sind, Gotte aber leben in Christo Jesu — eine Redeweise, die mit der Formel für die subjective, in logischer Nothwendigkeit begründete Gewissheit (wie sie durch das futur. in v. 3 und v. 8 bezeichnet wird) auf einer Linie steht. „So rechnet auch ihr euch zu denen, die u. s. w." Ἐν Χριστῷ Ἰησ. Der gottgeordnete Weg, um in die persönliche Gemeinschaft mit Christo Jesu zu gelangen, ist die Taufe; die Formel recapitulirt also den Gesammtinhalt von v. 3. 4. In die persönliche Gemeinschaft mit Christo treten heisst aber Theil haben an seinem Tod, wie an seinem Auferstehungsleben; durch dieses an dem Leben in Gott.

Damit schliesst der erste wichtige Abschnitt des 6. Capitels. Es wird nicht überflüssig sein, hieran einige Bemerkungen anzuschliessen und namentlich die Stelle zu ermitteln, welche dieser Abschnitt in der Paulinischen Theologie einnimmt. Die Ausleger scheinen sich nämlich in einiger Verlegenheit zu befinden, wenn sie das ἀποθανεῖν τῇ ἁμαρτίᾳ und das νεκρὸν εἶναι τῇ ἁμ. mit der nicht wegzuleugnenden Thatsache vereinigen sollen, dass doch der Christ den Anfechtungen und Einwirkungen der Sünde noch fort und fort ausgesetzt ist. Das ἀποθανεῖν τ. ἁμ. ethisch aufgefasst — und das ist ja eben die Auffassung sämmtlicher neuerer Ausleger — würde heissen: nicht mehr sündigen, wie stimmt das mit der christlichen Erfahrung? Eine sehr beliebte Art der Ausgleichung ist die Annahme einer principiellen Sündenfreiheit, welche unterschieden werden müsse von der factischen. Dass letztere bei den Christen sich nicht finde, sondern höchstens eine Annäherung daran mittelst der Heiligung, müsse ja zugestanden werden.

G hat diesen Ausgleich, bez. dessen Bedeutung in ein neues Gewand gekleidet. Er sagt: „Ausser und über dem alten Menschen, welcher noch in jedem Christen lebt, besitzt der Gläubige ein neues Ich, eingeschlossen in dem Christus, der in ihm lebt; dieses Ich hat mit der Sünde gebrochen; es ist gänzlich Gotte geweiht. Dies ist das Wesen, welches er fortan als sein wahres Wesen betrachten muss; er muss es folglich subjectiv sich aneignen, indem er es beständig an die Stelle seines natürlichen Ich setzt, das er inskünftige verleugnet hat unter dem Kreuze. Darin liegt das göttliche Geheimniss der christlichen Heiligung, welches dieselbe gründlich unterscheidet von der einfachen natürlichen Sittlichkeit. Die letztere sagt zum Menschen: „werde, was du sein willst.“ Jene dagegen sagt zu dem Gläubigen: „werde, was du schon bist (in Christo)“. Sie giebt so der sittlichen Arbeit zur Grundlage eine positive Thatsache, auf welche der Gläubige jeden Augenblick wieder zurückkommen und zurückgreifen kann. Und das ist der Grund, wesshalb seine Arbeit sich nicht verliert in einem unfruchtbaren Streben und nicht endigt mit der Entmuthigung. Man macht sich nicht allmälig los von der Sünde; man bricht mit ihr ein für alle Mal in Christo. Man versetzt sich durch eine entscheidende That des Willens in die Sphäre der vollkommenen Heiligkeit; und in ihrem Schoss vollzieht sich dann die fortschreitende Erneuerung des persönlichen Lebens. Dieses zweite Paradoxon des Evangeliums, die Heiligung durch den Glauben, ruht auf dem ersten, der Rechtfertigung durch den Glauben.“ So *G*, den ich als den beredten Vertreter dieser modernen Auffassung ausführlich habe reden lassen. So sympathisch dieselbe dem gläubigen Christen erscheinen mag, so unklar und widerspruchsvoll ist sie. Also ein neues Ich! Der Apostel sagt dagegen: so lebe nun nicht Ich, sondern Christus lebt in mir. So wäre das neue Ich vielleicht der in uns lebende Christus. Das kann aber unmöglich der historische Christus, sondern nur das vom Subject stetig gesetzte Christusbild sein, denn das neue Wesen, welches eben dieser ideelle Christus ist, würde Frucht eines steten Prozesses sein; der Christ setzt es beständig an Stelle des natürlichen Ich. Dies natürliche Ich ist aber der alte Mensch, und dieser wäre eben nicht gekreuzigt mit Christo (v. 6), sondern lebte mit dem neuen Wesen fort. Von einem Sein in Christo, das allem Werden zu Grunde liegen soll, darf vollends nicht geredet werden, denn das Sein ist nicht eine über allem subjectiven Setzen feststehende Thatsache, sondern Product des constanten Setzens. Und Rechtfertigung der Grund, auf welchem die Heiligung durch den Glauben ruht? — Das klingt vortrefflich, ist aber eitel Täuscherei, denn die Rechtfertigung ist doch nichts weiter als die ethische Action, principiell gedacht, nicht actus forensis. — Das kommt davon her, wenn man den Christus in uns erlangt zu haben meint durch den subjectiven Glauben ohne Sacrament, oder mit andern Worten, wenn man den subjectiven Glauben zu etwas macht, was er nicht sein will, nämlich zum

Medium der Lebensgemeinschaft mit Christo, während er nach
Gottes Wort das Recipiens ist der in den Gnadenmitteln sich
darbietenden Lebensgemeinschaft mit Christo, und zwar ideell im
$\varkappa\dot\eta\varrho\upsilon\gamma\mu\alpha$, reell in den Sacramenten. Zu dem wirklichen, historischen
Christus gelangt man durch das Sacrament der Taufe. Die Taufe
ist, wie der Apostel deutlich genug lehrt, die von allem subjectiven
Machen und Setzen vollständig unabhängige Grundthatsache unserer
Lebensgemeinschaft mit Christo. Erst müssen wir sein $\dot\epsilon\nu$ $X\varrho\iota\sigma\tau\tilde\omega$,
dann Christus in uns. — Diese sacramentale Versetzung in die
persönliche Gemeinschaft mit Christo ist beides: Eintritt in die Er-
rungenschaft seines Todes und Theilnahme an seinem Auferstehungs-
leben. — Das $\dot\alpha\pi o\vartheta\alpha\nu\epsilon\tilde\iota\nu$ $\tau\tilde{\eta}$ $\dot\alpha\mu$. bez. $\nu\epsilon\varkappa\varrho\dot o\nu$ $\epsilon\tilde\iota\nu\alpha\iota$ $\tau\tilde{\eta}$ $\dot\alpha\mu$. ist
an keinem Theile ethisch zu verflüchtigen, denn zu allem Ethischen
gehört die Mitwirkung des subjectiven Willens. Anders kommen
ethische Handlungen, bez. Wirkungen nicht zu Stande. Beim Sacra-
mente ist mit dem einen Entschluss, Christi sein zu wollen,
alles subjective Wollen abgeschlossen. Das $\dot\alpha\pi o\vartheta\alpha\nu$. $\tau\tilde{\eta}$ $\dot\alpha\mu$. ist
kein Heiligungsact, sondern ein Widerfahrniss. Der Christ hat das
der Sünde-Abgestorbensein von Christo um der Lebensgemein-
schaft willen überkommen. Darum ist die Frage: was dies $\dot\alpha\pi o\vartheta$.
τ. $\dot\alpha\mu$. für den Christen bedeutet, zurückzuführen auf die Frage:
was es für Christum bedeutet. Nun aber ist Christus an keinem
Theile der Sünde gestorben im ethischen Sinne. Er war ohne
Sünde. An der Sünde der Welt aber hatte Christus Theil im rechtlichen Sinne; er hatte freiwillig die Weltschuld auf sich genommen;
nun hatte er von Rechtswegen für sie einzutreten. So ist's geschehen, dass er unter die Botmässigkeit (Jurisdiction) der Sünde
und des Todes kam. Die Sünde hatte einen Rechtsanspruch an ihn.
Hoffentlich wird Niemand, der die Paulinische Ausdrucksweise kennt,
an der Personification von Sünde und Tod Anstoss nehmen. Er
nennt oft die Mittelpersonen Mächte, fasst sie auf als juristische
Personen, statt in eigentlicher Rede auf die letzte Ursache zurückzugehen. Fragen wir: wie kommt die Sünde dazu, Inhaberin eines
Rechtes zu sein dem Lamme Gottes gegenüber? so antworte ich mit
dem Apostel: $\dot\eta$ $\delta\dot\upsilon\nu\alpha\mu\iota\varsigma$ $\tau\tilde{\eta}\varsigma$ $\dot\alpha\mu\alpha\varrho\tau\dot\iota\alpha\varsigma$ $\dot o$ $\nu\dot o\mu o\varsigma$ 1 Cor. 15, 56. Der
Sünder war dem $\varkappa\dot\epsilon\nu\tau\varrho o\nu$ $\tau o\tilde\upsilon$ $\vartheta\alpha\nu\dot\alpha\tau o\upsilon$, der $\dot\alpha\mu\alpha\varrho\tau\dot\iota\alpha$ verfallen
kraft des Gesetzes. Gott selbst hatte durch das Gesetz dem Sünder
den Tod als Strafe zuerkannt. So war die Sünde durch den $\nu\dot o\mu o\varsigma$
anspruchsberechtigt. In Nennung der weitern, die $\dot\alpha\mu\alpha\varrho\tau\dot\iota\alpha$ legitimi-
renden Instanz sagt Paulus Röm. 8, 4: das Gericht in Betreff der Sünde
sei an Christo vollzogen, $\dot\iota\nu\alpha$ $\tau\dot o$ $\delta\iota\varkappa\alpha\dot\iota\omega\mu\alpha$ $\tau o\tilde\upsilon$ $\nu\dot o\mu o\upsilon$ $\pi\lambda\eta\varrho\omega\vartheta\tilde{\eta}$.

So meine ich denn zur Genüge erwiesen zu haben, dass das
$\dot\alpha\pi o\vartheta\alpha\nu$. $\tau\tilde{\eta}$ $\dot\alpha\mu$. ebenso, wie das $\nu\epsilon\varkappa\varrho\dot o\nu$ $\epsilon\tilde\iota\nu\alpha\iota$ τ. $\dot\alpha\mu$. heisst: den
Rechtsansprüchen der Sünde ebenso enthoben sein, wie Christus
denselben enthoben war durch seinen Tod, speciell der Sündenherrschaft entrückt sein, denn wo ein Recht ist, da ist noch Gewalt und Herrschaft innerhalb der Grenzen dieses Rechts.

Hat denn aber diese mit der Taufe gesetzte Immunität für unsre Heiligung eine merkbare Wirkung? Ist das Recht wirklich ein nutzbares Recht? Oder verhelfen erst die gläubigen Individuen demselben zur Rechtskraft, so dass man etwa sagen könnte: ὥσπερ ἡ δύναμις τῆς ἁμαρτίας ὁ νόμος, οὕτω ἡ δύναμις τῆς ἀπολυτρώσεως ἡ πίστις? Ich meine nicht. Der Glaube ist nur das subjective Organ für die Aneignung der an und für sich bestehenden Rechtskraft des durch Christi Tod errungenen Heilsguts. Die Lösung aber von dem Rechtsverhältniss mit der Sünde, welche für die Menschennatur in Christo, also auch für die Menschheit in Betreff ihrer Naturbasis durch Christi Tod errungen worden, ist deutlich erkennbar, wenn man in grossen Umrissen Heidenthum und Christenthum an seinen innern Augen vorüberziehen lässt. Dass die Herrschaft der Sünde gebrochen ist, ergiebt trotz der Knechtsgestalt, in welcher zur Zeit noch das Christenthum sich darstellt, eine oberflächliche Vergleichung sofort. Halten wir uns an die Momente, welche der Apostel Röm. 1. 2 vorführt: Abgötterei, unnatürliche Fleischeslust, Lug und Trug beherrschen unangefochten alle, die ὑφ᾽ ἁμαρτίαν sind; Gott giebt Heiden und Juden hin in ihre πάϑη. Das ist das Gericht, welches er bereits in der Zeit an den Sündern vollzieht, die Offenbarung seiner ὀργή. Die unangefochtene absolute Herrschaft der Sünde und des Todes, das ist die Signatur der Menschheit vor Christo. Wie ist das so ganz anders geworden in dem Maasse, als das Christenthum sich ausbreitete! Der Cultus der Lüge, welcher im Götzendienst culminirte, gebrandmarkt. Die Sünde rechtslos. Von allen Sünden und Schanden, von allen Ausbrüchen der Fleischeslust, von allen Versuchen, den alten Menschen wieder in die Herrschaft einzusetzen, hebt sich doch dies als Thatsache ab, dass in der Christenheit die Rechtslosigkeit alles dessen, was wider Gott ist, unerschütterlich feststeht als Signatur des neuen, durch Christum gewirkten Zustandes. Wie das in apostolischer Zeit empfunden ward, wolle man namentlich aus den Paulinischen Briefen, aus den Parallelen des Apostels zwischen dem Alten und Neuen ersehen. Fragen wir speciell, was für unsere Zeit die sacramentliche Angehörigkeit an das Christenthum bedeutet? Wir hören ja aller Orten und in allen Tonarten, dass die sacramentliche Angehörigkeit nichts sei, ohne die ethische. Und in Abrede kann und darf ich nicht stellen, dass gerade jetzt Heidenthum und Judenthum sich mächtig in den Vordergrund drängen und nach Herrschaft ringen, wenn auch scheinbar zunächst nur Gleichberechtigung mit dem Christenthum verlangt wird. Das wäre ja nicht möglich, wenn die Taufgnade sich stets in Allen gleich wirksam erwiesen hätte. So höre ich sagen. Meine Antwort ist, dass nach gesunder Lehre die Gnade Gottes nicht irresistibilis ist, auch die Taufgnade nicht. Wie zu apostolischer Zeit ein Hymenäus und Alexander durch eigne Schuld des Sacraments verlustig gingen, so viele Tausende in unserm Geschlecht. Von denen, die in Christo sind, rührt das antichristliche Unwesen nicht her. Sie haben es nicht aufhalten können und Gott hat es durch ausserordentliche Machterweisungen nicht aufhalten wollen. Aber was die Sacramentsgnade bedeutet und was sie schafft, das zeigt der Herr fort und fort indirect an den Wirkungen, welche der Rückfall in Heidenthum und Judenthum hervorruft. Das Emporkommen unnatürlicher Lüste, von Zuchtlosigkeit, von Materialismus und Spiritismus zeigen unwiderleglich, was werden wird, wenn der Damm, welchen die Sacramentsgnade noch dem Satanismus entgegenstellt, gänzlich hinweggenommen werden sollte.

Ich habe es an mir selbst erfahren, dass, wenn man mit den natürlichen Kräften rechnet und sich fragt, ob sie ausreichen dürften, um die dämonischen Mächte, welche jetzt in den Kindern des Ungehorsams hausen, wieder in den Abgrund der Finsterniss zurückzuwerfen, ein trostloses Gefühl der Ohnmacht sich einstellt. Und nur zu oft stellt man diese natürlichen Kräfte mit den geistlichen auf eine Linie, und meint wohl, dass auch die letztern den wohlorganisirten Mächten der Fleischeslust und der Lüge auf die Dauer keinen Widerstand werden entgegensetzen können. In solchem Meinen zeigt sich, wenn auch nicht Abfall, so doch eine beklagenswerthe Trübung der christlichen Erkenntniss und Erfahrung. Bussfertiges Zurückgehen auf das in dem Sacrament der Taufe uns verbürgte Grundrecht der Christenheit, von der Botmässigkeit der Sünde und des Todes los zu sein, so lange wir nicht freiwillig in die Knechtschaft der finstern Mächte zurückkehren, wirkt Zuversicht und Hoffnung, eine Hoffnung, die niemals zu Schanden werden wird. Das Reich muss uns doch bleiben!

———

Was wir sind von Rechtswegen, hat der Apostel 6, 1—11 gezeigt. Im zweiten Abschnitt des 6. Capitels geht er nun auf die Folgen über, welche aus dem neuen Dienstverhältniss abfliessen, und ermahnt die römischen Christen, ihre Stellung zu wahren.

v. 12. Gewöhnlich wird erst mit v. 15 ein neuer Textabschnitt begonnen, wahrscheinlich, wegen der Correspondenz mit v. 1. In Wahrheit beginnt die Paränese des Apostels, Recht und Pflicht des Christen in Obacht zu halten, bereits in v. 12, wie denn aus der von v. 12—14 entwickelten und begründeten Prinzipalforderung der neuen Dienststellung sofort erhellt, wie sinnlos die v. 1 gestellte Frage ist. Sie wird daher in v. 15 mit μὴ γένοιτο nachdrücklich abgethan und dann von v. 16—23 das christliche Princip in seiner gegensätzlichen Stellung zu dem frühern Sündenleben und in seinen schliesslichen Früchten explicirt. Ueber die Lesart εἰς τὸ ὑπακ. ταῖς ἐπιθυμίαις αὐτοῦ und ihr Verhältniss zu der von den Uncialen D. E. F. G. Clav. Boern. vertretenen εἰς τὸ ὑπακούειν αὐτῇ, bez. zu der Lectio der Recepta εἰς τὸ ὑπακ. αὐτῇ ἐν ταῖς ἐπιθ., welche

von C*** I. K. und einigen Versionen beglaubigt ist, spricht sich
am besten *M* aus. Die zweite Lesart ist von Scholz und Fritzsche
aufgenommen; die erste von Lachmann, Tischd. nach A. B. C* Cod.
Sinaitic. Ebenso lesen die Syr. Version und die Vulgata; ohne
Frage ist sie vorzuziehen.

„Nicht herrsche also die Sünde in eurem sterblichen
Leibe, seinen Begierden zu gehorchen.“

Die verkehrte Auslegung der vv. 6—11 äussert nunmehr in der
Auffassung des *ϑνητὸν σῶμα* ihre Wirkung. *Θνητὸν* soll heissen
νεκρὸν τῇ ἁμαρτίᾳ (Ernesti, Schrader, Stenzel) — mit Recht von
M abgelehnt, denn „*ϑνητὸς* heisst eben nichts anders, als sterblich. Und was sollte doch ein der Sünde abgestorbener Leib im
Zusammenhange des Ganzen bedeuten? v. 6 sagt etwas ganz anderes.“ In Wirklichkeit existirt ein solcher Leib nicht. Also ein
sterblicher Leib! Aber wozu dies Epitheton? per contemtum
vocat mortale, sagt Calvin; ihm folgend meint Köllner: der Apostel
weise darauf hin, wie schimpflich es sei, der Sünde, die nur in dem
gebrechlichen Körper wohne, den Geist unterthan zu machen.
Namentlich, wenn man an jenes Leben denke, sagt Grotius und
nach ihm Reiche. Aber, abgesehen von allem Pragmatismus, dürfte
es ohne Weiteres nicht zulässig sein, sterblich in zerbrechlich
umzusetzen. Nach Flatt soll Paulus an *die Kürze des sinnlichen
Vergnügens gedacht haben. Also: wenn der Leib unsterblich
wäre, so könnte man wohl die Sünde drin regieren lassen!! Solche
Gedanken richten sich durch sich selbst. Besser Tholuck, de Wette,
Krehl, Nielsen, Philippi: Paulus will mit dem *ϑνητὸς* an die Ver-
derblichkeit der Sünde erinnern, die dem Leibe den Tod gebracht
hat. Allein *ϑνητὸς* geht nicht allein auf die Sünde, sondern auf den
Leib. Olshausen: „die in eurem sterblichen Leibe sich offen-
barende Sünde herrsche nicht in euch!“ Das geben die Worte
nicht her. Ich gehe zu den neuesten Auslegern über. *M* stützt
sich auf v. 11 und sagt: „sind wir todt für die Sünde und lebendig
für Gott zu sein überzeugt, betrachten wir uns als solche, welche
die ethische Sterblichkeit abgelegt haben (*ὡς ἐκ νεκρῶν ζῶντας*
v. 13), so ist es absurd, die Sünde, diesen Gott entgegengesetzten
Herrn, in dem Leibe, der ja sterblich ist, herrschen zu lassen. Diese
Herrschaft würde zeugen, dass wir das noch nicht wären, wofür wir
uns hielten, weil ein ungöttlicher Regent in einem sterblichen
Gebiete über uns herrschte.“ Ethische Sterblichkeit? Was ist das?
Und nun mit rein subjectiven Potenzen (Ueberzeugt sein — dafür
halten) und deren Widerstreit sollte der ΄Apostel operirt haben? *Μὴ*
γένοιτο. Der Apostel hat nicht Meinungen sondern Thatsachen vor
Augen.

G: „der Ausdruck, dass die Sünde nicht mehr herrsche, setzt
voraus, dass sie noch vorhanden ist; aber sie darf nicht mehr vorhanden sein als Gebieterin, denn sie hat ihr Werkzeug und ihren
mächtigen Bundesgenossen verloren, den Leib; dieser ist in Christo

das Werkzeug Gottes geworden. Das Epitheton $\vartheta\nu\eta\tau\grave{o}\nu$ ist so zu erklären: nicht derjenige Theil, der bestimmt ist, zu sterben, soll die Persönlichkeit des Gläubigen beherrschen; das höhere Leben, das in ihm erweckt worden ist, soll ihn ganz durchdringen und selbst diesen Leib beherrschen, der sein Wesen ändern muss". Aber, wenn die Sünde ihr Werkzeug, den Leib, verloren hat, item der Geist nach seinem persönlichen Wesen (v. 11) der Sünde gestorben ist, wo in aller Welt hat denn die Sünde ihren Ort im Menschen, von welchem ausgehend sie den sterblichen Leib beherrschen könnte, und dann sagt ja der Apostel gar nicht: die Sünde solle nicht die Persönlichkeit der Gläubigen beherrschen, sondern den sterblichen Leib soll sie nicht beherrschen, und Leib und Persönlichkeit sind doch noch zweierlei. — Wenn Reiche nach Ambros. und einigen ältern $\sigma\tilde{\omega}\mu\alpha$ für das ganze Ich nimmt, so widerspricht M mit Recht; $\sigma\tilde{\omega}\mu\alpha$ ist Leib und an keiner Stelle mehr, als das. — Nach M herrscht die Sünde im Leibe, „sofern sein Substrat die $\sigma\acute{\alpha}\varrho\xi$ ist, welche mit ihrem Lebensprincip, der $\psi\upsilon\chi\acute{\eta}$, der Sitz und das Agens der Sünde ist (7, 18 flg.). Daher sind die sündlichen Begierden seine Begierden ($\alpha\grave{\upsilon}\tau o\tilde{\upsilon}$), weil sie von der Sündenpotenz im Fleisch erregt, im Leibe und dessen Gliedern (7, 5) wirksam sind. Diesen Begierden will die Sünde durch ihre Herrschaft im Menschen Gehorsam verschaffen. Sonach enthält $\epsilon\grave{\iota}\varsigma\ \tau\grave{o}\ \grave{\upsilon}\pi\alpha\varkappa.\ \tau.\ \grave{\epsilon}\pi\iota\vartheta.\ \alpha\grave{\upsilon}\tau o\tilde{\upsilon}$ die Tendenz der von dem Apostel verbotenen Herrschaft der Sünde in dem sterblichen Leibe". So M.

Es wird zweckmässig sein, mich zunächst mit dieser psychologischen Deduction auseinanderzusetzen, bevor ich zu meiner eignen Erklärung des Verses übergehe. — Soviel ich sehe, ist M in einem bösen Irrthum begriffen, wenn er $\sigma\acute{\alpha}\varrho\xi$ als Sitz und Agens der Sünde zum Substrat des $\sigma\tilde{\omega}\mu\alpha$ macht. Das heisst doch in der That den Sitz der Sünde in die Materie verlegen und somit ein ethisches Erzeugniss zu einem Naturproduct und damit zu einer naturnothwendigen Erscheinung stempeln. Nicht als Sitz und Agens der Sünde, sondern als physischer Stoff ist die $\sigma\acute{\alpha}\varrho\xi$ Substrat des $\sigma\tilde{\omega}\mu\alpha$ und kann überhaupt für die Naturseite des. Menschen gesetzt werden. Ueberdies ist die $\sigma\acute{\alpha}\varrho\xi$ als sedes peccati nicht bloss dem Leib, sondern der gesammten Persönlichkeit des sündigen Menschen eigen, und, sofern wir in Christo sind, als herrschendes Princip für Geist und Leib abgethan. Darum eben die Ermahnung v. 12: der Depossedirten wenigstens im Leibe nicht wieder zur Herrschaft zu verhelfen.

Um nun das $\vartheta\nu\eta\tau\grave{o}\nu\ \sigma\tilde{\omega}\mu\alpha$ zu verstehen, ist auf v. 6 $\tau\grave{o}\ \sigma\tilde{\omega}\mu\alpha$ $\tau\tilde{\eta}\varsigma\ \grave{\alpha}\mu\alpha\varrho\tau\acute{\iota}\alpha\varsigma$ zurückzugehen. Ich habe l. c. nachgewiesen, dass der Leib des alten Menschen $\tau\grave{o}\ \sigma\tilde{\omega}\mu\alpha\ \tau\tilde{\eta}\varsigma\ \grave{\alpha}\mu.$ heisst, weil er vollständig der Sünde angehört oder, um den Ausdruck an v. 12 anzunähern, von der Sünde beherrscht wird. Das hat seine Endschaft erreicht durch das $\sigma\upsilon\sigma\tau\alpha\upsilon\varrho\omega\vartheta\tilde{\eta}\nu\alpha\iota$ des alten Menschen in Christo. Der Leib als Domaine, als Herrschaftsgebiet der Sünde hat aufgehört ($\varkappa \alpha \tau_{\iota} \varrho \gamma_{\iota}' \vartheta \eta'$). Was von dem $\sigma \tilde{\omega} \mu \alpha$ $\tau o \tilde{\iota}$ $\vartheta \alpha \nu \dot{\alpha} \tau o \upsilon$ geblieben, ist das $\sigma \tilde{\omega} \mu \alpha$ $\vartheta \nu \eta \tau \acute{o} \nu$. Der Leib folgt in seiner natürlichen Entwicklung dem Gesetz alles Natürlichen. Wie durch alle Naturmenschen ein Zug geht, sich in dieser Welt nach ihrer Eigenthümlichkeit ganz und voll zu entwickeln; wo möglich, alle Dinge, deren sie mächtig werden können, in ihren Bereich zu ziehen und sie zu eignem Genuss zu verwenden, so folgt die Naturseite am Menschen diesem Zuge; das vergängliche Wesen übt seine Anziehungskraft auf Alles, was vergänglich d. i. sterblich ist, bis sich im Vergehen und Untergehen seine Bestimmung erfüllt. — Sofern nun zwischen dem $\sigma \tilde{\omega} \mu \alpha$ des Menschen und zwischen seinen geistigen Kräften Gemeinschaft besteht, wird je nach der Energie des Geistes eine grössere oder geringere communicatio idiomatum zwischen Leib und Geist stattfinden. Der Zug des vergänglichen Wesens wird in die Sphäre des Bewusstseins erhoben und heisst dann $\dot{\epsilon} \pi \iota \vartheta \upsilon \mu \acute{\iota} \alpha$. Nicht aber die Einführung in das Gebiet des Bewusstseins, sondern die Regung an und für sich ist die Hauptsache; und diese Regungen gehören dem sterblichen Leib als solchem an, daher sind diese $\dot{\epsilon} \pi \iota \vartheta \upsilon \mu \acute{\iota} \alpha \iota$ seine $\dot{\epsilon} \pi \iota \vartheta \upsilon \mu \acute{\iota} \alpha \iota$. Die Sünde aber versucht es, mittelst derselben, wo möglich, wieder zur Herrschaft zu gelangen. — Somit erinnert das $\vartheta \nu \eta \tau \acute{o} \nu$ in der einfachsten Weise an den Möglichkeitsgrund, dass trotz alledem, was der Christ nach v. 1—11 de jure geworden ist, dennoch ein Gelüsten der Sünde nach der früheren Herrschaft stattfinden kann, denn der Leib ist eben noch sterblich, dem Gesetze des Todes und der Vergänglichkeit bis auf Weiteres unterworfen, und wo das stattfindet, ist auch die Sünde ihrer Wirksamkeit nicht ganz entkleidet; sie regt sich in dem sterblichen Leibe immer wieder, eben weil er sterblich ist, d. h. der Vergänglichkeit und damit auch dem vergänglichen Wesen zustrebend. Der Apostel warnt mit dem Epitheton $\vartheta \nu \eta \tau \acute{o} \nu$: „die Sünde herrsche nicht in euerm (ohnehin) für das vergängliche Wesen disponirten (weil sterblichen) Leibe!"

Luther: „Merke, die Heiligen haben noch böse Lüste im Fleische, denen sie nicht folgen".

Das $\Upsilon \pi \alpha \varkappa o \acute{\upsilon} \epsilon \iota \nu$ ist auf das in $\dot{\eta} \mu \tilde{\omega} \nu$ latente $\dot{\eta} \mu \tilde{\alpha} \varsigma$ zu beziehen. Das Subject ist häufig aus dem Vorangegangenen zu ergänzen. Auf $\dot{\alpha} \mu \alpha \varrho \tau \acute{\iota} \alpha$ zurückzugehen, ist unmöglich; man müsste denn $\upsilon \pi \alpha \varkappa o \acute{\upsilon} \epsilon \iota \nu$ nehmen für $\dot{\upsilon} \pi \alpha \varkappa o \grave{\eta} \nu$ $\dot{\epsilon} \varrho \gamma \acute{\alpha} \dot{\zeta} \epsilon \sigma \vartheta \alpha \iota$: auf dass die Sünde Gehorsam schaffe seinen (des Leibes) Lüsten, welches unmöglich ist. Auch von $\sigma \tilde{\omega} \mu \alpha$ kann ein $\dot{\upsilon} \pi \alpha \varkappa o \acute{\upsilon} \epsilon \iota \nu$ nicht gesagt werden wegen $\alpha \dot{\upsilon} \tau o \tilde{\iota}$. $\Upsilon \pi \alpha \varkappa o \acute{\upsilon} \epsilon \iota \nu$ selbst als Subject zu fassen: damit das Gehorchen gegen seine Begierden stattfinde, eintrete, wäre wegen zu grosser Härte auch nicht anzuempfehlen. Somit bleibt nur die Ergänzung von $\dot{\eta} \mu \tilde{\alpha} \varsigma$ übrig.

v. 13. Eine solche Ermahnung wäre ja freilich unnütz und wirkungslos, wenn die Herrschaft der Sünde und des Todes noch bestände. Eben von dieser sind die Christen als solche liberirt;

die Sünde hat allen und jeden Anspruch an sie verloren; sie sind
dem ehemaligen Verhältnisse gestorben. Darum haben sie freie
Disposition über ihre Gliedmaassen. — *Παριστάναι* daneben-
stellen, hinstellen, zur Verfügung stellen, nicht darstellen (*M*), sondern eher: darbieten. *Ὅπλα* kommt im N. T. ausser in unserm Verse nur noch
viermal vor, und zwar jedesmal in Verbindung mit Ausdrücken,
welche entschieden auf die Bedeutung Waffen hinweisen (so Joh.
18, 3 *μετὰ λαμπάδων κ. ὅπλων*. Röm. 13, 12 mit *ἐνδύσασθαι*.
2 Cor. 6, 7 *διὰ τῶν ὅπλων τῆς δικαιοσύνης* mit dem Zusatz *τῶν
δεξιῶν καὶ ἀριστερῶν*, endlich 2 Cor. 10, 4 *τὰ γὰρ ὅπλα τῆς
στρατείας*). *M* hätte also sagen könne, dass *ὅπλα* im N. T. stets
„Waffen" heisst, wenn von Angriff oder Abwehr die Rede ist.
Freilich, dann heisst's nicht bloss im N. T., sondern in der ganzen
Gräcität so. Statt dessen behauptet *M*: *ὅπλα* heisse im ganzen
N. T. nur Waffen; damit hat er dem N. T. eine Singularität zu-
geschrieben und zugleich seine eigenthümliche Auffassung begründet.
Ihm nämlich sind die *ὅπλα ἀδικίας* in der vorliegenden Stelle
„Unsittlichkeitswaffen", solche, mit welchen die Herstellung von
Unsittlichkeit erkämpft wird. Er fügt hinzu: „die *ἁμαρτία* ist als
Regent gedacht, welcher die Glieder des Menschen, als seine Waffen
gebraucht, um damit gegen Gottes Regiment anzukämpfen und
ἀδικία Gegentheil nachher *δικαιοσύνη*) herzustellen". Das Bild von
der streitbaren *ἁμαρτία* passt jedoch nicht in den Zusammenhang;
die Sünde ist eben nicht mehr Regent, der für die Erhaltung
seiner Herrschaft kämpft; sie geht als Depossedirte darauf aus, die
Christenleute zu verführen, dass sie doch ihre Glieder als Werkzeuge der Ungerechtigkeit darreichen möchten. Das Hauptbedenken
aber gegen diese Auffassung dürfte in der Correspondenz zwischen
ὅπλα ἀδικίας und *ὅπλα δικαιοσύνης* liegen. Sind die letztern
nicht Waffen, welche Gott dargereicht werden zur Erkämpfung und
Herstellung von Gerechtigkeit, so sind die erstern auch nicht Waffen
der Ungerechtigkeit. Es dürfte also am rathsamsten sein, bei der
im Griechischen sehr üblichen Bedeutung von „Werkzeugen", wie
sie zeither auch von den meisten Auslegern angenommen worden ist,
zu verbleiben.

Παραστήσατε. *M*: „nach dem Praes. *παριστάνετε* der
Aorist, das Sofortige und Rasche der Vollendung markirend. Es
verhält sich zu *παριστάνετε* klimaktisch". Fritzsche findet im
Aorist den Begriff beständiger Wiederholung der Acte. Philippi: die ein für allemal eingetretene Vollendung des Actes sei
angezeigt. G neigt sich zu *M*s Auffassung. Ich verstehe den
Wechsel der Tempora so: „stellt eure Glieder nicht zur Verfügung
(sc. vorkommenden Falls; wenn es die Sünde von euch verlangt, daher Praes.), sondern stellt euch selbst Gott zur Verfügung und eure
Gliedmaassen als Werkzeuge der Gerechtigkeit vor Gott das muss
unter euch abgemachte, feststehende Sache sein, daher Aorist)".

Ὡς ἐκ νεκρῶν ζῶντας. Ὡσεὶ lesen א A. B. C. So
Tischd.-Gebh. G mit Philippi: „der Sünder ist in den geistlichen
Tod versunken. Der Apostel stellt den früheren Zustand der Ent-
fremdung von Gott, in welchem die Römer ehemals sich befanden,
ihrem jetzigen Zustand des Lebens·in Gott gegenüber. M: „der
Apostel stellt den Zustand der Nichtwirksamkeit des Körpers im
Augenblick, da der Gläubige nur das Sterben mit Christo erfährt
(v. 6. 7) gegenüber seiner neuen Wirksamkeit von da an, da der
Gläubige durch die Erfahrung der Auferstehung des Herrn ein neues
Leben empfangen hat": Also dem Sterben und Leben in Christo
correspondiren zweierlei Leibeszustände, der eine: da die Glieder,
wie im Tode, unbeweglich sind, der andere, da sie als Glieder eines
Lebendigen beweglich sind. — Sehr verfehlt. — Um des Parallelis-
mus willen ist ἐκ νεκρῶν hier nicht anders aufzufassen, wie v. 9.
Νεκροὶ sind einfach Todte; οἱ νεκροὶ das Reich der Todten, die
Unterwelt. Vom physischen Tode, nicht vom geistlichen, ist hier
die Rede, aber wohlverstanden nur vergleichungsweise. Ὡς heisst
weder: als ob, noch als in Wirklichkeit seiend (G), sondern
einfach: wie vom Tod Erstandene. Todte sind unfähig, über ihre
Gliedmassen zu verfügen. Leib und leibliche Organe stehen zur
Disposition des Todes. Gleichermaassen gehören Leib und Glieder
der von den Todten Erstandenen dem, der sie aus dem Tode erweckt und dem Reiche des Lebens zugeführt hat, nämlich Gotte.
Also „ihr sollt euch selbst zur Verfügung gestellt, zu eigen gegeben
haben Gotte, wie solche, die aus den Todten leben (die vom Tode
durch Gott erweckt sind).

Ἑαυτοὺς und τὰ μέλη ὑμῶν sind nebeneinander gestellt
oder besser: die μέλη noch besonders hervorgehoben. So ist das
mit besonderem Nachdruck wiederholte τῷ θεῷ keineswegs zweck-
los, vielmehr ist mit starkem Ton hervorgehoben, dass sie dem
Gotte, welchem sie nunmehr leben, nicht bloss sich selbst, sondern
durch ihre Gliedmassen für seine Zwecke (als ὅπλα δικαιοσύνης)
darzureichen haben. G findet angemessener τῷ θεῷ unmittelbar
an ὅπλα δικ. anzuschliessen, also: Werkzeuge der Gerechtigkeit für
Gott. Auch in diesem Falle wäre das wiederholte τῷ θεῷ nur
rhetorisch zu erklären, da sachlich hinter δικαιοσύνη das „Wem
zu Gute?" sich von selbst versteht.

v. 14. M: Ermuthigung zur Befolgung der v. 12. 13 gegebenen
Ermahnungen durch die Verheissung, dass die Sünde nicht werde
Herr werden über die Leser u. s. w." G: „diese Verheissung ist die
Verheissung des in v. 12 gegebenen Befehls: die Sünde herrsche
nicht mehr u. s. w. Fritzsche: „Ausdruck des Vertrauens, dass
sie die Sünde über sich nicht würden Herr werden lassen. Die
imperative Fassung des Fut. (unter den Neuern Flatt) nur möglich,
wenn die zweite Person stände. — Γὰρ argumentirt. Was G mit
seiner Uebersetzung „in der That" will, ist schwer abzusehen. —
Was begründet wird, kann nur die Ermahnung in v. 13 sein (nicht

in v. 12. Der Apostel begründet sie weder durch eine Ver-
heissung, noch durch ein Vertrauensvotum, sondern durch den
Hinweis auf die in v. 1—11 hinlänglich besprochene Thatsache, dass
Sünde über sie keine Macht hat. Der Apostel redet nicht aus un-
mittelbarer Wahrnehmung, denn er ist in Rom noch nicht gewesen.
Aber er muss das als richtig annehmen, weil die Römer, an welche
er schreibt, Christen sind. Diese seine Ueberzeugung drückt er in der
Form der Folgerung, also durch das fut. logicum oder consecut. aus.
Was für ihn nicht aus unmittelbarer Erfahrung gewiss ist, das wird so
sein, das muss so sein. Wäre es nicht so, dann müssten die römischen
Christen der Sünde freilich Herrschaft über sich eingeräumt haben,
wovor der Apostel eben v. 12 warnt. Darum dort βασιλεύειν;
ein βασιλεύς regiert kraft der ihm zustehenden Herrschaft, kraft
seiner königlichen Würde, die das mit sich bringt; dagegen ist
κυριεύειν soviel, wie κράτος ἔχειν Hebräer 2, 14: Gewalt, Obmacht haben, wo von subjectiver Zustimmung oder Uebertragung
der Gewalt Seiten der Beherrschten keine Rede ist. Dem βασιλεύς
stehen ὑπήκοοι, dem κύριος aber δοῦλοι gegenüber. — Ἁμαρτία
v. 14 correspondirt mit ἁμαρτία v. 13. „So lange die Sünde Gewalt über euch hatte — und zwar von Rechts wegen, denn ihr
wart ihr verfallen, ob ihr schon nicht gerade Willens wart, ihr Gewalt über euch einzuräumen — so lange also musstet ihr eure
Glieder ihr darbieten zu Werkzeugen der ἀδικία — ἀπαγόμενοι,
ὡς ἂν ἤγεσθε 1 Cor. 12, 2. Jetzt müsst ihr nicht; Sünde wird
über euch, die ihr in Christo seid, keine Gewalt mehr (Sinait.
οὐκέτι) haben, so dass ihr gezwungen wärt zum Dienst der Sünde.
Aus diesem Grunde kann und darf ich euch ermahnen". Das
sind des Apostels Gedanken. Folgt nun das μὴ κυριεύειν der
Sünde aus der Rechtsstellung, welche die Christen einnehmen, von
selbst, so hält es doch der Apostel nicht für überflüssig, seinem
Satze noch eine weitere Begründung zu geben, womit er der Position näher rückt, aus welcher eigentlich alle die Bedenken fliessen,
welche zu Gunsten des Gesetzes wider das Evangelium aufgeführt
werden. Man glaubt, dass dadurch dem Antinomismus Vorschub
geleistet und schliesslich eine unbeschränkte Herrschaft der Sünde
werde aufgerichtet werden. In schärfster Entgegensetzung macht
der Apostel geltend, dass das κυριεύειν der Sünde durch das Gesetz nicht gehindert, sondern gefördert werde. — „Nur um desswillen wird die Sünde keine Gewalt über euch haben, dass ihr nicht
unter dem Gesetz, sondern unter der Gnade seid". Ausführliche
Darlegung seiner Stellung zum Gesetz giebt der Apostel 7, 7 u. flgg.
1 Cor. 15, 56: ἡ δὲ δύναμις τῆς ἁμαρτίας ὁ νόμος. Gal. 3, 21,
denn ὁ νόμος οὐ δύναται ζωοποιῆσαι — ἀποκτείνει. Dagegen
empfangen wir durch die χάρις Leben und Seligkeit. Ὑπὸ νόμον,
ὑπὸ χάριν ist absichtlich gesagt, um einerseits die Christen als
solche, die in keinerlei Weise unter der Botmässigkeit des Gesetzes
stehn, zu bezeichnen, andrerseits durch die Präposition ὑπὸ bei

χάριν anzuzeigen, dass die Christen ganz und gar unter dem Schutz, unter den Einflüssen der Gnade stehen, wie die Erdenbewohner in physischer Beziehung unter dem Himmelsgewölbe wohnen, welches sich über sie ausbreitet. Uebrigens macht *G* noch mit Recht auf das Fehlen des Artikels vor νόμον, bez. χάριν aufmerksam. Paulus sagt: ihr steht nicht mehr unter Gesetz, sondern unter Gnade. Es versteht sich von selbst, dass, wenn er Gesetz sagt, damit die mosaische Ordnung gemeint ist, ebenso, wenn er von Gnade redet, dass die Gnade Gottes in Christo darunter zu verstehen ist. Ob der Apostel aber gerade an die geschichtlichen Erscheinungsformen des Gesetzes und der Gnade gedacht hat? Gnade hat in allen Formen die Weise: Sünden hinwegzunehmen, wogegen Gesetz — nicht bloss das mosaische, überall die Weise hat: Sünden zu schaffen. Denn wo kein Gesetz, da keine Uebertretung. Ich meine, dass der Apostel nicht den individuellen Charakter des mosaischen Gesetzes oder der Gnade Gottes in Christo Jesu, sondern den allgemeinen Charakter des Gesetzes und der Gnade, d. i. die Kategorie im Sinne hat. ·

v. 15. Τί οὖν; nach *M*: „was ist also der Fall? sc. da ich auf das οὐκ εἶναι ὑπὸ νόμ. die Verheissung gründe, dass die Sünde über euch nicht werde Herr werden?" Eine seltsame Frage, aus welcher eine neue Frage hervortritt, um zugleich mit der ersten abgethan zu werden. Weil der Apostel verheisst, dass ἁμαρτ. μὴ κυριεύσει, soll die Frage gestellt werden, ob wir sündigen dürfen. Ich kann beim besten Willen einen leidlichen Gedanken nicht herausfinden. Nach *G* handelt es sich darum, ob die neue Lebensordnung stark genug sein wird, um die Sünde in jedem einzelnen Falle zu bannen. Die Frage τί οὖν; würde also auf Grund der vorausgegangenen Verse dem Zweifel gegen das neue Heiligungsprincip begegnen. — Ob nach *M* oder nach *G* — ein klares, logisch und grammatisch sichres Verständniss des 15. Verses wird nicht erzielt.

Bevor ich meine eigne Erklärung vortrage, habe ich mich über die Lesart des Text. recept. ἁμαρτήσομεν auszusprechen. Nur von einigen Minuskeln unterstützt, ist sie gegenüber der von sämmtlichen Majuskeln vertretenen, von Griesbach empfohlenen, von Lachm. und Tischd. in den Text aufgenommenen Lesart ἁμαρτήσωμεν nicht zu halten. Auch *M* und *G* geben das zu. Nichts desto weniger bietet *M* für beide Lesarten Auslegungen: ἁμαρτήσομεν werden wir sündigen? ἁμαρτήσωμεν sollen wir sündigen? Ohne Frage ist die zweite Auslegung zu acceptiren. v. 15 würde also lauten: „wie nun (*M* was ist also der Fall? Wie also?) sollen wir sündigen? (dafür *M*) oder wollten wir sündigen? (dafür *G*). *M* sagt: „es hätte leicht aus dem οὐκ εἶναι ὑπὸ νόμ., ἀλλ' ὑπὸ χάρ. von unsittlichen Christen die Consequenz des freien Sündigens gezogen werden können, welche das gerade Gegentheil gewesen wäre von dem, was der Apostel mit jenem Satz begründen wollte; diese mögliche Consequenz stelle der Apostel sich selbst und negire sie (v. 15), demnächst aber gebe er in v. 16 u. flgg. die Widerlegung

derselben. Sonach sei v. 15—23 erst ein ethisch-polemisches Prä-
liminar zu der Cap. 7 beginnenden thetischen Ausführung des Satzes:
„ihr seid nicht unter dem Gesetz, sondern unter der Gnade". — So
M, welcher in 6, 1—14 eine Begründung des Satzes findet, dass
Verharren in der Sünde und Lebensgemeinschaft mit Gott schlechthin unverträglich seien, mit angehängter Ermahnung (v. 12—14), dem
neuen Lebensverhältnisse durch die That zu entsprechen.

Dagegen findet *G* in 6, 1—14 die Aufstellung des neuen
Princips als Gegenstandes des rechtfertigenden Glaubens. Er nennt
dies Princip das Heiligkeitsprincip, welches der Rechtfertigung
aus Gnaden inne wohnt. Der Apostel frage sich nur, ob es die erforderliche Kraft haben werde, um den Menschen zu beherrschen,
ohne Mitwirkung eines Gesetzes. Dieser Einwurf sei v. 15 formulirt.
vv. 16 u. flgg. enthalten die Antwort.

Ich habe in meiner Auslegung von 6, 1—11 gezeigt, dass die
neue Lebensstellung, der wir durch die Gemeinschaft mit Christo
theilhaftig geworden, die Befreiung von der Gewalt der Sünde und
des Todes und somit die rechtliche Unabhängigkeit von diesen
Mächten involvire. Das frühere Muss des Sündigens ist vorüber.
Demzufolge sei es Sache der Christen, der Sünde nicht wieder Herrschaft über sich einzuräumen (vv. 12. 13) — Gewalt, wie früher
unter dem Gesetz, könne sie über Christenleute, die als solche
unter der Gnade stehen, nicht erlangen.

Wenn nun der Apostel den 15. Vers nachdrücklich an das
letzte Motiv des v. 14: οὐ γάρ ἐστε ὑπὸ νόμον, ἀλλ᾽ ὑπὸ χάριν
anschliesst, dagegen durch die unmittelbar vorangegangenen vv. 12—14
zu erkennen gegeben hat, dass er einem Sündigen auf Kosten des
Gnadenstandes in keinerlei Weise das Wort redet, so kann er in
v. 15 nicht dasselbe noch einmal in Frage stellen wollen, vielmehr
ist anzunehmen, dass er auf einen andern Gegenstand überlenkt,
nämlich auf eine Parallele zwischen dem Dienstverhältniss, wie
es früher unter der Sünde bestand, und wie es nunmehr
unter der Gnade besteht.

Dass das Dienstverhältniss unter der Sünde mit der Stellung
ὑπὸ νόμον zusammenfällt, versteht sich nach Paulinischer Lehre
von selbst. Dem Paulinischen Grundgedanken aber, dass das Gesetz
die δύναμις τῆς ἁμαρτ. sei, also das Knechtsjoch auflege und den
Fluch dazu, steht die Behauptung seiner Widersacher gegenüber,
dass des Apostels Haupt- und Erzsünde eben die Missachtung des
Gesetzes sei, als der einzigen Gottesoffenbarung, deren Besitz gerecht und selig mache. Und eben dies wird den Christen zur
grössten Sünde gerechnet, dass sie nicht unter dem Gesetz stehen
wollen. Darum nannten sie Paulum einen ἁμαρτωλός d. i. einen
Sünder par excellence Röm. 3, 7.

Wenn nun aber v. 14 richtig ist: ἁμαρτία ὑμῶν οὐ κυριεύ-
σει· οὐ γάρ ἐστε ὑπὸ νόμον, ἀλλ᾽ ὑπὸ χάριν, konnte da Paulus
nicht mit Recht die Frage anschliessen: wie nun? (sc. da die Ge-

walt der Sünde unter der Gnade gebrochen ist) sollten wir gesündigt haben (ἁμαρτήσωμεν Aor.), weil wir nicht unter dem
Gesetz, sondern unter der Gnade stehen? d. h. sollte unsre Stellung
dem Gesetze gegenüber, bez. unser Gnadenstand nur durch Sünde
zu Stande gekommen sein? Welch ein Unsinn, einen Stand der
Sündenfreiheit durch Sünde erlangt zu haben! —

Die Sünde hat eine ganz andere Genesis, als die veränderte
Stellung zum Gesetz. Sie hat nunmehr, nachdem die Christen durch
die Lebensgemeinschaft mit Christo ihres Willens wieder mächtig
geworden sind, die freie Entschliessung der Individuen zur Grundlage.
Die Ausführung folgt von v. 16 ab.

Gegen *G* genügt die Bemerkung, dass sein Thema, „die Macht des
neuen (sc. der Rechtfertigung innewohnenden) Heiligungs- oder Heilig-
keitsprincips" (II. S. 28. Z. 16 u. Z. 33 v. o.) in den Text hineingetragen ist,
und dass sein Verständniss des v. 15 auf irrthümlichen Voraussetzungen
beruht.

v. 16. Der Apostel setzt bei seiner Frage voraus, dass die
Leser die beiden Dienstverhältnisse, um welche es sich handelt,
kennen; er argumentirt ex concessis. Auf Grund dieser Kenntniss
ergiebt sich die Thatsache von selbst, von welcher der Apostel hier
redet. Die Verbindung der Satztheile hinter ὅτι ist nicht ohne
Schwierigkeit. *M*: „Wisset ihr nicht, dass, wenn ihr euch selbst als
Sclaven stellet zu Gehorsam, ihr Sclaven dessen seid, dem ihr ge-
horchet?" Es ist richtig, dass nicht ἐστέ den Nachdruck hat
(dass ihr Sclaven auch wirklich seid, wie de Wette, Philippi u. A.
wollen) sondern δοῦλοι. Aber wer in aller Welt spricht denn so,
wie *M* übersetzt. Ja, wenn statt wem (ᾧ) stände Wenn (ἐάν)!
Aber ᾧ heisst eben nicht Wenn. Den Grund der undeutschen
Structur erkennt man sehr bald. *M* weiss das ᾧ ὑπακούετε auf
andre Weise nicht unterzubringen. Das Relativsätzlein soll quoad
sensum die Wiederholung sein von ᾧ παριστάνετε, angeblich, um
den Gedanken recht stark hervorzuheben. Das wird ja aber in
keinerlei Weise erreicht; im Gegentheil findet durch diesen nach der
gemeinen Auslegung sehr überflüssigen Zusatz, wie bei allem Tauto-
logischen, eine Abschwächung des Gedankens statt. — *G* freilich ist
andrer Meinung. Er sagt: „die Worte ᾧ ὑπακούετε sind eigentlich ein Pleonasmus, denn dieser Gedanke war schon enthalten in
dem Ausdruck: δοῦλοι ἐστε, aber sie sind doch nicht überflüssig;
sie bedeuten: dem es jetzt zu gehorchen gilt, wohl oder übel!"
G deutet damit den rhetorischen Accent, welchen freilich nicht der
Apostel, sondern er selbst auf diese Worte gelegt hat: denn an und
für sich können sie das nicht bedeuten. *G* übersetzt: „Wisset ihr
nicht, dass, wenn ihr euch selber hingebet als Sclaven, um ihm zu
gehorchen, ihr fortan dem verschrieben seid als Sclaven zum Gehorsam u. s. w.?" Verschrieben seid? Wo steht das?

Lassen wir vorläufig ᾧ ὑπακούετε auf sich beruhen und ergänzen das ᾧ παριστάνετε durch ein τούτῳ vor δοῦλοι, so ist

hier allerdings ein formaler Unterschied gemacht zwischen παριστάνειν ἑαυτοὺς δούλους, und zwischen δούλους εἶναι. Ich sage: ein formaler, welchen der Apostel dadurch aufhebt, dass er das eine als Wirkung des andern setzt. Ἑαυτοὺς bezieht sich nämlich auf das gesammte Personenleben, nicht auf etliche physische und geistige Kräfte, welche einem andern zur Verfügung gestellt werden. „Wem ihr euch selbst zur Verfügung stellt als Sclaven zum Gehorsam, dem seid ihr Sclaven, oder dess Sclaven seid ihr.“

Das folgende ᾧ ὑπακούετε ist nicht, wie man bisher angenommen hat, Wiederaufnahme oder Wiederholung des εἰς ὑπακοήν in irgend welchem kaum erkennbaren rhetorischen Interesse, sondern Einführung des Verbalbegriffs, um die telische Beziehung εἰς θάνατον, εἰς δικαιοσύνην daran zu hängen. Das ὑπηκούσατε εἰς τύπον διδαχῆς v. 17 lässt gegen diese Verbindung keinen Zweifel aufkommen. Die Ausleger zwar, unter ihnen M, fassen εἰς θάνατον, εἰς δικαιοσύνην als „Resultat, zu welchem das Sclavenverhältniss führt“. Von dem Resultate ist jedoch erst v. 23 die Rede. Und — wäre denn der τύπος τῆς διδαχῆς auch etwa das Resultat, zu welchem das Sclavenverhältniss führt? Hier ist nicht von dem Endziel, zu welchem, sondern von der Richtung, in welcher, wohin die Sclaven dem Herrn und Gebieter folgen. Es ist nicht in Abrede zu stellen, dass die Verbindung des ὑπακούειν mit εἰς eine, wenn auch der apostolischen Sprache auch sonst eigne, doch ziemlich harte Prägnanz involvirt, eine brachylogische Verknüpfung eines intransitiven Verbalbegriffs mit einer Präposition der Bewegung. Bei alledem ist ὑπακούειν εἰς in der profanen Gräcität nicht ganz beispiellos. So hat Polyän 1, 27 ὑπακ. εἰς τὴν ἀποικίαν. Vergleiche auch die von Kypke angeführten Stellen, welche M sehr mit Unrecht zurückweist.

Zu ἁμαρτίας und ὑπακοῆς ist δοῦλοι aus dem Hauptsatz zu wiederholen. Es ist allerdings nicht leicht, sich die δοῦλοι ὑπακοῆς vorstellig zu machen; aber die δοῦλοι ἁμαρτίας v. 17 lassen keine Wahl; ὑπακοῆς kann nur von δοῦλοι abhängig sein.

Sind denn aber wirklich ἁμαρτία und ὑπακοή die beiden Herrschaften, denen die Menschen sich zum Gehorsam erbieten? Der Apostel hätte in diesem Falle unmöglich schreiben können: ᾧ παριστάνετε ἑαυτοὺς εἰς ὑπακοήν. Ich halte dafür, dass ἁμαρτία und ὑπακοή nicht die Gebieterinnen sind, sondern dass sie, so zu sagen, die Livrée der Herren anzeigen. Die ἁμαρτία macht die δοῦλοι τοῦ νόμου kenntlich; in der Livrée der ἁμαρτία gehen sie dem Tode entgegen, denn der νόμος, ausser Stande, die ἁμαρτία hinwegzunehmen, erweist sich vielmehr als ihre δύναμις und hält die Seinen unter der ὀργή, unter dem Fluche Gottes. In seinem ganzen Gebiete ist nur innerliche Auflehnung wider Gott. Dagegen unter der Gnade ist nur ὑπακοή, Gehorsam im absoluten Sinne des Wortes, Gehorsam gegen den Herrn. Paulus nennt in v. 16 das Gesetz nicht als Herrn, auch nicht die Gnade,

denn er schreibt an Christen, deren Mehrheit unter dem Gesetz nicht
gestanden hatte, sondern aus den Heiden herüber gekommen war.
Ueber diese hatte früher der alte Mensch die Herrschaft geführt,
welchem sie sich zum Sclavendienst ergeben hatten; aber dieser Gebieter konnte ebenso wenig von der Sünde erlösen, als das Gesetz.
Somit waren die Heiden ebensowohl Sündenknechte, als die unter
dem Gesetz. Συνέκλεισεν ἡ γραφὴ τὰ πάντα ὑπὸ ἁμαρτίαν. —
Es begreift sich, dass und warum der Apostel einen Ausdruck zur
Signatur der δοῦλοι wählt, der ebenso auf Judenchristen, als Heidenchristen in ihrem vorchristlichen Zustande passt; sie waren δοῦλοι
ἁμαρτίας; ἁμαρτία nicht der Herr, wohl aber die den Knechten
inhärirende Eigenschaft. Mit den δούλοις ἁμαρτίας aber geht es
überall zum Tode. Dagegen führt der Weg, den die δοῦλοι ὑπακοῆς nehmen, zur δικαιοσύνη. Der Herr aber, welcher sie zu
δούλοις ὑπακοῆς macht, ihnen diese Signatur ertheilt, ist das Evangelium von Christo, der τύπος διδαχῆς, von welchem v. 17 die
Rede ist.

Dass unter θάνατος hier nicht der physische Tod verstanden
werden kann, ist Mu bereitwilligst zuzugestehen. Dagegen unterliegt
den grössten Bedenken, wenn er sagt: „der Tod wird in v. 21 näher
bezeichnet, und es ist durch den Gegensatz von ζωὴ αἰώνιος unzweifelhaft, dass θάνατος als das τέλος der Sündenknechtschaft
gedacht werden muss, d. i. als der ewige Tod." — M meint, dagegen streite nicht der Gegensatz εἰς δικαιοσύνην, sofern derselbe
nicht von der sittlichen Rechtschaffenheit zu verstehen sei, wie v. 13,
denn diese sei nicht das Ergebniss, sondern selbst das Wesen des
δοῦλον εἶναι ὑπακοῆς (des Gehorsams gegen Gott, wie 5, 19). Vielmehr müsste δικαιοσύνη dem θάνατος correlat als Endresultat
jenes δοῦλον εἶναι ὑπακοῆς gedacht sein und auf die letzte Zeit
des αἰὼν μέλλων gehen — es sei also die Rechtbeschaffen-
heit, welche ihnen im Gerichte zuerkannt werde. So M. Die seltsame Ansicht dieses Exegeten vom θάνατος habe ich zu 5, 12 ausführlich beleuchtet. Ich verweise auf das dort Bemerkte. — In
Wirklichkeit besagt die vorliegende Stelle etwas Weiteres nicht, als
διὰ τῆς ἁμαρτίας ὁ θάνατος. Mit dem Knechte der Sünde geht
es allemal in den Tod. Der Tod aber ist nicht der einmalige physische Act, sondern als geistlicher Tod ein Continuum; er tritt mit
der ἁμαρτία ein, zieht sich durch das ganze zeitliche Leben des
Sünders und vollendet sich im ewigen Tode. Das ist Ms Fehler,
dass er den Tod durchaus als Act aufgefasst wissen will, entweder
als physischen der Trennung von Leib und Seele oder als Act des
Endgerichts. Θάνατος aber im Sinne des Apostels ist ausschliesslich weder das eine, noch das andere, sondern die Wurzel von
Beiden. Θάνατος ist einfach Trennung von dem (absoluten) Leben,
d. i. von Gott.

Wie nun ein Fehler immer andere nach sich zieht, das sehen
wir an Ms Auslassung über die singuläre Bedeutung, welche hier

δικαιοσύνη haben soll. Auch die δικαιοσύνη ist ein Continuum; ihr Anfang, bez. Wurzel die Rechtfertigung durch den Glauben; ihr Fortbestand im zeitlichen Wandel des Christen die Heiligung; ihre Vollendung die jenseitige selige Gemeinschaft mit Gott und mit allen Heiligen. Dasselbe gilt von der ζωὴ αἰώνιος. Der Gehorsam gegen die Gnade Gottes d. i. der Glaube setzt die ζωὴ bereits diesseits, sie geht fort, sie vollendet sich mit der δικαιοσύνη im Licht. Bei M ist die ζωὴ αἰώνιος etwas rein Jenseitiges, nicht ein hier schon anhebendes Continuum. Wenn er sich auf vv. 21—23 beruft, so hat er übersehen, dass eben dort vom τέλος die Rede ist, vom τέλος ἁμαρτημάτων, welches allerdings der ewige Tod ist, aber in keinerlei Weise ausschliesst, dass die δουλεία ἁμαρτίας ein Folgen bedingt auf dem Wege zum Tode, der selbstverständlich immer zum ewigen Tode führt, ohne deshalb schon in der Zeit der ewige Tod zu sein. Noch deutlicher ist des Apostels Meinung bei δικαιοσύνη. Paulus erinnert, wie v. 17 unverkennbar zeigt, an eine Geschichte, die noch der ersten Unterweisung der römischen Christen angehört. Er erinnert an eine Zeit, da sie noch nicht die δικαιοσύνη aus dem Glauben inne hatten, sondern sich zur Annahme der evangelischen Lehre anschickten und zwar ἐκ καρδίας. So kann sich die ὑπακοή, von welcher der Apostel v. 16 redet, doch nur beziehen auf die Willigkeit, der apostolischen Predigt zu folgen. Indem sie aber der heilsamen Lehre sich zur Verfügung stellten, hatten sie sich selbst zu Mitgliedern einer Gefolgschaft gemacht, deren Weg zur δικαιοσύνη führte. So ist denn doch nimmermehr an eine Gerechtigkeit zu denken, die erst im Jenseits durch Richterspruch dem zugetheilt werden soll, der bis an's Ende δοῦλος ὑπακοῆς gewesen ist. Im Uebrigen will ich nicht unerwähnt lassen, dass die von mir gegebene Auslegung des 15. Verses durch die richtige Auslegung von v. 16 nur bestätigt wird. Gegen G habe ich zu bemerken, dass, wenn der Apostel auch nicht an judenchristliche Scrupel denkt, wie etliche annehmen, dennoch seine Argumentation sich hier, wie überall, die Stellung zum Gesetz im Gegensatz zur Gnade gegenwärtig erhält und dass diese seine Grundstellung überall zum Ausdruck kommt, wo es gilt, die Christgläubigen von dem Vorwurf der Versündigung am Gesetz zu entlasten.

v. 17. Wie der Apostel 1, 8 vor allen Dingen Gott dafür gedankt hat, dass der Glaube der römischen Gemeinde verkündigt wird in der ganzen Welt, so dankt er hier, dass die Zeit der Sündenknechtschaft vorüber ist, und dass die apostolische Lehre in der Gemeinde willkommene Aufnahme gefunden hat.

Ὅτι ἦτε δοῦλοι — διδαχῆς. Grotius: non Deo agit gratias, quod servierint peccato, sed quod, qui servierint peccato, postea obedierint evangelio. G stimmt dieser Auffassung als der „einfacheren und natürlicheren" zu. Ich vermag weder Einfachheit, noch Natürlichkeit darin zu erkennen. M: „ἦτε mit Emphase, dass ihr Sclaven der Sünde waret. Die Voranstellung des ἦτε und die

Nichtsetzung eines μέν beweisen evident, dass dies die richtige Fassung ist". Sicher ist es so.

Ἐκ καρδίας Chrys.: οὐδὲ γὰρ ἠναγκάσθητε, οὐδὲ ἐβιάσθητε, ἀλλ᾽ ἑκόντες μετὰ προθυμίας ἀπέστητε.

Εἰς ὃν παρεδόθητε τύπον διδ. Ich schicke voran, was in allen Commentaren zu lesen ist, dass dieser Relativsatz in dreifacher Weise aufgelöst werden kann, nämlich τῷ τύπῳ τῆς διδ., εἰς ὃν παρεδ. oder zweitens εἰς τύπον τῆς διδ., εἰς ὃν παρεδ. oder drittens, εἰς τύπον τ. δ., ὃν παρεδ. d. i. ὃς παρεδόθη ὑμῖν. Fast die sämmtlichen neuern Ausleger, auch M und G, entscheiden sich für die erste Auflösung und zwar darum, weil „ὑπακούειν εἴς τι nie gleich ὑπακούειν τινι ist" (M). Ausführlicher G: „von diesen drei Constructionen ist die erste allein zulässig, weil einer Person oder Sache gehorchen, im Griechischen ausgedrückt wird, durch ὑπακούειν mit dem Dat. und nicht mit der Präp. εἰς; letztere würde etwas ganz Anderes ausdrücken, nämlich den Zweck des Gehorsams". Zweck? Wohl nicht immer, wie ich zu v. 16 gezeigt habe. — Doch, abgesehen davon, beide Erklärungen haben zur Voraussetzung, dass ὑπακούειν auf den τύπος διδαχῆς als auf den Gegenstand, welchem die Römer gehorcht haben, bezogen werden müsse. Dann freilich, wenn das im Voraus feststeht, haben M und G Recht. Aber worauf gründet sich denn diese Voraussetzung? In v. 16 ist von δούλοις ὑπακοῆς die Rede. Daraus liesse sich allenfalls das ὑπακούειν τῇ διδαχῇ entwickeln. Aber τῷ τύπῳ τῆς διδαχῆς ist doch etwas ganz anderes. In den τύπος d. i. wie ich hier gleich mit Uebergehung der weit auseinandergehenden überaus mannigfaltigen Meinungen über den Begriff des Wortes, welche man bei Kypke, Reiche u. A. nachsehen wolle, bemerke: in die Grundform der Lehre oder, indem ich beides zusammenfasse, in die Grundlehre dringt man doch erst nach längerem aufmerksamen Hören ein, das, wenn es wirken soll, stets mit einem ὑπακούειν verbunden sein muss. Nun aber dankt der Apostel nicht dafür, dass die Römer dieser Grundlehre gehorcht haben, sondern dass sie gehorcht haben (d. i. gefolgt sind der evangelischen Predigt) in die Grundlehre hinein, dass sie in Folge ihres Gehorsams, der Unterweisung folgend, in die Grundlehren des Christenthums eingedrungen sind. Ich kann mich auf Grund des richtig verstandenen Zusammenhangs nur für die Auflösung εἰς τύπον διδ., εἰς ὃν κ. τ. λ. erklären, und bleibe damit in Conformität mit der v. 16 von mir festgehaltenen Construction ὑπακούειν εἰς θάνατον, εἰς δικαιοσύνην.

Was heisst nun: εἰς ὃν παρεδόθητε? Zum ersten ist die passive Bedeutung festzuhalten, weil es für die medial-passive: „in welche ihr euch hingegeben habt" an aller Analogie fehlt. Zum zweiten halte ich zwar die Auflösung in ὃν παρεδόθητε (Accus. an Stelle des Dativ's im Activ) nicht für unmöglich (cfr. 3, 2 ἐπιστεύθησαν τὰ λόγια τοῦ θεοῦ), aber gerade bei παραδοθῆναι

für beispiellos, auch meine ich, dass ὄν παρεδόϑ. nicht würde umgesetzt werden können in ὃς παρεδόϑ. ὑμῖν. Somit wird es wohl
bei εἰς ὃν παρεδ. sein Verbleiben haben.

Nach G drückt παραδοϑῆναι, wörtlich: überliefert sein,
energisch jene Art von moralischer Unterwerfung aus, wie sie aus
der Macht der einmal angenommenen christlichen Wahrheit sich ergiebt. Die Uebersetzung ist freilich passivisch, aber die Erläuterung
medial. G übersetzt: „Dank sei Gott, dass ihr Sclaven der Sünde
wart, aber dass ihr von Herzen gehorcht habt dem Lehrtypus, der
euch eingeprägt worden ist“. Ich halte nicht dafür, dass diese
allzufreie Uebersetzung den Sinn des Apostels ausdrückt. Erst „ein-
geprägter Lehrtypus“, dann Gehorsam gegen diesen Typus. Soviel
ich sehe, hat bei der Christianisirung der Gehorsam gegen das
Wort voranzugehen, aber auch nur dann geht das Einprägen der
Lehre von statten. Ist die Lehre eingeprägt, dann versteht sich
der Gehorsam so ziemlich von selbst, und man sieht nicht recht ein,
weshalb der Apostel dafür noch insonderheit dankt.

Ich weiss kein andres Mittel, sich das παραδοῦναι εἰς τὸν
τύπον, imgleichen das ὑπακοῦσαι εἰς τ. τύπον klar zu machen,
als dass man denselben Ausgangspunkt nimmt, wie der Apostel, und
zu den gleichen bildlichen Anschauungen zu gelangen sucht. Ἦτε
δοῦλοι τῆς ἁμ. Das ist der Ausgangspunkt. Nun tritt das ὑπακούειν, welches die Römer aus der δουλεία τῆς ἁμ. herausgeführt
hat, vor die Seele des Apostels. — Das Erste, was die ὑπακοὴ
voraussetzt, ist die Einladung zum Reiche Gottes durch das κήρυγμα. Hätten sie diese Einladung abgelehnt, so wären sie eben
geblieben, was sie waren. Die Römer lehnten nicht ab; sie folgten
(sc. der Einladung); sie nahmen das Wort an. Das Nächste war
nun die Unterweisung in der christlichen Wahrheit. Selbstverständlich konnten sie nur in die Haupt- und Grundwahrheiten, in
den τύπος διδαχῆς eingeführt werden. Erst das Leben in Christo
explicirt nach und nach den Grundriss der Lehre und zeigt die
Höhe und Tiefe der christlichen Erkenntniss. — Die Römer liessen
sich einführen in die Grundlehren des Christenthums,
ὑπήκουσαν εἰς τὸν τύπον διδ. Fassen wir mit dem Apostel die
Lehre als Lehrgebäude auf, ferner als die Vermittlung, durch
welche wir den heilsamen Einflüssen der Gnade Gottes in Christo
Jesu stetig übergeben werden, gewissermaassen als Anstalt des
Heils, darin wir Nahrung empfangen für unsre Seele, darin die
Heilwasser der Ewigkeit sich uns darbieten, drinnen wir Obdach
und Schutz finden gegen die Stürme der Welt und gegen die Unruhe der Tagesmeinung, von dannen wir ausgehen, dahin wir uns
zurückziehen, um in Frieden von unsrer zeitlichen Arbeit aus-
zuruhen, so wird es uns nicht schwer werden, die Bilder des
Apostels uns vorstellig zu machen: „die Römer folgten der Einladung, die an sie erging; sie sind gefolgt bis zur Einführung in
die Heilanstalt Gottes, in die Grundlehre des Wortes; in diese

Grundlehre als in die Heilanstalt des Wortes sind sie von der göttlichen Gnade überliefert, übergeben worden. Ich möchte übersetzen: „in welche ihr eingewiesen worden seid".

In andrer Weise legt sich, von τύπος ausgehend, Beza die
Bilder des Apostels zurecht: die evangelische Lehre sei quasi instar
typi cujusdam, cui veluti immittamur, ut ejus figurae confor-
memur.

Wir Christenleute alle sind durch Gottes Gnade dem Typus der
Heilswahrheit „in die Lehre" gegeben, damit wir sie immer besser
verstehen lernen. Und dass es so ist, dafür sei dem Herrn, unserm
Gotte, gedankt.

Man wolle übrigens nicht unbeachtet lassen, dass, als Paulus
schrieb, eine Pflege der Gemeinde durch einen Apostel oder apostolischen Mann in keinerlei Weise stattgefunden hatte. Die Römer
waren nicht dem Hirtenamte eines Gottesmannes zur Förderung in
der Heilswahrheit übergeben, sondern lediglich in den Grundriss der
Lehre, in welchen sie sich durch andre Christenleute hatten einführen
lassen.

v. 18. Δέ metabatisch. Paulus führt die Notiz über die Bekehrung der Römer zu Ende. Der göttlichen Lehre unterstellt
durch Annahme der Heilslehren, nachdem sie in deren Grundwahrheiten eingeführt worden, wurden sie von der Rechtsverbindlichkeit
gegen die Sünde, bez. von ihrer Herrschaft und Gewalt los (ἐλευθερωθέντες ἀπὸ τῆς ἁμαρτίας) und Knechte der Gerechtigkeit.
Sehr richtig M: diese Sclaverei, bei der die δικαιοσύνη die Herrin
ist, ist also die wahre sittliche Freiheit".

Mit v. 18 hat der Apostel die mit v. 15 begonnene Einschaltung beendet, deren Inhalt ist, dass die Stellung unter der Gnade
nicht Versündigung ist (sc. am Gesetz), sondern Befreiung vom Knechtsdienst der Sünde und Eintritt in den Dienst der Gerechtigkeit.
v. 18 nimmt Paulus die Paränese von v. 12 wieder auf, nachdem er wegen seines anscheinend paradoxen Ausdrucks ἐδουλώθητε
τῇ δικαιοσύνῃ in v. 16 sich erklärt hat.

v. 19. Ἀνθρώπινον λέγω δ. ἀσθ. τ. σ. ὑμ. M „Menschliches (menschlichen Verhältnissen Angehöriges) sage ich (indem ich
hier von Sclaverei rede) wegen der (intellectuellen) Schwäche eures
Fleisches, um derselben zu Hülfe zu kommen". So auch Bengel, de
Wette, Philippi. Von der sittlichen Schwäche verstehen die ἀσθ.
τ. σαρκ. mehrere ältere griechische Ausleger, ferner Calvin, unter
den Neueren Klee, indem sie die ganze Bemerkung auf das Folgende beziehen; sie lassen den Apostel sagen: „Nicht zu Schweres
fordere ich, denn, obwohl ich einen weit höhern Grad des neuen
Gehorsams verlangen könnte, so verlange ich doch nur denselben,
welchen ihr vorher der Sünde erwiesen habt". Dagegen bemerkt
M mit Recht, dass ὥσπερ — οὕτω eine Vergleichung des vorigen
Zustandes mit dem jetzigen einführt, aber nicht die Gleichheit des
Grades anzeigt. Auch ist es bedenklich, λέγειν im Sinne von

Fordern zu fassen. — Noch andre, ἀσθέν. τ. σαρχ. von intellectueller Schwäche verstehend und zum Folgenden ziehend (wie Ernesti, Rosenmüller), finden darin die Erklärung des Apostels: „ich will mich nun zu einer populären Erläuterung der Sache herbeilassen". Aber ἀνθρώπινον heisst nicht Populäres. H und Schott setzen ἀνθρώπ. λέγω in Parenthese und verbinden διὰ ἀσθ. τῆς σαρχ. ἡμῶν mit ἐδουλώθητε in v. 18: „Der Apostel erkennt an, dass der neue Gehorsam wirklich eine Art Knechtschaft ist, weil Unterwerfung unter einen fremden Willen. Das wurde aber von den Römern so empfunden wegen der Hartnäckigkeit der alten Natur, die da mit sich bringt, dass das Fleisch ohne Unterlass gebändigt werden muss". Das stimmt aber schlecht mit dem ὑπακοῦσαι ἐκ καρδίας v. 17. Auch würde das nachfolgende γὰρ kaum zu verstehen sein. G wendet sich gegen Ms Auslegung von ἀσθ. τ. σ. Er sagt: „wenn die Verpflichtung, Gerechtigkeit zu üben, der Mehrzahl der Gläubigen als eine Unterwerfung unter ein fremdes Princip erscheint, so geschieht das nicht aus Mangel an Einsicht. Die Ursache liegt tiefer: darin, dass das Fleisch, die Liebe zum Ich noch nicht gänzlich geopfert worden ist. Aus dieser sittlichen Thatsache ergiebt sich für den Christen selbst der peinliche Eindruck, dass die vollkommene Gerechtigkeit eine sehr anspruchsvolle, manchmal sogar harte Herrscherin ist und dass die Verpflichtung, sich in allen Stücken nach dem Willen Gottes zu richten, einen Sclaven aus ihm macht. Dies ist der unvollkommene sittliche Zustand, dessen Eindrücken sich Paulus bei den zu v. 18 gebrauchten Wendungen anbequemt hat". Also διὰ τ. ἀσθ. τ. σ. ἐμ. „wegen eures unvollkommenen sittlichen Zustandes".

Darin dürfte G Recht haben, dass der Apostel unter ἀσθ. τ. σ. ἐ. nicht die intellectuelle Schwäche hat verstanden wissen wollen. Aber gewiss ist auch nicht, wie G will, der unvollkommene sittliche Zustand der Römer darunter zu verstehen. Dem scheint mir die milde Weise, in welcher der Apostel über Römische Zustände urtheilt, zu widersprechen.

Ἀσθένεια heisst seinem Etymon gemäss Machtlosigkeit, Unvermögen; σάρξ der Mensch nach seiner natürlichen Bestimmtheit (wie sie dermalen ist), die natürliche Disposition, ὑμῶν individualisirt diese natürliche Bestimmtheit: „wie sie euch, den Römern, eigen ist". Die ἀσθένεια der Römer in ihrem natürlichen Zustande konnte nur in dem Unvermögen bestehen, sich dem Genussleben, wie es die Welthauptstadt im reichsten Maasse darbot, zu entziehen, — in der Kraftlosigkeit, der Welt, den Anfechtungen der Weltsünde gegenüber. Dem ebenso stolzen, als genusssüchtigen Römer musste es in hohem Grade erwünscht erscheinen, von der gesetzlich strengen Beurtheilung seines Thuns liberirt zu sein, von einer ernsten Auffassung seiner Pflichten nicht genirt zu werden. Dazu schien die durch das Evangelium dargebotene Gnade (im Gegensatz zum Gesetz) ihm zu verhelfen. Ich meine, das Rechte zu treffen, wenn ich unter ἀσθέν. τ. σ. ἑμ. einen Mangel an sittlicher Entschiedenheit, oder doch Neigung zum ethischen Libertinismus erblicke. Die Gemeinde fasste unter Berufung auf den Gnadenstand die sittliche Verpflichtung der Christen nicht ernst genug auf. Insofern berührte sich die ἀσθένεια ebenso sehr mit einer gewissen intellectuellen Schwäche, als mit einer gewissen ethischen Unvollkommenheit, ohne jedoch eins von beiden zu sein. Neigung zur sittlichen Freisinnigkeit, wurzelnd in dem, was der römischen Gemeinde insonderheit von der alten Natur (σάρξ) noch anklebt, Nachgiebigkeit gegen die Eindrücke der Aussenwelt unter Berufung auf den Gnadenstand. Das war die ἀσθένεια, um derentwillen der Apostel meinte ein ἀνθρώπινον der Gemeinde sagen zu sollen. Und er hat's gethan, in vv. 16—18; insbesondere im letzten Verse, worin er ausführt: dass sie zwar von der Herrschaft der Sünde frei geworden seien, aber nicht zu dem Ende, dass sie nun ohne Scheu ihren Lüsten fröhnen dürften, sondern dass sie, die Freien, nun erst recht Knechte, Sclaven geworden seien der Gerechtigkeit. — Nun ist es zweifellos richtig, dass von δούλοις, δουλεία im eigentlichen Sinne nur unter Menschen die Rede sein kann, dass dadurch nur Verhältnisse von Menschen zu Menschen getroffen werden können, also, wenn der Apostel Bilder aus dieser Sphäre nimmt, er ἀνθρώπινον redet. Das ἀνθρώπ. λέγειν in v. 19 geht aber nicht bloss auf ἐδουλώθητε in v. 18, sondern ebenso sehr auf das δοῦλα παραστῆσαι τὰ μέλη in v. 19. Fasst Ihr, will der Apostel sagen, euer Freigewordensein von der Sünde (v. 18) lediglich als ein ἀνθρώπινον auf, dass ihr nunmehr thun könnt, was ihr wollt, so sage ich euch ein ἀνθρώπινον, dies nämlich, dass ihr nun erst recht δοῦλοι geworden seid, nämlich δοῦλοι der Gerechtigkeit; wäret ihr weniger der ἀσθέν. τῆς σαρκός ὑμῶν unterworfen, so würde ich nicht nöthig haben, den starken Ausdruck zu gebrauchen. Wie es aber dermalen steht, so sage ich euch, dass ihr auch unter der Gnade δοῦλοι seid; nicht Freie in eurem Sinne; ihr habt Leib und Leben ebenso der neuen Herrin darzubieten (παραστῆσαι), als der Sclave dazu verpflichtet ist seinem irdischen Gebieter gegenüber, oder als ihr früher aus freien Stücken zum Knechtsdienste euch ergeben hattet der Unreinigkeit und Zügellosigkeit. Aufs Nachdrücklichste schärft der Apostel ein, die Dienstbarkeit mit Leib und Leben der Gerechtigkeit zu leisten auch im Gnadenstande — und zwar schärft er die neue Dienstpflicht ein um der Neigung willen, welche der alten Natur auch in Rom anhaftete, sich den Eindrücken der Welt hinzugeben, also einen neuen Sündendienst aufzurichten.

Γάρ hier explicativ: nämlich.

Ἀκαθαρσία Wirkung der Sünde am inwendigen Menschen; ἀνομία Uebertretung des göttlichen Gebots. Und zwar erst: Hingabe der Glieder zum Dienst der Unreinigkeit und Gesetzwidrigkeit, dann Zweck dieser Hingabe: εἰς τὴν ἀνομίαν, um das gesetzwidrige Wesen aufzurichten, herzustellen. Im zweiten

Gliede der Vergleichung: Hingabe an die Gerechtigkeit: εἰς
ἁγιασμ. um Heiligung aufzurichten, heiliges Wesen herzustellen.

v. 20. Frei von der Sünde = Knechte der Gerechtigkeit: Knechte
der Sünde = Freie von der Gerechtigkeit. Das sind Correlata.

„Wollt ihr Freie sein in dem Sinne, dass ihr thun könnt, was
euch gelüstet, da hättet ihr bleiben sollen, was ihr wart. Als ihr
Knechte der Sünde wart, da stellte die Gerechtigkeit keine Forderung
an euch; da wart ihr Freie der Gerechtigkeit gegenüber". Das ist
der Sinn des apostolischen Worts. Keine Ironie (Tholuck, Reiche),
aber auch keine Aeusserung voll tiefen, sittlichen Schmerzes (M),
sondern dialectische Gegenüberstellung von Früher und Jetzt, um
die Leser den innern Widerspruch fühlen zu lassen zwischen
Gnadenstand und zwischen sittlicher Leichtfertigkeit

v. 21. Οὖν also d. h. diesem ἐλευθέρους εἶναι τῇ δικαιοσύνῃ
καὶ δούλους τῇ ἁμαρτίᾳ entsprechend, in Folge desselben.
Τίνα — ἐπαισχύνεσθε wird mit Chrysosth. und einigen
ältern Auslegern, Bengel, Reiche, Fritzsche von M als ein Fragesatz
aufgefasst: „welche Frucht nun hattet ihr damals (als ihr noch der
Sünde dienstbar wart u. s. w. v. 20) von Dingen, deren ihr euch
jetzt schämet? Antwort: keine (zu suppliren), keinen sittlichen Gewinn von u. s. w. Beweis dafür: „denn das Endresultat derselben
(dieser Dinge) ist der Tod". Gegen diese Auslegung die Mehrzahl
der älteren und neueren Exegeten, unter ihnen Luther, Melanchthon,
Tholuck, de Wette, Philippi und neuerdings G, welche die Frage
bei τότε schliessen und übersetzen: „was für Frucht hattet ihr damals? Deren ihr jetzt euch schämt, denn das Ende derselben ist
der Tod".

Was konnte nur M für Gründe haben, sich gegen diese ebenso
einfache, als dem Zusammenhange entsprechende Auslegung zu
wenden, zumal er selbst zugesteht, dass durch seine Deutung der
Relativsatz ἐφ᾽ οἷς νῦν ἐπαισχύνεσθε, auf welchem gerade das
Hauptgewicht ruht, zu einer rein beiläufigen Bemerkung wird?
Er nennt diese Erklärung eine zerreissende. Allerdings seine
Zusammenfassung von τίνα — ἐπαισχύνεσθε in eine Frage wird
dadurch auseinander gerissen.

Aber darauf kommt es doch nicht an, sondern das ist der
Hauptpunkt, ob auseinander gerissen wird, was der Apostel zu-
sammengefügt wissen will. Das hat M aber keineswegs bewiesen;
somit beruht seine Zusammenfassung auf einem blossen Vorurtheil.
Weiter behauptet er: diese Erklärung betrachte καρπόν entweder
ebenfalls (er meint wohl, wie die eigne) als bildliche Bezeichnung
von Gewinn oder von Handlungen, welche die strafende Folge
verwerflicher Gesinnungen sind. Aber dagegen entscheide der Gegensatz v. 22, wo das **Haben** der Frucht, nicht ihre Qualität dem
Vorherigen entgegengestellt werde. Dagegen ist zu sagen, dass eben
nach der Qualität gefragt wird; dass also, was wirklich dem Vorherigen entgegengestellt wird, nicht die nach ihrer Qualität noch gar

nicht gekennzeichnete Frucht ist, sondern das dafür in die Antwort
eingestellte ἐφ᾽ οἷς — ἐπαισχ. Es wird nun auch wohl das dritte
Bedenken *M*s sich beantworten, weshalb der Apostel ἐφ᾽ οἷς und
nicht ἐφ᾽ οὗ geschrieben hat. Statt des collectiven καρπὸς von
zunächst noch unbestimmter Qualität setzt er die Fruchtsorten (so
zu sagen) von sehr bestimmter Qualität. Dazu hatte er um so mehr
Veranlassung, als der gesammte καρπὸς gar nicht einmal in den
während der Sündenherrschaft geschehenen ἀκαθαρσίαις καὶ ἀνο-
μίαις offenbar geworden ist; das τέλος ist der Tod; dieser ist die
letzte und darum vollendetste Frucht des Sündendienstes. Das
schwerste Bedenken aber bringt *M* zuletzt: Paulus prädicire καρπὸς
nur vom Guten, niemals von der Unsittlichkeit. Es ist das auch
ein Stück von der wirklich „zerreissenden" Auslegung, dass, wo
möglich, jedem Autor ein aparter Sprachgebrauch beigelegt wird.
Man denkt nicht daran, dass in den vorhandenen Schriften des
Apostels unmöglich sein ganzer Sprachschatz könne enthalten, also
singuläre Verwendung einzelner Ausdrücke nur zufällig könne gewesen sein. Man macht Paulinische Sprachgesetze, Paulinischen
Sprachgebrauch, wenn die Annahme einen vorweg zurecht gelegten
Sinn zu unterstützen scheint, aus dem oft sehr spärlichen Vorkommen einzelner Verbindungen oder Ausdrücke. Nun ist sattsam
bekannt, dass καρπὸς im N. T. eine vox media ist: καρποὶ πονη-
ροὶ und καρποὶ καλοὶ bei Matth. sind ausreichender Beweis. Bei
Paulus kommt das Wort ausser in den vorliegenden vv. 21 und 22
neunmal vor; von diesen Stellen sind sechs, nämlich Röm. 1, 13.
15, 28. 1 Cor. 9, 7. Phil. 1, 22. 4, 17. 2 Tim. 2, 6, weil sie sich
auf Arbeitsgewinn, Collecten, Feldfrüchte u. dergl. beziehen, also eine
direct ethische Beziehung gar nicht haben, ausser Acht zu lassen,
bleiben also von neun Stellen nur noch drei übrig, aus welchen
M als Spracheigenheit des Apostels entwickelt, dass er καρπὸς nur
von Gutem gebrauche. Mit viel grösserem Rechte lässt sich behaupten, dass Paulus καρπὸς als vox media gebraucht. Und dieser
Gebrauch ist in vv. 21. 22 entschieden zu statuiren, da die Beziehung auf Gutes und Böses erst durch den Zusatz oder durch den
Zusammenhang hineinkommt.

Das Seltsamste aber ist, dass *M* selbst den von ihm festgestellten
Paulinischen Sprachgebrauch nicht weiter beachtet, denn auch für
ihn ist καρπός, mag er nun ἐκείνων ergänzen oder nicht, keineswegs etwas Gutes; der καρπός, aus welchem Dinge hervorgehen,
deren man sich zu schämen hat, kann kein guter sein.

Uebrigens hindert nichts, auch bei der von mir vertretenen
zweiten Erklärung τούτων oder τοιούτων vor ἐφ᾽ οἷς zu ergänzen,
wodurch denn auch die anderweiten Bedenken *M*s hinfällig werden
würden.

Θάνατος als τέλος ist selbstverständlich der ewige Tod.

In Betreff des Textes ist noch zu bemerken, dass mehrere Uncialen (B. D. E. F. G) lesen: τὸ μὲν γὰρ τέλος, dagegen ℵ. A. C.

K. L. das μὲν fortlassen. Μὲν ohne correspondirendes δὲ kommt
in der Gräcität, auch im N. T. häufig vor, und bezeichnet, dass
etwas unbestritten, zweifellos dies oder jenes sei. Ich halte dafür,
dass μὲν, welches Lachmann aufgenommen, Tischd. dagegen getilgt
hat, von Abschreibern wegen des nachfolgenden νυνὶ δὲ inserirt
worden ist.

v. 22. Νυνὶ δὲ κ. τ. λ. M: „jetzt aber seid ihr nicht mehr
ohne Frucht, wie vorher; nein, jetzt besitzet ihr eure Frucht zur
Heiligkeit, so dass der Besitz derselben Heiligkeit für euch zur
Folge hat (εἰς consecutiv). Der ἁγιασμὸς ist also nicht die Frucht
(der sittliche Gewinn) selbst, welche sie bereits haben, sondern der
Zustand, welchen das ἔχειν der Frucht künftig herbeiführen
wird. Die Frucht selbst ist mithin die neue, christliche Sittlichkeit, das christliche tugendhafte Wesen, welches sie als Knechte
Gottes besitzen und dessen Besitz auf dem Wege der fortschreitenden Entwicklung zur Heiligkeit führt." So M.

Aehnlich G: „In den Heiligungsstand seid ihr geführt. Dies
ist in der That das Ergebniss einer beständig in der Abhängigkeit
von Gott gehaltenen Thätigkeit. Jede erfüllte Pflicht ist ein Schritt
auf dem Wege, an dessen Ende der Knecht Gottes das erhabene
Ideal des ἁγιασμός, der vollendeten Heiligkeit, leuchten sieht."

Man erkennt leicht die Abhängigkeit Gs von M. Der letztere
ist durch seine Erklärung von v. 21 vinculirt. Er kann das καρπόν
ἔχειν hier nicht anders auffassen, als dort — M ist nämlich auf
Grund der ἄκαρπα ἔργα τοῦ σκότους Eph. 5, 11 vergl. Tit. 3, 14
der Ansicht, dass der Apostel den Begriff des καρπός in Betreff
des Bösen überhaupt negire; nur das Gute habe einen καρπός,
das Böse sei ἄκαρπον. Gegen diese Erklärung habe ich mich oben
bereits ausgesprochen.

In Eph. 5, 11 ist die Theilnahme an dem Werke der Finsterniss
nicht untersagt, weil sie überhaupt unfruchtbar sind, sondern weil
sie unfruchtbar sind an Allem, was dem Herrn wohlgefällig sein
könnte 5, 10. — Darin hat M freilich Recht, dass unter dem καρπός,
welchen die δουλωθέντες τῷ θεῷ bereits haben, nicht der ἁγιασμός zu verstehen sei, wohl aber ist darunter zu verstehen der
καρπὸς εἰς ἁγιασμόν. Durch diesen Zusatz wird καρπὸς
aus der Verabsolutirung, aus der allgemeinen und darum unbestimmten Bedeutung „Gewinn" herausgenommen und specialisirt als
Gewinn in einer bestimmten Richtung, für einen bestimmten Zweck.
Εἰς ist nicht consecutiv, sondern telisch aufzufassen.

v. 21 sagt der Apostel: „damals hattet ihr eine Frucht von
Dingen, deren ihr euch jetzt schämt."

v. 22: jetzt habt ihr eine Frucht, die auf Heiligung abzielt,
zur Heiligung fördert." Die ausharrende, ununterbrochene Dienststellung unter Gott bietet den Gewinn, dass Alles, was der Mensch
thut und denkt, zur Heiligung des Herzens und Lebens hintreibt.

Der treue Dienstmann Gottes ist factisch im Besitz dieser Impulse zur Heiligung.

Es ist nicht ohne besonderes Interesse, der Ursache nachzugehen, welche die *M-G*sche Erklärung vollends verwirrt und schliesslich unmöglich macht. Die Ursache liegt in der seltsamen Verwechslung von Heiligkeit und Heiligung ἁγιότης und ἁγιασμός. Beide Ausleger übersetzen ἁγιασμός constant mit Heiligkeit. Nun aber ist ἁγιασμός (wie alle substant. verbalia auf μος die Action des Verbalbegriffs ausdrücken) das Heiligen, die Heiligung. Wenn von Christo 1 Cor. 1, 30 gesagt wird: ἐγενήϑη ἡμῖν ἁγιασμός, so heisst das: Christus hat unsre Heiligung zu Stande gebracht; er ist das Princip unsrer Heiligung. Kurz: ἁγιασμός bezeichnet das ἁγιάζειν als Prozess. Ganz anders ist ἁγιότης, ἁγιωσύνη aufzufassen, sie bezeichnen, wie das deutsche Wort: Heiligkeit, einen Zustand und zwar den Zustand derer, die geheiligt worden sind, sei es bei ihrem Eintritt in die Gemeinschaft mit Christo, daher sie als Getaufte ohne Weiteres ἅγιοι heissen, sofern sie im Stande der Rechtfertigung vor Gott als schuldfrei gelten, sei es wenn sie nach Beendigung des Erdenlaufs aus Gnaden von den Schlacken der Sünde völlig frei, den Heiligen im Lichte beigezählt werden. Ἁγιότης ist ein Zustand, welcher ebenso gegenwärtig, als zukünftig ist; die Schuldfreiheit des Gerechtfertigten, wie die Sündenfreiheit des Vollendeten am Ziel ausdrückend.

Die Schuldfreiheit des Gerechtfertigten, seine δικαιοσύνη kann und darf nicht ἄκαρπος bleiben; wer in Wahrheit gerechtfertigt von der Sünde frei geworden und in den Dienst Gottes getreten ist, den treibt der neue Dienst zur Heiligung; das ist die Frucht des neuen Dienstes: der Heiligungstrieb. Wo und wie sich derselbe regt — und er muss sich regen in jedem lebendigen Christen — da kann man sagen, was der Apostel von den Römern sagt: ἔχετε τὸν καρπὸν ὑμῶν εἰς ἁγιασμόν. „Zu Gott hin, das ist der Christen Gewinn; zur Hölle hin, das ist der Gottlosen Sinn!"

Somit ist die von *M* versuchte Abtrennung des ἁγιασμός von καρπός in der Weise, dass καρπός die neue, christliche Sittlichkeit, dagegen ἁγιασμός den Zustand bezeichnet, welchen das ἔχειν τὸν καρπὸν künftig herbeiführen wird [also ἁγιασμός fälschlich als vollendete ἁγιότης gedacht]; nach *G* das Ideal, die vollendete Heiligkeit [also gerade mit ἁγιότης verwechselt] ein exegetischer Irrthum.

Soll τὸ τέλος ζωὴν αἰώνιον das Endergebniss, nämlich das ewige Leben im Messiasreich bezeichnen, so ist das von dem *M*schen Begriff des ἁγιασμός nicht zu unterscheiden. Nun ist ohne Zweifel ζωὴν αἰώνιον auch von ἔχετε abhängig. Das hätte doch *M* in der Definition von ἔχειν καρπὸν in seiner Beziehung zu ἁγιασμός vorsichtiger machen sollen; hier wird ja sogar von etwas nach der interpretatio recepta entschieden Jenseitigem das νυνὶ ἔχετε ausgesagt; die Römer können doch den καρπὸς εἰς ἁγιασμὸν nicht anders haben, als die ζωὴ αἰώνιος, und umgekehrt! *M* hilft sich mit der Phrase: „dieser Besitz (nämlich der $\zeta\omega\acute{\eta}$ $\alpha\dot{\iota}\acute{\omega}\nu$.) ist jetzt noch ein idealer." Was ist das: ein idealer Besitz? Wir nennen das für gewöhnlich eine Einbildung.

M hätte immerhin zugestehen sollen, dass die $\zeta\omega\acute{\eta}$ $\alpha\dot{\iota}\acute{\omega}\nu\iota\iota\iota\varsigma$ nicht so sehr jenseitig ist, dass sie nicht schon diesseits in dem Trachten und Streben nach Heiligung, im ausschliesslichen Dienste des lebendigen Gottes sich zu fühlen geben sollte, und zwar als Ziel ($\tau\acute{\epsilon}\lambda o\varsigma$) geduldigen Ausharrens und treuen Ringens, an welches $\tau\acute{\epsilon}\lambda o\varsigma$ sich in steigendem Maasse Muth und Freudigkeit zu neuer Arbeit anschliesst.

Der Christ ist Zukunftsmensch. Man sollte nie vergessen, dass der wahre Christ hier schon die Ewigkeit lebt, nicht bloss kostet!

v. 23. Zusammenfassender Schluss.

Theophyl. $'O\psi\acute{\omega}\nu\iota o\nu$ $\varkappa\nu\varrho\acute{\iota}\omega\varsigma$ $\lambda\acute{\epsilon}\gamma\epsilon\tau\alpha\iota$ $\tau\grave{o}$ $\tauo\tilde{\iota}\varsigma$ $\sigma\tau\varrho\alpha\tau\iota\acute{\omega}\tau\alpha\iota\varsigma$ $\pi\alpha\varrho\grave{\alpha}$ $\tauo\tilde{\upsilon}$ $\beta\alpha\sigma\iota\lambda\acute{\epsilon}\omega\varsigma$ $\delta\epsilon\delta o\mu\acute{\epsilon}\nu o\nu$ $\sigma\iota\tau\eta\varrho\acute{\epsilon}\sigma\iota o\nu$. Der Plural gewöhnlicher, als der Singular, erklärt sich nach *M* aus den mehrfachen Bestandtheilen der ursprünglichen Naturallöhnung; Sold der Sünde, nicht für die Sünde. Unrichtig *M*: die Sünde erschien als Regent in Beziehung zu v. 13, wo die $\dot{\alpha}\mu\alpha\varrho\tau\acute{\iota}\alpha$ als Regent vorgestellt sei, dem die Unterthanen ihre Glieder als Waffen stellen. Das $\beta\alpha\sigma\iota\lambda\epsilon\acute{\upsilon}\epsilon\iota\nu$ in v. 13 giebt zunächst noch nicht die Vorstellung eines Kriegsherrn, welcher ein Volk in Waffen befehligt und demselben Löhnung giebt. Von vv. 13—23 ist wohl von Freien und Knechten die Rede, aber nicht von $\sigma\tau\varrho\alpha\tau\iota\acute{\omega}\tau\alpha\iota\varsigma$. Auch giebt der König seinen Soldaten nicht Löhnung, weil diese ihm die Waffen stellen, sondern in der Regel giebt der König die Waffen, die Löhnung aber empfangen sie als Unterhalt für die Zeit ihrer Dienststellung. — So will denn der Versuch, noch nachträglich aus dem Worte $\acute{o}\psi\acute{\omega}\nu\iota o\nu$ die $\acute{o}\pi\lambda\alpha$ v. 13 als Waffen zu erweisen, nicht glücken. Es ist daran festzuhalten, dass auch die Unterthanen, nicht bloss die Soldaten, sobald sie ausschliesslich ihrem Könige dienen, von letzterm ihren Unterhalt, ihre Besoldung zu empfangen haben. Dasselbe steht allen Dienstleuten zu, wo und wie sie Dienste thun. Das Bild des Soldes ist ja freilich von den Soldaten hergenommen, aber dann auf die Dienststellung im Allgemeinen angewendet.

$T\grave{o}$ $\delta\grave{\epsilon}$ $\chi\acute{\alpha}\varrho\iota\sigma\mu\alpha$, die ganze Fülle des Heils von der Rechtfertigung bis zur Herrlichkeit, nichts davon ein $\acute{o}\psi\acute{\omega}\nu\iota o\nu$, alles unverdiente Gnade. „Die Hölle", sagt Hodge (nach *G*) „ist immer verdient, der Himmel niemals"! — Hier ist für alle $\chi\alpha\varrho\acute{\iota}\sigma\mu\alpha\tau\alpha$ insgesammt das eine gesetzt, welches sich durch alle hindurchzieht, welches allen ihren himmlischen Character giebt, ja, man kann in Wahrheit sagen, das in allen schon diesseits gewährten Gnadengaben pulsirende Leben der Ewigkeit, die $\zeta\omega\acute{\eta}$ $\alpha\dot{\iota}\acute{\omega}\nu\iota\iota o\varsigma$, welche sich als der Friede Gottes, welcher höher ist, als alle Vernunft, den Christgläubigen, d. h. denen, die in Christo Jesu sind, zu erkennen giebt, daher $\zeta\omega\acute{\eta}$ $\alpha\dot{\iota}\acute{\omega}\nu\iota o\varsigma$ $\dot{\epsilon}\nu$ $X\varrho\iota\sigma\tau\tilde{\omega}$ $'I\eta\sigmao\tilde{\upsilon}$. — Ausser ihm kann's nicht empfangen werden, ausser ihm wird's nimmer gekostet, son-

dern nur in ihm und zwar in ihm, als unserm Herrn. In dem
Unser liegt die Gemeinschaft und das Theilhaben an seinen Gütern
ausgedrückt. Die Sünde als Herrin giebt ihre ὀψώνια, d. i. Alles
in Allem zusammengefasst, den θάνατος. Wer Christo, als dem
Herrn dient, der empfängt die ζωή αἰώνιος.
In summa: der neue Dienst ist ein seliger Dienst!

Capitel 7.

Cap. 6 handelte vom neuen Dienst, am Schluss von dem
neuen Dienstlohn unter der Gnade, stets unter Bezugnahme auf
den alten Dienst, bezw. Dienstlohn unter der Sünde (dem Gesetz).
Da lag denn die Frage, ob nicht eine bindende Verpflichtung
gegen das alte Dienstverhältniss fortbestehe, nahe. Der Apostel geht
in einfachster Anknüpfung an Cap. 6 (mit ἢ ἀγνοεῖτε) auf
die Lösung des alten Dienstverhältnisses
über, und zeigt im ersten Theile, dass sie rechtlich vollkommen
begründet sei, weil der Tod in und mit Christo das alte Verhältniss aufgehoben habe, im zweiten Theile, dass sie ethisch nothwendig gewesen sei, denn der alte Dienst unter dem Gesetz habe
thatsächlich nicht zum Heile verholfen, sondern die Dienenden immer
fester in die Bande von Sünde und Tod verstrickt.

Nachdem ich meine Gedanken über den Zusammenhang von
Cap. 6 und 7 vorangeschickt habe, lasse ich nun die Meinungen
der neuesten Ausleger über denselben Gegenstand nachfolgen.

G bemerkt: „Gemäss dem 6, 14 formulirten Thema: die Sünde
wird nicht mehr über euch herrschen, denn ihr seid unter der
Gnade, hatte der Apostel so eben die Befreiung von der Sünde
durch die Unterwerfung unter die Gnade dargelegt. Aber er hatte
gesagt: denn ihr seid nicht unter dem Gesetz, sondern unter der
Gnade. „Unter dem Gesetz"! Diese Worte forderten eine besondere Erklärung. Diesen Nachweis liefert der folgende Abschnitt.

M: „Allerdings beginnt nun Paulus die noch rückständige Ausführung von 6, 14 [?]; aber den Uebergang dazu knüpft er an
das unmittelbar Vorhergehende an, was schon aus der Natur von
ἥ evident ist." Nicht an κυρίῳ ἡμῶν 6, 23 knüpfe Paulus an,
denn dies habe gar kein pragmatisches Moment und sei im Gedankenfortschritt gleichgültig, sondern an den 6, 22 ausgesprochenen
und v. 23 begründeten Hauptgedanken sei anzuknüpfen.

Ich habe zunächst die Meinung abzuweisen, als sei 6, 15 bis
6, 23 eine Art Digression, und der Apostel kehre gewissermaassen zu
6, 14 zurück, um die Begründung der negativen Hälfte seines
Satzes: „Nicht unter dem Gesetz!" nachzuholen. Der Apostel war
von 6, 15 bis 6, 23 vollständig bei der Sache, dass die Römer
nämlich früher Knechte der Sünde waren (wobei er diejenigen, die
unter dem Gesetz standen, keineswegs ausnimmt), und dass sie den

entsprechenden Dienstlohn empfangen hatten. Nun aber, seit sie
unter der χάρις seien, hätten sie auch das entsprechende χάρισμα
(zum Dienstlohn', nämlich das ewige Leben in Christo Jesu, unserm
Herrn.

Die Behauptung *Ms*: τῷ κυρίῳ ἡμῶν 6, 23 habe kein
pragmatisches Moment und sei im Gedankenfortschritt gleichgültig,
ist so wenig richtig, dass dies Attribut vielmehr das Hauptgelenk
der ganzen Argumentation bildet: „Ihr seid nicht mehr unter der
Sünde, denn ihr habt zugleich mit eurem Gnadenstande einen
andern Herrn erlangt, nämlich Christum Jesum. Hier setzt nun
7, 1 ein:

„Oder wisset ihr nicht, dass es mit der frühern Herrschaft des
Gesetzes ein Ende hat und ein Ende haben musste?"

Der Apostel begegnet hier dem Bedenken, als sollten die
Christen verpflichtet werden, zweien Herren zu dienen. Er thut es,
indem er seinen Nachweis der Abolition der Gesetzesherrschaft mit
einer Frage eröffnet, welche deutlich die Meinung des Apostels bekundet, dass die Leute, an welche er schreibt, das eigentlich wissen
müssten. Sie hätten sich das längst selbst sagen können, was der
Apostel im Folgenden, ihre Schwachheit in der Erkenntniss berück-
sichtigend, nunmehr ausführt.

Ἀδελφοί. Darunter nur die Judenchristen zu verstehen, liegt
kein Grund vor. Am allerwenigsten ist er aus der Parenthese:
γινώσκουσι γὰρ νόμον λαλῶ zu entnehmen, denn erstens steht da
nicht τοῖς γινώσκ. κ. τ. λ. zu denen unter euch, welche u. s. w.
Zweitens erscheint es, wie *G* mit Recht bemerkt, ziemlich müssig,
Judenchristen daran zu erinnern, dass sie das Gesetz kennen. Drittens ist mir sehr fraglich, ob unter νόμος (ohne Artikel) das Mosaische Gesetz zu verstehen sei.

In der Einleitung habe ich ausführlich begründet, weshalb ich
der Meinung derer nicht beitreten kann, welche annehmen, dass die
Mehrzahl der Gemeindeglieder in Rom aus ehemaligen Juden bestanden. (So Bauer, Holzmann; nach letzterm ganz aus Juden,
nach de Wette, Beyschlag aus Proselyten, vergl. die Einleitung
S. 6 flgg.) Doch stimme ich zu, dass, weil die apostolische Predigt
überall vom A. T. ausging, schon in den frühesten Zeiten das Lesen
des A. T. vom Gottesdienst der Synagoge in den der Kirche überging, dass also auch die Heiden eine umfassende Kenntniss des A. T.
erlangten, letzteres also überhaupt von der ganzen Kirche als Urkunde der göttlichen Offenbarung anerkannt und gelesen wurde.
Damit komme ich aber nur so weit, dass ich ἀδελφοί auf die
sämmtlichen Glieder der römischen Gemeinde beziehe.

Dass unter dem artikellosen νόμος das Mosaische Gesetz zu
verstehen sei, kann ich um der Grammatik willen nicht zugeben.
Wie ich mich zu 3, 31 dagegen verwahrt habe, so hier. Νόμος
ohne Artikel bezeichnet stets das Gesetz in abstracto, die Kategorie:
gesetzliches Wesen, gesetzliche Art. Somit heisst der eingeklammerte

Satz: „zu solchen rede ich, welche wissen, was Gesetz ist, zu Ge-
setzeskundigen." So schon Ammon. Von den Culturvölkern der
alten Welt, insbesondere von den Römern, deren Gesetz und Recht
die Grundlage für die öffentliche Rechtspflege der Staaten bis auf
unsre Zeit geworden ist, konnte der Apostel wohl sagen, dass sie
Gesetz und Recht kennen. Und es musste ja das von besonderem
Werthe für die Heidenchristen sein, dass der Apostel sich hier nicht
ausschliesslich auf Bestimmungen des jüdischen Gesetzes beruft, sondern auf Allgemein-Gesetzliches, dessen Richtigkeit weder Juden,
noch Griechen beanstanden können.

Es ist eine leere Behauptung *M*s: das folgende ὁ νόμος müsse
das Mosaische Gesetz im gewöhnlichen, das Ganze umfassenden Sinne
bedeuten, weil dies das Thema der Abhandlung verlange. Doch
nicht. Was im Allgemeinen vom Gesetz gilt, dass muss auch vom
Mosaischen Gesetze insbesondere gelten. Nichts wäre einfacher, als
der Uebergang von dem principiell Gültigen zu der Gültigkeit des
Sonderverhältnisses, welches die Leser zum Mosaischen Gesetz gehabt hatten oder auch noch zu haben vermeinten. Hätte jedoch
Ammon Unrecht, wenn er bemerkt: ἀνθρώπου voce eodem versu
nemo facile Iudaeum solum significari putaverit? So wäre der
Artikel in ὁ νόμος anaphorisch zu fassen, es wäre das Gesetz gemeint, von welchem kurz vorher die Rede war, d. i. das Allgemein-
Gesetzliche und als solches Anerkannte: das Gesetz, welches es
auch sei. Es würde jedoch nicht unbedenklich sein, die Kategorie νόμος sich mit ὁ νόμος fortsetzen zu lassen, zumal es in
den folgenden Versen an einem merkbaren Uebergange vom Gesetz
in abstracto zum Mosaischen Gesetz fehlt — worauf doch schliesslich Alles ankommt. Ἀνθρώπου ist allerdings weder von Juden,
noch von Hellenen ausschliesslich zu verstehen. Es liegt aber im
Hinblick auf die folgenden Verse noch näher, anzunehmen: der
Apostel habe weder Mann, noch Weib darunter ausschliesslich verstanden wissen wollen. Dann hindert nichts, ὁ νόμος in seiner
individuellen Bedeutung: Mosaisches Gesetz zu belassen und den
Uebergang sich so zurecht zu legen, dass der Apostel solchen,
welche Natur und Wesen des Gesetzes, das, was im Allgemeinen
Gesetz, gewissermassen aller Gesetze übereinstimmender Inhalt ist,
wohl kennen, die Bestimmungen, auf welche es hier vornehmlich
ankommt, am Mosaischen Gesetz habe vorführen und erläutern
wollen.

„Dem Mosaischen Gesetze also eignet — was allgemein gesetzlich ist, — dass es über den Menschen herrscht, so lange
er lebt."

Und dass die Römer bei ihrer allgemeinen Gesetzeskenntniss
das nicht wissen sollten, sondern dass sie über ihr Verhältniss
zum Mosaischen Gesetz, nachdem sie durch Annahme des Evangeliums demselben allerdings nahe getreten, noch im Unklaren wären,
das dünkt dem Apostel doch kaum glaublich. Darum ᾒ ἀγνοεῖτε;

Dass einige Erklärer ὁ νόμος als Subject zu ζῇ setzen (auch Bengel), sei nur erwähnt. Philippi fasst ζῇν von dem Leben in der Sünde (6, 2): „das Gesetz hat die Herrschaft über den Menschen nur so lange, als er in seinem eigentlichen Leben, in seinem natürlichen Sündezustand sich befindet; sobald er diesem entsagt hat, um sich mit Christo zu vereinigen, ist er vom Gesetz befreit." Aber heisst denn ζῇν in der Sünde leben? und wie passt das in den Zusammenhang? v. 1 bringt einen Gesetzesparagraphen, vv. 2. 3 ein Beispiel dazu; bei der Philippischen Auslegung würde v. 1 nicht mehr Paragraph, sondern bereits Erläuterung sein.

v. 2. Dennoch beruht der Versuch Philippi's das ζῇν nicht vom physischen, sondern vom ethischen Leben zu verstehen, auf dem richtigen Gefühl, dass ohne Modification dieses Begriffs ein befriedigendes Verständniss der nachfolgenden Verse sich kaum dürfte erreichen lassen. Dass das Beispiel zu dem Satz in v. 1 nicht recht passt, hat schon Chrysosth. ausgesprochen; ich meine, dass es bis auf die neueste Zeit kaum einen Ausleger gegeben hat, der nicht durch das augenfällige Missverhältniss zwischen der Regel in v. 1 und dem in v. 2 angeführten speciellen Falle frappirt worden wäre. Das Weib ist nicht todt, dennoch ist sie los von der Herrschaft des Gesetzes. Fast erscheint das Beispiel, wie ein Ausnahmefall. Nun ist zwar neuerdings behauptet worden: die Inconcinnität sei nur scheinbar. M sagt sogar: „der Schein des Unpassenden verschwindet durch die Beachtung von καὶ ἡμεῖς in v. 4, woraus erhellt, dass Paulus bei seinem Beispiel vv. 2. 3 der Anschauung folgt, mit dem Tode des Mannes sei (im uneigentlichen Sinne vermöge der Verbindung beider Eheleute zu Einer Person Eph. 5, 28 u. s. w.) auch das Weib hinsichtlich ihres ehelichen Verhältnisses gestorben, und somit von dem Gesetze, sofern es sie an den Mann gebunden hatte, gelöst, so dass sie nun einen andern heirathen könne, was sie vorher nicht konnte, weil das Gesetz nicht eher aufhört, über den Menschen Herr zu sein, als wenn er gestorben ist." Allein der Schein des Unpassenden verschwindet doch nicht dadurch, dass v. 4 zur Regel passt. Die weitere Auseinandersetzung enthält viel Brauchbares, aber auch Unrichtiges. Das Mysterium des Ehestandes: die Verbindung beider Eheleute zu Einer Person kommt hiebei gar nicht in Betracht. Es handelt sich lediglich um den νόμος τοῦ ἀνδρός, um das Rechtsverhältniss zwischen Ehemann und Ehefrau. Das Weib hat aufgehört, Ehefrau zu sein, wenn der Mann todt ist (ganz abgesehen von der intimen Beziehung beider zueinander im Ehebette). Es genügt also, mit M zu sagen: das Weib ist hinsichtlich ihres ehelichen Verhältnisses gestorben, der νόμος τοῦ ἀνδρός hat für sie keine Geltung mehr; der Mann ist über sie nicht mehr Herr.

Passt nun das Beispiel besser?

Soviel ist von vorne herein klar, dass der νόμος überhaupt auf das Weib nur anwendbar ist, wenn es unter diesem νόμος steht. Sodann, dass es in v. 2 nicht um die völlige Emancipation des Weibes vom Gesetz sich handelt für den Fall, dass der Mann stirbt, sondern nur um die Lösung von dem *νόμος τοῦ ἀνδρός*. Daraus dürfte dann doch folgen, dass das: *ἐφ' ὅσον χρόνον ζῇ* des ersten Verses dahin zu verstehen ist: *ἐφ' ὅσον χρόνον ζῇ* oder *ἐστὶ ὑπὸ νόμον*; es ist das die Modification, welche ich für Philippi's *ζῇ ἐν σαρκὶ* vorschlage. Zum zweiten ergiebt sich sofort, dass der Apostel das *ἐλεύθερον γενέσθαι ἀπὸ τοῦ νόμου* auf den *νόμος τοῦ ἀνδρὸς* beschränkt, also einen speciellen Fall anführt, auf Grund dessen er durch Generalisirung zu v. 4 gelangt. Das Generale muss mit dem Specialfall einen gemeinschaftlichen Grundgedanken haben, darum die Verknüpfung beider mit *ὥστε*. Es liegt ferner auf der Hand, dass das Generale die volle Anwendung der in v. 1 formulirten Regel enthalten müsse. Hieraus ergiebt sich alsbald die Formel, in welche sich der Grundgedanke in v. 1 und v. 4 gegossen hat; es ist kein andrer, als die Regel selbst: „Das Gesetz hat über den Menschen so lange Herrschaft, als er unter dem Gesetze lebt."

Die ganze Mannigfaltigkeit, dass ich nicht sage Verwirrung in der Auslegung von v. 2 bis v. 6 hat darin ihren Grund, dass man versucht hat, sämmtliche Momente des Specialfalls, auch die nebensächlichen, in das Generale v. 4 hinein zu pressen. Vorerst nun die Erklärung im Einzelnen.

Ἡ ὕπανδρος γυνή die verheirathete Frau. *Τῷ ζῶντι ἀνδρὶ* M richtig: an ihren noch lebenden Mann. *Κατήργηται ἀπὸ τ. νόμ. τ. ἀνδρ.* ist ein prägnanter Ausdruck, wie *δικαιοῦσθαι ἀπό τινος*, zwei verschiedene Aussagen in sich fassend, nämlich *καταργεῖσθαι καὶ ἀπολύεσθαι (χωρίζεσθαι) ἀπό τινος*. *Καταργεῖσθαι* heisst nicht, wie M will, zu nicht gemacht, sondern: ausser Wirksamkeit, Gültigkeit gesetzt, ungültig gemacht, abgeschafft werden. Das Weib ist durch die mit dem Tode des Mannes erfolgte Auflösung des Ehestandes von dem Gesetz des Mannes, d. h. von dem Gesetz, welches sie dem Manne verpflichtet, entbunden worden, oder sie hat aufgehört, Ehefrau zu sein: sie lebt nicht mehr im Ehestande, ist darum auch los vom Ehestandsgesetz. Nach der Regel v. 1 ausgedrückt: das Gesetz hat über sie keine Herrschaft, weil sie nicht (mehr) unter dem Gesetz (*ὑπὸ νόμον τοῦ ἀνδρός*) lebt. — Es ist also nicht nöthig, die Ehefrau eines Gestorbenen für quasi todt zu erklären, um den Fall der Regel anzupassen. Das Ehestandsleben hat aufgehört, aber darum nicht das Leben überhaupt.

G bezeichnet das als die schwierige Frage in diesem Verse, warum Paulus als Beispiel eine Frau wählt, welche ihren Mann verliert und frei wird, sich wieder zu verheirathen, und nicht vielmehr einen Mann der seine Frau verliert und dasselbe Recht geniesst. „Wir werden die Lösung dieser Frage finden", so fährt G fort, „in der Anwendung, welche Paulus von jenem Beispiel auf das

geistliche Leben zu machen vorhat. Dieselbe zeigt in der That, dass
Paulus nicht bloss den Bruch der gläubigen Seele mit dem Gesetz
(dem ersten Manne) im Auge hatte, sondern auch noch ihre neue
Verbindung mit dem auferstandenen Christus (dem zweiten Manne).
Nun aber konnte bei diesem Bild der zweiten Ehe Christus doch
nur den Mann vorstellen, und folglich der Gläubige nur die Frau. Und
dies führt den Apostel dazu, einen Schritt weiter zu thun und den
Tod der Frau selber zuzuschreiben. Denn da Christus gestorben
ist, kann die gläubige Seele nur als gestorben mit ihm sich ver-
mählen!" Ich habe diese Auslassung niedergeschrieben, um zu
zeigen, zu welchen Wunderlichkeiten noch heut zu Tage die Exegeten
greifen.

v. 3. Ἄρα οὖν demgemäss also. Χρηματίσει G: „das Verb
bedeutet eigentlich Geschäfte machen, daher den Namen tragen
von dem Gewerbe, das man treibt." Besser Fritzsche: „χρηματίζειν
serioribus scriptoribus Polybio, Diod. Siculo, Plutarcho, Straboni al.
designare nuncupari in vulgo constat. Profectus est hic usus ab
eo verbi significatu, quo negotia publica gerere notat. Quare
χρηματίζω βασιλεύς negotia publice ago rex, ich trete als König
auf, tum: sum et vocor rex." Wir sagen: „sie wird als Ehebre-
cherin erscheinen. Das Futur ist futur. logicum oder consecut.
Τοῦ μὴ εἶναι κ. τ. λ. nicht: so dass, sondern damit sie u. s. w.
Es ist das wirklich Absicht des Gesetzes, die Wiederverheirathung
einer Wittwe sine macula zu ermöglichen.

v. 4. Ὥστε übersetzt M unter Berufung auf Winer S. 348
und flg. mit demnach. Er hält dafür, ὥστε führe die Folgerung
aus vv. 1—3 ein, indem es angebe, welches Verhältniss hinsichtlich der Christen, die durch den Tod Christi in analoger Lage mit
jenem Weibe sind, aus vv. 1—3 sich ergab. In Betreff Winer's muss
M sich geirrt haben. Winer (6 p. 269) behandelt die Partikel mit
aller wünschenswerthen Umständlichkeit, giebt ihr aber, wenn sie
einen Satz c. verbo finito beginnt, die Bedeutung; quare, itaque,
also mehr causal als consecutiv. Klotz ad Devarium (II, 771
particula significat consecutionem alicujus rei ex antecedentibus, ut
Latinis particulis ita ut respondeat. — Si ὥστε ita ponitur, ut
indicativus accedat, cohaeret quidem etiam oratio cum praeceden-
tibus, sed tamen non ipsa verborum constructione, sed tantum modo
per vim relativae particulae. Qua re factum est, ut ὥστε cum
infinitivo ita, ut verti debeat, ὥστε cum verbo finito simpliciter
qua re. Damit erledigt sich auch Gs Meinung: ὥστε müsse in
der vorliegenden Stelle mit so dass, als seiner eigentlichen und
natürlichen Bedeutung wiedergegeben werden.

M irrt darin, dass er v. 4 als Folgerung aus vv. 1—3 ansieht
und darum eine Bedeutung für ὥστε wählt, die seiner vorgefassten
Meinung mehr zu entsprechen scheint. Ein zweiter Irrthum ist:
Paulus habe irgend wie sagen wollen, dass die Christen durch den
Tod Christi sich in analoger Lage mit jenem Weibe in vv. 2. 3

befunden hätten. Was dem Apostel in Betreff des speciellen Falls
von vv. 2. 3 und der allgemeinen Lage der Christen analog erscheint, das soll eben in v. 4 erst zur Aussprache kommen. — Das
Richtige ist, dass ὥστε einfach an das γενομένην ἀνδρὶ ἑτέρῳ anknüpft und wie in v. 3, so in v. 4 als Zweck der Befreiung vom
Gesetze nennt: τὸ γενέσθαι ἑτέρῳ. „Weshalb, meine Brüder,
auch ihr getödtet wurdet vom Gesetz mittelst des Leibes
Christi, damit ihr einem andern zu eigen würdet." Εἰς τὸ
γενέσθαι ὑμᾶς ἑτέρῳ ist also erklärende Wiederholung dessen,
was ὥστε bereits aus dem 3. Verse herübergenommen hatte. „Deshalb, damit ihr einem andern zu eigen würdet, seid auch
ihr u. s. w.

Ἐθανατώθητε τῷ νόμῳ. M: „ihr wurdet getödtet dem
Gesetze, so dass es über euch als Gestorbene nicht mehr herrscht
(v. 1)." Was M verbietet hält G für das Richtige. Er übersetzt:
„ihr seid gestorben, nämlich rücksichtlich des Gesetzes". Weshalb
nicht: ἀπεθάνετε τῷ νόμῳ, wie anderwärts? M: „das Passiv ist
gewählt, weil der (ethische) Tod der Christen die Gemeinschaft mit
dem Tode Christi ist, welcher ein gewaltsamer Tod war." G ungefähr dasselbe, nur mit eigenthümlicher Begründung: „Der Aor.
prim. pass. bezeichnet hier, wie gewöhnlich, den höchsten Grad von
Passivität [etwas ganz Neues!]. Jesus zieht, wie mit Gewalt, die
Gläubigen hinein in die Gemeinschaft seiner Leiden". So G. —
Ohne Zweifel hat man sich bestimmen lassen durch Gal. 2, 19. Man
hat aber übersehen, dass das ἐθανατώθητε sichtlich gewählt ist,
um die causa efficiens des θανατοῦν in recht merkbarer, prägnanter Weise hervorzuheben; bekanntlich wird das Subject der Verbalthätigkeit in der passiven Construction gewöhnlich durch den
Dativ ausgedrückt. Ja noch mehr. Um hervorzuheben, dass es
sich nicht um eine blosse Modalität des Getödtetwerdens (gewissermassen um einen adverbialen Zusatz: rücksichtlich des Gesetzes, was
νόμῳ ohne Artikel heissen würde), sondern um Angabe dessen, von
welchem getödtet worden ist, hat der Apostel ausdrücklich τῷ
νόμῳ geschrieben. So entspricht der Gedanke dem ἐγὼ ἀπέθανον
διὰ νόμου (Gal. 2, 19) nicht dem ἀπέθανον νόμῳ, wie man es in
unsrer Stelle gefasst hat. Ich glaube auch nicht, dass man jemals
darauf gekommen wäre, in τῷ νόμῳ das Gesetz als C. efficiens zu verkennen, wenn man nicht die unglückliche Allegorie mit vv. 2. 3, d. i.
von dem Weibe, welches dem ehelichen Verhältnisse abstirbt, ver-
folgen zu müssen geglaubt hätte. Wie verfehlt das ist, wird erhellen, wenn wir das Verhältniss des Zusatzes διὰ τοῦ σώματος
τοῦ Χριστοῦ· zu unserem θανατωθῆναι näher in's Auge gefasst
haben werden. Hören wir zunächst die neuesten Ausleger. M umschreibt διὰ τοῦ σώμ. τ. Χρ.: dadurch, dass der Leib Christi
getödtet wurde, und fügt erklärend hinzu: „die Vorstellung von
der Theilnehmung der Christen (in ihrem Glaubensbewusstsein) an
dem Tode ihres Herrn, nach welcher also die Tödtung dieses ihre

26*

eigne Tödtung vermittelte, setzt Paulus mit Recht nach Cap. 6 als etwas, ihrem Bewusstsein Gegenwärtiges voraus; daher abweichende Fassungen (z. B. διὰ τοῦ σώμ. τ. Χρ. gehe auf den satisfacirenden Opfertod, welcher die Herrschaft des Gesetzes abrogirt habe) als unpragmatisch abzuweisen sind."

G: „die Theilnahme an dem gewaltsamen Tode Christi ist in unsrer Stelle hier nicht ganz dieselbe, wie diejenige, von welcher v. 6 des vorigen Capitels die Rede war. Diese letztere bezog sich auf das der Sünde-Absterben, während Paulus hier sagt: ihr seid dem Gesetze gestorben. Christus am Kreuz ist dem Gesetz dadurch gestorben, dass die Strafe ihn befreit hat von der Gerichtsbarkeit des Gesetzes, unter welcher er sein Leben hingebracht hatte, und von der jüdischen Nationalität, welche die Form seines irdischen Daseins bestimmt hatte (Gal. 4, 4). Der Gläubige, welcher diesen Tod sich aneignet, eignet sich auch die herrliche Freiheit an, welche die Folge desselben für Christus gewesen ist. — Indem Paulus sagt: mittelst des Leibes Christi, erinnert er daran, dass dieser Leib es war, der das Band bildete zwischen Christus und dem theocratischen Volke (1, 3) und dass, nachdem dies Band einmal für ihn durch den Tod zerrissen war, das Gleiche der Fall ist, auch für die Gläubigen, welche ihr Leben aus ihm schöpfen. Von der Gabe seines Leibes, als Preis für unsre Loskaufung (Gess) ist nicht die Rede."

Man sieht, wie unsre neueste Exegese noch in voller Flucht begriffen ist vor der objectiven oder principiellen Geltung des Todes Christi. Bei G ist der Leib Christi nicht das Band zwischen ihm und der Menschheit, sondern zwischen ihm und dem theocratischen Volk. Was hat Christus also durch seinen gebrochenen Leib ausgerichtet? Er hat uns befreit von der Rasse; wir brauchen nicht erst Juden zu werden, um Christen zu sein. Item: die Strafe des Todes hat Christus befreit von der Gerichtsbarkeit des Gesetzes, unter welcher er sein Leben hingebracht hatte. Nun aber hat Christum, der von keiner Sünde wusste, das Gesetz nicht im mindesten genirt; somit hatte auch die Befreiung von der Gerichtsbarkeit des Gesetzes für ihn als Individuum nicht den mindesten Werth; er würde sich unter allen Umständen und in allen Lagen dem Gesetze in vollster subjectiver Freiheit verpflichtet erachtet haben. Ebenso war, Christum als Individuum angesehen, die Todesstrafe eine ungerechte, die nicht das Gesetz Gottes über ihn verhängt hatte, sondern die rabbinisch-sophistische Auslegung im Munde des Hohenpriesters (Joh. 19, 7, vergl. Zephanja 3, 4). Hätte der Tod Christi eine andere Folge nicht gehabt, als die Befreiung von der jüdischen Jurisdiction, imgleichen von der jüdischen Nationalität, und würde durch den Glauben an Christum eben nur dies auf uns übertragen, dass wir gestorben wären der jüdischen Auslegung des Gesetzes und der Beschneidung. so könnte man mit Fug und Recht die Frage erheben: wie doch nur Gott um dieser Dinge willen den Kreuzestod Christi habe geschehen lassen können? Tiefer geht M, wenn er in Betreff der Vermittlung zwischen der Tödtung Christi und unsrer Tödtung auf Cap. 6 (versteht sich nach seiner Auslegung) verweist. Aber auch er hält die Theilnahme der Christen an dem Tode ihres Herrn für eine blosse Vorstellung des christlichen Glaubensbekenntnisses. Dass der Tod Christi ausserhalb des subjectiven Glaubens etwas ist, und zwar nicht bloss für die Individualität des Gekreuzigten, sondern für die gesammte Menschheit, dass er ferner nicht bloss durch die Erinnerung bez. den subjectiven Eindruck auf das Gemüth des Gläubigen wirken will, sondern an und für sich eine fundamentale Thatsache ist, auf welcher unser Heil in Zeit und Ewigkeit beruht, darüber hören wir bei M nichts.

Doch genug der Kritik. Was nun die eigne Auffassung betrifft, so halte ich dafür, dass von unserm ϑανατοῦσϑαι τῷ νόμῳ διὰ τοῦ σώματος τοῦ Χριστοῦ doch nur unter der Voraussetzung die Rede sein kann, wenn wir 1) Christo wirklich einverleibt sind (das hat der Apostel in Cap. 6 ausgeführt), 2) in dieser Verbindung ein συμφύτους γεγονέναι τῷ ὁμοιώματι τοῦ ϑανάτου Χριστοῦ eingetreten ist. Dies ὁμοίωμα fordert, dass das ϑανατοῦσϑαι τῷ νόμῳ bei uns nicht anders zum Vollzuge gekommen sein darf, als bei Christo. Inwiefern nun kann ein ϑανατοῦσϑαι τῷ νόμῳ von Christo ausgesagt werden? Nicht in der Weise wie G solches gethan hat, als ein Getödtetwerden rücksichtlich der jüdischen Jurisdiction oder Rasse, auch nicht so, dass Christus durch den Tod entbunden worden sei von der Beobachtung des mosaischen Gesetzes, denn das wesentliche Gesetz zu beobachten, war und blieb seine Speise; es kann und darf nur ausgesagt werden als ein Getödtetwerden von dem Gesetze. Das Mosaische Gesetz hat ihn gerichtet. Und das war wiederum nur möglich, wenn Gott Jesum für uns zur Sünde gemacht hatte, τὰ γὰρ ὀψώνια τῆς ἁμαρτίας ϑάνατος, und wenn Gott nach Röm. 8, 3. 4 das κατακρίνειν τὴν ἁμαρτίαν ἐν τῇ σαρκὶ αὐτοῦ ausrichtet, so richtet er nur aus, was des Gesetzes war, ἵνα τὸ δικαίωμα τοῦ νόμου πληρωϑῇ ἐν ἡμῖν.

Aber eben ἐν ἡμῖν! Sind wir Christo einverleibt und hat an seinem Leibe ein ϑανατοῦσϑαι τῷ νόμῳ stattgefunden, so auch an uns. Es wird sich danach weder M, noch G der Wahrnehmung entziehen können, dass Röm. 8, 4 ohne die (im Uebrigen durchweg Paulinische) Lehre von der universalen Geltung des Todes Christi — gewöhnlich Satisfactionstheorie genannt — nicht zu verstehen ist.

Die Folgerung hieraus ist ebenso klar, als schlagend. Wer kann sagen, dass wir einem Gesetz noch länger verpflichtet sind, welches uns getödtet und eben dadurch aus seinem Herrschaftsgebiet gewaltsam entfernt hat. Wer kann und darf uns nunmehr des Treubruchs anklagen, wenn wir uns einem andern Herrn zuwenden?

Ja, „εἰς τὸ γενέσϑαι ὑμᾶς ἑτέρῳ, damit ihr euch einem andern zuwendet, seid ihr vom Gesetz getödtet worden" — so

fährt der Apostel fort und fügt zu ἑτέρῳ hinzu τῷ ἐκ νεκρῶν
ἐγερθέντι. Selbstverständlich konnte eine Beziehung zu dem vom
Gesetz Getödteten an Stelle der frühern zum Gesetz nur dann stattfinden, wenn der Getödtete von den Todten auferstanden war. Ebenso
selbstverständlich, dass diese Angehörigkeit an den Auferstandenen auch ihre Wirkung äussern musste auf den nunmehrigen
Wandel der Gläubigen.

Wir würden somit auf die einfachste Weise zu dem Finalsatz
ἵνα καρποφορ. τῷ θεῷ geführt sein und das Verständniss würde
keinem Zweifel unterliegen, wenn nicht die hermeneutische Kunst
Wälle und Gräben aufgeworfen hätte, um den Eintritt in den Sinn
der Stelle zu erschweren.

Ob man uns mit Recht oder Unrecht den Eintritt verweigert,
darüber werden wir Klarheit erlangen, wenn wir uns der Geschichte
der Auslegung der vorangegangenen Verse zuwenden.

Man hatte zunächst die vv. 2. 3 allegorisch gefasst. Das
Weib sollte die Seele und der Mann die mit Christo gestorbene
Sünde bedeuten (Augustin, vergl. Olshausen) oder das Weib die
Menschheit und der Mann das Gesetz, mit welchem die Menschheit
geistig vermählt gewesen (Origen., Chrysosth., Calvin, von den
Neuern Klee, Reiche, Tholuck, Philippi). Allein der Apostel will
doch mit den vv. 2. 3 sein Thema in v. 1 begründen. Eine Allegorie illustrirt, aber begründet nicht. M hat daher Recht,
wenn er die vv. 2. 3 eigentlich und concret genommen wissen
will. Es geht aus ihnen bei eigentlicher Auffassung hervor, was
der Apostel in v. 1 behauptet hat: das Gesetz hat nur so lange
Gewalt über einen Menschen, als er (sc. unter dem Gesetz oder für
das Gesetz) lebt, denn das Weib, welches nicht mehr im Ehestande
lebt, ist auch nicht mehr an das Ehegesetz gebunden; sie ist frei,
auf dass sie eine andere Verbindung eingehe.

Darum, fährt der Apostel fort, auf dass ihr eine andere Verbindung eingeht, seid ihr mittelst des Leibes Christi getödtet worden
von dem Gesetz.

Mit diesem Verse nun soll die allegorische Anwendung eintreten. So M: „Das Gemeinschafts- und Abhängigkeitsverhältniss
des Lebens der Christen von Christo fasst Paulus, wie er dies
vv. 2. 3 vorbereitet hatte und wie es seiner sonstigen Anschauungs-
weise entsprach (2 Cor 11, 2. Eph. 5, 25 und flgg.) in das Bild einer
ehelichen Verbindung, in welcher er, der erhöhte Christus der Ehe-
herr seiner durch ihr Mitsterben vom Gesetz unabhängig gewordenen
Gemeinde ist." G: „Wir können den Sinn der vier Verse folgendermaassen zusammenfassen: Wie Christus durch seinen Tod eingetreten
ist in ein von jedem gesetzlichen Statut befreites, durch Gottes
Leben allein bestimmtes Dasein, so treten wir, wenn wir einmal mit
ihm der Sünde gestorben sind, mit ihm ein in dasselbe Leben, in
welchem wir, ähnlich einer wieder verheiratheten Wittwe, keinen
andern Herrn mehr haben, als diesen neuen Ehegatten und seinen Geist."

M und *G* meinen es mit der Deutung des γενέσθαι ἑτέρῳ in v. 4 von einer neuen ehelichen Gemeinschaft gar ernstlich; sie finden sogar nichts Anstössiges darin, die Allegorie bis hart an die Grenzen der Geschlechtsgemeinschaft zu führen. Das καρποφορῖσαι soll auf die Ehefrucht gehen. „Der sittliche heilige Wandel," sagt Maier, „ist gleichsam die Frucht, welche aus unsrer Lebensgemeinschaft mit Christo [ja wohl: Lebensgemeinschaft aber eheliche Gemeinschaft?] hervorgeht und welche Gott, als dem Oberherrn dieser Verbindung, zum Eigenthum angehört." — Reiche findet diese Deutung unwürdig, Fritzsche nennt sie jejunam et obscoenam. *G*: „wenn man sich gegen diese Auffassung des Bildes sträubt, so beweist man damit eine Prüderie, welche weder dem Geiste des Alterthums, noch dem des Evangeliums selber angemessen ist [sic!]" Etwas kühler *M*; „diese Fassung ist völlig contextmässig und darf durch subjectives und modernes Geschmacksurtheil nicht verdrängt werden." Er beruft sich auf Theodoret, der jedoch viel decenter die eheliche Verbindung als Glaube bezeichnet und den καρπός damit sichtlich als Glaubensfrucht characterisirt.

Man könnte und müsste sich bescheiden, wenn *M* wirklich Recht hätte, dass diese Fassung contextgemäss sei. Das ist's jedoch, was ich bezweifle. Dass der Apostel auch sonst wohl die Gemeinschaft der Gläubigen mit Christo unter dem Bilde ehelicher Gemeinschaft sich vorstellt, wie in 2 Cor. 11, 2 Eph. 5, 25 u. s. w., gebe ich zu. Doch ist jedesmal das Bild um desswillen gewählt, weil in keiner anderen Verbindung die innigste Lebensgemeinschaft sich so darstellt und in keiner andern Reinheit und Keuschheit so sehr die Bedingung des Fortbestandes ist, als in der Ehe. Hier würde nicht sowohl das Wesen der Ehe, als die Füglichkeit der Wiederverheirathung zur Frage stehen, das Bild also ganz anders gewendet sein, als in den citirten Stellen.

Doch würde mit diesem Bedenken nur ein Hilfsargument *M*s berührt sein. Ich frage vor allen Dingen nach dem eigentlichen Grunde der allegorischen Anwendung des in den vv. 2. 3 beigebrachten Beispiels auf v. 4. Lautete das Thema in v. 1 so: „Das Ehestandsgesetz herrscht über den Menschen, so lange er in der Ehe lebt", dann würde ich begreifen, dass in v. 4 ebenso von Ehe und Ehegesetz, bez. dem Erlöschen des letztern die Rede sein müsste, wie in den vv. 2. 3. — Nun aber ist dem Thema gegenüber in den vv. 2. 3 Ehe und Ehegesetz Nebensache, die Hauptsache aber diese, dass das Gesetz keine Macht hat, einen Menschen zu binden, der nicht oder nicht mehr unter dem Gesetze lebt. Eben diese Hauptsache muss ich auch in v. 4 suchen, nicht eine allegorische Anwendung der nebensächlichen Momente in den vv. 2. 3. Ich sehe in v. 4 ebenso wenig eine Allegorie, als in den vorangegangenen Versen.

Wie mir scheint, hat man sich vorzugsweise durch ὥστε, dann durch γένηται ἀνδρὶ ἑτέρῳ in v. 3 verglichen mit dem γενέσθαι ἑτέρῳ in v. 4 bestimmen lassen, anzunehmen, dass das Beispiel vv. 2. 3 bildlich umgedeutet und auf uns angewendet, in v. 4 wieder erscheine, also doch in v. 4 ebenso, wie in den vv. 2. 3 von Vorgängen die Rede sein müsse, die mit der Ehe in Beziehung stehen. Es würde also in v. 4 zu γενέσθαι ἑτέρῳ ebenso wie in v. 3 ἀνδρὶ hinzuzufügen sein. Dieser andere Ehemann würde nothwendiger Weise einen ersten Ehemann voraussetzen. Dieser Ehemann wäre der νόμος, und von dem müssten wir losgekommen sein, um uns anderweit zu verheirathen. Wie denn aber: durch das ἐθανατώθητε τῷ νόμῳ? Dann wäre ja der νόμος selbst der Gattenmörder. Oder wir müssten uns entschliessen τῷ νόμῳ ἐθανατ. in der Bedeutung von ἀπεθάνετε νόμῳ zu fassen, so dass wir die Erlaubniss zur Wiederverehelichung dadurch erlangt hätten, dass wir unserm frühern Gatten abgestorben wären und zwar mittelst des Leibes Christi. Wer anders aber hat denn das θανατοῖσθαι διὰ τοῦ σώματος τοῦ Χρ. veranlasst als der νόμος?

Oder sollen wir mit Etlichen annehmen: der νόμος wäre uns gestorben und wir wären eben dadurch von ihm losgekommen? Die Mähr vom todten νόμος wäre denn doch der Schriftlehre vollständig fremd und würde wenig Glauben finden.

Aber auch die frühere Verheirathung des νόμος mit den ὑμεῖς gehört zu den unannehmbaren Dingen. Ich finde wohl, dass die Schrift die Gemeinschaft Israels mit Gott unter dem Bilde einer Ehe auffasst; niemals aber die Stellung Israels unter dem Gesetz eine Ehe nennt oder als solche characterisirt. M freilich schreckt auch vor dieser Fiction nicht zurück; er wappnet sich mit dem Schilde der angeblichen Contextgemässheit und giebt sich zufrieden mit einer genialen Paraphrase des Erasmus: ex infelici matrimonio infelices foetus sustulimus, quicquid nasceretur, morti exitioque gignentes. Der geistreiche Einfall des Erasmus ist aber kein Beweis für eine ursprünglich zwischen dem Gesetz und den ὑμεῖς bestandene Ehe.

Ich meine, dass der Apostel eben um desswillen ἀνδρὶ in v. 4 zu ἑτέρῳ nicht hinzugefügt hat, weil er damit anzeigen wollte, dass er von der analogen Aeusserung in v. 3 nur das zu behalten und weiter fortzuführen gewillt sei, was ihm ohnehin auch dort die Hauptsache war, nämlich das γενέσθαι ἑτέρῳ, denn das Thema, welchem er den 4. Vers anzupassen hat, handelt nicht von einem νόμος ἀνήρ, sondern von einem νόμος κύριος. Das scheinen auch M und G gefühlt zu haben, wenn sie, um einerseits ihre Allegorie festzuhalten, andererseits dem Thema sein Recht zu geben, von einem Eheherrn sprechen, statt von einem Ehemann, ἀνήρ. — Das aber heisst γενέσθαι ἑτέρῳ auch ohne den Zusatz κυρίῳ: einem andern zu eigen sein, ihm angehören.

Kürzer kann ich mich in Betreff des ὥστε fassen. Nicht, wie M dafür hält, wird dadurch die Folgerung aus vv. 1—3 eingeführt, sondern es wird, das, was für den Apostel zwischen v. 3 und v. 4

analog ist, aufgenommen mit der proleptischen Relativpartikel und dann erläutert durch εἰς τὸ γενέσθαι ὑμᾶς ἑτέρῳ, also: deswegen, damit ihr einem andern (κύριος, nicht ἀνήρ) angehören möchtet, seid auch ihr u. s. w.

Nachträglich bemerke ich zu der ·Frage, warum der Apostel das Beispiel von der Wiederverheirathung einer Wittwe gewählt habe, um die Beschränkung der Herrschaft des Gesetzes zu lehren. dass für ihn nicht die Rücksicht auf die nachmals zu erwähnende eheliche Gemeinschaft mit Christo, an welche er, wie nachgewiesen worden, gar nicht gedacht hat, maassgebend gewesen ist, sondern lediglich der Umstand, dass im Bereiche der ganzen Gesetzesurkunde wohl kaum ein passenderes Beispiel für sein Thema hätte gefunden werden können.

Καρποφορήσωμεν τ. ϑ. Das Wort καρποφ. wird im N. T. nirgends von der Fruchtbarkeit in der Ehe gebraucht. *Καρπὸς* heisst nicht ohne Zusatz Leibesfrucht. Die eigentliche Bedeutung von καρπὸς geht stets auf Baum- oder Ackerfrucht zurück. Was aus organischen Wesen kraft des ihnen immanenten Triebes herauswächst und gewissermaassen das Ziel der organischen Entwicklung darstellt, kann καρπὸς genannt werden, also jede aus der Gesinnung oder aus einem ethischen Gemeinschaftsverhältniss sich entwickelnde Folge. Selbstverständlich wird die Frucht, welche sich aus dem Gemeinschaftsverhältniss mit dem Auferstandenen entwickelt, nämlich christliche Gesinnung, christliches Wort und Werk, dem gehören, welchem der lebendige Grund alles christlichen Werdens und Wachsens. der Auferstandene selbst angehört, nämlich dem Gotte, welchem er lebt. Ὁ δὲ ζῇ, ζῇ τῷ ϑεῷ. Welchem Christus lebt, für den wirkt, für den arbeitet er auch in den mit ihm verbundenen Gliedern, daher καρποφ. τ. ϑ.

Den Wechsel der Person (ἐθανατώθητε — καρποφορήσωμεν) erklärt *M* für zufällig. *G*: „Am Anfang dieses Abschnitts war Paulus, um sich seinen Lesern zu nähern, vom didactischen Tone übergegangen zu der didactischen Anrede: Brüder! Darauf war eine neue, noch dringendere Ansprache gefolgt, v. 4: meine Brüder, gerade da, wo Paulus von der Erklärung zur Anwendung überging. Und nun, nachdem diese einmal gemacht ist, mit dem: Ihr seid getödtet worden, damit ihr angehört u. s. w., beginnt wieder der didactische Ton der Abhandlung in dem: damit wir Frucht bringen, was nicht bloss von den römischen Lesern gilt, sondern von allen Christen". — Ob Anrede und Personenwechsel so, wie angegeben, in den Pulsschlägen der apostolischen Empfindung ihren Grund gehabt haben, lasse ich dahingestellt. Ich möchte sagen: artificiosius quam verius.

v. 5. „Dass wir Gotte Frucht bringen, sage ich, Paulus mit Recht, denn u. s. w." Ὅτε ἦμεν ἐν τ. σαρκί. Nach *M* ist dies der positive und charakteristische Ausdruck für das negative: als wir noch nicht dem Gesetze getödtet waren. Σὰρξ soll sein: das

Menschliche in seinem Widerstreben gegen den göttlichen Willen, das Lebenselement, in welchem wir uns befanden. Und doch ist die σάρξ eher Todeselement als Lebenselement.

Nach G ist σάρξ die natürliche Willfährigkeit des Ich gegen sich selbst. Man sieht, dass es beiden Auslegern nicht gegeben war, den Paulinischen Begriff der σάρξ klar zu entwickeln. Σάρξ ist ursprünglich das somatische Material, das vergängliche, allem creatürlichen Wesen consubstantiale und darum demselben zugeneigte Wesen des Menschen. Die σάρξ hat dem πνεῦμα sich unterzuordnen, sich also durch das dem Unvergänglichen, d. h. Gott zugewendete Wesen des Menschen bestimmen zu lassen. Wird das πνεῦμα sammt dem darin beschlossenen Ich überwältigt und in die Sphäre der σάρξ herabgezogen, so dass das vergängliche Wesen der Welt den Menschen bestimmt, als Weltlust, Weltliebe, so sind wir ἐν τῇ σαρκί; die Frucht dieses Zustandes sind der Sünden mancherlei. Aus diesem Zustande rettet das Gesetz nicht, denn das Gesetz hat überhaupt nicht die Function, zu retten (ζωοποιεῖν Gal. 3, 21), sondern zu richten. Rettung kommt allein von der Gemeinschaft mit dem vom Tode Auferstandenen. So bezeichnet das ὅτε ἦμεν ἐν τῇ σαρκί wohl das Positive mit negativer Angabe einer gewissen Zeit, aber nicht der: „da wir noch nicht dem Gesetze getödtet waren (abgesehen von der verkehrten Auslegung des τῷ νόμῳ)", sondern: „da wir dem Auferstandenen noch nicht zu eigen waren, ihn noch nicht zum Herrn hatten". — Unter dem Gesetze stehen und im Fleische sein, sind nach Paulinischer Lehre Correlata. Aber freilich darf im Fleische sein nicht verwechselt werden mit im Leibe sein. Wir sind ἐν τῷ σώματι, auch wenn wir mit Christo gestorben sind, aber nicht ἐν τῇ σαρκί.

Τὰ παθήματα τῶν ἁμαρτιῶν, nach M „die Leidenschaften, durch welche die Sünden zu Wege gebracht werden, deren thatsächlicher Erfolg die Sünden sind". Es scheint mir denn doch hohe Zeit, die Uebersetzung von παθήματα mit Leidenschaften aufzugeben. Ein Blick in die Lexica wird genügen, um zu überzeugen, dass παθήματα wohl Leiden bringende Vorkommnisse, leidentliche Körper- und Seelenzustände bezeichnet, aber nicht Leidenschaften. Τὰ παθήματα τῶν ἁμαρτιῶν können also nur leidentliche Zustände sein, welche von den Sünden herrühren, nicht, welche Sünden hervorbringen. Die ἁμαρτίαι die verschiedenen Gestaltungen der ungöttlichen Gesinnung, von welchen die σάρξ erfüllt ist, wirken παθήματα d. i. leidentliche (Seelen-) Zustände; die Seele ist ja in die Sphäre der σάρξ herabgezogen; die ἁμαρτίαι berühren also unmittelbar die Seele, um von ihr die Einwirkung auf die Leibesorgane zu erlangen, durch welche überhaupt Innerliches in Aeusserliches umgesetzt wird, auf die μέλη. Die Seele hatte in ihrer früheren Verfassung keine Kraft zu widerstehen. So entstand das ἐνεργεῖσθαι, das Wirken und Wühlen der von den Sünden herrührenden παθήματα in den Gliedmaassen, um nun den Willen

der mancherlei Sünden auszurichten, das ist: Frucht zu schaffen,
für den (ewigen) Tod. — Gott und Tod, polarisch einander gegen-
überstehend; Frucht schaffen für den einen oder andern heisst sein
Reich fördern, nicht bloss durch den eignen Wandel, sondern auch
durch Einwirkung auf den Wandel andrer.

Also, um die psychologischen Winke des Apostels recht zu fassen,
ist zu merken, 1) dass die $\sigma\acute{\alpha}\varrho\xi$ die Sphäre ist, in welcher die
$\dot{\alpha}\mu\alpha\varrho\tau\acute{\iota}\alpha\iota$ zu Hause sind, 2) dass letztre Leidenszustände, $\pi\alpha$-
$\vartheta\acute{\eta}\mu\alpha\tau\alpha$ (sündliche Affectionen, Neigungen u. dergl.) wirken, die aber
keine Leidenszustände wären, wenn sie nicht als solche empfunden
würden von dem Ich, dessen Elend eben darin besteht, leidentlich afficirt zu werden, statt dass es seiner ursprünglichen Bestimmung gemäss herrschen sollte. 3) Von dem Ich wird nun der
ganze Apparat des leiblichen Organismus, die $\mu\acute{\epsilon}\lambda\eta$ in Bewegung
gesetzt. Aber das Ich ist unfrei, es kann nur über die $\mu\acute{\epsilon}\lambda\eta$ nach
Maassgabe der durch die $\dot{\alpha}\mu\alpha\varrho\tau\acute{\iota}\alpha\iota$ empfangenen Sollicitation, nach
der leidentlichen Affection, die es erfahren hat ($\pi\alpha\vartheta\acute{\eta}\mu\alpha\tau\alpha$) verfügen, daher die $\pi\alpha\vartheta\acute{\eta}\mu\alpha\tau\alpha$ es sind, welche in den Gliedern wirth-
schaften, um Frucht zu schaffen dem Tode.

Es bliebe nur noch übrig, den attributiven Zusatz $\tau\grave{\alpha}$ $\delta\iota\grave{\alpha}$
$\nu\acute{o}\mu o\upsilon$ zu erläutern. Sehr richtig verweist M auf die von dem
Apostel selbst gegebene Erklärung in den vv. 7. 8. Das Gesetz
weckt den Widerspruch, die Reaction des Fleisches. Nun erst treten
die Frictionen zwischen Gesetz und Sünde in dem Innern des Men-
schen als $\pi\alpha\vartheta\acute{\eta}\mu\alpha\tau\alpha$ auf; der Mensch wird sich seines Unvermögens,
der Sünde zu widerstehen, seines Leidenszustandes bewusst; die
sündlichen Begierden oder Neigungen sind die $\pi\alpha\vartheta\acute{\eta}\mu\alpha\tau\alpha$, welche
die Seele von der Sünde erfährt.

v. 6. Ueber $\varkappa\alpha\tau\eta\varrho\gamma\acute{\eta}\vartheta\eta\mu\epsilon\nu$ s. zu v. 2. „Jetzt aber — vergl.
3, 21. 26. 6, 22 — wurden wir los vom Gesetz". Auffallend $\nu\upsilon\nu\grave{\iota}$
mit nachfolgendem Aorist. Aber $\acute{o}$ $\nu\tilde{\upsilon}\nu$ $\varkappa\alpha\iota\varrho\acute{o}\varsigma$ hat auch schon
seine Geschichte, $\nu\upsilon\nu\grave{\iota}$ ist nicht ein Zeitmoment, sondern ein Zeit-
abschnitt, ein $\alpha\iota\acute{\omega}\nu$. Dem $\delta o\upsilon\lambda\epsilon\acute{\upsilon}\epsilon\iota\nu$ ging das $\varkappa\alpha\tau\eta\varrho\gamma\acute{\eta}\vartheta$. als Act
voran; er vollzog sich in dem $\dot{\alpha}\pi o\vartheta\alpha\nu\epsilon\tilde{\iota}\nu$, dem nunmehr das $\delta o\upsilon$-
$\lambda\epsilon\acute{\upsilon}\epsilon\iota\nu$ — der neue Dienst — gefolgt ist.

$\dot{A}\pi o\vartheta\alpha\nu\acute{o}\nu\tau\epsilon\varsigma$. So lesen א. A. C. K. L. P. Syr.; der Vatic.
zweifelhaft. D. E. F. G. lesen $\tauo\tilde{\upsilon}$ $\vartheta\alpha\nu\acute{\alpha}\tauo\upsilon$. Der T. R. $\dot{\alpha}\pi o\vartheta\alpha$-
$\nu\acute{o}\nu\tauo\varsigma$. G erwähnt, dass diese Lesart von einem Irrthum des
Theodor v. Beza herrührt, welcher dem Erasmus gefolgt sei in
einer Erklärung, die der letztre in einer Stelle bei Chrysosth. gegeben und welche so lautete: „Da der, unter welchem wir gefangen
gehalten wurden (sc. das Gesetz), todt war". Wie irrthümlich jedoch
in Folge einer verkehrten Auslegung und Allegorisirung von v. 2 die
Annahme von einem Gestorbensein des Gesetzes ist, habe ich
oben dargelegt. — Was die Lesart $\tauo\tilde{\upsilon}$ $\vartheta\alpha\nu\acute{\alpha}\tauo\upsilon$ betrifft: „wir sind
befreit vom Gesetz des Todes, unter welchem wir gefangen ge-
halten wurden", so bemerkt G, dass sie wahrscheinlich durch v. 5

veranlasst worden ist. Der einheitlichen Anschauung des Apostels
würde es jedoch wenig entsprechen, den ϑάνατος, der in v. 5 als
Herrscher erscheint, welchem die ἐν τῇ σαρκὶ ὄντες tributair
sind, unmittelbar darauf in v. 6 wieder als εἰρκτοφύλαξ auftreten
zu lassen. Und die Hauptsache: ἀποϑανόντες hat viel gewich-
tigere Zeugen für sich.

Die Auslegung anlangend, so fasst *H* das ἐν ᾧ als neutrales
Pronomen und versteht darunter merkwürdiger und unmöglicher
Weise das Fleisch. „Auch bei dem, welcher bereits in Christo Jesu
ist, findet noch ein aliquotes δουλεύειν τῇ σαρκὶ statt 7. 25. Der
αὐτὸς ἐγώ hat Christum zum Herrn und dient dem νόμος ϑεοῦ:
darin zeigt er sich als Erlöster: wogegen die völlige Ertödtung des
Fleisches erst in der Auferstehung zu erwarten ist; auch der δοῦλος
Χριστοῦ hat zu kämpfen mit der σάρξ“.

M bemerkt richtig, dass vor ἐν ᾧ mit Winer τούτῳ zu ergänzen ist, fasst aber beides, wie *H* neutral, indem er erläuternd
hinzufügt: dasjenige aber, worin wir, wie in einem Gefängniss festgehalten wurden, versteht sich nach dem Texte von selbst als das
Gesetz, in dessen Gewalt wir waren. Vergl. 3, 28“. Er verwahrt
sich dann gegen Ammon, Rückert, Reiche, de Wette, Köllner, Krehl,
Philippi. Maier und Winer, welche dem ἀποϑανόντες eine ganz
structurwidrige Stellung geben, indem sie ἐν ᾧ auf τοῦ νόμου beziehen. — *G* ergänzt zwar, wie *M*. τούτῳ, fasst es aber masculinisch
sc. νόμῳ.

Vor allen Dingen ist gegen diese Erklärungen zu erinnern,
dass der Ausdruck ἐν νόμῳ κατέχεσϑαι in der Schrift nicht vorkommt, und zwar darum nicht, weil die Anschauung des νόμος als
eines δεσμωτηρίου vollständig fehlt. Der Charakter des Gesetzes,
als eines göttlichen Instituts wird überall festgehalten, denn all das
Böse, was an die Gesetzesangehörigkeit sich anhängt, wird nicht dem
Gesetze, sondern der Sünde zugeschrieben. Das Gesetz ist eine
Gottesmacht, ein Gebieter; von ihm wird ein κυριεύειν ausgesagt.
Das Gesetzesvolk ist ὑπὸ τὸν νόμον, ἐν τῷ νόμῳ, aber nicht als
in einem Gefängniss. Nun beruft sich zwar *M* auf Gal. 3, 23. Dort
steht allerdings: ὑπὸ νόμον ἐφρουρούμεϑα, aber mit dem Zusatz
συγκεκλεισμένοι: dies aber erläutert sich aus v. 22. Die Juden
waren συγκεκλεισμένοι ὑπὸ ἁμαρτίαν; also die ἁμαρτία war dasjenige, ἐν ᾧ κατείχοντο. Das Gesetz sorgte dafür, dass die Deti-
nirten nicht entrinnen konnten; es war Wall und Mauer, und versah
gewissermaassen den Wachdienst um das δεσμωτήριον, aber das
Gefängniss selbst war das Gesetz nicht.

Unter diesen Umständen kann ich das ἐν ᾧ κατειχόμεϑα nicht
auf νόμος beziehen. Aber auch nicht auf ϑάνατος. Wohl aber
auf das καρποφορῆσαι τῷ ϑανάτῳ, denn das war die schlimme
Dienstbarkeit, bei welcher sie durch die παϑήματα τῶν ἁμαρτιῶν
v. 5 festgehalten wurden. Für diese Deutung spricht auch noch ein
andrer Umstand. Unmittelbar darauf wird von dem neuen Dienst-

verhältniss, von der neuen Dienstarbeit (von dem δουλεύειν
ἐν καινότητι πνεύματος) geredet; so muss vorher von dem alten
Dienste die Rede gewesen sein, und dass es so ist, wird ausdrücklich bestätigt durch das hinzugefügte οὐ παλαιότητι γράμματος.
So bleibt denn kein Zweifel übrig; wir haben bei dem ἐν ᾧ an den
alten Zwangsdienst zu denken, dessen Arbeit das καρποφορ. τ. ϑ.
war; diesem Dienst sind sie eben damit abgestorben, dass sie einen
andern Herrn erlangt haben, der sie los gemacht hat vom Gesetz,
welches sie zusammenschloss unter der Sünde Gal. 3, 22.

   Ἐν καινότ. πν. soll nach *M* die Thätigkeitssphäre des δουλεύειν markiren. Das ist unrichtig. Nicht die Sphäre, sondern die
Modalität des Dienens wird bestimmt. Die Stellung unter Christo
(das Christenthum) ist nicht Ungebundenheit, sondern Dienen. Dienen
hüben und drüben, aber die Art des Dienstes ist grundverschieden.

   Nach *M*, wie nach *G* ist πνεῦμα der heilige Geist als das
wirkende Princip des christlichen Lebens; dagegen γράμμα der
Buchstabe d. i. das Gesetz, sofern es in buchstäblicher Form verfasst ist. Es wird dabei auf Röm. 2, 27. 29 und auf 2 Cor. 3, 6
recurrirt. Aber vom heiligen Geist ist ebenso wenig in dieser, als
der vorliegenden Stelle die Rede. Der Genit. schliesst freilich nicht
aus, dass, wenn sonst der Zusammenhang auf das πν. ἅγιον hinweist, auch hier eine dem Wesen des heiligen Geistes entsprechende καινότης könne gemeint sein, allein wenn, wie man doch
will, eine vom heiligen Geist gewirkte Neuheit soll gemeint
sein, so fordert der nachdrücklich hervorgehobene Urheber der καινότης, der Geist (nicht als Wesen, sondern als Person gedacht)
den Artikel. Nach meiner Ueberzeugung kann unter dem artikellosen πνεῦμα etwas anderes nicht verstanden werden, als der
Menschengeist, dessen centrale Potenz das ἐγώ ist. Wenn nun
nach v. 14 das ἐγώ unter die Sünde verkauft ward, so ist es sicher
auch das πνεῦμα. Ich rede von dem Menschengeist in seinem
frühern Zustande, so zu sagen von der παλαιότης πνεύματος, um
dann auf die καινότης zu kommen. Das πνεῦμα also vor der
Loskaufung, als Sclave der ἁμαρτία kann zwar Wohlgefallen haben
am Gesetz, aber es ist einer freien Entschliessung nicht mächtig; es
findet sich im Voraus disponirt. Zu einer freien und freudigen Befolgung des Gesetzes kann es sich nicht erheben, es kann und darf
nicht eindringen in das pneumatische Wesen des Gesetzes. Dem
Gefangenen schrumpft das ganze Gesetz zu einer blossen Gefängniss-
ordnung zusammen; er darf nicht thun, was er will, sondern was
ihm vorgeschrieben ist. Sein Dienst ist kein freier, williger, sondern
ein unfreier, mechanischer, ein reiner Buchstabendienst. So stand
es überall mit dem Menschengeiste vor Eintritt der Gnade; sein
δουλεύειν geschah ἐν παλαιότητι γράμματος. Die καινότης
πνεύματος ist das neue Wesen des (freigewordenen, darum in
freier Zustimmung zu Gottes Willen handelnden) Geistes. Selbstverständlich kann das nicht sein ohne das Zusammenleben mit dem

Auferstandenen, oder was dasselbe ist: ohne das neue Leben. Und
wiederum kann das neue Leben nicht sein ohne den heiligen Geist.
Aber von dem Verhältniss, in welchem dieser Geist zu dem neuen
Leben steht, ist hier noch nicht die Rede, sondern lediglich von
dem, was in der Gemeinschaft mit dem Auferstandenen zur Wirklichkeit geworden ist — und das ist eine völlige Erneuerung des
Menschengeistes, zuständlich ausgedrückt: eine καινότης πνεύματος.

Der Apostel hat in den vv. 1—7 nachgewiesen, dass die Lösung
von dem alten Dienstverhältnisse unter dem Gesetz, welche jedenfalls
dem Eintritt in den neuen Dienst vorangehen musste, von Rechtswegen erfolgt sei. Er geht nun zu einem zweiten, nicht minder
wichtigen Abschnitt über, um zu zeigen, dass die Lösung von dem
alten Dienst auch in ethischer Beziehung nothwendig gewesen
sei, weil derselbe sich unfähig erwiesen, zum Heil zu führen, im
Gegentheil tiefer in das Sündenleid hineingeführt habe.

G: „nachdem der Apostel in Cap. 3 von der Ohnmacht des
Gesetzes, zu rechtfertigen, gehandelt, will er in dem vorliegenden
Abschnitt die Ohnmacht des Gesetzes zu heiligen nachweisen. So
fehlt es denn keineswegs, wie Reuss dem Apostel vorwirft, an sy-
stematischer Ordnung". Um seine Disposition des Weitern zu begründen, fährt *G* fort: „Die Ohnmacht des Gesetzes, zu heiligen, ist
etwas ganz verchiedenes von der Ohnmacht, zu rechtfertigen, wenigstens in den Augen des Apostels und aller derer, welche nicht die
Rechtfertigung und Heiligung zusammenwerfen".

Ein Recensent des *G*schen Commentars findet an dieser Partition von Rechtfertigung und Heiligung grosses Wohlgefallen. Nach
meiner Meinung dürfte sie aber wenig geeignet sein, das Reusssche
Bedenken zu entkräften. Ist nämlich das Gesetz ausser Stande
zu rechtfertigen, so ist damit eo ipso sein Unvermögen zu heiligen ausgesprochen, denn, wie mag ein Mensch geheiligt werden,
der noch unter der Botmässigkeit der Sünde steht?

Gerade in Cap. 6 hat der Apostel auf das Bündigste nachgewiesen, dass der neue Dienst, d. i. der heilige Wandel seine
Wurzel, sein Princip habe in der Rechtfertigung, beide also, Rechtfertigung und Heiligung miteinander solidarisch verbunden sind, so
dass eins nicht sein kann, ohne das andere.

Mit dieser Behauptung werden die beiden keineswes, wie *G*
glauben machen will, zusammengeworfen, sondern in das rechte
Verhältniss zu einander gestellt, nämlich in das Verhältniss von
Ursache und Wirkung.

Rechtfertigung und Heiligungsprincip zusammen begründen und bezeichnen die Stellung des Christen unter der
Gnade. Nicht vom Prozess der Heiligung, sondern von dieser
Stellung hatte der Apostel in Cap. 6 gehandelt, und im ersten Abschnitt des 7. Capitels den Eintritt in dieselbe durch Lösung von

dem Dienst unter dem Gesetz als rechtlich völlig correct nachgewiesen. Immerhin aber war es möglich, dass Judenchristen, die Beibehaltung des Gesetzes für keineswegs unverträglich erachteten mit ihrem Bekenntniss zu Christo, ja dass sie die Heidenchristen mit der Zumuthung beunruhigten, zugleich im Gesetz Stellung zu nehmen, weil das der von Gott geordnete Weg sei zu Christo. Dass dies nicht nur unnöthig, sondern sogar gefährlich sei, hatte der Apostel in Cap. 6 angedeutet, in den unmittelbar vorangegangenen Versen 7, 5. 6 durch die *παϑήματα τὰ διὰ τοῦ νόμου*, ferner durch das *κατηργήϑημεν ἀπὸ τοῦ νόμου* wiederholt betont. Dem Gesetz kann von Christen auch nicht einmal eine subsidiarische Stellung eingeräumt werden, wenn Sünde dadurch gewirkt und zur Erlangung des Heils eine Lösung von demselben durch förmliches Absterben erforderlich war. — Nun ist die Ueberleitungsfrage motivirt.

v. 7. *Τί οὖν ἐροῦμεν; ὁ νόμος ἁμαρτία;* M: „ist das Gesetz etwas, dessen Wesen unsittlich an sich ist?“ Pragmatisch unrichtig. Besser G: „was der Apostel rechtfertigen will, ist nicht das Gesetz, sondern seine eigne Lehre, aus welcher zu folgen schien, dass Gesetz und Sünde solidarisch verbunden, ja identisch seien. Hatte er nicht so eben bewiesen, dass von der Sünde frei werden, auch hiesse vom Gesetze frei werden?“

Also einem möglichen Missverstand seiner Worte tritt der Apostel entgegen, nicht einer verkehrten Meinung über das Wesen des Gesetzes.

Ἀλλὰ hätte der Aussage gegenüber, dass das Gesetz nicht mit der Sünde identisch sei, ein das eigentliche Wesen des Gesetzes kennzeichnendes Prädicat einzuführen gehabt. So Theophyl.: *ἁμαρτία μὲν οὐκ ἔστι, φησί, γνωριστικὸς δὲ ἁμαρτίας.* Ebenso M. Dagegen will G in dem *ἀλλὰ — οὐκ ἔγνων* weniger Gegensätzliches, als Einschränkendes ausgedrückt finden: „aber das kann er nicht leugnen ..“ Unrichtig. *Ἀλλὰ* ist eben nur Adversativ-Partikel. Ob der Gegensatz absolut oder nur bedingt, eingeschränkt ist, darüber entscheidet der Zusammenhang, nicht die Partikel als solche. — Nach meinem Dafürhalten steht *ἀλλὰ* nicht in directer Beziehung zu der emphatischen Verneinung der seltsamen Frage, sondern will vielmehr die Motive des Apostels ausführen, weshalb er den *νόμος* der *ἁμαρτία* so nahe gerückt habe, dass eine solche Missdeutung hätte entstehen können. Ich würde daher *ἀλλὰ* nicht mit Sondern, sondern mit Aber übersetzen. Also: „Ist denn das Gesetz Sünde? Behüte Gott. Aber ich kannte die Sünde nicht etc.“ „Aber“ nicht im Sinne einer Beschränkung, sondern einer Zurechtstellung seiner (etwa missverstandenen) Lehre.

Τὴν ἁμαρτίαν οὐκ ἔγνων, εἰ μὴ δ. νόμ. Mit diesen Worten beginnt der Apostel die Leidensgeschichte des Menschen unter dem Gesetz. Bevor ich auf die Auslegung derselben eingehe, halte ich die Beantwortung der Frage für nöthig, von wem denn

der Apostel die Geschichte erzählt, wer denn speciell unter dem
Ich zu verstehen sei? Darüber sind freilich die Meinungen von jeher
sehr auseinandergegangen. Hier nur im Allgemeinen soviel: dass
Theodor Mopsv. und Theophyl. unter dem ἐγὼ τὸ κοινὸν τῶν ἀνθρώπων, τὴν ἀνθρωπίνην φύσιν, also das personificirte Men-
schenthum, andere (seit Chrysosth.) den Repräsentanten des jüdischen Volkes, noch andere (die meisten Kirchenväter und viele
Neuere) den gesetzlichen Juden, *II* die Person des Apostels;
Augustin und mit ihm viele andere, ersterer per retractationem
insbes. von v. 14 an (wegen der tiefen Neigung zum Gesetz) den
bekehrten Christen verstanden. Dagegen *M* jedwedes menschliche
Individuum. *G* den unter dem Joch des Gesetzes stehenden Menschen.

Auch darüber wird gestritten, ob nicht v. 7—13 auf den unwiedergebornen, dagegen v. 14 u. flgg. auf den wiedergebornen Menschen zu beziehen seien.

Nach meinem Dafürhalten schildert der Apostel das Elend unter
dem Gesetz auf Grund eigner Erfahrung; es sind wirklich persönliche Erlebnisse, die er vorführt. Aber er ist sich dessen bewusst, dass diese Erlebnisse allgemeine Gültigkeit zu beanspruchen
haben. Er wählt per metaschematismum die individuelle Form zugleich, um von dieser, seiner Schilderung, jede Controverse auszuschliessen, weil er jedem seiner Leser, der unter ähnlichen Verhältnissen gelebt hat, getrost überlassen darf, in dem gegebenen
Lebensbilde das eigne wiederzuerkennen. Nur einmal, nämlich in
v. 14, tritt der Plural οἴδαμεν ein, denn der Satz, welchen dieser
Plural einleitet, darf der allgemeinsten Zustimmung gewiss sein.

Die Schilderung des „Menschen unter dem Gesetz" zerfällt
sachgemäss in zwei Abschnitte. Der erste geht von v. 7 bis v. 13.
Er enthält die Vorgeschichte, indem er die Frage beantwortet,
wie es doch nur habe geschehen können, dass der Mensch gerade
unter Mitwirkung des Gesetzes so elend geworden sei? Der zweite
Theil von v. 14 bis zum Angstschrei v. 24 schildert das Elend selbst
in markigen Zügen.

Dem Darsteller ist das Jammerbild seiner inneren Zerrissenheit,
seiner Leidenskämpfe mit unversöhnten und unversöhnlichen Gegen-
sätzen vollkommen gegenwärtig. Er braucht daher nur eine
Zeitform: das Präsens. Dem leidentlich Erregten tritt die Vergangenheit als ein Gegenwärtiges vor das innere Auge.

Aber diese poetisch-rhetorische Gegenwart ist erst geworden;
ursprünglich war es anders. Wie es so geworden ist — also die
relativ — vorangegangenen Erlebnisse schildert der Apostel vv. 7—13
in der Zeitform der Vergangenheit.

Ich kehre nun zu der Auslegung des Einzelnen zurück:
Τὴν ἁμαρτίαν οὐκ ἔγνων, εἰ μὴ δ. νόμ. *M*: „ich würde
nicht kennen gelernt haben (also mit Ergänzung von ἄν". *G*:
„kennen gelernt habe ich die Sünde nur d. d. G." Besser: die
Sünde kannte aor.) ich nur d. d. G. Ebenso ist im nächstfolgenden

Satze τήν τε γὰρ ἐπιθυμ. οὐκ ἤδειν zu übersetzen: „denn ich
wusste auch nichts von der Begierde, wenn das Gesetz nicht
sagte". Der Grieche stellt das Hypothetische als Thatsache hin.
Einer Ergänzung durch ἄν bedarf es nicht; es wird dem Leser überlassen, den Definitivsatz dem εἰ μὴ anzupassen, etwa so: die Sünde
kannte ich nicht (und würde sie nicht gekannt haben), wenn nicht
durch Gesetz; denn ich wusste auch nichts von der Begierde (und
würde auch nichts davon wissen), wenn nicht das Gesetz sagte u. s. w.
Διὰ νόμου. Νόμος ohne Artikel bezeichnet hier nicht Gesetz im
Allgemeinen, denn der Apostel hat nicht die Absicht, die Wirkungen
zu schildern, welche der Conflict von gesetzlichem Wesen überhaupt
mit der Sündhaftigkeit des Menschen hervorruft. Doch würde man
fehlgreifen, wollte man darunter ohne Weiteres das Mosaische Gesetz
in seiner historischen Erscheinung verstehen. Zunächst ist das Gebietende und Verbietende an ihm, also das, was das Mosaische
Gesetz recht eigentlich zum Gesetz macht, gemeint. Ὁ νόμος bezeichnet das Offenbarungsgesetz in concreto, eingekleidet in Geschichte und Weissagung. Zur Sündenerkenntniss aber ist der ἐγὼ
gekommen durch den präceptiven Kern dieser Offenbarung, durch
νόμος an ὁ νόμος. Ἁμαρτία ist, wie das Folgende zeigt, nicht
Thatsünde, sondern die Wurzel alles gottwidrigen Wesens; das
Widergöttliche im Menschen. Die ἁμαρτία ist Mutter der
ἐπιθυμίαι; die letztern sind die Lebenszeichen der latenten ἁμαρτία;
sie sind die ersten Früchte aus der bittern Wurzel der Gottent-
fremdung. An den Früchten aber sollte man den Baum, bez. die
Wurzel erkennen. Darum wäre nach des Apostels Versicherung: er
habe die Sünde erst durch das Gesetz kennen gelernt, wohl die
Frage gerechtfertigt gewesen: hat sich denn nicht längst vor dem
Gesetz die Begierde in dir geregt, und hättest du nicht die Sünde
in dir an dieser Begierde erkennen sollen? Der Apostel kommt
der Frage zuvor mit der Erklärung: „auch von der Begierde wusste
ich erst durch das Gesetz". Das Gebot desselben: du sollst nicht
begehren, brachte mir erst zum Bewusstsein, dass die Begierde etwas
Gottwidriges im Menschen ist.

v. 8. Ἀφορμὴν δὲ λαβ. G findet durch δὲ einen Fortschritt, eine Steigerung der Intensität der ἁμαρτία angezeigt.
Natürlich. Ihm hat das Gesetz v. 7 das Vorhandensein der
Sünde offenbart; ἔγνων — ἤδειν gehen lediglich auf das memo-
riale Wissen, nicht auf das Bewusstwerden von Sünde und Lust,
wie sie das Gesetz vermittelt. So musste G in dem δὲ einen Fortschritt von der bloss äusserlichen Kenntnissnahme zu der innern
Wahrnehmung ihrer verderblichen Wirksamkeit finden. Richtiger
M: δὲ leitet über zu der Darlegung des Prozesses, durch welchen
das Kennen der Begierde eingetreten sei. Ἀφορμὴ übersetzt G mit
Gelegenheit: „die Sünde ergriff die Gelegenheit". Dann zieht er,
M nachfolgend, διὰ τῆς ἐντολῆς zu κατειργάσατο: „die Sünde
hat in mir durch das Gebot Lust aller Art hervorgerufen". Er

findet nämlich, dass die Verbindung $\dot{a}\varphi o\varrho\mu\dot{\eta}v$ $\lambda a\beta o\tilde{v}\sigma a$ $\delta\iota\dot{a}$ $\tau\tilde{\eta}\varsigma$ $\dot{\epsilon}v\tau.$
nicht die natürliche sei, da $\dot{a}\varphi o\varrho\mu\dot{\eta}$ mit $\dot{a}\pi\acute{o}$ und $\dot{\epsilon}\varkappa$ construirt
werde. Soviel ich sehe, ist kein Grund vorhanden, $\delta\iota\dot{a}$ $\tau\tilde{\eta}\varsigma$ $\dot{\epsilon}v\tau.$
von dem Participialsatz zu trennen. Einmal wird dadurch dem
$\dot{a}\varphi o\varrho\mu\dot{\eta}v$ $\lambda a\beta o\tilde{v}\sigma a$ die hochnöthige Bestimmung, wann und wie
doch das $\varkappa a\tau\epsilon\iota\varrho\gamma\acute{a}\sigma a\sigma\vartheta a\iota$ geschehen sei, entzogen, also das Wirken
der Sünde auf den reinen Zufall gestellt, während doch die Solli-
citation durch das Gesetz erst das Hervorbrechen der vorher todten
Sünde veranlasst; dann ist schwer abzusehen, weshalb $\delta\iota\dot{a}$ $\tau.$ $\dot{\epsilon}v\tau.$
aus seiner natürlichen Stellung hinter $\varkappa a\tau\epsilon\iota\varrho\gamma.$ herausgerückt und
emphatisch vorangestellt sein sollte. Was G verleitet hat, ist die
Auffassung des $\dot{a}\varphi o\varrho\mu\dot{\eta}v$ $\lambda a\beta\epsilon\tilde{\iota}v$, welche er mit den meisten Exegeten theilt, als hiesse es die Gelegenheit ergreifen. Auch M,
der $\dot{a}\varphi o\varrho\mu\dot{\eta}$ richtiger mit Anlass übersetzt, meint: die Phrase
heisse: Anlass nehmen. Nun aber reichen die aus den Klassikern
angeführten Beispiele (Sturz Lex. Xenophont. s. v., vorzüglich aber
Polybii lex., Demosth. und Isocrat. Indicc. Graec. u. A.) bei Weitem
nicht aus, um diese Bedeutung als die allein zulässige zu erweisen;
im Gegentheil ist in den meisten Fällen: $\dot{a}\varphi o\varrho\mu\dot{\eta}v$ $\lambda a\beta\epsilon\tilde{\iota}v$ mit Veranlassung, Anlass erhalten, empfangen zu übersetzen. So auch
in der vorliegenden Stelle. Reiche hat vollkommen Recht, wenn
er sich für diese Auffassung entscheidet. M zwar macht dagegen
geltend: „das Princip der Sünde sei als etwas Aufgelebtes v. 9)
gedacht, welches wirkt". Die Berufung auf v. 9 ist jedoch hier
völlig unzulässig. Das $\varkappa a\tau\epsilon\iota\varrho\gamma\acute{a}\sigma a\tau o$ setzt freilich ein Leben-
diges voraus. Aber die $\dot{a}\mu a\varrho\tau\acute{\iota}a$ ist bereits v. 8 aufgelebt. Der
Apostel sagt ausdrücklich: $\chi\omega\varrho\grave{\iota}\varsigma$ $v\acute{o}\mu ov$ $\dot{a}\mu a\varrho\tau\acute{\iota}a$ $v\epsilon\varkappa\varrho\acute{a}.$ Also
kann ein Aufleben der Sünde nur in Folge einer Auferweckungsthat
des Gesetzes oder, was dasselbe ist, des Gebotes geschehen sein.
Diese Auferweckung oder Belebung muss die Sünde erst empfan-
gen haben, und zwar durch die $\dot{\epsilon}v\tau o\lambda\dot{\eta}$, ehe sie irgend etwas anfangen kann. $\dot{A}\varphi o\varrho\mu\dot{\eta}$ ist nichts anderes, als das substantivirte
$\dot{a}\varphi o\varrho\mu\tilde{a}v$, das Losbrechen, Hervortreten aus dem Zustande der In-
activität; also der Impuls zum Handeln, Anregung, Antrieb. Un-
gefähr drückt „Anlass", wenn auch in verblasster Weise diese eigentliche Bedeutung von $\dot{a}\varphi o\varrho\mu\dot{\eta}$ aus. Ich habe daher nichts einzuwenden, wenn übersetzt wird: „nachdem die Sünde Veranlassung
oder Anlass empfangen durch das Gesetz u. s. w. Aber wohlverstanden: empfangen oder erhalten, nicht genommen; der
Conflict ($\delta\iota\dot{a}$ $\tau\tilde{\eta}\varsigma$ $\dot{\epsilon}v\tau o\lambda.$) des Gesetzes mit der $v\epsilon\varkappa\varrho\acute{a}$ $\dot{a}\mu a\varrho\tau\acute{\iota}a$
brachte das energische Hervorbrechen der letztern ($\dot{a}\varphi o\varrho\mu\dot{\eta}$) zu
stande; denn es handelte sich in der That um die Abwehr eines
Gegners, welcher der Sünde das Existenzrecht bestritt, also um Sein
und Nichtsein. Nachträglich bemerke ich noch, dass M die Annahme
Reiche's: $\dot{\epsilon}v\tau o\lambda\dot{\eta}$ sei hier mit $v\acute{o}\mu o\varsigma$ identisch, irrthümlich findet,
indem er sich auf Eph. 2, 15 beruft. Nun ist ja freilich $\dot{\epsilon}v\tau o\lambda\dot{\eta}$
von $v\acute{o}\mu o\varsigma$ unterschieden, wie der Theil vom Ganzen, aber gleich-

artig sind beide ohne Frage; die ἐντολή wirkt nicht anders, als der νόμος und umgekehrt. Von der Wirkung aber ist hier die Rede, und es ist nicht abzusehen, warum der Apostel, nachdem er v. 7 ein einzelnes Gebot: οὐκ ἐπιθυμήσεις als Gesetzesausspruch citirt hat, diesen Ausspruch nicht in v. 8 als das, was er ist, benennen soll, nämlich ἐντολή. Uebrigens ist die Berufung auf Eph. 2, 25 verfehlt; die ἐντολαὶ ἐν δόγμασιν sind etwas ganz anderes, als die mosaischen ἐντολαί; dennoch sind sie zusammengefasst durch den Ausdruck νόμος — nur Gleichartiges lässt sich summiren.

X ω ρ ὶ ς ν ό μ ο υ ἁ μ α ρ τ. ν ε κ ρ ά. Ueber νόμος ohne Artikel vergl. man meine Bemerkungen zu v. 7. (G versichert gegen M: νόμος sei nicht Mosaisches Gesetz. Gewiss νόμος ist nicht ὁ νόμος. Aber darin hat G Unrecht, dass er meint: νόμος (ohne Artikel) bezeichne die gesetzliche Satzung als äussern Buchstaben. Νόμος ist weder identisch mit ἐντολή (Satzung), noch hat es zum charakteristischen Kennzeichen das γράμμα. — Νεκρός „nicht activ (Mj", „schlummernd, wie der Keim einer Krankheit (G)".

vv. 9. 10. Geistreich Calvin: „der Tod der Sünde ist das Leben des Menschen, das Leben der Sünde dagegen der Tod des Menschen. Ueber ἐγώ s. zu v. 7. Ἐγὼ δὲ nach M und G Gegensatz von ἁμαρτία; ἔζων (oder ἔζην) Gegensatz von νεκρά. Ich meine, dass der Apostel mit v. 9 auf die Zeit zurückgeht, in welcher die v. 8 geschilderte Situation noch gar nicht eingetreten war. Der Mensch, von welchem hier die Rede ist, lebt χωρὶς νόμου; eine Sollicitation der ἁμαρτία durch die ἐντολή hat also noch gar nicht stattgefunden. Dazu kommt, dass, wenn ἔζων der Gegensatz von νεκρά sein, letztres aber heissen soll: nicht activ, so würde ἔζων zu übersetzen sein: „Ich war activ", was unmöglich ist. Somit kann ἔζων nur der Gegensatz sein von dem ἀπέθανον v. 10 und mit ihm derselben Sphäre angehören. Hieraus folgt das Weitere, dass es unrichtig ist anzunehmen, der Apostel habe das pronom. pers. ἐγώ um des Gegensatzes zu ἁμαρτία willen ausgeschrieben (G übersetzt sogar: Ich, ich!). Wenn ich recht sehe, so hängt die ausdrückliche Setzung des ἐγώ mit der eigenthümlichen Anthropologie des Apostels zusammen. Ich komme weiter unten darauf zurück. Vorerst frage ich mit G: „was ist das für ein Leben, dessen der Apostel genoss, als er noch ohne Gesetz war? Und wann war das? Ohne Gesetz?" Jedes unter dem Gesetz geborne Kind ward mit der Beschneidung dem Gesetze unterthan, also noch ehe von einer bewussten Unterthänigkeit die Rede sein konnte, ὑπὸ νόμον. Die Vorstellung, dass man ὑπὸ νόμον und doch χωρὶς νόμου sein könne, ist nur in dem Falle vollziehbar, dass man die rituelle Angehörigkeit von der moralischen scharf unterscheidet. Man kann unter dem Gesetze sein, und doch ausserhalb der Wirksamkeit desselben sich insofern befinden, als man damit nichts zu schaffen hat, indem man weder vom gesetzlichen, noch vom gesetzwidrigen Thun etwas weiss. Das kann nun auf den

Pharisäerstand des Apostels, wie etliche dafür halten, in keinerlei Weise gedeutet werden, selbst wenn man Selbsttäuschung annehmen wollte: videbar mihi vivere oder securus eram. Richtiger denken andere, auch *M* und *G*, an das „todfreie (v. 10) Leben der kindlichen Unschuld". Das Gesetz war noch nicht in's Bewusstsein getreten, die sittliche Selbstbestimmung in Betreff desselben war noch nicht erfolgt, und daher das Sündenprincip noch im Schlummer. (So *M*.) Anders bestimmen Philippi und *G* den Termin: „das ζῆν hört auf, wenn der Mensch einsehn gelernt, dass das Gesetz nicht nur die äussere That, sondern auch die innere Neigung fordert". Noch anders stellt sich die Sache bei denen, welche den ἐγώ als Vertreter des jüdischen Volkes angesehen wissen wollen (Grotius, neuerdings Reiche). Sie denken dann bei dem ζῆν an das reinere und schuldlosere Leben der Patriarchen und der Israeliten vor der Gesetzgebung.

Wie man aber auch das ἐγώ δὲ ἔζων auffassen will, es bleibt immer die Frage stehn, wie dieser Ausspruch doch nur mit 5, 12 oder Eph. 2, 3 zu vereinigen sei. Sind wir Alle von Natur dem Tode verfallen, woher hatte denn der ἐγώ das ζῆν? *M* glaubt die Frage dadurch lösen zu können, dass er behauptet: der Mensch sei bei dem Todtsein des Sündenprincips noch nicht dem ewigen Tode verfallen; dem physischen Tode sei jeder durch Adam's Sünde verfallen nach 5, 12; diese ζωή sei mithin ein Analogon der ewigen ζωή, welche Christus durch sein Versöhnungswerk erworben. Man begreift, weshalb *M* so hart darauf besteht, den θάνατος 5, 12 nur auf den leiblichen Tod zu deuten; vielleicht hat ihm schon 7, 9 vorgeschwebt. Auch versteht man, weshalb er in dem ζῆν in v. 9 so eine Art (Analogon) der ewigen ζωή erblickt. Er sieht im Voraus, dass man das ἀποθανεῖν in v. 10 nicht einer andern Sphäre werde zuweisen wollen, als ζῆν in v. 9. Heisst nun ἀπέθανον: ich starb den ewigen Tod, so muss ἔζων nothwendiger Weise heissen: ich lebte das ewige Leben. Das hat der Apostel von dem ἐγώ schwerlich sagen wollen, denn wir würden dann fragen müssen, 1) wie doch nur der von Natur sündige Mensch (5, 12) ohne Gesetz und Evangelium zum ewigen Leben habe gelangen können, und 2) wie doch für den, der des ewigen Lebens theilhaftig geworden, ein ἀποθανεῖν möglich sei? Diese Fragen hätte der Apostel nicht beantwortet, und damit eine bedenkliche Lücke in seiner Lehre gelassen.

Es wird also kaum etwas Anderes übrig bleiben, als den von *M* verworfenen Begriff des geistlichen Todes und des geistlichen Lebens wieder aufzunehmen. Ζωή würde dann das Leben mit Gott; θάνατος das Leben, getrennt von Gott, ausdrücken. Wer lebt, ist des Heils aus Gott theilhaftig; wer gestorben ist, dem ist das Heil aberkannt, er ist ein τέκνον ὀργῆς geworden. Aber auch bei dieser vermittelnden Fassung bleibt die Frage: woher das Leben der nach 5, 12 dem Tode Verfallenen? ungelöst.

Wir haben in v. 9 einen todfreien, aber keineswegs sünden-
freien Zustand vor uns; die ἁμαρτία ist da, wenn auch νεκρά
d. i. momentan inactiv, doch bei alledem noch lebensfähig. Somit
wäre der solidarische Zusammenhang zwischen Sünde und Tod, wie
er 5, 12 gelehrt wird, zerrissen. Es wäre nach v. 9 ein Vorhandensein der Sünde zu stipuliren, welches den Tod keineswegs einschliesst. Wie ist das zu verstehen? Vielleicht giebt das Folgende
Auskunft:

$$\text{Ἐλθούσης δὲ τῆς ἐντολῆς ἡ ἁμαρτία ἀνέζησεν.}$$

M: „als aber die ἐντολή meinem Bewusstsein gegenwärtig geworden
war". G: „als das Gebot mit seiner heiligen Majestät im Gewissen
erschienen war". Ob im Bewusstsein oder im Gewissen oder anderswo, davon sagt der Text nichts; jedenfalls aber muss die ἐντολή
an die ἁμαρτία herangetreten sein — was bis dahin noch nicht
geschehen war. Der Mensch konnte immerhin von der ἐντολή
wissen, aber bis an den Ort, wo die ἁμαρτία ihren Sitz hatte, war
die ἐντολή mit ihrer Forderung noch nicht gedrungen. Sowie die
Forderung Anstalt macht, praktisch zu werden, ihre Consequenzen
zu ziehen, erwacht das Widergöttliche im Menschen aus seiner
Lethargie und bäumt sich dagegen auf. Die meisten Neuern, auch
G übersetzen: die Sünde lebte auf. M hat Recht, wenn er mit
den Alten, Bengel, Philippi u. a. erklärt: lebte wieder auf. Ἀνέζησεν in der classischen Gräcität nicht vorkommend, dagegen im
N. T. Luc. 15, 24. 32. Röm. 14, 9. Apoc. 20, 5, heisst nun einmal
nichts anders. G fragt: „welches ist denn das frühere Leben der
Sünde, an welches der Apostel denkt?" Origenes denkt an den
Sündenfall in der Präexistenz. Augustin, nach ihm Bengel denken
an das erste Auftreten der Sünde im Paradies. M sagt: „das ἀνέζησεν erklärt sich aus der Anschauung, dass die ἁμαρτία, diese
Sündenpotenz im Menschen von Haus aus und ihrer Natur nach eine
lebendige Macht, bevor aber die ἐντολή kommt, ohne Lebensäusserung νεκρά ist, und alsdann ihre ursprüngliche Lebendigkeit
wieder annimmt". Der Apostel aber redet nicht im Allgemeinen
von der Natur der Sünde, sondern von der Sünde des Menschen
unter dem Gesetz. Wenn nun in dem ἐγώ ein ἀναζῆν der Sünde
stattfindet, sobald sie in Conflict kommt mit dem Gesetz, so ist
nicht das die Frage, ob die Sünde vorher irgendwo als die von
Haus aus lebendige Potenz sich erwiesen, sondern das ist die Frage,
wann und wie sie sich in dem Gesetzesmenschen lebendig erwiesen,
so dass, nachdem sie inzwischen νεκρά gewesen, nunmehr ein ἀναζῆν von ihr konnte ausgesagt werden.

Wann also hat sich die Sünde an dem in Rede stehenden Menschen schon einmal als lebendige Potenz erwiesen?

Nicht in die Präexistenz, nicht in das Paradies, nicht in die
allgemeine Natur der Sünde, eine lebendige Potenz zu sein, sondern
in die Geschichte, welche der Apostel hier erzählt, in den Lebens-
gang des betreffenden Menschen haben wir einzutreten, um das ζῆν

der Sünde zu finden, damit ein ἀναζῆν ausgesagt werden könne.
Ich meine, dass, wenn die Sünde nach Röm. 5, 12 zu allen Menschen hindurchdringt, so wird das wohl die erste Bethätigung ihrer
Lebendigkeit sein, dass sie den Menschen sofort bei seinem Eintritt
in's Dasein zu dem macht, was er von Natur ist, zu einem τέκνον
ὀργῆς. Was vom Fleisch geboren ist, das ist Fleisch. Kein Mensch
wird ohne die Signatur der Sünde geboren. — Dann tritt nach v. 8
ein 'momentaner Stillstand ein; die von der Sünde imprägnirte
Menschennatur zeigt ihre deutlichen Spuren auch beim Kinde; aber
doch erscheinen die Spuren nicht als neue Wirkungen der Sündenpotenz, sondern als Wirkungen des mit der Geburt dem Menschenleben eingepflanzten sündlichen Verderbens. Als persönliche Macht
des Widergöttlichen erscheint die Sünde erst wieder, wenn das
Göttliche in der Gestalt des Gesetzes oder Gebotes ihr entgegentritt. So dürfte das ἀνέζησεν vollkommen verständlich sein.

Aber auch jetzt noch ist die Frage ungelöst, woher das Leben
dem nach 5, 12 dem Tode Verfallenen?

Die Kirchenlehre scheint jede Lösung unmöglich zu machen.
Nach der formula concord. I De peccato Originis Affirmat. III ist das
peccatum originis tam profunda humanae naturae corruptio, quae
nihil sanum, nihil incorruptum in corpore et anima hominis atque
adeo in interioribus et exterioribus viribus ejus reliquit. Dann
in Negativis VI: rejicitur et damnatur, hominis naturam et essentiam
non prorsus esse corruptam, sed aliquid boni adhuc in homine re-
liquum, etiam in rebus spiritualibus, womit zu vergleichen l. c. V:
peccatum originale non esse despoliationem et defectum bona-
rum spiritualium virium.

Diese Bestimmungen entsprechen genau den Aussagen des
Apostels in den vv. 14 und 23, stehen aber im Widerspruch mit
v. 9, sowie mit dem θέλειν τὸ καλὸν, συνήδεσθαι τῷ νόμῳ τ. θ.
κατὰ τὸν ἔσω ἄνθρωπον in den vv. 15—22.

Versuchen wir zunächst, die Uebereinstimmung des Apostels
mit sich selbst festzustellen, so stellt derselbe nach v. 14 die factische
Versunkenheit des ἐγώ in die σάρξ, die Knechtung des ἐγώ unter
die Sünde nicht in Abrede; es besteht also eine corruptio humanae
naturae in corpore et anima.

Aber dieser Zustand ist erst geworden. Des Apostels Lehre
ist insofern von den Satzungen der formula unterschieden, dass er
nicht schon mit der Geburt des Menschen die Corruption der geistigen und körperlichen Kräfte als vollendete Thatsache setzt, sondern in Betreff der Affection durch die Erbsünde zwischen der
Menschennatur und zwischen dem Persönlichkeitsprincip — dem
supranaturalen Wesen im Menschen — einen Zeitunterschied annimmt. — Ich werde nicht umhin können, schon hier näher auf
die Psychologie und Anthropologie des Apostels einzugehen, und
damit Erörterungen, welche nach dem gewöhnlichen Gange der
Auslegung erst bei den späteren Versen zur Besprechung hätten

kommen sollen, vorweg zusammenzufassen. Die Sache selbst kann dadurch nur gewinnen.

Dass des Apostels anthropologische Grundanschauung trichotomisch ist, behaupten die Neueren; einige mit den Aelteren, dass sie dichotomisch sei. Also: der Mensch ist Geist, Seele und Leib; oder Seele und Leib. Ich halte dafür, dass sowohl die dichotomische, als die trichotomische Theorie Vorurtheile, oder vielleicht richtiger ausgedrückt: Uebertragungen profan-philosophischer Lehren in das apostolische Lehrgebiet sind, welche der Einsicht in die wirklich biblische, bez. Paulinische Psychologie nicht wenig geschadet haben. Vornehmlich ist daran auszusetzen, dass das die Wesensbestandtheile des inwendigen Menschen zusammenfassende Persönlichkeitsprincip, das Ἐγώ ausser Acht gelassen oder als ein Besonderes überhaupt nicht anerkannt worden ist, sofern man in dem Ich lediglich ein Zusammengesetztes, ein Product der geistigen und leiblichen Vermögen des Menschen sah, nicht das den Wesensbestandtheilen vorgesetzte supranaturale Princip, von welchem der ganze Mensch seine Lebensrichtung empfängt und welches daher in ethischer Beziehung für das Ganze die Verantwortung zu tragen hat. Unter der Führung des Ich steht zunächst die Seele, in welcher das Natur- und Geistesleben des Menschen zur Einheit zusammengeht; sie ist die Verbindung zwischen dem Persönlichkeitsprincip und zwischen den Organen, durch welche der Mensch von den beiden Welten, denen er angehört, Eindrücke empfängt, und auf welche er einzuwirken bestimmt ist, also die Vermittlung zwischen dem Ich und zwischen Geist und Leib. — Der Geist ist das Göttliche (Supranaturale), der Leib das Irdische am Menschen; der Geist als solcher ist das Vermögen für Gott und Göttliches, der Leib das Vermögen für die Welt und Weltliches. Es ist unrichtig, dass der Geist positiv-Göttliches sei, also Quell der Wahrheit, Macht der Sittlichkeit. Er ist und bleibt Receptivität, aber wohl gemerkt: absolute Receptivität, weil er das Absolute, nämlich Gott, denkend in sich aufzunehmen bestimmt ist. Ebensogut aber kann er die Welt in sich aufnehmen, aber er kann und wird daran auf die Dauer keine Genüge haben, denn er ist, was die Welt nicht ist, absoluter Art. Den aufzunehmenden Stoff, die einzuhaltende Richtung empfängt er durch die Vermittlung der Seele vom Ich, wie er umgekehrt die von ihm empfangenen und verarbeiteten Eindrücke durch die Seele an das Ich abgiebt, dessen Entscheidungen und Willensbestimmungen erwartend.

In gleicher Weise rapportirt der Leib, der nichts anderes ist, als die gliedlich organisirte σάρξ, an die Seele und durch diese an das Ich, dessen Willensbestimmungen abwartend. In dem Willen drückt sich die Entschliessung des Ich aus. Functionirten die Wesensbestandtheile des Menschen in der von Gott ursprünglich ihnen gegebenen Bestimmung, so würde das Ich niemals von ihnen in gottwidriger Weise sollicitirt werden; es würde Alles, was die

Seele von der Welt her durch die Leibesorgane in sich aufnimmt, getreulich an das Ich berichtet, und von diesem mittelst des Geistes auf den Weg zu Gott hin geleitet und gewiesen werden. Nun aber war das die erste und für unser ganzes Geschlecht maassgebende Sünde, dass das Ich sich von Gott abwendete und demgemäss das Vermögen für Weltliches nicht mehr durch das Vermögen für Gott bestimmt werden liess, das Gesammtleben also der Herrschaft des πνεῦμα entzogen und unter die Botmässigkeit der σάρξ gestellt wurde. Die Welt war Gott geworden; in dem Sinne erliess das adamitische ἐγώ seine Willensbestimmungen, denen sich nun freilich auch das πνεῦμα nicht entziehen konnte. Die σάρξ wurde Organ und Sitz für das Widergöttliche, für die ἁμαρτία; die gliedlich organisirte σάρξ, das σῶμα ein σῶμα τοῦ θανάτου, v. 24. Denn das von Gott abgelöste Leibesleben muss sterben. Das Leibesleben, aber auch das ἐγώ? Gewiss, sofern es seinen Willen dreingegeben hat, zu leben wider Gott.

Zunächst aber ist die Wirkung in's Auge zu fassen, welche die erste Sünde auf das Leben des ersten Menschen äusserste. Die vom πνεῦμα emancipirte σάρξ konnte eine andre Richtung nicht nehmen wollen, als die Richtung wider Gott. Die ihr nunmehr einwohnende Neigung, sich selbst zu leben, wurde die Ursünde. Die Leiblichkeit geht an das nachfolgende Geschlecht mit allen ihren Eigenschaften und Affectionen über. Adams Nachkommen erben Adams Leib. Auf dem rein natürlichen Wege ging Adam's Sünde und Tod auf die Adamiten über: φύσει ἦμεν τέκνα ὀργῆς. Kann man dasselbe, was von der Vererbung des Leibeslebens gilt, auch auf das ἐγώ erstrecken?

Hier erhebt sich die grosse, in den Pelagianischen Streitigkeiten lebhaft ventilirte, aber noch lange nicht zur Entscheidung gebrachte Frage: ob das Individuum am Menschen in der Corruption seiner Natur durch die Sünde völlig untergegangen, somit durch die Sünde Adams jede persönliche Schuld und Verantwortung aufgehoben sei, aber ob neben der Erbsünde noch individuelle Versündigung müsse statuirt und von der letztern müsse abhängig gemacht werden, was der Apostel v. 14 schreibt?

Meine Thesis würde lauten: „zu dem Adamitischen Sündenfall, durch welchen wir Sünde und Tod überkommen haben, muss noch ein zweiter Sündenfall, der individuelle treten, wenn die Herrschaft der Sünde und des Todes auch auf das ἐγώ, das Persönlichkeitsprincip im Menschen, erstreckt werden soll.

Man verstehe mich recht! Ich meine nicht, der Apostel habe so gelehrt, um die Möglichkeit offen zu lassen, dass ein Mensch auch nicht sündigen und somit für die Person durch sein sündloses Leben könne gerettet werden Was der Apostel in den nachfolgenden Versen ausführt, schliesst die Thatsache individueller Emancipation von der Sünde vollständig aus, und macht die Gefangenschaft und Knechtung des $\dot{\epsilon}\gamma\dot{\omega}$ unter Sünde und Tod zu einem allgemeinen Erfahrungssatze.

Ich habe meine Thesis nur hingestellt, weil mich die vv. 9—24 dazu nöthigen. Ich sehe, dass auch 5, 12 nichts dawider hat, denn dort ist zunächst nur dies gesagt, dass der Tod zu allen Menschen hindurchgedrungen sei — das ist das allgemeine Geschick von Adam her —; dann, dass $\dot{\epsilon}\pi\dot{\iota}$ $\tauο\dot{\upsilon}\tau\omega$ sc. $\tau\tilde{\omega}$ $\vartheta\alpha\nu\dot{\alpha}\tau\omega$ alle Menschen sündigten — das ist das individuelle an der Weltsünde, zum Allgemeinen geworden nicht durch Naturprozess, nicht durch Geschick, sondern dadurch, dass jeder für sich auf Grund des überkommenen Todes factisch sündigte.

Ich meine, es dürfte auch die Lehre von Christi Person, von seiner Sündlosigkeit trotz der Adamitischen Schuld, die er auf sich genommen, von hier aus einiges Licht empfangen. Ja, ich möchte dafür halten, dass durch diesen Satz ein Hauptbedenken gegen die Augustinisch-kirchliche Lehre von der Erbsünde seine Erledigung findet. Doch würde es zu weitläuftig sein, hier darauf einzugehen. Ich kehre zu v. 9 zurück.

Habe ich Recht, dass nach des Apostels Lehre zu der völligen Unterwerfung des Individuums unter Sünde und Tod seine Entschliessung gehört, und dass diese dann erfolgt, wenn das Göttliche mit seiner Forderung an ihn herantritt, so musste in dem Leben des Menschen irgend welche Zeit von der Einwirkung des ihm einwohnenden Todes insoweit frei erhalten bleiben, dass er sich von selbst für oder wider Gottes ausdrückliches Gebot entscheiden konnte. Das ist geschehen in der Zeit, von welcher der Apostel berichtet, in welcher nämlich das Gebot, bez. Gesetz für den Betreffenden noch nicht vorhanden, die Sünde also todt war.

v. 10. Es gab hiernach eine Zeit, in welcher der $\dot{\epsilon}\gamma\dot{\omega}$ lebte, das war die Zeit ohne Gesetz. Sie nahm ein Ende, als das Gebot kam. Der $\dot{\epsilon}\gamma\dot{\omega}$ starb. Die Notiz genügt vollständig, um daraus zu erkennen, wie die Entscheidung desselben ausgefallen war. Leben und Sterben können hier ebenso wenig vom leiblichen Leben, bez. Sterben, wie vom ewigen Leben, bez. Tode gesagt sein. Physisch lebt der $\dot{\epsilon}\gamma\dot{\omega}$ noch; den ewigen Tod aber hat er noch nicht hinter sich, sondern vor sich. Leben und Sterben können auch nicht im geistlichen, sondern nur im gerichtlichen Sinne gefasst werden. Wer nicht zum Tode verurtheilt ist, der lebt; der Verurtheilte ist im rechtlichen Sinne todt. Dass es so ist, dürfte aus v. 11 klar hervorgehen. — M ist überhaupt in keinem geringen Irrthum, wenn er meint: der Gegensatz $\epsilon\dot{\iota}\varsigma$ $\zetaω\dot{\eta}\nu$ erfordere die Beziehung des $\dot{\alpha}\pi\omicron\vartheta\alpha\nu\epsilon\tilde{\iota}\nu$ auf den ewigen Tod. Dass $\zetaω\dot{\eta}$ stets vom ewigen Leben gesagt werde, wird M Aussprüchen gegenüber wie Röm. 8, 38. Phil. 1, 20. Hebr. 7, 3 u. a. nicht behaupten wollen. So müsste denn dies gemeint sein, dass $\zetaω\dot{\eta}$, $\zeta\tilde{\eta}\nu$, wenn es in Beziehung steht zur Gesetzeserfüllung, stets das ewige Leben bedeute. Ist auch nicht richtig, cfr. Eph. 4, 18, wo von Heiden, die als solche das

Gesetz nicht haben, gesagt wird, dass sie sind ἀπηλλοτριωμένοι τῆς ζωῆς τοῦ θεοῦ διὰ τὴν ἄγνοιαν κ. τ. λ.

Εὑρέθη geht auf den Befund, Erfolg, also auf ein nicht beabsichtigtes Ergebniss: „es stellte sich heraus, dass u. s. w." Ἡ ἐντολὴ εἰς ζωήν. nach *M* das Gebot, welches das Leben im messianisch-theocratischen Sinne bezweckt." Also ζωή Leben im messianischen Reich! Ist denn die Verheissung der ζωή nicht viel früher, als die Idee des messianischen Reiches? *Ζωή* ist Leben, wirkliches, wahres Leben, d. h. Leben aus Gott, in Gott, mit Gott; ἐντολὴ εἰς ζωήν ist also ein Gebot, dessen Zweck die Erlangung und Erhaltung der Gottesgemeinschaft ist, während diese ἐντολή factisch den Erfolg gehabt hat, die Gottesgemeinschaft aufzuheben, von Gott zu scheiden. Also

> v. 9: „einst war ich ohne Gesetz des Lebens in Gott theilhaftig."
>
> v. 10: „Dann wurde ich von dem Leben in Gott geschieden durch das Gebot. D. h. ich starb."

Αὕτη Wiederholung des Subjects mit Emphase: eben dies Gebot. *G* glaubt den Apostel der Einseitigkeit beschuldigen zu dürfen: „v. 10, sagt er, stellt nur eine Seite der Wahrheit in's Licht. Die Psalmisten schildern die Wirkungen des Gesetzes unter einem ganz andern Gesichtspunkt (Ps. 19, 119);" auch von Jesu glaubt er dasselbe sagen zu dürfen. „Nur muss eben das Gesetz — um zum Leben zu führen, aufgenommen werden, entweder von einem sündlosen Herzen oder, wenn nicht, von einem Herzen, welches das Gebot nicht lostrennt von der Gnade." Das heisst von einem Gesichtspunkt, der nicht mehr gesetzlich, sondern evangelisch ist. Von dem aber redet der Apostel hier nicht, und konnte nicht davon reden.

> v. 11. Wegen ἀφορμὴν λαβοῦσα s. die Erklärung zu v. 8. Ἐξηπάτησέ με. Nach *M* wahrscheinlich, nach *G* sicherlich eine Anspielung auf 1 Mos. 3. Dem Apostel ist der Betrug der Schlange, welcher zur ersten Sünde führte, sehr gegenwärtig, vergl. 2 Cor. 11, 3. 1 Tim. 2, 14. Dass die Sünde ihre Erfolge stets durch Lug und Trug zu Stande bringt, ist eine so gemeine, jedem Sünder aus eigner Erfahrung bekannte Thatsache, dass es einer Zurückführung des vorliegenden Betrugsfalls auf den paradiesischen gar nicht bedarf.

G meint: ἐξαπατᾶν schliesse in sich die beiden Gedanken: täuschen, und so vom rechten Wege abführen (ἐκ). Eine sehr unglückliche, etymologische Glosse. Ἐξ ist einfach ein verstärktes ἀπατᾶν: jemand völlig betrügen, so dass ihm auch nicht der leiseste Zweifel beikommt: bethören, beschwindeln, übertölpeln.

Wegen ἀπέκτεινεν ist auf v. 10 zu verweisen. „Die Sünde betrog mich, indem sie mir das Leben verhiess, statt dessen aber mich unter das Richtbeil des Gesetzes führte."

v. 12. Ὥστε schliesst die Ausführung der vv. 7—11, gewissermaassen die Apologie des Gesetzes ab. „Das Gesetz ist heilig", d. i. es hat mit der Sünde (cfr. v. 7) absolut nichts gemein. Immerhin war gedenkbar, dass man in der Hauptsache das Gesetz als Offenbarung des heiligen Gottes, also als selbst heilig ansah, dagegen in den ἐντολαῖς, gewissermaassen Ausführungsverordnungen, die nach jüdischen Theologumenen auf untergeordnete Geister zurückgeführt wurden (cfr. Gal. 3, 19. Act. 7, 53) nicht in gleicher Weise Aussprüche der tremenda majestas erblickte. Um jeder Ausflucht vorzubeugen, versichert der Apostel von der ἐντολή dasselbe, was von dem νόμος und fügt noch die Epitheta δικαία καὶ ἀγαθή hinzu, um desswillen, wie mir scheint, weil der νόμος niemals in seiner Totalität, sondern zunächst als eine Summe von ἐντολαῖς an den Menschen herantritt, somit auch hervorzuheben war, dass in das Verhältniss der ἐντολή zu den Menschen keinerlei Parteilichkeit, Gunst oder Ungunst eingemengt sei, sondern dass die ἐντολή einem Jeden das Seine giebt, also δικαία ist, stets jedoch das bezweckt, was dem Menschen heilsam ist, also das Nützliche, Gute, τὸ ἀγαθόν, natürlich unter dem Verbehalte des δίκαιον. Also der Apostel will Gesetz und Verordnung in keinerlei Weise ihrer Eigenschaft, heilig zu sein und Gottes Willen auszudrücken, berauben; er will ihnen durchaus nicht nachsagen, dass sie ungerecht sind, wenn sie über den Sünder die Todesstrafe verhängen, bei alledem aber auch nicht verkennen, dass sie das wahre Wohl des Menschen bezwecken. So ergiebt sich denn nun von selbst die Frage.

v. 13. M und G wollen wissen, dass der Apostel ursprünglich Willens gewesen, auf das ὁ μὲν νόμος ἅγιος folgen zu lassen ἡ δὲ ἁμαρτία κ. τ. λ.; er sei jedoch davon abgekommen durch die aus den vorigen Versen sich ergebende Frage v. 13a. Dadurch sei die Construction formell eine andere geworden, sachlich aber finde sich das ἡ δὲ ἁμαρτία in 13b. Dazu sei vorläufig bemerkt, dass ich gegen alle dergleichen Annahmen von Constructionsverrückungen, d. i. Anacoluthien und dergleichen in den Paulinischen Briefen von vorne herein misstrauisch bin. Ich halte dafür, dass sie meist auf die Rechnung der Ausleger zu schreiben sind. Jedes ausführliche Lexicon (z. B. Rost-Passow), jedes Lehrbuch der Partikellehre handelt vom determinativen Gebrauch des μέν (ohne δέ), der sich nicht bloss in der classischen Gräcität findet, sondern ebenso im N. T., z. B. Röm. 1, 8. 3, 2. 10, 1. 14, 20 u. s. w. Es beschränkt das Substantiv, zu welchem es gesetzt ist, auf sich selbst, schliesst also die Relation geradezu aus. Ὁ μὲν νόμος ist das Gesetz an und für sich, das Gesetz als solches. Beim Adjectiv will es seinen Begriff als vollgültig, als anerkannt richtig, als selbstverständlich bezeichnet wissen, wie bei πρῶτον μέν. — Es wird sich übrigens sehr bald zeigen, dass ἡ ἁμαρτία in 13b gar nicht der Gegensatz zu νόμος ist.

Zum Texte ist zunächst zu bemerken, dass γέγονε sehr schwach

beglaubigt, und daher, wie bereits in der 8. Tschd. Ausgabe geschehen, mit ἐγένετο zu vertauschen ist. Der Apostel richtet die
Frage nicht auf den gegenwärtigen Zustand des ἐγώ (γέγονε), sondern auf einen Vorgang in seinem frühern Leben.

Sehr mannigfaltig, ja zum Theil wunderlich sind die Meinungen
der Ausleger über die Construction von 13b: ἀλλ᾽ ἡ ἁμαρτία
κ. τ. λ. Entweder ergänzt man nach ἡ ἁμαρτία aus dem vorhergehenden Satze: ἐμοὶ ἐγένετο θάνατος. So M. Allein über das
Verhältniss der Sünde zum Tode, bez. über die Mitwirkung der
Sünde bei Verhängung der Todesstrafe spricht doch erst der nachfolgende Satz. Wie seltsam: „Die Sünde ward mir zum Tode, damit
sie erscheine als Sünde, welche Tod wirket, durch das Gute." Mit
der Wirkung ἐγένετο ἐμοὶ θάνατος ist ja hinlänglich der tod-
bringende Character der Sünde constatirt; sie erschiene also in
Wirklichkeit als Todesursache „damit sie als solche erschiene." Das
kann der Apostel nicht haben schreiben wollen.

Eine andere Structur ist die Luthers, und nach ihm vieler
Neuern: ἀλλ᾽ ἡ ἁμαρτία διὰ τοῦ ἀγαθοῦ μοι κατεργαζομένη
(sc. ἦν) θάνατον, ἵνα φανῇ ἁμαρτία. M nennt diese Structur
contort, auch seien Bedenken zu erheben gegen die Verwandlung
des Particips in ein verbum finitum. G findet den Sinn auffallend
tautologisch. Noch andere schliessen den Participialsatz an das
artikellose ἁμαρτία an; das würde den folgenden Sinn ergeben:
„die Sünde ward mir zum Tode, damit sie als Sünde erscheine,
indem sie meinen Tod wirkte durch das Gute." Offenbar ist damit
der Paulinische Gedanke auf den Kopf gestellt. G findet Schwierigkeit in dem Verhältniss der beiden ἵνα zu einander. M findet in dem
zweiten ἵνα allerdings nur eine steigernde (καθ᾽ ὑπερβ.) Parallele
zu ἵνα φανῇ. Das billigt G nicht. Um diese und andere Bedenken
zu beseitigen, ergänzt er nach ἡ ἁμαρτία nicht ἐγένετο θάνατος,
sondern bloss ἐγένετο. Daran lehnt er das Particip κατεργαζομένη an: „sondern die Sünde, damit sie als Sünde erscheine, ist
geworden meinen Tod bewirkend durch das, was gut war." Von
κατεργαζομένη ist dann das zweite damit abhängig: „die Sünde hat
den Tod gewirkt durch das Gute, um so sündhaft, als möglich zu
werden. Gott hat gewollt, dass sie tödtete durch das, was
Leben geben sollte, ein wahres Meisterstück von Verkehrtheit [sic!]
ausübe".

Die Uebersetzung lautet dann: „sondern die Sünde, um als
Sünde zu erscheinen, hat meinen Tod bewirkt durch das, was gut
war, um über alle Maassen sündig zu erscheinen durch das Gebot."
Da ist denn nun doch der Satz mit dem zweiten ἵνα nichts anderes,
als eine gesteigerte Parallele zu dem ersten mit ἵνα, und G polemisirt mit Unrecht gegen M. Ferner ist das ἐγένετο κατεργαζομένη um kein Haar breit besser, als das ἦν κατεργαζ. Es ist und
bleibt die Umsetzung des Particips in ein Verbum finitum, denn die
Beibehaltung des Particips als solches d. h. in der Bedeutung einer

andauernden, dem betreffenden Subjecte inhärirenden Action ist schon um des ἐγένετο willen nicht wohl möglich. Man wolle hierüber Winer's Grammatik (6. Aufl. S. 311 u. flgg.) nachlesen.

So bleibt nichts weiter übrig, als zu constatiren, dass eine befriedigende Lösung der Schwierigkeiten in 13 b bis jetzt noch nicht gefunden ist.

Ich ergänze zu ἡ ἁμαρτία nichts, halte vielmehr das Wort für das Subject des mit ἵνα nachfolgenden Satzes, diesen Satz selbst aber nach Winer (Gr. 6. Aufl. S. 282) für eine Umschreibung des Imperativs. Ich habe mich ausführlich über diese Construction in meinem Buche „über die geschichtlichen Verhältnisse der Pastoralbriefe" S. 37 und flgg. ausgesprochen. Die früher postulirte Ellipse (s. de Wette zu Joh. 1, 8) von ἐγένετο, oder von αἰτεῖν, παρακαλεῖν hat Winer in der 6. Auflage seiner Grammatik bereits fallen lassen, und zugegeben, dass sich diese imperativische Form nicht bloss im N. T., sondern auch bei griechischen Dichtern und spätern Prosaikern finde. Ich hebe aus den in meinem Buche l. c. von mir beigebrachten Beispielen hier nur heraus:

Joh. 1, 8: οὐκ ἦν ἐκεῖνος τὸ φῶς, ἀλλ' ἵνα μαρτυρήσῃ περὶ τοῦ φωτός, „sondern er sollte zeugen von dem Lichte."

Joh. 13, 18 ἀλλ' ἵνα ἡ γραφὴ πληρωθῇ. „aber die Schrift sollte erfüllet werden."

In den paulinischen Briefen 2 Cor 8, 7 u. a. St. Wegen der Voranstellung des betonten Satztheils wird es genügen, nur zwei Stellen anzuführen:

Gal. 2, 10 μόνον τῶν πτωχῶν ἵνα μνημονεύωμεν, nur der Armen sollten wir gedenken; und Eph. 5, 33 ἡ δὲ γυνὴ ἵνα φοβῆται τὸν ἄνδρα, das Weib aber soll den Mann fürchten!

Auch in Absichtssätzen wird nicht selten der betonte Satztheil vor ἵνα gestellt. So Act. 19, 4. Röm. 11, 31. 1 Cor. 9, 15. 2 Cor. 2, 4; 12, 7. Col. 4, 16.

Die Stelle, Röm. 7, 13 b ist also zu übersetzen: „sondern die Sünde sollte als Sünde erscheinen, indem sie durch das Gute nur Tod wirkte oder zu Stande brachte." Statt einfach die Sünde als Ursache des Todes, das Gute aber als Todeswerkzeug zu bezeichnen, trägt der Apostel durch den Satz mit ἵνα noch den Gedanken hinein, dass diese Art der Tödtung habe erfolgen sollen, damit die Sünde als Sünde erscheine.

Ἀγαθόν sieht ohne Zweifel zurück auf ἀγαθή in v. 12; die ἐντολὴ ἀγαθή ist eo ipso ein ἀγαθόν. Mord, Todtschlag sind ohne Zweifel Aeusserungen der ἁμαρτία, aber das dämonische Wesen der Sünde kommt dabei nur dann zur Erscheinung, wenn die Gewaltthat sich unter der Hülle der Gutthat an das Opfer heranmacht, um desto sicherer den tödtlichen Streich zu führen. Ein Becher Weins, dem Gaste gereicht, ist gewiss etwas Gutes. Thut die Sünde Gift hinein, um den Gast zu tödten und zu berauben, so zeigt sie damit ihr scheussliches Wesen, selbst das Gute für den Arglosen zum Werkzeug des Todes zu machen. Die Sünde braucht Lug und Trug, heuchlerische Mittel aller Art, welche sie mit dem Scheine des Guten bekleidet, um den Nächsten zu verderben.

Die Sünde aber offenbart selbst dann, wenn sie durch das Gute tödtet, ihr Wesen immer noch nicht ganz und voll. Der höchste Grad ihrer Intensivität, so zu sagen, ihr superlativisches Wesen ($\tau\dot{o}$ $\varkappa\alpha\vartheta'$ $\dot{v}\pi\varepsilon\varrho\beta o\lambda\dot{\eta}\nu$ $\dot{\alpha}\mu\alpha\varrho\tau\omega\lambda\acute{o}\nu$) offenbart sie, wenn sie in Beziehung tritt zu der $\dot{\varepsilon}\nu\tau o\lambda\dot{\eta}$; die Sünde als das Widergöttliche dem Gebote Gottes gegenüber, welches aufzufassen ist als das $\dot{\alpha}\gamma\alpha\vartheta\acute{o}\nu$ $\varkappa\alpha\tau'\dot{\varepsilon}\xi$. Das Wesen einer Sache giebt sich stets an seinem absoluten Gegensatz ganz und voll zu erkennen; das Widergöttliche an dem Göttlichen. Hätte die Sünde noch irgend etwas anderes, als sich selbst; wäre sie in ihrer vollendeten Wesenheit nicht der Superlativ ihrer selbst, so müsste sie bedenklich werden, das Göttliche als Werkzeug ihres widergöttlichen Thuns zu missbrauchen. Damit, dass sie den Tod nicht bloss durch das $\dot{\alpha}\gamma\alpha\vartheta\acute{o}\nu$ im Allgemeinen, sondern durch die $\dot{\varepsilon}\nu\tau o\lambda\dot{\eta}$, den reinen Ausdruck des göttlichen Willens, vollbringt, zeigt sie sich als $\varkappa\alpha\vartheta'$ $\dot{v}\pi\varepsilon\varrho\beta o\lambda\dot{\eta}\nu$ $\dot{\alpha}\mu\alpha\varrho\tau\omega\lambda\acute{o}\varsigma$, „über die Maassen“ und doch in dem Maasse ihrer höchsten Intensivität als das, was sie ist, als absoluter Gegensatz Gottes und des Göttlichen.

Aus dieser Darlegung wird erhellen, dass ich mit M allerdings eine Steigerung in dem zweiten Satze mit $\ddot{\iota}\nu\alpha$ annehme, dadurch aber mich von M unterscheide, dass ich als Momente der Steigerung $\delta\iota\dot{\alpha}$ $\tau o\tilde{v}$ $\dot{\alpha}\gamma\alpha\vartheta o\tilde{v}$ und $\delta\iota\dot{\alpha}$ $\tau\tilde{\eta}\varsigma$ $\dot{\varepsilon}\nu\tau o\lambda\tilde{\eta}\varsigma$ ansehe, letzteres am Ende des Satzes wegen des scharfen Tons, welchen die letzte Stelle ebenso gut verleiht, als die erste. Selbstverständlich setze ich hinter $\dot{\eta}$ $\dot{\alpha}\mu\alpha\varrho$-$\tau\dot{\iota}\alpha$ ein Komma, und ziehe $\delta\iota\dot{\alpha}$ $\tau\tilde{\eta}\varsigma$ $\dot{\varepsilon}\nu\tau o\lambda\tilde{\eta}\varsigma$ zu $\tau o\tilde{v}$ $\dot{\alpha}\gamma\alpha\vartheta o\tilde{v}$ als appositionelle Steigerung, so also:

„sondern die Sünde sollte als Sünde erscheinen, indem sie durch das Gute mir Tod brachte; auf dass über die Maassen sündig erscheine die Sünde, durch das Gottesgebot.“

v. 14. Ueber das Verhältniss von vv. 7—13 zu dem mit dem 14. Verse beginnenden zweiten Abschnitt habe ich bereits im Eingange geredet. Characteristisch ist der Wechsel der tempora. Im ersten Abschnitt Praeterita, im zweiten Praesentia. Ich habe deshalb in den vv. 7—13 die Vorgeschichte, in den vv. 14—27 dagegen die Geschichte des Zwiespalts, bez. des Elends gefunden, in welchem der Mensch unter dem Gesetz sich befindet. Im Uebrigen liegen die beiden Abschnitte nicht so auseinander, dass nicht an die Thatsache der Tödtung des Menschen durch das Gebot, mit welcher der erste Abschnitt schliesst, mit dem ersten Verse des zweiten eine weitere Begründung durch $\gamma\acute{\alpha}\varrho$ hätte beigefügt werden dürfen. Diese Begründung wird aus dem, was von dem Wesen des Gesetzes bekannt

ist und allgemein zugestanden wird, sowie aus der erfahrungs-
mässigen Kenntniss des ἐγώ über seinen gegenwärtigen Seelenzustand
genommen, denn nur so lässt sich erklären, wie doch nur die Sünde
sich des Gesetzes als eines Werkzeuges habe bedienen dürfen, über
den Schuldigen den Tod zu bringen.

Οἴδαμεν. Chrysosth. ὡσανεὶ ἔλεγεν ὡμολογημένον τοῦτο
καὶ δῆλόν ἐστι. Schon Hieronymus las οἶδα μέν; ihm sind Neuere
gefolgt, selbst Flatt, Reiche, *H* und Schott. *M* wendet dagegen
ein, dass das μέν bei dieser Lesung dem folgenden δὲ logisch nicht
entsprechen würde. *G* vertheidigt sogar οἴδαμεν aus innern Gründen.
Er meint: Paulus würde dem οἶδα μέν ein εἰμὶ δὲ entgegengesetzt
haben, nicht ἐγὼ δὲ εἰμί. „Diese Form, fährt er fort, schliesst in
der That einen sehr markirten Gegensatz in sich zwischen diesem so
scharf hervorgehobenen Ich und irgend einem andern Subject im
Vorhergehenden. Und dies Subject, dem das Ich gegenübersteht,
kann nur das Subject des vorhergehenden Verbums sein: Wir. So
sind wir darauf geführt, die gewöhnliche Lesart: οἴδαμεν als nothwendig zu betrachten." *G* irrt. Bestände wirklich ein markirter
Gegensatz zwischen dem Ich und Wir, so würde der Apostel geschrieben haben: ἡμεῖς γὰρ οἴδαμεν. Aber selbst in diesem Falle
steckt das ἐγώ bereits in dem ἡμεῖς; es ist daher nichts mit dem
„markirten" Gegensatz. Die Wahrheit ist, dass weder *M*, noch *G*
Recht haben, wenn sie das ἐγώ δέ, sei es auf οἶδα μέν, sei es auf
οἴδαμεν zurückführen. Der Gegensatz zu ἐγώ ist ὁ νόμος. Wird
οἶδα μὲν geschrieben, so ist das μὲν determinativ gesetzt, gerade
so, wie in v. 12 (s. meine Bemerkungen dazu); der Betreffende
markirt dann die Aussage ὅτι ὁ νόμος πνευματικός, welche möglicher Weise der Ausführung in v. 13 entgegengesetzt werden konnte
(wie? wird sich aus dem Folgenden ergeben) als einen ihm wohl-
bekannten Satz. Nichts desto weniger sei geschehen, was geschehen
ist — wegen des Zustandes, in welchem der ἐγώ sich befindet. Wird
οἴδαμεν beibehalten, so würde das, was in v. 12 als Folgerung ausgedrückt ist, hier als allgemein anerkannte Wahrheit hingestellt; mit
ἐγὼ δὲ aber würde dann die Privatbeichte anheben. Ich meine, dass
dadurch doch der Zusammenhang von οἴδαμεν mit διὰ τῆς ἐντολῆς in v. 13 gelockert, wo nicht aufgelöst wird und würde daher
lieber οἶδα μὲν lesen.

Freilich kommt viel darauf an, wie πνευματικός gedeutet wird.
Ausführliches über die verschiedenen Auffassungen wolle man nachsehen in Suiceri Thesaur. II p. 110 (patristische Exegese), in den
Criticis sacris und in Poli Synopsis zu der Stelle, ferner in den
Commentaren von Reiche und *M*. Ich setze zunächst *M*s Auffassung
hieher: „πνευματικός", sagt er, „erhält seine Bestimmung durch das
gegensätzliche σάρκινος. Da nun σάρξ die dem göttlichen πνεῦμα
renitirende materiell physische Menschennatur ist, und mithin σάρκινος (fleischern) von dem ἐγώ aussagt: es bestehe aus dieser un-
göttlich menschlichen Wesenheit, die als solche dem Princip des

heiligen Geistes entgegen ist, so muss πνευματικός vom Gesetze prädiciren, sein Wesen, (nicht die Form, in welcher es gegeben ist, wonach es als γράμμα erscheint) sei göttlich-pneumatisch; seine wesentliche und characteristische ethische Beschaffenheit sei identisch mit der des heiligen Geistes, der sich im Gesetz dargestellt habe." So *M.*

G: „der Ausdruck πνευματικός steht gewöhnlich in der Beziehung zur Idee des göttlichen Geistes, und wenn in 8, 4 Paulus selber sagt: die Forderung des Gesetzes sei erfüllt bei denen, welche nach dem Geiste (offenbar dem Geiste Gottes) wandeln, so ist es richtiger, hier geistig zu erklären mit: entsprechend dem Antrieb, der Tendenz des göttlichen Geistes. Was das Gesetz gebietet, ist nichts anderes, als was der heilige Geist erfüllt in dem Herzen, in welchem er wohnt. Zwischen der äussern Vorschrift des Gesetzes und der innern Bewegung des Geistes besteht eine vollkommene Identität."

Dass 8, 4, woraus *G* argumentirt, ganz anders aufzufassen ist, darüber wolle man meine Erklärung zu der Stelle nachsehen. Gegen *M* spricht, dass σάρξ ohne Weiteres keineswegs die dem göttlichen πνεύμα renitirende materiell physische Menschennatur ist; es wäre sonst σάρξ von Schöpfungs wegen das Böse am Menschen, und die Kirchenlehre thäte Unrecht, diejenigen zu verurtheilen, welche die Sünde als Substanz des Menschen auffassen. Σάρξ ist nicht an sich renitent, sondern kraft der verkehrten Stellung, welche sie durch die Sünde im Wesen des Menschen erhalten hat. Darum bezeichnet σάρκινος nicht ohne Weiteres das gegen den heiligen Geist Widerstrebende im Menschen, sondern es ist diejenige Beschaffenheit des ἐγώ, nach welcher es sich bestimmen lässt durch die σάρξ, statt durch das πνεύμα, denn ἐγώ empfängt seine Bestimmtheit allezeit durch das regierende Princip. Was einem Könige gehorcht, heisst königlich; was der σάρξ, heisst σάρκινος. Die Unordnung, welche die Sünde angerichtet hat, wird erst dann erkannt werden, wenn wir uns die ursprüngliche Ordnung vergegenwärtigen. Selbstverständlich kann ich hier nur die Grundzüge derselben darstellen. Wie ich die Anthropologie des Apostels verstehe, so unterscheidet er das ἐγώ von πνεύμα und σώμα. Das Persönlichkeitsprincip ist nicht eins der Geistesvermögen, sondern diesen ebenso übergeordnet, wie den physischen Kräften das σώμα. Σώμα ist die organisirte σάρξ. Der Mensch = ἐγώ ist die persönliche Einheit von Geist und Natur, nicht etwa das Product aus Beiden. Die Natur, welcher die σάρξ angehört, kommt erst im Menschen zum Bewusstsein. Das Menschenwesen ist einheitlich angelegt; die σάρξ bez. das σώμα kann daher nicht etwas für sich sein, sondern muss sich zusammenschliessen mit den anderweiten Wesensbestandtheilen des ἐγώ d. i. mit dem πνεύμα. Die ψυχή ist es, welche das Naturleben des Menschen in das Licht des Bewusstseins einführt und seinen Zusammenhang mit dem Geistesleben vermittelt. Darum hat die ψυχή alle Eindrücke des Naturlebens in sich aufzunehmen und sie der logisch sondernden und verknüpfenden Macht im Menschen dem νοῦς und durch diesen dem πνεῦμα zu überliefern. Dies stellt die gesichteten und geordneten Wahrnehmungen dem ἐγώ zur Verfügung. Das ἐγώ trifft auf Grund derselben seine Entschliessung in Betreff der dem innern und äussern Menschenleben gegenüber einzunehmenden Stellung; es reagirt mittelst des ϑέλειν und übt seine oberherrliche Gewalt damit aus, dass nach seinem Willen sich die Leibes- und Seelenkräfte für die Erreichung des bestimmten Zieles in Bewegung zu setzen haben.

Dringen wir nun noch etwas tiefer in das Wesen und in die Functionen des πνεῦμα ein. Haben wir der ψυχή das Empfinden, Fühlen, dem ἐγώ das Wollen eingeräumt, so bleibt für das πνεῦμα als Hauptfunction das logische Vermögen im weitesten Sinne des Wortes. Ihm eignet das absolute Erkennen, und dies fällt seinem Begriffe nach zusammen mit dem Erkennen des Absoluten; wie würde es sonst Gott zu erkennen im Stande sein? Dem entsprechend aber auch das Vermögen, die unendliche Mannigfaltigkeit der Dinge mittelst des νοῦς unter einheitliche Gesichtspunkte zu fassen, bis die absolute Wesenheit, Gott, als der schöpferische Urgrund aller Dinge erfasst ist. An positiven Bestimmtheiten hat das πνεῦμα nichts, als sein eignes Sein; die Objecte seines Functionirens hat es zu empfangen; es ist durch und durch absolute Receptivität, darum auch die Stätte, wo die Gottesoffenbarung empfangen wird. Das πνεῦμα ist Organ für Göttliches; ebenso wie die ψυχή zunächst Organ für Sinnliches ist.

Der Apostel bezeichnet deshalb auch das πνεῦμα als den ἔσω ἄνϑρωπος (cfr. 7, 22); seine Art als den νόμος τοῦ νοός, ja das Wesen desselben als den νοῦς beherrschend Eph. 4, 23: τῷ πνεύματι τοῦ νοός.

Wäre der erste Adam nun stets im Gehorsam Gottes verblieben, so würde sein πνεῦμα stetig das Gefäss für die Gottesoffenbarung, oder, was dasselbe ist, der Spiegel gewesen sein, in welchen stetig Gottes Angesicht hineinschaute. Der Mensch hätte das Ebenbild Gottes in seinem πνεῦμα gehabt, wäre nicht bloss zu dem Bilde geschaffen gewesen. Selbstverständlich hätte das ἐγώ fort und fort sein Licht durch das πνεῦμα von Gott empfangen. — Adam ward der Verführung gehorsam. Das πνεῦμα ist dem ἐγώ gegenüber Organ, aber keine absolute Macht; sonst wäre der Mensch von Hause aus prädestinirter und determinirter Gottmensch gewesen, denn ἐγώ wäre dem πνεῦμα gegenüber ohnmächtig, also auch unfähig gewesen, sich gegen dasselbe und seine Offenbarungen zu bestimmen.

Das πνεῦμα, obwohl Organ für Göttliches, hatte gleichwohl seinem Herrn und Gebieter zu folgen. In seinem Wesen und der Art seines Fungirens ist durch den Sündenfall nichts verändert; Gott hat von seiner Schöpfung, d. i. von dem anerschaffenen Wesen des Menschen nichts zurückgenommen. Aber die Stellung des πνεῦμα ist von Grund aus durch die Sünde verändert worden. Wie der

Mensch sich von Gott, so hatte Gott sich von dem Menschen abgewendet. Das πνεῦμα war nicht mehr der Spiegel des sich offenbarenden Gottes; mit dem ἐγώ zugleich war es nunmehr dem Geschöpflichen, dem vergänglichen Wesen, zugewendet; tertium non
datur.

Seine Function, die Dinge auf ihren letzten Grund zurückzuführen, war ihm geblieben; es fuhr fort, Absolutes zu suchen. In
der Welt, die sich ihm nunmehr als Object darbot, fand es als
Letztes, als Naturgrund die Kräfte, welche den Erscheinungen stetig
zu Grunde liegen; es fing an, die Kräfte für absolute Wesenheiten
zu halten. So entstanden die dem Götzendienst zu Grunde liegenden
Ideen, welchen der Cultus bald nachfolgte. Das Verabsolutiren der
Naturkräfte erzeugte auf einem andern Gebiete die Systeme der
falschen Wissenschaft, die sich wider den lebendigen Gott setzte,
weil sie die Gottheit für ihre Objecte beanspruchte. — Drücken wir
diese Geschichte in der Terminologie des Apostels aus, so erhalten wir
die Unterwerfung des Geistes unter das Fleisch, d. i. unter dieselbe
Macht, welcher der Inhaber und Gebieter des Geistes, das ἐγώ sich
unterworfen hatte. Denominatio fit a potiori. Der Knecht trägt die
Uniform seines Herrn; das ἐγώ war σάρκινος geworden.

Hat man bis jetzt die Wirkung der Ursünde so aufgefasst, als
ob sie den ganzen Menschen vergiftet, die Wesensbestandtheile desselben aber sonst in ihrer ursprünglichen Stellung zu einander belassen hätte, so hat sich für mich ergeben, dass die Ursünde nicht
die anerschaffenen Kräfte des Menschen verderbt, sondern die ursprüngliche Ordnung, in welcher dieselbe functioniren sollten, vollständig
verkehrt hat. Das ἐγώ hat aufgehört, Herr zu sein über seine
eigenen Unterthanen; die schlechthin unterworfenen Vermögen für
das Irdische, Sinnliche, sind nunmehr die Herren; der Geist, das
Organ für Gott, ist der Sünde zugleich mit seinem Herrn, dem ἐγώ,
ein Knecht geworden.

Damit ist keineswegs gesagt, dass der Geist trotz seiner Dienstbarkeit nicht der ursprünglichen Bestimmung gemäss Zustimmung,
ja Freude empfinden sollte, wenn ihm das Göttliche sich, wenn auch
nur in einzelnen Lichtmomenten, darstellt, ja dass es demgemäss auch
an das ἐγώ berichtet und dasselbe sogar bis zum Wollen des Guten
anregt. Aber die Dienstbarkeit unter der fremden, gottwidrigen
Macht bringt es mit sich, dass dies Wollen ohnmächtig bleibt
und die Sünde ihre gebietende Stellung durchsetzt.

Ich meine, dass sich durch diese Darstellung der bei den innern
Kämpfen concurrirenden Mächte und stattfindenden Vorgänge das
Verständniss der nachfolgenden Verse vollständig aufschliesst und
dass auch die mancherlei Fragen, welche sich gerade an diese Verse
angehängt haben, dadurch erledigt werden.

Nach dieser Digression, die ich freilich nicht habe vermeiden
können, kehre ich nunmehr zu v. 14 zurück.

v. 14. Beza hatte ganz Recht, wenn er zu ὁ νόμος πνευματικός die Glosse schrieb: „mentem et interiorem hominem respicit."
Auch neuere Exegeten haben πνεῦμα von der höhern geistigen
Natur des Menschen verstanden. Das Gesetz hiesse πνευματικός
wegen seines geistigen Gehalts und Characters, vermöge deren es
Anforderungen stelle, welche nur von der geistigen Natur des Menschen verstanden und erfüllt werden könnten (de Wette). Besser
Reiche „insofern dasselbe die Entwicklung und Aeusserung des πνεῦμα
nicht hindert, sondern fördert." Ganz genügend ist keine dieser
Erklärungen. Man versteht weder bei der einen, noch bei der anderen den Anschluss mit γάρ. Πνεῦμα ist, wie vorher ausgeführt
worden, das Organ für Gott und für Göttliches. Der νόμος ist von
Gott. So entspricht die Kundgebung des Göttlichen stets dem Organ
für das Göttliche; der νόμος ist πνευματικός d. i. der ursprünglichen, dem πνεῦμα (sc. von Gott) gegebenen Bestimmung vollkommen
entsprechend; wir würden sagen: dem formalen Geistesvermögen
entsprechend. Da scheint es nun unbegreiflich, dass durch das Gesetz der Tod des ἐγώ gewirkt sein soll, denn nur bei dem Conflicte zweier diametral entgegengesetzten Potenzen handelt es sich
um das Dasein des einen oder des andern; mors Conradini vita
Caroli.

Οἴδαμεν oder οἶδα sagt aus, dass über den Character des
νόμος bei dem „Wir" oder „Ich" nicht der mindeste Zweifel
bestehe. Der Redende in v. 14 bestätigt das allgemeine Urtheil
über den νόμος entweder für die Person (οἶδα), oder sich sofort
mit denen unter dem Gesetz zusammenschliessend (οἴδαμεν); „wohl
wissen wir, dass das Gesetz geistlicher Art ist; ich aber bin σάρκινος u. s. w. Der Redende in v. 14 stellt also einfach neben die
eine Thatsache die andere. Die Vermittlung, bez. Erklärung
beider ist in v. 13 gegeben. Um dies zu erkennen, wird freilich
nöthig sein, die Ausdrucksweise in v. 14b mit der in v. 13b aus-
zugleichen. Zunächst ist die Bedeutung von σάρκινος fraglich. Ist
das Wort unterschieden von σαρκικός oder gleichbedeutend? Tittmann (De Synonymis im N. T. p. 23) sagt: „nulla causa est in
diversa verborum formatione, cur σαρκικός et σάρκινος differant
sic, ut σαρκικόν sit, quod indolem carnis habet (etiamsi non constet
carne), sed σάρκινον, quod ex carne, tanquam materia compositum
est." Er will den Unterschied nicht in Abrede stellen, meint aber,
dass nicht die verschiedenen Endungen, sondern der Sprachgebrauch
die beiden Adjectiva der Bedeutung nach unterscheide. Wie mir
scheint, hat Tittmann jedoch übersehen, dass die Endung — ινος
als Proparoxytonon fast durchgängig den Stoff andeutet (ξύλινος,
λίθινος, ἄλινος, χρύσινος u. s. w.), während — κός ausdrückt das
zum Nomen Gehörige, von ihm Herkommende, seine Art und Eigenschaft an sich tragend (ohne gerade an seiner Materie Theil zu
haben) s. Buttmann's Grammatik § 119 III. — Σάρκινος sagt
also in der vorliegenden Stelle nicht aus, dass ἐγώ gewisse Eigen-

schaften der σαρξ an sich habe oder nach Art der σαρξ functionire, was immerhin geschehen könnte, ohne dass das ursprüngliche Wesen drauf ginge, sondern es sagt aus, dass eine förmliche μετάβασις εἰς ἄλλο γένος stattgefunden habe; das ursprüngliche Wesen ist todt, an seine Stelle ist ein anderes getreten, wie von Lot's Weib zu sagen wäre, dass sie nicht Eigenschaften des Salzes an sich genommen habe (ἁλμυρά), sondern dass sie Salz geworden (ἅλινος). Eine solche Verwandlung aber kann nur durch den Tod geschehen, daher v. 10 ἐγὼ δὲ ἀπέθανον. Dem ursprünglichen Wesen absterben heisst aber auch der ursprünglichen Gottesbestimmung, heisst Gotte absterben. Diesen Tod kann man in sich tragen, ohne physisch gestorben zu sein, oder bereits den ewigen Tod erlitten zu haben (cfr. v. 24). Es ist eben der geistliche Tod, von dem M nichts wissen will.

Zu gleichem Ergebniss gelangen wir durch die Analyse des zweiten Attributs πεπραμένος ὑπὸ τὴν ἁμαρτίαν. G: „Da vergleicht er sich also mit einem Sclaven, der um Geld gekauft worden ist. Der Verkäufer ist das Fleisch, und der Käufer, der sein Herr geworden, die Sünde. Es ist in der That gleichsam ein verhängnissvoller Contract über uns abgeschlossen worden, durch welchen die hinreissende Gewalt des Fleisches unsern Willen der Macht der Sünde überliefert hat." — Wie in aller Welt ist G auf die unglückliche Idee gekommen, das Fleisch zum Verkäufer zu machen? Wer den ἐγώ verkaufen will, der muss zuvor ein Anrecht auf ihn, d. i. auf seine eigne ganze Person, auf Leib und Leben erworben haben. Das musste nun, wenn das Bild zutreffen soll, geschehen sein, noch ehe die Sünde über den ἐγώ Gewalt erlangt hatte, wie mochte sonst noch ein Verkauf des ἐγώ an die Sünde gedenkbar sein?! Also eine Sclaverei des ἐγώ unter dem Fleisch vor der Sclaverei unter der Sünde!

Niemand hat Macht und Recht, einen Menschen an die Sünde zu verkaufen. Nur Einer kann es — und das ist der ἐγώ selbst. Das geht nun so vor sich, dass der ἐγώ sich von Gott abwendet, der lüsternen σαρξ Gehör giebt, ihr sein ganzes Lebensgebiet einräumt, und nunmehr wird, was sie ist, ein σάρκινος. Von dieser Ausbreitung der σαρξ über den ganzen Menschen ist aber die gleichmässige Ausbreitung der Sündenmacht unzertrennlich, denn die ἁμαρτία wohnet ἐν τῇ σαρκί (v. 18.) Somit hat der Mensch sich selbst unter die Sündenherrschaft verkauft. Der Preis, um welchen das Geschäft abgeschlossen wird, ist nicht klingende Münze, nicht Gold, sondern ein weit höherer; der Mensch verkauft sich selbst um den Preis seiner Freiheit, seines Lebens in Gott, schliesslich seiner ewigen Seligkeit.

Und das Alles geschieht auch bei dem Menschen unter dem Gesetz. Der Getödtete unter dem Gesetz kann nur ein vom Gesetze selbst Gerichteter sein, nicht darum gerichtet, weil das Gesetz seinem πνεῖμα absolut zuwider wäre, (im Gegentheil es ist πνευ-

ματικός), sondern weil die Sünde das Gesetz zur Ausübung seines Richteramtes provocirt.

Bei alledem ist das *πνεῦμα*, wiewohl mit dem *ἐγὼ* der Sündenherrschaft verfallen, seiner Art und Eigenschaft, für Gott zu sein, nicht so entkleidet, dass es nicht, wenn Göttliches ihm nahe tritt, Wohlgefallen daran hätte und dadurch das *ἐγὼ* zum *θέλειν* des Göttlichen anregte; die Herrschaft der Sünde über das *ἐγὼ* macht jedoch, wie bereits gesagt, alles Wollen des Guten unkräftig, ohnmächtig. Nicht in dem völligen Auslöschen des pneumatischen Triebs oder der pneumatischen Beziehung zum Menschen liegt die vis peccati originalis — der Sünder würde sich nicht zerrissen, nicht unselig fühlen können, wenn das pneumatische Wesen an ihm und in ihm vollständig zum Niveau des Sündentriebs herabgesunken wäre. Die eigentliche vis peccati liegt in der Ohnmacht des *ἐγὼ*, den Anregungen des *πνεῦμα* zu folgen. Die tragische Geschichte, welche der Apostel nunmehr erzählt, und die er wahrscheinlich seinen persönlichen Erlebnissen entnommen hat, wiederholt sich in dem Leben eines jeden natürlichen Menschen, und endet entweder mit völliger Verhärtung — indem das *πνεῦμα* nichts, was von Gott ist, fürder aufnimmt, das *ἐγὼ* also unbehelligt lässt, letzteres aber schliesslich etwas anderes nicht mehr will, als was die Sünde will — oder sie endet mit dem Angstschrei des Sünders nach Erlösung (v. 24).

v. 15. Sehr richtig bemerken *M* und *G*, dass *γινώσκειν* niemals heisse: billigen oder als gut anerkennen (wie nach Augustin unter den Neuern Flatt, Reiche u. A. wollen). — Vor allem Andern aber wird nöthig sein, die Synonyma *κατεργάζεσθαι*, *πράσσειν*, *ποιεῖν* auseinander zu halten. Tittmann (De Synonym. S. 187) lehrt: „*πράσσω. ποιέω*. Differunt fere, ut nostra thun et machen, agere et facere, Quintil. II, 18. 1. Tertium est *ἐργάζεσθαι*, quod proxime accedere videtur ad nostrum handeln eo sensu, quo significat thätig sein." Nicht ganz zutreffend. Völlig unklar *G*. Nicht minder *M* dadurch, dass er den Inhalt des Verses mit den ethischen Terminis der Neuzeit zu bewältigen unternimmt. *Κατεργάζεσθαί* τι heisst *διατρίβειν ἔν τινι, σπουδάζειν περί τι* beschäftigt sein mit einer Sache, an etwas arbeiten. Der *ἐγὼ* weiss nicht, woran er arbeitet, wofür er thätig ist; er ist sich bei seiner Arbeit nicht zielbewusst. Es wird ihm, dem Sclaven, sein Pensum vorgeschrieben; er arbeitet, aber er weiss nicht, für welche Zwecke und zu welchem Ende. Man kann nicht umhin, an die moderne Sclavenarbeit in den Fabriken zu denken; jeder verrichtet Theilarbeit; das Ganze kennt nur der Fabrikant oder Werkführer. *Πράσσειν* = *εἰς τὸ πέρας ἄγειν, ἐπιτελεῖν, ἀνύτειν τι* heisst: etwas zu Stande bringen. „Denn nicht, was ich will, vollführe ich, bringe ich zu Stande." Selbstverständlich weiss derjenige, der an der Verwirklichung seines eignen Willens thätig ist, was er ausführt. *Ποιεῖν* ist *ἐργάζεσθαι*, thun. Dem Sclaven ist jede Arbeit

widerwärtig, daher ὃ μισῶ, τοῦτο ποιῶ. Es fehlt an Verständniss,
an Interesse, darum an Willigkeit und Freudigkeit.

v. 16. Lobend erwähnt *M*, dass Chrysosth. zu u. St. auf die
οἰκεία εὐγένεια der sittlichen Natur des Menschen hingewiesen.
Dass das ϑέλειν aber nicht sowohl aus der sittlichen Natur des
Menschen stammt, sondern aus der andauernden Receptivität des
πνεῦμα für Göttliches, so jedoch, dass es in Folge der Sclaverei
des ἐγώ ohne alle practische Wirkung bleibt, habe ich oben dargelegt. Wenn nun der Apostel die Nichtverwirklichung dessen, was
er will, aus seiner Knechtung unter die Sünde erklärt (v. 14), so
folgt von selbst, dass er für seine Person dem, was Gott will,
d. h. dem Gesetze zustimmt. *M* übersetzt σύμφημι τῷ ν., ὅτι
καλός, ich stimme dem Gesetz bei, dass es gut sei. Ihm folgt *G*,
beide meinend, dass sie nun erst dem συν — vollkommen gerecht
geworden seien. Nun aber sind nicht minder diejenigen, dem συν —
vollkommen gerecht geworden, welche übersetzen: ich stimme in
Betreff des Gesetzes zu, dass es gut sei. Denn φημί ohne σύν
heisst eben nicht: ich stimme zu. Der Unterschied zwischen den
neuesten Auslegern und den frühern besteht also lediglich darin,
dass die erstern συν — zu τῷ νόμῳ construirt, also den Dativ
unmittelbar von der Präposition abhängig gemacht, während die
frühern Ausleger dafür gehalten haben, dass συμφάναι sich mit
der Präposition zu einem Verbalbegriff zusammengeschlossen. Man
erkennt leicht, dass die frühern Ausleger im guten Rechte sind.
M und *G* bringen das σ ν — zweimal zur Verwendung, denn sie
übersetzen: ich stimme dem Gesetze bei; eigentlich aber müssten sie
übersetzen: „ich sage mit dem Gesetze.“ Das Gesetz ist bei dieser
Fassung persönlich zu nehmen, ein Verhältniss, welches durch
die *M*sche Uebersetzung verdeckt wird, denn eigentlich müsste es
heissen: ich stimme zusammen mit dem Gesetze. Dass σύμφημι mit
einem persönlichen Dativ construirt werden kann, braucht nicht erst
belegt zu werden. Dass es aber auch mit einem sachlichen Dativ
construirt werden kann, wird ebenso wenig geleugnet werden. Die
Entscheidung würde also lediglich davon abhängig sein, ob im Zusammenhange eine Personifizirung des Gesetzes angezeigt sei. Soviel
ich sehe, ist das nicht der Fall. Ich meine im Gegentheil, dass
nach v. 14 hier nicht sowohl von einem Selbstzeugniss des Gesetzes über seine eigne Vortrefflichkeit, als von einer Anerkennung
durch solche, die unter dem Gesetze leben und Erfahrungen gesammelt
haben, die Rede sein könne. Uebrigens vergleiche man meine Ausführungen zu συνήδομαι τῷ νόμῳ in v. 22.

v. 17. Gut paraphrasirt *M* v. 17a mit logischer Fassung des
οὐκέτι: „So aber (νυνὶ δέ) da ich dem Gesetze beistimme, dass es
trefflich sei [richtiger: da ich zustimme in Betreff des Gesetzes, dass
es gut sei] kann nicht mehr behauptet werden, dass ich u. s. w.“
Ebenso bestimmt *M* das ἐγώ richtig: „meine eigentliche Persönlichkeit, die mein wahres Ich ist“. Ich hätte nur gewünscht, dass

M bereits von v. 9 an das ἐγώ als Persönlichkeitsprincip bestimmt von den anderweiten Wesensbestandtheilen des Menschen unterschieden hätte. — Wenn Philippi aus dem, was hier über das ἐγώ gesagt wird, die Nothwendigkeit deducirt, an die innere Geschichte eines Wiedergeborenen zu denken, so wird nach dem, was ich über das θέλειν des ἐγώ gesagt habe, eine Widerlegung dieses Irrthums nicht mehr nöthig sein.

Uebrigens nimmt *M* alles Zutreffende, was er über ἐγώ gesagt hat, wieder zurück, wenn er zu ἐν ἐμοὶ bemerkt, dass dies nicht, wie ἐγώ vom sittlichen Ich zu fassen sei; Paulus habe das v. 18 selbst gesagt. Ἐγώ ist aber nicht das sittliche, sondern das von Hause aus sittlich indifferente Persönlichkeitsprincip, das seinen Inhalt von Oben und von Unten empfängt — zur Entschliessung. Wenn nun dies ἐγώ v. 14 ausdrücklich als σάρκινος characterisirt ist, so ist das ἐν τῇ σαρκὶ nicht, wie *M* anzunehmen scheint, eine beschränkende Bestimmung zu ἐν ἐμοί, sondern einfach: die bestimmte Ortsangabe. Die Sünde wohnt wirklich in dem ἐγώ. Damit ist keineswegs ausgedrückt, dass sie dort heimathsberechtigt ist, das ἐγώ ist eroberte Provinz. Auch ist nicht gesagt dass der eigentliche Hausherr mit seinem Einwohner d' accord ist; im Gegentheil ist gerade das Wohnen der Sünde in dem ἐγώ die eigentliche Ursache der innern Zerklüftung und des andauernden Kriegszustandes. *G* ist übrigens in der Auffassung des ἐν ἐμοὶ *M* gefolgt.

vv. 18. 19. 20 geben nicht bloss eine Erklärung, sondern eine Begründung der v. 17 ausgesprochenen Behauptung. Der ἐγώ weiss, dass in ihm nichts Gutes wohnt (über den erklärenden Zusatz zu ἐν ἐμοί, τοῦτ' ἔστιν ἐν τῇ σαρκί μου ist schon zu v. 17 das Erforderliche beigebracht). *G* meint, dass das οἶδα zwar an den 17. Vers angeknüpft sei, in Wirklichkeit aber den 14. Vers wiedergebe. Wenn Paulus in v. 14 sagte: „ich bin fleischlich", so konnte es den Anschein haben, als ob er an dem Ich gar nichts bestehen liesse, was nicht Fleisch wäre. Das Gegentheil aber hätte sich ergeben aus dem „Wir wissen", denn der, welcher anerkennt, dass das Gesetz geistlich ist, müsse in sich etwas Geistliches haben. So *G*, der offenbar im Irrthum ist, wenn er Wissen und Anerkennen, oder Empfänglichkeit für Geistliches mit geistlichem Besitzthum für gleichbedeutend hält. Ueber das Verhältniss der beiden Sätze in v. 14 habe ich zu der Stelle mich bereits eingehend ausgesprochen. Ebenso habe ich bereits zu v. 17 gegen *M* bemerkt, dass in dem Zusatz τοῦτ' ἔστιν ἐν τῇ σαρκί μου zu ἐν ἐμοὶ etwas Beschränkendes nicht liegt, vielmehr das Ich, wie es dermalen ist, nämlich σάρκινος in seiner Ganzheit gemeint sei. Die neuern Exegeten irren darin, dass sie ἐγώ als das sittliche Ich auffassen und von σάρξ unterscheiden, was in dem Umfange der vv. 14—24 völlig unstatthaft ist. Erst v. 25 treten beide, nämlich ἐγώ und σάρξ auseinander.

Es wird ferner der Fortschritt in der Argumentation des Apostels vollständig verkannt, wenn man das οὐκ ἀγαθὸν in v. 18 ohne

Weiteres mit ἁμαρτία vertauscht. Vorläufig will ἐγώ nur dies constatiren, dass in ihm, d. i. in seinem Fleische Gutes nicht wohnt. Welcher Art und wess Namens dies Nicht-Gute ist, sagt er noch nicht. Wie kommt denn nun aber ἐγώ zu dieser Erkenntniss? Das wird 18b angegeben und begründet und zwar in Ausdrücken, die zunächst verstanden sein wollen. *M* äussert sich eingehend über παράκειταί μοι. Dieser plastische Ausdruck bedeutet nach ihm: es ist in mir vorhanden. „Paulus, so spricht sich *M* über das Bild aus, stellt die Sache so vor, als ob er in seiner Persönlichkeit, als einer räumlichen Sphäre, sich suchend danach umsehe, was darin vorhanden sei. Da sieht er: das θέλειν (τὸ καλόν) liegt gleich bei ihm, vor seinem Blick, aber das κατεργάζεσθαι τὸ καλόν findet sein suchender Blick nicht. Das Vollbringen des Sittlichen ist also etwas, was dem natürlichen Menschen nicht eigenthümlich ist, wie jenes θέλειν seines sittlichen Ich's." Ueber die Fiction des sittlichen Ichs siehe zu v. 17 und 18a. Das Ich als σάρκινος verrichtet instinctiv das κακόν. Von einem θέλειν τὸ κακὸν ist gar keine Rede. Ueber die Richtung, welche der natürliche Mensch zu nehmen hat, ist nicht erst Entschliessung zu fassen, die ist durch die einwohnende ἁμαρτία gewissermaassen prädestinirt, denn diese, als die absolute Herrin fragt nicht erst: willst du oder willst du nicht? — Das θέλειν, von welchem der Apostel redet, kommt dem Ich, wie vorher ausgeführt, von dem Organ für Gott und für Göttliches, von dem πνεῦμα, das nicht in seinen angebornen Functionen, wohl aber in seiner Stellung verändert und aus einem bei dem Ich accreditirten Botschafter Gottes zu einem Knecht der σάρξ herabgewürdigt worden. Aber, wie gesagt, trotz seiner verkehrten Stellung in seiner ursprünglichen Substanz unverändert, nimmt es fort und fort, so lange noch keine πώρωσις eingetreten ist, Eindrücke des Göttlichen an und auf und rapportirt sie an das ἐγώ; die Folge davon ist das θέλειν τὸ καλόν, aber was kann denn ein ἐγώ σάρκινος durchsetzen? Das θέλειν ist vollständig ohnmächtig. Der ἐγώ giebt übrigens Auskunft über seine innere Geschichte; nicht forscht er in dem leeren Raum seiner Persönlichkeit, um anzugeben, was da zu finden und nicht zu finden, sondern er forscht in seinem innern Haushalt, in der Werkstätte, in welcher die jeweilige Gestalt seines äussern Lebens sich bereitet. In dieser Werkstatt ist das Wollen gewissermaassen Vorlage, Unterlage, die Zeichnung, nach welcher das Bild des äusserlichen Lebens geformt werden soll. Da liegt ein ganzer Stoss von Zeichnungen vor ihm und neben ihm — Willensregungen, fromme Pläne über das, was nun werden soll: τὸ θέλειν τὸ καλὸν παράκειται αὐτῷ, aber τὸ κατεργάζεσθαι τὸ καλὸν οὐχ εὑρίσκει. Κατεργάζεσθαι heisst nicht zu Stande bringen, sondern bearbeiten, mit der Verwirklichung, Anfertigung eines Objects sich beschäftigen. Was der suchende Blick nicht findet, ist die Arbeit am Guten, die Verwirklichung desselben, die Praxis.

v. 19. Statt der Arbeit am Guten, was der ἐγώ eigentlich
will, findet er sich mit einer andern Arbeit beschäftigt. Er will sie
nicht thun, doch ist er das Werkzeug, dadurch die Arbeit zur Ausführung gelangt. Was er nicht will, Böses — das richtet er aus.
v. 20. Schluss aus vv. 18. 19. Der Beweis ist erbracht. Ἐγώ
ist allerdings der ποιῶν (vorher in v. 19 πράσσων ausführend, zu
Stande bringend); er macht's. Aber der eigentliche Werkmeister,
der das κακόν in's Werk Setzende (κατεργαζομένη) ist ἡ οἰκοῦσα ἐν
αὐτῷ ἁμαρτία. Werkmeister und Werkzeug sind zu unterscheiden.

Nicht unwichtig ist in Betreff des Textes, dass die Recepta
liest: ὃ οὐ θέλω ἐγώ, Tschd. aber ursprünglich auf Grund der
Codd. B. bis G., einiger Minuskeln und mehrerer Väter das ἐγώ
gestrichen hatte, wie bereits Lachmann vor ihm gethan. Die Weglassung wurde gebilligt von Fritzsche und von M, letzterer namentlich fand es nach dem Sinne und der Analogie von vv. 15. 19
ungehörig, bemerkte ausserdem, dass, wenn ἐγώ ursprünglich wäre,
es die Emphase des Gegensatzes haben müsste, was nicht der Fall
sei. G vertheidigt ἐγώ, „es steht in einem sittlichen Verhältniss
zu dem folgenden ἐγώ. „Was ich nicht will, ich, das thue in
Wahrheit nicht ich." Die vermisste Emphase hat G nun freilich
hineingetragen; aber schwerlich wird sie in dieser Gestalt als Paulinisch anerkannt werden.

Wider Erwarten finde ich in der Tschend.-Gebh. Ausgabe des
N. T., dass trotz des Widerspruchs der berühmten Englischen Kritiker
Tregellis, Westcoti-Hort das ἐγώ in den Text wieder aufgenommen
ist. Allerdings stimmen zwei der wichtigsten Zeugen dafür, nämlich
die Codd. Sinait. und Alexandr., doch dürfte kaum das urkundliche Zeugniss allein die Restitution bewirkt haben. Ich vermuthe,
dass innere Gründe dafür maassgebend gewesen sind. M hätte
schwerlich das οὐ θέλω nach Analogie von vv. 15. 19 beurtheilt
wissen wollen, wenn er das nominale ἐγώ, das Persönlichkeitsprincip von dem pronominalen, in der Verbalendung mit enthaltenen
Ich unterschieden hätte. Es geht ja schliesslich alles Thun auf das
Ich zurück, mag das Ich dabei als einfacher Hebel der ihm untergeordneten Kräfte, oder nach seinem eigenthümlichen, von den anderweiten Kräften des Menschen unterschiedenen Wesen aufgefasst
werden. Wo es nun nicht darauf ankommt, diesen Unterschied hervorzuheben, im Uebrigen auch sonst ein rhetorischer Gegensatz
gegen irgend welches Nicht-Ich nicht vorhanden ist, da genügt
einfach die Verbalendung. In v. 20 aber ist eine Hervorhebung des
Ich mit seinem Nichtwollen absolut nothwendig, um die Thäter-
schaft, bez. die Verantwortlichkeit eben dieses Ich abzulehnen. Wenn
diese Diremtion in die Rede nicht eingriffe, da würde v. 20 ebenso
lauten müssen, wie die vv. 15. 19: ὃ οὐ θέλω κακόν, τοῦτο
πράσσω, ὅτι σάρκινός εἰμι.

vv. 21—23. Chrysosth. nennt diese Stelle ἀσαφὲς εἰρημένον.
Unter den mancherlei Erklärungen der Neuzeit ist keine frei von

Bedenken. Rückert giebt daher die Deutung ganz auf und will durch Conjectur nachhelfen: τὸν νόμον sei zu tilgen. Schon vor ihm wollte Hemsterhuis τὸ καλὸν streichen, und Knapp für τὸ καλὸν setzen τὸν καλόν. Doch sprechen die ältesten Codd. für den recipirten Text.

Ich halte mich zunächst an die Erklärungsversuche von *H* und *M*.

H nimmt ὅτι ἐμοὶ τὸ κακὸν παράκειται als Causalsatz, τὸ καλὸν als Prädicat zu τὸν νόμον und bringt folgenden Sinn heraus: „ich finde, dass das Gesetz mir, der ich es thun will, das Gute ist, weil mir das Böse nahe liegt, oder: dass mir immer nahe liegt, das Böse zu thun, lässt mich erkennen, dass das Gesetz mir, der ich es thun will, das Gute ist".

Trotz der dialectischen Gewandtheit, womit *H* seine Auffassung plausibel zu machen sucht, muss ich doch, abgesehen von allem andern, meine Zustimmung um desswillen ablehnen, weil ich dieselbe mit dem Gedankengange des Apostels, falls derselbe sonst correct geschrieben hat, nicht zu vereinigen weiss. Vorausgesetzt, dass unter ὁ νόμος das Mosaische Gesetz zu verstehen ist, so hat Paulus in den vv. 12—14 genugsam ausgeführt, dass das Gesetz ἅγιος, καλός, πνευματικὸς ist. Von v. 15—20 wird lediglich der Nachweis erbracht, dass er oder, was dasselbe ist, der natürliche Mensch, σάρκινος ist, πεπραμένος ὑπὸ τὴν ἁμαρτίαν. Das Stärkste, was der Apostel in diesem Betracht sagen konnte, ist in v. 13 gesagt, dass die Sünde durch das an und für sich Gute (nämlich durch das Gesetz) ihm den Tod gebracht habe. Und nun, nachdem das Todeselend, wie es schon jetzt in dem natürlichen Menschen sich zeigt, auf ergreifende Weise dargelegt ist, noch einmal die Versicherung: er habe gefunden, dass, weil er sündige, das Gesetz τὸ καλὸν sei? Vielleicht wäre die Absicht gewesen, mit v. 21 von der Jammergeschichte auf das Thema v. 12. 13 zurückzugreifen. Darum Wiederholung und Anknüpfung. Das ist jedoch durchaus nicht der Fall. Er fährt in den vv. 22. 23 ruhig mit seiner tragischen Darstellung der innern Vorgänge fort, um dann erst wieder 8, 3 auf das Mosaische Gesetz zurückzukommen, sofern es nicht habe ausrichten können, was der νόμος τοῦ πνεύματος τῆς ζωῆς ausgerichtet hat.

Soviel, was den Context betrifft. Was nun Einzelnes anlangt, so weiss ich wohl, dass der Apostel den νόμος ἅγιος und die ἐντολὴ ἀγαθὴ genannt hat, aber ich finde nicht, dass der Apostel jemals den νόμος τὸ καλὸν genannt hätte. Das Prädicat ἀγαθός, καλὸς im absoluten Sinne kommt nur Gotte zu. Wollte man sich darauf berufen, dass Paulus v. 13 das Gesetz τὸ ἀγαθὸν genannt hat, so wolle man bedenken, dass der Artikel v. 13 das ἀγαθὸν nicht verabsolutirt, sondern auf ἐντολὴ ἀγαθὴ in v. 12 zurückgreift. Der Apostel nimmt aus dieser Aussage nur den allgemeinen Gedanken: ὁ νόμος ἀγαθόν ἐστιν. das Gesetz ist etwas

Gutes, oder ein Gut. In diesem relativen Sinne wird ἀγαϑὸν v. 13 durch den Artikel wieder aufgenommen und fortgeführt. Zwischen ὁ νόμος καλὸς oder ἀγαϑός ἐστι (wofür unter Umständen auch καλόν oder ἀγαϑόν ἐστι hätte gesetzt werden können) und zwischen ὁ νόμος ἐστι τὸ καλόν: das Gesetz ist der Inbegriff des sittlich Guten, das absolut Gute, ist denn doch ein grosser Unterschied.

Endlich ist nach *II* bei ποιεῖν aus dem Vorangegangenen νόμος zu wiederholen; νόμον ποιεῖν ist aber, wie ich bereits zu 2, 14 nachgewiesen habe, etwas ganz anderes, als ποιεῖν τὸ ἀγαϑὸν oder τὸ καλόν.

Aus diesen Gründen ist *II*s Erklärung als eine Verirrung philologisch-dialectischen Scharfsinns unbedingt zurückzuweisen.

Ich gehe nun zu der *M*schen Erklärung über. *M* nimmt ὅτι gleichfalls als Causalpartikel, versteht τὸν νόμον vom Mosaischen Gesetz, glaubt aber an der *H*schen Erkärung bemängeln zu sollen, dass τὸ καλὸν als Prädicat zu εὑρίσκω τ. νόμ. aufgefasst wird. *M* bringt nun folgenden Sinn heraus: ich finde also das Gesetz für mich, sofern ich gewillt bin, das Gute zu thun, weil mir das Böse vorliegt". Diese Auslegung bedarf freilich der Uebertragung in verständliches Deutsch. *M* giebt sie, indem er folgendermaassen paraphrasirt: ich finde also, dass das Gesetz, sofern ich den Willen habe, das Gute zu thun, für mich bestimmt ist, weil mir (meiner Persönlichkeit an sich, abgesehen von jenem bessern Willen) das Böse daliegt. Dieser Umstand macht jenes Verhältniss evident: denn, wenn meiner Person an sich das Böse vorliegt, so kann nur hinsichtlich jenes bessern Willens das Gesetz für mich bestimmt sein, um diesem sittlichen Willen, dem bösen Triebe gegenüber zur Norm zu dienen". Ich finde nicht, dass die Auslegung durch diese Auslassung verständlicher geworden ist. Von der Person an sich ist v. 21 überall nicht die Rede. Will man diesen terminus durchaus in die Paulinische Anthropologie hineintragen, so würde etwa der ἔσω ἄνϑρωπ. v. 22 oder der αὐτὸς ἐγὼ so aufzufassen sein. In v. 21 sind beide: der ϑέλων, und der, welchem das Böse vorliegt, ungeschieden in dem ἐμοὶ enthalten. Erst die weitere Explication in den nachfolgenden Versen führt zur Unterscheidung. Wollte man sich aber die Anticipation *M*s gefallen lassen, so ist nicht zu übersehen, dass diese Person an sich an dem Gesetze Gottes eben ihr ganzes Wohlgefallen hat; das positive Gesetz müsste also die Bestimmung haben, der praktischen Bethätigung dieses Wohlgefallens zur Unterstützung, mindestens zur Orientirung zu dienen und zwar um desswillen, weil τὸ κακὸν παράκειται. Damit würde Paulus denn doch wesentlich etwas Anderes lehren, als den tertius usus legis; er würde da von einem Versuche Gottes reden, dem ϑέλειν des ἔσω ἄνϑρωπος aufzuhelfen, um bald darauf 8, 3 zu bezeugen, dass Gott ein ἀδύνατον unternommen habe.

Und dann soll εὑρίσκω τὸν νόμον — ἐμοὶ heissen: ich finde, dass das Gesetz für mich bestimmt ist? Dass εὑρίσκειν τινί τι

heissen kann: an Jemand etwas finden, weiss ich, und *M* hat es
nicht daran fehlen lassen, Belegstellen anzuführen. Aber das ist
denn doch ein Unterschied, an Jemandem etwas finden, und finden,
dass dieser oder jener für etwas bestimmt sei.

Schliesslich wiederhole ich in Betreff des Contextes dieselben
Bedenken, welche ich vorhin gegen *H*s Auslegung geltend gemacht habe.

Von den neuesten Erklärern wende ich mich nun zu Knapp,
Tholuck, Klee, Fritzsche, *G*, welche τὸν νόμον gleichfalls vom Mosaischen Gesetze verstehen, τὸ καλὸν als Apposition zu τὸν νόμον
und ὅτι — παράκ. als Objectivsatz (abh. v. εὑρίσκω) auffassen.
Der Sinn ist: „ich finde also an mir, der ich das Gesetz zu thun
gewillt bin, nämlich das Gute, dass mir das Böse vorliegt". *M* hat
dagegen einzuwenden, dass es dem Contexte v. 15—20 nicht entsprechend sei, ποιεῖν von τὸ καλὸν zu trennen, ferner dass die
Apposition dem accentvoll vorangestellten τὸν νόμον nachschleppt.
Das wäre freilich kein durchschlagendes Bedenken. Was mich betrifft, so verstehe ich überhaupt nicht, zu welchem Zwecke der
Apostel, der dem νόμος in den vv. 12—14 alles Gute nachgesagt
hatte, hier noch einmal erklärend als Inhalt des νόμος τὸ καλὸν
hinzufügen zu müssen glaubt; wem soll doch damit gedient sein?
Schwerlich wird ein Christ zu νόμος hinzudenken τὸ κακὸν oder
etwas dem Aehnliches. Mein Hauptbedenken gegen diese Erklärung bleibt, dass dann νόμον ποιεῖν etwa in dem Sinne von καλὸν
ποιεῖν oder τὰς ἐντολὰς τοῦ νόμου ποιεῖν müsste genommen
werden, was, wie ich zu Cap. 2 nachgewiesen habe, dem Paulinischen
Sprachgebrauch entgegen ist.

So bliebe denn nur noch die von *M* unter Nr. 1 angeführte
Auslegung übrig, der im Wesentlichen die Reformatoren und eine stattliche Anzahl neuerer Exegeten, wie de Wette, B. Crusius, Winer, Philippi und neuerdings auch *W* gefolgt sind. Diese haben τὸν νόμον als
allgemeine Norm, Regel u. dergl. gefasst und den Sinn der Stelle
folgendermaassen wiedergegeben: „ich finde also an mir, der ich gewillt bin, das Gute zu thun, das Gesetz, dass mir das Böse vorliegt."
„Entscheidend dagegen ist", sagt *M*, „dass ὁ νόμος nach dem ganzen
Contexte nichts anderes, als das Mosaische Gesetz sein kann, da
eine, diese solenne Sinnbeziehung abändernde Bestimmung nicht dabei steht, sondern erst in v. 23 mit ἕτερον νόμον eintritt, sodann,
dass ὅτι ἐμοὶ τὸ κακὸν παράκειται kein Verhältniss ist, welches
dem Begriffe nach als ein νόμος sich darstellt, sondern etwas Empirisches, eine Erscheinung."

Dem entgegen habe ich zu sagen, dass mir diese angeblich solenne Sinnbeziehung des νόμος in dem ganzen bisherigen Contexte
des 7. Cap. auf das Mosaische Gesetz eine exegetische Bannformel
ist, der ich mich um so weniger fügen kann, als gerade der nächste
Context eine Beziehung des νόμος in v. 21 auf das Mosaische Gesetz unmöglich erscheinen lässt. *H* und *M* haben sie dadurch

möglich zu machen versucht, dass sie τὸν νόμον mit einem Prädicat versahen, *II* mit τὸ καλόν; *III* mit dem eigenthümlich gedeuteten ἐμοί, so dass τὸν νόμον mit ἐμοὶ zusammen gewissermaassen einen abgekürzten Objectivsatz vertritt: „ich finde, dass das Gesetz für mich τὸ καλὸν ist oder dass das Gesetz für mich (ἐμοί) bestimmt ist". Oder noch besser: sie legen aus, als stände dort: „ich finde also an dem Gesetze für mich das sittlich Gute oder dessen Bestimmung für mich!" Nachdem ich ausführlich nachgewiesen habe, dass diese Auffassung weder vor dem Paulinischen Lehrbegriff, noch vor Lexicon und Grammatik Stich hält, so bleibt eben nur übrig, unter τὸν νόμον etwas zu verstehen, was Paulus nach allseitiger Erwägung der vv. 15—20 angeführten psychologischen Thatsachen (ἄρα) findet, oder anders geredet, aus ihnen als immer wiederkehrende Erscheinungsform, als Regel, als Gesetz erschliesst. Dass dies nicht das Mosaische Gesetz sein kann, braucht nicht erst gesagt zu werden.

Will man einwenden: Paulus hätte, wenn er mit νόμος, abweichend von der bisherigen Bedeutung des Worts, ein Princip seiner innern Erlebnisse, eine allgemeine Regel hätte bezeichnen wollen, dies doch, wie etwa v. 23 durch ἕτερος νόμος, andeuten müssen, so frage ich, wozu eine besondre Andeutung, wenn keine Missverständnisse möglich sind. Ist das gewiss, dass εὑρίσκω ἄρα τὸν νόμον nicht von einem positiven Gesetz, sondern nur von dem Gesetze, das Paulus eben in seinem inneren Leben entdeckt hat, gesagt werden kann, so ist der Sinn von ὁ νόμος auch ohne erklärenden Zusatz keinem Zweifel mehr unterworfen.

Ich möchte aber zum Ueberfluss darauf aufmerksam machen, dass, wenn der Apostel v. 21 einfach von einem νόμος schreibt, dagegen einen Vers weiter v. 22 von einem νόμος τοῦ θεοῦ, der hinzugefügte Genit. θεοῦ kaum anders zu erklären ist, als durch die Absicht des Apostels, den Leser darüber nicht in Zweifel zu lassen, dass er vorher ein andres Gesetz, als den νόμος τ. θ. gemeint habe. Man braucht also nur einen Vers weiter zu lesen, um durch die apostolische Unterscheidung selbst zum richtigen Verständniss des νόμος v. 21 zu gelangen. Dieselbe Absicht leitet den Apostel v. 23, vergl. mit v. 25. Dort νόμος τοῦ νοός μου, νόμος τῆς ἁμαρτίας, hier v. 25, um jedes Missverständniss fern zu halten, νόμος θεοῦ.

Ist es also mit der „solennen Sinnbeziehung des νόμος auf das Mosaische Gesetz", soweit der 21. Vers in Rede steht, nichts, so noch viel weniger mit der Einrede: es bezeichne das ὅτι ἐμοὶ τὸ κακὸν παράκειται kein Verhältniss, welches dem Begriffe nach als νόμος sich darstelle, sondern etwas Empirisches, eine Erscheinung. Das ist einfach nicht wahr. Der Satz hat zu seiner Voraussetzung nicht eine empirische Erscheinung, sondern ist aus den von vv. 15—20 berichteten Thatsachen, also aus einer ganzen Reihe von empirischen Erscheinungen des Seelenlebens geschöpft zum Er-

weise der v. 14 ausgesprochenen Versicherung: ἐγὼ δὲ σάρκινός
εἰμι κ. τ. λ. — Alle diese Thatsachen haben etwas Constantes
an sich; das gerade ist der Fortschritt in der Paulinischen Argumentation und erledigt die nach der frühern Auslegungsweise her-
vorgetretenen Bedenken gegen den Pragmatismus des Contextes, dass
der Apostel alle diese traurigen Erscheinungen und Widersprüche
nicht als augenblickliche Störungen des an und für sich gesunden
Seelenlebens darstellen will, sondern als Thatsachen, denen ein constantes Princip, ein νόμος zu Grunde liegt. Was M in dem
Sätzlein mit ὅτι vermisst, das Allgemein-Gültige, ist eben im
vorangegangenen νόμος ausgedrückt. Seine unrichtige Auffassung
des νόμος hat das zweite kritische Bedenken zur nothwendigen
Folge gehabt.

Παράκειται. Das Wort kommt im N. T. nur noch v. 18
vor: τὸ θέλειν παράκειταί μοι. Man ist dem Worte doch nicht
dadurch gerecht geworden, dass man es, wie bisher meist geschehen,
in der abgeschliffenen Bedeutung des Vorhandenseins, Daseins
genommen hat. Besser ist die Uebersetzung: vorliegt, sie tritt
dem παράκειται etymologisch näher, doch muss dann etwas mehr
darunter verstanden werden, als das blosse Dasein, die blosse
Existenz des Bösen. Κεῖσθαι, sowie die Composita von κεῖσθαι
haben stets den Begriff des Beharrlichen, Constanten. Man
vergl. 1 Tim. 1, 9: δικαίῳ νόμος οὐ κεῖται. Wie der Apostel
nun bereits das θέλειν ἀγαθὸν v. 18 als ein constantes in sich
vorgefunden, so sagt er v. 21, dass das κακὸν als ein constantes
in ihm sei: das κακὸν liegt nicht bloss vor, ist nicht bloss vorhanden, sondern es hat bei ihm, neben ihm, seinen Verbleib; es
liegt in ihm als ein Festes, Beharrliches, oder, wie wir in einem
andern Bilde zu sagen pflegen: es hängt ihm an. — Es würde nun
schon die Aussage: τὸ κακὸν ἐμοὶ παράκειται, sofern damit nicht
ein momentanes Geschehniss, sondern eine allgemeine, constante
Thatsache gemeint ist, sehr wohl als Erfahrungssatz also als
νόμος bezeichnet werden können. Man wolle jedoch nicht übersehen, dass das ἐμοὶ kurz vorher bestimmt ist als θέλοντι ποιεῖν
τὸ καλὸν und somit der ganze Attributivsatz seiner logischen Wirkung nach in den Objectivsatz mit eingeht. Es handelt sich hier
also wirklich nicht um ein singuläres Geschehen, sondern um ein
allgemeines Verhältniss zweier Constanten zueinander. Jedesmal,
wenn der ἐγὼ das Gute thun will, findet er das Böse neben sich.
Das ist der Grund, weshalb es mit dem Thun des Guten nicht vor-
wärts will. Wenn nun das Gesetz eine Aussage ist über Princip
und Methode constanter Erscheinungen, sowohl auf dem Gebiete des
Natur- wie des Seelenlebens, so ist gar nicht abzusehen, was den
Apostel hindern soll, dies Princip, bez. die Aussage über dasselbe
als νόμος zu bezeichnen. Der Artikel ist einfach deiktisch zu
nehmen; er weist auf den Objectivsatz hin.

Der Artikel bei τὸ καλὸν und τὸ κακὸν ist nicht verabsolu-

tirend, das heisst alle Momente des Adjectivbegriffs zur Einheit zu-
sammenfassend, sondern einfach individualisirend; er unterscheidet
τὸ καλὸν von τὸ κακόν. — Noch ist zu merken, dass τῷ ϑέ-
λοντι zu ἐμοὶ gehört und einfach um des Tones willen aus dem
Objectivsatz herausgenommen und vor ὅτι gestellt ist. Man vergl.
v. 13 das vorangestellte ἁμαρτία. — v. 21 zu übersetzen: „Ich finde
also das Gesetz, dass mir, der ich den **Willen** habe, Gutes zu thun,
das Böse anhängt".

v. 22. Συνήδομαι τῷ νόμῳ τ. ϑ. Dass ich etwas weiter
aushole, wird durch die Sache gerechtfertigt sein. Kein Kundiger
wird den Segen in Abrede stellen, welchen die im letzten Jahrzehnte
geübte philologische Gründlichkeit für die Auslegung des N. T. gehabt hat. Andrerseits ist leider wahrzunehmen, dass sich sehr bald
zu dem rechten Gebrauch der Missbrauch gesellt hat. Man weiss,
dass die grammatisch-historische Interpretation sich eines grossen
Ansehns erfreut, und bringt daher, zumal wenn es sich um Begründung einer eigenthümlichen Auffassung handelt, einen ansehnlichen
Apparat philologischer Gelehrsamkeit an den Markt, der dann auch
in der Regel die erwartete Wirkung thut und die Gegenrede verstummen macht. Wer jedoch diesen Apparat eingehender prüft, der
gelangt nicht selten zu der Ueberzeugung, dass derselbe mehr im-
ponirt, als begründet. In vielen Fällen sind die Citate unrichtig,
oder es besteht unter namhaften Philologen über Grammatisches und
Lexicographisches eine zur Zeit noch nicht ausgeglichene Differenz
der Meinungen, während doch der Ausleger mit grosser Zuversichtlichkeit sein Verfahren, als das allein philologisch gerechtfertigte anerkannt wissen will. Kommt dazu, dass auch die peinlichste Akribie
bei Feststellung der Wortbedeutungen und Structuren einen unzweifelhaft gewissen oder doch annehmbaren Sinn nicht darreichen will, so
ernüchtert sich sehr bald die Begeisterung für die absolute Genug-
samkeit der grammatisch-historischen Interpretation. Man erkennt,
dass die Philologie eine sehr gute, ja unentbehrliche Gehülfin des
Exegeten ist, aber dass sie allein zu dem rechten Verständniss
keineswegs verhilft.

Zu den vorstehenden Gedanken veranlasste mich die *M*sche Erklärung des συνήδομαι τῷ νόμῳ τοῦ ϑεοῦ in der vorliegenden
Stelle. Ich setze dieselbe wörtlich hieher: „Das Comp. συνήδομαι
ist weder zu vernachlässigen (so noch Rück. Reiche), noch als Verstärkung (so Köllner), noch als apud animum meum laetor (so
Fritzsche, B Crusius, de Wette, Tholuck, Philippi) zu nehmen, sondern: ich freue mich mit, wie dies einzig dem Sprachgebrauch
entspricht (Plat. Polit. 5. p. 462 E. Soph. Oedip. C. 1400. Sturz
Lexic. Xenoph. IV. p. 184. Reisig Enarr. in Soph. Oed. C. 1398;
auch in den von Fritzsche aus Eurip. angezogenen Stellen). Dabei
ist aber nicht an die mit Anderen getheilte Freude über das Gesetz zu denken, was hier dem Contexte fern liegt, sondern: ich freue
mich mit dem Gesetze Gottes, so dass dessen Freude (das Ge-

setz personificirt auch die meinige ist, nämlich über das sittlich
Gute, welches vom Gesetze und von mir gewollt wird v. 21. Richtig
Vulg.: condelector legi (nicht lege) Dei. Auch in συλλυποούμενος
Marc. 3, 5 ist συν— von der Gemeinschaft zu fassen. Als νόμος
θεοῦ wird das Mosaische Gesetz bezeichnet (Genit. auct.) im Gegensatz gegen den ἕτερος νόμος, welcher das Gott widerstrebende
Gesetz ist". So *M*. Dass συνήδομαι auch heisst: ich freue mich
mit, wird Niemand bezweifeln; jedes ausführliche Lexic. bringt dafür
eine ausreichende Zahl von Beweisstellen. Die von *M* beigebrachten
sind gerade nicht die treffendsten; auch merkt man bald, dass sie
ohne Prüfung zusammengerafft sind. Da wird Soph. Oed. C. 1400
citirt, dann Reisig Enarrat. in Soph. Oed. C. 1398. Nun aber ist
ein und dieselbe Stelle gemeint, und zwar steht diese Stelle in der
Reisigschen Ausgabe (Jena 1823) v. 1393. Ferner handelt Reisig
lediglich von συνήδεσθαι im Unterschiede von ἐφήδεσθαι, ob nämlich des Ammonius Angabe richtig sei, dass ersteres gebraucht werde
in ἀγαθοῖς τινος, während das zweite bedeutet: Schadenfreude haben.
    Auch in den von Fritzsche angezogenen Stellen aus Euripides
soll, wie *M* zuversichtlich behauptet, die einzig dem Sprachgebrauch
entsprechende Bedeutung statt haben: ich freue mich mit. Sehen
wir uns die Stellen an:
    Med. 136: οὐδὲ συνήδομαι, ὦ γύναι, ἄλγεσι δώματος.
    Hippolyt. 1286: Θησεῦ, τί τάλας τοῖσδε συνήδει;
    Rhes. 958: οὐ μὴν θανόντι γ' οὐδαμῶς συνήδομαι.
    Die Stelle aus der Medea glaubt nun Fritzsche so auffassen zu
sollen: neque una cum Medeae inimicis capio, mulier, ex hujus domus
malis, wiewohl in dem ganzen Zusammenhang von inimicis Medeae
keine Rede ist. Für die beiden letzten Stellen sieht jedoch auch
Fritzsche von der communicativen Beziehung ab und nimmt für
συνήδεσθαι eine bisher von den Lexicis noch nicht aufgenommene
Bedeutung an: intus, apud animum suum laetitiam ex re capere.
Diese Bedeutung soll denn auch in Röm. 7, 21 statt haben. — Ich
wüsste nun schlechterdings nicht, wie das ἥδεσθαι anders stattfinden soll, als intus, apud animum suum, namentlich in Röm. 7, 21,
wo an einen möglichen Gegensatz gegen laute Aeusserung der Freude
gar nicht gedacht werden kann. Die von Fritzsche vorgeschlagene
Bedeutung wird also der von Reiche und Rückert beliebten Auffassung ziemlich gleich kommen.
    Darin aber hat Fritzsche freilich recht, dass συνήδεσθαι in
den angeführten Euripideischen Stellen nicht heisst: sich mit freuen,
das Verb also nicht immer communicativ zu fassen ist.
    Noch auf schwächeren Füssen steht die *M*sche Behauptung:
auch bei συλλυπούμενος Marc. 3, 5 sei σύν von der Gemeinschaft zu fassen. Wer die Stelle ohne vorgefasste Meinung ansieht,
wird sich leicht überzeugen, dass im engeren und weiteren Context
sich Niemand findet, mit welchem gemeinschaftlich der Herr hätte
betrübt sein können.

Und doch soll die Bedeutung von συνήδομαι: ich freue mich mit, einzig dem Sprachgebrauch entsprechen! Doch es wäre möglich, dass diese Bedeutung, deren Ausschliesslichkeit, aber nicht deren Richtigkeit bestritten wird, gerade in der vorliegenden Stelle die einzig anwendbare wäre. Der Dativ τῷ νόμῳ giebt an sich zu dieser Annahme kein Recht. Instructiv für die Casusverbindung mit συνήδ. ist Soph. Oed. C. 1393: οὔτε ταῖς παρελθούσαις ὁδοῖς ξυνήδομαί σοι. Συνήδ. regiert zwei Dative; συνήδομαί σοι ist ohne Zweifel soviel, als ἥδομαι σύν σοι; aber nimmermehr wird sich der zweite Dativ so erklären lassen, weder drückt der sachliche Dativ durch Personification die sich Mitfreuenden aus, noch ist zu sagen, dass συνήδ. als Comp. diesen Dativ regiert; denn der Grieche sagt auch ἥδομαί τινι, ich freue mich über etwas. Wenn nun συνήδ. lediglich mit dem sachlichen Dativ verbunden vorkommt, wie in den angeführten Euripideischen Beispielen, so erhellt, dass, wenn ein persönliches Theilhaben an Freuden weder durch den Zusammenhang angedeutet, noch ausdrücklich genannt wird, das σύν — seine eigenthümliche Bedeutung, welche es auch sein mag, an den Verbalbegriff abgiebt oder mit anderen Worten, dass die Compos. mit σύν in gewissen Fällen den Verbalbegriff modificirt wiedergeben, eben um desswillen, weil σύν nicht auf einen persönlichen Dativ übergeht. Beiden Beziehungen, auf einen sachlichen und auf einen persönlichen Dativ sucht Kellner gerecht zu werden, indem er die Bedeutung von συνήδομαι so angiebt: 1) una laetor cum aliquo, 2) delector aliqua re, h. e. approbo eam, totus assentior. Die letztere Bedeutung ist freilich nicht nachgewiesen, sondern, wie es scheint, lediglich dem Text zu lieb angenommen. Den Verbalbegriff ἥδεσθαι findet Bretschneider in συνήδ. verschärft; Wahl in den beiden ersten Auflagen seines Lexicons ebenso, in der dritten Auflage, offenbar durch Fritzsche bestimmt: apud animum meum vel mecum delector. Rost.-Passow legt der Präpos. σύν in dem συνήδ. dieser Stelle nur verstärkende Bedeutung bei: ganz und gar seine Freude an etwas haben; sieht also in dem Dativ nur einen sachlichen. M dagegen lehnt ausdrücklich ab, das Comp. als Verstärkung zu nehmen. Ihm ist τῷ νόμῳ persönlicher Dativ: der Apostel freut sich mit dem Gesetze Gottes (personif.); des Gesetzes Freude am sittlich Guten ist auch die seinige. — Natürlich muss er nunmehr unter νόμος das Mosaische Gesetz verstehen, denn es bietet für eine Personification doch mehr objectiven Halt, als der νόμος τοῦ νοός v. 23. Auch kann nicht in Abrede gestellt werden, dass Paulus dem Mosaischen Gesetze, so zu sagen, Personalfunctionen zutheilt, wie das κατεργάζεσθαι ὀργήν, κρίνειν, κτείνειν. Aber freilich auch nur diese. Dass das Mosaische Gesetz sich über das sittlich Gute, oder sonst über irgend etwas freue, habe ich nirgends in der heiligen Schrift gelesen, glaube auch, dass es mit der Grundanschauung des Gesetzes als einer in steinernen Tafeln eingegrabenen Norm im hellen Widerspruch

steht, zumal die Freude in der Regel ein empfängliches, ja ein
weiches Herz verlangt. Wollten wir der Mschen Auslegung nachsehen, dass sie, ohne irgend wie die Nothwendigkeit darzuthun, τῷ
νόμῳ als persönlichen Dativ auffasst, so erweist sie sich als völlig
unhaltbar durch ihre Unvereinbarkeit mit der anderweiten Paulinischen Lehre.

Wir würden also zu der hergebrachten Auslegung zurück-
zukehren haben, nach welcher τῷ νόμῳ als sachlicher Dativ aufzufassen ist. Damit wird mir freilich die Pflicht auferlegt, meine
eigne Meinung über die Bedeutung von συνηδ. zu entwickeln, da ich
oben bereits erklärt habe, dass ich weder Fritzsche's Ansicht theile,
noch mit der Annahme einer blossen Verstärkung des Verbalbegriffs
ἥδεσθαι einverstanden bin.

Ich fasse das Ergebniss meiner Untersuchungen in den kurzen
Satz zusammen, dass die Verba compos. mit σύν die Präposition
jedesmal an den Dativ abgeben, wenn dieser eine Person ausdrückt;
wogegen σύν mit dem Verbalbegriff verschmilzt, demselben collective
Bedeutung beilegend, wenn das Comp. absolut steht oder mit einem
sachlichen Dativ, bez. mit einem andern Casus verbunden wird,
der nicht durch die Präposition σύν, sondern lediglich durch den
Verbalbegriff bestimmt ist.

So συλλογίζεσθαι: die λογισμοί zusammenfassen, zusammen-
rechnen, schliessen, folgern. Συλλέγειν zusammenlesen, sammeln.
Συμπληροῦν gewissermaassen zusammenfassen, was zum Voll-
machen gehört, erfüllen. Συμπίπτειν zusammenfallen, nieder-
stürzen. Συστέλλεσθαι gewissermaassen das στέλλεσθαι in
seinem ganzen Umfange erleiden, zusammengedrückt, gedemüthigt
werden. Die einzelnen Momente, durch welche der Verbalbegriff
sich vollzieht, werden zusammengefasst; das comp. drückt die zu-
sammenschliessende, abschliessende Wirkung aus. Συμπνίγεσθαι
erstickt werden, gewissermaassen der Abschluss der einzelnen Acte
des Drosselns (πνίγειν). So συνθλίβειν, συνθρύπτειν, das
θλίβειν, θρύπτειν in vollstem Maasse ausrichten.

Also nicht sowohl eine Verstärkung, als vielmehr eine Erfüllung
des Verbalbegriffs, ein Abschluss desselben durch Zusammenfassung
aller seiner Momente wird durch die Präposition σύν ausgedrückt.

Demzufolge heisst συλλυπούμενος Marc. 3, 5 nicht betrübt
mit andern, sondern es heisst: betrübt in vollstem Maasse (also in
Zusammenfassung aller Momente der Traurigkeit; tief betrübt.

Συνήδεσθαί τινι (sachl. Dat.) aber wird heissen: die edelste,
reinste Freude empfinden oder wie wir sagen, seine ganze Freude
haben an etwas. Insofern trifft meine Auffassung mit Kellner's
totus delector oder assentior, wenn auch von einer ganz andern
Seite herkommend, zusammen. — Der Apostel begründet das in v. 21
mit Emphase vorangestellte θέλειν. Willigkeit und Freudigkeit liegen stets nahe zusammen: „Er will das Gute thun, denn er
hat seine ganze Freude an Gottes Gesetz".

v. 22. 23. Fassen wir nunmehr in's Auge, was der Apostel mit diesen Versen bezweckt, so ist offenbar dies seine Absicht, den νόμος, den er 21 als Resultat seiner Erfahrungen hingestellt hat, den Satz des Widerspruchs und Widerstreits zu expliciren.

.Er constatirt also zuerst sein Wohlgefallen an Gottes Gesetz. Man wolle nicht unbeachtet lassen, dass das συνήδεσθαι erst dadurch zu Stande kommt, dass das Ich in Beziehung tritt zu dem νόμος τοῦ θεοῦ d. i. zu dem positiven Gesetz, dass also das συνήδ. dem Menschen in keinerlei Weise angeboren ist. Immerhin aber wäre das συνήδ. unmöglich, wenn der natürliche Mensch nicht ein Organ hätte für Gott und Göttliches, und dieses die Eindrücke der Gottesoffenbarung, wenn sie ihm entgegentritt, als Erfüllung und Befriedigung eines angebornen Bedürfnisses empfände. Was von diesem Organ empfangen und empfunden ist, das wird sofort dem ἐγώ mitgetheilt. Als die Stätte des Empfängnisses aller Gottesoffenbarung wird von dem Apostel der ἔσω ἄνθρωπος bezeichnet, ein Ausdruck, der mit gleicher Bedeutung sich nur noch Eph. 3, 16 findet, und das ganze Gebiet der geistigen Kräfte, im Gegensatz zu σῶμα bezeichnet. Das alle geistigen Kräfte zusammenfassende Hauptvermögen des Menschen heisst πνεῦμα; die vornehmste Kraft desselben νοῦς, beide in Betreff des Umfangs ihrer Functionen verschieden, dennoch gleicher Art, sofern auch das Erkenntnissvermögen im Dienste des Absoluten arbeitet, und wenn es auf seinem Wege nicht durch die Sünde gehindert wird, schliesslich stets bei dem Absoluten, d. i. bei dem persönlichen, lebendigen Gotte ankommt.

Nun ist ja richtig, dass der Sünder sein ἐγώ und damit auch sein πνεῦμα mit dem ganzen Gebiet seiner untergebenen Kräfte von Gott abgewendet hat. Damit aber war nicht eine Veränderung des creatürlichen Wesens im Menschen, sondern eine Veränderung seiner Stellung zu Gott und zu der Welt gegeben, eine Verkehrung des Herrn in den Knecht und des Knechts in den Herrn. Eben darin besteht das Verderben der Sünde. Das πνεῦμα ist in seiner Art geblieben, das Vermögen für Gott zu sein und am Göttlichen Freude zu haben; allein nur durch die vorlaufende Gnade konnte es einzelne Strahlen des Göttlichen in sich aufnehmen, denn es war durch das ἐγώ von Gott abgewendet. In diesem Betracht war denn auch die Gottesoffenbarung mittelst des Gesetzes ein Gnadenwerk, und wenn der inwendige Mensch daran Wohlgefallen hatte, so war das Zeugniss und Beweis, dass die Sünde wenigstens nicht die Wirkung gehabt hatte, die natürlichen Kräfte des Menschen in ihr Gegentheil umzuwandeln. Aber kaum hatte der ἐγώ einen wohlthuenden und zum θέλειν anregenden Eindruck empfangen, so tritt die Alles beherrschende Sünde in voller Waffenrüstung dem νόμος τοῦ νοὸς gegenüber.

v. 23. So stehen nunmehr zwei Gegner, der ἕτερος νόμος und der νόμος τοῦ νοὸς wider einander auf dem Plane. Fassen wir beide etwas genauer in's Auge. Der ἕτερος νόμος ist durch

29*

ἕτερος als verschieden von dem νόμος θεοῦ markirt. Seine Art wird dadurch genau bestimmt, dass er wider den νόμος τοῦ νοὸς zu Felde zieht, ihm also feindlich gesinnt ist. Hätte man unter dem ἕτερος νόμος etwa die Sinnlichkeit, unter dem νόμος τοῦ νοὸς das Vernunftgesetz zu verstehen? So wollen die Rationalisten. Das hiesse jedoch, den Apostel arg missverstehen. Ἕτερος νόμος ist nicht die dem Organismus des äussern Menschen anerschaffne und darum constante Beziehung der Sinne zu der Aussenwelt, sondern die nicht von Gott geschaffene, den Organismus des äussern Menschen (ἐν τοῖς μέλεσι) beherrschende, dem Gesetze Gottes feindselige Potenz. Der ἕτερος νόμος normirt das Leben des Menschen nicht nach dem Willen Gottes, sondern nach dem Willen des Fleisches. Der νόμος τοῦ νοὸς ist die dem innern Menschen einwohnende und in demselben stetig sich bethätigende Richtung, nach dem letzten Grunde des geschaffenen Wesens zu fragen, und die durch das πνεῦμα übermittelte Gotteserkenntniss, wie wenig zureichend sie auch sein mag, als Directive für das Verhältniss des Menschen zur Creatur geltend zu machen. Kurz: für den ἕτερος νόμ. ist die Sünde, für den νόμος τοῦ νοὸς die aliquote Gotteserkenntniss maassgebend. Wie schon erwähnt, ist diese Erkenntniss nicht aus dem eignen Wesen geschöpft, sondern durch das πνεῦμα, das Organ für alle Gottesoffenbarung, übermittelt.

So sind es denn diese beiden: das Wollen des Guten nach Gottes Gesetz, und das Widerstreben des Bösen — oder mit andern Worten: das Ringen beider nach Herrschaft, welche den innern Widerspruch des natürlichen Menschen constituiren. Und das Ende dieses Drama's: der Apostel lässt uns darüber nicht in Zweifel. Das θέλειν ist ein ohnmächtiges Wollen. Alle Gründe, die ganze Heeresmacht der natürlichen Logik, welche der νοῦς in's Gefecht führt, um dem Willen des Guten die Oberherrschaft zu erringen, werden von dem ἕτερος νόμος d. i. von der Sündenlust zurückgeschlagen. Der νοῦς mit seinem νόμος kann nicht verhüten, dass sein Herr und Gebieter, der ἐγὼ in die Gefangenschaft der Sünde, und was damit unzertrennlich zusammenhängt, unter das Gesetz der Sünde geräth. — Das ist der gewöhnliche Ausgang eines Kampfes, den der natürliche Mensch auf eigne Hand, also ohne die Gnade, mit der Sünde zu streiten wagt.

Wer wäre jemals mit seiner innern Geschichte bekannt geworden und hätte nicht erfahren, wie furchtbar wahr der Apostel redet. So lange der Mensch ohne seinen Herrn dahingeht, tritt jedesmal, wenn auch unter den gleissendsten Vorwänden und Verhüllungen sein Wollen in den Dienst der Sünde. Wieviel kostbares Gut der natürlichen Vernunft, wieviel Ueberredungskünste, wieviel Sentimentalität, wieviel Verführung und Witz ist nicht aufgeboten worden, die Sünde zur ersten und einzigen Grossmacht auf Erden zu erheben! Wie es auch anders scheinen mag — gefangen unter das Gesetz der Sünde — das tritt dem erleuchteten Auge des Geistes auch bei den

begabtesten Menschen entgegen, wenn sie weiter nichts haben, als
sich selbst.

v. 24. Mit Recht bemerkt G, dass $\tau\alpha\lambda\alpha i\pi\omega\varrho o\varsigma$ nicht auf die
Schuld, sondern auf das Unglück (Schicksal, wie die Leute sagen)
des $\dot{\epsilon}\gamma\dot{\omega}$ zurückzuführen ist. Ferner stimmt G mit M überein, dass
$\tau o\acute{v}\tau o\upsilon$ am Ende des Verses zu $\vartheta\alpha\nu\acute{\alpha}\tau o\upsilon$ gehört. „Der Seufzer
nach Erlösung rührt nicht daher, dass der Leib dieser irdische
Leib ist, sondern daher, dass der Leib das Werkzeug dieses Todes-
zustandes ist, in welchen sich die Seele gestürzt sieht.‟ $\Sigma\tilde{\omega}\mu\alpha$
$\tau o\tilde{\upsilon} \vartheta\alpha\nu\acute{\alpha}\tau o\upsilon$ soll so gefasst werden, wie 6, 6 $\sigma\tilde{\omega}\mu\alpha \tau\tilde{\eta}\varsigma \dot{\alpha}\mu\alpha\varrho$-
$\tau i\alpha\varsigma$. „Es ist der Leib, sofern er das vorzügliche Werkzeug ist,
dessen sich die Sünde bedient, um die Seele sich zu unterwerfen
und in den geistlichen Tod, in die Entfremdung von Gott, in das
Sündenleben zu stürzen.‟ Sehr verfehlt! Erst, wenn die Seele unter-
worfen und der $\dot{\epsilon}\gamma\dot{\omega}$ in die Sclaverei der Sünde gerathen ist (v. 23),
kommt das $\sigma\tilde{\omega}\mu\alpha \tau. \vartheta. \tau.$ zu Stande.

G hat ferner übersehen, dass nicht vom $\vartheta\acute{\alpha}\nu\alpha\tau o\varsigma$ schlechtweg
die Rede ist, sondern von einem absonderlichen Tode ($\tau o\acute{v}\tau o\upsilon$).
Dieser Tod entsteht dadurch, dass der $\nu\acute{o}\mu o\varsigma \tau o\tilde{\upsilon} \nu o\grave{o}\varsigma$ geschlagen
und der gesammte Mensch in die Knechtschaft des Gesetzes der
Sünde geführt wird. So hat denn in der That der $\dot{\epsilon}\gamma\dot{\omega}$ aufgehört,
etwas für sich zu sein, mit ihm ist selbst der $\nu o\tilde{\upsilon}\varsigma$ ein Knecht des
Gebieters geworden, der in den Gliedern regiert; $\dot{\epsilon}\gamma\dot{\omega}$ sammt den
Geistes- und Seelenkräften sind den Gliedmaassen des Leibes
gleich geworden, die unweigerlich den Willen der herrsche. den
Macht vollziehen, und diese Macht ist der Tod; der Organismus
der Werkzeuge aber, durch welche der Herrscher seine Macht
äussert, heisst eben der Leib. Somit bezeichnet der Apostel den
ganzen Menschen in geistvoller Weise als das alle Kräfte zusammenfassende Herrschaftsgebiet des Todes, als den Gliedercomplex, dessen
König der Tod ist. $\Sigma\tilde{\omega}\mu\alpha$ ist also nicht massa peccati oder per-
ditionis, auch nicht, wie M will, der Leib als Sitz der Sünde.
Er ist nicht bloss Sitz einer feindseligen Macht, sondern das Ge-
fängniss des $\dot{\epsilon}\gamma\dot{\omega}$ und aller seiner geschlagenen Seelenkräfte.

$To\acute{v}\tau o\upsilon$ ist mit Olsh., Philippi, H zu $\sigma\acute{\omega}\mu\alpha\tau o\varsigma$ zu ziehen
(gegen M). Dem Tode unterworfen ist schliesslich jeder Leib,
s. Cap. 6, 12 und 8, 11 die $\vartheta\nu\eta\tau\grave{\alpha} \sigma\acute{\omega}\mu\alpha\tau\alpha$. Dieser Leib aber,
von dem der Apostel redet, ist nicht der eine Wesensbestandtheil
des Menschen neben $\nu o\tilde{\upsilon}\varsigma$ oder $\pi\nu\epsilon\tilde{\upsilon}\mu\alpha$, sondern ein absonderlicher Leib, der den $\dot{\epsilon}\gamma\dot{\omega}$ und mit ihm den $\nu o\tilde{\upsilon}\varsigma$ ($\pi\nu\epsilon\tilde{\upsilon}\mu\alpha$) gefangen hält und in seinen Dienst verwendet, so dass in der That
der Mensch nach seiner Gesammterscheinung sich darstellt als ein
einiges vom Tode beherrschtes $\sigma\tilde{\omega}\mu\alpha$ — eine wunderliche, unnatürliche Erweiterung des somatischen Gebiets, die vom Apostel mit
Recht als $\tau o\tilde{\upsilon}\tau o \tau\grave{o} \sigma\tilde{\omega}\mu\alpha \vartheta\alpha\nu\acute{\alpha}\tau o\upsilon$ bezeichnet wird.

v. 25. G für die Lesart $\epsilon\dot{\upsilon}\chi\alpha\varrho\iota\sigma\tau\tilde{\omega} \tau\tilde{\omega} \vartheta\epsilon\tilde{\omega}$. Mit Recht,
da sie nicht bloss durch innere Gründe, sondern auch durch die ge-

wichtigen Codd. א u. A. gestützt wird. Die Lesarten ἡ χάρις τοῦ ϑεοῦ (F. G.) und χάρις τῷ ϑεῷ (B. Orig. Dafür schon Griessbach, in den Text aufgenommen von Lachmann, Tischend.) sind sicherlich exegetischen Ursprungs. Διὰ Ἰησ. Χριστοῦ. Nach G nicht, weil Christus die Danksagung bei Gott vermittelt, sondern weil er das Object der Danksagung durch sein Erlösungswerk herbeigeführt hat. Nach meiner Meinung: weder das eine, noch das andere für sich allein, sondern beides zusammen.

Ἄρα οὖν beginnt nun eine Aussage, deren Inhalt trotz der Zuversicht, mit welcher G seine Deutung vorlegt, noch immer räthselhaft ist. Ob die Aussage den recapitulirenden Schluss zu dem ersten Abschnitt der inneren Geschichte des ἐγώ giebt oder ob sie den zweiten Abschnitt: die Geschichte des Wiedergebornen einleitet, das ist die Frage. Von den Neuern sind Olshausen, Schott, H für die zweite, dagegen M, G entschieden für die erste Annahme. Ich wende mich zunächst zu G. Dieser hält, wie gesagt, dafür, dass v. 25b die Zusammenfassung des ganzen Inhalts der vv. 14—23 bilde. Er legt sich die Sache so zurecht: „nach meiner Ansicht hat das ἄρα οὖν den doppelten Zweck, den unterbrochenen Faden wieder aufzunehmen und darauf hinzuweisen, dass hier ein Schluss vorliegt (οὖν)". Also ἄρα recapitulirt, οὖν concludirt; beides, Recapitulation und Conclusion in ἄρα οὖν verbunden. Nun aber bilden Wiederaufnahme von Gedanken (Recapitulation) und Weiterführung derselben in syllogistischer Form (Conclusion) einen logischen Gegensatz, der sich in einer combinirten Partikel (ἄρα οὖν) nicht wohl unterbringen lässt. Weiter ist zu erwägen, dass sich ἄρα οὖν nur bei Paulus findet (zwölf Mal); wenigstens gesteht Winer, dass er dieser Verbindung bei keinem griechischen Schriftsteller weiter begegnet ist. In sämmtlichen Paulinischen Stellen mit ἄρα οὖν aber ist von Recapitulation oder Wiederaufnahme früherer Gedanken keine Rede. Soll letztre ausgedrückt werden, so wird das einfache οὖν gesetzt. Aber eben darum, weil es so ist, lässt sich annehmen, dass der Apostel die Verbindung ἄρα οὖν gebraucht hat, um zu verhüten, dass in v. 25b nicht eine blosse Wiederaufnahme der vv. 14—23 gefunden werde. Ἄρα leitet recht eigentlich Feststehendes, unmittelbar oder mittelbar Gewisses ein; letzteres, sofern es sich aus dem Vorhergehenden mit logischer Nothwendigkeit ergiebt. (Man vergl. Klotz ad Devar., Bäumlein, Hartung u. s. w.) Auch 8, 1 giebt ἄρα keineswegs ein Resumé des Erörterten (gegen Winer), sondern schliesst aus dem Vorhergehenden.

Unter diesen Umständen halte ich Gs Meinung, als seien die Sätze in v. 25b ein Resumé der vv. 14—23 für unrichtig. Ἄρα οὖν ist bei dem Apostel die schärfste Form für dialectische Folgerung. Es ist also jede Auslegung verfehlt, welche nicht der syllogistischen Beziehung von v. 25b auf 25a Rechnung trägt.

Freilich hat das nicht — darin stimme ich G vollständig zu —

in der Mschen Weise zu geschehen, dass man αὐτὸς ἐγώ als Gegensatz von dem εὐχαριστᾶν διὰ Ἰησ. Χριστοῦ auffasst: „Ich ohne Christus", um mit einer kühnen Schwenkung auf den frühern Zustand des ἐγώ, wie er in den vv. 14—23 geschildert wird, zurückzukommen, denn abgesehen davon, ob αὐτὸς ἐγώ das wirklich heisst, wäre es doch unbegreiflich, wie aus dem emphatischen Ausdruck der Dankbarkeit für die Errettung aus dem Tode der Fortbestand des frühern Sündenelends, wie es die vv. 14—23 schildern, gefolgert werden könnte (εὐχαριστῶ und δουλεύω neben einander!) Ich bin durchaus kein Gegner des historischen Präsens, erkenne dasselbe sogar in den vv. 14—23 ausdrücklich an. Nachdem jedoch mit εὐχαριστῶ in das νῦν (vergl. 8, 1) eingelenkt ist, halte ich die Wiederaufnahme des historischen Präsens in v. 25b für rhetorisch unmöglich. — Alle diese Bedenken treten auch bei der Gschen Fassung ein, sofern er, wenn auch mit andern Worten, sachlich jedoch ganz, wie M, hier eine Wiederaufnahme der vv. 14—23 in syllogistischer Form findet.

Doch wird mit der obigen Darlegung noch immer nicht mein Hauptbedenken gegen die von G und M vertretene Auslegung getroffen. Dies lautet einfach:

v. 25b enthält etwas von den vv. 14—23 diametral Verschiedenes, kann also nicht Recapitulation sein.

Um dies zu zeigen, werden freilich umständliche Einzeluntersuchungen nicht zu umgehen sein.

Zunächst über αὐτὸς ἐγώ. G hat die mancherlei Auffassungen gut zusammengestellt. Der Ausdruck soll heissen:

1. Ich, der nämliche Mensch, ego idem (Beza u. A.) — müsste heissen: ἐγώ ὁ αὐτός.
2. Ich, ich selbst ipse ego „der ich in eben solcher Weise mein Elend beklagt habe" (Grotius u. A.) — müsste heissen ἐγώ αὐτός.
3. Ich allein, ego solus: „indem ich meine Person von jeder andern absondere." M: „das αὐτός dient dazu, das Ich auf sich selbst einzuschränken." Der Gegensatz soll sein: ich, sowie ich durch Christus (v. 24) oder in Christus (8, 1) bin.

Also G, wie M: „sobald Paulus davon absieht, was Christus, der Erlöser, für sein sittliches Leben vermittelnd gethan hat, findet er in sich nur die beiden Dinge, die im Folgenden angegeben sind. Auf der einen Seite einen Menschen, der durch die Vernunft dient dem Gesetze Gottes; auf der andern Seite einen Menschen, der durch das Fleisch dient dem Gesetz der Sünde."

Ueber diese Auslegung später! Für jetzt handelt es sich um Einzeluntersuchungen und zwar zunächst über ὁ νοῦς. G fasst den Begriff gleichbedeutend mit dem ἔσω ἄνθρωπος v. 22: „Ὁ νοῦς", sagt er, „ist nicht das Herz, sofern es wiedergeboren ist (Hodge), nicht die vernünftige Seele, erleuchtet vom Geiste Gottes (Calvin),

nicht die vernünftige Anlage, welche frei geworden ist und dadurch
fähig zur Erfüllung des Gesetzes (Olshausen), sondern das natürliche
Organ der Seele, vermöge dessen sie das Gute auffasst und unterscheidet und ihm die Zustimmung giebt." Ὁ νοῦς ist für G das
Princip der sittlichen Verantwortlichkeit.

Ich finde, dass die Ausleger die drei Termini, mit welchen der
Apostel operirt: ἐγώ, νοῦς und σάρξ nicht genugsam unterschieden
haben und darum nicht zur Klarheit kommen können. Ich will
damit nicht gesagt haben, dass sie etwas unterlassen haben, was
nach dem dermaligen Stande der biblischen, speciell Paulinischen
Psychologie als wissenschaftlicher Defect bezeichnet werden müsste.
Es steht ja überhaupt so, dass zwar mancherlei über die Psychologie
des Apostels geschrieben worden ist, dass aber keiner von dem
Gängelbande sich losgemacht hat, woran die heidnische, insbesondere
hellenische Philosophie die christliche Wissenschaft bis auf den heutigen Tag leitet. Was namentlich die Psychologie anlangt, so liegt
auf der Hand, dass die heidnische Grundanschauung, deren Anfang
und Ziel die Natur ist, eine diametral verschiedene sein muss von
der christlichen, deren Principien durchweg in dem Offenbarungsgott
wurzeln.

Ich habe mich über Paulinische Psychologie bereits zu den
vv. 9, 10 ausgesprochen. Da dergleichen Auslassungen in einem
Commentar der Natur der Sache nach nur Inserate sein können,
die lediglich dazu bestimmt sind, zur Erläuterung bestimmter
Stellen verwendet zu werden, so werden sie nicht als Paragraphen
einer vollständigen Lehrentwicklung anzusehen sein, auf welche man
sich bei verwandten Stellen einfach zu berufen hätte. Die Grenzen
der Erörterung sind anders gezogen; die Punkte, auf die es ankommt,
anders fixirt. Man wird neue Besprechungen derselben Sache —
allerdings von anderm Gesichtspunkte aus nicht vermeiden können,
und daher dem Vorwurfe nicht entgehen, sich wiederholt zu haben.
Bei der grossen Wichtigkeit der Sache will ich mich um dieses Bedenkens willen nicht abhalten lassen, bereits Gesagtes in neuem Ge-
wande und neuer Begründung noch einmal zu sagen, und zwar mit
besonderer Beziehung und Beschränkung auf die vorliegende Stelle.
Einiges über Heidnisches und Christliches vorher!

Wenn Platon beispielsweise drei Vermögen der Seele oder Theile
derselben — denn sie bestehen in Wahrheit jedes für sich — nennt,
ein λογικόν, ἐπιθυμητικόν, θυμικόν, so ist die Frage, wie doch
nur mit dieser Dreiheit die Einheit des Selbstbewusstseins zusammen bestehen könne. Zeller (in seiner Philosophie der Griechen)
meint, dass Platon diese Frage ohne allen Zweifel gar nicht bestimmt
aufgeworfen habe, und gesteht offen, dass die wenigen Andeutungen
für ihre Beantwortung nicht weit führen. Von Aristoteles lässt
sich wohl sagen, dass er eine Einheit und Untheilbarkeit des Seelenlebens behauptet. Aber von dort ist der Weg zur Einheit des
Seelenbewusstseins noch sehr weit. Auch die Stoiker sind in gleichem

Falle. Dass das Selbstbewusstsein aus dem Seelenleben sich ent-
wickle, etwa als Brennpunkt der vereinigten Seelenvermögen aufzufassen sei, müssen Alle behaupten, die auf der naturalen Grundanschauung stehen. Wie das Psychische zum Persönlichen sich her-
ausbildet, das hat Keiner nachgewiesen. — Die Differenz in den
Grundanschauungen über das Personenleben ist diese:

Nach naturalem System ist das Centrum der Persönlichkeit,
das Ich, ein Product der Seelenkräfte, gewissermassen ihre Efflo-
rescenz; nach biblischem, bez. Paulinischem System ist das Ich
supranaturalen Ursprungs; es ist unmittelbar von Gott gesetzt; wie
sein Anfang, so ist auch sein Ziel, und der zwischen Anfang und
Ziel liegende Wirkungskreis, dem entsprechend auch die Zahl und
Art der ihm zu Gebote stehenden Vermögen, von Gott gesetzt.

Ich halte dafür, dass das dem göttlichen Wesen entsprechende
Ebenbildliche im Menschen eben die Persönlichkeit ist. Gotte
eignet die Persönlichkeit im absoluten Sinne; sein Ich ist das über
Alles erhabene, Alles setzende. Dem Menschen sollte die Persönlichkeit
gleichfalls eignen, aber im Bilde; er ist nicht zum Gott, sondern zu
Gottes Bilde geschaffen. Sein Ich ist nur dann dem von Gott geschaffenen entsprechend, wenn es das Bild Gottes wiederstrahlt. Jedes
andere Bild im Menschen, welches der allbestimmende Grund seines
Lebens sein will, ist Zeugniss und Zeichen seines Abfalls von Gott.

Also Gott sollte der Mensch darstellen gegenüber dem Naturleben. Das konnte nur so geschehen, dass der Schöpfer der
Menschen das gesammte Naturleben unterwarf, ihn zum Herrn setzte
über alle geschaffenen Dinge. Die Unterwerfung sollte der Mensch
vollziehen, das Herrenrecht über die Natur geltend machen. Dazu
war erforderlich, dass er in den Stand gesetzt wurde, mit der
Creatur in Beziehung zu treten. Er musste selbst am Naturleben
Theil haben, dasselbe zunächst in seiner Person beherrschen. Darum
der Leib aus Erde. — Beziehung zu Gott, wie zur Natur, war dem
Menschen nach dem Schöpfungsdecret gleich wesentlich. Zur Herstellung und Erhaltung dieser Doppelbeziehung waren dem Ich die
nach beiden Seiten hin erforderlichen Organe beizugeben. Für die
Beziehung zu Gott das Vermögen des Allgemeinen (Absoluten);
für die Beziehung zur Natur das Vermögen des Besondern. Das
Organ für das Allgemeine musste nothwendiger Weise supra-
naturaler Art sein, denn die Naturdinge sind zwar nach dem Allgemeinen geschaffen (d. i. jedes Ding nach der Totalität des Welten-
plans), aber sie haben das Allgemeine nicht als Bestandtheil an sich;
sie sind sämmtlich Einzeldinge. Doch muss der Mensch ein Organ
haben, auch das Allgemeine zu erkennen, nach welchem und zu
welchem die Dinge geworden sind. Ohne diese Erkenntniss würde
er niemals zur Herrschaft über das natürliche Wesen gelangen. Mit
dieser Erkenntniss des Allgemeinen ist aber stets verbunden die
Zurückführung aller Dinge auf den Allen-gemeinen Urheber, auf
Gott. Das Vermögen des Allgemeinen ist als solches Organ für das

Absolute, d. i. da das Absolute seinem Begriff nach Persönlichkeit
ist, das Organ für Gott. Es ist, wie bereits zu vv. 9. 10 ausgeführt
worden, absolute Receptivität. — Hätte dies Organ eine Schranke
des Recipirens an sich selbst, so wäre es eben nicht absolute Receptivität. Das sich selbst erfassende Allgemeine ist Selbstbewusstsein, das Licht des Ich. Wir nennen das Organ für das Allgemeine
Geist, Vernunft, nicht in Anlehnung an das Wort der Offenbarung,
sondern in Erfassung und Wiedergabe natürlichen Empfindens.

Das Organ des Ich für die Erfassung und Aneignung der
Naturdinge ist die σάρξ, doppelt gegliedert in das System der zur
äusserlichen Wahrnehmung erforderlichen Sinneswerkzeuge, und in
das System der zum Dienste an der Zubereitung der Naturdinge für
die äussern Zwecke des Menschenlebens erforderlichen Gliedmaassen,
deren Organismus in Verbindung mit den αἰσθήσεις das σῶμα.

Durch die Sinne werden nicht bloss die Naturdinge wahrgenommen, sondern auch in das Leibesleben des Menschen aufgenommen,
und zwar auf zweifache Weise, entweder so, dass sie zur Erhaltung
des Leibenslebens verwendet werden, oder so, dass die Eindrücke
desselben einem Organe zugeführt werden, durch welches die Verbindung zwischen Leib und Seele sich vermittelt, d. i. der ψυχή.
Das Ich hat an der ψυχή einen Gradmesser des Zustandes, in welchem sein Gesammtleben sich befindet.

Das Ich ist als Persönlichkeitsprincip das eigentliche ἡγεμονι-
κόν, darum auch Träger der sittlichen Verantwortlichkeit des Menschen. Die angeführten Vermögen empfangen sämmtlich die Richtung,
in welcher sie arbeiten sollen, von dem Ich. Von ihm geht der
Wille aus, ohne dasselbe existirt keine bewusste Actuosität. Im
normalen Zustande empfängt das Ich Anregung von Gott und dem
Göttlichen durch das πνεῦμα auf Grund der Zurückführung aller Eindrücke aus dem Seelenleben auf das Wahrhafte und Wesentliche durch
das λογικόν (νοῦς). Anregung, aber nicht eine bestimmte Willensrichtung, denn letzteres wäre eine Beeinträchtigung der Souveränität
des Ich, und Aufhebung seiner Verantwortlichkeit. Tritt die ψυχή,
ohne dass die Stoffe, welche sie in sich aufgenommen, gesichtet und
geordnet sind durch den νοῦς, also unmittelbar an das Ich, so
kann das nur geschehen, wenn das Ich sich von seiner höchsten
Bestimmung, für Gott zu sein, abgewendet und die principale Thätigkeit des νοῦς den Eindrücken des physischen Lebens untergeordnet
hat. Die Abwendung aber des Ich von Gott war eben die Bedeutung des ersten Sündenfalls. Die Abwendung des Ich von Gott
hatte die Hinwendung zum geschaffenen Wesen zur unmittelbaren
Folge. Sofern das Ich durch seine Willensentschliessung die Richtung bestimmt, in welcher die ihm beigegebenen Vermögen fortan
thätig sind, erklärt sich die Erscheinung, dass der νοῦς des natürlichen Menschen, wiewohl der Wille des Ich durch die Sünde ge-
knechtet worden, dennoch in seiner anerschaffenen Bestimmung ver-
bleibt, die Naturdinge auf ihr Allgemeines zurückzuführen, aber

da dem geknechteten Ich, sammt seinem πνεῦμα der lebendige Gott
abhanden gekommen ist, nunmehr dies Allgemeine als Naturgesetz
oder Naturkraft vergottet, während andererseits auch das πνεῦμα,
wenn ihm Göttliches sich darstellt, seine ursprüngliche Anlage für
Göttliches bethätigt, und das Ich in dieser Richtung anzuregen versucht, so dass nun auch in dem Ich des gefallenen Menschen ein
Wollen des Guten sich einfindet. Aber das Ich des Sünders hat
aufgehört, seiner selbst mächtig zu sein; die Creatur, welcher es
sich untergeordnet, hat Herrschaft über - den ἐγώ erlangt; sein
Wollen ist ohnmächtig; das Wollen des Naturlebens, das ἐπι-
θυμεῖν übermächtig geworden. Das Ich folgt instinctiv dem Antriebe von Unten. Was der Apostel darüber sagt, ist genau der
Erfahrung entnommen.

Nun hat ja freilich die ältere und neuere Dogmatik das Verständniss dieses Paulinischen Erfahrungssatzes dadurch unmöglich
gemacht, dass sie das θέλειν τὸ ἀγαθὸν dem gefallenen Menschen
glaubte absprechen zu müssen, uneingedenk dessen, dass das θέλειν
des Gefallenen die Brandmale des Falls in unverkennbarer Weise
an sich trägt, sofern es total ohnmächtig ist; ferner uneingedenk
dessen, dass gerade in diesen sporadischen Regungen des Göttlichen,
gegenüber der Ohnmacht des Willens, ihnen zu folgen, das Unterscheidende liegt von dem Bösen am Menschen und von dem Bösen
an den teuflischen Wesen; bei diesen constante Auflehnung gegen
Gott, also keine Möglichkeit der Erlösung, weil nichts mehr vorhanden ist, das auf Erlösung wartet; bei dem gefallenen Menschen
dagegen immer noch ein ohnmächtiges Wollen des Guten, das
entweder mit totaler πώρωσις endet oder mit dem Wehegeschrei nach
einem Retter. Wohlgemerkt aber ist diese Teufelhaftigkeit der πώρωσις nicht characteristisches Merkmal der Erbsünde, sondern eine
Weiterentwicklung der Sünde, für deren finale Folgen der Mensch
allein verantwortlich ist, nicht der Stammvater des Geschlechts.

Das Vorstehende wird genügen, um in das Verständniss der
vv. 23—25 einzuführen.

Nach v. 23 entbrennt der innere Kampf zwischen dem νόμος
τοῦ νοὸς und dem νόμος τῆς ἁμαρτίας; der Erfolg ist, dass der
ἐγώ in die Gefangenschaft des νόμος τῆς ἁμαρτίας geräth, oder
mit andern Worten, dass er ein δοῖλος wird des νόμος τῆς ἁμαρτίας. Hieraus folgt mit Nothwendigkeit, dass der νόμος τοῦ νοός,
der als solcher Gefallen hat am Gesetz Gottes (nach v. 22) nicht
im Stande gewesen ist, das Ich vor der δουλεία zu schützen, es
ist überwältigt, und zugleich mit ihm der ἐγώ.

Waren nun in den vv. 15—22 noch zwei miteinander kämpfende
Mächte vorhanden, so ist nach v. 23 der Kampf beendet. Der ἐγώ
ist seines Herrenrechtes vollständig entkleidet; die in einem
untergeordneten Theile seines Wesens, in der σάρξ sesshafte ἁμαρτία ist Herrin geworden; wie der νοῦς, so ist auch die ψυχή von

ihr vergewaltigt, somit Alles, was der Mensch an Kräften besitzt,
ein einziges für die Zwecke der Sünde und des Todes organisirtes
Ganze, ein $\sigma\tilde{\omega}\mu\alpha$ $\tau o\tilde{v}$ $\vartheta\alpha\nu\acute{\alpha}\tau o\upsilon$ geworden.

Wohlverstanden haben wir in der Schilderung des 7. Capitels
von v. 8 an nicht die Genesis der Sünde vor uns, sondern die Geschichte ihrer Entwicklung. Die Alleinherrschaft der Sünde und des
Todes ist jedesmal das Ende. Nur das Eingreifen der Gnade kann
darin eine Aenderung bewirken.

Wie wird sich nun aber die Aenderung gestalten? Der Apostel
bezeichnet sie in seinem Angstruf als Erlösung von diesem Todes-
leibe. — Ein $\alpha i\chi\mu\alpha\lambda\omega\tau\grave{o}\varsigma$ wird erlöst, wenn er seine Freiheit wieder
erlangt, wenn er das von Hause aus ihm eignende Recht, über sich
und über das Seine zu verfügen, wieder bekommt. Der Apostel
hat nun bereits in Cap. 6 mit scharfen Ausdrücken gegen den
Wahn sich gewendet, als sei die wiedererlangte Freiheit die Befugniss, nach seinen Gelüsten zu leben. Wahre Freiheit ist Ge-
bundenheit im Gesetze Gottes; $\grave{\epsilon}\lambda\epsilon\upsilon\vartheta\epsilon\rho\omega\vartheta\acute{\epsilon}\nu\tau\epsilon\varsigma$ $\grave{\alpha}\pi\grave{o}$ $\tau\tilde{\eta}\varsigma$
$\grave{\alpha}\mu\alpha\rho\tau\acute{\iota}\alpha\varsigma$ $\grave{\epsilon}\delta o\upsilon\lambda\acute{\omega}\vartheta\eta\tau\epsilon$ $\tau\tilde{\eta}$ $\delta\iota\kappa\alpha\iota o\sigma\acute{\upsilon}\nu\eta$. $\varDelta o\upsilon\lambda\epsilon\acute{\upsilon}\epsilon\iota\nu$ heisst überhaupt nicht dienen d. h. sich und seine Kräfte einem andern zur
Verfügung stellen, sondern es heisst unterthan, unterworfen
sein. Ich kann der Herrschaft oder Macht jemandes unterworfen
sein, ohne ihm zu dienen, ohne seinen Willen zu thun.

Nun sagt der Apostel v. 25: „ich bin mit meinem $\nu o\tilde{\iota}\varsigma$
unterthan dem Gesetze Gottes". Nach v. 23 war der $\grave{\epsilon}\gamma\acute{\omega}$ sammt
dem $\nu o\tilde{\iota}\varsigma$ gefangen, unterthan dem Gesetz der Sünde. Es ist
also mit dem $\grave{\epsilon}\gamma\acute{\omega}$, bez. dem $\nu o\tilde{\iota}\varsigma$ eine totale Veränderung vor sich
gegangen, eine Erneuerung und Wiederherstellung des ursprünglich
von Gott selbst gesetzten Verhältnisses des Menschen zu dem $\nu\acute{o}\mu o\varsigma$
$\tau o\tilde{v}$ $\vartheta\epsilon o\tilde{v}$ und ebendadurch eine Wiedereinsetzung des $\grave{\epsilon}\gamma\acute{\omega}$ in die
ihm ursprünglich zugewiesene Stellung.

Es ist geradezu unbegreiflich, wie man dazu hat kommen können,
in dem 25. Verse eine Wiederaufnahme der vv. 15—20 zu finden.
Was scheinbar dafür spricht und dazu verleitet hat, ist die zweite
Hälfte von 25 b: $\tau\tilde{\eta}$ $\delta\grave{\epsilon}$ $\sigma\alpha\rho\kappa\grave{\iota}$ $\nu\acute{o}\mu\omega$ $\acute{\alpha}\mu\rho\tau\acute{\iota}\alpha\varsigma$ sc. $\delta o\upsilon\lambda\epsilon\acute{\upsilon}\omega$. Man
hat übersehen, dass nicht $\alpha\grave{\upsilon}\tau\grave{o}\varsigma$ $\grave{\epsilon}\gamma\acute{\omega}$ das Subject ist zu dieser
zweiten Hälfte, sondern das in der Verbalendung steckende ich,
dass ferner der Apostel das $\alpha\grave{\upsilon}\tau\grave{o}\varsigma$ $\grave{\epsilon}\gamma\acute{\omega}$ das eigentliche Ich, das
Ich in seinem Fürsichsein (Gegensatz des Ich, soweit es noch der
$\sigma\acute{\alpha}\rho\xi$ dienstbar ist, also in einem anomalen Zustande sich befindet)
eben von der annoch zu seinem Ich in weiterem Betracht gehörigen
$\sigma\acute{\alpha}\rho\xi$ unterscheidet. Hiesse nun hier: dem Fleische nach dem
Gesetz der Sünde unterworfen sein, soviel als: den Willen des
Fleisches thun, so wäre allerdings die Antinomie in v. 25 b fertig
und der Schein einer blossen Recapitulirung der vv. 15—23 vorhanden. Nun aber will Paulus durchaus nicht in Abrede stellen, dass
auch der Erlöste dem Fleische noch unterthan ist nach dem Ge-

setz der Sünde, sofern er noch den sterblichen Leib an sich hat und gerade in dem Sterben der νόμος τῆς ἁμαρτίας sich bethätigt. Dem Gesetze der Sünde unterworfen sein, ist etwas ganz anderes, als der Sünde dienen.

Ist ·nun das Kriterium des Erlösten eben dies, dass er, aus der Gefangenschaft der Sünde befreit (v. 23), nunmehr mit denjenigen Vermögen und Kräften, die von dem jeweiligen Geschick des ἐγώ unzertrennlich sind, wie mit dem νοῦς dem Gesetze Gottes unterthan ist, so erklärt sich nunmehr der Zusammenhang von 25 a mit 25 b von selbst. Der von Sünde und Tod uns erlöst hat, ist Jesus Christus. Dass er den ἐγώ erworben und gewonnen und ihn in Freiheit gesetzt hat, indem er ihn in den Bereich seines Heils versetzte, erkennt derselbe durch den ausdrücklichen Zusatz τοῦ κυρίου ἡμῶν zu Ἰησοῦ Χριστοῦ an. Er hätte ja Gott nicht danken können durch Jesum Christum, seinen Herrn, wenn dieser ihn nicht von der Sündenherrschaft frei gemacht und wiederum dem Gesetze Gottes als Unterthan zugeführt hätte. — Wenn auch richtig ist, dass er mit seinem Fleische noch dem Gesetze der Sünde unterthan ist, sofern er noch das θνητὸν σῶμα an sich trä̈̈ und erleiden muss, was damit verbunden ist. Aber auch diese δουλεία wird aufhören (s. 8, 11), und was die Hauptsache ist, die Erlösung durch Christum wird mit ihrer beseligenden Wirkung dadurch nicht aufgehoben.

Ich erinnere daran, wie hier der Zusammenhang zwischen v. 25 a und 25 b sich in derselben Weise durch den Zusatz τοῦ κυρίου ἡμῶν vermittelt, wie in 6, 23 der Zusammenhang des 6. mit dem 7. Capitel trotz der Versicherung Ms, dass τῷ κυρίῳ ἡμῶν pragmatisch ohne alle Bedeutung sei. Vergl. auch 1, 4. 7.

Nachtrag zu S. 19 Z. 19.

Die Stelle des Meleager (Anth. Graic. von Friedr. Jacobs Nr. 21 der kleineren Gedichte) lautet:

Ἵλαθ᾽, ἄναξ, ἵλαθι σὲ γὰρ θεὸν ὥρισε Δαίμων.
Ἔν σοι καὶ ζωῆς πείρατα καὶ θανάτου.

Die Worte sind von dem Dichter (einem stoischen Philosophen, etwa 100 J. v. Chr.) an einen Lustknaben gerichtet. Er betet ihn an in lüsterner Verzückung als Himmelskönig; aber das will er nicht sagen, dass ein Dämon den Knaben dazu „bestimmt habe, dass er ein Gott sei oder ein Gott werden solle", — denn nach griechischer Denkweise ging es denn doch über das Vermögen der Dämonen, Götter zu machen —, sondern der Dichter sagt, dass ein Dämon ihm,

dem von Liebesgluth Erfüllten, den Lustknaben als ein göttliches
Wesen habe erscheinen lassen (ὥρισεν habe dargestellt, bekundet),
in welchem die Zielpunkte seines Lebens lägen, von welchem Leben
und Sterben abhängig sei.

Also auch hier ὁρίζειν descriptiv, deiktisch, nicht consti-
tutiv, telisch, wie *II* will.

Druckfehler.

Seite 2 Zeile 14 v. o. lies: Cap. 15 statt v. 15.

„ 3 „ 20 v. o. „ in den Commentaren von *M*, *W* und *G* statt Meyer, Weiss und der Godetschen Comm.

„ 14 „ 1 v. u. „ geschöpfte statt geschöpften.

„ 17 „ 6 v. o. „ fest statt fast.

„ 17 „ 14 v. o. „ haben statt habe.

„ 18 „ 15 v. o. „ somit statt soweit.

„ 21 „ 21 v. u. „ sollte, widerlegt ist, statt sollte.

„ 29 „ 9 v. u. „ fasst statt fast.

„ 73 „ 13 v. o. „ unrichtig statt unwichtig.

„ 80 „ 17 v. o. „ 16, 25 statt 16, 23.

„ 93 „ 13 v. o. „ Verse statt Capitel.

„ 93 „ 14 v. u. „ auch statt aus.

„ 213 „ 13 v. u.: „hinter“ zu streichen.

„ 222 „ 10 v. u.: „die Sache, welche“ zu streichen.

„ 328 „ 7 v. u.: „gefunden“ ist einzuschalten vor „fallen“.

„ 401 „ 4 v. o. lies: denn statt dann.

„ 404 „ 17 v. u. „ Christum statt Christus.

„ 405 „ 11 v. u. „ 7, 4 statt 8, 4.

Accentfehler (wie ζῆν statt ζῆν, τῳ statt τῷ), ferner sofort erkennbare Irrungen (wie Thimoth. statt Timoth.) sind nicht notirt worden.